钩沉历史资料

荟萃传统英华

载道启智化人

续写锦绣未来

《菏泽历史文化丛书》之五

编委会主任　张　伦　李春英

主　　　编　韩广洁

学 术 主 编　潘建荣　张金鼎　张德学

亮丽的菏泽名片

——菏泽“一都四乡”文化（下）

樊庆堂　张素云　编著

中国文史出版社
CHINA CULTURAL AND HISTORICAL PRESS

图书在版编目（CIP）数据

亮丽的菏泽名片：菏泽一都四乡文化 / 樊庆堂，张素云编著 . -- 北京：中国文史出版社，2024.4
（菏泽历史文化丛书 / 韩广洁主编 . 第三辑）
ISBN 978-7-5205-4657-7

Ⅰ . ①亮… Ⅱ . ①樊… ②张… Ⅲ . ①文化史－菏泽
Ⅳ . ① K295.23

中国国家版本馆 CIP 数据核字（2024）第 080230 号

责任编辑：胡福星

出版发行：中国文史出版社
社　　址：北京市海淀区西八里庄路 69 号　　邮编：100142
电　　话：010-81136606　81136602　81136642（发行部）
传　　真：010-81136655
印　　装：菏泽英华彩印有限公司
经　　销：全国新华书店
开　　本：787 × 1092　　1/16
印　　张：32
字　　数：430 千字
版　　次：2024 年 12 月北京第 1 版
印　　次：2024 年 12 月北京第 1 次印刷
定　　价：1080.00 元（全 6 册）

《菏泽历史文化丛书》编委会

《菏泽历史文化丛书》编纂部

戏曲之乡　摄影：马春霞

枣梆演出剧照

柳子戏演出剧照

两夹弦“三拉房”1979 年进京演出剧照

牡丹之乡的神韵（文化下乡）

任心才在山东梆子《抄杜府》中饰贾墉

刘桂松在山东梆子《老羊山》中饰樊梨花

何西良在大平调《反徐州》
中饰徐达

屡获戏曲大奖的现代戏《山东汉子》，
主演李健、高凤兰

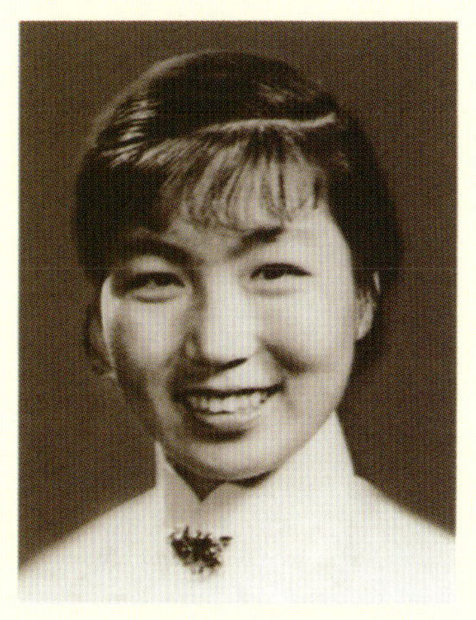

枣梆著名演员樊秀玲

两夹弦著名演员黄云芝

郓城宋江武校练武图

菏泽大剧院广场千人太极拳展演

世纪武星——张玉萍

新中国首位武状元——陈超

凌空舞狮——东明武校舞狮队屡获全国“北狮王”

菏泽丹阳桥站太极拳表演

目　录

第五编　中国武术之乡

序

历史是城市的记忆，文化是城市的灵魂。菏泽市中华文化促进会策划并组织编纂的《菏泽历史文化丛书》全部付梓，标志着这项历时十一年、填补菏泽文化通史空白的宏大工程圆满收官。这是菏泽文化强市建设的一件盛世喜事，对于挖掘、传承和弘扬菏泽优秀历史文化具有重要意义。

菏泽历史悠久、人文厚重，传说乃伏羲之桑梓、尧舜之故里，先为商汤之京畿，继属曹国之疆土，是中华文明的重要发祥地之一。翻阅历史长卷，步入文化长廊，这片古老美丽的土地孕育了绵延千年的灿烂文化，滋养了灿若星河的名人巨匠，曾数度成为中原地区重要的政治、经济、文化中心。远古至夏商时期，传说中的“三皇五帝”在此留下足迹，伏羲授渔猎、造八卦，帝尧制历法、兴禅让，虞舜耕历山、陶河滨，带领先民族群繁衍生息，开启华夏文明之源。西周至战国时期，菏泽人文荟萃、百家争鸣，齐鲁、荆楚、吴越、中原文化在此交汇融合，涌现出一批著名的思想家、文学家、军事家，被《史记》誉为“天下之中”。秦之后的两千多年封建社会时期，菏泽虽饱经沧桑、几经沉浮，但深厚的历史文脉赓续不辍，孕育了象征繁荣昌盛、幸福和平的牡丹文化，蕴含忠孝仁义、重信守诺的水浒文化，体现风俗人情、先民智慧的非遗文化，奠定了菏泽“一都四乡”的文化根基。近现代，作为冀鲁豫边区的首府，这里发生过彪炳史册的红三村保卫战，见证了刘邓大军强渡黄河的战略转折，更诞生了数不尽的仁人志士，用满腔热血和赤胆忠心浇灌出生生不息的“菏泽红”。

习近平总书记指出，修史立典，存史启智，以文化人，这是中华民族延续几千年的一个传统。《菏泽历史文化丛书》坚持以史为据、依史寻源，集中展现了菏泽历史概貌和文化辉煌时期，系统介绍了菏泽的贤哲志士、民俗风物、非遗艺文、战争史话和“一都四乡”等内容。这套丛书共十四卷十六册800余万字，文风朴实、秉笔直书，采撷英华、荟萃众美，钩沉历史、通贯古今，是一部全面反映菏泽历史文化的资料性文献。细细品读，定会深切感受到菏泽历史文化的厚重与璀璨、曹州大地的苍茫与崇高、先贤圣哲的智勇和才情、风土人文的深邃与隽美……历史是最好的教科书，只有铭记历史，才能深刻了解过去、全面把握现在、正确创造未来。我们要以高度的文化自信，深入挖掘菏泽历史文化，坚持创造性转化、创新性发展，古为今用、推陈出新，让历史文脉融入现代生活，让文化基因代代相传。

回眸来时路，菏泽市委、市政府始终牢记习近平总书记“后来居上”的殷切嘱托，全面贯彻落实党中央决策部署和省委工作要求，坚定不移推动高质量发展，经济总量、财政收入分别突破4000亿元、300亿元大关，均跃居全省第8位，实现了由“全省垫底”到“跻身中游”的历史性跨越。展望前行路，菏泽已站在新的历史起点上，全市广大党员干部群众要坚持以习近平新时代中国特色社会主义思想为指引，用好《菏泽历史文化丛书》，学史明理、以文铸魂，从历史经验中获得启迪，从文化传承中凝聚力量，从先贤实践中汲取智慧，全力加快突破菏泽、后来居上步伐，奋力谱写无愧于先贤、无愧于时代、无愧于后世的辉煌新篇！

是为序。

中共菏泽市委书记 张伦

菏泽市人民政府市长 李春英

二〇二三年十二月

引 言

菏泽市中华文化促进会策划并组织编纂《菏泽历史文化丛书》，始于2013年。菏泽市委、市政府对这套丛书的编纂高度重视，给予了有力支持。本市十几名专家、学者在编纂中付出了辛苦劳动和不懈努力。现在，这套丛书已陆续付梓。该丛书是菏泽历史文化的百科全书，堪为菏泽文化建设的一项重要工程。

菏泽历史悠久，文化底蕴丰厚。

远古至夏商时期，菏泽为中华民族的重要发祥地之一。历史文献、远古遗存显示，这里是华族、夏族和东夷族群社会与文化的交融之地，各部族首领和远古先贤们或诞生于此，或创业于此，开启了广阔深厚的远古文明。

两周时期，这里河网纵横，交通便利，人口繁盛，经济发达，为齐鲁文化、荆楚文化和吴越文化的交汇之地，被称为“天下之中”，曾孕育了影响深远的兵家文化、道家文化和儒商文化。

秦代之后的两千多年封建社会中，菏泽虽饱受黄河水患和战争离乱之祸，几经兴衰变迁，但深厚的文化传统仍脉延长续，历代名家贤达辈出，文化成就彰明昭著。

至近现代，菏泽作为民主思想的较早传播地和一方革命老区，民主运动和武装斗争风起云涌，薪火相传，以鲁西南战役为代表的革命战争文化永载史册。

在漫长的历史发展进程中，菏泽还孕育了灿烂的文化艺术，以牡丹、戏曲、书画、武术、民间艺术为主的特色文化，以诗歌、文赋、风物、民俗为基础的地域文化等，在中华民族的艺术百花园中大放异彩、耀眼夺目。

以上表明，菏泽在齐鲁和华夏文明的史册中，书写了一页页光辉灿烂、源远流长的历史篇章。

基于以上人文背景，我们经过广泛征集和挖掘资料、史料，精心打造了这套《菏泽历史文化丛书》，使之为继承弘扬中华民族的优秀传统文化，为建设美好、文明、富裕的菏泽服务。

《菏泽历史文化丛书》，是奉献给菏泽人民的精神食粮。这套丛书计 14 卷 16 册，分三辑先后编纂出版。丛书涵盖的主要内容为：菏泽史上四大文化辉煌时期、菏泽非物质文化遗产、菏泽历史名人、菏泽历代科举登科录、菏泽“一都（牡丹之都）四乡（戏曲书画武术等）”、菏泽水浒文化、菏泽艺文、菏泽风物、菏泽民俗和商周时期的菏泽杰出人物伊尹、范蠡、庄子、孙膑等。这套丛书的最大特点，一是时间跨度长，从远古至近现代，悠悠五千余年；二是史实涵盖面广，既包括古今重大文化活动、历史事件和名人志士，又包括个性鲜明的地方特色文化，充分展示了菏泽悠久的历史和丰厚的文化底蕴。《菏泽历史文化丛书》宏富博大，出版这套丛书具有重要的现实意义和深远的历史意义。

首先，丛书给人们提供了一份宝贵的文化遗产和精美的爱国主义教材。丛书从纵向和横向多层面、多角度，比较系统完整地记述了菏泽的历史、文化。横观世事知风雨，纵览史实知兴衰。丛书对于我们进一步了解菏泽，以史为鉴，增强自豪感，树立民族自尊心，陶冶热爱家乡、建设家乡的志向和情操，无疑是十分有益的。丛书各卷中许多史料、图片鲜为人知，是经过广泛走访民间，接触各种线索，查阅多种典籍，或与大专院校、研究机构的专家学者交谈、切磋而获得的。书中相当多的史实、成果是挖掘抢救出来的，弥足珍贵。若不是经过这次大规模收集整理和撰写，丢失难以避免，会留下无尽遗憾和不可挽回的损失。可以说，此套丛书的出版，在菏泽历史文化传承中作用极大。随着时间的推移和岁月的流逝，丛书的价值和重要性将会更加凸显。

其次，丛书有助于提高菏泽人民的人文素质、文化品位，因而对菏泽的文化、社会、经济发展都是十分有益的。文化是灵魂，文化是打开人们心扉、打开社会封闭之门的钥匙。这套丛书会让人们增长历史知识和历史智慧，明确文化与社会、经济的互动作用，自觉加快文化建设的步伐；随着文化品位的提升，文化翅膀将会使菏泽飞得更高、更远，让外部世界更多、更快地了解菏泽、认识菏泽，进而助推菏泽的突破、跨越。

对《菏泽历史文化丛书》的编纂，市有关部门和袁焕勇、冯林、陈一东等同志给予了鼎力相助，我们表示衷心的感谢。

历史是凝固的现实，现实是流动的历史，文化则是历史和现实的折射与升华。菏泽的历史文化、特色文化、革命文化底蕴丰厚、博大精深。在本书编写过程中，我们力求实现科学性、知识性与趣味性的统一，尽量做到图文并茂、雅俗共赏。但是，由于年代久远、资料欠缺，加之我们学识所限，在事件和人物选录、内容取舍、文字表述、图片配置，甚至史实等方面，都可能产生错讹或不妥之处，恳请社会各界有识之士批评指正。

菏泽市中华文化促进会主席 **韩广洁**

二〇二三年十二月

前 言

菏泽历史悠久，是中华民族的重要发祥地之一。

菏泽文化灿烂，是中华文化的瑰宝。

“一都四乡”文化，是菏泽一张亮丽的名片。

古文献显示，以凤鸟为图腾的太昊华胥氏部族活动于鲁西南的济水流域，以龙为图腾的雷泽氏（遂人氏）部族活动于今鄄城、郓城、巨野一带的羊里水、雷泽、大野泽流域。中华初祖伏羲诞生于此，华夏先民长期在此繁衍生息。后来，生活在黄土高原的夏族先民和生活在鲁中丘陵地区的东夷族先民，陆续迁徙汇聚到这里，他们相互交往融合，创立了华夏族文明。黄帝、颛顼、帝喾、尧、舜等部族（五帝）的诞生、成长也多与菏泽相关，或在菏泽长期生活。菏泽境域内留有大量远古先民们开发和奋斗的足迹，他们带领中华儿女谱写了中华文明辉煌乐章的伟大序曲。历史上的菏泽，交通便利、商贾云集，数度为中原地区经济文化中心，有“天下之中”的美誉。菏泽人杰地灵，名人辈出，众多历史名人诞生在这里。近现代，菏泽是全国著名革命老区之一，为中华民族的独立和中国人民的解放事业做出了巨大的贡献，建立了不朽的功勋，谱写了新的历史华章。

历史悠久的菏泽孕育了灿烂的文化，这里以牡丹、戏曲、书画、武术、民间艺术为基础而形成的地域文化，特色浓郁、个性鲜明，在中华民族的艺术花园中大放异彩、耀眼夺目。

本卷以此为重点，打造了**亮丽的菏泽名片菏泽“一都四乡”文化卷**：“一都”即中国牡丹之都；“四乡”分别是中国戏曲之乡、中国书画之乡、中国武术之乡、中国民间艺术之乡。鉴于本卷涵盖的内容丰富，容量较大，为方便出版，特编辑上、下两册。上册为中国牡丹之都、中国书画之乡、中国民间艺术之乡；下册为中国戏曲之乡、中国武术之乡。

中国牡丹之都——在姹紫嫣红的花卉世界里，牡丹雍容华贵，形美色艳，为花之魁、花之冠、花之王。菏泽是驰名中外的牡丹之乡，牡丹栽培历史悠久，隋唐时期开始种植，明清便甲于海内。中华人民共和国成立后，菏泽牡丹进入繁荣发展时期。而今，菏泽牡丹花色品种之多，栽培面积之广，在我国乃至世界，堪称第一，无与伦比。经过几十年的研究、鉴别、筛选、分类，菏泽牡丹已形成九大色系、十大花型，计1100多个主要品种，牡丹栽培面积已达１０万亩，菏泽市委、市政府因势利导，把牡丹作为一项重要产业来抓，确立了“牡丹搭台，经贸唱戏，广交朋友，发展合作”的战略思想，并从1992年起，连续成功举办了29届菏泽国际牡丹花会，不仅提高了菏泽牡丹的知名度，而且为菏泽扩大开放、发展经济提供了良好的机遇。在此基础上，市委、市政府又适时提出建设中国牡丹城和中国牡丹之都的发展战略，牡丹资源圃、基因库先后建立，境内形成方圆35平方公里的牡丹产业区，菏泽成为世界上重要的生产、科研、观赏和出口基地。中国花卉协会牡丹芍药分会经过严格审定，先后于2006年11月和2012年3月正式命名，并向世人公布菏泽市为“中国牡丹城”“中国牡丹之都”。

中国书画之乡——菏泽书画，从古至今，历尽沧桑，饱融历代菏泽人的智慧。伊尹从汤言而画九主，首开以绘画谏君辅政之范例；大周时期所立《屏盗碑》，以“三绝”石书褒扬为民清盗保平安的任使君；铁面御史何尔健愤作《苦民图》，以书画严惩了贪官污吏；清代监生赵树屏，诗配画进京为民请命，救了一方灾民……菏泽书画历代名家辈出。南北朝时期定陶人曹仲达，画佛像“北齐称最工”；诗文书画皆精的宋代巨野人晁补之，不仅以其文章道德世家名震朝野，而且其书画受到“唐宋八大家”之一的苏轼赞美；明代“曹州名士”田峤、田峨二兄弟，其书法名气时称“江北二田（峤、峨）”；清代翰林曹垣，宫廷楹联多出其手……历史寻踪，可谓名家蔚为大观。中华人民共和国成立后，菏泽书画空前繁荣。书画新秀竞辉，书画佳作频频参与国内外高品位的书画大展，被广为收藏，荣获很高赞誉。晁楣、张得蒂、李眉川等大家及上官超英等一大批后起之秀，在独创流派的书画之旅中闪射时代之光……菏泽现有中国书法家协会、中国美术家协会会员49人，山东美术家协会、山东省书法家协会员300余人，并出现了巨野“中国农民绘画之乡”、单县“中国楹联之乡”和大批书画乡镇、书画村。菏泽书画之乡名副其实，当之无愧。

中国民间艺术之乡——民间艺术是文化遗产的重要组成部分，是历史文脉延续发展的重要见证和载体。菏泽民间艺术资源丰富，包括传统美术、传统技艺、传统体育、传统游艺与民间乐舞、曲艺、杂技等，其项目及传承人之多，均居全省全国前列。菏泽民间艺术堪称菏泽历史文化的“活化石”，是菏泽古老族群的身份记忆，它蕴含着菏泽人特有的精神价值、思维方式、想象力、创造性和文化意识。

中国戏曲之乡——菏泽戏曲历史久远，是地方戏曲成长的摇篮。这里戏剧团体众多，剧目丰富，剧种齐全，被省内外专家誉为中国戏曲声腔剧种博物馆和展览会。植根于鲁西南平原的山东梆子、枣梆、大平调、两夹弦、四平调、大弦子戏、柳子戏等剧种，唱腔韵味浓郁，地方色彩鲜明，经过几百年的积淀、锤炼与传承，形成了其独有的文化特质与风采，在中国戏曲史上占有相当的位置。菏泽戏曲各剧种名人辈出，代代相传。他们艺术造诣深厚，在不同时代的文艺舞台上，塑造了许多光彩照人的艺术形象，打造了一批影响极大的优秀剧目。中华人民共和国成立初期，定陶两夹弦剧团黄云芝等进京演出《三拉房》，受到党和国家领导人的接见。20世纪五六十年代，柳子剧团黄遵宪主演的《孙安动本》，轰动全国；近年来，大平调剧团何西良主演的《天职》感人至深，梆子剧团李健主演的《山东汉子》荣获中国戏曲文华奖。此外，全国著名的豫剧表演艺术家马金凤、崔兰田，也出生在菏泽地区。

中国武术之乡——中华武术源远流长，博大精深。千百年来，菏泽武术薪火相传，形成了众多门派，全国100多种拳术门派中菏泽就有几十种之多。菏泽还是水浒拳、孙膑拳的发祥地。中华人民共和国成立后，菏泽各县区武术社团普遍建立，先后有牡丹区、郓城县、东明县、单县 巨野县被授予全国武术之乡，武术村庄遍布全市。各类馆校众多，全市多达200余所。菏泽市武术运动学校是全省唯一一所公立单项运动学校,为各县区培训了大批人才。郓城县宋江武校2002年被评为全国十大名武校之首。曹州武术学校是全国规模最大的武术馆校之一，2004年被教育部列为全国同类学校中唯一一所教研实验基地。菏泽武坛涌现了众多的风云人物。历史上五帝之一的虞舜曾师从单卷学文习武。著名军事家孙膑，回归故里后创立孙膑拳。名将吴起啮臂离家，以文韬武略名垂青史。梁王彭越靠武功助刘灭项。福建陆路提督马济胜，率领2000官兵平定台湾张丙的数万乱军，确保了祖国领土的统一完整。吴德新、田在田、张宪周以弥冠群伦的武功技艺，在殿试中夺得武科状元。据统计，在清代的武术科举中，曹州就有状元3名、榜眼2名、进士54名、举人100多名，书写了菏泽武术史上的灿烂篇章。近现代，菏泽武术界更是名人如云，中华武林百杰王守义、世纪武星张玉萍，新中国首位武状元陈超，新科武状元杨晓静，还有赵翠荣等近百人荣获武英级运动员称号。在各级各类体育比赛中菏泽都取得了骄人的成绩。1928年国术国考中，菏泽的杨士文力挫群雄，夺得了最优等。在中华人民共和国成立后的全国武术观摩交流、全国、全省重大武术大赛中，菏泽武术健儿夺金摘银、蟾宫折桂，展示了菏泽武术的迷人魅力。

“一都四乡”堪为菏泽的象征，更是菏泽的骄傲。菏泽特色浓郁、个性鲜明的“一都四乡”文化，魅力四射，把菏泽品牌叫得更加响亮，把菏泽名片擦得更加鲜艳。编纂出版菏泽“一都四乡”文化卷，对于菏泽人增强自豪感，树立自尊心，陶冶热爱家乡、建设家乡的情操，无疑是十分有益的。同时，也让外部世界更多、更快地了解菏泽、认知菏泽，进而助推菏泽的突破、跨越。

樊庆堂　张素云

二〇二三年十二月

第四编

中国戏曲之乡

概　述

戏曲，是中华民族的艺术瑰宝，在中国古代延续了漫长的发展历史，至今仍然是广大民众最为喜闻乐见的艺术形式。这是一种有着鲜明民族特征的艺术，自宋元以来，中国传统戏剧始终保持着将歌、舞、诗融为一体的形式特征，它不像话剧那样主要以人物之间的对话来表现情感、塑造人物和推衍情节，而是主要以优美的唱腔、美妙的舞姿和独特的音乐氛围，来表现人物性格和推动故事情节的发展。它将文学、音乐、舞蹈、杂技等各种因素融为一体，形成了一个具有鲜明民族色彩的艺术体系，通过艺术的夸张和时空的灵活处理来表现一种美化的生活形态，借助演员的唱、念、做、打等艺术手段来创造出一种具有强烈视觉效果的艺术氛围。

菏泽文化底蕴丰厚，戏曲活动历史悠久。这里戏剧团体众多，剧目丰富，剧种齐全，名演员多，被省内外专家誉为形象化的“中国戏曲声腔剧种博物馆和展览馆”，戏曲之盛为中原之冠。山东梆子、枣梆、大平调、两夹弦、四平调、大弦子戏、柳子戏等剧种，唱腔韵味浓郁，地方色彩鲜明。植根于鲁西南平原的地方剧种，经过几百年的积淀、锤炼与传承，形成了其独有的文化特质与风采，在中国戏剧史上占有相当的位置。在菏泽城乡，男女老少均可咿呀成韵，呼呵成腔；上千部优秀传统剧目皆能广泛流布，经久不衰。

这些优秀传统剧目，称为剧本文学或戏曲文学，在中国文学史上有很高的地位，它是中国文学发展中成就最为卓越、最富有生气的文学形式。每一个剧本都有独特的故事，每个故事又各有独特的情感思想追求。这些剧目故事，全方位地积淀了优秀传统文化的内涵，同时，它又将传统文化的内涵演绎成广大民众最乐于接受的故事类型。这些故事类型主要有婚姻爱情、神话传说、英雄侠义、公案世情，高扬正义、鞭挞邪恶始终是剧目故事的主旋律，无论是惩恶扬善，还是除暴安良；无论是见义勇为，还是舍生取义，都成了剧目故事的一个重要主题。

菏泽地方戏曲，以戏曲团体多、观众多、剧种多、剧目多、获奖多、名演员多的特点，被誉为“戏曲之乡”。2017 年 4 月 18 日，菏泽市牡丹区被中国文联、中国曲艺家协会授予“中国曲艺之乡”称号，成为山东首个获此殊荣的县区。

菏泽是地方戏曲成长的摇篮。《中国戏曲之乡》从多个角度、多个层面完整系统地介绍了菏泽独具特色的地方戏曲，以图文并茂的形式生动展示了戏曲之乡的风采。

《中国戏曲之乡》共分“梨园春秋”“剧坛耕耘”“粉墨生涯”部分，分别介绍了菏泽的剧种、剧团、剧目和演员。

“梨园春秋”综述菏泽戏曲的历史与现状，以戏苑沧桑、剧种撷英、剧团变迁、剧目荟萃四个板块介绍了菏泽戏曲的沧桑沉浮，为人们展示了一幅幅从金元明清各代到革命战争岁月、从中华人民共和国成立至今不同时期的菏泽戏曲发展画卷。菏泽戏曲活动历史悠久，元、明时期各类戏班就达 200 余个。现发现最早的演出合同，是清顺治十六年（1659）菏泽大兴班在河南滑县的演出。建于明正德年间的菏泽城隍庙戏楼、清雍正年间的单县山西会馆戏楼、清朝末年的定陶仿山戏楼，都是菏泽戏曲活动历史悠久的见证。菏泽的地方剧种包括梆子声腔系统的山东梆子、枣梆、大平调，弦索声腔系统的大弦子戏、柳子戏，以及由民间花鼓演变而形成的小剧种两夹弦、四平调，山东梆子、枣梆、大平调、两夹弦等八大地方剧种全部入选国家级非遗名录。菏泽还有在当地影响较大的外来剧种如豫剧、京剧、评剧等，林林总总，美不胜收。菏泽早期的戏曲班社众多，大姚班、大兴班等家喻户晓，是齐鲁戏曲史上重要的一页。中华人民共和国成立之初，菏泽戏曲班社达 400 多个，在此基础上发展形成的地方剧团，更是异彩纷呈。菏泽地方剧目繁多，山东梆子、大弦子戏等曾有“唐三千宋八百，唱不完的三分国”之说，仅山东梆子经常上演的剧目就有600余出。那些久演不衰的经典剧目，犹如颗颗珍珠，在地方戏曲宝库里熠熠生辉。

“剧坛耕耘”分演出平台、戏曲摇篮、戏曲创作、创新天地四个板块。介绍了不同时期的艺术舞台，戏曲创作的名家群体，塑造的许多光彩照人的艺术形象。古戏楼及现代剧院为戏曲演出搭建了坚实平台。菏泽的古戏楼(台)始建于唐代，普及于明清时期，是菏泽戏曲历史的见证。明末清初时，已有“村村有戏楼，夜夜唱灯戏”之说。从菏泽的古戏楼（台）到城乡剧院及新兴的演出场所，都生动地再现了菏泽戏曲成长的历史。菏泽戏曲基础广泛，据统计，全市戏曲爱好者占总人口百分之六十以上。戏曲发展与繁荣离不开人才。早期学艺，经过老师口传身授，曾成就了不少名艺人。20世纪七八十年代，菏泽各地相继成立了戏训班、戏曲学校，成为正规化培养戏曲人才的摇篮。剧坛添彩更离不开戏曲创作，从金元时期的诸宫调、散曲作家商正叔，元杂剧作家李时中，到今天的戏曲创作名家，薪火相继代不乏人，传世之作流芳梨园。从20世纪五六十年代进京演出的剧目《三拉房》《站花墙》《孙安动本》等，到近年创作演出的《法魂》《选村官》《龙门渡口》《走出大山》以及连获大奖的国家舞台艺术精品剧目《山东汉子》等，都被载入戏曲史册。近年来，全市国有文艺院团围绕革命历史题材，创作推出《牡丹传奇》《南下往事》《楼长嫂子》等五部大戏和《公鸡过寿》《支前》等五个现实题材小戏曲。其中，《南下往事》入选参加第十二届山东文化艺术节新创作优秀剧目评比展演，《村口风波》获山东文化艺术“优秀小型剧节目”，获奖数量位居全省第一，《公鸡过寿》荣获第三届华东六省一市现代地方小戏大赛最高奖，《楼长嫂子》《百鸟朝凤》等7部大型剧目成功入选“百年征程、时代华章”庆祝中国共产党成立100周年山东省优秀剧目展演。菏泽戏曲的发展之路，也是生生不息的创新之路。精品剧目的打造，戏曲音乐、舞台美术的创新设计，凝聚着广大戏曲工作者的智慧和心血，为古老的地方戏曲注入新的生机，使之与时代同步。

“粉墨生涯”包括戏曲大师、梅花金奖得主、戏曲名家三个板块。介绍了艺术造诣深厚的不同剧种名人名家，他们在不同时期的戏曲舞台上，塑造了许多光彩照人的艺术形象，打造了一批在全省全国影响深远的优秀剧目。在菏泽这块沃土上，戏曲名家辈出，为中国戏曲发展做出了巨大的贡献。其中从这里走出的著名豫剧表演艺术家马金凤、崔兰田，中国戏剧梅花奖获得者章兰、朱巧云、朱桂芹、李新花等一大批在全国享有盛名的戏曲名家，恰如群星闪烁，魅力无穷。从所收录的70余人中，再现了菏泽戏曲舞台上不同剧种的梨园名家及剧坛新秀的风采。中华人民共和国成立后，菏泽各类剧目获省级以上金、银、铜牌奖和一、二、三等奖近200项。菏泽地方戏曲的诸多项目，入选了山东省首批非物质文化遗产名录，刘桂松、王凤云、何西良、李艳珍、黄遵宪、孔祥启、季玉玺、张元秀、陈泽川、陈凤娥，也分别被评为山东省首批非物质文化遗产项目代表性传承人。为了繁荣戏曲文化艺术，菏泽市采取政府扶助、企业挂靠、自谋发展等多种措施，市及县区国有文艺院团改革圆满完成，菏泽市地方戏曲传承研究院和县区地方戏曲保护中心先后组建，11个县级剧团运作良好，200多个民间业余戏剧团体活跃于乡间，精心打造的一批剧目屡获国家级、省级文化大奖，一批戏剧艺术家获得“百花奖”等各类奖项。令人遗憾的是，尚有不少著名艺人，因年代久远，有的只留下艺名或名字及擅演剧目，未能进行详尽的考证，但他们对菏泽地方戏曲所做出的贡献，后人难以忘怀。还有许多有影响的后起之秀，这些新老优秀艺人，本应设个“名伶列传”栏目逐一介绍，限于资料和篇幅，故有的只在有关部分提到，未能一一展示。

第一章　梨园春秋

第一节　戏苑沧桑

一、历史悠久的菏泽戏曲

菏泽，古称曹州，地处中原腹地，文化底蕴丰厚，是齐鲁文化和中原文化的交汇地，集儒释道文化之大成，“襟带河济，控扼鲁宋”，号称“天下之中”。

这里戏曲活动历史悠久，剧种丰富。属于梆子声腔系统的山东梆子、枣梆、大平调和弦索声腔系统的柳子戏、大弦子戏，以及在民间花鼓基础上形成的两夹弦、四平调等民间小戏剧种，充满着浓郁的地方色彩和乡土气息。此外，豫剧、京剧、评剧、河北梆子、曲剧等外来剧种也在此影响较大。因其剧团多、名演员多、剧种多，故被省内外专家誉为中国戏曲声腔剧种博览会和展览馆，素有“戏曲之乡”的美称。

以存留文物而言，菏泽在隋唐之前即有乐舞表演及戏曲萌芽之征象，与之有关的文字资料记录可追溯到金代。据金代元好问《曹南商氏〈千秋录〉后记》载，崇庆二年，即至宁元年，黄裳榜词赋进士第、特恩第一人（即状元）商衡，兄弟三人，长曰衡，字平叔；仲曰道，字正叔；季曰衎，字信叔。其中商正叔（1189—1260，今菏泽市人）“滑稽豪侠，有古人风”，为金代诸宫调，散曲作家，官学士，善撰词曲。曾与张五牛合编过《双渐苏卿》诸宫调，由赵真真、杨玉娥演唱。被称赞为“重编如添锦上花”。（见《青楼集》）苏小卿月夜泛茶船和双渐、苏卿的故事，流传甚广，至今山东五音戏、吕剧、柳琴戏仍保留着《双生赶船》这一古老剧目。

到了元代，杂剧早期作家，山东籍颇多。当时，山东是元代戏曲主要流行地区之一，元人钟嗣成的《录鬼簿》载有高文秀、张时起、顾仲清、张寿卿、赵良弼、李时中等。其中高文秀是与曹州毗邻的东平人，一生写了不少水浒戏。李时中与马致远同时，均为元贞书会才人。《录鬼簿》说李时中为大都人，但据《元曲家考略》考证，应为山东曹南人（今菏泽市人）。他曾与马致远、花李郎、红字公李二合编过杂剧《黄粱梦》。《黄粱梦》全名为《开坛阐教黄粱梦》或《邯郸道省悟黄粱梦》，今存。其第二折为李时中所作，写汉钟离度吕洞宾事。

宋金元时期戏曲演出一般在瓦肆（或称“勾栏”），艺人到处流动演出，《庄家不识勾栏》散套和《水浒传》第五十一回《插翅虎枷打白秀英》中提到群众围坐戏棚观剧。戏棚门前吊着花绿纸榜，或者挂着金字帐额，旗杆吊着等身靠背，招揽观众。白秀英是“东京新来（郓城）打踅的行院”，擅长“说唱诸般品调”，她演唱的是《豫章城双渐赶苏卿》。由此可以推断，菏泽戏曲应是兴起于金元，并有佳作传世。

明代中叶以后，流行于中原地区的民间俗曲小令深受欢迎。由于社会经济的繁荣，这种适应市民文化生活需要的文艺形式，得到进一步发展。沈德符的《万历野获编・时尚小合》中就载有中原地区流行“锁南枝”“傍妆台”“山坡羊”“耍孩儿”“驻云飞”“罗江怨”诸曲，“不问南北，不问男女，不问老幼良贱，人人习之，亦人人喜听之”。很多俗曲曲牌都见于后来流行的柳子戏、大弦子戏等弦索声腔系统（或称“明清俗曲腔系”）戏曲剧种。柳子戏（弦子戏）就是在弦索清唱的基础上，经过化装表演唱，逐步过渡形成戏曲剧种的。早期剧目《陈妙常思夫》《貂蝉思夫》《莺莺思夫》等“十大思夫”，都是由一个旦角主演的独角戏，仍保留弦索清唱的痕迹。

明代的曹州戏曲演出情况，多为庙会、婚丧、还愿演出。据乾隆二十一年编修的《曹州府志》记载，明天顺末（1464年左右），世人在东岳神庙祷赛，优人以《五龙王劈生分子》为戏。明代擅长弦索而不以歌唱著称的就有曹州安廷振，擅弹琵琶；曹州伍风喈，擅弹三弦。李开先之《词谑》中即对其有所赞扬。

明代已有大弦子戏，根据有关史料记载，明中叶已把该剧种作为地方大戏以供敬神之用。大平调和大弦子戏均生成于明代，大平调有三种流派分别是东路平、西路平、河东平，流行于山东境内的黄河之东的“河东平”，又称大梆戏、大油梆。据明弘治十一年（1498）《滑台重修明福寺碑记》中记载：“以上布施除修葺佛塔外，敬献大梆戏、大弦戏各一台”，说明这两个剧种在明代已相当流行。

到了清代，山东梆子也逐渐形成。清乾隆（1736—1795）时人严长明《秦云撷英小谱》载：“院本之后，演而为曼绰，为弦索。……弦索流于北部……陕西人歌之为秦腔。秦腔自唐、宋、元、明以来，音皆如此。反复加以弦索，至于燕京及齐、晋、中州，音虽递改，不过即其本土所进者少变之……”其中的“齐”，即指山东而言。起源于山陕一带的梆子腔，流传到山东后，与当地原有的击节而歌的民间艺术、民间戏曲相结合，且声腔受山东语音的影响，形成了当地的声腔剧种——山东梆子。

范紫东在《法曲之源流》中说：“秦腔入河东，为蒲州梆子、东路梆子、老梆子、河北梆子……越太行而入山东，为曹州梆子，青州梆子、河南梆子等。”现菏泽一带仍在舞台上流行的梆子腔，如山东梆子、平调、枣梆、河南梆子（豫剧）等，早期均是诸腔杂陈的。山东梆子和平调有“笛戏”（吹腔）、“大笛罗罗”（南罗）。

枣梆源自山西上党梆子。远在清代乾隆甲辰四十九年（1784）以前，鲁西南一带有山西商贾唱山西戏，光绪初年山西荒旱，山西上党梆子“十万班”来到鲁西南游动演出。后潘朝旭在郓城等地收徒传艺，教唱“山西泽州调”。原有“昆、梆、罗、卷、簧”五种。后来，各自在流传过程中，逐渐演变为以一种声腔为主的板腔体梆子剧种，形成各自独特的风格，但彼此之间仍保持着密切的血缘关系。1915 年，菏泽地区第一个枣梆科班成立，由艺人吴凤珠创办。先在巨野的龙堌，后移至郓城的吕公堂，教出了王新鼎、梅新贺、朱新同等一批“新”字辈演员。枣梆在几辈艺人演唱“泽州调”的过程中，学习吸收当地兄弟剧种的精华，融合了一些民间小调的演唱风格，在菏泽至山西一带影响广泛。梆子戏传统剧目443出，以演历史故事戏为主，文辞通俗，各流派经常上演的号称“江湖十八本”。据不完全统计，山东梆子与平调相同的传统剧目178出，与莱芜梆子相同的109出；平调与莱芜梆子相同的99出。梆子腔早期伴奏乐器多用大弦（八楞月琴）、二弦（杆短筒大）。后期改为板胡、二胡为主奏乐器。山东梆子和平调早期打击乐器用“四大扇”（大铙、大拨），后通用一般的大锣、水钹。

明清以来，曹州一带戏曲甚为繁荣，戏曲职业班社尤多。清乾隆年间，山东曹州及河南开封、漯河一带发展到18个大弦子戏班社，以后大弦子戏分为“旺”（汪）、“礼”（李）、“敬”三门。据山东省有关资料及人员介绍，郝福云（1880—1971）属“礼”门，东明科班出身。苗玉春（1884—？）为“旺”门传人，曹县曾家大兴班出科，其师杨风彩，艺名“二摆鼻”，在曹州一带颇有名望。“旺”门后继弟子曹景清（艺名“挖苦生”）、小旦王明德（艺名“小明”）等深受群众喜爱。在山东、河南两省有大小十九个大平调班社，艺人们流传着“七东八西莫乱窜，曹州还有五个班”。据艺人们回忆，曹州这五个班社是：东明县包其营“三鳖肚班”和东明集“耿发深班”，曹县“袁家班”，菏泽县“尤家班”和彭堂“天兴班”。清道光中期（约1830年左右），菏泽县成立了“双盛班”，随后又有东明集的“耿发深班”等大平调班社。平调著名艺人菏泽市牡丹区张全臣擅演《滚鼓山》，申德高擅演《战洛阳》，河南南乐人郭盛高擅演《百花亭》。他们继往开来，为百姓乐道。

清末至民国初，仅菏泽就有山东梆子班社100多个，其中比较突出的有1760年左右成立的巨野大姚班、孔班、田家班，曹县大神台刘建才科班，定陶东三义堂班、大兴班、东明西三义堂班等。据《郓城县志》记载：到清乾隆年间，郓城黄岗、蝙蝠刘庄、七里铺、房河口、吕月屯等50多个村庄均成立了柳子戏班社。

1840年鸦片战争后，各戏班为糊口，变为职业班社，首先由姚天吉、姚天福兄弟二人成立了“吉福班”。民国时期，随官屯的刘云驷成立了“义和班”。此外，鄄城、巨野、定陶都有业余班社活动的记载。当时，菏泽地方大戏均成立科班，其中较有名的柳子戏科班是曹县的大曾班、小曾班，定陶的宋楼班和巨野的孙家义班，四科班以字排辈，分别是春、秋、冬、明，巨野柳林人王福润为其宗师。大弦子班社是东明科班、曹县曾家大兴班等。这些班社培养了许多著名演员，他们组织戏班，流动演出甚为活跃。其活动范围大致以菏泽为中心，北到河北大名、石家庄，南到安徽蚌埠、江苏徐州，西到河南开封、郑州，东到临沂等地城镇、农村。其中，大弦子戏著名艺人郝福云，东明郝桥人，聪慧好学，博闻强记，抱本戏300余出，同行奉为良师。大弦子戏另一知名艺人苗玉春，工红脸，其口述的115出大弦子传统剧目，现存藏于山东省艺术研究所。

菏泽地方戏班与外地交流历史已久，尤以与河南等地的戏班为甚。乾隆三十四年（1769），孔府祥庆班曾到郓城演出。河南朱仙镇的《重修明皇宫碑记》中，记载着清同治年间重修明皇宫的捐款戏班70多个，其中就有菏泽县黄集等地的高调（山东梆子）戏班。

曹州梆子历史上贡献颇大，不仅对河南豫东调、沙河调及豫北高调有过浸润催发，还对济宁、泰安一带的汶上梆子有过流布传承。此后，由于与河南等地的戏班交流甚密，河南梆子（豫剧）在菏泽的影响逐渐扩大，其他剧种也相继传播过来。清同治十年（1871），原在北京任武职的张丙坤，调任曹州府军门之职，在其上任之时，从天津带来了一个京剧班社——双庆班。此后，评剧、河北梆子先后传入菏泽，相继在当地成立班社。

这一时期，以“三小”（小旦、小丑、小生）为主的民间小戏剧种，蓬勃发展。曹州一带流行的“花鼓丁香”，与来自黄河北岸演唱“四根弦”剧种的艺人结合，用四胡伴奏，由“坐板凳头”（清唱）或“打地摊”逐步发展为化妆演出。清光绪六年（1880），鄄城引马集白殿玉与艺人结合，将“花鼓丁香”用四弦（又名四胡）伴奏，并受当地柳子戏、梆子戏的影响，逐渐形成“两夹弦”剧种，开始登上舞台，传播到豫东、皖北。1911年徐广思收徒曹县崔兰琴（艺名大金牙）、鄄城大脚二妮为徒，培养出第一代两夹弦女演员。清宣统二年（1910），王玉华在曹州组织第一个两夹弦职业班社——洪兴班，营业演出，并添置戏箱，能演《三进士》等剧。1928年徐广远弟子王文德与张秀香等，组成共艺班，该班贡献巨大，先后涌现出黄云芝、马福琴、李京华等著名演员。

菏泽的另一新兴剧种“四平调”也是由早期以花鼓为主的民间说唱形式，后吸收了评剧、豫剧、京剧等剧种的营养元素逐渐发展而成。起初称“四拼调”，后改名“四平调”。该剧种最早承袭的是安徽花鼓戏，渊源甚重。清之《缀白裘》第六集及清乾隆年间的《百戏竹枝词》（李振声著），都对花鼓有过记载和颂扬。1930年在济南南岗子（今新市场）首次登台演出，成名于斯。

约在清光绪二十六年（1900）前后，山东梆子开始有女演员登台演出，巨野县“女班”中小冷儿（旦）、小景儿（旦）轰动一时。其他戏班也陆续招收女演员，比较著名的有单县的王德兰、“绿大褂子”“红大褂子”（小环）、巨野县孔班的李翠喜等。

除官僚豪绅公宴或喜庆宴会演出外，当时的演出场所为会馆戏楼、庙宇戏台。多建于城乡，每逢庙会或重大节日，为祭神或举行庆贺活动之用，一般不做营业性演出。时值演出，前来观戏者人山人海，络绎不绝，盛况空前。菏泽一带古戏楼较多，由此也可看出演出活动之盛。

据记载，菏泽最早的戏楼要数菏泽城隍庙戏楼，始建于唐贞观年间，明正德年间又进行了大修。据说“大老粗”的高调梆子班、大平调双盛班、柳子戏班、大弦子戏班等常在此演出。单县山西会馆戏楼于清雍正年间修建。前两角石柱上刻有一副对联：“假议传真演古今之奇事，虚踪作实谈历代之余文。”此外还有曹县城隍庙戏楼，定陶县仿山戏楼、小郎神庙戏楼，鄄城县历山庙戏楼，菏泽山西会馆戏楼等。其中菏泽山西会馆戏楼建于清道光十六年（1836），是菏泽城内最早的供戏剧团体营业演出的固定场所。根据当地风俗，迎春、庆寿、贺禧、科名、谢神、起赌，甚至丧葬，都要演戏，此乃“乡风家礼”，或称“礼俗”。曹州一带时称“村村有戏台、夜夜唱灯戏。”

当时城乡除少数固定戏台外，大都使用流动戏台，系木质结构，易搭易拆，便于流动，因而得名。

民国时期，在资产阶级民主革命的影响下，地方戏曲改良运动也悄然兴起。部分教育界人士及剧作家、艺人，曾试图利用戏曲艺术转变社会风气，在传统剧目的基础上，编演新戏。20 世纪 30 年代初，曹州的山东梆子艺人王锡堂（艺名“桂花油”）、刘德润（红脸娃）、黄儒秀（黄娃）、孙子高、赵义庭，崔云芳（女）等，都曾应邀至开封、豫东等地演唱。1935 年在河南开封组织成立的豫声戏剧学社（原称豫声剧院），由樊粹庭担任剧院戏班的总领导，邀请以陈素真为首的杞县班和以赵义庭为首的山东梆子班合作演出（载河南《戏曲艺术》1980 年第 2 期），可见当时山东梆子影响颇大。随后，菏泽一带的戏院也从开封一带邀角，当地不少唱山东梆子的剧团和演员也兼唱豫剧，著名豫剧演员艺术家马金凤、崔兰田都是曹县籍的梆子戏演员。这些交流活动，对梆子声腔的改良发展起到一定的推动和促进作用。

二、战争年代的菏泽戏曲

1937 年抗日战争全面爆发，菏泽地方戏曲受到严重摧残。不少专业剧团被迫解散，艺人们有的回家种田，有的参加了抗日，只剩下个别班社惨淡经营，活动范围大大减小，收入也很微薄。但这一时期的业余剧团活动并没有全部中断，尤其是各县农村，出现了许多柳子戏、枣梆、山东梆子玩友班。这些班社在乡下收徒传艺，流动演出。如定陶东三义堂成员张义臣于 1938 年在黄店、陈集一带招收艺徒 20 余名，并聘请演员数人，其弟子阎金荣掌班，重新打出了东三义堂公班旗号。郓城黄岗、尹庄、刘官屯、潘渡等地先后成立了柳子戏玩友班，各备戏箱，农闲（尤其是春节前后）或大的庙会期间进行演出。有时也在本村或邻村进行清唱，群众叫“坐板凳头”。这些玩友班不仅保存了地方戏的传统艺术，而且为专业剧团培养、输送了大批优秀演员和乐师，如柳子戏名演王良壁、刘仰田、黄遵宪，三弦名手王传明，笛师王传振、李继修等。

在民族危亡的紧急关头，中共中央及北方局帮助山东省委员会组织抗日武装队伍，建立抗日根据地。随着抗日救亡运动的开展，戏剧宣传活动普遍展开。在“服务抗战，宣传群众”的口号下，许多演出团体，运用戏曲形式，编演新剧，进行抗日宣传。1937年冬，梆子民间班社薛家班薛怀玉、王东海等，到抗日根据地单县终兴集演出，在抗日民主政府的组织领导下，成为抗日宣传组织。

1941年春，湖西地委派沈惠民向单县县委传达了《将薛家班划归湖西专署文教科直接领导的决定》，同时委派干部，扩充人员成立湖西流动剧社，演员与部队战士享受同等待遇，既是宣传队，又是战斗队。刘大嵩任指导员，薛怀玉任社长，下设三个分队，以单县为轴心，在苏北、沛县、定陶、成武等地活动，自编小品戏曲、极力宣传抗日救国。各级党委从政治上、思想上、业务上加强对剧团的领导。湖西军分区司令员郭影秋亲自编写《颂水桥》《十二道金牌》等剧本，由湖西流动剧社为战士和群众演出。他还鼓励剧社编写现代戏《过年》《送子参军》《不做亡国奴》等戏，进行宣传教育，激发了群众的爱国热情。山东梆子艺人任心才与同事们对侵华日军深恶痛绝。为表反抗，每到一处便演《反徐州》，把日军当作剧中的宛颜龙，以泄愤懑。同一时期，大平调班社合义班，也开始接受共产党的领导。在当时解放区的安陵县（今牡丹区大黄集乡）、南华县（今牡丹区高庄镇一带）人民政府召开群众大会时，常先由合义班演出。上演了一批现代戏，表现反霸除奸、团结抗日的《李正劝妻》《扔石头》《一盒火柴》和反映军民大生产、齐心支援前线的《军民大生产》等，对当时革命战争，起到了一定的宣传和鼓动作用。

解放战争时期，由于解放区的发展和巩固，广大军民对文艺的需求日益迫切，戏曲活动更加活跃。除去湖西流动剧外，主要有1944年成立的新声剧社（柳子戏曾家班）和1947年5月成立的冀鲁豫二专区文工团。同年11月，该文工团在郓城县举办艺人培训班，参加培训的有枣梆、高调演员80余人。培训结束后，成立民声剧社。此外，还有冀鲁豫五专区群众剧社，它是由五专区宣传队（多为大弦子戏演员）和光明剧社（高调）合并而成。剧社汇集了众多著名艺人，如枣梆赵凤来、梁宝兴、王圣乐，山东梆子艺人杨树清、王锡堂，大弦子戏艺人牛福元、杨明学、陈贯福等。在政府指导下，剧社配合战争需要编创新戏，改革旧剧，积极进行宣传演出。湖西流动剧社演出的《改造二流子》《互助有力量》《白毛女》《小二黑结婚》等，在当时影响很大。另外，张民权、武斌创作的《西店子》、王焕亭创作的《父子婚姻》和新编历史剧《黄巢起义》《闹登州》等深受广大军民的欢迎。

冀鲁豫边区艺人除编创新剧目外，还整理改编了大量的传统剧目，并经常在济宁、单县、曹县、齐滨、东明、考城等地农村演出，宣传了党的政策，鼓舞了军民的斗志。解放军打到哪，剧团就演到哪，为革命战争的胜利，做出了积极的贡献。

三、中华人民共和国成立后的菏泽戏曲

中华人民共和国成立后，在中国共产党和人民政府的领导下，菏泽的政治、经济、文化全面发展，戏曲工作也开创了新局面。

1949 年菏泽专署教育科成立，领导全区文化教育工作。为创造新剧目，改造旧艺人，培养新演员，抽调部分新文艺工作者参加戏曲改革，对全区剧种剧团进行普查，重点进行业务辅导，分批培养戏曲演员。与此同时，菏泽专区还选派 13 名戏曲干部参加山东省文化局举办的戏曲培训班。通过培训，戏曲专业人员的思想、业务水平得到提高，许多艺人加入中国共产党，创作演出热情高涨。《闹登州》《打渔杀家》等近 200 个新编及传统剧目获准上演。剧团排演了《三打祝家庄》《王贵与李香香》等，并举行全区抗美援朝义演和全区戏曲会演，参加演出的有高调、平调、两夹弦、枣梆、大弦子戏五个剧种。地县两级专业戏剧团体相继成立，全区半农半艺的戏剧演出组织曾一度发展到 400 多个。很多戏曲班社、职业剧团在原来的基础上加以改造、整合。主要有菏泽专署人民剧社一组、二组，郓城县文娱剧社，梁山县大众剧社，郓城县工农柳子剧团，菏泽县新生剧社，曹县大众剧社一组；同时河西董大弦子戏班也收为专业剧团，定名为定陶县曙光剧团等。为加强党和政府对职业剧团的领导和管理，使剧团逐步走上正规化的道路，1955 年 6 月，政府对全区 32 个职业剧团进行登记。

为加强艺术创作，1953 年成立菏泽专区剧目工作组，抽调各剧团编导人员，加工改编《黄牛分家》《两架山》《金麒麟》等一批传统剧目，创作了《万紫千红》《牡丹向阳开》等一批现代戏；挖掘、记录、整理了山东梆子、枣梆、大弦子戏等地方剧种传统剧目，并协助山东省戏曲研究室编印了《山东地方戏曲传统剧目汇编》。1954 年 8 月，菏泽专区组织代表队选出两夹弦、枣梆、大平调、柳子、大弦子、梆子、豫剧中的 17 个剧目参加山东省第一届戏曲观摩演出大会，黄云芝、梁保兴、张春雷等 9 名演员获演员奖，赵凤来、黄儒秀、张文祥、刘君秋等 7 名演员获奖状。同年 11 月，《黄牛分家》《黄桑店》《盗骨会兄》等剧目，参加华东区戏曲观摩演出大会，张春雷、刘君秋、刘玉朋、何东明获二、三等演员奖，《黄桑店》《黄牛分家》获演出奖，张玉芝获乐师奖。会演结束后，菏泽专署人民剧社一组参加山东省春节慰问团，慰问中国人民解放军驻山东部队。

菏泽专区广大文艺工作者积极贯彻全国第一次戏曲剧目工作精神及省文化局提出的“全面挖掘，分批整理，重点加工，结合演出” 的号召，深入挖掘，积极创作，使全区戏曲领域出现了繁荣可喜的局面。1955 年 12 月，菏泽专区举行第一届戏曲观摩演出大会，共演出 51 个剧目。1956 年，菏泽专区代表队参加山东省第二届戏曲观摩演出大会，演出 12 个剧目（7 个剧种），整理改编的传统剧目《两架山》《栖梧山》《拴娃娃》和现代戏《万紫千红》获剧本奖，《万紫千红》获演出二等奖，《换亲》《白兔记》等 4 个剧目获音乐演出奖。刘桂荣、刘君秋、杨梅兰、张玉霞、张春雷、孔繁琦、黄云芝、任心才获演员一等奖，刘兆伦、刘翠仲等 8 人获演员二等奖，时化亭、王玉成等 11 人获演员三等奖，张全臣、牛银河、苗玉春获老艺人奖，田春阁、赵海如、曹德仁、程秀启获乐师奖。演出期间，文化部艺术管理局局长和中国戏剧家协会主席田汉专程到济南观摩戏曲演出的部分节目，并接见参加会演的窦朝莱、张春雷等 13 名主要演员。

从同年 11 月 10 日起，山东省文化局举办第二期戏曲演员讲习会，参加学习的有 17 个剧种的 114 名演员，其中有黄儒秀、黄云芝、姚月芝等，历时三个月。随后，菏泽专区相继成立戏曲管理、培训机构。1958 年 8 月成立了菏泽专区戏校，同年 11 月改名山东省菏泽戏曲学校，正式成为中等艺术专科学校，开始培养戏曲人才。

20 世纪 60 年代初，根据中央提出的“调整、巩固、充实、提高” 的经济工作方针，对县一级专业戏曲演出团体多次进行调整，部分剧团被撤销、合并，外调至济南、临沂、开封等地，使全区剧种分布趋向合理。菏泽专区人民剧团和郓城县工农剧团先后调省城济南，成立了山东省梆子剧团和山东省柳子剧团。1960 年菏泽地方戏曲院成立，将合并后的专区两夹弦剧团、大弦子剧团、枣梆剧团等 7 个剧团统一纳入菏泽地方戏曲院管理。该院先后举办编导、表演、化妆培训班，创作讲习班，并加工整理了枣梆《徐龙铡子》《求妻闹店》等，大平调《百花亭》、大弦子戏《金麒麟》、山东梆子《闯幽州》等传统剧目。通过调整，菏泽的戏剧舞台再次出现了繁荣景象，现代戏、传统戏和新编历史剧三者并举，优秀剧目不断涌现。

1959 年 9 月，菏泽专区两夹弦剧团携剧目《锦缎记》《站花墙》《三进士》参加山东省庆祝中华人民共和国十周年演出。同月，两夹弦《三拉房》及柳子戏《玩会跳船》《张飞闯辕门》、山东梆子《墙头记》在济南为毛泽东等党和国家领导人演出。11 月，山东省文化局组成山东省两夹弦、柳子戏、柳腔联合演出团进京汇报演出，历时 45 天，曾三进中南海怀仁堂演出，演出了《三拉房》《拴娃娃》《站花墙》《孙安动本》等剧，受到刘少奇、周恩来、朱德、陈毅、彭真、郭沫若等党和国家领导人的亲切接见。梅兰芳等艺术家曾在《人民日报》等报刊上撰写了《东柳垂青》等文章，给予较高赞誉。柳子戏《孙安动本》等剧目的改编演出，救活了濒于灭亡的古老剧种柳子戏，并被拍摄成戏曲艺术片。

在随后的几年里，菏泽的戏曲工作者，积极排演传统戏并创作现代戏，举办全区现代戏会演，并赴省汇报演出现代戏《牡丹向阳开》《春风桃李》及传统剧目《徐龙铡子》《求妻闹店》等。菏泽专区枣梆剧团曾在济南南郊宾馆向朱德、贺龙、罗瑞卿等党和领导人汇报演出现代戏《牡丹向阳开》，菏泽专区两夹弦剧团向朱德委员长汇报演出《向阳人家》。菏泽专区组成代表队多次参加山东省青年演员会演、山东省现代戏会演、山东省新创作戏剧会演等，硕果累累，誉满省城。这一阶段是菏泽戏曲的极盛时期。

1966年“文化大革命”开始，菏泽和全国各地的戏曲事业同样遭到空前浩劫。菏泽专区两夹弦剧团、大弦子剧团、柳子剧团等被撤销，许多老艺人、主要演员、剧作家受牵连，被迫害。两夹弦主要演员黄云芝、山东梆子老艺人黄儒秀、柳子戏音乐工作者庞礼，均惨遭迫害致死。许多剧目被加上莫须有的罪名，被打入冷宫。不少剧团被解散，仅1968年强行解散的戏剧团体就有15个之多，老艺人、演员被迫改行。菏泽地区枣梆剧团被迫改唱京剧，成为不伦不类的“枣京”。全区文艺界的正常工作全部打乱，专业文艺团体停止演出，古装戏服装、道具全部被焚毁。菏泽地区各专业文艺团体及业余文艺宣传队，纷纷学唱“样板戏”，演一些配合政治运动的宣传节目。剧团曾组成慰问团，先后到济南军区及山西长治、高平等地慰问演出。当时虽然也多次举行全区新创作文艺会演及专业剧团调演，但戏曲依然是百花凋零的局面。

1976年粉碎了“四人帮”，菏泽戏曲进入新的发展时期。一些冤、假、错案得到纠正，受迫害的戏曲工作者被平反昭雪。地方剧种、剧目、剧团得以恢复和发展，长期受禁锢的优秀剧目《孙安动本》《墙头记》陆续恢复上演。曹县平调剧团、单县豫剧团、成武县四平调剧团、巨野山东梆子剧团等戏曲团体继而恢复。一些享有盛名的老演员、中年演员刘玉朋、刘君秋、刘桂荣、赵凤来、郭盛高等重返舞台。戏曲舞台上重现百花争妍、繁荣昌盛的景象。

随着党的十一届三中全会的召开，菏泽地区文化艺术主管部门，积极贯彻落实党的方针、政策，切实做好艺术生产力的组织工作，加强戏曲创作机构建设，调动创作人员的积极性，编演出不少优秀剧作。在菏泽地区新创作文艺会演中，参演人员多达544人，演出节目65个；庆祝中华人民共和国三十周年专业剧团献礼演出，全区参演剧团8个，演出剧目12个；此外，全区业余剧团会演，有13个业余剧团参加，演出剧目14个。1978年12月菏泽地区选拔两夹弦《相女婿》、枣梆《牵牛记》、山东梆子《生日》参加了山东省戏剧会演获演出奖。次年10月，定陶两夹弦剧团创作演出的《相女婿》进京参加中华人民共和国成立三十年献礼演出，获创作二等奖、演出三等奖。同时，该剧被山东电视台录制成电视戏曲片，这是菏泽戏曲复苏之后的戏苑收获的又一喜人硕果。此后，菏泽地区创作、排演的大平调《后娘心》、豫剧《牡丹案》、两夹弦《红果累累》、四平调《春暖梨花》、山东梆子《五品夫人》等剧目参加山东省第一届、第二届、第三届戏曲演出月，先后获创作奖、音乐设计奖、舞美奖、伴奏奖等，另有1人获演员奖、3人获优秀表演奖、11人获表演奖。这些演出是对菏泽戏曲战线成就的大检阅。在会演调演中，也涌现出许多新剧本和一批后起之秀，为菏泽今后戏曲的发展奠定了基础。

这一阶段，地方戏曲交流日益频繁。1984年1月，著名豫剧表演艺术家马金凤返回家乡，演出《穆桂英挂帅》。1985年，东明县大平调剧团赴京进行慰问演出古装戏《姊妹皇后》。演出期间，著名戏剧家马少波为剧团题词："庶嫡长幼惟贤能，叵测萧墙蛇蝎心。平调一声澄雾障，牡丹故里报新春。"乔羽赞誉郭盛高的唱腔"玉润珠圆"。

为培养戏曲后继人才，菏泽地、县两级文化部门开办艺术学校，举办多期不同规模的戏训班，培养了一大批戏曲新生力量，对菏泽戏曲的发展起到了积极的推动作用。各地业余剧团纷纷建立起来，仅郓城枣梆剧团就有9个，常年在周边地区进行演出活动。

20世纪80年代中期以后，由于市场经济的发展，人们娱乐形式的多元化，部分剧团由于过分保守，剧目缺乏创新，演出市场亦逐渐萎缩，生存举步维艰。有的剧团解散，演员改行。但地方戏曲这一优秀的传统文化经过数百年的沉淀，形成了其独有的文化特质，有着较强的生命力和群众基础。在戏曲处于低谷时期，仍有不少剧团和戏曲演员固守着这块戏曲演出阵地，长年活动于百姓中间。

为挽救地方戏曲，菏泽地区有关部门采取多种措施对专业艺术表演团体进行调整，妥善安置老艺人，加强戏曲创作和人才的培养。1985年菏泽艺术学校在戏训班的基础上正式成立，开设戏曲专业，为县区剧团培养戏曲演员。

他们排演的《杀宫》《梨花诉堂》《能干闹房》《三拉房》《小宴》等剧目，多次参加山东省中等专业艺术学校教学剧目展演及会演，均获奖。在山东省中等专业艺术学校会演中，菏泽艺校参赛 8 个节目，获 9 个奖项，名列前茅，威震省城。随后菏泽戏曲舞台上捷报频传。1991 年 10 月，何西良、薛建华、李新花等 6 人参加山东省地方戏中青年演员比赛，分别获表演一、二等奖和表演奖。1992 年 7 月，菏泽地区枣梆剧团创作排演的《生儿容易养子难》，参加“天下第一团”优秀剧目展演（北方片），获剧目奖，房灵鹤、王福俊、张文英、张新让获优秀表演奖、表演奖，魏清风、苏本栋获音乐奖。同年牡丹区大平调剧团创作、演出的现代戏《张三李四》进京演出，中国剧协主席张庚观看演出后给予高度评价，赞誉该剧生活气息浓厚，是出好戏。中国剧协副主席马少波欣然为该剧团题词：“积重难返怨恨深，张三李四智愚分。移风易俗生花笔，一曲新歌警世人。”

进入 21 世纪，菏泽的戏曲又迎来了新的发展机遇。2000 年，在菏泽市政府的关怀下，成立拯救地方戏基金会，为剧目生产演出提供了一定的资金保障。随着菏泽市委、市政府建设“文化大市”战略决策的实施，“发挥资源优势 振兴戏曲之乡”成为广大戏曲工作者的共识。为整合地方戏曲资源，次年 10 月，成立菏泽市地方戏剧院，濒临解散的市豫剧团、枣梆剧团纳入市地方戏剧院统一管理。市地方戏剧院多方争取资金，实行文企联姻，并对两剧团在领导任用、演员聘用，工资分配等方面进行了改革，两剧团恢复了生机与活力。整理加工了《珍珠塔》《素兰告状》等传统剧目，移植改变了《杜十娘》《状元泪》《杨门女将》等传统剧目，创作了现代戏《山东汉子》等，两团每年演出达 700 余场。戏曲的兴盛也带动了文化产业的兴起，梨园剧场、文化艺术发展中心相继成立。2005 年，在菏泽市文化主管部门及定陶、成武县委、县政府的关心支持下，定陶县两夹弦剧团、成武四平调剧团重新组建，担负起发展传承地方剧种的重任。截至 2006 年底，全市共有专业剧团 11 个，民营剧团 40 余个。这些剧团常年活跃于山东、河南、河北、山西、江苏、安徽等周边几省城市、农村。

这一时期演出比赛活动异常频繁，各类戏曲演出异彩纷呈。菏泽市委、市政府于 2001 年举办了菏泽市首届戏曲节，并决定每隔三年一届，戏曲节是对市、县级剧团的大检阅、大促进。山东省举办的文化艺术节，为地方剧团提供了展示的平台。到 2006 年为止，山东省文化艺术节已举办八届，菏泽均有枣梆、大平调剧目参演，且获诸多奖项。菏泽市、县区剧团创作演出豫剧《乡下娘儿们》《车马店风情》，两夹弦《风水宝地》，大平调《法魂》《好人二叔》《天职》，枣梆《人情鬼债》《走出大山》《包公卖官》，山东梆子《龙门渡口》《选村官》《山东汉子》分别参加第二、第五至第八届山东文化艺术节，获剧目、编剧、导演、作曲、舞美、表演等诸多奖项。现代戏《法魂》《走出大山》《龙门渡口》《选村官》《山东汉子》均获山东省“五个一精品工程”奖。其中山东梆子现代戏《山东汉子》继荣获省、国家级多项大奖后，2004 年参加第七届中国艺术节，获文化新剧目奖及文华剧作奖、导演奖、音乐创作奖、表演奖。2003 年、2004 年两次进京演出，并入选 2005—2006 年度、2006—2007 年度国家舞台艺术精品工程。山东省文化厅及菏泽市委、市政府对市文化局、市戏剧院、《山东汉子》剧组及有关主创人员记功表彰。

丰富多彩的戏曲活动推动了菏泽戏曲事业的发展，一批优秀的戏曲演员脱颖而出。继赵义庭、黄儒秀、张春雷、马金凤、崔兰田等老一辈表演艺术家之后，菏泽戏苑里名家荟萃、梅花凝香。章兰、朱巧云、朱桂芹、李新花先后登上第十届、十三届、十六届、二十届中国戏剧“梅花奖”的领奖台，为菏泽戏曲添上了亮丽的一笔。中青年演员何西良、刘翠芳、高凤兰、李健及菏泽市首届戏曲“十大名演”等，日渐声名鹊起，传递着菏泽戏曲发展的薪火。除专业戏曲演员外，菏泽也有不少业余戏曲演员不断成长，鄄城的孙鸿雁一举夺得河南电视台“梨园春”栏目五年戏曲擂主争霸赛金奖霸主奖杯。菏泽悄然兴起的梨园小剧场，为戏曲演员、戏迷观众提供了展示戏曲风采的平台。

2006 年，在菏泽市委、市政府的关心支持下，成立市非物质文化遗产保护中心。菏泽市艺术研究所、市戏剧院组织有关专家、业务人员对市地方剧种、曲种进行了深入普查、挖掘、整理、抢救工作。山东梆子、枣梆、大平调、两夹弦、四平调、大弦子戏入选山东省首批非物质文化遗产名录（柳子戏已于2005年入选国家级首批非物质文化遗产名录）。历经数百年优秀传统文化积淀的地方戏曲，形成了其独有的文化特质与风采，这朵艺术奇葩将在菏泽这块戏曲沃土上绽放出更加绚丽的花朵。

第二节　剧种撷英

一、美不胜收的当地剧种

山东梆子

山东梆子又名“高调梆子”，简称“高梆”。约在明代末年，陕西、山西一带的梆子腔越太行而入山东，流行至菏泽而成曹州梆子，继而东进形成汶上梆子，完成了高调梆子的流布历程。山陕梆子传播到山东后，接受了当地语言、民间歌曲、戏曲声腔的影响，逐渐演变发展而成为当地的声腔剧种——山东梆子。

该剧种形成最早的区域在鲁西南菏泽，其主要分布以菏泽市各县为中心，遍及济宁、泰安、聊城、临沂的不少市、县，约占多半个山东。流行范围东到黄海之滨的临沂市，西到河南省开封、郑州，南到江苏省的徐州、安徽省阜阳及蚌埠，北到河北省大名、石家庄等地。

据清乾隆年间严长明《秦云撷英小谱》、乾隆五十年（1785）刊印的吴长远《燕兰小谱》记载及老艺人讲述，早在明末就有本地梆子戏存在，清末已相当流行了。在乾隆年间，已有山东籍的梆子演员进京演出。

解放初期，菏泽就有业余梆子班社100多个。较有名的有牡丹区的曹楼曹家班、锅饼口刘惠廷班、张丕荣班、龙王冯班；定陶县的大兴班、东三义堂公班；曹县的牛家班、吕围子班、孙老家班；巨野县的大姚班、大义集班、田家班；郓城县的富胜班、王沙窝班、八班；东明县的西三义堂班；单县的黄鹤楼班；鄄城县的吕家庄大吕班、董口班、箕山王二麻子班；成武县的三班等。其中，大姚班、田家班都有300年以上的历史。约在1900年前后，巨野县创办了女班，山东梆子开始有女演员登台，其他班社也陆续增添了女演员扮演旦角。

上述这些班社，培养了一批又一批优秀演员，如人称“戏子状元”的红脸岳登鹏、黑脸“大麻子”张学为、“花脸兴”岳兴、“红脸王”刘德润、红脸“新头”许中新、小黑头“活杨七”薛忠奎、文武生“黄娃”黄儒秀、黑脸“一声雷”张朝云、红脸“舍命王”郭进安、旦角“老少迷”周兴花、花旦“银铃铛”、红脸“小垫窝”任心才等。他们唱、念、做、打俱佳，红极一时。

山东梆子的角色行当传统上划分为生、旦、净、末、丑五种，后来又按照“五生四旦四花脸”三大门头十三行体制规范，现行的角色行当体制，分属生、旦、净、丑四大门类。山东梆子在长期的发展过程中，凝聚了艺人们的智慧，形成了许多独具特色的戏曲脸谱、面具、头饰等造型艺术。

山东梆子脸谱可细分为“红脸”“黑脸”“白脸”“小花脸”及其他“勾脸”等种类。如《赵公明下山》中的赵公明，首次上场仅勾画黑三角眼；二次上场勾画黑眉及蜡签；三次上场在眼下勾红色纹饰；四次上场用“尖子号”嘴的铜箍做眼睛的局部塑型，口含四枚弯猪牙充作“獠牙”。这些变化层次显示出该角色的前后变化。

再如程咬金在《豹头山》《花打朝》中，因年龄不同就有不同画法：前者是年轻的，画红豆腐干，额画红色桃形；后者画红元宝，额画八卦图。画法不同，所表现的人物性格特点各异，或诙谐、或爽朗。又如包公的脸谱，其他剧种额上的月牙是独立的，而山东梆子的包公，额上的月牙却与右眉连在一起，直到老年，月牙和眉才分开，但月牙内又加进了紫色，不同于其他剧种。其他如郑恩的红黑阴阳脸，马武的“三角眼、五道眉、点麻子”，杨广的“白脸，红额上加黑蜘蛛”，以及《后楚国》中伍大郎与《八件衣》中马洪的窗棂脸等，都是固定而又颇具特色的专用脸谱。

山东梆子有一些特殊的面具，分“假面”“磕脑”和“局部塑型”几种，形态夸张生动，有“俊扮”化装和“脸谱”不可替代的优长之处，主要适合表现神仙鬼怪及各种动物形象。假面有布质和纸质两种质地，有整脸和半截脸之分。如《虎丘山》中的“小鬼”以纸条贴面，只露出一张小嘴和一对小眼，新鲜独特；磕脑如《拉刘贾》中的低头鬼，出场时头顶着硕大的鬼脸磕脑，走矮步，显得角色低矮；局部塑型如山东梆子《黑下山》中的赵公明、《拉刘贾》中的判官佩戴“獠牙”，以典型部位的夸张、变形为其基本特征，造型鲜明。另外，有些剧目的装扮均具有“形儿”的特征，如《黄牛分家》中的“黄牛形”，《拉刘贾》中“独角鬼”“高头鬼”等。

山东梆子唱腔是板式变化体，唱词结构为上下句式。男角（主要指黑脸、红脸）唱腔起初采用“大本腔”（本嗓），后改用“二本腔”（假嗓）或“夹本腔”（真、假嗓结合）。嗓音高亢洪亮，刚劲激越，富有浓郁的地方色彩。女角唱腔则以清晰、明快、俏丽、挺拔而博得广大观众喜爱。

常用的唱腔板式可分为四大类：（1）慢板，包括［慢板］［中慢板］［破字慢板］［金钩挂］［上五音］，以及由此派生的［二凡］［一句正］［一句落］等。（2）流水板，包括［流水板］［快流水板］［一串铃］，以及由此派生的［一锣切］［仓令仓］［倒送板］等。（3）二八板，分为［二八板］［慢二八板］［中二八板］［紧二八板］，以及由此派生的［一鼓二锣］［呱打嘴］［倒反拨］［嘟噜锤］等。（4）散板，分为［飞板］［栽板］［滚白］［起板］。除以上四大板式外，另有［导板］［哭剑］［叫板］［三哭腔］及演出神戏时用的［吹腔］等。

山东梆子丰富的声腔板式和多种多样的伴奏曲牌、鼓经，使其音乐既生动又通俗，深受观众喜爱。一些优秀艺人脍炙人口的唱腔，也通过观众之口飘荡于广袤无垠的鲁西南平原，形成了历经多年的文化特质和风采。

山东梆子表演程式丰富，动作粗犷，架势夸张，不同行当的表演异彩纷呈。除传统的基本表演身段外，很多戏中有独特的演技，如叼翎窜椅、二郎担山、漱牙、活腮等，多已失传。著名演员黄儒秀的变草帽圈，变化多端，这一技巧功法传于弟子段佑海。为使其传承下去，段佑海又将此技悉心授予弟子王常磊。

山东梆子的传统剧目十分丰富，题材广泛，表现力强。经常上演的剧目有600余个，如《宇宙锋》《王二姐抛彩》《红鬃烈马》《大登殿》《玉虎坠》

《老羊山》等。中华人民共和国成立后，经过整理的传统剧目有《两狼山》《黄牛分家》《烧桃园》等。创作的现代戏有《前沿人家》《三回船》《七品红娘》《万紫千红》《拣豆种》《柳下人家》等。

菏泽地区的山东梆子剧目，曾多次参加华东地区戏曲观摩演出和国家、省市级戏剧会演，均受到好评。这期间又涌现出刘君秋（小生）、刘桂荣（青衣、花旦）、杨梅兰（旦）、刘桂松（青衣）等优秀演员。

巨野县山东梆子剧团改编、排演的传统戏《老羊山》，被山东电视台摄制成电视艺术片在全国发行。新编历史剧《程咬金招亲》在全国调演中，获剧本、导演、演员、舞美、音乐设计及伴奏 6 个奖项。根据蒲松龄著作改编的《墙头记》，已摄制成戏曲艺术影片。

郓城县山东梆子剧团排演的现代戏《龙门渡口》，在 1995 年第五届山东文化艺术节中获 7 项奖；1997 年获第三届山东省“五个一”精品工程奖，并在全省地方戏邀请赛上获 12 项奖；之后，又被摄制成电视艺术片。2002 年，郓城县山东梆子剧团排演的现代戏《选村官》获第六届山东省“五个一”精品工程奖。

菏泽市戏剧院 2003 年创作、排演的山东梆子现代戏《山东汉子》，先后获第七届中国艺术节文华新剧目奖和 4 个文华单项奖、第十一届中国人口文化奖戏曲金奖和 6 个单项奖、第八届山东文化艺术节大奖和 8 个单项一等奖、山东省第七届“五个一”精品工程奖，并成功入选 2005—2006 年度国家舞台艺术精品工程初选剧目，受到山东省文化厅和菏泽市人民政府的记功和嘉奖。山东文化音像出版社出版发行的《山东汉子》DVD、VCD 光盘在全国发行。

山东梆子历史悠久，剧目丰富，唱腔高亢动听，在鲁西南一直是十分活跃的剧种，深受当地群众欢迎。

枣梆

枣梆原名“本地 zhao”，由山西上党梆子流入菏泽后，受当地语言影响逐渐演变发展而成。旧时贬称山西人为“zhao 子”，故称山西传入的梆子为“zhao 梆”。1960 年，谐其原音，并因以枣木梆击节伴奏，便将剧种定名为“枣梆”。

枣梆已有100多年的历史。从菏泽山西会馆道光十一年（1831）所立的碑碣中可以看出，远在清乾隆甲辰年（1784）以前，山西人在菏泽一带“远服贾而通货贿”。山西商贾中有会唱山西戏的，便于闲暇时教当地人清唱，时称“泽州调”。学唱的人增多了，便有了唱“围鼓戏”的习俗。

清光绪初年，山西遭受灾荒，有个戏曲职业班“十万班”来到鲁西南，在菏泽、郓城等地流动演出一年多。于是，山西“泽州调”在郓城等地播下了种子，并逐渐传播开来。最早被聘为教师的山西艺人是潘朝绪（绰号“大闺女”，枣梆艺人尊称他为“潘师爷”），先后在郓城的刘口、樊庄、郭屯、于庙、张集等地正式收徒授业。两年后，第一个职业戏班“义盛班”正式组成，把“围鼓清唱”搬上了舞台。之后，郓城、鄄城、巨野等县一些地方的群众自动聘师学艺，筹办科班。1915—1938年，先后办起了郓城县吕公堂科班、唐店科班、樊庄科班、于庙科班和鄄城县苏楼科班等。这些科班培养了一茬茬艺人，也涌现了一批名伶，如樊武扎（旦）、吴凤珠（旦）、王新鼎（黑脸）、梁圣奇（红脸）、梁宝兴（黑脸）、桂相连（旦）、赵凤来（红脸）、于恒久（旦）等。

一代代艺人在演唱的过程中，不断学习和吸收本地剧种的精华，融合了一些民间小调的风格，从而逐渐形成了独具特色的地方剧种——枣梆。枣梆在表演风格上，具有粗犷、豪迈的特色，注重表现力。如《徐龙铡子》中的徐龙，铡子前用甩袖、抖髯、搓手、顿足等一系列身段动作，表现出他激烈而复杂的内心斗争。《绿牡丹》中，骆宏勋和鲍金花比试武功，棍、棒、枪、刀等兵器轮番展示，打得难解难分。两人从两张桌子下依次穿过，惊险激烈，是枣梆独有的表演技巧。在唱腔上，枣梆具有恢宏、健壮的特色，既高亢激昂，又委婉活泼。旦角花腔，更为优美动听。板式、旋律、唱法等，依然保存了上党梆子的唱腔特点，但它不同于上党梆子的一个明显特点是：唱腔中真假嗓结合，真嗓吐字，假嗓拖腔，而且真假嗓变化跌宕，由真嗓突然翻高而成假嗓，假嗓拖音甚长。小生、小旦的拖腔皆用“咦”“呀”，黑脸、红脸的拖腔皆用“啊”“呕”，为群众喜闻乐见，故有“看了头晌看下晌，不听枣戏心痒痒”的戏谚。

枣梆是梆子系统板腔变化体的剧种，有丰富的唱腔板式。主要板式有［大花腔］（四十八梆，现已不常用）、［二板花腔］［流水花腔］［栽板小花腔］［慢板］（二板）、［落二板］［二八铜］（分紧二八、慢二八）、［流水板］［紧垛板］［慢垛板］［小栽板］［大栽二犯］［武二犯］［倒反拨］（多半转垛子板）、［紧反拨］［一串铃］［靠山吼］［三步歌］［武包腔］［娃娃调］［尖板］［奏曲调］［哭迷子］等。其中的［奏曲调］［娃娃调］等，为专戏专用的唱腔板式。

枣梆的二板有［四句二板］［六句二板］，而常用的是“四句二板”。它的开头第一句的重复半句，有时处理为自由节奏，之后再进入慢一板三眼。它结构严谨，曲调优美委婉，是较好的抒情曲调，多用于表达人物恬静、喜悦的愉快心情或深思、平静的叙述。

“流水板”是上下句结构，曲调流畅，在实际演唱中速度变化较大，快唱时跳跃活泼，多用于表达人物欢快喜悦兴奋的心情。慢唱时，较为平静柔和，多用于人物平静的对话及叙事。［倒反拨］字多腔少，富有说唱性。唱时只用于手板击拍，不用梆子，多用于表达大段的叙述或劝说诱导。

［二八铜］是［流水板］速度的加快、曲调的延伸，但因它突然翻上去的高腔假嗓拖音，中间又加打击乐伴奏，或运用似说似唱的表达方式，强化了情绪，显得很有气势，多用于表达人物自豪的叙述和感情冲动的表白。［紧铜］和［二八铜］结构相同，不过紧铜速度快，节奏急促拖腔很长，是一种紧打慢唱形式。它气势浩大，粗犷豪放，多用于表达人物感情十分冲动的争吵或极其悲哀的叙述。［二板花腔］是由二板发展变化而来的，旋律优美委婉，欢快跳跃，多用［小栽板］开头，之后转入该板式，适于表现人物欢快振奋的心情或对景物的赞美。

枣梆常用的丝弦曲牌有［大救驾］［降香牌］［五字开门］［斗鹌鹑］［扬州］［大金钱］［十番子］［肚里疼］、［拉房］、［现鬼牌］、［鬼抽筋］、［狗撕咬］、［上香牌］等数十个。

枣梆常用的唢呐曲牌有［慢欠场］［拜堂令］［朝元歌］［碰门子］［到春来］［打老虎］［急三枪］［滴溜子］［唢呐皮］［吃酒牌］［天下同］［四不像］［四大锣］［朝天子］［水龙吟］［点绛唇］［尾声］［半尾声］等20余个。

枣梆的主要伴奏乐器为锯琴（头把）、二把、三把。锯琴，又名“唧唧唧”，形似板胡而稍短，椿木制筒，前粗后细，也可前细后粗。用梧桐薄板蒙面，杆较短，千斤与筒子之间的距离甚近，码子的位置在梧桐板面的顶端。弓子用一寸左右宽的竹篾制成，上系一绺粗马尾，二轴，二弦，弦用羊肠炮制。锯琴系高音乐器，拉奏时，左手戴着铁质指帽，演奏比较用力，其音色高亢明亮，穿透力很强，音域宽广。二把式样与锯琴基本相同，但筒子前后一般粗细，弓子也用竹篾制成。二把定弦比锯琴低八度，音色柔和、甜美，它起到了辅助于锯琴的效果。三把类似二胡，杆较长。外弦用丝弦，里弦用皮弦。这三种乐器配以笛、笙、三弦、二胡、琵琶等，使其音乐伴奏既豪放激昂又缠绵柔和，从而形成雅俗共赏的独特魅力。

枣梆现存传统剧目仅有七八十个，大部分为历史题材，其中取材于《三国演义》的有《荐诸葛》《连环计》《曹丕射鹿》《八卦阵》（《出祁山》）《天水关》《骂曹》等；取材于杨家将的有《天波楼》《董家岭》《双挂印》《对金刀》《提寇》等；取材于梁山英雄故事的有《坐北楼》《时迁打铁》《翠屏山》《打渔杀家》等。另有一些取材于民间故事的剧目，如《珍珠塔》《五花马》（《绣繻记》）和神话剧《无底洞》《雷峰塔》等。

枣梆还有一些在山东其他剧种中罕见的剧目，如《桃花洞》《小过山》等。《桃花洞》写张三姐下凡与杨天佑结亲的故事。此剧与《梨花集成》中所刊载的《桃花洞》（怀邑王贺成校刊本）基本相同。《小过山》写关索、鲍三娘故事。此外，还有为数不多的生活小喜剧，如《打城隍》《晒鞋》《求妻》等，均以“三小”（小生、小旦、小丑）为主。《求妻》写一贫苦的农家子弟无力娶妻，但他盼望能找到一个如意的妻子，后有一仙女下凡，与他结成夫妻的故事。枣梆的传统剧目中，还有些唱皮黄的剧目，如《天水关》《取巴州》

《沙陀国》《黑风帕》《翠屏山》《梅龙镇》《桑园会》《坐宫》《斩郑文》《李密投唐》《骂曹》《打渔杀家》等十余出。唱罗罗的《时迁打铁》（时迁妻唱罗罗，时迁唱三板笛戏）和唱昆腔的《赐福加官》，这部分剧目已久不演唱。

整理改编的传统剧目和新编的历史剧目有《徐龙铡子》《狄青借衣》《无底洞》《绿牡丹》《赤风剑》《迎风剑》等。菏泽人民剧社二组演出的现代戏《小二黑结婚》，当时在农村中有较大的影响。中华人民共和国成立后，演出的现代戏还有《白毛女》《党的女儿》《柯山红日》《父子双结婚》《小女婿》《金沙江畔》等。同时，创作演出了现代戏《牡丹向阳开》《全家红》《光棍苦乐记》《菊花魂》《生儿容易养子难》《鸳鸯歌》《走出大山》和新编历史剧《包公卖官》等。这些剧目分别在全国、省、市戏曲会演中，获得较多奖项。

目前，菏泽唯一的一个专业枣梆剧团——菏泽市戏剧院枣梆剧团，演员行当齐全，阵容强大。1992 年，在文化部举办的全国“天下第一团”优秀剧目展演中，参演的现代戏《生儿容易养子难》，获剧目、演员等 5 个奖项，受到领导和专家的一致好评。1998 年，创作、排演的现代戏《走出大山》获第五届山东省“五个一”精品工程奖。2001 年，创作演出的新编历史剧《包公卖官》，参加第七届山东文化艺术节，获剧目、编剧、表演等 8 个奖项。

大平调

大平调系梆子声腔剧种，因其唱腔音乐比山东梆子、豫剧、河北梆子的音调低，故称平调；又因其击节用的梆子特大（约 70 厘米长），故被群众称为大梆戏或大油梆，现在统称大平调。

大平调流行地区以曹州（今菏泽市）和河南濮阳、滑县一代为中心，跨越冀、鲁、豫、苏、皖五省边缘地带，西到郑州、陈州，南到徐州、亳州，北到大名、磁州，东到济宁、兖州，号称流行“五省八州”。

大平调有文字可考的历史，可追溯到明代弘治年间。据弘治十一年（1498）《滑台重修明福寺碑》记载：“以上布施除修葺佛塔外，敬献大梆戏、大弦戏各一台。”经考察、研究确认，流行于曹州（今菏泽市）一带的大平调剧种，是该剧种的三大流派之一，即“河东平”，指黄河之东的平调流派。另两种流派一是“东路平”，亦称开州平，以开州（今濮阳）为中心；二是“西路平”，以滑县为中心，亦称滑县平。明清以来，在黄河南北有大小 19 个大平调班社，社会上流传着“七东八西莫乱窜，曹州还有四个班”的民谣。据艺人相传，曹州这四个班是：东明县城南“三鳖肚”班、曹县“袁家班”、菏泽县“尤家班”和“天兴班”。清道光中期（1830 年左右），菏泽县成立了“双盛班”，随后又有东明县东明集的“耿发深班”、曹县的“袁豁子班”、菏泽县尤宝田的“德盛班”等大平调班社相继出现。

这些班社在常年的演出中，先后培养了一批较有成就的演员。如 20 世纪 30 年代的红脸姬天荣（艺名麻年儿）、小生沈金贵（艺名金豆子）、花脸岳秀海（艺名花脸兴）、张全臣（艺名大花脸虎）、申德高（艺名花脸虎），旦角郭文荣（艺名假大嘴）、陈广勤（艺名四夹），小生张合义（艺名小为），红脸牛银河（艺名银娃）、姜玉和（艺名大二小），黑脸张文祥（艺名张二）等。40 年代初，陈桂欣、陈文勤兄弟二人在定陶县陈集收徒传艺，教出一批后起之秀，如红脸郭盛高（艺名小黑牛）、彭盛江等。国家一级演员郭盛高的表演潇洒大方、生动逼真，他在《百花亭》《收姜维》《反徐州》等剧目中塑造的舞台艺术形象，给人们留下深刻的印象，是鲁西南家喻户晓的著名演员。

大平调的唱腔与山东梆子大体相同，但发声一般都用真嗓，唯在慢板、拐头钉等板式的起板中，尾声使用极高的假嗓（也叫“讴腔”，俗称“扬腔”），发声高而细。假嗓有呼、吸两种，用以表达激昂欢快的情绪。红脸、黑脸演唱时有时强调“炸音”。

大平调的角色行当分为“四大门头”，即生、旦、净、丑。表演程式粗犷豪放，刚劲有力，粗中见细，刚中有柔，夸张中不失真实，豪放中追求完美。还吸收了民间武术套路、真刀真枪的开打等表演手段。如《大名府》中卢俊义与李逵开打时，就使用了“镗镰削柳椽”的特技；《李炳下江南》中的“三变胡子”和《下河东》中的“绕花锏”等，都有独到的招式。

大平调的传统剧目十分丰富，能说出剧名的剧目有 700 余个，经常上演的传统剧目有 180 余个。其内容大多取材于《东周列国志》《三国演义》《水浒传》《隋唐演义》《杨家将》《说岳全传》《包公案》《大红袍》等古典演义小说。此类表现帝王将相、英雄豪杰的历史题材，形成了平调剧种黑、红脸戏多、武打戏多、袍带戏多的表演特色。其中《杀朝篡》《楚王灭西》《滚鼓山》《三打金枝》等为平调剧种所独有。《胭脂配》《九头案》《九天庙》《闹竹林》《卖虎皮》等为晚清落魄的文人特意为平调班社编演，进而流行开来。其他的如《百花亭》《李彦龙征南》《栖梧山》《战洛阳》等也风格独具。经常演出的以生角为主的戏有《下高平》《下燕京》《下江南》《反阳河》《晋阳关》《反徐州》《收姜维》《百花亭》等。以净角为主的戏有《战洛阳》《秦香莲》《铡赵王》《赵公明下山》《金鞭记》《张飞滚鼓》等。

目前，菏泽市的大平调专业剧团有两个：牡丹区大平调剧团和东明县大平调剧团。他们创作并演出的许多剧目多次在全国和省地方戏曲会演中获奖。1985 年，郭盛高率东明县大平调剧团进京慰问部队，受到首都官兵及戏剧界的高度赞扬。1985 年 11 月，该团排演的现代戏《好人二叔》参加第五届山东文化艺术节演出，获编剧、剧目等六个单项奖。

1992 年，牡丹区大平调剧团排演的现代戏《张三李四》，参加山东省进京汇报演出团赴京演出，轰动京城，并进中南海向中央领导同志和戏剧专家做专场汇报演出。中国剧协主席张庚观看演出后说：“《张三李四》这出戏，全剧充满着浓郁的生活气息，的确是出好戏。”中国剧协副主席马少波欣然为剧团题诗：“积重难返怨恨深，张三李四智愚分。移风易俗生花笔，一曲新歌警示人。”1994 年，该剧荣获第二届中国人口文化奖二等奖。1995 年，该团排演的大型现代戏《法魂》，在第五届山东文化艺术节上获多项奖励，并获第二届山东省“五个一”精品工程奖。2004 年，在第八届山东文化艺术节上，牡丹区大平调剧团创作、排演的现代戏《天职》获新剧目奖。

两夹弦

两夹弦，又名二夹弦，因其主要伴奏乐器四胡（四弦胡琴）是每两根弦夹着弓上的一股马尾而得名。它主要流行在鲁西南的牡丹区、定陶县、巨野县、郓城县、鄄城县、单县、东明县以及河南省东北部、安徽省北部。

两夹弦在当地又有“大五音”之称，是在鲁西南一带流行的民间艺术形式“花鼓丁香”的基础上发展演变而成的。“花鼓丁香”因花鼓伴唱《休丁香》（《张郎休妻》）而得名。“花鼓丁香”最晚在清代中叶就已在菏泽、曹县、单县、定陶、成武等地流行。其流行形式主要是“坐板凳头”（清唱）或“打地摊”（简单化妆演唱）。最初演唱时，只有两三个人，多在庙会上流动演唱，演出乐器为一面手锣、一个梆子和一个挎在腰侧的凸肚花鼓，没有丝弦乐器伴奏。常用的曲调有[赞子][序子][砍头橛][货郎调][寒韵][平调]等。后来逐渐扩展到七八个人,并采用民间唱小曲时用的四弦胡琴作为伴奏乐器，在唱腔上也有所改进和发展，再加上受到柳子戏和山东梆子等剧种的影响，不断丰富提高，终于形成了独具风格的“两夹弦”剧种。

两夹弦剧目丰富，经典传统剧目有所谓“老八本”（《头堂》《二堂》《休妻》《花墙》《大帘子》《二帘子》《花轿》《抱牌子》）之称。所演剧目多是“三小”（即小生、小旦、小丑）为主角的生活小戏，如《安安送米》《休丁香》《小姑贤》《拴娃娃》等90余出。其独有剧目有《王小过年》《打老道》《吃腊肉》《唐二卖杆草》《翻箱子》《穷劝》《富劝》《贾金莲拐马》等。至于像《唐府吊孝》《海潮珠》《王莽篡朝》《斩杨人》《背箱子》等，显然是从山东梆子等地方戏移植而来的。

初期，两夹弦一直是“玩友会”性质，没有职业班社和艺人。1928年，两夹弦的20多名艺人组成共艺班，主要演员有王文德。他们吸收了山东梆子、柳子戏的表演程式动作，改用二胡为伴奏主弦，并在“北词”（鄄城以北、莘县一带的两夹弦为北词两夹弦，今菏泽一带的两夹弦为南词两夹弦）的基础上创作了“双北词” 唱腔。生、旦角用本嗓演唱，红脸、花脸行当，受山东梆子唱法的影响，用二本腔（假嗓）演唱。与此同时，艺名“老白靴”的女演员张秀香参加共艺班，她唱腔高昂，嗓音洪亮，自成一派。后来，张在菏泽县（今牡丹区）温堂等处收徒传艺，很快便培养出崔兰琴、王文胜、王文亮、马天仓等优秀演员，从而使两夹弦这个年轻剧种广泛地流传起来。该剧种的流动范围，北到河北省的大名、馆陶，东到济宁，南到河南省的扶沟、商丘、芥县、兰考，安徽省的蚌埠、亳州，江苏省的浦口，往西则传至河南省的延津、开封、清丰、濮阳等地，遍及三省八市46个县区。

中华人民共和国成立后，两夹弦剧种演员的艺术水平都有显著提高。1954年和1956年，山东省第一届、第二届戏曲观摩演出大会召开，菏泽专区两夹弦剧团演出了《站花墙》和现代戏《离婚》以及整理的传统剧目《换亲》，黄云芝（艺名“小白鞋”）获演员一等奖，马福勤、李京华获演员三等奖。1959年，毛泽东在济南观看了两夹弦《三拉房》等剧目的演出。同年，两夹弦、柳子戏、柳腔联合演出团进京汇报演出，菏泽专区两夹弦剧团参加演出《三拉房》《站花墙》《拴娃娃》《三进士》等剧目。1964年，在济南向朱德汇报演出现代戏《向阳人家》。

1979年，定陶县两夹弦剧团创作、演出的现代戏《相女婿》参加文化部举办的国庆三十周年献礼演出，获演出三等奖。1982年，在山东省戏剧演出月上，该团创作、演出的现代戏《红果累累》获多项奖励。近几年，该团又创作排演了现代戏《拾爹嫁娘》、古装戏《愣姐闹房》等剧目，在省、市戏剧会演中，分别获优秀剧目奖。

四平调

四平调是流行于山东、河南、江苏、安徽四省接壤地区的一个比较年轻的地方剧种，由民间演唱“花鼓”发展演变而成。它形成于20世纪30年代，因以花鼓为主，并吸收了梆子、评剧、京剧的营养成分，故称“四拼调”，后改名为“四平调”。另一种说法是，它主要有花鼓的“平调”发展演变而成，该曲调四平八稳，四句一平，故名。

“花鼓”原是一种古老的民间歌舞演唱形式。它进入漫长的曲艺阶段后，又演化到以板腔体为主的半曲半戏阶段。据有关资料记载，以邹玉振为首的花鼓班艺人，摆脱了仅限二人对口演唱的原始状态进入多人演唱 。1930年，杜学诗、庞诗文的花鼓班到济南府南岗子（新市场）演出，其化妆模仿戏剧。后来有人提出“无乐作和不成戏”，于是激发了花鼓艺人为花鼓加上弦乐的愿望。1943—1945年，以李玉田、甄友明和邹玉振为首的花鼓班多次进行了花鼓上弦乐的实验，最后确定以花鼓的“平调”为基础，广泛地吸收平剧、京剧的营养，一个新兴的剧种——四平调的雏形孕育而成，并在演出实践中不断完善。

四平调经过花鼓艺人长期实践，运用音乐的艺术原则，派生出不同的板式。以五声音阶为基础的七声“宫”调式，四平调主要有“平”“直”“念”“散”四种声腔板式组成。其形成初期，除述说情节、交代剧情等用四平调的基本板式“平板”外，在激昂雄壮、热烈奔放的感情表达上，采用花鼓“锣鼓冲”和借鉴豫剧的“快二八板”、评剧的“快落子”等板式。四平调的主奏乐器高胡，定 A 调 6 — 3 弦，拉内弦时弓杆同时将外弦擦响，形成一个纯五度和弦，这是四平调独特的风格。

四平调的剧目有200余出，以反映民间男女婚姻家庭伦理的“三小戏”（小生、小旦、小丑）为多。搬上舞台演出后，又借鉴了一些小说、鼓词，改编成连台本戏，如《访昆山》《蜜蜂记》《空棺记》《白玉楼》等。中华人民共和国成立后又移植和编写了部分现代戏，剧目约百余个，如《白毛女》《小二黑结婚》《王贵与李香香》《三世仇》《夺印》《沙家浜》《红灯记》《三把镰》《春暖梨花》《情满人间》等。经常上演的剧目有《宝莲灯》《杜京郎寻父》《贾宝莲拐马》《鞭打红桥》《琵琶词》《陈三两爬堂》《三告李彦明》《何文秀私访》《三元会》《金鞭记》《彩楼记》《紫金镯》《大红袍》等。

中华人民共和国成立后，成武县、曹县、单县、鄄城县都曾先后成立了四平调表演团体。这个年轻的剧种一度十分活跃，活动范围已由苏、鲁、豫、皖四省交界的城乡，遍及中原地带。20 世纪 60 年代，为使地方剧种分布趋向合理，菏泽地区对专业戏曲团体进行调整、合并。至 80 年代，活跃在鲁西南城乡的有曹县四平调剧团和成武县四平调剧团。

曹县四平调剧团的优秀演员有：唱腔浑厚洪亮、婉转自如、功底深厚的青衣、花旦李桂荣，做戏稳重大方、深沉老练、唱腔缠绵委婉、韵味深厚的刘素真，善于刻画人物的须生赵学建，扮相英俊、唱腔洪亮的小生程爱珠。成武县四平调剧团的著名演员王凤云，唱腔明快、华丽、清新，既继承了花鼓的传统唱法，又大胆进行革新，形成了独具特色的四平调流派。

目前，菏泽市只有成武县四平调专业剧团。该团曾于1964年演出现代戏《三把镰》，参加山东省现代戏会演，享誉泉城。1984年，创作演出的现代戏《春暖梨花》，参加山东省第二届戏剧月，获得好评。新编古装戏《玉桃恨》、《弯弯的鸳鸯河》多次参加地市会演和艺术节活动，获得了多项奖励。近年来，成武县四平调剧团涌现出刘雪云、赵艳芹、王汝强、李华等一批优秀青年演员。

柳子戏

柳子戏是我国古老剧种之一。清代曾有“东柳、西梆、南昆、北弋”之说，或曰“昆山腔、太阳腔、梆子腔、皮黄腔、柳子腔”五大声腔，其中的“东柳”、柳子腔就是指山东柳子戏而言。

柳子戏是在元、明以来的“弦索腔”的基础上发展演变而成的古老剧种。弦索腔兴起于山东、河南一带，它由元、明以来的民歌小曲发展成为说唱艺术，之后又演变为戏曲声腔。至清初，弦索腔已演变为大型戏曲剧种，以山东临清、河南开封为中心，势力所及南到苏州，北至北京。清末至20世纪30年代初，山东的柳子戏班以运河为界分为四路：西路、东路、北路、南路。其中西路以曹县的大曾班、小曾班，定陶县的宋楼班，巨野县的孙家义班为主，以鲁西南为基地。此后柳子戏又吸收了高腔、青阳、乱弹、昆曲等剧种的部分剧目和唱腔，发展很快，一度以“东柳”称盛。它和大弦子戏、河南曲剧、越调、河北丝弦同出一源。

柳子戏的曲调，丰富多彩，曲折婉转，柔美动听，富有表现力，不但能够表达高亢激昂的情感，而且能够细腻地表现不同人物的复杂心理活动。其演唱特点：“小旦唱得颤微微，小生唱得云上飞，青衣哎哎水中漂，花脸横磨声如雷。”常用的曲调分为越调、平调、下调、二八调四种。另有昆调、转调，但不常用。柳子戏既创造了联曲体与板腔体综合运用的形式，同时又存在着联曲体与板腔体在若干剧目中分别使用的情形。

柳子戏的表演程式比较固定，生、旦、净、丑各行都有不同的程式。如旦行讲究：“青衣走，大甩手；小旦走起风摆柳。”再如“推圈”，与京剧的“拉山膀”相近，但系边推边走，各个行当的具体要求是：花脸过顶，红脸与眼齐，小生与嘴齐，旦角齐胸，小丑单指。（按：均指右手而言）《黄桑店》中的秦琼,《盗骨》中的杨五郎两臂高举,五指分离探伸,宛若雄鹰展翅,挺拔有力。柳子戏在长期的发展过程中，兼收并蓄，博采众长，形成了粗犷、豪放的艺术风格。民间曾有“吃肉吃肘子，听戏听柳子”的传说，足见人们对它的喜爱。

柳子戏的传统剧目具有诸腔并陈、丰富多彩的特色。但由于流传年代较久，地域分散，失传不少。据20世纪50年代挖掘、统计，现存的传统剧目有216出。这些剧目的内容，多数取材于《三国演义》《水浒传》《隋唐演义》以及民间俚曲和神话传说故事，也有一部分反映民间生活的小喜剧，如《借靴》《马古伦换妻》《王小赶脚》《锯大缸》等。

中华人民共和国成立后，在党和政府的关怀下，各地相继成立了柳子戏专业剧团。如郓城县工农剧社、复程县新生剧社、曲阜县新生剧社、嘉祥县人民剧社。不久，后三个剧团相继解散，其主要演员加入郓城县工农剧社。1959年6月，山东省委、省人大常委将郓城县工农剧社调省，成立了山东省柳子剧团，并整理、挖掘了一批传统剧目，如《黄桑店》《白兔记》《孙安动本》《玩会跳船》《张飞闯辕门》等。这些剧目先后参加了华东戏曲观摩演出大会和山东省两届戏曲观摩演出大会，均获多项大奖，并进京作了汇报演出。其中的《孙安动本》，1962年被上海海燕电影制片厂摄制成戏曲艺术影片。

柳子戏经常活动的区域，跨有山东、河南、河北、江苏、安徽交界处的60多个县，在山东境内的活动中心、集散伸缩基地为菏泽、济宁、东平、曲阜、泰安、淄博、聊城、德州、日照、章丘等。它影响范围北到辽宁大连，西到四川，南到徐州、苏州一带，东到泰安、曲阜、泗水，并远及莒南、临沂等地。

柳子戏剧种培养了一批著名演员。早期有“十里轰”“盖山东”“琉璃水银”张道洪等。鲁西南柳子戏名旦戴金枝，曾一天内连唱十五次《锯大缸》。他饰演《金锁记》中的窦娥和《龙宝寺》中的黄秀娘，都深受群众的欢迎。清代末叶，山东境内比较著名的演员有定陶何孝魁（花脸）、曹县的张凤鸣（旦）、菏泽的李玉奇（红脸）等，还有刘玉桂（小生）、姚兰臣（丑）、杨汉春（旦）、周保云（净，曾被群众誉为“天下无二净”）、刘云泗（生）、王福润（小生）、张春雷（始演花脸，后兼演红脸）、李春荣（旦）等。

目前，除山东省柳子剧团外，牡丹区、巨野县、郓城县等地尚有柳子戏业余剧团在农闲时演出。2005 年，柳子戏被列为国家级非物质文化遗产。

大弦子戏

大弦子戏是流行于鲁西南和豫东北的一个古老剧种。它集民间俗曲之大成，在元、明俗曲小令的基础上发展演变成为多乐调的戏曲声腔类型。因最初用三弦作为主要伴奏乐器，故被称为弦子戏。又因其班社成立先后不同，艺人辈分及班社人员多少及演出水平高低，分为大小班，大班称大弦子戏，小班称小弦子戏。各班为争“大”字，皆以“大弦子戏”自诩，故将此剧种通称“大弦子戏”。

大弦子戏有文字记载的最早时间，出于明弘治十一年（1498）《滑台重修明福寺碑》。据该碑载，大弦子戏距今已 500 余年的历史，又知明朝中叶已把该剧种作为地方大戏以供敬神之用。

清乾隆年间成书的李绿园《歧路灯》七十七回写道：“那块头是得时衙役，也招架两班戏，一班山东大弦子戏，一班陇西梆子腔。”九十五回又写道：“山东过来大弦子戏，陇西过来梆子腔，黄河北的卷戏，山西泽州的锣（啰）戏。”可见在清代时期大弦子戏已相当流行。

清乾隆年间，山东曹州一带及河南开封、漯河一带的大弦子戏发展到 18 个班社，后逐步分化为“旺”（汪）、“礼”（李）、“敬”三门。清末时，鲁西南又延续发展了一门“洪门”。民国初年，鲁西南一带的大弦子科班及职业班社甚多，比较著名的有东明的科班，曹县曾家大兴班，定陶县仿山玉庆班，曹县九成班，菏泽县（现牡丹区）船郭庄永庆班、辛集科班等。

大弦子戏培养了一批又一批优秀演员：先是名丑郝福云、陈贯福（艺名“梆梆腔”），花脸王文中（艺名“高二肥”），红脸王党福修（艺名“党红脸”）、杨明学（艺名“闷静”），名旦王德明（旦，艺名“小朋”）、曹美英等；后有王秀兰（旦）、李恩慈（小生）、苗秀荣（旦）、黄显奎（红脸）、郭心奇（花脸）等。

大弦子戏在表演艺术上粗犷泼辣，动作幅度大，极其夸张。在台上踢脚、分手亮相、打飞脚是其基本动作。武场多使用真刀真枪，并备有武打挂彩戏所特制的枪刀道具，武打动作形象逼真，惊险动人，一招一式都要求在“点子”上，有“脚蹬锣手按镲”之说。大弦子戏还有些特技表演，如《小白龙打鞭》中的小白龙“打鞭破法”及《呼延庆打擂》中的“驮石滚”等传统组合程式和绝特技，都为剧目演出增添了奇异色彩。

大弦子戏是运用曲牌的连缀来完成其唱腔的，它除继承了“弦索”北曲的一些固有曲牌外，还吸收了流行在民间的小曲［山坡羊］、［锁南枝］、［傍状台］等。其全部唱曲分为粗、细两种。粗曲大部分都字多调急，宜于表达高亢、激越的情绪；细曲则大都字少调缓，宜于表现叙述场面。唱词以长短句为主，其次为对偶句式、平句式。唱曲可分为高、中、低三种调门，唱腔多在尾音提高八度。道白多用韵，并且要用三弦伴奏。有时为了烘托气氛和制造特殊效果，往往使用大号（尖子号）和四大扇（大铙、大钹）伴奏，演唱风格粗犷泼辣，音乐优美典雅，具有独特的艺术风格。

大弦子戏的传统剧目，多取材于《封神演义》《东周列国志》《西汉演义》《三国演义》《水浒全传》《西游记》《说唐》《隋唐演义》《杨家将》等历史小说及民间传说，计有300多出。剧目大多数失传，经山东省艺术研究所组织老艺人口述记录，现存115出。主要代表剧目有《火龙阵》《斩王秀兰》《二虎记》《呼延庆打擂》《武松打店》《胡罗锅抢亲》《奇中义》《访山东》等，其中的《孙武子擂炮兴兵》《天仙府庆贺》《玉石点将》《胡大海搜宫·鸳鸯碗》《包公私访化州》等为罕见剧目。1956年由郝福云口述并参与整理的《两架山》参加山东省第二届戏曲观摩演出大会，获剧本一等奖并灌制了唱片。陈贯福饰贾屠亮获演员二等奖，曹美英饰郑夫人、杨明学饰陈昌获演员三等奖，苗玉春获老艺人奖。后又整理《奇中遇》（灌制唱片）、《金麒麟》《牛头山》等传统剧目。

目前，尚有牡丹区船郭庄业余大弦子戏剧团，经常在本地和豫东北一带巡回演出。

二、影响较大的外来剧种

豫剧

豫剧，又名河南梆子，中华人民共和国成立前与山东梆子同称高调。尤其是“豫东调”，从唱腔的板式结构、调式、旋律、节奏、句法组成和语言音调等方面看，都与山东梆子比较近似，演员可以相互搭班，两地班社也时常相互交流演出。在河南省朱仙镇的《重修明皇宫碑记》中，记载着清同治年间重修明皇宫的一些捐款戏班，其中就有菏泽县（今牡丹区）黄集等地的戏班。由此可见，山东、河南两地梆子戏班早在清代就已开始进行演出活动了。20世纪30年代，菏泽的演员黄儒秀（艺名“黄娃”）、王锡堂（艺名“桂花油”）等，就曾蜚声开封剧坛。祖籍菏泽的马金凤、崔兰田、赵义庭、刘忠河等，也都先后离开家乡，投身于豫剧事业，成为各种流派的豫剧表演艺术家或著名演员。中华人民共和国成立后，菏泽地区曾一度成立了12个豫剧专业表演团体，排演了《三拂袖》《涤耻血》《霄壤恨》《义烈风》等一批剧目，同时邀请了陈素真、马金凤、徐凤云、宋桂玲等著名演员来菏泽演出，更加扩大了豫剧在本地的影响。地、县两级还先后举办了豫剧培训班，涌现出了像张玉霞、李文知、鲍素花、马凌云、刘翠峰、张爱芝等一批较有影响的豫剧演员。在全区17个专业戏曲表演团体中，就有8个豫剧团，豫剧已成为菏泽流行较广、深受群众喜爱的剧种之一。

目前，菏泽市及曹县、单县、鄄城县都有专业豫剧表演团体，创作并演出的许多剧目在全国、全省地方戏曲会演中，获得诸多奖励。1989年，菏泽地区豫剧团创作排演的《乡下娘们儿》在山东省第二届艺术节中，获剧本、演员等4个奖项。1997年，该团创作排练的《洞房花烛夜》参加1997年中国豫剧节，获演员、编剧等5个奖项。1998年，该剧在第六届山东省艺术节上，获7个奖项，受到领导和专家的一致好评。著名豫剧表演艺术家朱桂芹，1998年获第十六届戏剧梅花奖，2002年又被评为山东省十佳演员。祖籍菏泽的朱巧云、李新花分别获第十三、二十届戏剧梅花奖。同时，菏泽各豫剧专业团体涌现出了高凤兰、李健、宋秀敏、刘翠芳等一批优秀青年演员。这些舞台新秀脱颖而出，成为跨世纪的生力军。

京剧

京剧，清同治十年（1871），原在北京任武职的张丙坤，调任曹州府军门之职。在他上任时，从天津带来一个京剧班——“双庆班”，共有演员30多人，这便是菏泽的第一个京剧班。这个京剧班一直延续到光绪年间，京津一带的演员还乡，剩下菏泽籍的演员组成了一个“二簧玩友班”，从事业余演出。此后较长一段时间内，菏泽没有专业的京剧演出团体。在此期间，先后有天津富连成剧社、冀鲁豫区民友剧社、山东省京剧团等京剧表演团体来菏泽巡回演出。直到“文化大革命”期间，在普及所谓“样板戏”的浪潮中，菏泽地区及单县、东明、鄄城等县，先后成立了京剧团队，但由于演出水平不高，不久便宣告解散。

评剧

评剧系由河北省东部滦县一带的“对口莲花落”，于清末吸收京剧、河北梆子以及皮影、大鼓等音乐和表演艺术而形成。有的地方称它为“唐山落子”。菏泽地区专业评剧团的成立，始于1951年。是年冬，原青岛胜利评剧团被郓城县接收，定名为郓城县长城评剧团。全团50余人，主要演员有紫金霞、筱红霞、筱桂君、刘志华等。演出的主要剧目有《花为媒》《人面桃花》和现代戏《野火春风斗古城》等。该团于1961年冬调归德州地区陵县。此后，菏泽没有再成立评剧专业表演团体。

河北梆子

河北梆子也叫高梆子、横笛梆子，由清乾隆年间先后传入河北的秦腔和山西梆子逐渐演变而成。此剧种流入菏泽是在清光绪年间。当时有个河北梆子艺人牛盛兰（艺名“盖九州”）由河北保定流落到曹县东关，并在此招收学员，成立了菏泽第一个河北梆子科班——“和气班”。6年出班后，活动在鲁西南及豫东一带。1923年，由牛盛兰的徒弟王合银重新组织了一个民间职业班社，后几易班主，直至1948年，划归鄄城县领导，定名为鄄城县新群剧社。1958年该剧社调往临沂地区费县。此后，菏泽再没有过河北梆子专业表演团体。

第三节　剧团变迁

一、土生土长的民间戏班

大姚班

鲁西南较有影响的山东梆子演出团体之一，成立于清乾隆二十五年（1760）左右。其主管是清代翰林、巨野县营里乡姚楼村人姚舒密。

大姚班建班时属于科班，招收14岁以下穷人家的孩子坐科学戏，共培养学员六、七期。后来，由于演出名声大振，许多江湖艺人纷纷慕名前来搭班，致使大姚班变成了一个江湖班社。大姚班在1760年至1949年近200年的发展过程中，培养出了大批有影响的名艺人，如张学为（黑脸，人称"大麻子"）、岳登鹏（艺名"岳十"，红脸，文武皆通，唱做俱佳，人称"戏子状元"）、宋玉山（青衣，艺名"立楞"，在群众中有"金马驹子银铃当，不及立楞一晃荡"之美谈）、窦朝荣（红脸）、丁宪文（小生，后改为黑脸）、明全兴（花脸）、徐崇贵（武生）、任新才（红脸）、姚月芝（旦）等。大姚班活动的地区，东到临沂，西到东明，南到徐州，北到聊城，每到一地，都受到群众的欢迎。

大姚班演出剧目相当丰富，经常上演的剧目达400余个，其中，以"老十八本"和"十七山""十二关""五阵""六州"最为常见。这些传统剧目，剧情曲折跌宕，引人入胜，深受广大群众喜爱。

中华人民共和国成立后，大姚班艺人分散到省内各地，主要有两个分支，一个分支去了郓城，成立了郓城县山东梆子剧团；另一个分支留在巨野，成立了巨野县山东梆子剧团。

双盛班

为大平调班社，成立于清道光中期（1830年左右）。当时菏泽县衙三班（马班、步班、快班）总管（掌管全县武装力量的官员）李玲秀，喜爱大平调戏曲，由他当管主，委托安兴镇艺名"魏大黑子"的平调演员掌班，成立了大平调戏曲班社——双盛班。主要演员有旦角金钟儿、花戏楼等人，活动范围在鲁西南的菏泽、东明、定陶、曹县、鄄城、郓城和河南省的滑县、濮阳、范县一带。

十年后，东明县平调科班出身的著名黑脸演员田发太，来“双盛班”搭班，并收徒传艺。经田发太介绍，河南滑县平调著名旦角演员福喜、禄喜，也先后进入双盛班，不但加强了演员阵容，也带来许多新剧目。稍后，田发太的门生、双盛班出科的黑脸田义祥（菏泽市安兴镇田楼村人），继承了田发太的传统唱法，且声腔洪亮，武功精湛，以演《铡美案》中包公和《岐山角》中大副净角色的赵公明著称。至此，“双盛班”演员行当齐全，剧目丰富，名声大振。其活动范围迅速扩大，南到徐州、亳州，北到大名、磁州，东到兖州、济宁，西到陈州、郑州。

继“魏大黑子”之后，掌班先后为田义祥、魏兰枝（小生，艺名“小记头”）。这时期，双盛班的主要演员先后有武生沈金贵（艺名“金豆子”，以演赵云、罗成著称）、红脸姬天荣（艺名“麻年儿”，擅演赵匡胤）、丑姜玉和（艺名“大二小”）、花旦常西夫、文生张合义等。

双盛班延续共100余年，到1936年，掌班换张含义、丁宗乾，并改名为合义班，主要活动在冀鲁豫边区境内。主要演员有张全臣（艺名“花脸五”）、牛印合（红脸，艺名“牛娃”）、张文祥（黑脸，艺名“张二”）、周玉平（旦，艺名“真大嘴”）、郭文容（旦，艺名“假大嘴”）等。

抗日战争时期，合义班开始接受共产党的领导，在当时解放区的安陵县（今牡丹区大黄集一带）、南华县（今牡丹区高庄一带）人民政府召开群众大会时，常先由“合义班”演戏。20世纪40年代初，合义班就演出了一批现代戏，如反映反霸锄奸、团结抗日的《李正劝妻》《扔石头》《一盒火柴》等，反映军民大生产、齐心援前线的《军民大生产》等。解放战争时期，演出过《改造二流子》《大团圆》《妯娌俩》等现代戏，起了一定的宣传和鼓动作用。

合义班的名字，一直沿用到1946年。当时，平调著名花旦演员陈桂欣（艺名“传斗”“俩夹”），另在定陶县陈集招收一批青少年，成立科班，很快培养出一批后起之秀，如红脸郭盛高（艺名“小黑牛”）、彭盛江、旦角程玉凤（艺名“大坤角”）等。在菏泽附近十余个县，深受观众喜爱。群众按其成立先后，称“合义班”为“大平调”班，陈桂欣的科班为“小平调”班。至此，“合义班”的名字，在广大观众口头上消失。两个班社师徒关系甚多，亲如一家。

从双盛班到大平调班的100多年的发展历程中，每个时期都造就了一批声誉较高的演员，如田发太（黑脸）、田义祥（黑脸）、沈金贵（武生，艺名“金豆子”）、姬天荣（红脸，艺名“麻年儿”）、姜玉和（丑，艺名“大二小”）、张全臣（花脸，艺名“花脸虎”）、牛银河（红脸，艺名“银娃”）、张文祥（黑脸，艺名“张二”）、周玉平（旦，艺名“大嘴”）、郭文荣（旦，艺名“假大嘴”）、郭盛高（红脸，艺名“小黑牛”）等。大平调班社以口头流传的形式保留了200余出传统剧目，其中经常上演的剧目有《天水关》《百花亭》《海棠关》《收吴汉》《收岑彭》《彩仙桥》《刮王莽》《滚鼓山》《卖虎皮》《白玉杯》《四朝篡》等。在声腔艺术上，这个班社的黑、红脸演员，都会使用一种特殊的“讴”腔，即用吸气或呼气发出极高的假声，来表达激昂的情绪。观众亲切地称这种“讴”腔叫“挂立腔”。每次挂“立”腔之时，观众皆雀跃呼好。

中华人民共和国成立后，大平调班收归菏泽县（今牡丹区）人民政府领导，定名为“菏泽县新生剧社”，后改为“菏泽县大平调剧团”。

曹州魏堂班

清同治元年（1862），曹州（今菏泽市）城南15里魏堂村贡生魏金玉因酷爱两夹弦，便在村里成立玩友班，请艺人戚成兴（艺名“大蒲扇”）、梅福成（艺名“二蒲扇”）为师，招收15岁左右的农家子弟十五六名，两年出师。该班农闲时演出，农忙时解散，没有严格的科班制度，演出的主要剧目有《安安送米》《休丁香》《蓝桥会》《拴娃娃》《站花墙》《梁祝下山》《吕蒙正赶斋》《抱灵牌》等。

魏堂班培养出较有影响的演员有刘大焕、张贯同、徐效言、王玉华等，有的成为职业艺人。张贯同的徒弟徐广思（艺名“三粗腰”），丰富了两夹弦的演员行当，除生、旦、丑外，又增加了须生、武生、青衣、花脸等。与此同时，剧目也由“三小”增加了公案戏《清官断》、武打戏《九女庵》等。魏堂班主要在鲁西南一带演出，后逐渐扩展到周边安徽、河南、江苏的一些地方。

大兴班

清光绪二十年（1894），廪生孔昭荣投资购置服装道具，在定陶城隍庙组织起一个山东梆子班社，初名孔家班。后为了图个吉利，改名“大兴班”。

大兴班聘请艺人张保山、邵万明掌班，主要演员有郑义山（外号“郑二麻子”，艺名“老先头”）、刘明德（艺名“刘占儿”，红脸）、李秀俊（艺名“铁锤”，小生）、张保山（艺名“老粗”，丑）、李月亮（艺名“黄马褂”，青衣）、王明山（红脸）、李大山（又名李振奎，青衣）、小金（花旦）、小银（花旦）等，阵容整齐，唱做俱佳，声名响遍菏泽。当时演出的主要剧目有《宇宙锋》《紫金镯》《提寇》《阴门阵》《赵高篡朝》《胡小放羊》等。到1905年换李大山掌班，主要演员又增加了侯德山（艺名“一阵风”，旦）、吴锁（旦）、岳兴（艺名“花脸兴”）、孔繁海（艺名“孔七”，武丑）、郭四（艺名“郭四大刀”，武生）、许中新（艺名“新头”，红脸）、刘德润（艺名“红脸娃”）等人。经常演出的剧目有300多个。活动区域由菏泽扩展到河南、河北、安徽三省接壤地区。

1921年，大兴班的掌班换李大山的徒弟王明山。在王明山掌班的20多年间，培养了一批新秀，如李迎生（艺名“戏子状元”）、王金荣（旦）、薛六（生）、刘兆伦（红脸）、张玉彬（净）、高如意（小生）、小才（旦）等。1946年10月，又从河南兰考请来5位女演员，名字分别为桂云、巧云、爱云、秀云、红云，群众称之“五云”。从此，女演员开始登上大兴班的演出舞台。北到河北的邯郸，南到安徽的亳州，西到河南的郑州，东到本省的临沂，每到一地，都受到观众的热烈欢迎。

在20世纪40年代战乱时期，大兴班几易班主。到1948年由宋贵福掌班时，演职员增加到60余人，同年归冀鲁豫边区五专署领导。1949年8月二、五专署合并时，大兴班随之来到菏泽，定名为“菏泽专署人民剧社”。1958年调省，成立了山东省梆子剧团。

温楼曾立堂科班

曹县孙老家镇温楼村曾立堂科班是一个柳子戏班，简称为曾家班。它始建于 1915 年，承办人（管主）是该村的曾立堂，绰号“五骚狐”。他聘请教师黄承先（盲艺人，会唱生、净行当的大部分剧目及曲牌）、尤一锁（旦行教师）、王福润（身训教师）等，历时十余年，先后培养出大、小曾班近 70 名演员，后来成为各个职业班社的骨干力量。

该科班共培养了 3 期学员，按入科早晚，分为春、秋、明三个辈分。第一代（1919 — 1921）为春字辈；第二代（1922 — 1928）为秋字辈；第三代（1929 — 1935）为明字辈。凡是进曾家班学戏的学员，不管原来叫什么名字，一律按戏班辈分重新起名。

曾家班每期学员为 40 人左右，学员的年龄为 10 — 15 岁，教师有王福润、姬春花等。曾家班培养出的有成就的演员有张春雷、崔明雨、张兴灿等。1935 年，张春雷组成一个柳子戏班，在东明、菏泽、丰县、曹县一带演出，直至抗战时期也没停止。上演的剧目主要有《孙安动本》《大河北》《虎牢关》《改金牌》《张飞闯辕门》等。

1942 年，曾家班改为公义班，1944 年被抗日民主政府接管，更名为新声剧社。中华人民共和国成立后归复程县（今单县和曹县一带）领导。1953 年 9 月，从河南商丘四平调剧团招收一批女演员，从此新声剧社既演柳子戏，又唱四平调。不久，改为四平调剧团。该团原来的 51 名柳子戏艺人，不愿改变剧种，于 1954 年 4 月转去郓城，参加了郓城县工农剧社。1959 年 6 月，郓城县工农剧社调省，成立了山东省柳子剧团。同年进京演出时，将原留在曹县的柳子戏老艺人调省。至此，柳子戏老艺人全部离开曹县。

曾家班出科的较有影响的演员有花脸张春雷、红脸杨洪善、武生何方善、小生张兴成、青衣李保安。在《孙安动本》影片中，张春雷扮演徐龙，张兴成扮演黄义德，何方善扮演沈理。张春雷后成为山东省著名的柳子戏演员，被选为中国剧协理事、山东省剧协副主席。

东三义堂班

成立于1922年，历经三起三落，延续近30年。

1922年，东三义堂（封建帮会组织）在定陶城内建立了公寓所之后，由庞照祥出面，办起了一个高调（即山东梆子）戏班，起名为公班。除招收了20余名学员外，还聘请了鲁西南民间高调班社的名演数人。该班以演出为主，在演出实践中培养学员。其主要演员（兼教师）有红脸刘德润（艺名“红脸娃”，后称“红脸王”）、青衣邵金玉（艺名“小金”）、文武小生王兆祥（艺名“蚰子”）、花旦阎太顺（艺名“二红”）、文生李秀俊（艺名“铁锤”）、红脸许中新（艺名“新头”）等。演出的主要剧目有《火烧纪信》《地堂板》《诸葛亮祭灯》《长坂坡》《吕洞宾戏牡丹》《三劝》等数十出传统戏。大多活动在定陶、曹县、菏泽一带城乡。1932年庞照祥辞去班主职务，聘请当时蜚声高调剧坛的文武小生黄儒秀（艺名“黄娃”）掌班。至1937年底，因日军侵华，兵连祸结，无人看戏，公班遂解散。

1938年，定陶东三义堂成员张义臣，在黄店、陈楼一带招收学徒20多名，聘请名伶数人，令其弟子阎金荣掌班，重新打起了“东三义堂”公班旗号。其主要演员有青衣、花旦赵兰芝（艺名“黑三妮”）、青衣、彩旦王清德（艺名“金蝴蝶子”）、武生何芳新（艺名“满天飞”）、红脸牛复元（艺名“牛修”）、青衣赵秀真（艺名“二金牙”）、花旦赵秀玲（艺名“三金牙”）、武丑赵学义等。演出的剧目有《坐轿》《桃花庵》《五凤岭》《樊梨花征西》《三骑驴》《黄鹤楼》《吊打包公》等。主要演出于鲁西南一带。1939年，鼓师李福胜取代阎金荣掌班，因又有主要演员王文胜、王文德和王清德加盟，故又将“东三义堂”公班叫作德胜班。1946年因戏箱被盗，内部闹矛盾而解散。

1947年初，阎金荣在安徽阜阳再次筹资置箱，聚拢流落在该地区的原东三义堂演员赵兰芝、赵兴方、张福胜、侯安长、黄月楼、孙振华等，排演了《姚刚征南》《春秋配》《三上轿》《罗焕跪楼》等传统戏，演出于阜阳一带城乡。1949年，该班返回原籍定陶，演员分别参加了人民政府领导下的文艺团体，“东三义堂”公班由此告终。

刘建才科班

1927年曹县李新集成立山东梆子科班，以赵以增为管主，并招收附近村庄15岁左右的23名少年为学员。学员招齐后移到东李集(山东和河南交界处)。学戏期间，学员吃穿、教师工资等均由管主负责。

科班最初由刘建才任教（据说是河南开封附近人），时间约一年多。刘建才走后，换成了许建春(传为定陶人)。许建春在科班任教两年后，学员出师。因在东岗集亮戏演出没有服装，该科班即送归火神台，后在商丘、曹县等地演出。该科班演出的剧目有《金台将》《富贵图》《玉虎坠》《老征东》《蝴蝶杯》《刘连征东》《燕王征北》《崔父杀乔》《洪冒府》《打保定》等。

刘建才科班培养的较有影响的演员有河南豫剧院一团的赵义庭（红脸）、菏泽地区豫剧团的李文知（红脸）、潼川剧团的孔庆云（红脸、花脸）、河南商丘剧团的刘同山、甘肃天水地区豫剧团的张振江等。

共艺班

1928年，徐广远的高足王文德（旦，艺名“小意儿”），在菏泽县（今牡丹区）贤圣寺村成立了一个两夹弦戏班，名为“共艺班”。其主要演员为王文德、张秀香（旦，艺名“大白靴”）、王文胜（红脸，艺名“二宝”）、王文亮（艺名“三燕子”）、崔兰琴（旦，艺名“大金牙”）、赵秀真（旦，艺名“二金牙”）、马福勤（红脸）等人，演出的剧目有《休丁香》《站花墙》《梁祝下山》《安安送米》《吕蒙正赶斋》《换亲》《锦缎记》等。共艺班一直活动在鲁西南及豫东地区，为两夹弦剧种培养了大批艺术人才。如河南开封地区两夹弦剧团的主要演员杨桂莲(艺名“二蚂蜂”)、张海莲(艺名“三蚂蜂”），当年都在共艺班学过艺。中华人民共和国成立后，共艺班收归菏泽县（今牡丹区）人民政府领导，定名为菏泽县新艺剧社。

定陶宋楼班，柳子戏科班

创立于民国十九年（1930）前后。管主宋廷振，原系曾家班弦手，后来卖掉50亩田地，创办科班，以“冬”字排辈。聘请张元龄、王福润、刘仰田、张喜乐等为教师。本应6年出科，因水灾泛滥，未满期而解散。培养出的优秀演员有李冬莲、李永秀，以演儒雅小生见长，1956年获山东省第二届戏曲观摩演出大会演员二等奖；郑冬秋（青衣、花旦，均能应工。所会旦脚剧目及曲牌极多）、何冬明（在《孙安动本》中饰徐龙）。其他还有程兆林、刘庆云等。

董口班

鄄城县董口村原有一玩友班，不到20人，服装不全，剧目也很少，只是逢年节演出几场。1934年春，有一位人称窦师傅的河南梆子艺人受聘来到董口村打造科班。由周俊峰、周玉昆父子和王俊贤等人出面，发动全村群众捐助，购置了服装、道具，并招收徒弟50余人。他们一边排练节目，一边对外演出。

窦师傅戏路宽，行当全，教戏认真，要求严格，不到3年的时间，便排练了《八件衣》《姚刚征南》《老征东》《黄鹤楼》《斩子》《穆桂英》《南阳关》《日月图》《蝴蝶杯》《对花枪》《三上轿》《辕门斩子》等60多个剧目。

该班主要活动在鄄城、郓城、菏泽以及河南省的清丰、南乐、濮阳、范县、寿张等10多个县的城镇和农村，颇受群众欢迎。主要演员有红脸五、黑脸二虎皮、青衣郝春光、小生王焕民、武生周金柱、红生周金斗等。

解放初期，该班部分演员参加了专业剧团，如周金斗、王焕民、王立贤等人分别参加了范县豫剧团、安阳豫剧团和濮阳豫剧团，部分演员则担任了农村业余剧团的教师。1955年底，董口班演员大部分流散，活动停止。

二、烽火岁月的战地剧社

湖西流动剧社

前身是一个民间演出团体——薛家班，创办者为民间艺人薛怀玉和王东海。1938年，薛、王二人合作在丰县城南马路口古庙内组织科班，收徒30余人，均为“铁”字辈。1939年冬，应抗日根据地单县终兴集刘洪奎之邀，携带服装道具，一夜之间赶到单县，受到抗日民主政府的接待。从此，薛家班按照县委的指示，在单县一带为当地军民作流动演出，深得湖西地委及军分区的重视。

1941年春，中共湖西地区委员会传达上级指示，将薛家班直接划归湖西行署领导，更名湖西流动剧社：社长薛怀玉，指导员刘大篙，总队长王东海；下设三个分队，待遇与部队相同，发军装，配备枪支，跟随领导机关活动。群众称赞他们既是宣传队，又是战斗队。该剧社经常在苏北的沛县、铜山、丰县，鲁西南的嘉祥、济宁、鱼台、金乡、单县、成武、定陶、巨野等抗日武装力量控制的地区活动，宣传抗日救国，配合做发动群众的工作。

1943年，日本侵略军实施大扫荡，根据地情况恶化，湖西军分区责成沈惠民到鱼台县五台村与爱国士绅樊照坤协商好，将剧社拉到了敌后，以演戏为掩护，保存这支宣传队伍。

中共冀鲁豫边区党委驻冠县时，剧社越过敌人9道封锁沟和3条交通要道，渡过黄河，为边区党政军干部会议演出了《血泪仇》和《斩颜良》等剧目。杨勇司令员接见了剧社全体同志，演员们受到很大鼓舞。剧社在黄河北一连演了一个多月。在演出间隙，他们刷标语，搞宣传，帮助群众搞生产，深受部队官兵和群众的欢迎。

湖西军分区及湖西专署非常重视剧社工作。司令员郭影秋亲自主持编排了《颂水桥》和《十二道金牌》。剧社经常上演的剧目有《韩信拜帅》《单刀会》《黄鹤楼》，此外还有配合鼓舞士气编排的《不当汉奸兵》《不做亡国奴》《消灭日本鬼》《觉悟反省》，配合参军宣传的《送夫参军》《参军光荣》《送子参军》，配合反霸斗争的《血泪仇》等。郭影秋与张德超等收集单县城南黄后楼地主逼春香致死而编写的《黄后楼》，有力地揭露了恶霸地主残害农民的罪行，情节动人，演出后反响强烈。

1946年，解放战争开始，为适应战争的需要，湖西流动剧社一部分演职员参加了部队、地方武装和政府工作。另外20余名演职员由薛怀玉带领随军撤到阳谷县的土山寺一带，继续演出并辅导群众学习文化。1949年，淮海战役结束后，湖西地委调刘宝玺负责剧社的恢复工作，召集原湖西流动剧社失散的演职员，又收拢了单县的戏班和业余班社的部分演员。此时，薛怀玉从黄河北带演员和部分服装道具回到了单县。在领导的重视下，将鱼台县杨传坤、董玉华、张朝云（艺名“一声雷”）等人一并调来，并于1950年成立了“湖西人民剧社”，演职人员达到80余人。在业务方面除恢复上演原流动剧社的部分剧目外，又改编了《九件衣》《改造二流子》《大团圆》《王贵与李香香》等剧目。其主要演员有刘宝玺、李云鹏、董玉华、张朝云、丁素琴等。

1951年秋，湖西地委吸收从河南商丘来的“十二云”，成立了“湖西大众剧社”。1953年，湖西专区撤销，将湖西人民剧社和湖西大众剧社同时划归济宁地区，两个剧社合并成为济宁专区豫剧团。

冀鲁豫五专区群众剧社

1945年齐滨县（今曹县西北部）光明剧社（高调）与五专区宣传队（多为大弦子戏演员）合并后，调归冀鲁豫五专区行署领导，命名为群众剧社，由马禀义任指导员，李建玉任副指导员，刘彩甫任社长，孙振凯任副社长。全剧社50余人，主要演员有杨树清（旦，艺名“三胡椒”）、孙志高（黑脸）、王锡堂（旦，艺名“桂花油”）、牛福元（红脸）、董传宪（黑脸）、杨明学（黑脸）、陈贯福（丑）等。剧社以演出高调剧目为主，如《鸳鸯恨》《风波亭》《李自成之死》等。也配合时政宣传，演出一些宣传抗日、反蒋的短小节目，如《捉汉奸》《模范家庭》等，剧社的活动地区主要在曹县、齐滨、东明、考城（今河南省兰考东北）、民权、南华（今牡丹区西北部）等县一带农村。1946年6月，国民党军队进攻解放区，为适应战争的需要，剧社全部人员分散到各兵站服务。直到1947年1月，该剧社并入“冀鲁豫区民艺剧社”，成为冀鲁豫行署直接领导的一个艺术表演团体。

中共冀鲁豫二专区民声剧社

创建于1947年11月，由民间戏曲艺人学戏班中选拔的演职员组成，隶属于地区文工团，开始命名“工农剧社”，后易名为“民声剧社”。该剧社共有演职员50余人，全部享受供给待遇，有时也从售票演出的收入中提取少量资金，作为临时补贴。演职员家中的土地，享受“代耕”。因适值战争年代，大部分演职员都配备枪支。

主要演员和艺术骨干有赵凤来（须生）、梁保兴（净）、桂相连（旦）、王圣乐（须生）、邢德稳（小生），以及后起之秀樊秀玲（旦）、单元红（老旦）、魏广洲（弦师）、梁士友（司鼓）、樊作诗（司鼓）等。解放战争初期，民生剧社曾多次转战于黄河两岸，宣传党的路线、方针、政策，开展拥军、拥政、优民等活动。1948 年在范县胡屯为参加第二批整党的干部演出了《白毛女》《闹登州》等剧目。同年秋在范县西关演出，敌机来袭，当场炸死一名，炸伤两名。

1950 年初，剧社划归平原省菏泽专署，与大兴班合并为菏泽专署人民剧社。因含两个剧种，山东梆子（大兴班）为第一演出组，枣梆为第二演出组。先后演出的现代戏有《白毛女》《小二黑结婚》《二流子转变》等，以及反映土改斗争的《西店子》（张民权、武斌编剧）和宣传婚姻法的《父子婚姻》（王焕亭编剧），颇受群众欢迎。此外，该剧社还加工整理和演出了《黄巢起义》《闹登州》《三打祝家庄》等剧目。

三、异彩纷呈的现有剧团

菏泽市地方戏曲传承研究院

2012 年 7 月成立，隶属菏泽市文化和旅游局，是山东梆子、枣梆和大弦子戏三个国家级非遗剧种的项目保护单位，肩负着山东梆子、枣梆和大弦子戏的抢救、整理、研究和传承展演工作。

为推动菏泽地方戏曲事业的繁荣和发展，做大做强“戏曲之乡”品牌，在市委、市政府的坚强领导与关心支持下，菏泽市地方戏曲传承研究院大力实施地方戏振兴工程，不断创新人才培养模式和濒危剧种保护传承模式，抢救、挖掘和恢复了一大批传统剧目，首创的“依团代传”抢救濒危剧种模式获得山东省政府首届文化创新奖。在新剧目创作方面，始终坚持以人民为中心的创作导向，全力打造艺术精品，先后创作演出了山东梆子《山东汉子》《忠诚》《大唐巾帼》《古城女人》《南国之春》，枣梆《龙门谣》《包公卖官》《枣树情》《草根大师》，大弦子戏《两架山》《金麒麟》等十余部大型剧目，多次获得省级、国家级奖励并进京赴省演出。其中《山东汉子》获第十一届“文华新剧目奖”和国家艺术精品工程提名奖；《古城女人》获第十四届“文华优秀剧目奖”，菏泽市地方戏曲传承研究院也成为全省唯一一个两次获得国家专业艺术最高奖“文华奖”的地市级戏曲院团；《两架山》入选参加由香港特区政府主办的“2016 香港中国戏曲节”，受到特区政府和香港观众的高度评价，开了菏泽大型戏曲剧目赴港演出的先河。在加强艺术创作同时，市地方戏曲传承研究院积极响应政府号召，大力实施“送戏下乡”等文化惠民工程，每团每年在基层演出300余场，极大地丰富了基层群众的精神文化生活，多次被评为“全省文化系统先进集体”“全省送演出下基层先进集体”。

菏泽市枣梆剧团

枣梆剧团的前身冀鲁豫边二专区民声剧社，始建于 1947 年 11 月。剧社人才济济，阵容整齐，四梁八柱，行当齐全，演出水平较高，在鲁西南、皖北、豫东、苏北、冀南一带，深受群众欢迎。1950 年移交平原省菏泽专署领导，改名为“菏泽专署人民剧社二组”。根据需要，枣梆剧团相继排演了《小女婿》《唇亡齿寒》《擦亮眼睛》等一批现代剧目，以及《小放牛》《九件衣》等小戏。在艺术上刻意求新，大胆改革，取得了良好的演出效果。同时，招收了一批新学员，并培养了单元红、樊秀玲等女演员登台演出，开枣梆女演员参加演出之先河。1958 年菏泽、济宁两专署合并，剧团下放到鄄城县，改名为“鄄城县枣梆剧团”。1959 年，菏泽、济宁两专区重新分划后，剧团又调回地区，定名为“菏泽专区枣梆剧团”。

1960 年，根据中央提出的“调整、巩固、充实、提高”的方针，以专区枣梆剧团为主，与郓城县文娱剧社、梁山县晨光四团两个枣梆专业团体的部分演职员合并，组成“菏泽地方戏曲院枣梆剧团”。这次调整后，全团发展到 70 余人，有来自郓城县的樊欣贤、刘允臣、于恒久，来自梁山县的罗玉魁、唐群贤，以及原专区枣梆剧团的赵凤来、梁保兴、樊秀玲等著名演员。从此，剧团进入了阵容齐整、实力雄厚的黄金时代。

“文化大革命”期间，枣梆剧团曾一度下放到菏泽县（今牡丹区），

1971年调归地区后又被迫改唱京剧，易名“菏泽地区京剧团”。1975年10月，在广大群众的强烈要求下，枣梆剧团才得以恢复。

1978年后，枣梆剧团进入历史上最为兴盛的时期。老演员重返舞台，焕发艺术青春，中、青年演员满怀豪情，大展才华。先后排演了现代戏《光棍苦乐记》《菊花魂》《父女情深》，参加地区会演，并获得多项奖励。同时，还演出了《状元与乞丐》《攀龙附凤》《郑子情外传》《狱卒升堂》《胭脂》《春草闯堂》《冷月葬花魂》等一大批新编历史剧。2001年，菏泽市枣梆剧团归属戏剧院，又与菏泽发电厂联姻，实力大增。2012年7月，成立菏泽市地方戏曲传承研究院，所属枣梆剧团和山东梆子剧团，现在，枣梆剧团正以一流的舞台设施，强大的演员阵容，不断打造出精品剧目，奉献给广大观众。

枣梆剧种源于山西上党梆子，为切磋技艺，交流经验，枣梆剧团曾多次赴山西长治、晋城访问演出，同当地剧团和群众互叙友谊，彼此观摩，交流经验，学习了晋剧的《小宴》《杀宫》《打神告庙》《罗成闹帐》《过江杀督》等剧目。有一次在晋城期间，著名作家赵树理还接见了全体演员。

枣梆剧团曾多次参加国家、省、市戏曲会演。1954年，传统剧目《徐龙铡子》《狄青借衣》参加山东省第一届戏曲观摩演出大会，梁保兴获演员奖，赵凤来获奖状。1956年，传统剧目《无底洞》参加山东省第二届戏曲观摩演出大会，王圣乐获演员二等奖，李金英获演员三等奖。1964年，创作演出的大型现代戏《牡丹向阳开》，参加山东省地方戏曲革命现代戏观摩演出大会，并在济南南郊宾馆为贺龙、罗瑞卿、彭绍辉、刘亚楼、曾山等领导人演出。1986年，创作演出的古装戏《汉阳案》，参加山东省第三届戏剧演出月，获剧本奖、作曲奖、伴奏奖、字幕奖，黄广义、张新让、张秀桂获表演奖，张文英获风格奖。

1989年，在山东省第二届艺术节中，参演现代戏《人情鬼债》，魏清风获作曲三等奖，张新让、张文英获演员二等奖，张秀桂、黄广义获演员三等奖。1992年，在文化部举办的“天下第一团”优秀剧目展演中，创作演出的现代戏《生儿容易养子难》获剧目奖，魏清风、苏本栋获音乐奖，房灵鹤获优秀表演奖，王福俊、张文英、张新让获表演奖。1998年，创作演出的现代戏《走出大山》，在第六届山东省文化艺术节中，荣获剧目二等奖、编剧二等奖、导演二等奖、作曲二等奖、舞美二等奖，王福俊、户庆如获表演一等奖，张文英、张秀桂、房灵鹤获表演二等奖。1999年，该剧目获第五届山东省“五个一”精品工程奖。

2001年，戏剧院枣梆剧团创作排演的古装戏《包公卖官》，参加第七届山东文化艺术节，获剧目二等奖、编剧二等奖、导演二等奖、作曲二等奖、舞美设计三等奖，户庆如获表演一等奖，刘长安获表演二等奖，张梦龙、孟凡金获表演三等奖。同年，在菏泽市首届戏曲节演出的新编历史剧《生死牌》获演出一等奖，孟凡金、张海清获表演一等奖，潘海英、户庆如、孟祥娥获表演二等奖，贾俊英、高连春、李香丽、王春生获表演三等奖，史顺才获音乐设计奖，侯仰仲获灯光音响奖。2004年，在菏泽市第二届戏曲节演出的新编历史剧《素兰告状》，获剧目一等奖、编剧一等奖、导演奖、音乐设计奖、舞台设计奖、音乐伴奏奖，王福俊、户庆如获表演一等奖，赵爱英、孟凡金、刘长安、朱仰钦获表演二等奖，张东兰、田学申、高云山获表演三等奖。

菏泽市戏剧院枣梆剧团各个时期都涌现了许多在艺术上颇有造诣、在群众中颇有声望的优秀演员，如樊自瑞（红脸，艺名“大鸡”）、樊欣贤（红脸，艺名“樊三”）、王新鼎（黑脸，艺名“大金鸽”）、梅新贺（小生，艺名“小明”）、刘富贵（小生，艺名“如意”）、邢德稳（小生，艺名“连从”）、桂相连（旦，艺名“狗旦”）、于恒久（旦，艺名“五贝”）、梁保兴（黑脸）、赵凤来（红脸）、房灵鹤（红脸）、樊秀玲（旦）、周玉环（老旦）、张文英（小生）、张新让（丑）、黄广义（红脸）等。近年来，一批年轻的优秀演员又脱颖而出，成为剧团的主要演员和业务骨干，如王福俊、户庆如、潘海英、张海清、刘长安等。王福俊、户庆如均在2005年菏泽市首届戏曲演员大赛暨十大名演评选活动中，进入“十大名演”行列。

枣梆剧团演出剧目获奖情况：

2009年11月，古装剧《龙门遥》获第九届山东文化艺术节“优秀剧目奖”

及导演奖、表演奖。

2012年10月，大型现代戏《枣树情》获山东省第十届精神文明建设“文艺精品工程”奖；2012年10月，获“喜迎十八大 相约十艺节”全省优秀剧目展演优秀剧目奖。

2017年11月，大型现代戏《草根大师》入选山东省地方戏振兴与京剧保护扶持工程2017年度资助剧目；2018年9月，入选京杭大运河文化带精品剧目展演；2018年10月，入选2018年全国梆子声腔优秀剧目展演；2018年10月，入选第十一届山东文化艺术节新创作优秀剧目展演；2019年8月，获第十一届山东省泰山文艺奖戏剧类一等奖；2020年12月，获菏泽市第二届牡丹文艺奖。

2018年3月，小戏曲《乡魂》入选国家艺术基金2018年度资助项目。

2018年12月，小戏曲《站台》获菏泽市首届“牡丹文艺奖”。

2019年2月，小戏曲《老兵》入选国家艺术基金2019年度资助项目。

菏泽市山东梆子剧团

山东梆子剧团的前身是菏泽市豫剧团，它源于1934年春由艺人阎庆寺创办的柳河寺高调梆子科班。该科班艺人曾颠沛流离15年，几易班主，直到商丘解放后的1949年7月，方归商丘市文教科民教馆领导，命名为“新声剧社”。1950年2月归属曹县，改名“大众剧社”。1954年，易名“曹县豫剧二团”。1959年7月，划归菏泽专区。1970年，更名为“菏泽地区豫剧团”。

2001年10月，菏泽市戏剧院成立，原市豫剧团归属戏剧院，并与菏泽市公路局联姻，加大了改革力度，增强了经济实力，投巨资更新了舞台设施，吸引了一大批省内外有一定知名度的戏曲新秀加盟，成为剧团的业务骨干。2004年，为振兴繁荣地方剧种，将市戏剧院豫剧团更名为市戏剧院山东梆子剧团。2012年7月，成立菏泽市地方戏曲传承研究院，所属山东梆子剧团和枣梆剧院。现在，山东梆子剧团正以强大的演员阵容，一流的演出设施，丰富的优秀剧目，活跃在晋、冀、鲁、豫戏曲舞台上。

几十年来，剧团先后排演了《志愿军的未婚妻》《小二黑结婚》《刘胡兰》

《三世仇》《雷锋》《焦裕禄》《李双双》《朝阳沟》《刘介梅》等96个现代戏，同时，还排演了《黄巢起义》《天国春秋》《九件衣》《脱颖记》等新编历史剧。对本团的传统戏，如《秦雪梅》《反徐州》《卖苗郎》《跑桃源》等，则反复加工整理，使演出水平不断得到提高。

剧团曾多次参加拥军慰问活动，主要有1960年参加全国拥军慰问团山东分团到烟台、威海、荣成、苏门岛等地慰问沿海驻军；1968年参加山东省“八一”拥军慰问团菏泽分团，慰问了潍坊驻军；1970年参加山东省新年春节慰问团菏泽分团，先后到徐州、新沂、潍坊、济南等地慰问了济南军区装甲兵部队。剧团曾先后被评为省、地文化系统先进单位。1962年，时任山东省副省长的余修为剧团亲笔题词：“老实听话，艰苦朴素，勤学苦练，精益求精。”

中华人民共和国成立以来，剧团涌现出了一批较优秀的演员，如张玉霞（青衣、花旦）、李文知（须生）、时华亭（武生）、鲍素花（花旦）、庞筱兰（花旦）、朱桂琴（花旦）等，他们都深受群众的好评。

进入20世纪90年代，剧团创作、改编、演出了一大批优秀剧目，多次在全国、华东及山东省历届戏曲调演中获奖。1997年创作演出的新编古装戏《洞房花烛夜》，在首届中国豫剧节上获演出奖、编剧奖、音乐奖，连玉秀获优秀表演奖，李健、周德存获表演奖。1998年，创作演出的《车马店风情》参加第六届山东省文化艺术节，获剧本二等奖、编剧一等奖、导演二等奖、作曲二等奖、舞美二等奖，连玉秀、李健获表演一等奖，高凤兰、周德存获表演二等奖。2001年，参加菏泽市首届戏曲节，演出《卖苗郎》获演出二等奖，刘文宝、高春花获表演一等奖，宋秀红获表演二等奖，江成东获表演三等奖。

山东梆子剧团演出剧目获奖情况：

2003年7月，大型现代戏《山东汉子》获山东省人口文化奖一等奖；2003年11月，获第十一届中国人口文化奖戏曲金奖及最佳编剧奖、最佳导演奖、最佳音乐奖、最佳舞美奖、最佳演员奖；2004年7月，获山东省第七届精神文明建设“精品工程”入选作品奖；2004年9月，获第十一届文华新剧目奖及文华剧作奖、文华导演奖、文华音乐设计奖、文华表演奖；2004年

9月，获第八届山东文化艺术节大奖及编剧、导演、音乐创作、舞美设计、灯光设计、服装设计及男女主角表演等八个单项一等奖，同时获音乐伴奏奖；2007年2月，获国家舞台艺术精品工程（2005—2006年度）精品提名剧目；2008年2月，获国家舞台艺术精品工程（2006—2007年度）精品提名剧目；2008年9月，获山东省首届泰山文艺奖一等奖等；2008年12月，获2007—2008年度国家舞台艺术精品工程年度资助剧目；2009年12月，获2008—2009年度国家舞台艺术精品工程年度（二期）资助剧目。

2009年11月，大型现代戏《忠诚》获第九届山东文化艺术节"新创作剧目二等奖"及编剧奖、作曲奖、表演奖等；2009年12月，获山东省第九届精神文明建设"文艺精品工程"入选作品奖。

2011年10月，历史古装剧《大唐巾帼》获第四届山东省泰山文艺奖二等奖。

2012年10月，大型现代戏《古城女人》获山东省"喜迎十八大 相约十艺节"全省优秀舞台剧目展演优秀剧目奖；2013年10月，获第十四届文华优秀剧目奖及文华剧作奖、文华导演奖、文华舞美奖等单项奖；2014年8月，获第七届山东省泰山文艺奖戏剧类一等奖；2014年9月，获第十一届山东省精神文明建设"文艺精品工程"优秀作品奖；2014年9月，在梅兰芳大剧院参加"庆祝中华人民共和国成立65周年——山东梆子进北京汇报演出"；2016年10月，入选首届全国梆子声腔优秀剧目展演。

2015年7月，大型现代戏《南下》入选山东省舞台艺术重点选题2015年度创作作品；2015年10月，入选山东省第十届文化艺术节新创作优秀剧目展演；2015年11月，入选山东省舞台艺术精品工程2015—2016年度初选剧目。

2016年8月，大型现代戏《南国之春》入选"国家艺术基金2016年度大型舞台剧资助项目"；2019年6月，获第十三届山东省精神文明建设"文艺精品工程"奖。

2021年4月，大型现代戏《南下往事》入选"百年征程　时代华章"庆祝中国共产党成立100周年山东省优秀剧目展演；2021年7月，入选第十二届山东文化艺术节新创作优秀剧目评比展演。

2017年8月，小戏曲《分家》入选国家艺术基金2017年度资助项目；2019年7月，获全省乡村题材小型文艺作品（菏泽赛区）展演一等奖。

2018年11月，小戏剧《争婆婆》获得“第十一届山东文化艺术节群众艺术新创作品艺术奖”。

2020年9月，小戏曲《从口风波》入选文化部2020年度剧本扶持工程，同年12月获泽市第二届牡丹文艺奖；2021年7月，获第十二届山东文化艺术节暨第四届全省小型戏剧新创作剧目评比展演——山东文化艺术“优秀小型剧节目”奖。

牡丹区大平调剧团

中华人民共和国成立前夕，菏泽县（今牡丹区）境内有两个平调职业班社，一个是由“双盛班”延续而来的“大平调班”；另一个是由陈桂欣于1946年成立的“小平调班”。

中华人民共和国成立后，两班均归菏泽县人民政府领导，“大平调班”被定名为“菏泽县新生剧社”，“小平调班”被定名为“菏泽县新兴剧社”。1957年，两剧社合并为“菏泽县大平调剧团”。该剧团1968年曾被解散，1979年恢复。1985年进行整编，把不适合在剧团工作的人员调出，另吸收大平调学员班40多名青年演员，组成菏泽市（县级市）大平调剧团。2001年，菏泽撤地设市，剧团更名为牡丹区大平调剧团。

牡丹区大平调剧团经常上演的剧目有《天水关》《海棠关》《铡美案》《百花亭》《严海斗》《滚鼓山》《收姜维》等。剧团在常年的演出中，先后培养了一批较有成就的演员，如花脸张全臣（艺名“花脸虎”），红脸牛银河（艺名“银娃”）、郭盛高（艺名“小黑牛”）、何西良，黑脸张文祥（艺名“张二”），旦角周玉平（艺名“大嘴”）、郭文荣（艺名“假大嘴”）、程玉凤（艺名“大坤角”）等。

牡丹区大平调剧团曾多次参加省、地市会演，并取得优异成绩。1954年参加山东省第一届戏曲观摩演出大会，张全臣演出《滚鼓山》，获演员奖。

1956 年参加山东省第二届戏曲观摩演出大会，郭盛高在《栖梧山》中饰岳飞，获演员奖；张全臣、牛银河演出《白玉杯》，获老演员奖。在 1982 年山东省第一届戏剧月中，演出的大型现代戏《后娘心》，获优秀创作奖、音乐设计奖、幻灯绘制奖，演员李桂芝、阎忠仁获优秀表演奖，马洪轩获表演奖。

在 1991 年山东省首届戏曲艺术节中，创作演出的现代戏《张三李四》获优秀剧本奖、演出奖。1992 年该剧参加山东省进京汇报演出团赴京演出，轰动京城，并进中南海向中央领导人和戏剧专家做专场汇报演出。同年，该剧获第二届中国人口文化奖二等奖。1993 年创作排练的大型纪实剧《柴学进》，在山东省第四届艺术节中，获演出剧目奖、剧本创作奖、音乐设计奖，何西良获优秀表演奖，李广甫、贺爱丽获表演奖。

1995 年排演的大型现代戏《法魂》，在山东省第五届艺术节中获优秀编剧奖、优秀导演奖、舞美奖、音乐设计奖，并获第二届山东省“五个一”精品工程奖，何西良等 5 名演员分别获优秀表演奖和表演奖。2004 年创作排演的大型现代戏《天职》，参加菏泽市第二届戏曲节，获多项奖励，而后参加第八届山东文化艺术节，获新剧目奖、编剧二等奖、导演二等奖、作曲二等奖、舞美设计二等奖，何西良获表演一等奖，王福芝、贺爱丽、曹美华、王道乾获表演二等奖，陈保华、石金凤、杨俊生获表演三等奖。

优秀导演介绍：

陈尔祥 1940 年出生，定陶区人，菏泽市大平调剧团二级导演。陈尔祥出生在大平调艺人世家。其父亲陈贵馨和叔叔陈广勤都是大平调剧团的老艺人。陈尔祥的夫人和两个儿子，两个儿媳妇，也都曾经是大平调剧团的演员。

陈尔祥导演了《红石钟声》《焦裕禄》《黄岑风雷》《汉宫春秋》《铡判官》《血手印》《后娘心》《黄金甲》《闯王》《画龙点睛》《三顾茅庐》《包公碑》等许多剧目，深受观众好评。

1991 年，陈尔祥导演了大型现代戏《张三李四》，由马家振创作，参加了菏泽地区文艺会演，名列第一名。在城市、乡村演出了近 300 场。参加了山东省第三届文化艺术节，在济南演出时受到省领导的亲切接见。剧团回菏后，陈尔祥受到菏泽市文化局表彰并颁发证书。

1992年3月中旬，应国家文化部相邀，菏泽市大平调剧团《张三李四》进京汇报演出。文化部为《张三李四》组织了专家座谈会，专家们对《张三李四》称赞是：剧本编得好、导演导得好、演员演得好。

几十年来，陈尔祥执导了大量的新编历史戏、连台本戏和现代戏剧目，赢得了上级领导、剧团演职员及广大观众的高度称赞。

定陶区两夹弦剧团

1949年12月，王文德、傅之云、黄云芝、赵金花、马富勤等演员联合组成共艺班。该班先为流动班社，后归菏泽县（今牡丹区）领导，定名为新艺剧社，李慕君、黄云芝、李志堂先后担任负责人。1954年，在山东省第一届戏曲观摩演出大会上演出《站花墙》，黄云芝获演员奖。1956年，在山东省第二届戏曲观摩演出大会上，演出现代戏《离婚》和整理传统剧目《换亲》，黄云芝获演员一等奖，马富勤、牛秀兰、李京华获演员三等奖。

2007年8月菏泽市政协主编《中国菏泽文化丛书》书中记：1959年9月27日两夹弦剧团团长黄云芝在济南为毛泽东等中央领导演出传统剧目《三拉房》，饰郭素贞。11月，山东省文化局组织“柳子戏、两夹弦、柳腔联合演出团”，进京汇报演出《三拉房》《拴娃娃》《站花墙》《三进士》等剧。1960年，调归菏泽地方戏曲院领导，更名为菏泽专区两夹弦剧团。1964年参加山东省地方戏革命现代戏会演，演出《向阳人家》。“文化大革命”中剧团解散，黄云芝受迫害致死。

1969年7月，定陶县把原菏泽专区两夹弦剧团解散后下放到工厂的30名演员集中起来，并吸收了一批新生力量，成立了定陶县两夹弦剧团。其主要演员有李京华、宋瑞桃、李艳菊、牛辉忠、张兆福、祝兆明等。

定陶县两夹弦剧团自成立以来，曾多次参加省、市会演，并取得优异成绩。1976年参加山东省现代戏会演，演出的现代戏《河畔新图》《一条鲤鱼》，均获演出奖。1979年创作排演的现代戏《相女婿》，参加山东省戏剧会演后，又进京参加了文化部举办的庆祝中华人民共和国成立30周年献礼演出，获创作二等奖、演出二等奖。1982年排演的现代戏《红果累累》，参加山东省第一届戏剧月的演出，获创作、演出一等奖。1986年创作演出的现代戏《拾爹嫁娘》在山东省第三届戏剧演出月中，获剧本奖、导演奖、舞美奖、伴奏奖，刘文宝、韩艳萍获表演奖。1989年10月，在山东省第二届艺术节中演出《风水宝地》，韩艳萍获小戏演员二等奖。2004年，在菏泽市第二届戏曲节中演出的《楞姐让房》，获剧目二等奖，侯艳丽获表演一等奖；现代戏《车轮沙沙响》获剧目二等奖、编剧二等奖，楚翠华获老艺人荣誉奖，刘少蕊、周长迁获表演二等奖。2005年9月，在菏泽市首届中青年戏曲演员大赛中，侯艳丽获表演一等奖。

部分优秀演员介绍

孔雪芹 菏泽市定陶区两夹弦非遗保护传承中心二级演员，代表剧目有《喜临门》《春秋商圣》《三看御妹》《三亲家》《梁祝》《打金枝》等。

曾荣获第五届红梅大赛表演二等奖、菏泽市第二届戏曲节参演剧目《梁山伯与祝英台》荣获表演一等奖等奖项、全省地方戏曲优秀中青年演员比赛菏泽赛区表演一等奖、菏泽市第三届戏曲节演出《唐宫血泪》荣获表演一等奖。

演出《春秋商圣》荣获山东省第九届“泰山文艺奖”、参加第二届全省基层院团优秀剧目展演奖、入选山东省地方戏振兴和京剧保护扶持工程；演出《三亲家》获首届山东省农村文化艺术节农村题材小戏比赛中荣获银奖、首届山东省地方戏新创作小戏展演二等奖；演出《打金枝》参加第三届晋冀鲁豫传统戏剧展演；演出《喜临门》入选2020年全省乡村题材优秀文艺作品网络展演，获菏泽市第二届“牡丹文艺奖”；演出《楼长嫂子》、《春秋商圣》入选“百年征程、时代华章”庆祝中国共产党成立100周年山东省优秀剧目展演。

李新存 中共党员，菏泽市定陶区两夹弦非遗保护传承中心二级演员，唱腔飘逸、声调铿锵，具有独特的艺术风格，代表剧目有《春秋商圣》《楼长嫂子》《伍子胥》《宝莲灯》等。

荣获首届山东省地方戏新创作小戏展演编剧奖等奖项，演出《春秋商圣》

荣获山东省第九届“泰山文艺奖”、参加第二届全省基层院团优秀剧目展演奖、入选山东省地方戏振兴和京剧保护扶持工程；创作《退彩礼》参加全国基层戏曲院团会演、第十一届山东文化艺术节全省优秀新创群众文艺作品汇演、“放歌新时代——山东省乡村题材优秀文艺作品集中展演”、入选山东省群众艺术优秀新创作品，获菏泽市首届“牡丹文艺奖”；创作《干娘》参加全国优秀现实题材舞台作品展演、入选山东地方戏振兴与京剧保护扶持工程、菏泽市首届“牡丹文艺奖”；演出乡村振兴题材《楼长嫂子》剧目入选2020年全省舞台艺术重点创作项目、“百年征程　时代华章”庆祝中国共产党成立100周年山东省优秀剧目展演。创作《公鸡过寿》入选2021年度全省群众艺术优秀新创作品、获山东文化艺术优秀小型剧节目奖、群众艺术优秀作品奖。

杨晓玲　菏泽市定陶区两夹弦非遗保护传承中心二级演员，代表剧目有《春秋商圣》《皆大欢喜》《三拉房》《退彩礼》《干娘》《楼长嫂子》等。

曾获菏泽市第三届戏曲节演出表演一等奖、第二届中国菏泽艺术节先进个人、“山东省第五届戏剧红梅大赛”表演类一等奖、“山东省第八届戏剧红梅大赛”表演二等奖。

演出《三拉房》参加第七届香港·中国戏曲节、“站在新时代回望经典”庆祝中华人民共和国成立70周年山东省经典戏剧展演。演出两夹弦《春秋商圣》该剧荣获第九届山东省“泰山文艺奖”、参加第二届全省基层院团优秀剧目展演奖、入选山东省地方戏振兴和京剧保护扶持工程；演出《愣姐让房》参加第七届（香港）中国戏曲节；演出《站花墙》参加2019年山东元宵戏曲晚会；演出《退彩礼》荣获全省乡村题材小型文艺作品展演一等奖。演出《干娘》参加全国优秀现实题材舞台作品展演、入选山东地方戏振兴与京剧保护扶持工程、菏泽市首届“牡丹文艺奖”，2019年10月山东省《新闻联播》以“大型两夹弦戏《干娘》走进省委党校展演”进行专题报道；演出《干娘》《楼长嫂子》《春秋商圣》入选“百年征程、时代华章”庆祝中国共产党成立100周年山东省优秀剧目展演。

翟玉令　菏泽市定陶区两夹弦非遗保护传承中心二级演员，代表剧目有

《春秋商圣》《打金枝》《喜临门》《干娘》《楼长嫂子》《公鸡过寿》。

曾荣获菏泽市首届艺术节表演一等奖、菏泽市第二届戏曲大赛一等奖、山东省青年演员比赛一等奖、“山东省第六届戏剧红梅大赛”表演一等奖、“山东省第八届戏剧红梅大赛”表演二等奖。

演出两夹弦《春秋商圣》荣获山东省第九届“泰山文艺奖”、参加第二届全省基层院团优秀剧目展演奖、入选山东省地方戏振兴和京剧保护扶持工程；演出《干娘》参加全国优秀现实题材舞台作品展演、入选山东地方戏振兴与京剧保护扶持工程、菏泽市首届“牡丹文艺奖”，2019年10月山东省《新闻联播》以“大型两夹弦戏《干娘》走进省委党校展演”进行专题报道；演出《打金枝》参加第三届晋冀鲁豫传统戏剧展演；演出《喜临门》入选2020年全省乡村题材优秀文艺作品网络展播、获菏泽市第二届“牡丹文艺奖”；演出《干娘》《楼长嫂子》《春秋商圣》入选“百年征程、时代华章”庆祝中国共产党成立100周年山东省优秀剧目展演；演出《公鸡过寿》入选2021年度全省群众艺术优秀新创作品、获山东文化艺术优秀小型剧节目奖、群众艺术优秀作品奖。

周长迁 菏泽市定陶区两夹弦非遗保护传承中心二级演员、副主任，代表剧目有《春秋商圣》《爱心家园》《皆大欢喜》《干娘》《愣姐让房》《楼长嫂子》《公鸡过寿》等。

曾获齐鲁文化之星、菏泽市第二届戏曲节表演一等奖、菏泽福彩杯迎国庆文艺调演获一等奖、全省地方戏曲优秀中青年演员比赛菏泽赛区荣获一等奖、菏泽市第三届戏曲节演出荣获表演一等奖、“山东省第八届戏剧红梅大赛”表演二等奖。

演出两夹弦小戏曲《爱心家园》荣获第十届中国艺术节“群星奖”、该剧入选国家艺术基金项目、山东省舞台艺术精品工程、全省优秀小型戏剧新创作剧目展演活动优秀剧目、荣获菏泽市2012—2014年度精神文明建设“文艺精品工程”，周长迁被菏泽市委、市政府记个人二等功；演出两夹弦《春秋商圣》获第九届山东省“泰山文艺奖”；演出《愣姐让房》参加第七届（香港）中国戏曲节；演出《干娘》参加全国优秀现实题材舞台作品展演、入选山东地方戏振兴与京剧保护扶持工程、菏泽市首届“牡丹文艺奖”，2019年10月山东省《新闻联播》以“大型两夹弦戏《干娘》走进省委党校展演”进行专题报道；演出《干娘》《楼长嫂子》《春秋商圣》入选“百年征程、时代华章”庆祝中国共产党成立100周年山东省优秀剧目展演；演出《公鸡过寿》入选2021年度全省群众艺术优秀新创作品、获山东文化艺术优秀小型剧节目奖、群众艺术优秀作品奖。

曹县山东梆子剧团

曹县豫剧团原为商丘市朱集吼声剧团。1950年归属曹县，定名为“曹县大众剧社（一组）”。1953年改为“曹县豫剧团”，1960年与曹县豫剧三团合并，更名为“曹县豫剧团”。“文化大革命”初期被撤销，1967年恢复。

该团在20世纪50年代和60年代初，阵容整齐，行当齐全，实力雄厚，可谓鼎盛时期。主要演员有文武小生黄儒秀（艺名“黄娃”）、刀马花旦张爱芝（艺名“小白菜”）、青衣王锡堂（艺名“桂花油”）、闺门旦晋秀兰、大副净庞贵林（人称庞大黑脸）、文生王明芝、红生张文修、奸净李万荣、须生李同印、丑角李新河、胡传海、汪少先及青年艺术骨干李玉兰（小生）、杜月如（旦）、郭金凤（旦）、汪玉花（小生）、庞筱兰（旦）、庞洪才（毛净）等。主要演员大都有个人的“拿手戏”。如黄儒秀擅演《提寇》《截江》《拜帅》《南阳关》《黄鹤楼》等传统戏。张爱芝擅演樊（粹庭）戏《洗耻血》、《三拂袖》和传统戏《刀劈杨凡》等。每到一地，都受到广大群众的热烈欢迎。不少群众编出顺口溜：“卖了地，再卖牛，也要看黄娃的《黄鹤楼》。”“当了家具卖了树，也要看张爱芝的《三拂袖》。”后来，剧团又培养出了新秀王东红、李新花等。

曹县豫剧团经常上演的剧目有《南阳关》《黄鹤楼》《截江》《收姜维》《三收何元庆》《火烧纪信》《三拂袖》《涤耻血》等。现代戏有《王贵与李香香》《小女婿》《罗汉钱》等。

曹县豫剧团曾多次参加省、市戏曲会演、调演，并曾应邀参加外省戏曲观摩演出。1954年参加山东省第一届戏曲观摩演出大会演出《截江》，黄儒秀与王锡堂同获演员荣誉奖。1958 年，该团创作的现代戏《钢铁姑娘》参加地区和省戏曲会演均获得好评。1962 年河南省举办戏曲名老艺人会演，特邀黄儒秀赴郑州主演《提寇》，河南省领导和文艺界人士高度评价他为豫东调文武小生的代表人物，并授予“名老艺人”光荣称号。同年，该团排演的《孙悟空三打白骨精》连演不衰，不仅轰动鲁西南地区，而且在赴江苏、河南、安徽、河北等地演出中，也深得观众的欢迎。

1979 年剧团到郑州演出，观众对庞筱兰的演出非常赞赏，豫剧表演艺术家常香玉观看演出并接见全体演员。1991 年，在山东省地方戏中青年演员比赛中，李新花获表演二等奖。2001 年参加菏泽市首届戏曲节，演出的传统剧目《抬花轿》获演出二等奖，李新花获表演牡丹奖。2004 年参加菏泽市第二届戏曲节，演出的大型古装戏《骨肉恩仇》获剧目二等奖，岳新芳获表演一等奖，伊平君、孙江宏、刘劲松获表演二等奖，谢永真、苏红云、董玲获表演三等奖。

2012 年 10 月剧团改革，定名为曹县地方戏曲研究保护中心，2021 年与曹县剧院合并。2016 年开始改唱山东梆子。原创剧目主要有：大型现代戏《梦圆霓裳》、古装戏剧《伊尹拜相》、现代戏剧《乔迁大喜》、革命历史题材戏剧《支前》。

单县山东梆子剧团

1949 年，单县人委将活动在鲁、豫、皖交界地区的“共和班”（又名“共艺班”）收归政府领导，更名为“单县人民剧社”。1954 年改名“单县一团”。“文化大革命”初期与单县二团（两夹弦）合并，定名为“单县豫剧团”，1972 年该剧团被解散。1973 年成立单县京剧团，至 1979 年改成单县豫剧团。2014 年单县豫剧团正式更改为山东梆子剧团（单县地方戏曲研究保护中心）。

单县豫剧团的主要演员先后有刀马旦徐艳芹，青衣李巧云、尹桂芝、李秀玲，小生孙秀芹、周桂云，红脸朱勤堂，黑脸韩磊才等；经常上演的传统剧目有《抬花轿》《花木兰》《十把串金扇》《青风桥》《白莲花下凡》《卧薪尝胆》和现代戏《八一风暴》《野火春风斗古城》《贫女泪》等，自编的历史剧《三国演义》和现代戏《稻田儿女》等，深受群众的欢迎。

20世纪90年代以来，单县豫剧团坚持常年演出，多次在省、市级戏曲会演中取得优异成绩。先后培养出刘翠芳、孙红霞等一批优秀的青年演员。1988年，在菏泽地区戏剧调演中演出的新编古装戏《血溅贞坊》，获优秀剧本奖、舞美设计奖、字幕奖，刘翠芳获优秀表演奖，孙红霞、孙玉芹获表演奖。1991年，创作演出的古装戏《燕山歌女》参加菏泽地区首届戏曲艺术节，获剧本奖、演出奖、作曲奖、伴奏奖，刘翠芳获表演一等奖，魏留保获表演二等奖，孙玉芹、黄汝祥、谢孔灿获表演三等奖。

1997年，创作演出的现代戏《女乡官》参加菏泽地区专业剧团新剧目展演，获优秀剧目奖、编剧一等奖、导演一等奖、音乐设计一等奖、舞美设计奖，刘翠芳获表演一等奖，谢孔灿、魏留保、朱来劲获表演二等奖。2001年，在菏泽市首届戏曲节上，演出的《风流才子》获演出一等奖，宋秀敏获表演牡丹奖，朱巧云、孙红霞获表演二等奖，郭兆海获表演三等奖。2004年，创作演出的现代戏《天下第一汤》在菏泽市第二届戏曲节上，获剧目二等奖、编剧二等奖、导演奖、音乐设计奖、舞美设计奖，刘翠芳获演员一等奖，黄启刚、张发曾获演员二等奖，郭兆海、宋娟、谢寅玲、吴忠雨获演员三等奖。2005年，在菏泽市首届中青年戏曲演员大赛中，刘翠芳演出《大祭桩》，进入“十大名演”行列。

部分优秀演员介绍

谢寅玲 1970年生人，自幼学艺，主攻武生，兼演小生、老生。1986年毕业于单县戏校，同年进入单县豫剧团，兢兢业业。1997年正式担任单县豫剧团行政副团长。

2013年担任单县豫剧团团长，2014年单县豫剧团正式更改为单县山东梆子剧团（地方戏曲研究保护中心），后续担任单县山东梆子剧团团长、单县地方戏曲研究保护中心副主任、山东省戏剧家协会会员、菏泽市戏剧家协会理事。先后担任第十三届、十四届单县政协常委，第十三届、十四届、十五届菏泽市政协委员，多次被县委、县政府表彰为优秀演员，授予“先进文化工作者称号”。

曾在《大汉英后》《刘墉下南京》《三更生死缘》《贺后骂殿》《穆桂英下山》《春雨》等多部剧中担任主要角色。先后荣获菏泽市第二届戏曲节表演三等奖，国家舞台艺术精品工程“精品提名剧目”，全省地方戏曲优秀中青年演员比赛菏泽赛区选拔赛表演二等奖，菏泽市第三届戏曲节表演三等奖，菏泽市第四届戏曲节暨“庆花会戏曲演出月”表演奖，山东省红梅大赛一等奖等 20 余项奖项。

黄启刚 1970 年生人，1984 年进入单县戏校学习，1986 年毕业进入单县豫剧团。2004 年担任单县豫剧团业务团长至今，2014 年单县豫剧团正式更改为山东梆子剧团。

2005 年随菏泽山东梆子剧团参演《山东汉子》入山东省历山剧院、山东大剧院演出。2006 年随菏泽进京，在中国大剧院演出《山东汉子》。2007 年随菏泽改革开放精品剧目《山东汉子》进京，在梅兰芳大剧院演出。2011 年随单县豫剧团参加中国豫剧节《山东汉子》参赛，荣获表演奖。2015 年山东艺术节随本团入省演出《大汉英后》。2017 年短剧《争婆婆》入省参赛并荣获一等奖。2020 年参演本团创作大型现代戏《春雨》获得广大领导群众一致好评。

从艺 30 余年荣获菏泽市戏曲节表演二等奖、国家舞台艺术精品工程“精品提名剧目”、2010 年 12 月在全省戏曲优秀中青年演员表演一等奖、菏泽市第三届戏曲节演出荣获表演二等奖。2011 年 9 月在第二届中国豫剧节表演奖、菏泽市第四届戏曲节暨“庆花会戏曲演出月”表演奖等 20 余项奖项。

成武县四平调剧团

1952 年，经与河南省柘城县协商，其新生剧团划归成武县，且更名为成武县工农剧社，1960 年再改为成武县四平调剧团。1968 年该团被砍掉，留部分人员组成一个演出队，并入县文工团。1970 年，文工团改称豫剧团。1979 年，随着党的文艺政策的落实，调往郓城县改唱山东梆子的演员王凤云返回，恢复了成武县四平调剧团。

成武县四平调剧团是一个发展较快的戏曲团体。20 世纪 60 年代达到鼎盛时期，成为全省众多专业剧团中的佼佼者。“文化大革命”时期曾一度瘫痪，后于1979年重新恢复。

20世纪80年代后，成武县四平调剧团基本恢复元气。1984年大型现代戏《春暖梨花》赴省演出成功。1987年改编的优秀传统剧目《裴秀英告状》被山东电视台拍摄制作，先后在全国播放，其优秀唱段已由海南音响出版社在全国发行。1990年创作演出的古装戏《玉桃恨》，在菏泽地区戏曲会演中获一等奖及全部单项奖。1992年创作排演的新编古装戏《弯弯鸳鸯河》，在菏泽地区会演中获优秀剧本奖和演出奖。1994年创作演出的大型纪实现代戏《情满人间》，在地区获奖后，又在全区巡回演出，影响较大。

2001年，在菏泽市首届戏曲节中，创作演出的现代戏《李媛媛祭母》，获演出三等奖，张广文获编剧二等奖，何固钦、刘将获音乐设计奖，代春华获表演一等奖，李华、王汝强获表演二等奖。2004年，在菏泽市第二届戏曲节中，创作演出现代戏《老牛求婚》，获剧目二等奖，王凤云获老艺人荣誉奖，张广文获编剧二等奖，王汝强获表演二等奖，李华获表演三等奖。在2005年9月菏泽市首届中青年戏曲演员大赛中，许亚莉演出《裴秀英告状》，获表演一等奖。

1985年以来，成武四平调剧团的代表剧目有《裴秀英告状》《白玉楼》《郑小姣》《三看御妹》《恩仇记》《路边店》《花为媒》《回龙传》等30余个，代表演员有王凤云、李明声、刘雪云、王荷花、王兰芹、王汝强、单世永、李华、徐永翠、赵艳芹等。

2005年，在成武县委、县政府支持下，四平调剧团重新调整，实力增强。

成武县雷鸣豫剧团

始建于1946年，在苏、鲁、豫、皖等周边地区享有较高的声誉，是一个阵容整齐、行当齐全、具有独特艺术风格的表演团体，曾赴新疆、甘肃、湖北等地演出，取得圆满成功。

成武县雷鸣豫剧团现有演职员48人，其中具有较高表演造诣的名老艺人6名，二级演员3名，三级演员10名。两名演员曾在河南电视台《梨园春》栏目和菏泽电视台《锦绣梨园》栏目中获擂主称号。老艺人李金鱼在传统剧目《三孝堂》中的精彩表演，曾为《中国老年报》所报道。该剧团主要演出剧目有《三孝堂》《莲花庵》《八王说媒》《前楚国》《反西唐》《五女兴唐》《寻儿记》《王莽篡朝》《英雄会》《金鞭记》等。

近年来先后培养出宋秀敏、宋秀红等年轻的豫剧演员，现任菏泽市戏剧研究院山东梆子剧团主演。

成武县大平调剧团

成武县大平调剧团成立于20世纪30年代初期，1948年归属成武县人民政府，取名“新艺剧社”，1955年更名为“成武县大平调团”，属国营，1963年建制被撤销。剧团业绩辉煌，老一辈表演艺术家邵丙玉、马明銮、牛广轩、王盛云等演出的《明末十八义》《杀齐王》《探井》等剧目叫响苏、鲁、豫、皖、冀广大地区。知名大平调老艺人牛印河（艺名大银娃），在1954年和1956年山东省第一、第二届戏曲观摩演出大会上主演《铡美案》《白玉杯》，分别获最佳表演奖和老艺人奖，两奖项被《中国戏曲志·山东卷》收录。老艺人马明銮、郭天祥口述的传统剧目《白莲花》《无头案》《双龙剑》等剧目被编入《山东地方戏曲传统剧目汇编》一书中。1980年，经成武县主管部门批准，开办了大平调艺校，经过3年的规范教学，择优录用了60多名学员，重建了行当齐全的民营职业团体——成武县大平调剧团。

1995年，牛现争任团长，马德良任业务团长，新建的成武县大平调剧团焕发出勃勃的生机。剧团主要演员有马德良、邵云河、贾崇雨、程秀梅、宋秀芹、闫美荣、张先稳、赵迷娇、李元立、曹光吉等。2002年6月，成武县大平调剧团参加菏泽市委、市政府举办的大型文艺调演，演出的现代戏《摔饭罐》荣获团体一等奖，闫美荣、程秀梅获优秀表演奖；2007年，参加山东省农民艺术节，演出的现代戏《信贷姻缘》获铜奖；2010年，参加山东省地方戏优秀中青年演大奖赛，马德良、张玉霞、牛艳霞分别获二、三等奖。

2013年，由菏泽市文化广电新闻出版局、菏泽市华夏文化促进会、菏泽市广播电视台主办，成武县大平调剧团在菏泽大剧院专场演出了大平调优秀经典传统剧目《反徐州》，菏泽市委、市政府、菏泽军分区领导、戏曲专家及广大观众观看了演出，深受好评。2015年，在菏泽市首届民营剧团文艺调演中，该团表演了传统戏《下河东》，剧团获综合奖，乐队获伴奏奖，演员马德良、贾崇雨、李远立、宋秀芹获优秀表演奖。该团现有演职人员38人，以打造菏泽市一流的民营剧团为目标。积极开展送戏下乡活动，近五年来在农村演出600多场，观众达300万人次。

2011年，大平调列入了国家级非物质文化遗产保护项目名录。为提高大平调剧团的专业素质和艺术水准，在县文化和旅游局的组织策划下，2017年成功举办了成武县大平调研讨会。邀请了山东省艺术研究所戏剧权威专家马建中、胡玉平，菏泽市戏曲专家何西良等参会，对大平调剧种的历史渊源和现状进行了探讨分析，对今后的传承、发展、创新出谋划策。

同时，剧团对于大平调剧种濒临失传的传统剧目、曲牌、锣鼓经进行了抢救性的挖掘和整理。挖掘、整理了曲牌《大桃红》等10余首；锣鼓经《大开台》等20余段；经典传统剧目《赵匡胤下河东》等10余部剧目已编撰成册。创作了反腐倡廉、大义灭亲的历史故事剧《弟兄》，编、复排了《大金川》《闫家滩》等剧目。2014年，剧团招收了10多名学员随团学艺，现都已成才。宋志翔、连丁两名学员担任了多部戏的主角。为留住民营剧团人才，成武大平调剧团现任团长牛超个人出资为剧团演职人员缴纳了养老保险，解决了大家的后顾之忧，这是菏泽市唯一一家为演职人员买养老保险的民营剧团。

巨野县山东梆子剧团

巨野县山东梆子剧团始建于1954年，其前身是清代建立的“大姚班”。由于战乱频繁，大姚班在20世纪40年代初衰落，艺人流散各地。中华人民共和国成立后，巨野县人委召集大姚班传人于衍寅、刘云亭、石维先、张文斋、谢明贵、孟兆山等组成“大众剧社”，后改名为“大众剧团”，1954年正式命名为“巨野县山东梆子剧团”。

巨野县山东梆子剧团的代表剧目有传统戏《闯幽州》《千里驹》《牧羊圈》《老羊山》《贺后骂殿》《宫谏》《收陈侠》和现代戏《七品红娘》等。剧团先后培养的优秀演员有刘桂松（青衣、刀马旦）、卜令文（红脸）、张庆民（花脸）、谢云宪（武生）、陈海良（红脸）、丁连贞（丑）、刘秀云、谷爱春等。1991 年在菏泽地区首届戏曲艺术节中，演出《斩武侯》，谷爱春获表演一等奖，刘秀云、刘艳芹获表演二等奖，赵凤荣、韩秀姑获表演三等奖。

1997 年，创作的《白蛇前传》参加菏泽地区专业剧团新剧目展演，获优秀剧目奖、导演二等奖、音乐设计二等奖，刘秀云获表演一等奖，高丽、刘艳芹、谷爱春获表演二等奖，崔朝贵、逯连卿获表演三等奖。2001 年，在菏泽市首届戏曲节上演出传统戏《老羊山》，获演出三等奖，刘秀云获表演一等奖，刘艳芹获表演二等奖。2004 年，参加菏泽市第二届戏曲节，创作的《磨酒歌》和传统戏《老羊山》获剧目二等奖、编剧二等奖、导演奖，刘秀云获表演一等奖，崔合修、聂凤金、于得用获表演二等奖，武法廷、李樱获表演三等奖。

郓城县山东梆子剧团

郓城县山东梆子剧团是 1949 年 6 月由任振江和李凌相所领导的两个民间戏班组建而成。当时定名为“郓城县前进剧社”，主要演员有任心才（红脸）、岳振喜（黑脸）、阎桂卿（小生）、毕德玉（旦）、李素云（旦）、周树琴（旦）、罗玉卓（丑）、郭凤芝（旦）、于金霞（旦）等。1960 年菏泽专区文艺团体进行调整，又从其他戏曲团体调进一批演员，如张爱芝（刀马花旦，艺名“小白菜”）、李新河（丑）、陈艳秋（旦）、宋茂田（小生）等。剧团同时改名为“郓城县山东梆子剧团”，演员阵容壮大，演出颇受好评。

郓城县山东梆子剧团经常上演的剧目有传统戏《抄杜府》《白玉杯》《反徐州》《闯幽州》《李白醉酒》《诸葛亮吊孝》《对花枪》《审诰命》《五品夫人》和现代戏《小女婿》《罗汉钱》等。在长期的演出中，该团培养了一批优秀的演员如李秀英（旦）、郭玉娥（旦）、张仰忍（丑）、李玉才（须生）、王爱霞、郁德芳（彩旦）、祝凤臣等。

郓城县山东梆子剧团曾多次参加省、地（市）会演，并取得优异成绩。1956 年参加山东省第二届戏曲观摩演出大会，演员任心才在《闯幽州》中饰演杨继业，获演员一等奖。1981 年参加菏泽地区戏曲会演，演出了自己整理的传统戏《裴玉娥》，获剧本奖、演出奖、导演奖、音乐奖，任心才获演员一等奖，王爱霞、张月伦获演员二等奖。1983年参加菏泽地区现代戏会演，演出的大型现代戏《袁家庄》获剧本创作奖、演出奖、导演奖、音乐奖，演员王爱霞、郁德芳获演员一等奖，刘爱林、祝玉魁、李玉才获演员二等奖。1986年，在山东省第三届戏剧演出月上，创作演出的《五品夫人》获导演奖、伴奏奖，郁德青、毛洪霞获表演奖。

1995年，创作排演的现代戏《龙门渡口》在第五届山东文化艺术节上，获剧目二等奖、编剧二等奖、导演一等奖、作曲二等奖、舞美设计一等奖，陈萧宇、祝凤臣、陈凤英、孟凡义获表演二等奖。该剧又于1997年获第三届山东省“五个一”精品工程奖。2001年，在菏泽市首届戏曲节上，创作排演的现代戏《选村官》获演出一等奖、编剧一等奖、导演一等奖、音乐设计奖、舞美设计奖、音响奖，祝凤臣获表演牡丹奖，马家国、田继乾、赵爱荣获表演二等奖，石爱玲、常洪新获表演三等奖。2002年该剧又获第六届山东省“五个一”精品工程奖。

2004年演出的传统戏《吕后杀宫》，在菏泽市第二届戏曲节上获剧目二等奖，祝凤臣获表演一等奖，王瑞婷、孙淑霞、谷香格获表演二等奖，赵爱荣、杨学军获表演三等奖。2005年，在菏泽市首届中青年戏曲演员大赛中，祝凤臣演出传统剧目《老羊山》，被评为“十大名演”之一。

郓城县山东梆子剧团始现有演职员58人，其中高级职称的11人，中级职称的17人。

2008年9月，排演的山东梆子《选村官》荣获首届山东省泰山文艺奖三等奖；2011年排演的大型传统历史剧《民族英烈·闯幽州》荣获山东省第四届泰山文艺奖三等奖。

党的十八大以来，郓城县剧团广泛开展多种形式的文化惠民活动，把最好的精神食粮送给人民，每年送戏下乡400余场，覆盖全县23个乡镇、街道和开发区。在坚持服务中心、服务大局的同时坚持以人民为中心的工作和创作导向，扎根生活、扎根人民、挖掘鲜活素材，相继创作出一批现实题材优秀作品。2014年与中国戏曲学院联合创排的动漫舞台剧《跑旱船》荣获山东省第七届泰山文艺奖二等奖、入选山东省地方戏振兴与京剧保护扶持工程。2015 年《跑旱船》入选国家艺术基金资助项目；2016 年 7 月，《跑旱船》代表山东省参加由中宣部、文化部联合举办的全国基层院团戏曲会演；2016 年 12 月,《跑旱船》入选第二届山东省优秀保留剧目工程; 2016 年 12 月 30 日,《跑旱船》参加由中宣部、文化部主办的 2017 年新年戏曲晚会，习近平总书记等七名中央政治局常委与首都千名观众观看演出；2017 年 6 月，《跑旱船》入选山东省第十二届精神文明建设“文艺精品工程”; 2017 年 10 月, 山东梆子《跑旱船》演艺创新项目荣获第三届山东省文化创新奖。2017 年 5 月，精准扶贫题材的大型现代戏《百鸟朝凤》入选文化部剧本孵化计划项目；2017 年 10 月，入选山东省舞台艺术创作重点选题资助剧目；2018 年 12 月《百鸟朝凤》荣获菏泽市首届“牡丹文艺奖”；2019 年 7 月《百鸟朝凤》荣获第十一届山东省“泰山文艺奖”二等奖；2019 年 11 月，《百鸟朝凤》在山东省文化和旅游厅举办的“放歌新时代——山东省乡村题材优秀文艺作品展演”中，被评为“山东省乡村题材优秀剧目”。

优秀演员介绍

李素英　女，现年 52 岁，郓城县山东梆子剧团演员，国家二级演员。2003 年 7 月，在全国国花杯中青年演员戏曲表演大赛中荣获青衣铜奖；2016 年 9 月，在山东省第六届戏曲红梅大赛中获表演类一等奖；2017 年 9 月在第三届中国戏曲黄河流域红梅大赛总决赛中，荣获表演类金奖。其主要演出剧目有:《老羊山》《铡美案》《穆桂英挂帅》等。表演端庄大方，唱腔高亢明亮，在继承发扬山东梆子的传统表演艺术的同时，吸取各流派之所长，在演出实践中不断积累经验，逐渐形成了自己的独特艺术风格，在业内具有较高的知名度。

东明县大平调剧团

东明县大平调剧团原为冀鲁豫军区领导下的民利剧社，而民利剧社的前身则是菏泽县（今牡丹区）彭堂村 1929 年成立的大平调科班——“天兴班”（后改名“天成班”）。1949 年，民利剧社归属东明人民政府领导，定名东明县新艺剧团。1955年改为东明县大平调剧团。1968年12月解散，1975年重新恢复。1979年被山东省文化局评为“文艺工作先进集体”。

东明县大平调剧团的主要演员先后有申德高（艺名“花脸虎”）、刘述炳（黑脸）、孙广福（艺名“麻红脸”）、郭盛高（红脸，艺名“小黑牛”）、王焕岭（红脸）、李桂芝（旦）、何兰芝（旦）、吴从印（红脸）、周魁生（红脸）等。多年来，剧团先后加工整理了一批深受群众欢迎的传统剧目，如《战洛阳》《百花亭》《反徐州》《秦香莲》《铡赵王》《佘赛花》《晋阳关》《下燕京》《收姜维》等。同时，还创作和移植了一批现代戏，如《血泪仇》《平鹰坟》《闹瓜园》《乡下女》《好人二叔》等。

1956年参加河南省第一届戏曲会演，演出的传统戏《战洛阳》，获剧本一等奖、演出奖、音乐奖，老艺人申德高获演员荣誉奖，并受到中国戏剧家协会主席田汉和音乐家马可的高度评价。1959年，在河南省军区礼堂，为毛泽东、周恩来等党和国家领导人演出了《战洛阳》。1963年，参加菏泽地区专业剧团会演，演出的《铡美案》获演出一等奖。1984年创作的现代戏《乡下女》，参加菏泽地区戏曲会演，获创作奖和演出奖。1987年，参加菏泽地区戏剧节演出古装戏《姊妹皇后》，郭盛高获优秀表演奖，郭玉珍、盛冬梅获表演奖。1995年创作演出的现代戏《好人二叔》，在第五届山东文化艺术节中获剧目二等奖、编剧二等奖、舞美设计二等奖，盛冬梅、吴从印获表演二等奖。

2001年，参加菏泽市首届戏曲节，演出的传统戏《百花亭》获演出二等奖，周魁生获表演一等奖，吴从印、盛冬梅、刘爱兰获表演二等奖，刘雨顺、万艳春获表演三等奖。2004年，在菏泽市第二届戏曲节中，演出的传统剧目《收姜维》获剧目一等奖，吴从印、张海仁获表演一等奖，盛冬梅、逯文行获表演二等奖，肖国芹、汤玉喜、朱德重获表演三等奖。2005年，在菏泽市首届中青年戏曲演员大赛中，吴从印演出传统剧目《收姜维》，被评为“十大名演”之一，周魁生演出传统剧目《跑城》获表演一等奖。

东明县豫剧团

东明县豫剧团的前身是东明集豫剧社，1949 年归属东明县人委领导，定名“东明县新光剧团”。1955 年该剧团经过登记改名“东明县豫剧团”。“文化大革命”初期，被强令改为京剧团，1975 年解散，1979 年恢复为豫剧团。剧团主要在苏、鲁、豫、皖等周边省区演出，深受群众欢迎。

东明县豫剧团经常演出的剧目有《罗焕跪楼》《坐桥》《对花枪》《西厢记》《刘胡兰》《朝阳沟》等，先后涌现出马凌云、张月荣、陈成忠、李连华、吴秀霞、朱巧云等主要演员。东明县豫剧团多次参加菏泽市会演并获得奖励。

菏泽地区参加省历届戏剧会（调）演情况一览表（1954—1984）

时间（年）	剧目	剧种	参加何种会（调）演	获奖情况	备注
1954	罗帕记	两夹弦	山东省第一届戏曲观摩演出大会		
1954	站花墙	两夹弦	山东省第一届戏曲观摩演出大会	黄云芝获演员奖	
1954	徐龙侧子	枣梆	山东省第一届戏曲观摩演出大会	梁保兴获演员奖	
1954	训子	枣梆	山东省第一届戏曲观摩演出大会	赵凤来获奖状	
1954	铡美案	大平调	山东省第一届戏曲观摩演出大会	张文祥获奖状	
1954	天水关	大平调	山东省第一届戏曲观摩演出大会	牛银河获奖状	
1954	滚鼓山	大平调	山东省第一届戏曲观摩演出大会	张全臣获演员奖	
1954	三盗芭蕉扇	柳子	山东省第一届戏曲观摩演出大会		
1954	盗骨会兄	柳子	山东省第一届戏曲观摩演出大会	张春雷获演员奖	
1954	打登州	柳子	山东省第一届戏曲观摩演出大会	刘仰田获奖状	

续表

时间（年）	剧目	剧种	参加何种会（调）演	获奖情况	备注
1954	小病房	大弦子	山东省第一届戏曲观摩演出大会		
1954	洛阳桥	豫剧	山东省第一届戏曲观摩演出大会	张玉霞获演员奖	
1954	哭剑	豫剧	山东省第一届戏曲观摩演出大会	刘桂荣获演员奖、刘兆伦获奖状	
1954	桃花庵	豫剧	山东省第一届戏曲观摩演出大会		
1954	黄牛分家	豫剧	山东省第一届戏曲观摩演出大会	刘君秋、刘玉朋获演员奖	
1956	白兔记	柳子	山东省第二届戏曲观摩演出大会	音乐演出奖；张春雷、孔繁奇获演员一等奖；李永秀获演员二等奖；张兴灿获演员三等奖	
1956	两架山	大弦子	山东省第二届戏曲观摩演出大会	一等剧本奖	
1960	百花亭	大平调	山东省青年演员会演		
1960	金麒麟	大弦子	山东省青年演员会演		
1960	全家红	枣柳	山东省青年演员会演		
1960	月夜洗衣	四平调	山东省青年演员会演		
1964	牡丹向阳开	枣梆	山东省现代戏会演		
1964	向阳人家	两夹弦	山东省现代戏会演		
1964	三把镰	四平调	山东省现代戏会演		
1971	水泊激浪	梆子	山东省新创作戏剧会演		
1972	快马加鞭	豫剧	山东省新创作文艺会演		

续表

时间（年）	剧目	剧种	参加何种会（调）演	获奖情况	备注
1976	河畔新图	豫剧	山东省“农业学大寨”专题文艺调演	获奖状	
1976	月牙湾	梆子	山东省“农业学大寨”专题文艺调演	获奖状	
1976	一条鲤鱼	两夹弦	山东省“农业学大寨”专题文艺调演	获奖状	
1976	车间红哨	四平调	山东省“农业学大寨”专题文艺调演	获奖状	
1976	拆墙	枣梆	山东省“农业学大寨”专期文艺调演	获奖状	
1978	相女婿	两夹弦	山东省戏剧会演	获演出奖	
1978	牵牛记	枣梆	山东省戏剧会演	获演出奖	
1978	生日	梆子	山东省戏剧会演	获演出奖	
1979	相女婚	两夹弦	全国调演	创作二等奖；演出三等奖	省电视台录成电视片
1982	后娘心	大平调	山东省第一届戏剧演出月	优秀剧本创作奖；音乐设计奖；幻灯绘制奖；李桂芝等四名演员获优秀表演奖	
1982	牡丹案	豫剧	山东省第一届戏剧演出月	剧本创作奖；刘玉真、李玉玲、胡志荣、陈国立获表演奖	
1982	红果累累	两夹弦	山东省第一届戏剧演出月	剧本创作奖；李京华等四名演员获表演奖	
1984	春暖梨花	四平调	山东省第二届戏剧演出月	王凤云获演员奖	
1984	杀宫	枣梆	山东省首届戏曲教学剧目汇报	曲春凤、仪桂凤获蓓蕾一等奖；张梦龙获二等奖	
1984	断桥	豫剧	山东省首届戏曲教学剧目汇报	魏存、刘娟娟获蓓蕾二等奖	

第四节　剧目荟萃

一、唱响京华的优秀剧目

《三拉房》　系两夹弦传统剧目。1959年武斌整理。说的是书生张文生因进京赶考缺少盘费，愁闷不语，其新婚妻子郭素真以首饰相赠。临别时，素真一因新婚难舍，二怕丈夫得志后变心，用多种比喻劝夫，文生对天盟誓，表示爱情忠贞。临行素真仍依依难舍，三次拉丈夫回房，谆谆嘱咐。人物心理刻画细致入微，情感真挚，语言风趣。由菏泽地区两夹弦剧团首演。黄云芝饰郭素真，宋瑞桃饰张文生。参加山东省柳子戏、两夹弦、柳腔联合演出团进京汇报演出。同年，剧本由山东人民出版社出版，茂腔、柳腔、哈哈腔有此剧目。

《站花墙》　又名《杨二舍化缘》。系两夹弦传统剧目。说的是杨二舍自幼与王洪之女美蓉订婚，投亲路上，仆人张宽夺其衣物，冒名先进王府。待二舍赶到，岳父不认，只得在关王庙充当道童。一日，化缘路过王府花园，大骂王洪无义。美蓉听到，遂上花墙盘问，二舍诉说前情，夫妻相认，美蓉折断金钗赠二舍作为表记，二舍亦回赠素珠，相约三更在花园会面。至时，美蓉赠银助二舍进京赶考。后二舍得中，夫妻团聚。小生，小旦应工。1954年菏泽县两夹弦剧团整理演出。黄云芝饰王美蓉，参加山东省第一届戏曲观摩演出大会，获演员奖。1959年参加山东省柳子戏、两夹弦、柳腔联合演出团进京汇报演出。1960年剧本收入《中国地方戏曲集成·山东省卷》。吕剧，五音戏、茂腔、柳腔、柳琴戏、四平调、四根弦、哈哈腔均有此剧目。

《拴娃娃》　系山东梆子传统剧目。说的是结婚五年没生孩子的于二姐和半百无子的老人刘庆图，都偷着到娘娘庙里拴娃娃，两人碰巧同拴了一个娃娃，引起了一场可笑的争执。虽经画匠王刚多方调解，仍不欢而散。1956年，菏泽专区代表团武斌、徐原整理参加山东省第二届戏曲观摩演出大会。刘桂荣饰于二姐，获剧本三等奖。1959年参加山东省柳子戏、两夹弦、柳腔联合演出团进京汇报演出。1960 年杨汉卿整理本收入《中国地方戏曲集成·山东省卷》。五音戏、哈哈腔、两夹弦亦有此剧目。

《孙安动本》　又名《徐龙打朝》。系柳子戏传统剧目。1959 年赵剑秋、范季高、杨汉卿、尚之四、纪根垠改编。叙明万历时，太师张从独揽朝政，吞没赈粮，草菅人命，曹州知府孙安参奏一本，被张从扣下，反保举孙安进京任职。孙安进京途中遇民妇投河，身揣十八张控告张从的诉状，进京后，又在岳父黄义德家中得知父亲孙存因弹劾张从未遂而遭惨害，于是三上金殿，舆榇谏君。奈幼主偏信张从谗言，不但驳回本章，并将孙安判断。黄义德及三朝元老沈理保本不准，求助于定国公徐龙。徐龙持黑虎铜锤上殿，义正词严，幼主终将孙安赦免。由山东省柳子剧团首演，尚之四导演。黄遵宪饰孙安，李艳珍饰孙妻，崔明雨饰张从，何东明饰徐龙。1959 年 11 月进京演出，受到好评。1962 年，由上海海燕制片厂拍成电影。编剧增加朱剑。舞台剧本 1959 年由山东省人民出版社出版，1960 年发表于《剧本》月刊，收入《中国地方戏曲集成·山东省卷》。中国戏剧出版社 1961 年出版单行本。1963 年编入《戏曲选》第六卷。中国京剧院二团曾移植演出。《孙安动本》一剧，“文化大革命”中受到公开点名批判，剧本改编者均遭株连，有的含冤去世。党的十一届三中全会后，公开宣布平反。山东省柳子团 1979 年恢复上演。

《黄桑店》　系柳子戏传统剧目。全部《打登州》之一折。说的是罗舟奉登州王杨林之命，押解秦琼赴登州，途中作威作福，不断折磨秦琼。夜宿黄桑店，史大奈奉徐茂公之命赶来救护秦琼，欲杀罗舟，被秦拦住，并为其讲情。罗舟方知秦琼是披肝沥胆的好汉，乃与史大奈定计，一同搭救秦琼。剧中秦琼由红脸应工，唱［柳子调］。1954 年山东省戏曲工作组整理，郓城县工农剧团演出，张春雷饰秦琼，李永秀饰罗舟，何东明饰史大奈。参加山东省第一届戏曲观摩演出大会，同年参加华东区戏曲观摩演出大会，获演出奖。1959 年赴京演出，受到刘少奇等国家领导人的亲切接见。剧本 1955 年由山东人民出版社出版，1960 年收入《中国地方戏曲集成·山东省卷》。

《张飞闯辕门》　系柳子戏传统剧目。事见《三国演义》第三十九回。

元明杂剧有《诸葛亮挂印气张飞》及《诸葛亮博望烧屯》，明无名氏有《草庐记》传奇。说的是三国时期，刘备拜诸葛亮为军师，统率全军。张飞自恃功高，屡犯军令，亮欲斩之，张飞怒闯辕门，大闹而去。后曹兵大举来攻，情势危急，诸葛亮指挥有方，击溃曹军，张飞折服，甘愿遵令迎战夏侯惇。1959 年范季高执笔整理，将《闯辕门》及《气走范阳》二折合并，火烧博望坡作暗场处理，夏侯惇不出场，无武打场面，重点刻画张飞性格特征和思想变化过程。山东省柳子剧团首演，导演尚之四，张春雷饰张飞，李永秀饰诸葛亮。1959 年进北京演出。1960 年 4 月由北京宝文堂书店出版单行本。

《玩会跳船》　系柳子戏传统剧目。全部《龙舟会》之一折。说的是白郎中之女月娟随亲乘舟归里，路经杭州，正值端阳佳节，月娟携侍女云霞至钱塘江畔观赏龙舟竞渡，巧遇书生萧文勤，双方一见钟情，旋被挤散。萧拾得金凤钗，守候半日，静待失主，此钗正是月娟所遗。云霞寻钗，萧文勤将钗奉还，并题诗扇上，托云霞转交月娟，月娟感其至诚，羡其品貌，约定当晚跳船相会，明月船头，共缔百年之盟。1959 年，纪根垠、范季高整理。山东省柳子剧团首演，尚之四导演，李艳珍饰白月娟，许凤云饰萧文勤，杨宝荣饰云霞。同年 11 月，该剧进京演出。剧本于 1960 年 4 月由北京宝文堂书店出版，发表于 1961 年 2—3 月《剧本》合刊本。

《相女婿》　系两夹弦剧目。王岳芳编剧。说的是性格开朗的姑娘桃花经人介绍了两个对象，一个叫如意，一个叫新春，两人都住在徐家集。队里办沼气，派桃花到徐家集到取经，她想趁此机会顺便去相女婿，为此改名桃叶。桃花先来到如意家，发现如意油嘴滑舌，虚荣浮夸、厌恶劳动，认为当沼气员没出息，桃花气极，不想再相女婿，径直来到隔壁的沼气员家里，求教分料装池法，沼气员扎根为人热情，给桃花解决了生产沼气的疑难问题。在取经过程中，忠诚、勤奋、内秀的扎根，引起桃花姑娘的爱慕。最后桃花才知道，原来扎根就是新春。1978 年，定陶县两夹弦剧团首演，导演王岳芳，作曲刘惠祥、谢福生，舞美设计窦培高。赵玉芬、李艳菊饰桃花，祝兆明饰新春，张兆福饰新春爹，李京华饰如意娘，袁克治饰如意。1979 年赴京参加庆祝中华人民共和国成立 30 周年献礼演出，获剧本创作二等奖、演出三等奖。剧本于 1979 年 2 月在《大众日报》发表。同年，由山东人民出版社出版单行本，并收入该社编辑出版的《山东三十年戏剧选》。1979 年 10 月，山东电视台录制成戏曲片。1980 年中国戏剧出版社出版单行本。

《张三李四》　系大平调剧目，马家振编剧，这是一出反映农村计划生育的现代戏。

张三盼望人丁兴旺，可儿媳黄秋叶生了两个闺女。为传宗接代，他偷着买来“子母河”水，给儿媳妇换胎。钢炮娘以为是脏水，端起来泼了。张三非常气恼，逼儿媳妇黄秋叶把剩下的水根喝下去。李四是个老党员，因儿媳妇刘春花从事计划生育工作得罪了人，他家的麦秸垛被人放火烧了，树皮被人刮了。他不顾家庭损失，支持帮助儿媳把工作干好。张三提酒来找李四求情，李四不讲情面。偏在此时，李四的二儿媳妇周海燕回来偷生孩子，被张三遇见。张三抓住了李四的把柄，与李四打手击掌，谁家如果超生，头顶尿罐围着村子转三圈。李四全家说服周海燕去流产，黄秋叶也因喝脏水得肠炎不愿再生孩子。张三听说后，用死来威吓儿媳，并劝说儿媳躲她三姨家去偷生。谁知张三错把春花当成秋叶，吐露了真情。李四和刘春花用模范行动和算账对比的方法，说服教育了张三。

牡丹区大平调剧团首演，刘凌、陈尔祥、李作亮导演，刘汉坤音乐设计，卢伟生、李瑞芳舞美设计，雷聿德灯光设计。何西良、马洪轩、杨静梅、刘玉莲、蔡述文等在剧中扮演主要角色。1990 年参加菏泽地区戏剧会演，获剧目、编剧、音乐设计、表演等多项奖励。1991 年参加第三届山东文化艺术节，获优秀剧目奖，马家振获编剧奖，何西良获表演奖。在山东省剧协第四届舞台剧本创作评奖中，马家振获编剧奖。在纪念建党 70 周年文艺创作征文中，马家振获剧本创作奖。1991 年剧本在省《戏剧丛刊》发表。1992 年 3 月，《张三李四》进中南海演出。1993 年该剧获省文化厅百场演出奖。同年，获山东省优秀演出剧目奖。1994 年，获中国第二届人口文化奖戏曲二等奖。

二、誉满齐鲁的精品剧目

《法魂》　系大平调剧目。马家振、田恩众编剧，该剧写的是刑庭庭长方永进的内弟，强奸逼死了赵大妈的独生女儿赵丽丽，被抓进监狱。岳父张木匠求方永进放出张彪，被拒绝。刑庭审判员周健与方永进是战友，周健为了报答方永进的救命之恩，在审理此案时假称张彪有反应性精神病，可不负法律责任，于是就放了张彪。赵大娘得知凶手被放，女儿的冤屈不能申诉，便上吊寻死，被方永进救下。方永进顶着岳父、母亲、爱人、战友等人的重重压力，重审了此案，把内弟张彪和战友周健送进了监狱。该剧塑造了一位廉洁奉公、不徇私情、惩治腐败、严格执法的法官形象，细致地描写了刑庭审判员周健和张丰华、张木匠、方母、赵大娘、牛二娃等不同人物的不同心态，再现了情与法、权与法白热化般的撞击。

《法魂》一剧的素材取之于全国法院系统模范人物、菏泽市法院纪检干部柴学进的先进事迹。1993 年，剧作者曾编写一部纪实性戏曲《柴学进》，1993 年，该剧参加第四届山东省文化艺术节演出，获剧目、编剧、导演、表演等多项奖励。

应该说，《法魂》有着较高的审美价值和认识价值，是一部既有生活真实又有艺术魅力的戏曲精品。

1995 年该剧由菏泽市牡丹区大平调剧团首演，何西良、朱金荣、冯文起、贺爱丽、阎忠仁、王道乾等在剧中分别扮演方永进、张丰华、周健、赵大娘等主要角色。1995 年，该剧参加第五届山东文化艺术节，获剧目一等奖，马家振、田恩众获编剧一等奖，刘凌、陈尔祥、张新让获导演二等奖。刘汉坤获作曲二等奖，王庆江获灯光设计奖，何西良获表演一等奖，朱金荣、贺爱丽、王道乾、阎忠仁获表演二等奖。同年获第二届山东省“五个一”精品工程奖。

《龙门渡口》　系山东梆子剧目。马家振编剧。描写的是工商干部杨理民在两省五县交界处的黄河渡口上，为保护人民利益，维护社会经济秩序，与不法分子展开英勇斗争的故事。在特殊的艰苦环境中，他不怕威胁恫吓，不怕打击报复，面对金钱、面对权势、面对生死不低头，充分显示了一位工商干部尽职尽责、不畏艰险、廉洁自律的高尚情操。

剧作家马家振善于用戏曲形式去反映我们的时代精神、时代潮流和时代典范。浓郁的生活气息、真实可信的人物形象和生动的故事情节，感人肺腑，催人泪下。

该剧由郓城县山东梆子剧团1995年首演。陈新理导演，吴博义、张占申音乐设计，郭有镇舞美设计，田胜温灯光设计，陈萧宇、陈凤英、祝凤晨、孟凡义等在剧中分别扮演杨理民、李爱春、金凤、胡东海等主要角色。同年，参加第五届山东省文化艺术节演出，荣获剧目二等奖、马家振获编剧二等奖，陈新理获导演一等奖，吴博义、张占申获作曲二等奖，郭有镇获舞美设计一等奖。陈萧宇、陈凤英、祝凤晨、孟凡义获表演二等奖。1997年，该剧获第三届山东省"五个一工程"艺术精品奖。

《走出大山》　系枣梆剧目。张宝祥编剧。说的是太行山腹地有一个地肥水美、山高无路的石匣村，世代饱受大山阻隔之苦的石匣人不甘心听天任命，不甘心祖辈受穷，立志要走出大山的禁锢。村党支部书记唐士成、唐路雁前赴后继，一任接一任地带领乡亲们硬是用人力在悬崖上开山，在绝壁上凿洞，挖山不止，坚持修路。技术困乏，资金短缺，未能使他们气馁，屡遭挫折，流血牺牲，也未能使他们却步，他们靠着艰苦奋斗的精神和30个春秋的拼搏终于叩开大山门，修通山路，走出封闭，走向富裕。

菏泽地区枣梆剧团首演，张新让、张梦龙、朱凤山执行导演，王福俊饰唐路雁，户庆如饰唐士成。1998年参加第六届山东文化艺术节，获剧目二等奖，张宝祥获编剧二等奖，张新让、张梦龙、朱凤山获导演二等奖，魏清风获作曲二等奖，任文涛获舞美设计二等奖，王福俊、户庆如获表演一等奖，张文英、张秀桂、房灵鹤获表演二等奖。1999年，该剧获山东省第五届"五个一"精品工程奖。

《选村官》　系山东梆子剧目。马家振编剧。该剧再现了当今农民对致富的渴望和对基层政权建设的关注，塑造了带领农民致富的领头雁的光辉形象。剧本写的是黄河岸边柳家洼村的村民委员会要改选，村主任柳元贵怕失去村主任的位子忙着请客送礼拉选票。柳家洼村的女能人杨春霞，成了对他的最大威胁。杨春霞勤劳朴实，心地善良，她与丈夫离婚后，仍赡养公爹柳老根，并带领村民养鳖致富，在群众中的威信越来越高。老主任柳元贵为把杨春霞撵出柳家洼，让张狗子牵线搭桥，唆使柳老根逼杨春霞嫁人。杨春霞离不开柳家洼，离不开养鳖场，她要把养鳖的技术传给柳家洼的乡亲。柳元贵步步刁难，处处设障，扩大养殖场的事情一拖再拖。此时杨春霞感到“手里没权不行，想干的事情干不成，想抓的钱抓不到”。于是她下决心竞选村委会主任……柳家洼村的民主选举有了让群众满意的结果。

老主任满足现状，居功自傲，群众要致富奔小康，自然拥护掌握先进科学技术、有开拓精神的杨春霞。杨春霞有着远大的理想，要带领村民办一个养殖、加工、销售一条龙的现代化大企业，产品出口日本、欧洲。在选举大会上，村民选出了自己的领头雁，选出了大家拥护的好村官。

《选村官》，写出了农村妇女在经济大潮面前对人生价值的思考和追求，讴歌了农村生活的巨大变化，着力表现了新型农民的精神风貌。

2000年郓城县山东梆子剧团首演，霍德同导演，孔祥华音乐设计，任文涛舞美设计，祝凤晨、孟凡义、马家国、谷香阁等演员在剧中扮演主要角色。2001年该剧参加菏泽市首届戏曲节获演出一等奖，音乐伴奏奖，马家振获编剧一等奖，霍德同获导演一等奖，孔祥华获音乐设计奖，任文涛获舞美设计奖，祝凤晨获表演牡丹奖，孟凡义、马家国获表演二等奖，谷香阁获表演三等奖。2001年，该剧参加第七届山东文化艺术节，祝凤晨、马家国获表演二等奖，孟凡义获表演三等奖。2002年，该剧获第六届山东省“五个一”精品工程奖。

《山东汉子》　系山东梆子剧目。韩枫、张广文编剧。此剧以发生在菏泽单县一件真实感人的事迹为题材。说的是在一个大雪狂飞的寒夜，失去双腿的土家族女子田云倒卧在冰雪中，生命垂危，以蹬三轮为生的农民赵良（人物原型孟昭良，曾被中央电视台评为“感动中国”十大新闻人物之一）将她救起。此后数月，这个未曾娶妻的中年汉子不顾别人的嘲笑和误解，用他美好的心灵去温暖和善待田云，使这位连遭不幸的残弱女重新鼓起了生活的勇气。更加令人震撼的是，他脚踏三轮车，跨越四省，历经千难万险，汗洒3000余里，几乎是以生命为代价，将田云从山东送返湖南老家。2003年7月，菏泽市戏剧院山东梆子剧团首次演出，李健饰赵良，高凤兰饰田云，宋秀敏饰孟母，赵伟明、霍德同任导演，苏本栋、张占申担任音乐设计，于少非、任文涛担任舞美设计。同年8月进京汇报演出，荣获第十一届中国人口文化奖戏曲金奖及最佳编剧、导演、音乐、舞美奖，李健获最佳男演员奖、高凤兰获最佳女演员奖；2004年9月参加第七届中国艺术节，获第七届中国艺术节文华新剧目奖，韩枫、张广文获文华剧作奖，赵伟明、霍德同获导演奖，苏本栋、张占申获音乐设计奖，高凤兰获表演奖；10月，调京参加庆祝中华人民共和国成立55周年献礼演出；2006年，参加山东（国际）文化产业博览会展演。另外荣获山东省"五个一"精品工程奖；第八届山东文化艺术节大奖及导演、编剧、音乐设计等八个单项一等奖；2005年入选2005—2006年度国家舞台艺术精品工程30台初选剧目；2006年进入2006—2007年度国家舞台艺术精品工程30台初选剧目。

《山东汉子》自搬上舞台以来，已在山东、北京、河南、浙江等地城市、农村巡回演出420余场，观众达百万余人次。《人民日报》、中央电视台等60余家新闻媒体作了相关报道。该剧以高度的社会责任感，呼唤世人珍视中华民族的传统美德，弘扬社会诚信和人文精神。对于倡导善良诚信的荣辱观，树立和谐的社会人际关系具有振聋发聩的警示意义。

三、源于生活的现代剧目

《老王卖瓜》　系山东梆子剧目，1960年菏泽专署剧目工作组集体创作，柳学夫执笔。说的是某农业合作社社员老王给队里卖瓜时，企图投机取巧，私自抬高瓜价，把多卖的钱入自己腰包。卖瓜途中，恰遇他未见过的亲家母，在亲家母的影响启示下，老王认识了错误。由菏泽地方戏曲院枣梆剧团首演。王圣乐饰老王，周玉环饰亲家母。剧本收入《中国地方戏曲集成·山东省卷》。

《牡丹向阳开》　系枣梆剧目。菏泽专区戏曲编导室集体创作。说的是万花村牡丹技术组用种籽畦的牡丹试验成功后，发现“向阳开”是一种高产品种，决定用嫁接的办法，使其迅速发展，以供国家药材之需。技术员赵宝镶因存有严重的自私思想，趁机要求增加工分，未达目的，便推病不干了。青年技术组组长赵芬，为向这种错误思想作斗争，挺身而出，在党支部的领导和老花农的帮助下，和大家一起将牡丹全部嫁接好。哪知来年春天，因缺乏管理经验、嫁接的牡丹发生冻害，这时大伙束手无策，有些人想给赵宝镶增加工分让他回组，而赵芬一方面用道理说服大家，另一方面自己日夜刻苦钻研，找出牡丹的病源，采取有效措施，拯救了嫁接牡丹，取得了试验的成功。菏泽专区枣梆剧团首演。枣梆剧团导演组导演，罗玉魁饰赵芬，王圣乐饰赵宝镶，樊秀玲饰玉平嫂，杨爱荣饰金兰婶。1964 年参加了山东省地方戏曲革命现代戏观摩演出大会，并在济南为贺龙、罗瑞卿、彭绍辉、刘亚楼等领导同志演出。

《向阳人家》 系两夹弦剧目。曹县四平调剧团编导组集体创作，菏泽专区戏曲编导室修改，宁志岳执笔。说的是某工厂工人张勇进，为搭救一个落水儿童，把替退休工人李振林领的工资丢失了，寻找不见。欲交还此款，本人工资不够，只好向母亲借钱，凑足款数，暗暗赔上。而拾钱的人，恰好是勇进的未婚妻杨葵花，她根据钱包上的姓名，先后找到三个李振林，均非失主。在去派出所送钱时，路过勇进门前，却被未来婆婆拉进家中热情挽留。大家因“钱”心中正感不安之际，适逢老工人李振林说明缘由，满堂欢喜。1964 年菏泽专区两夹弦剧团首演，黄云芝饰张母，李艳菊饰海燕，张兆福饰张勇进，牛辉忠饰李振林，张瑞民饰杨葵花。参加山东省地方戏曲现代戏观摩演出大会，并在济南为朱德委员长汇报演出。该剧通过一个工人家庭丢钱、拾钱还钱的事件，颂扬了新社会的新人物、新风尚。

《后娘心》 系大平调剧目。吕厚龙编剧。说的是温柔善良的寡妇甜婶经热心的杠子大娘介绍，与老实憨厚的农民老憨结婚。新婚之日，甜婶原以为死在东北的儿子突然归来。本来一家团聚应该是件好事，可老憨的大闺女却因甜婶有亲生儿子而对后娘冷眼相看，处处找别扭。后娘难当的世俗偏见也给甜婶造成很大的压力和痛苦，但她坚信“只要是诚心待人，人总有情”。经过几番风波，终以她高尚的品德融化了女儿内心的坚冰，一家人开始了和和睦睦的新生活。菏泽县大平调剧团首演，张伟华、李作亮、陈尔祥导演。李桂芝饰甜婶，阎忠仁饰老憨，1982 年参加山东省戏剧演出月演出，获优秀剧本创作奖，李桂芝、阎忠仁获优秀表演奖，剧本于 1982 年由山东人民出版社出版。

《红果累累》　系两夹弦剧目。孔凡凯、武斌编剧。写的是鲁西南杨柳村党支部书记春婶不计公爹的埋怨，不顾生产队队长老田的反对，不畏社员四猴子的无理蛮缠，用母亲的爱心和真情将一个沾染了不少恶习的孤儿小虎，教育培养成卓有成就的技术员——“西红柿大王”。定陶县两夹弦剧团首演，霍德同导演，李京华饰春婶，何茂强饰小虎，牛辉庆饰四猴子，韩艳萍饰秋鸽。1982 年参加山东戏剧演出月，获创作奖。

《春暖梨花》　系四平调剧目。胡贵云、张广文编剧。说的是梨花盛开时节，春意正浓，发生了一桩拦路强奸案。作案分子马流为逃脱罪责，找到离别 20 年的生母，即公安干部的妻子春婶。而春婶恰是受害者梨花家的救命恩人。骨肉情，亲人泪，给生活刚刚稳定的春婶，出了道道难题。丈夫的职责，老人的纠缠，儿子的哀求，女儿的误解，加之前夫的威逼利诱，桩桩件件，都摆在春婶——这位普通家庭妇女的面前，要她在情与法之间，做出最后的抉择。成武县四平调剧团首演，导演李作亮，王凤云饰春婶，陈贵范、陈宗海饰老耿，李华饰小秋。1984 年参加山东省第二届戏剧演出月，获剧目二等奖，王凤云获演员奖。

《乡下娘儿们》　系山东梆子剧目。马家振编剧。说的是龙王屯的寡妇尹丽华和曹龙标私通多年，并有了一个 19 岁的儿子周磊。儿子同意尹丽华和曹龙标办理结婚手续，因曹龙标不允许尹丽华办服装加工厂，尹丽华拒绝了曹龙标。服装经销商高锋看上了尹丽华的剪裁手艺，向尹丽华求婚，他要求尹丽华离开龙王屯，到城里去，同样遭到尹丽华的拒绝。曹龙标挖塌了尹丽华的房子，受伤的尹丽华表示，她不当曹龙标的花瓶，也不做高锋的摇钱树，她要带领村上的妇女自强不息办好服务加工厂。该剧写出了农村妇女在经济大潮面前对人生价值的思考和追求，讴歌了改革开放后农村生活的巨大变化，着力体现了新型农民的精神风貌。菏泽市豫剧团首演，霍德同导演，祝贵起、孔祥华音乐设计，任文涛、朱广众舞美设计。1989 年参加第二届山东文化艺术节，马家振获剧本三等奖，任文涛、朱广众获舞美设计奖，朱桂芹获演员二等奖，庞洪才获演员三等奖。

《生儿容易养子难》　系枣梆剧目。王岳芳编剧。说的是老来福老来得子，喜不胜喜，为其取名金豆。金豆随着年龄的增长和知识面的拓宽，他对生活条件的要求越来越高。高考落榜后，他更是怨天尤人。尽管他一无所有，也不愿为所得付出艰辛的劳动，但他在生活上却和高层次攀比。老来福含辛茹苦，拼命干活挣钱，但仍不能满足儿子的要求。他为让儿子在结婚时能骑上摩托，被迫去干他力不能及之事，结果，在金豆结婚的大喜日子里，送回家来的却是老来福的骨灰盒。老来福在弥留之际留下遗言：“我死后可不要大操大办，省下钱给俺金豆买辆摩托！”菏泽地区枣梆剧团首演，王岳芳、张新让导演，房灵鹤饰老来福，张文英饰二婶，张梦龙饰金豆，王福俊饰金玲。1992 年参加全国“天下第一团”优秀剧目展演，获剧目奖，房灵鹤获优秀表演奖，王福俊、张文英、张新让获表演奖，魏清风、苏本栋获音乐设计奖。

《好人二叔》　系大平调剧目。杨洁编剧。写的是二老祥退休回到家乡明星镇，婚丧嫁娶事事帮忙，被人称为好人二叔。不孝顺的大凤将婆婆逐出家门，经二老祥劝说教育，大凤亲自将婆婆接回了家。二老祥的老伴去世后，大凤与二老祥的儿子喜贵、儿媳香菊一起做媒，让二老祥与大凤的二姨终结良缘，老两口开起烧鸡店，又办文化娱乐场。东明县大平调剧团首演，杨洁导演，吴从印饰二老祥，盛冬梅饰二姨。1995 年参加第五届山东文化艺术节，获剧目二等奖，杨洁获编剧二等奖，朱广众、郝明然、王庆卓获舞美设计二等奖，盛冬梅、吴从印获表演二等奖。

《天职》　系大平调剧目。马家振、田恩众编剧。该剧是一部纪实性戏曲，取材于全国公安系统一级英模段金彪的模范事迹。以解救打工妹枣花为主要贯穿线，塑造了段金彪、刘翠喜、枣花、陈疯子、孙三等众多的栩栩如生的人物形象。展示了段金彪和他的战友们视人民群众为父母的高尚情怀和人格魅力。

牡丹大平调剧团首演，陈贻道导演，陈尔祥副导演，何西良饰段金彪，王福芝饰刘翠喜，贺爱丽饰金彪娘，曹美华饰枣花。2004 年参加第八届山东文化艺术节获新剧目奖，马家振获编剧二等奖，陈贻道、陈尔祥获导演二等奖，刘汉坤、李德臣作曲二等奖，寇彬获舞美设计二等奖，田胜温、刘卫东获灯光设计二等奖，何西良获表演一等奖，王福芝、贺爱丽、曹美华、王道乾获表演二等奖，陈保华、石金凤、杨俊生获表演三等奖。

四、借古喻今的新编剧目

《墙头记》　系山东梆子剧目。根据蒲松龄同名俚曲与淄博市五音剧团《二子争父》改编。山东省鲁剧研究院艺术室集体讨论，孙秋潮执笔。写张木匠年老，长子大乖经商暴发，次子二乖得妻财而成地主，兄弟二人为富不仁，虐待其父。张木匠老友王银匠设计，扬言张有大量私蓄，二子贪图遗产，争相奉养其父。张死后，王银匠声称私蓄银子埋于墙底，二子刨墙墙倒，均被砸于墙下。山东省梆子剧团首演，赵剑秋、尚之四导演，刘玉朋饰大乖，刘桂荣饰李氏，卢胜奎饰王银匠，刘翠仲饰张木匠。1960 年进京演出。吕剧、枣梆、大弦子戏移植上演，流传甚广。1961 年山东人民出版社出版单行本。1981 年齐鲁书社收入《新编聊斋戏曲集》，1982 年由中国新闻纪录电影制片厂拍成戏曲艺术片。主要演员有刘君秋、徐凤琴、张新让、张贵元等。

《琵琶遗恨》　系柳子戏剧目。李愉干、刘加林根据高则诚《琵琶记》改编。突出了“望月”“描容”等几折戏，巧妙地让牛小姐与赵五娘见面，在对比中促成人物的性格发展。全剧的结尾以赵五娘含恨而死，牛小姐怨恨身亡，蔡伯喈抱恨还乡告终，遗恨不绝，别具特色。山东省柳子剧团首演。张玲导演，主要演员有李艳珍、汤秋金、黄遵宪、李淑云等。1982 年参加山东省戏剧演出月演出，获剧本改编奖。剧本发表于《戏剧丛刊》。

《程咬金招亲》　系山东梆子剧目。胡沁编剧。事见《说唐》第三十一、第三十四回。说的是隋朝末年，程咬金与群雄聚义瓦岗寨，遭隋将裴元庆大军围困。义军军师徐茂公，以假书信骗元庆之妹裴翠云上山，欲促成她与程咬金的婚事，以解瓦岗之围。裴翠云上山后，识破骗局，大闹山寨。程咬金至此始知真相，顿觉羞愧难当，当众怒责军师，并向裴翠云折身赔罪。翠云为其行为所感动，遂应允下山说服裴元庆投奔瓦岗。咬金大喜，甘愿牵马坠镫，护送翠云下山。一路相处，裴翠云对程咬金了解益深，不计其貌丑，独爱其心美，二人终于结为良缘。“赶马下山”一场，以细腻的笔触，揭示了裴翠云对程咬金由反感到爱慕的感情变化和心理层次，使得全剧峰回路转，走向喜剧结局。1982 年，由山东省梆子剧团首演，同年获山东省戏剧演出月优秀剧本奖。庞洪德饰程咬金，朱响玲饰裴翠云，张贵元饰徐茂公。剧本先后发表于 1982 年 10 月号《剧本》月刊及同年第 6 期《戏剧丛刑》。

《牡丹案》　系山东梆子剧目。马家振编剧。说的是曹州知府杨平和外甥罗金虎，为夺桑篱园名贵牡丹，将花农赵银龙打死。其妹赵翠芳为兄呼冤，大堂之上，罗金虎拒不招认，其母罗氏怂恿地痞王银虎，自招误伤人命。知府欲判赵翠芳诬告之罪，夫人杨氏看出疑点，劝知府深查细访，后得知赵银龙是杨夫人的仇人之子，欲将此案草率了结。杨夫人不计个人恩怨，巧审智断，使杀人真凶自投罗网。菏泽县豫剧团首演，李作亮导演，刘玉真饰杨夫人，李宝玲饰罗氏，胡志荣饰赵翠芳。1982 年参加山东省第二届戏剧演出月，马家振获剧本创作奖，祝贵起、苏本栋、张占申获优秀音乐设计奖，刘玉真获优秀表演奖，胡志荣、李宝玲、陈国立获表演奖。剧本发表于 1983 年总 19 期《戏剧丛刊》。

《玉桃恨》　系四平调剧目。张广文、胡贵云编剧。说的是五品知州林少安淮西亳州赴任，回府搬亲，面对怀孕妻子，喜不自胜。偏巧被他欺骗受孕的沈秋凌寻至府门，为保前程，林少安忍痛负心。十八年后，一场雷雨中，一对同父姐弟艳遇，二人一见钟情，并以当年父母的定情物——玉桃一枚相赠，定下终身。洞房花烛，姐之生母赶来，说出真情。无奈生米已成熟饭，姐弟二人羞愧而死。成武县四平调剧团首演，导演霍德同，王凤云饰沈秋凌，李华、李明生饰林少安，刘雪云饰梁玉娥。

《汉阳案》　系枣梆剧目。王岳芳、武斌、葛振民根据枣梆传统剧目《徐龙铡子》改编。说的是明朝万历年间，朝廷腐败，达官显贵贪污成风。民间赋税徭役苛重，怨声载道。大明江山岌岌可危。万历皇帝为缓和社会矛盾，钦命世袭定国公徐龙代天行命，整肃纲纪。其时，汉阳一带惨遭旱荒，赤地千里，饿殍遍野。徐龙统查天下，至汉阳，受理民妇状告江夏县令侵吞巨额赈银一案。结果，事涉爱子徐蒙，遂使忠勇刚烈的徐龙陷入进退维谷之窘境。原来此案的元凶是朝廷重臣、吏部尚书郭朴。他以权营私，罪恶多端，唯恐其罪愆败露，乃暗施诡计，诱使徐蒙犯罪。妄图以此阻挠徐龙整纲明纪之大业。徐龙心忧社稷，经过一番痛苦的思想斗争，终于大义凛然，处决了亲生儿子 。为推行《大明律》打开了局面。菏泽地区枣梆剧团首演。王岳芳导演，黄广义饰徐龙，张新让饰谷子言，张文英饰徐蒙。1986 年参加山东省第三届戏剧演出月，获剧本奖，黄广义、张新让、张秀桂获表演奖，张文英获风格奖，魏清风获作曲奖。

《五品夫人》　系山东梆子剧目。李登朝编剧。说的是农女吕爱莲，当了五品夫人之后，身在官场，心在农家，常念庶民冤苦。乡霸吴延寿见贫家少女杏儿貌美，欲婚之。杏儿母于病中受惊气绝。杏儿已与书生梁天闰相爱，暗定终身，誓死不嫁吴门。吴延寿仍不死心，用银钱买动其二叔杨本生，强行逼婚。继而，吴为断绝杏儿的恋心，又将梁天闰屈送县衙。杏儿走投无路，欲自缢而死，适逢吕爱莲探家巧遇此事，将其救下，吕秀莲为之愤愤不平，支持杏儿到府衙状告杨本生与吴延寿。杏儿一纸诉状交至知府王坤手中，王坤乃吕爱莲之夫，科甲进士出身，立志做个清官，上任以来，公正廉明，百姓们为其送去清官匾。接了杏儿诉状，王知府气愤满胸，立即拘捕了杨本生，而后打算再拘捕治罪吴延寿。恰当此时，吴延寿的侄儿吴浩升迁了巡抚，来济州巡察。王坤顿时心惊惧怕，恐丢失了乌纱，不敢重审书生一案，吴延寿更是肆无忌惮，强行迎娶杏儿。吕爱莲挺身而出，代杏儿大闹洞房，捏住吴延寿的罪证，并暴打吴延寿。又代丈夫重审书生一案，当堂拘捕吴延寿，与巡抚吴浩进行了针锋相对的斗争，成全了杏儿与梁天闰的美满姻缘。1986 年，郓城县山东梆子剧团首演，参加山东省第三届戏剧演出月，李作亮获导演奖，郁德青、毛洪霞获表演奖。

《洞房花烛夜》　系山东梆子剧目。马家振、田恩众编剧。说的是车马店女掌柜杨火丁为给母亲冲喜招婿，以花轿相迎羞辱穷困的新姑爷刘水。刘水一怒之下将花轿推入河中，闯进车马店与杨火丁理论。二人相见，产生爱慕之情。因性格泼辣的杨火丁和倔强的刘水都不肯认输，矛盾激化，刘水拒拜花堂，扬长而去。杨火丁派人寻找刘水不见，老夫人做主将女儿杨火丁许配管家陈年。为让母瞑目九泉，杨火丁与陈年假拜花堂，不料被刘水撞个正着。三年之后，财大气粗的刘水返回车马店，正逢杨火丁店中失盗，刘水买下车马店，并对杨火丁百般羞辱。杨火丁恼羞成怒，离店出走。当刘水得知杨火丁与陈年是假拜花堂、并未合衾，急命人寻找杨火丁。争胜好强的性格让他们分分合合，冲突加剧。无情的大水让他们变得一贫如洗，当走上绝境时，他们方悟出情感的重要，方懂得如何生活与生存。菏泽市豫剧团首演，陈国立导演，连玉秀饰杨火丁、李健饰刘水、高凤兰饰芦花。1997 年参加文化部举办的中国豫剧艺术节，获演出奖、音乐奖，马家振、田恩众获编剧奖，连玉秀获优秀表演奖，李健、周德存获表演奖。1998 年参加第六届山东省文化艺术节，获剧目二等奖，马家振、田恩众获编剧一等奖，陈国立获导演 2 等奖，尤树江获作曲二等奖，任文涛获舞美设计二等奖，连玉秀、李健获表演一等奖，高凤兰、周德存获表演二等奖。1999 年，剧本发表于山东省《戏剧丛刊》第 2 期。

《包公卖官》　系枣梆剧目。马家振编剧。说的是礼部尚书张子义徇私枉法，与吏部勾结卖官鬻爵。为让恩人之子、胸无点墨的周八才稳登皇榜，命人将真进士周可明打入湖水之中，并将高升店王三娘的女儿梅香打死。王三娘喊冤告状，包拯夜半升堂，审出礼部尚书张子义科考舞弊，欲将其问罪，宋王、御妹、皇太后百般阻挠。包拯御街卖官，为民呼冤，揭露皇亲亵渎科考、买官卖官、草菅人命的罪行，力谏皇上严惩犯官。卖官唤起民众，震动皇室。

宋王私访高升店，顿然醒悟，但因惧怕皇太后，无奈写下手谕：“按律当斩，情有可原。”包拯冥思苦索，凭智慧与胆识铡了犯官张子义。菏泽市枣梆剧团首演。陈国立、霍德同导演，刘长安饰包拯，户庆如饰寇准，孟凡金饰宋王。2001年参加第七届山东文化艺术节，获剧目二等奖，马家振获编剧二等奖，陈国立、霍德同获导演二等奖，苏本栋、魏清风获作曲二等奖，任文涛、陈华获舞美设计三等奖，户庆如获表演一等奖，刘长安获表演二等奖，张梦龙、孟凡金获表演三等奖。

《十二道金牌》 系山东梆子剧目。故事出自《说岳全传》。郭影秋编剧。说的是岳飞率大军与金人奋战，直捣黄龙府。奸臣秦桧通敌，唆使宋高宗求和，用十二道金牌将岳飞召回，周三畏奉命审问，知岳飞冤屈，挂印逃走。湖西流动剧社首演。薛怀玉饰岳飞。

《闹登州》 系枣梆剧目。张民权、武斌移植改编。说的是登州猎户解珍、解宝受杖限期猎虎，虎中箭落于里正毛太公庄院；解氏兄弟索虎，毛赖虎，反诬二解为盗，陷于狱中。牢头乐和送信给解之表姐顾大嫂，顾与夫孙新结合登云山邹渊、邹润定计，说服其兄登州提辖孙立，合力劫牢，杀毛太公，齐投梁山。1947年冬，冀鲁豫边区第二期戏曲艺人训练班演出。该剧唱做武打并重。吕盛田饰解珍，杨贞祥饰解宝，赵凤来饰孙立，黎时光饰顾大嫂。

《愣姐让房》 系两夹弦剧目。祝兆明编剧。说的是性格直率、泼辣的胡州知府之女——愣姐，虽相貌丑陋但心地善良，在洞房花烛之夜让出丈夫，巧成连理一事。洞房花烛之夜，因新郎玉龙心中念念不忘心上人金凤，对新娘愣姐备加冷淡，几次欲逃离洞房，都被粗中有细的愣姐识破。愣姐也巧用计谋多次试探玉龙，但未能使玉龙回心转意。深明大义的愣姐忍痛割爱，成全了玉龙与金凤的一桩姻缘。剧中愣姐表演诙谐、幽默、夸张。1987年12月该剧由定陶县两夹弦剧团首演，导演祝兆明，音乐设计孔祥运。韩艳萍饰愣姐，黄英华饰玉龙，刘朝霞饰金凤，刘文宝饰知县，刘俊华饰丫鬟。2004年参加菏泽市第二届戏曲节，获剧目二等奖。楚翠华饰玉龙获荣誉奖，侯艳丽饰愣姐获表演二等奖。

五、常演不衰的传统剧目

商周戏

《哭剑》　系山东梆子传统剧目。该剧为《头冀州》中的一折，事见《武王伐纣平话》及《封神演义》第一回至第三回。说的是殷纣王无道，费仲、尤浑为讨好纣王，进言纳冀州侯苏护之女妲己为妃。苏护不允，题反诗于朝门，怒回冀州。纣王见诗大怒，令崇侯虎父子率兵伐之，被苏护之子全忠所败。崇侯虎之弟黑虎，欲上关劝说苏护献女，遇全忠，不言而战，全忠被黑虎所擒。苏护闻讯气急，回府欲杀妲己，以绝纣王邪念。妲己抱剑哭诉，其父不忍动手。适部将郑伦夺令出兵，将崇黑虎擒获，经西伯侯姬昌遣散宜生前来劝说，苏护方允献女进宫。《哭剑》一折有［三梆子还原］的专用曲牌，通称［杀已调］，唱腔优美动听。1954年菏泽专署人民剧团整理演出。刘桂荣饰妲己。同年参加华东区戏曲观摩演出大会演出。山东省艺术研究所藏抄本。莱芜梆子有此剧目。

《孙武子擂炮兴兵》　又名《孔子游蔡邦》《公冶长搬兵》《焦衍下海斩龙》。大弦子戏传统剧目。说的是孔子行于陈、蔡被阳货围困；弟子公冶长善闻鸟语，循音搬请孙武子救援，孙武子擂炮兴兵，行至沙江，龙王鳌奎拦阻，焦衍下海斩龙，孙武子率军过江，大战蔡兵，阳货被杀。其师张点引来火龙报仇，孙摆水魔大阵，降伏火龙，张点败逃。孔子得救。孔子困于陈蔡事，见《史记·孔子世家》《东周列国志》第七十五回。明传奇有《孔夫子周游列国大成麒麟记》，寰宇显圣公撰，万历年间刻本，见《古本戏曲丛刊》二集。大弦子戏抄本藏山东省艺术研究所。

《陈蔡绝粮》　又名《在陈绝粮》。山东梆子传统剧目。事见宋人彭乘《墨客挥犀》；《东周列国志》第七十九回，说的是孔子去卫适陈，又将赴蔡，楚昭王闻孔子在陈蔡之间，使人聘之。陈、蔡大夫相议，以为楚用孔子，陈蔡必危，乃相与发兵围孔子于野。孔子绝粮三日，幸子路降鲇鱼精，孔子与众弟子杀之充饥。孔子由老丑扮演，白须，勾豆腐块。子路勾黑脸，持大枪。颜渊由小生扮演，子贡末扮。唱腔尾句带“讴”，为戏曲舞台罕见剧目。1933年11月《剧学月刊》第2卷第11期，徐凌霄《我与中国戏剧（三）·孔子戏》一文，提到此剧。

《俞伯牙摔琴》　系山东梆子传统剧目。事见《警世通言》卷一，《今古奇观》第十九回《俞伯牙摔琴谢知音》。说的是晋大夫俞伯牙出使楚国，舟行至马鞍山，抚琴自娱。因樵夫钟子期窃听，琴弦中断，俞邀钟登舟，共论琴律，喜得知音，结为兄弟而别。次年伯牙公毕，携琴入山访钟，路遇钟父元甫，始知子期已死。伯牙至其墓前哭祭，感知音难再，碎琴以报，迎钟父回晋奉养。红脸应工。窦朝荣、任心才擅演俞伯牙，1954年参加山东省第一届戏曲观摩演出大会演出，窦朝荣获演员奖。后由孙秋潮整理，1956年山东人民出版社出版，1960年收入《中国地方戏曲集成·山东省卷》。

《前后楚国》　系山东梆子传统剧目。事见《东周列国志》第七十一回。写楚太子芊建随母后去福昌阁还愿，遇吴国无祥公主碧莲，遂订终身。回朝后，命费无极去吴国搬亲，因无极与太子有隙，偷梁换柱，将碧莲献于楚平王，另将陪嫁宫女马超群配与芊建。一日，平王外出观景，芊建入宫游玩，遇碧莲，方知真情。一气之下，将费无极处死，平王得知，绑芊建欲斩。王后讲情不准，亦被绑出问斩。伍员不平，保王后、芊建及马氏母子逃出。平王派武城黑带兵剿杀伍员父母，并追杀伍员等人。王后、芊建被平王用千斤闸压死。伍员保马氏母子逃至樊城，与兄嫂共谋反叛，其兄伍尚迟迟不决。武城黑追兵赶到，伍员妻出战不胜，与兄嫂相继自尽。伍员将全家尸体抬至望月楼上，以火焚之，又保马氏母子突出重围，逃至禅宇寺，马氏托孤与伍员，投井自尽，伍员保其子逃出。其中《芊建游宫》《禅宇寺》经常单折演出。剧中丑扮伍尚，彩旦扮伍尚妻，又名《伍大郎哭爹》。山东省艺术研究所藏抄本。莱芜梆子、平调、东路梆子、柳琴戏有此剧目。

《弑朝篡》　系平调传统剧目。事见《东周列国志》第四十六回。说的是战国时期，楚王之子商臣，与大将斗勃不和，斗勃助蔡伐晋，班师回朝，商臣妒恨，诬陷斗勃通敌，楚王怒杀斗勃。事后楚王得知真情，悔恨不已，与太后、皇姑议论欲严惩商臣。商臣闻讯，带兵围宫，勒死楚王，逼太后、皇姑自尽，并追杀其弟商职，篡位称王。斗勃之子宜春，皇姑之夫李靖，各自起兵为亲属报仇，后两路兵马会合，将商臣打败，围困于皇城之中。李靖、宜春议定歇兵三日，攻城灭贼。山东省艺术研究所藏抄本。

汉代戏

《王魁征西》 又名《王魁盘城》。系山东梆子传统剧目。事见《后汉书·肃宗孝章帝纪》。说的是东汉章帝时，御史马彦芳横行朝野，因输棋与王魁反目成仇。后马彦芳暗中谋反，勾结西建国兴兵犯境。章帝下旨征讨，马乃自请为元帅，命王魁为先行，欲寻机翦除。兵至边门，王魁先斩西建国主金雀王，后被其妹金玉凤杀败，王魁之子王金环冲出相救，被金玉凤擒获，王魁仓皇收兵，马彦芳闭城不纳，并将王妻绑至城头，逼王魁写下文书反叛朝廷。王魁不从，马杀王妻。此时，金玉凤因爱慕王金环，与之订为夫妻，罢兵言和，一起赶至城下。玉凤乃以公主身份，诈开城门，众杀入城内，捉住马彦芳，班师回朝。山东省艺术研究所藏抄本。莱芜梆子有此剧目。

《玉虎坠》 又名《马武下山》《洛阳点炮》。山东梆子传统剧目。说的是马武占据太行山，爱慕冯彦武艺，拟请其上山聚义。冯彦不从，马武将卖卜人王腾杀死，人头挂于冯彦家门首。适冯彦继母田氏企图霸占家产，竟诬冯彦杀人，送官治罪，又将冯妻伏氏、子乾郎赶出家门，时天降大雨，伏氏偕子进慈云庵避雨，巧遇王腾之女王娟娟。王视伏氏母子为仇家，拒不开门。经伏氏再三说明情由，方得王娟娟谅解，患难相交，互表同情。王娟娟为帮冯家告状申冤，赠祖传玉虎坠让乾郎变卖。乾郎大街卖宝，被都察院王元认为义子，带往洛阳。伏氏盼子不归，与王娟娟结伴同往洛阳告状，途中又被马武劫至高山。经盘问，方知王腾为马武所杀。马武劫囚车，救冯彦，带兵攻打洛阳。冯彦之父冯韶赶来，擒住王元，冯彦与马武和解，乾郎与王娟娟成婚，一家团圆。青衣、花旦、花脸、小生应工戏，由于行当齐全，情节曲折，又有娟娟“背包袱”等精彩表演，成为山东梆子保留剧目之一。赵剑秋、孙秋潮、范季高、任风等先后选取其中数折，加工整理。由山东省梆子剧团演出，庞洪德饰马武，刘桂荣饰王娟娟，刘君秋饰乾郎。1979 年参加山东省庆祝中华人民共和国成立 30 周年献礼演出，获剧本创作奖、演出奖。原抄本存于山东省艺术研究所。莱芜梆子亦有此剧目。

三国戏

《过巴州》　又名《收严颜》。山东梆子传统剧目。事见《三国演义》第六十三回至第六十四回。说的是张飞领兵取巴州，守将严颜年迈善战，坚守不出。张飞乃命一大汉，扮作自己的形状先行，严颜出兵截击，中计被擒。张飞向严颜劝降，严颜痛骂拒绝，张飞喜爱严颜的性格，依军师之嘱，跪而求其归降。严颜为其厚道、直率所感动，乃投刘备。山东省艺术研究所藏抄本，已收入《山东地方戏曲传统剧目汇编》，柳子戏、枣梆、莱芜梆子均有此剧目。

《斩貂蝉》　系柳子戏传统剧目。元明无名氏有杂剧《关大王月下斩貂蝉》。明王济《连环记》有“貂蝉百计媚羽，羽怒而杀之”一节。柳子戏演出本写三国时吕布被杀，曹操将吕妻貂蝉赠予张飞，欲使其沉湎女色，贻误军机，伺机杀之。关羽识破阴谋，月夜盘问貂蝉，虽见其美貌，对答如流，终怕女色误事，决意斩之。山东省柳子剧团张春雷擅演此剧之关羽。剧本收入《山东地方戏曲传统剧目汇编》柳子戏第五集。

《滚鼓山》　又名《张飞滚鼓》。平调传统剧目。说的是三国时刘封知关羽战死麦城，欲乘机除去赵云、张飞，以夺刘备王位。张飞虽老，不减当年之勇，闻讯轻骑至刘封处，观察虚实。刘封见张飞带兵甚少，狂言要坐江山。张飞随机应变，计骗刘封坐于鼓内，抬上蝎子山顶，一脚踢下山涧而除之，并改蝎子山为滚鼓山。1954 年由山东省戏曲工作组校订，菏泽县新生剧团演出，张全臣饰张飞，参加山东省第一届戏曲观摩演出大会，获演员奖。1960 年剧本收入《中国地方戏曲集成·山东省卷》。山东梆子、莱芜梆子亦有此剧目。

隋唐戏

《十大思夫》　系柳子戏传统剧目。包括“貂蝉思夫”“樊梨花思夫”“莺莺思夫”“李亚仙思夫”“李三娘思夫”“佘太君思夫”“赵花奴思夫”“陈妙常思夫”“王玉蓉思夫”“尼姑思夫”，都是由一个旦角主唱的独角戏，属于由弦索清唱改易为化妆登台演唱阶段的剧目。从《霓裳续谱》《白雪遗音》中，多处发现与柳子戏相近的曲文。《十大思夫》和《纳书楹曲谱》及《补遗》中的《俗西游·思春》以及“时剧”《小妹子》《闺思》《闺怨》等极为接近，同时描写女主人思念丈夫或情人哀怨幽思的复杂心理状态。如“貂蝉思夫”追述的就是吕布在虎牢关前力战群雄往事；“莺莺思夫”唱的是当初在普救寺遇难时，张生挺身而出，解救危难之事。这些剧目粗具戏剧雏形，犹存清唱痕迹，剧本结构尚不完整，与载歌载舞的要求还有一定距离。音乐结构上也因循弦索清唱的体例，除“貂蝉思夫”唱［青阳］，“樊梨花思夫”唱［青阳］［一枝梅］［清江引］外，有的以一曲为主，有的是多曲联缀，有的在主曲意犹未尽之处，补加七字上下句体的［序子］来畅叙情怀。其中，有的剧目已编入山东省艺术研究所编印的《山东地方戏曲传统剧目汇编》。

《无底洞》 又名《陷空山》《白鼠洞》。枣梆传统剧目。事见《西游记》第八十回至第八十三回。清人有《无底洞》传奇。说的是唐僧师徒赴西天取经，经过陷空山，唐僧被白鼠精摄去，逼之成亲，孙悟空化作红桃，诱白鼠精吞入腹中，迫使鼠精放出唐僧。因大意轻信，唐僧旋又被掠入洞中。后孙悟空查知白鼠精乃托塔天王李靖之义女，遂奏知玉帝，玉帝命李靖带天兵捉妖，始救出唐僧，将白鼠精压在塔下。经菏泽地区枣梆剧团整理排演，1956 年参加山东省第二届戏曲观摩演出大会。山东省艺术研究所藏抄本。莱芜梆子、山东梆子有此剧目。

《五花马》 又名《绣襦记》。枣梆传统剧目。事见唐白行简《李娃传》，元高文秀有《郑元和风雪打瓦罐》杂剧，明郑居庸和薛近兖均有《绣襦记》传奇。枣梆本写唐代常州刺史郑儋之子郑元和，入京赴考，闲游曲江池，得遇名妓李亚仙，一见倾心，恋之不舍。亚仙为试探元和，佯作患病，声称非良马心肝不能医治，元和慨然杀掉五花马，亚仙深为感动。二人海誓山盟，欲结百年之好。不久，郑元和银钱耗尽，被鸨儿逐出门外，沦为乞丐，恰逢郑儋进京，父子在街头相遇，郑儋怒其不肖，将元和打得气绝昏死，弃尸荒野而去。李亚仙自元和被逐，日夜苦思，暗将珠宝缝入绣襦之中，脱离妓院，出寻元和。

遇路人相告，乃奔往郊野，将元和救醒，倾资助郑元和攻读，元和恋亚仙一双美目，用心不专，亚仙大恸，乃“刺目劝学”，终使元和猛醒。从此专志读书，终得状元，亚仙被封为诰命夫人。郑儋感亚仙行事之义，不计门第，为二人完婚。枣梆一般只演《打子》《刺目》两折。1961 年由菏泽地区枣梆剧团整理排演。山东省艺术研究所藏抄本。

《戏牡丹》又名《吕洞宾戏牡丹》。系山东梆子传统剧目。事见金院本《白牡丹》，元明杂剧《吕洞宾戏白牡丹》。剧本写吕洞宾知苏州万全药店白悦里之女白牡丹有仙体，有意度其成仙，便与柳树精化为道士、道童，至药店讨药。药店拿不出所需之药，吕洞宾砸招牌激白牡丹出堂。吕洞宾点出药名，语含戏谑，白牡丹对答如流，一口破解，吕洞宾受到奚落，现出真身，说明原委，白牡丹悔愧，请求度脱。因吕洞宾已泄露天机，度脱不灵，乃相约来年三月。吕洞宾回山，见太白金星留字，责他下凡，被减去五百年道行。抄本藏山东省艺术研究所。吕剧、五音戏、柳琴戏有此剧目。

《李渊跑宫》 又名《晋阳宫》。山东梆子传统剧目。事见《隋唐演义》第四十六回及明清无名氏传奇《晋阳宫》。写隋炀帝巡幸江南，李密约李世民劝其父李渊趁机谋取帝位，李渊不允。恰炀帝为宇文化及所弑。宫中萧、刘二妃串通李靖等将李渊灌醉，连夜送入宫内，黄袍加身，推卧龙床。李渊酒醒，二妃讨封，李渊赤足外逃，二妃背靴追赶。李渊逃至东、西、北门，各有李密、李靖、李世民把守，跪地讨封。李渊只好加封二妃与众将，即位称帝。李渊以红脸应工，表现贵族皇家之虚伪与狼狈，一逃一追，饶有风趣。宋玉山因演萧妃而出名。山东省艺术研究所藏抄本。莱芜梆子亦有此剧目。

《李怀玉借粮》 系山东梆子传统剧目，连台本戏《五凤岭》之一折。事见《五女兴唐传》。说的是员外吴成功之女吴月英、吴凤英，分别许配李怀珠、李怀玉兄弟二人。后李家败落，吴员外有意毁约退亲。适李怀玉来吴家借粮，吴成功派人谋害。丫鬟春红报信，吴月英姐妹赶到，杀死凶手，放走李怀玉，姐妹双双逃离家门。以花旦、小生、小丑应工，救李怀玉时，吴凤英一段唱词多达二百句。山东省艺术研究所藏抄本。

《斩王秀兰》　系大弦子戏传统剧目。说的是瓦岗寨将领罗成在泰安府被隋将高义、王询所擒，打入囚车，解往登州。瓦岗弟兄闻讯，派贾闰甫、史大奈截车营救，程咬金、秦琼等合兵攻城，但被王询之女秀兰困入五鬼阵中，幸苏奎赶到，以王禅老祖所赐太极图破阵。秀兰原已许配高义之子辉臣，尚未完婚，阵前见苏奎艺高俊美，愿许终身，并订下里应外合之计。高辉臣深夜潜入秀兰寝帐，意图求欢，秀兰恼怒，挥剑斩之，佯称劫营响马，弃尸营外。高义闻信，欲斩秀兰，瓦岗弟兄劫法场，杀高义，擒王询，救出秀兰，凯旋回寨。唱［山坡羊］［桂枝香］［抱龙台］［耍孩儿］等曲牌。抄本藏山东省艺术研究所。茂腔、柳腔、柳琴戏有此剧目。

《黄桑店》　系柳子戏传统剧目。全部《打登州》之一折。说的是罗舟奉登州王杨林之命，押解秦琼赴登州，途中作威作福，不断折磨秦琼。夜宿黄桑店，史大奈奉徐茂公之命赶来救护秦琼，欲杀罗舟，被秦拦住，并为其讲情。罗舟方知秦琼是披肝沥胆的好汉，乃与史大奈定计，一同搭救秦琼。剧中秦琼由红脸应工，唱［柳子调］。1954 年山东省戏曲工作组整理，郓城县工农剧团演出，张春雷饰秦琼，李永秀饰罗舟，何东明饰史大奈。参加山东省第一届戏曲观摩演出大会，同年参加华东区戏曲观摩演出大会，获演出奖。1959 年山东省柳子剧团进京演出。1955 年山东人民出版社出版。1960 年收入《中国地方戏曲集成·山东省卷》。

《彩仙桥》　又名《斩秦英》《三哭殿》《秦英征西》。枣梆传统剧目。说的是唐代西凉犯境，秦怀玉保太子出征，受伤被困，命程咬金回朝搬兵，正逢怀玉之子秦英因在彩仙桥打死詹太师，被绑赴刑场问斩，急去金殿保本，太师之女詹妃，力请唐王为其父报仇。秦英之母银屏公主，则斥责太师专横，并历数秦家之功，要求赦免秦英。唐王听咬金报说边关告急，一面劝说詹妃以国事为重，一面责备银屏公主纵子杀人之过。最后，准咬金之本，命秦英挂印征西，将功赎罪。山东省艺术研究所藏抄本。山东梆子、莱芜梆子、东路梆子、平调有此剧目。

《薛刚反唐》　系山东梆子传统剧目。事见《薛家将反唐全传》。说的是唐代权臣张泰仗势欺人，横行霸道。薛刚不平，将其责打，事后逃至阳和，在其兄薛猛处躲避三载。因给父母祝寿，重回长安，见自家匾牌被张泰撤掉，心中气愤，恰遇张泰之子路经薛府门前，傲慢无礼，薛刚将其打死。仓促中闯入御祭院，对先皇御容加以责问，斥其忠奸不分，是非不明，一怒撕毁御容，砸坏供桌。张泰率众赶来，又被薛刚打掉门牙，薛刚重奔阳和。张泰奏本要将薛家满门抄斩。总兵宋廉奉旨去阳和提薛猛进京受戮，念及薛家世代忠良。串通中军张龙与薛猛之妻马氏，劝薛猛反唐，薛猛执意不允，带妻携子进京领罪。路遇薛刚，令其一同进京就范，薛刚拒之，逃至青龙山。其妻姬鸾英逃至韩山，各自招兵买马，希图剪除奸佞。薛猛、马氏至京被斩。徐策不忍忠良绝后，以己之子调换薛猛之子薛蛟，携归抚养。13 年后，薛刚夫妻合兵杀奔长安，徐策逼唐王交出张泰，斩祭于铁丘坟前，为薛门复仇。1958 年，纪根垠取前半部改编为《闹长安》。山东省梆子剧团首演，庞洪德饰薛刚。1958 年山东人民出版社出版单行本。莱芜梆子亦有此剧目，或名《打金冠》。

《老羊山》 系山东梆子传统剧目。说的是大唐元帅薛丁山心胸狭窄，曾三休其妻樊梨花。在战事紧急的关键时刻，薛丁山置樊梨花产后身体虚弱和全家人的劝阻于不顾，第三次将其妻休逐出外，梨花痛遗幼子去老羊山拉旗占山。西建王周雄乘机偷袭唐营并劫走了唐王，薛丁山不敌败北。徐懋功命薛丁山登山认错，赔情搬兵。樊梨花顾全大局，战败周雄救出唐王，被封为威宁侯，与薛丁山破镜重圆。郓城县山东梆子剧团和巨野县山东梆子剧团整理演出。巨野县山东梆子剧团演员刘桂松擅长演樊梨花一角。

五代戏

《白兔记》 系柳子戏传统剧目，事见宋人《五代史平话》，宋元南戏《刘知远白兔记》，金诸宫调《刘知远宫调》，元刘唐卿《李三娘麻地捧印》杂剧，明代《刘知远白兔记》及《风雪红袍刘知远》传奇，《李三娘宝卷》。说的是五代时刘知远外出投军，其妻李三娘在家备受兄嫂折磨，磨坊中产子咬脐带，嫂欲投置水中，幸被窦公救出，送至邠州刘知远处，取名承佑。16 年后，承佑兴围，追赶白兔，遇贫妇井边汲水，托其捎带血书交付刘知远，刘得知原委，发兵前往徐州，夫妻磨坊相会，全家团圆。柳子戏现存“兴围”“回围”“思夫”及“磨坊”数折。刘承佑行围时唱［青阳］“帐下三军”与富春堂刻本［点绛唇］词文相近；并有“白兔暗上”，［驻云飞］中有“搭弓放箭，管教白兔箭下死”之句，既与剧名相符，又用白兔导引母子相会，较为通顺。1956年山东省第二届戏曲观摩演出大会期间，郓城县工农剧团整理演出，孔繁奇饰李三娘，张春雷饰刘知远，李永秀饰刘承佑。抄本编入《山东地方戏曲传统剧目汇编》。

《高平关》 又名《借人头》《下高平》《高老鹞观星》。系平调传统剧目。说的是赵匡胤取回刘化王人头，郭威仍不满足，命其再去高平关取高行周（老鹞）之头，方赦赵家无罪。赵父弘殷与高乃故交，修书交匡胤去借人头。高老鹞夜观星象，已预知凶耗，早存戒心。赵匡胤至，先叙旧交，后出书哀求。高将修书压于案下自刎。赵取人头回京复命，郭威吓死，柴荣登基。红脸唱做并重戏。山东梆子、平调之高老鹞由黑脸应工，勾老红脸脸谱。该剧为平调红脸演员牛银河拿手戏。山东省艺术研究所存有平调抄本。莱芜梆子、河南梆子、河北梆子亦有此剧目。

《大摆宴》 又名《收杨滚》《火塘寨》《铜锤换玉带》《紫金带》。系山东梆子传统剧目。说的是柴荣即位，国号后周，大摆御宴，与赵匡胤、郑子明等同饮。席间，苗训奏称火塘寨杨滚打来战表，柴王命赵匡胤挂帅，率郑子明、高怀德前往征讨。阵前，郑、高俱非杨滚对手，赵出马，亦被杨击落马下。杨欲杀赵，见其头上真龙出现，乃下马投顺。赵封杨滚及其子继业，并赠玉带为证，杨滚亦献铜锤以表忠心。红脸、黑脸唱做武打并重戏。许中新擅长演该剧之赵匡胤。演出时赵匡胤头现真龙，有特制砌末。山东省艺术研究所藏抄本。

宋代戏

《牛头山》 系大弦子戏传统剧目。事见《说岳全传》第十八回至第二十回。清李玉有《牛头山》传奇，无名氏有《龙虎啸》传奇。说的是南宋康王被金兀术困于牛头山，岳飞挂出免战牌，牛皋运粮回营，不甘示弱，唆使马踏金营回山的岳云打碎免战牌。岳飞欲斩岳云，康王讲情，准岳云戴罪立功。金营为造铁浮图阵拒不出战，牛皋请命，独闯金营下战书，激怒金兀术仓促应战，岳云出击大胜，解牛头山之围。牛皋为全剧主角，黑脸应工，勇莽诙谐，粗中有细。1957 年由山东省戏曲研究室整理，朱剑执笔。定陶县曙光剧团首演，杨明学饰牛皋。同年山东人民出版社出版单行本，1960 年收入《中国地方戏曲集成·山东省卷》。莱芜梆子亦有此剧目，情节不尽相同。

《西岐州》　系山东梆子传统剧目。说的是宋杨延昭被辽军引魂阵所困，须得 42 岁处女可破，佘太君想起被贬西岐的儿媳王怀女。孙媳穆桂英愿往下书，途中更换男装，投宿于新寡之崔金定家，崔氏见桂英仪表非凡，当面许婚。桂英啼笑皆非，说明真相。崔金定修书使桂英沿途关寨无阻。桂英行至大雪山遭劫，得遇失散多年之胞弟穆铜、穆铁，同至西岐。投书之后，王怀女即令斩首。经御妹刘月霞劝解赦回，婆媳相见。穆桂英智激王怀女，捐弃前嫌，下令发兵。王怀女由净行扮演，勾半俊半丑脸谱，穿女蟒，戴雉翎，英武豪迈。抄本藏山东省艺术研究所。柳腔、茂腔、柳琴戏、五音戏、四平调、四根弦均有此剧目。

《红桃山》　又名《平雷英春》《林冲下山》。大弦子戏传统剧目。说的是梁山好汉花荣回家探亲，路经红桃山，闻知雷英春、张玉娥夫妇操练人马，欲与梁山对垒，遂回山报信。宋江聚集众将议事，林冲请令出战，阵前用回马枪挑死雷英春。张玉娥为夫报仇，拼力厮杀，林冲不敌，挂牌免战。宋江派关胜助战，张玉娥败，使妖法摆下疯魔阵，诱关入阵，阴谋陷害，关胜被火帝真君搭救脱险。宋江又派花荣下山，与林冲、关胜齐心合力，用连环马擒获张玉娥，凯旋回山。武旦、武生、红脸唱做武打应工戏。唱［勾儿腔］、［桂枝香］［龙照花］。山东省艺术研究所藏抄本。

《李逵夺鱼》　又名《闹江州》。山东梆子传统剧目。1956 年山东省戏曲工作组改编，更名《夺鱼》，纪根垠执笔。事见《水浒》第三十八回。叙宋江发配江州，结识戴宗、李逵。一日，三人至浔阳江边琵琶亭饮酒，宋江欲饮鲜鱼汤，李逵去江边买鱼，时鱼行主人未来，李逵不耐久等，拔舱中竹篾，放走活鱼。惹恼张顺与之厮打。宋江等赶到劝开。张顺不服，引李逵上船比试，将船弄翻，水淹李逵。幸宋江、戴宗说合，好汉相识，带鲜鱼复去琵琶亭聚会。以武生、花脸应工，表现陆上与水中的武打。1956 年山东人民出版社出版。

《李彦龙征南》 系平调传统剧目，连台本戏《火焰驹》的一段。写宋代天官李绶之子李彦龙、李彦贵，分别考中文武状元，奉旨夸官，路过兵部王强门前，王强妒恨，在门前羞辱二人，彦龙、彦贵怒打王强。王强上殿奏本，皇帝将李彦贵下狱，命李彦龙戴罪征南。南蛮王之妹凤莲、凤英出战，将李彦龙擒获，李彦龙从二女之劝，与二人订缔婚姻，方得回朝。山东省艺术研究所藏抄本。山东梆子有此剧目。

《两狼山》 又名《李陵碑》《碰碑》。山东梆子传统剧目。事见《杨家将演义》第八回及《昭代箫韶》。说的是宋太师潘洪勾结辽军进犯，自讨帅印，荐杨继业为先行。六郎、七郎随父出征，阵前获胜。潘洪为报杀子前仇，闭城不纳，反将擂石砸下。父子重返敌阵，被困两狼山中。继业命七郎回朝搬兵，被潘洪诳下战马，乱箭射死。继业盼兵不至，又派六郎回朝。敌军围困日紧，人马冻饿折损，继业耻做敌囚，碰死李陵碑上。1954 年山东省文化局戏曲工作组截取其中杨家父子被困庙院一折，单独整理，张彭执笔。同年参加华东戏曲观摩演出大会演出，窦朝荣饰杨继业，李云鹏饰六郎，王廷臣饰七郎。获剧本二等奖与演出奖。剧本于 1955 年由山东人民出版社出版，同年收入《华东地方戏曲丛刊》第十五集。1960 年收入《中国地方戏曲集成·山东省卷》。1956 年 12 月获文化部颁发的全国戏曲剧本奖。乱弹、莱芜梆子、平调、哈哈腔、柳琴戏均有此剧目。

《时迁打铁》 系枣梆传统剧目。说的是北宋末年，时迁家贫，夫妻二人打铁为生。时迁不堪官府压迫，心中向往梁山，明为高衙内打刀，暗为梁山泊铸造兵器。该剧以喜剧手法，刻画时迁机智、幽默的性格，抒发夫妻二人相知相爱的淳朴感情。时迁唱［三板笛戏］，时妻唱［罗罗腔］。山东省艺术研究所藏抄本。

《狄青借衣》 系枣梆传统剧目。说的是宋代狄青未第时，家遭大水，携母逃荒，天寒无衣，去向姐姐家告借。适逢姐夫得官荣归，宴请乡宦。狄姐见狄青衣衫褴褛，觉得有损脸面，仅给予夏布衫一件，铜钱二百，匆匆将狄青打发出门。夏布衫难以御寒，二百钱无法度日，狄青无奈，二次进府，向姐姐求告，但狄姐甚不耐烦，并加奚落，狄青怒击姐姐一掌，愤然而去。系小生唱做并重剧目。枣梆老艺人刘富贵擅演剧中狄青，“甩发”直起直落，独具特色。1954 年参加山东省第一届戏曲观摩演出大会。杨永德饰狄青，单元红饰狄姐。山东省艺术研究所藏抄本。

《抱妆盒》　又名《金水桥》。柳子戏传统剧目。见元人《抱妆盒》杂剧，明姚茂良《金丸记》传奇，清石子斐《正昭阳》、无名氏《妆盒记》；亦见《三侠五义》。说的是宋真宗时，刘妃为夺取正宫之位，谗害李妃，并将李妃所产太子从冷宫盗出，命寇珠扔至金水桥下，寇于心不忍，恰遇太监陈琳，讲明原委，二人密议，将太子盛于陈琳所抱妆盒，佯做采果，避过刘妃耳目，送交南清宫八贤王抚养。十年后事发，刘后故意命陈琳拷打寇珠，寇坚不承认，撞阶而死。柳子戏演出本无狸猫换太子情节，刘云驷擅演陈琳，刻画其始而惊惧，继而同情，终于决意救主的心理状态，细腻入微。唱［驻云飞］［青阳］［步步娇］［调子］［锁南枝］［序子］［小高腔］［风入松］［混江龙］［乱弹］，曲调丰富多样。1959 年，山东省柳子剧团整理演出，由李永秀饰陈琳，李艳珍饰寇珠。剧本收入《山东地方戏曲传统剧目汇编》柳子戏第七集。大弦子戏、山东梆子、莱芜梆子、平调有此剧目。或称《对龙指》《铡郭槐》。

《岳飞夺状元》　又名《抢挑小梁王》。大弦子戏传统剧目。事见《岳飞全传》第十二回及清朱佐朝《夺秋魁》传奇。说的是北宋徽宗时，武场开科，梁王柴桂贿赂主考张邦昌，谋夺状元。汤阴岳飞等也来应试。另一主考宗泽，面试岳飞，爱其文韬武略。试箭法时，岳飞箭无虚发，柴桂不敢比箭，要求比武。双方立下生死文约；及交手，岳飞枪挑柴桂。张邦昌欲斩岳飞，众举子不服；宗泽力主放走岳飞。张上殿诬奏，徽宗将宗泽削职。宗泽爱才，驰马追赶岳飞，赠予盔甲，勉其保国。唱［山坡羊］［桂枝香］［驻云飞］［懒画眉］［园林好］［下山虎］［唢呐皮］［大笛尾］等曲。1956 年山东省戏曲工作组整理。

山东省艺术研究所藏抄本、整理本。山东梆子、平调有此剧目。

《闯幽州》 又名《双龙会》。山东梆子传统剧目。事见《杨家将演义》第六回及《昭代箫韶》。说的是宋太宗应辽天庆王之邀，赴幽州观景，杨家将保驾。行至燕子岭前，伏兵四起，混战中，杨大郎射死天庆王，三郎被马踏，四郎、八郎下落不明，杨继业等护驾退避，遭重兵包围。杨继业忍痛舍子，命大郎假扮宋王，吸引辽兵，自己与五郎、六郎、七郎保驾突围。大郎、二郎战死。1956 年，郓城县山东梆子剧团参加了山东省第二届戏曲观摩演出大会，演出此剧目获音乐奖，任心才饰杨继业，获演员一等奖。1961 年山东省重点剧目研究会集体讨论，王传友执笔整理，名为《金沙滩》，截取遭困舍子一段，丰富了三拉马等细节，抒写戎马疆场的骨肉之情。莱芜梆子、东路梆子、柳琴戏亦有此剧目。

《金麒麟》 又名《包公私访化州》《徐宏抢亲》《王保童告状》。大弦子戏传统剧目。说的是宋仁宗时，国舅徐宏强抢王进道之未婚妻黄秀英，杀死王父，用金麒麟贿赂化州知府苏尚，将王进道押入监牢。进道之弟保童告状不准，适遇包拯路经化州，拦道喊冤，包拯准状，改扮道人私访，正值徐宏强逼黄秀英成婚，被狐仙阻拦，命人寻请法师除邪，包拯入府，探知王进道押禁牢内，故意装疯闹衙，收容入临，经禁卒讲述因果，案情大白，包拯按律铡死国舅徐宏，将徐妹许配王保童，与王进道，黄秀英同时完婚。1960 年柳学夫整理，菏泽地方戏曲院大弦子戏剧团参加山东省第一届青年戏曲演员会演大会演出，黄宪魁饰包拯，李恩慈饰王进道，王秀兰饰黄秀英。山东省艺术研究所藏抄本。

《栖梧山》 又名《三收何元庆》《义收何元庆》。平调传统剧目。事见《说岳全传》第三十六回。说的是南宋元帅岳飞汝南平寇，兵至栖梧山，欲收服何元庆同抗金兵，交战一日未分胜负。元庆夜袭宋营，入陷阱就擒，岳飞释之。次日再战仍不分胜负，忽报栖梧山寨火起，元庆兵败，往汝南搬兵，行至江岸，牛皋紧把桥头，庆兵皆降。元庆觅舟欲逃，又被假扮渔人之宋将耿氏兄弟所擒，岳飞劝降不从，再释之。元庆逃至江边，见前有大江，后有追兵，欲自刎。牛皋赶到，备舟相送，岳飞具酒饯行，元庆感岳飞大义，乃降。1956年山东省戏曲工作组整理，朱剑执笔。菏泽县平调剧团首演，郭盛高饰岳飞，霍金玉饰牛皋，刘瑞祥饰何元庆。同年参加山东省第二届戏曲观摩演出大会，获剧本二等奖。1957年山东人民出版社出版单行本。1960年收入《中国地方戏曲集成·山东省卷》。山东梆子有此剧目。

《破洪州》　又名《杨府选将》《双挂印》《红草坡》。山东梆子传统剧目。本事略见《杨家将演义》第三十七回。说的是北宋时，洪州为辽兵围困，杨延昭遣子宗保回朝搬兵。宋王命八贤王赵德芳与天官寇准至天波府挑选能将，佘太君藏兵不发。八贤王与寇准潜至杨府教场击鼓撞钟，诓出穆桂英，穆因怀孕不肯挂印，寇准用激将法促其允命，又乘杨宗保跪送时，将先锋印暗置酒盘中，点卯时夫妻始明真相。宗保不服，违抗军令，桂英忍泪责罚，回营后向其赔情。宗保负气出战，力不能敌，适桂英胎动生女，她不顾产后体弱，奋力出营助战，斩辽将白天卒，解洪州之围。该剧为刀马旦、武小生唱做武打并重戏。山东梆子老艺人冯孝顺（艺名“江米人”）擅演穆桂英。1958年山东省戏曲研究室整理，纪根垠执笔。山东省梆子剧团首演。刘桂荣饰穆桂英，刘君秋饰杨宗保，杨梅兰饰佘太君。1958年山东人民出版社出版单行本。1960年收入《中国地方戏曲集成·山东省卷》。莱芜梆子、东路梆子、枣梆有此剧目。

《烧桃园》　又名《跑桃园》。系山东梆子传统剧目。说的是兵部尚书之子魏英，由原郡进京探父，路过黑石山，被山大王杜天锡拦截。时有寿张武教头裴携女玉娥云游四方，路见不平，打败杜天锡，救魏英脱险。魏英感裴信救命之恩，带裴家父女回府，魏母将其收留。一日，裴玉娥于后花园练武，魏英调戏，被玉娥痛打。魏母得知后，为免生事端，赠裴家父女纹银百两，桃园百亩，令其自谋生路。魏英为霸占玉娥，告至县衙，诬裴家父女刁拐银两。裴信被官府屈打，回家后，告知玉娥。裴信父女怒烧桃园，远走高飞。老生、小旦、小丑应工。剧本收入《山东地方戏曲传统剧目汇编》。

《盗骨会兄》　又名《五台会兄》。柳子戏传统剧目。元杂剧有朱凯《放火盂良盗骨殖》、清李玉有《昊天塔》传奇。说的是北宋金沙滩战后，杨五郎至五台山出家，某晚带醉归来，巧遇久别之六弟杨景赴昊天塔盗取杨令公骨殖路经此地，借宿庙内。兄弟久别重逢，彼此不敢相认。经过盘问，悉知情由，抱头痛哭。此时，韩延寿率众赶来，五郎怒将追兵击退，送杨景下山，兄弟挥泪告别。柳子戏演出本与《昊天塔·盗骨》结构、词句基本相同。张春雷擅演该剧之杨五郎，曾参加1954年山东省第一届戏曲观摩演出大会。后经孙秋潮、纪根垠参照其他剧种演出本改编，发表于1959年10月《群众艺术》，并编入《中国地方戏曲集成·山东省卷》。张春雷口述本，收入《山东省地方戏曲传统剧目汇编》柳子戏第二集。

《游西湖》　系柳子戏传统剧目。说的是书生高侠寄读挚友柴栋家中，柴栋游西湖，见贾员外之女玉蓉貌美，遣媒提亲，贾员外要当面相婿，柴栋貌丑，央求高侠代替，果被相中。是日大雨，员外强留，并安排当即拜堂成亲。洞房中，高侠不肯入帐。三日后贾家送亲，柴栋拦路砸轿，告至公堂，县官审明情由，判高侠与贾玉蓉结为夫妻。故事与明沈自晋《望湖亭》传奇，詹詹外史《情史·吴江钱生》，《醒世姻缘·钱秀才错占凤凰俦》情节近似，但人物姓名不同。柳子戏演出本唱［驻云飞］［娃娃］［黄莺儿］［青阳］［桂枝香］等曲。高侠与贾玉蓉在洞房一场，在长短句的［锁南枝］曲牌中，夹进七字上下句体的［序子］，表达剧中人物内心细腻复杂的情感变化，对曲意有所补充。为郓城县工农剧团保留剧目。剧本收入《山东地方戏曲传统剧目汇编》柳子戏第四集。

《燕青打擂》　又名《神州擂》。柳子戏传统剧目。事见《后水浒》第七十四回及《神州擂》传奇，说的是梁山好汉燕青下山探事，得悉知府王宏聘任原在泰安神州设擂，扬言欲打尽天下英雄，急忙回山报信。宋江差燕青下山打擂，李逵坚欲随行，燕青恐李逵多言闯祸，命其装哑，同赴神州。二人投宿黑店，店主王虎夫妇暗用闷香，被燕青破解，杀店家，赶赴神州。燕青于擂台上打死任原，王宏率兵追拿，被梁山派来接应的武松、孙二娘杀死。以武生、二花脸应工，过去演出时，常用真刀真枪。剧本收入《山东地方戏曲传统剧目汇编》柳子戏第八集。大弦子戏、罗子戏、山东梆子、莱芜梆子、平调等，均有此剧目。

《天波楼》系枣梆传统剧目。说的是杨家保宋有功，宋太宗下谕旨修建天波楼。行至天波楼前，文官下轿武官下马，宋主下辇龙行三步。以谢金吾和王钦若为首的奸臣与杨家不和，为涣散杨家报国忠心，参奏宋真宗天波楼阻挡了九省要道，有藐视天子之意。宋王听信谗言，传旨拆除天波楼。佘太君无奈，急命镇守三关的杨六郎回朝。此事被杨六郎的结拜兄弟焦赞知晓，遂将谢金吾一家杀害，并自留姓名。宋真宗下旨将杨六郎、焦赞捉拿归案，绑至午门问斩。八贤王、柴王等忠臣据理力争，晓之利害。宋真宗颁旨杨六郎、焦赞死罪饶过，活罪难免，杨六郎充军汝州，焦赞充军镇州。赵凤来饰杨六郎，唐群贤饰寇准，周玉环饰佘太君。山东省艺术研究所藏抄本。

明代戏

《于宽爬堂》　又名《贩马记》《汗衫记》《审于宽》。山东梆子传统剧目。明杂剧有叶宪祖《会香衫》，清袁于令有《珍珠衫》传奇，闲闲子有《远帆楼》传奇，故事均相近。梆子本叙于宽四川贩马，三年未归。其妻周鸾英倚门望夫，误认程四龙为于宽，羞愧掩门，程四龙自作多情，托人撮合未遂，又买通媒婆偷取鸾英汗衫，持之入川至于宽处显示，谓鸾英与己有私。于宽返里休妻。鸾英之父周奇送回女儿，苦苦哀求，于宽不收。鸾英自缢松林，为镇守李云芳所救，收为义女，于宽休妻不久，甚觉懊悔，进城追妻，失手打死军汉，李云芳审问于宽，于宽诉说情由，解除误会，鸾英恳求赦免，夫妻和好。1961年赵剑秋、纪根垠采用此剧部分情节改编为《鸳鸯衫》，山东省梆子剧团首演。刘君秋饰于宽、刘桂荣饰周鸾英。1962年山东人民出版社出版单行本。莱芜梆子、平调亦有此剧目。或名《送女》《打门楼》。

《日月图》　又名《打胡林》。山东梆子传统剧目。事见明沈璟《四异记》及无名氏《碧玉串》。说的是帅府公子胡林，欲强娶白老汉之女，危急中白老汉甥儿汤子晏前来投奔。汤原在胡林之父麾下任职，因用日月图退敌之功被昧去，怒而携图至舅家；遂男扮女装，代替表妹上轿。胡林有急事，其妹凤鸾陪伴新人。洞房中真情泄露，二人相悦。次日胡林归，怀疑子晏之身份，凤鸾巧言遮掩，利用胡母之颟顸，反将胡林痛打，并遣其远出。子晏、凤鸾亲事得到胡母允诺，重拜花堂。剧本语言生动，对富家公子的讽刺与惩罚，合情入理，兄妹、母子关系，饶有情趣。以“三小”应工。1957年山东省戏曲研究室整理，张彭执笔。山东人民出版社出版单行本。1958年由山东省梆子剧团首演，李怀仁导演，刘玉朋饰胡林，刘君秋饰汤子晏，刘桂荣饰胡凤鸾。1960年收入《中国地方戏曲集成·山东省卷》。后郓城县山东梆子剧团上演，并录制光盘，枣梆亦有此剧目。

《石玉点将》　又名《鸳鸯碗》《胡大海搜宫》。大弦子戏传统剧目。说的是朱元璋南京称帝、建立明朝后，姑苏王张士诚负隅顽抗。朱谕示天下，招贤纳士。钦命石玉挂帅征讨。张士诚盘踞姑苏，掠财霸女，石玉之妻子雪被张掳去，欲选为嫔妃。石玉兵临城下，张士诚派卓永成迎战，石玉晓以大义，卓永成决意倒戈扶明，双方约定时日，里应外合，生擒张士诚。胡大海在宫中救出子雪，石玉夫妻团圆。剧中石玉点将场面，整肃壮观，颇具特色。山东省艺术研究所藏抄本。

《白玉杯》　又名《严海斗》《王凤楼》。平调传统剧目。说的是明代嘉靖年间，西凉国派公主、驸马入朝献宝。严嵩奏请世宗派海瑞出迎。暗地却将西凉宾客骗至府中，杀死驸马等三人，连同贡物白玉杯，一同埋入海府花园，反诬海瑞杀人昧宝。世宗大怒，将海瑞贬官河南。西凉公主声称要为驸马报仇，从严府脱身，奔往河南联合海瑞，共同与严嵩抗争。此为平调黑脸重头戏。清道光年间平调艺人田发太以擅演此剧闻名，有“活严嵩”之称。1956年剧本经加工整理，由菏泽县平调剧团排演，参加山东省第二届戏曲观摩演出大会演出。张全臣饰严嵩，牛印合饰海瑞。山东省艺术研究所藏抄本。山东梆子亦有此剧目。

《红罗记》　系柳子戏传统剧目。说的是西秦武将常大利少年英俊，升任西府参军。主管太监武介嫉才，将常灌醉，抬至公主于桂春演武厅中，欲借刀杀之。常嫂苏桂真乃公主近侍，打扫演武厅时发现大利，为其改扮女装，欲送出宫。公主突至，大利藏于书案下，终被发现。经过盘问，公主识破伪装，但爱其才貌，反认作义妹，引入后宫，隐语透露心事。大利终于说出实情，并以红罗为聘缔姻。常兄大本率兵前来，于桂春登台点将，借故杀死武介，与大利叔嫂同归南朝。唱［花朝元歌］［驻云飞］［青阳］［娃娃］［桂枝香］［锁南枝］［点兵令］等曲。抄本收入《山东地方戏曲传统剧目汇编》。

《两架山》 系大弦子戏传统剧目。说的是明代正德年间，兵部侍郎郑奉与宦官刘瑾不睦，被贬为福州知府；上任途经两座山，又被刘瑾爪牙陈昌推下山涧。陈昌劫去官凭、衣帽，冒官上任。福州粮厅贾屠亮，看陈昌举止可疑，设法查访郑奉之兄弟与夫人，方明真相。后郑奉为樵夫所救，来到福州，贾屠亮计擒假知府陈昌。贾屠亮以丑角应工，两次装疯，机智风趣。1956 年由郝福云、武斌、朱剑、葛振民、段玉清整理，定陶县曙光剧团首演，陈贯福饰贾屠亮，杨明学饰陈昌。同年参加山东省第二届戏曲观摩演出大会，获剧本一等奖。1957 年山东省人民出版社出版单行本，1960 年收入《中国地方戏曲集成·山东省卷》。

《改金牌》 系柳子戏传统剧目。说的是明武宗朱厚照命宰相郑涛圆梦，郑奏称梦象大吉，近日必得贤臣。帝喜，赐以“由人不由命”金牌。郑女翠花挥笔改为“由命不由人”。郑涛畏罪，将女逐出，配与郭昭。郭乃不第举子，寄人篱下，卖诗糊口。后与白有义结为兄弟，白托其掌管酒店。郭昭写万岁牌位供奉，恰被皇帝微服私访时发现，爱其德才，封为浙江巡按，贬郑涛为宁波县令。到任后，翠花将父亲羞辱一番。此剧后部与清人盛际时《胭脂褶》传奇及京剧《遇龙封官》情节相近。柳子戏郑祥泰口述本，唱［驻云飞］［桂枝香］［耍孩儿］［驻马听］［走水调子］。收入《山东地方戏曲传统剧目汇编》柳子戏第四集。

《陈三两爬堂》 系四平调传统剧目。说的是明代进士李九经，遭奸臣戕害而死。其女李素萍为埋葬父亲，供养胞弟李凤鸣，自卖其身，沦入妓院，从此姐弟失散。素萍多才，改为姓陈，卖文不卖身，每篇文章可卖银三两，得名陈三两。一日遇孤儿陈奎，收为义弟，供其在院中读书，后陈奎进京赶考，鸨儿将三两卖于富商张子春。三两不从，张子春买通沧州知府，对三两严刑拷打。审问过程中，陈三两发现贪赃的知府竟是失散多年的胞弟李凤鸣，不由悲愤满腔，怒加嘲讽。此时，陈奎得中状元，出京巡察，路过沧州，拯救陈三两，惩处李凤鸣。全剧主要在陈三两的叙述中展开，其唱段长达三百多句，跪在堂口，一气唱完，历来被视为旦角唱功重头戏。成武县四平调剧团整理演出，王凤云饰陈三两，徐永翠饰李凤鸣，李华饰陈魁。山东人民出版社曾出版单行本。

《珍珠塔》 又名《方卿羞姑》《九松亭》。枣梆传统剧目。故事源于清代弹词《孝义真迹珍珠塔全传》。枣梆演出本分上、下两集。说的是明代官宦之后方卿，家遭变故，中途败落，为赴京应试，去向姑母陈氏借贷，陈氏不借，反加凌辱。陈女翠娥与方卿定有婚约，得知后，约方卿相会，送与银两，并赠予传世之宝珍珠塔，后方卿得中状元，封八府巡按，奉旨出巡，路过陈家，扮道人进入陈府，唱道情羞讽其姑，陈氏悔愧，方卿与翠娥终得完婚。1958 年赵凤来、孙良波等加工整理，由菏泽地区枣梆剧团重新排演，崔秀芳饰方卿，樊秀玲饰陈翠娥，单元红饰陈氏。山东省艺术研究所藏抄本。吕剧、柳琴戏有此剧目。

《徐龙铡子》 系枣梆传统剧目。说的是定国公徐龙之子徐萌，在江边游玩，强抢渔女，将无辜的渔女之父打死。渔女誓死不从，跳江自尽，被赴云南安民回京复命的小天朱吉、海瑞救起，问起情由，遂携渔女汉阳堂呼冤，徐龙刚正不阿，大义灭亲，忍痛铡子。1954年参加山东省第一届戏曲观摩演出大会，梁宝兴饰徐龙获演员奖，赵凤来饰海瑞获奖状。山东省艺术研究所藏抄本。

《蝴蝶杯》 系枣梆传统剧目。说的是两广总督芦林之子卢世宽龟山游玩，强抢胡凤莲之父胡彦所卖娃娃鱼喂其赛虎犬，并将胡彦双手咬烂，胡彦恼羞成怒，气绝身亡。江夏县县令之子田玉川路见不平，将卢世宽失手打死。芦林下令搜山，查找凶手，替儿子报仇。田玉川闻讯逃离，危难之时，被胡凤莲搭救，将其藏于渔船内，巧言应变，躲过搜兵。田玉川、胡凤莲同病相怜，暗生情愫，以田家传世之宝蝴蝶杯为证，私定终身。并让胡凤莲带上蝴蝶杯找其父江夏县令田云山告状。胡凤莲到江夏县告状时，田云山已被芦林押至总督府审问。胡凤莲为救公爹，又到三司总督喊冤告状，公堂上胡凤莲智勇双谋，为其父报了仇，有情人终成眷属。《蝴蝶杯》原为连台本戏，后经菏泽地区枣梆剧团整理上演，桂相连饰胡凤莲，刘富贵饰田玉川。山东省艺术研究所藏抄本。

清代戏

《齐寡妇造反》　是山东梆子传统剧目。说的是清代麦糠县大旱三年，寸草不收，朝廷仍派催粮官前来督促纳粮。差役至田家营，田二抗拒被捕，跟随其来到县衙，县官为杀一儆百，杖责田二，并斩首示众，惹起公愤。田妻（齐寡妇）率众造反，杀死县官和催粮官，打退官军，投奔白莲教。为旦角唱做武打应工戏。山东省艺术研究所藏抄本。

《背箱子》　又名《叭狗告状》《田玉私访》。两夹弦传统剧目。叙清乾隆时保宁知县下乡巡查，遇叭狗拦轿哀吠，驱之又回。知县生疑，当即抛下令签，叭狗衔签而去，知县率众跟至一座新坟旁边，问知为李武举女儿之坟，面询武举，称女儿暴病而死，刨坟验尸，却不见异常伤证；欲走，叭狗又拦轿哀号；复又脱衣验尸，仍不见伤证。武举之表弟颜士藩率众恶棍赶来殴打知县，知县逃回县衙。使女田玉自荐前往私访，被知县收为义女。田玉扮作花婆私访李家湾，得知死者乃李武举前妻之女，继室田氏行为不端。田玉夜闯李宅，窥见田氏与颜士藩不轨之举，即以借宿为名，详察实证。颜见田玉貌美，欲行无礼，田玉佯允与颜做妾，又借酒将颜灌醉，问出与田氏合谋害死武举女儿的实情。田玉回衙途中，又遇艄公强行霸占，田玉投水，被龙王所救，苏醒之后，见京官和珅、刘统勋奉旨巡查，田玉告状，刘统勋怒铡颜士藩与田氏。剧本收入《山东地方戏曲传统剧目汇编》两夹弦第四集。山东梆子亦有此剧目，但情节略有不同。

六、家喻户晓的民间剧目

《三盗芭蕉扇》　又名《火焰山》。柳子戏传统剧目。事见《西游记》

小说第五十九回至第六十一回。说的是唐僧师徒西天取经，路阻火焰山，孙悟空往芭蕉洞借扇，铁扇公主罗刹女记恨悟空收伏其子红孩儿之仇而不肯借，并用宝扇将孙悟空扇走，菩萨赐孙悟空避风珠，二次借扇，将罗刹女击败，又变为茶叶棒钻入罗刹女腹内，强逼交扇，结果得来假扇，无济于事。悟空化作牛魔王骗到真扇，被牛魔王发觉，变作猪八戒将扇诓回。后由玉帝差遣天兵天将，制伏牛魔王，逼罗刹女持扇扑灭烈火，唐僧师徒安然过境。剧中除唐僧、罗刹女唱［山坡羊］［香柳娘］等长短句曲牌外，其他角色以唱上下句体的［赞子］［序子］为主，通俗易懂。1954 年，郓城县工农剧社整理演出。同年参加山东省戏曲观摩演出大会，黄遵宪饰孙悟空，不重跟头翻扑，富有乡土气息。抄录本已编入《山东地方戏曲传统剧目汇编》柳子戏第六集。

《小姑贤》　又名《王林休妻》。两夹弦、四平调传统剧目。说的是王林娶妻李荣花，情爱甚笃。王母刁氏宠爱女儿桂姐，经常虐待儿媳，一日，刁氏借做饭刁难荣花，并强逼儿子休妻，幸桂姐甚贤，以自己日后也要做人儿媳为由，巧劝母亲回心转意，全家和睦。剧本民间生活气息浓郁，通过婆婆逼儿媳一锅做十二样饭等描写，语言夸张，饶有情趣。吕剧、五音戏、茂腔、柳腔、四根弦、哈哈腔、山东梆子、莱芜梆子均有此剧目。或名《王登云休妻》《三贤》《姑嫂情》。

《蓝桥会》　系两夹弦传统剧目。源出《庄子·盗跖》篇中尾生期女于梁下故事。金院本有《淹蓝桥》，元杂剧有李直夫《尾生期女淹蓝桥》。叙少女蓝瑞莲被卖给 53 岁的周蓝宽为妻，受婆母虐待。一日，在井台打水，遇书生魏魁元讨饮，互诉身世，二人爱悦，共约夜半蓝桥相会，魏生先至，山洪暴发，魏守约不去，抱桥柱而死。蓝摆脱羁绊而来，亦投水殉情。吕剧、五音戏、茂腔、柳腔、柳琴戏、北词两夹弦、四根弦均有此剧目，或名《牛台会》《打水》。

《王定保借当》　又名《绣鞋记》。两夹弦传统剧目。说的是学生王定保被人引诱赌博输钱，不敢回家，到舅父家找未婚妻、表姐张春兰借钱还债。春兰将嫁衣借给他典当，暗中放上母亲纺线积攒的八百钱。恶霸李武举久羡春兰貌美，借家中失盗为名，诬赖王定保盗窃他家财物，送至公堂。春兰闻讯，与妹秋兰半夜越墙逃出，直奔县衙喊冤做证，终将王定保救出。四平调、吕剧、五音戏、茂腔、柳腔、柳琴戏有此剧目。

《于秀英求情》　系四平调传统剧目。说的是杜文学被严嵩陷害，发配云南，途中被押解官王英私释，隐居南京卖字为生。后遇胡大人怜其文才，以女妻之，生子取名胡郎。杜文学原配夫人于兰英系兵部天官于文之女，生子名京郎，长大后到南京寻父，珠宝店中父子相见。胡氏安排京郎、胡郎兄弟进京赴考，杜文学亦潜入北京，与分别 12 年的于兰英相见，不料又被严嵩缉拿押监。于兰英央求其父于文上朝申辩，于文惧严嵩势大，去而复返。父女争执，于文剑割袍襟，继绝亲情。于兰英流落街头乞讨，遇丫鬟翠花赠半股金钗，得以进监房探望丈夫。王英之子改名邹应龙，进京应试毕，与众举子客店摆宴。店家请邹施舍于兰英，京郎亦在宴前，见母惨状，难过已极。兰英亦进退两难。一时宴席大乱，兰英只好说出实情。此时皇榜贴出，京郎考中状元，邹应龙为榜眼。众书生同仇敌忾，议定明晨痛打严嵩。山东省艺术研究所藏抄本，收入《山东地方戏曲传统剧目汇编》。茂腔、柳腔、柳琴戏、哈哈腔、北词两夹弦均有此剧目。

《双龙剑》　又名《卖虎皮》。平调传统剧目。说的是明代大将乌金正演操兵马，黄风骤起，天降大仙，赠其“双龙神剑”一柄。后乌金外出访将，病倒荒野，被猎户张皮工之女张玉娥救回家中，二人相爱，约为婚姻。一日，张皮工去军门府卖虎皮，军门之子吴明欲娶其女为妻，张皮工爱财应允，张玉娥誓死不从，吴明乃派人抢亲。乌金带病去县衙告状，反被县令关押牢中。张玉娥闻讯，假意允婚，提出花轿到达军门府时，须乌金带戴枷跪迎，方肯下轿。吴明应允。届时，玉娥果见乌金被押至门前，突从轿中杀出，救下乌金，但因寡不敌众，旋又陷入重围。乌金乃口念咒语，召来“双龙神剑”，杀退众敌，偕张玉娥而去。山东省艺术研究所藏抄本，已收入《山东地方戏曲传统剧目汇编》平调第一集。

《休丁香》　又名《败子张云芳》《火烧凤凰庄》《火龙记》。四平调、茂腔、柳腔传统剧目。说的是洛阳凤凰庄富户张云芳，娶妻郭丁香，十年不育。云芳受情妇李海棠挑拨，休妻丁香。丁香路遇姚家母子，姚母见怜，撮合与姚少成婚。垒墙时挖出金银，姚家遂富。张云芳之凤凰庄遭火焚，家财俱尽。云芳开掘藏金，金豆爆燃，崩瞎双眼，自此流落行乞，寻求李海棠容纳，反被水泼，逐出门外。一日，行乞于姚家门首，被丁香认出，亲做云芳喜食之烂面汤，剪青发缠于筷、摘头饰金丁香置于碗内，云芳恍然大悟。丁香祈告眼光娘娘为其医眼，夫妻得见。云芳悔恨，碰死灶前。丁香亦悬梁自尽。姚母痛不欲生，撞死在炕上。姚少投井而亡。姜太公封张云芳为灶君，郭丁香为财神娘娘，姚母为炕神神母，姚少为井中灵王。抄本藏山东省艺术研究所，已收入《山东地方戏曲传统剧目汇编》。柳琴戏、吕剧、五音戏、枣梆均有此剧目。

《三告李彦明》 系四平调传统剧目。说的是丞相黄延珍待罪南监，为李百万所救，遂将女儿黄桂英许婚李之次子彦贵。后李家败落，李彦贵大街卖文，被黄延珍骗入府内，逼迫退婚，黄桂英不满父亲所为，约彦贵三更花园赠银，事被彦贵嫂嫂裴秀英之弟裴对得知，竟假冒彦贵接银，杀死丫鬟。彦贵被诬为盗，送往永江县衙。县令郭子春受黄家贿赂，定彦贵死罪。李母闻讯，悲恸欲绝。裴秀英千里迢迢奔西京告状，其弟裴对备驴相送，途中将其推下山涧。裴秀英遇救后，辗转来到西京，冒死拦住平西王、附马公的官轿喊冤，连告四状；一告黄延珍诬良为盗；二告郭子春贪赃枉法；三告兄弟谋财害命；四告丈夫不忠不孝，家有前妻招驸马，老母丧期穿大红。不意接状者即其夫李彦荣，乃同返里，惩办贪官凶手，成全李彦贵与黄桂英的婚事。系青衣唱戏。抄本藏山东省艺术研究所，已收入《山东地方戏曲传统剧目汇编》。柳腔、茂腔、五音戏、四根弦、柳琴戏、北词两夹弦亦有此剧目。或名《西京》（《四大京》之一）、《三告李彦明》、《西秦》。

《安安送米》 系两夹弦传统剧目，事见《后汉书·列女传》。《南词叙录》有《姜诗得鲤》；清传奇有《跃鲤记》。说的是陶氏听信邻居邱婆子谗言，逼子姜文远休弃媳妇庞三娘。庞无颜回娘家，投宿尼姑庵中。其子安安，得知此情，积米百日，送至庵中，母子相见，哭诉衷肠。剧本语言朴实精练，母子之情感人。清同治年间，曹州城西南魏堂村贡生魏金玉聘请戚成兴、梅福成为师，在村里成立两夹弦玩友班，随后趁本村庆贺王姓夫人立贞节牌坊之机，在用四辆太平车上铺寨门板搭成的戏台上，演出了此剧，这是两夹弦由地摊小唱走上舞台的开始。吕剧、五音戏有此剧目。

《刘芳福借银》　系四平调传统剧目。源于花鼓《罗鞋记》。说的是书生刘芳福，家遭横祸，贫困不堪，为进京应试，去向岳父家借贷。岳丈乃势利小人，趁机逼他写下退婚文约。仆人马小不平，设计谋骗其岳丈的银两，助刘芳福与未婚妻马小姐逃走。山东省艺术研究所藏抄本。

《奇中义》　系大弦子戏传统剧目。说的是于广自幼与兵部吴杰之女顺玉订亲，于父去世，家境日衰。于欲进京赶考，至吴府求助。吴杰嫌贫爱富，暗将金陵王之谋反文书夹在古书内赠之，中途被查获。于广发配燕山，其盟兄周人杰闻讯赶至，冒名代其充军。到燕山后，经于之舅父王延勋救助，并命其率兵征讨金陵王。吴女顺玉不满父亲所为，与丫鬟香莲改扮男装出走，中途失散，香莲投奔于母，被收为义女，顺玉冒于广之名，进京赴试，得中状元。于广因误考期，穷途潦倒，卖身至状元府充茶童。顺玉盘问，知其身世，欲将状元冠带转让。于广不明真相，仓皇逃去，终于得中武状元，奉旨平息金陵王之乱，并与众人相会。吴顺玉与于广成婚，于母将香莲许配周人杰。唱［驻云飞］［调子］等曲。山东省艺术研究所藏抄本。

《抱牌子》　系两夹弦传统剧目。见《何文秀玉钗记》传奇。叙何文秀得中状元，官封八府巡按，乔扮算卦先生私访海宁，途经未婚妻王鸾英门口，被请算卦。王鸾英述说未婚夫何文秀已死，当地恶霸张堂逼婚，仓皇逃来此地。何文秀半信半疑。是夜，王鸾英备酒菜香纸，抱出何文秀灵牌祭奠，何在窗外窃听，方知鸾英对他一片真情，发誓要除掉张堂，搭救鸾英。菏泽两夹弦名旦王文德擅演王鸾英，摆碟子祭奠一段，连唱数百句，生动感人。剧本收入《山东地方戏曲传统剧目汇编》。五音戏、柳琴戏、四根弦、哈哈腔、四平调均有此剧目。

《裴秀英告状》 系四平调传统剧目。陈学义、张广文根据传统剧目《三告李彦明》改编。说的是文武双科状元李彦明平贼立功，被皇上招为东床驸马。御街巧遇进京寻夫的前妻裴秀英。李彦明害怕欺瞒皇上引来杀身之祸，便将裴秀英带入后堂，意欲遣返故里。裴秀英哭诉李彦明三大罪状，李彦明听后无地自容，正欲相认，被公主撞见，裴秀英据理力争，终于求得公主谅解，带夫还乡。成武县四平调剧团首演。王凤云饰裴秀英，丁爱芝饰李彦明。1981 年参加菏泽地区戏曲会演获剧本奖、演出奖，王凤云获一等奖，丁爱芝获演员二等奖。1987 年山东电视台录制拍摄并在全国播出。同年，唱腔由海南音响社出版发行。

《挂门牌》 系山东梆子传统剧目。说的是江世哏居住两国交界，门牌两面各书天朝、北国顺民，视时局而张挂。一日两国交战，天朝孟小将栽倒门前，江世哏救之，欲将长女许配，另将次女许北将，孟小将不允亲，江以酒灌醉，锁入洞房。夜半，孟醒逃遁，江世哏枉费心机。剧本对附炎趋势的两面派人物，作了辛辣讽刺。该剧以丑角应工，为名丑刘玉朋之拿手戏。1957年山东省艺术研究所整理，张彭执笔。同年山东人民出版社出版。1995年，由郓城县山东梆子剧团排演，参加中央电视台春节戏曲晚会。

《骂鸡》 又名《王婆骂鸡》。四平调传统剧目。见于明代郑之珍《目连救母劝善戏文》。四平调演出本系由地摊花鼓发展而来。写王婆因丢失芦花大公鸡，刀剁菜板沿街叫骂，远乡近邻，三教九流，各行各业被她逐一数落一遍。语言生动泼辣，把王婆刻薄蛮缠的性格、心态，刻画得入木三分。往日四平调上演此剧，多与《借髢髢》串演，称《骂鸡带借髢髢 》，整个演出以于四姐因回娘家赶会、去向王婆借髢髢为开端，下接整出《骂鸡》。最后表现王婆骂鸡归来，余怒未息，听说四姐借髢髢，严词拒绝，全仗四姐嘴巧，终于说动王婆，借得髢髢而去。现代戏中，也有一些袭用《骂鸡》的形式，反映现实生活的作品。四平调演出本已收入《山东地方戏曲传统剧目汇编》四平调第一集。柳琴戏，茂腔、柳腔亦有此剧目。

《换亲》 又名《老少换》。两夹弦传统剧目。见李笠翁《奇团圆》传奇。

说的是老汉马估伦花钱买张三姐做妾；青年冯定保受媒人蒙骗，娶老妇梅氏为妻。在回家路上，冯定保与张三姐相互爱慕，在店家与梅氏周旋下，二人结为夫妻。马估伦无奈，只好与梅氏成亲。菏泽县两夹弦剧团整理演出，黄云芝、宋瑞桃主演。1956 年参加山东省第二届戏曲观摩演出大会。1960 年，剧本收入《中国地方戏曲集成 · 山东省卷》。吕剧、五音戏、茂腔、柳腔、柳子戏、柳琴戏、四平调、哈哈腔等，均有此剧目。

《借妻堂断》　又名《张古董借妻》《钻瓮圈》。山东梆子传统剧目。源出明清无名氏传奇《一匹布》。全剧分借妻、回门、瓮城、堂断四折。说的是张古董嗜酒贪财，义弟李成龙丧妻，其岳丈将亡女钗环首饰收回，允续娶后交还，张古董竟将妻子沈赛花借出假充新妇，随李成龙去岳父家认亲，言明取回财物平分，不料岳丈留宿，弄假成真。张古董寻妻被关在瓮城内，进退两难。次晨到衙告状，知县将沈赛花判与李成龙为妻。其中瓮城一折，舞台前方为张古董露宿瓮城，舞台后方为李成龙与沈赛花在岳丈家的卧房，一台二戏，人物语言交叉呼应，讽刺效果甚强。山东省艺术研究所藏抄本。

《黄牛分家》　系山东梆子传统剧目。《天河配》的前半部。事见元明无名氏杂剧《渡天河织女会牵牛》、清邹山《双星图》传奇。说的是少年放牛郎孙守义受嫂子卢氏虐待。一日卢父来看女儿，卢氏置酒菜款待，却不许牛郎陪客。牛郎放牛时，黄牛口吐人言，告卢氏有加害之心，劝牛郎与兄嫂分家。卢氏果在食中下毒，黄牛暗示牛郎拒食。老舅来主持分家，牛郎只要黄牛、破车、皮箱，乘车腾空而去。剧本语言朴实诙谐，富有民间生活气息，以丑和娃娃生应工。1954 年李怀仁、武斌、崔金玉等整理，菏泽专署人民剧社首演，刘玉朋兼饰卢父与老舅，刘君秋饰牛郎，刘桂荣饰卢氏。同年参加华东区戏曲观摩演出大会，获演出奖。剧本于 1955 年由山东人民出版社出版。1960 年收入《中国地方戏曲集成 · 山东省卷》。

《紫金镯》　系四平调传统剧目。分上、中、下三集。说的是民女崔秀香，随母去三官庙进香，武举吴强见其貌美，欲夺之为妻，侠士李常路见不平，救出崔氏母女，送回家中。吴强又纠集打手，至崔家逼亲，李常乃改扮崔秀香，随轿进入吴府，欲寻机刺杀吴强。不料吴强酒醉，命其妹吴文英陪入洞房，李常无奈，以酒灌醉吴文英，逃出吴府。恰在此时，崔秀香未婚夫王子兰学武归来，听说秀香被抢，连夜闯入吴府，杀死吴强，将酒醉未醒的吴文英，错当秀香，救回家中。吴强被杀，惊动官府，守备姜义系吴强近亲，串通州、府，将王子兰判为死刑，命县令朱龙贵监斩。朱虽同情王子兰，奈无以搭救。处斩之日，李常率众劫了法场，杀死姜义，救出子兰，并说服朱龙贵，同去魁山聚义。此剧行当齐全，文武兼备。山东省艺术研究所藏抄本。柳琴戏、五音戏等有此剧目。

《罗帕记》　系两夹弦传统剧目。《词林一枝》《昆池新调乐府八能奏锦》有“王可居逼妻离婚”等折。两夹弦剧本写王可居之妻康素贞不慎将罗帕丢失，管家蒋雄与康有私愤，伪造情书附罗帕寄与可居，王遂休康氏，康尚书见女被休回，逼其花园自尽，遇家院搭救，逃至大王庄，育儿15年。可居休妻后已羞恼出走，寄居李家，改姓李。15年后可居得中榜眼，同科状元王陶乃康氏所生之子。琼林宴上王陶拾得可居所遗之罗帕，见帕上绣有母名，归家告知康氏。适可居前来拜府，康隔帘询其家世。可居叙述往事，追悔不已，方解除误会，合家团圆。这是两夹弦著名演员黄云芝的拿手戏。1954年参加山东省第一届戏曲观摩演出大会。黄云芝饰康素贞，王文德饰王可居。剧本收入《山东地方戏曲传统剧目汇编》两夹弦第一集。山东梆子亦有此剧目。

《白玉楼》　系四平调传统剧目，连台本戏。张广文根据传统剧目《张彦休妻》改编。叙白玉楼靠讨饭为生，供其夫张彦苦读。后张彦金榜题名，未曾还乡。白玉楼与儿子艰难度日，其儿子长大后，科考得中。与其父张彦因互不相识，结拜兄弟。因生活所迫，白玉楼出家做了道姑。张彦与其子视察民情路宿道观，见道观壁画上叙述的正是白玉楼艰苦的生活历程。最后，夫妻相认，父子相认，全家团聚。成武县四平调剧团首演，王凤云饰白玉楼，李明声饰张彦。

第二章　剧坛耕耘

第一节　演出平台

一、见证历史的戏楼戏台

菏泽城隍庙戏楼　原名“乐楼”，始建于唐贞观年间。明正德年间重新修建时，改名为戏楼。

戏楼位于菏泽城隍庙内（今八一路西端菏泽烟厂家属院），坐南朝北，面对城隍庙大殿。戏楼为砖石结构，上是方砖登顶，中间为滚龙透花脊，上置飞禽走兽，四角檐铃从风。整个建筑高约 10 米、东西长 9 米、南北宽 6 米。分化妆室和舞台，舞台约 36 平方米，化妆室约 18 平方米。前台有 8 根原木明柱顶梁，粉刷红漆。舞台正中有一巨匾，上书“阳春白雪”。两边各有一小匾，其题词分别是“出将”“入相”。戏楼两侧建钟楼两座，同配黄绿釉瓦，五脊六兽。东西观众厅各有廊房 10 间。戏楼面对大殿，殿前有一阅台，高 4 米 、长 7 米、宽 5 米，由砖石砌成。阅台演戏时是观戏台，平时则是游人香客焚香烧纸的地方。

戏楼演戏多在春季，每年先从农历正月初五演到二月初九，谓之“月戏”；每年农历三月十八为城隍庙大会，最少要唱六天戏。庙会期间，善男信女，扶老携幼，涌入庙中，降香听戏，热闹非常。演戏费用，由市民分担。当时市民按所从事的行业分五行八大作。会首们便根据情况，将费用分派给各行各业。

清末民初，常在城隍庙戏楼演出的戏曲班社有大老粗的高调梆子班，大平调双盛班，柳子戏班，大弦子戏班和定陶县何银、何安的二黄班等。1951

年因建工厂，戏楼被拆。

曹县城隍庙戏楼 是清顺治七年（1650）重修城隍庙时所增建，位于庙门与拜殿之间，坐南朝北。庙门至拜殿正中的条石甬道，直贯戏楼之下。

戏楼由前后两部分构成。后台为楼房三间，出厦南向，石础雕纹，丹柱高耸，碧瓦朱檐，迎庙门而矗立。楼上三间，为演员化妆内场，每间向南各有圆形亮窗一个；北向东西两间，也设有同样的圆窗。中间一间留有圈门两个，门前有木桥与前台相通。楼下三间，西间设有楼梯，东间可作演员住所，向南各有六边形窗户一个，中间为甬道，畅通车马。

前台台面长 5 米、高 3 米，台基为尺半见方的立柱 6 根，基柱四围由横三竖四 7 条石板围合，台面用寸许厚的松板铺平。台上有一尺见方的木柱 6 根，立于方石基柱上，画梁结柱，斗拱系衔，上盖覆以各色筒瓦，排成图案花纹，正顶耸立绿瓦麒麟，背驮丹珠如球，上面贯扦钢铁避雷花杈，狮子、海马、倒栽鱼，五色六彩，饰于脊上。四角绝檐，各置镇角将军坐像，背上有铁锁与避雷花杈相连。前台的后壁，系木雕花棂，左门“玉振”，演员由此出场；右门“金声”，演员由此入场。其余三面飞檐之下，镶有宽约尺余的雕刻花板。

单县山西会馆戏楼 坐落在单县城内西北侧（今单县党校地址），由在单县经商的山西人于清雍正年间集资修建。

戏楼坐南朝北，高约 5 米。楼下有一砖拱通道，上方写有“山西会馆”四字，3 米多宽，能通行大小车辆。舞台面积约 70 平方米，并有石柱 6 根，前两角石柱上刻有一副楹联，上联是“假议传真演古今之奇事”，下联是“虚踪作实谈历代之余文”。舞台上方用琉璃瓦盖顶。舞台前有一广场，能容纳万人之多。戏楼东、西、北三面建有围楼，楼前有长廊环绕，三面相通，观众也可就坐长廊观看演出。可惜此戏楼在解放战争期间拆除。

菏泽山西会馆戏楼 由在菏泽经商的山西人集资营建于清道光十六年（1836），坐落在当时的菏泽城山西会馆之中。

戏楼坐南朝北，由舞台和化妆室两部分组成。东侧有看楼一座，楼上设木凳座位，能容纳观众近百人，是女性观众看戏的地方。露天场内设有座位，是男性观众看戏的地方。

戏楼不经常演戏，一般逢节日才由会馆出钱出戏（以合同形式邀请戏班）。起初主要是义演，到抗日战争时期，改为对外售票演出。1948年10月菏泽解放，戏楼取名民众剧院。该戏楼于1951年改建为“中华大剧院”，后改名菏泽剧院（今已拆除）。

定陶县仿山戏楼　位于定陶县城北5公里的仿山脚下，清代末年兴建。两戏楼东西排列，建筑风格精巧古朴、美观大方。

东戏楼：平顶，四角各有一明柱，舞台正面两根石明柱上雕有滚龙。通体为砖木石结构，舞台面积约25平方米，高约6米，在1937年地震中倒塌，1947年按原来样式重新兴建。

西戏楼：顶部呈尖状，俗称顶子盔，五色琉璃瓦覆盖，四角飞檐隆起，通体为砖木石结构。舞台正面为两根石明柱，后面两根木明柱。舞台面积约25平方米，高约7米，1949年重建。

每年农历三月二十六至四月初一是仿山庙会。戏楼存续期间，每逢庙会都有著名戏班在此演出，为庙会增添了不少欢乐气氛。两座戏楼均于1955年拆除。

鄄城县历山庙戏楼　历山位于鄄城县东南20公里处的阎什镇，传为古时舜耕处。清末建有舜帝庙，俗称历山庙。1922年庙院内建戏楼一座。

戏楼坐南朝北，正对大雄宝殿，具有谢神戏台性质。戏楼宫殿式顶，兽头飞檐，绿琉璃瓦。前台宽7米、深5米、台高1.5米，地面至屋顶通高7.3米。前台两边各立一明柱，文武场面前各立一花檐板，上绘戏文；后台两边各有一跨耳，为演员化妆、休息场所。庭院可容纳二三百人。

每年农历二月二庙会期间，有戏曲班社在此演出。戏楼于1952年拆除。因该处地下为一龙山文化遗址，1982年7月由鄄城县政府公布为县级重点文物保护单位。

东明县财神庙戏楼　位于东明县财神庙院内（今北大街路），1928年兴建。戏楼有前台两间，后台两间，场地可容纳观众2000余人。凡剧团到此演戏，开场戏一定要演神戏，最后还要演一场祝贺发财的戏。戏楼于1957年拆除。

腊山戏楼　梁山县腊山戏台，亦名天台。坐落在东平湖畔，腊山北麓，离县城30公里。

戏台古朴大方，风格独特。前台为卷棚式，南北长4.88米，东西宽5.4米，台高1.5米，从地面到屋顶高6.62米。前台横门梁上，刻有“大明正德八年建”字样。前台石柱上，又记有“清雍正四年修建”字样。戏台传为腊山老古洞青云观主持杨清荣、徐一鸿等人创建。杨、徐二人都酷爱音乐，所收道徒也多通音律。每逢清明佳节，即举行盛大庙会，道士们登台演出。至今每年清明节仍有庙会，腊山村上的寺庙音乐队（系老古洞青云观道士所传）或地方剧团，常为庙会演出。恰如戏台石柱上的一副楹联所云：“声遏行云一曲升平千圣乐，歌翻白雪五音调叶万民欢。”

梁山原属菏泽地区，1989年12月梁山县划入济宁市，腊山戏台随之由济宁市有关部门管理。

流动戏台　菏泽城乡除少数固定戏台外，大都使用流动戏台。这种戏台，是由台主建造，立约租赁，俗称写台子。戏台全系木质结构，易搭易拆，便于流动，因而得名。

搭建流动戏台，通常在台基地上双行排好前后台六只“马脚”“马脚”上横放三根粗大的方木，谓之“大梁”“二梁”“后梁”。横梁上前后铺上木板，中间竖立带棂格木隔扇，以分出前台后台。隔扇左右是写有“出将”“入相”的两个小门。戏台周围栽高柱10余根，后台用苇箔围起，前台用40多块彩画木板镶在上面。每块画板上绘有戏剧故事或山水花鸟，五光十色、鲜艳夺目。整个舞台的上顶用蓝色土布蒙住，前台口扎有牌坊式的彩门。前台两旁台柱上贴着红纸黑字的对联，多半书有：“一二人千军万马，三五步四海九江。”横联是“阳春白雪”或“海市蜃楼”。戏台的总面积不超过50平方米。戏台前面的广场，是男性观众站着看戏的地方，妇女及老幼观众则在戏台两侧。

民国期间，由于固定戏台太少，这种流动戏台相当盛行。

菏泽地区 1985 年农村剧场一览表

县别	一类剧场	二类剧场	三类剧场
菏泽市	小留、杜庄、安兴、李村、高庄光明、青年、曹州	李集、长屯、新兴、聂庄、双河、黄堽、辛集、大黄集、王浩屯、马岭岗	24个
巨野县	振兴、章缝	谢集、大义、李集、龙堌	16个
东明县		焦园、三春、刘楼、王店、吉利营、小井、马头、陆圈、菜园集、城关、王店	16个
定陶区	冉堌、陈集、张湾	邓集、马店、晁辛庄、西关、保宁、朱庄、万福、力本屯、张湾、姑庵、黄店、东王店、南王店、半堤	25个
单县	高韦庄、郭村、杨楼、徐寨、高老家、终兴、城关	曹庄、浮岗、黄顺堤、李庄、西村、东村、张集、大范庄、李新集、芳桂集、马楼、蔡堂、李新庄、李集东、李半庄、黄岗西街、李新村、西郊、南店子、杨大庄、李田楼、大李海、曹叵集	24个
鄄城县	临濮	阎什口、红旗、旧城、箕山、什集、红船	20个
郓城县	黄集、潘渡	丁长、张营、大人、杨庄集、陈楼、常庄、程屯、肖皮口、潘渡、王屯、张集、玉皇庙、陈坡、赵楼、郭屯、陈长	33个
成武县	白浮、孙寺、苟村	田集、汶上集、牛老家、天宫、伯乐、桃花寺、智楼、南鲁集、刘土城	32个
梁山县	小路口、黑虎庙、马营、韩垓、徐集、韩岗、银山	李官屯、寿张集、徐坊、杨营、野猪淖、马营、馆里、辛兴屯、刘仙庄、韩垓、开河、徐集、蔡林、韩岗、许寺、袁口、拳铺、方庙、斑店、银山、腾山、岱庙、商老庄、司里	52个
曹县	青堌集、倪集、邵庄、阎店楼、孙老家	李集、夏庄、小朱楼、安仁集、南唐庄、普连集、韩集、赵庙、石河、南园、郭楼、龚楼、古营集、西关、杨集、魏湾、郑庄、万楼、大寨、贾集、常乐集、望鲁集、祝口、庄寨、桃园、白茅、砖庙、李集、李庄寨、楼庄	76个

二、城乡人民的娱乐场所

菏泽大剧院 是一座具有多种复合功能的现代化大型剧院，位于菏泽城区八一路南、和平路西。菏泽城市规划结构中强调东西与南北两条发展轴线，菏泽大剧院正位于两条轴线交会的重点区域内。在城市东西轴线上，大剧院作为菏泽标志性建筑，面向城市开放景观，极具观赏效果。在城市南北轴线上，大剧院区块作为城市的重要文化景点，连接南面的城市公园与北面的市民中心，同时为西侧的城市主要景观河道赵王河提供整体的建筑群体效果。

“刚柔相济，牡丹盛开”的设计理念，体现了菏泽“牡丹之都”的地方特色，赋予了菏泽大剧院多种复合的功能，是菏泽作为“中国牡丹之都”的标志性建筑。总建筑面积2.35万平方米。大剧院以满足戏剧演出为主，兼有歌舞剧、电影、会议等功能。在造型上体现菏泽“花城水邑”的城市特色，在形式上吸收牡丹花瓣的自然特征元素并加以抽象，体现了菏泽牡丹“花城”的美誉，而辅助建筑呈同心圆布置，取意于荡漾的水波涟漪，呼应菏泽“水邑”特色。在开放空间及景观规划方面，区块总平面规划强调“一环双轴”。

“一环”是戏曲文化环，主入口牡丹广场位于大剧院的南侧，是主要的市民广场，可以安排大规模的市民集会活动；而且主入口广场结合辅助功能分成不同标高设置，强化了主入口广场的仪式感，也丰富了大尺度广场空间的层次感。文化环北端是戏曲文化小广场，布置有介绍菏泽多个戏曲种类的文化墙，市民可以在此举行小规模戏曲交流活动，得到深厚文化沉淀的熏陶：在大剧院举办大型文化盛会时，文化环上的节点空间可以更好地展开一系列的相关主题活动，办成文化的盛会，市民的盛会。

“双轴”是南北向的礼仪景观轴与东西向的文化景观轴。礼仪景观轴由南向北依次为市民广场、国旗台、牡丹广场、大剧院，强调了大剧院作为艺术殿堂的神圣感与庄重感；文化景观轴由东向西依次为文化大道、大剧院、文化综合楼，强调了菏泽戏曲文化的深厚积淀，也在区块的开放空间上将大剧院与东区的建筑群紧密相连。

菏泽大剧院内部根据其功能和空间分设为三层，其主要入口通过正面大台阶直接进入二层共享大厅，1460 座的大剧院观众厅居中，17 间化妆间，两边分别布置了 400 座小剧院观众厅、报告厅以及若干讨论室，通过自动扶梯和分设剧场东西两侧的电梯和三层的多功能厅、小会议室等紧密联系在一起，突出了大剧院的核心地位，又方便其他功能与大剧院结合使用。不仅能够满足戏曲、音乐、歌舞等文艺演出功能，还可举办大型会议和群众文艺活动。一层布置电影超市，游戏娱乐空间，音乐茶座等商业功能，单独设置出入口，形成一个单独商业运营区域。整个大剧院通过二层平台分割成文化功能和商业运营功能独立的上下两部分，使观演人流、商业人流、贵宾人流、演出办公人流完全分开。文化功能又结合商业功能聚集人气，使两大部分功能整合在一个总体剖面中，互相促进、相辅相成。

大剧院自 2009 年 8 月竣工投用以来，已承办大型文艺演出和各种会议等 500 余场次，2010 年荣获国家建筑工程质量最高奖“鲁班奖”，同时被评为山东十大“齐鲁文化新地标”之一。

菏泽大剧院是菏泽城市的剧院、菏泽市民的剧院。大剧院已完全融入菏泽城市市民的生活之中，在文化大市的创建中绽放着绚丽的光彩。

菏泽剧院 原位于菏泽城内（今道碑街北解放大街东），是工商联于 1951 年筹资在原山陕会馆戏楼基础上改建的，舞台口由朝北改为朝南，并易名“中华大剧院”。1955 年 8 月由国家拨款 3 万余元翻修改建。舞台改为面向西，观众厅和舞台全长 38.8 米、宽 18 米，建筑面积为 698.4 平方米，安装铁木椅座位 970 个。化妆室 5 间，长 18 米、宽 9.8 米，建筑面积 176.2 平方米。均为砖木结构。1955 年 12 月中旬开业，正式定名为“菏泽剧院”。

菏泽剧院不仅是本地区各剧团巡回演出和历届文艺会演的场所，而且还经常邀请外地的文艺团体及著名演员来院演出。曾先后来剧院演出的有冀鲁豫民支剧社，山东省京剧团、吕剧团、柳子剧团、歌舞团，河南省洛阳豫剧团、鹤壁市豫剧团等。来此演出的著名演员有陈素贞、马金凤、徐凤云、牛得草、高连荣、郎咸芬、刘玉朋等。这些外地文艺演出团体先后演出了《走麦城》《三拂袖》《穆桂英挂帅》《李二嫂改嫁》《墙头记》《七品芝麻官》等一批优秀传统剧目和反映新时代、新生活的现代剧目，大大丰富了菏泽人民群众的文化生活。

为了进一步丰富群众的文化生活，剧院于1973年购置了16毫米电影放映机，兼放电影。后改为35毫米提包机，并增加了放映场次。后因市政统一规划，菏泽剧院被拆除。

中华影剧院 位于菏泽市中华路北、牡丹路东，于1977年兴建，1981年7月1日开业，归属菏泽市文化局。

剧院系三层楼房建筑，一、二层为观众厅，三层为放映室，共设座位1538个（其中池座1000个、楼座538个）。主体建筑面积2648.5平方米；附属设施有两个出口的地下人防工事一处296平方米，配电室、发电机房共60平方米，职工宿舍288平方米。共计3292.5平方米，总投资99万元。

影剧院分票务、机务、门卫、场务四个服务组。中华影剧院是全市主要的演出场所之一。

菏泽市（今牡丹区）人民剧院 前身是工农剧院，位于菏泽城内西典当街路南向家园子（今东方红大街南，广福街西），由私人合股经营。

1954年冬剧院倒塌后，次年春交由工商联负责修建。改建后的剧院为礼堂式，砖木结构，红瓦覆顶，仍坐南朝北，大门由朝西改为朝北，总面积扩大到560平方米，可容纳观众1100人。当年底竣工营业，改名人民剧院，归菏泽县（今牡丹区）文化局领导。1959年春，观众厅扩大三间，并全部改装成铁架木棂座椅，共计1300个座位。

1971年春，剧院再次翻修扩建，改为坐西朝东，并同时建筑面对广福南街的东向大门，于1973年春竣工。剧院在砖木结构的基础上，增加了钢筋梁、石棉瓦、花纹石膏天花板、水泥地面。观众厅分楼上、楼下两层，面积1247平方米。全部安装铁架胶合板座椅，楼下有座位1055个，楼上有座位500个。舞台面积154平方米，后台化妆室120平方米。舞台后又建两层楼房，共51间，约480平方米，为演员宿舍。前厅为三层楼房，约254平方米。1974年开始兼放电影。

该剧院先后接待了包括东方歌舞团等在内的600余个艺术表演团体及著名吕剧表演艺术家郎咸芬、著名豫剧表演艺术家马金凤、著名越调表演艺术家申凤梅等。

东明县人民剧院 1958年在“民乐戏院”的旧址（今东明县城西大街路北）上兴建的，投资15万余元，建筑面积1210平方米。

舞台有前台4间、后台5间。楼下观众席为木质连椅，楼上观众席为水泥台阶，可容纳观众1800余人。1969年，县政府拨款3万余元，改观众席上的连椅为单人座椅，共设座位1304个。1977年，剧院扩建，总占地面积为4580平方米。

该剧院先后接待了300余个艺术表演团体及著名评书表演艺术家刘兰芳、著名豫剧表演艺术家马金凤、著名越调表演艺术家申凤梅等。

2004年，因市政统一规划，东明县人民剧院被拆除。

定陶剧院 位于定陶县城内中大街西段路北，其前身是城隍庙戏楼。1956年重建，1957年4月正式营业，定名人民剧院。

1964年3月，由县自筹资金45000元、地区拨款47000元进行翻修，同年底竣工。剧院主体工程面积1400平方米，另建化妆室5间、演员宿舍10间、职工宿舍20间、售票室1间，总建筑面积为4000平方米。剧院设座席1013个。于1965年元月1日营业，改名“定陶剧院”。后来又分别于1967年、1974年、1978年扩建了后台、门厅等。

定陶剧院先后接待了市、县级剧团200余个，演出了《春暖梨花》《相女婿》《百花亭》等一批现代剧目和优秀传统剧目。

定陶县人民剧院 于1987年4月开始兴建，总投资近400万元。1990年12月竣工，1991年4月正式营业，最初定名为“定陶影剧院”，后又更名为“定陶县人民剧院”。

剧院位于城内兴华路东段路北，位置得天独厚，是一处现代化剧院。其主体工程面积约4200平方米，其中大厅2588平方米。内设座席1210多个，舞台高19.88米，并安有自动升降设施，灯光齐全，设施完备。剧院配有化妆室2间，演员宿舍30间。

剧院自开始营业以来，先后接待100多个艺术表演团体在此演出，其中有著名豫剧表演艺术家马金凤、刘忠合以及河南电视台“梨园春”剧组等。剧院广场开阔，约2000平方米，已成为群众休闲娱乐的好去处，各类群众文艺表演活动常年不断。定陶县人民剧院现已成为定陶人民必不可少的文化活动场所。

曹县剧院　前身为曹县大礼堂，建于1953年5月，砖木结构，面积为1062平方米，观众座位600个。建成之初既是全县的中心剧院，又是县里召开各种大型会议的场所。

1966年进行改建，演出厅为1062平方米，系钢筋水泥结构，另建演员宿舍26间，职工宿舍20间，以及伙房、茶水房等，总建筑面积为4900平方米。1967年6月竣工，改名“曹县剧院”。曹县剧院多次被市、县评为文明剧院。

曹县剧院先后接待了300余个艺术表演团体及著名豫剧表演艺术家马金凤、崔兰田，著名越调表演艺术家申凤梅、著名歌唱家彭丽媛等。

2002年，因市、县政统一规划，曹县剧院被拆除。

曹县人民会堂　始建于2003年9月，2006年2月竣工并投入使用。会堂坐南朝北，位于曹县县委正南，人民广场南侧。

该会堂建筑面积5035平方米，主体建筑分前后两厅。前楼为五层，一楼为20多间门面房，二楼为大厅，可容纳900多人。舞台台口为16米，高8米。前厅四、五层为小会议厅两个，投资40多万元配备了灯光、音响，是全县唯一的大型文化娱乐场所。

会堂可承接大、中、小型会议和戏曲歌舞演出。自投入使用以来，人民会堂接待演出团体2个，举办晚会3次，丰富了当地群众的文化生活。

成武县红旗剧院　1949年，城内居民池德兴联合数人集资在北城区建起一座简易戏院，可容纳观众1000余人，用于接待专业文艺团体营业演出。1952年，成武县人民政府接管，进行整修，设座位600余个。

1960年，戏院迁至东南隅北部路东（今永顺路北段路东）的礼堂，定名“成武县人民剧院”，设木质连椅座位1200余个。1975年将原礼堂拆除，重建新剧院。1976 年 10 月 1 日竣工并投入使用，更名为“红旗剧院”。观众厅分楼上、楼下两层，单人木椅 1437 个。后台建有三层楼房，上两层是演员宿舍，底层是化妆室，另有美工房、售票房等。

红旗剧院既是全县的中心剧院，又是成武县召开各种大型会议的场所。曾先后来此演出的文艺团体有河南省豫剧一团、河南豫剧二团、洛阳市豫剧团、鹤壁市豫剧团等，著名演员马金凤、申凤梅、金不换、牛得草和著名歌唱家彭丽媛等都曾到此演出。

郓城县剧院　前身是位于唐塔路南的一座简易剧院，由唐店村唐建芝等人于 1949 年兴建。1951 年 8 月，在当地政府的资助下，以公私合营的方式，在原址西侧重新兴建。舞台坐北朝南，宽 10 米、深 8 米。观众席能容观众 500 余人。舞台后面建化妆室 5 间，进出场大门由剧院北面改在西面。于 1952 年初建成开业。

1955 年，由县政府拨款，对剧院进行了翻修。剧院墙壁改为砖坯，观众厅顶棚盖上了小瓦，舞台扩大并进行加高。甲座席换上连椅，设备得到改善。剧院由公私合营改为国营。1958 年初，进行第三次翻修，舞台改为坐南朝北，宽 8 米、深 12 米，整个建筑系砖木结构。观众厅能容纳 960 人，座位大部分换上连椅。并新建了一排职工宿舍。剧院设备进一步得到改善。

郓城影剧院　位于郓城县城东门大街路西，于 1979 年底动工兴建，1982 年竣工，总投资 100 万元。整个工程为钢筋水泥结构，占地面积 3000 平方米。

该影剧院观众厅分两层，楼下座位 942 个，楼上座位 541 个。观众厅两侧是观众休息厅，并设有办公室、宣传室、配电室等辅助房间。前厅美观大方，地面、立柱均用大理石装饰。前厅三楼为电影放映室。1982 年 5 月 1 日正式营业。1984 年秋，又在舞台后面建三层楼房一座，上两层为演员宿舍，底层为化妆室。1985 年 7 月，又在影剧院前广场右侧建“影剧院餐厅”一座。全剧院分机务、服务、业务、招待四个组。郓城影剧院多次被评为县级文明单位。

影剧院先后接待了 300 余个艺术表演团体及著名豫剧表演艺术家马金凤、著名越调表演艺术家申凤梅、著名豫剧演员章兰、著名歌唱家彭丽媛等，丰富了当地人民群众的文化生活，促进了精神文明建设。

单县人民剧院　原名为湖西剧院，属湖西专署文教科领导。1953 年湖西专署撤销后，剧院交由单县文教科管理，并于 1955 年易名单县人民剧院。

该剧院位于县城西门外路北桥头西侧。1949 年春，湖西专区为丰富当地群众文化生活，在一片废墟上用旧砖、木、箔席搭起了个简易剧院。剧院占地面积 800 平方米，其中观众棚占地 300 平方米。砖砌铺板舞台，舞台上搭泥灰棚。就近利用一所旧房为化妆室。棚内设有简易木板座 600 余个。另有演员宿舍 12 间，办公室两间。1955 年，剧院改建成砖木结构的厅堂式建筑，东西长 40 米、南北宽 20 米。观众厅内设木连椅座位 1000 个。演员宿舍增加到 15 间，后又建了大门和 3 间办公室。1964 年再次进行翻修，加高了剧院墙壁，新建了化妆室。到 1985 年，演员宿舍已增建至 38 间，工作人员发展到 17 人。

1990 年，因城区统一规划，剧院被拆除。

巨野县人民剧院　1950 年，在巨野县城内古城街路北建成一座简易剧院，舞台坐北朝南，土木结构，带瓦顶棚。1959 年 5 月 1 日开工重建，10 月 1 日投入使用，并正式命名为“人民剧院”。新建的剧院，舞台坐西朝东，主体建筑为砖木结构，观众席为木质连椅，1982 年改装成铁架自动椅，共有座位 1030 个。

该剧院不仅是全县各剧团演出的场所，而且还经常邀请外地的文艺团体及著名演员来院演出。曾先后来剧院演出的有河南省洛阳市豫剧团、鹤壁市豫剧团，广东省歌舞团，南京市歌舞团，深圳市歌舞团，华东歌舞团等。著名戏曲表演艺术家马金凤、常香玉、崔兰田、阎立品、虎美玲、申凤梅等给全县人民带来了《穆桂英挂帅》《花木兰》《风流才子》等一批优秀传统剧目和反映新时代、新生活的现代剧目，大大丰富了巨野县人民群众的文化生活。

2004 年，因城区统一规划，巨野县人民剧院被拆除。

鄄城剧院　最初是位于鄄城县城内南街路西（今邮电大楼处），由王克从等人于 1950 年集资建设的一座简易剧院，剧院占地 2 亩，观众席可容纳观众 600 余人。另有演员宿舍 7 间，票房一间。

1956 年，剧院迁至南门外路西，占地 10 亩，由公私合营转为国营，并正式定名“鄄城剧院”。至 1961 年，剧院进行了整修，观众厅搭上了席棚，并安上了连椅座位，可容纳观众 1000 余人。

1976 年初，投资 56 万元，在原址兴建新剧院，建筑面积 2400 平方米。观众厅分楼上、楼下两层，共有 1630 个座位，全部安装单人座椅，并配有专用灯光、布景等。1977 年 10 月 3 日正式开业。1984 年，剧院又配备了一部投影电视，兼营投影电视业务。

梨园小剧场　2002 年 12 月由菏泽市戏剧院创建菏泽梨园小剧场。它坐落在曹州书画院内，剧场面积约 400 平方米，设有中央空调，竹藤雅座，四周宫灯垂挂，环境幽雅，在这里品茶听戏如入仙境。

舞台皆以古典风格，台口两旁有两个大红色的龙柱，上檐则是透光的木格装饰，宽 4 米、深 3 米、高 25 米。

剧场每晚演出，演员虽只有 10 人左右，但大多为菏泽戏曲名家，少数从河南聘用而来。乐队也仅 5 — 6 人，人员虽少，但唱念做打，无所不精，名家名段、经典折子戏，不绝于耳。观众多为新老戏迷，收入以点唱为主，小剧场在菏泽影响较大，经常有外来客人前往。剧场每晚收入多在 3000 元左右。2004 年由于书画院重建，剧场停办。

诸如此类的戏曲小剧场（亦称戏曲茶座）在菏泽的和平大酒店、花都大酒店、中银大楼、市老年活动中心小剧场等宾馆酒店悄然兴起，成为戏迷观众听戏、唱戏的好去处。

锦绣梨园　菏泽电视台《锦绣梨园》戏曲栏目，是广大戏曲爱好者展示自身才艺的平台，也是城乡电视观众欣赏地方戏曲的窗口。国家一级编剧、市剧协副主席马家振和国家二级作曲祝贵起为其艺术指导，参与策划、选手筛选和戏曲名家、折子戏演员的聘请。

据不完全统计，自 2003 年 1 月 1 日栏目开办至今，前来报名参赛者有 6500 余人，经过初赛和筛选，登台参赛者 780 余人，涉及山东、河南、河北、安徽、江苏 5 省 20 余个城市。报名和参赛选手有工人、农民、干部、职工、教师、学生、个体户等各行业的戏迷，上至70余岁的古稀老人，下有不满8岁的孩童。现已决出期擂主120余人，年度总擂主4人，分别是韩秋惠、邢淑伟、刘春华、韩岩。

通过电视观看戏曲节目和其他文艺节目，已成为中国老百姓家庭娱乐生活中不可缺少的组成部分，电视扩大了戏曲观众面，满足了更多人的欣赏需求。《锦绣梨园》通过电视屏幕走进千家万户，深受戏迷欢迎。自2003年至2017年以来，已播出120余期，收视率一直名列前茅。广大戏迷十分关注《锦绣梨园》，几年来，收到观众的电话、信件、贺词、书画、对联不计其数。

为创建品牌栏目，满足广大戏迷的要求，《锦绣梨园》不断改版，不断推陈出新。《锦绣梨园》栏目之所以受到广大观众的青睐，一是剧种丰富多彩，山东梆子、豫剧、大平调、四平调、两夹弦、枣梆、柳子戏、吕剧、京剧、曲剧、越调、黄梅戏等十多个剧种登上《锦绣梨园》舞台。二是戏剧名家众多，先后来《锦绣梨园》演唱过的表演艺术家近百人次，如马兰、金不换、王清芬、贾廷聚、朱巧云、任宏恩、范静、刘兰芳、刘忠河、王宽、杨国民、兰力等，菏泽地方戏名家王凤云、李京华、何西良、张秀桂等也先后演唱了名段。曾夺得河南电视台《梨园春》戏曲擂主争霸赛金奖擂主的孙鸿雁（鄄城籍）也曾在此献艺。三是《锦绣梨园》参与性、互动性强，每一位普通的观众都可以为自己喜爱的选手打分、发短信支持，戏迷、票友可以登台演唱。不少人痴迷戏曲，《锦绣梨园》是他们的理想舞台，在电视上展示自己的才艺，是他们多年的愿望。四是百姓喜闻乐见，节目常看常新。融入戏歌、戏曲舞蹈和新创作节目，吸引了众多青年人。该栏目聘请的德高望重的戏剧专家担当评委，并不断轮换，如马家振、朱桂芹、祝贵起、霍德同、刘玉真、张新让、何西良等。

《锦绣梨园》作为一种新的演出形式，自开办以来，走进《锦绣梨园》拍摄现场的观众达6万余人次。《锦绣梨园》通过电视传播手段，展示了戏曲艺术的独特魅力，让更多的群众有机会欣赏到高水平的戏曲表演，领略了中华民族优秀文化的风采和神韵，同时培养了一大批参赛选手。

第二节　戏曲摇篮

一、人才培养的园地

菏泽地区戏曲学校　1958年8月，菏泽专区在现代戏会演的基础上，抽调各团部分青年演职员，成立菏泽专区戏曲学校。同年11月15日，根据山东省人民委员会通知精神，将菏泽专区戏曲学校改名为山东省菏泽戏曲学校，成为山东省文化局主办的五年制中等专业学校。

该校设有山东梆子、柳子和两夹弦等三个学科，另设枣梆、大弦子两个进修班和一个编导班，共6个年级6个班，从全省招生。在校学生最多时达500余人，教职员工60余人，两任校长为叶正杰、范圣喜。山东梆子教研组主要教师有薛子玉、张朝云、王锡堂、刘云亭等。柳子教研组主要教师有苗悦芹、李广连、侯敬福、陈盛顺等。两夹弦教研组主要教师有王文德、赵桂枝等。身段训练教研组由马志刚、侯玉堂等组成。各教研组在教学和管理方面均做出一定成绩。柳子科苗悦芹和音乐教师庞礼合作，挖掘几百支柳子戏曲牌，并整理成册，现存菏泽市艺术馆。

戏曲学校在1961年秋停办，但培养出来的一大批戏曲艺术人才，遍及菏泽各艺术单位，为戏曲事业的继承和发展起到了骨干作用。党的十一届三中全会以后，经行政公署批准，菏泽地区文化局于1981年8月底又创办菏泽地区戏曲训练班，设豫剧、枣梆2个学科。

菏泽艺术学校　1985年4月经山东省政府批准正式成立的一座中等专业学校，由菏泽地区行署领导。

该学校位于菏泽市城南8公里万福河大桥东北侧，占地28.6亩。先由原地区文化局艺术科科长李惠兼任校长，后历任主要校领导有胡贵云、牛玉新、孔繁民、王宪涛、徐克让等。1985年9月开始招生，招收山东梆子专业学生50名（表演40名，音乐伴奏10名），学制为5年。学生年龄最小的11岁，最大的17岁，专业和文化课教师来自各专业剧团中有一定艺术水平和教学能力的演员和大专毕业生。戏曲专业学生的招收，暂时弥补了地、县剧团演员的不足。学校本着“以戏带功，快出人才，出好人才”的原则，制定了一系列切实可行的戏曲教学方案。1988 年 7 月在全省中专艺术学校戏曲会演中，菏泽艺术学校参赛 8 个节目，获 9 个奖项，其中一等奖项占全省首位，一时声震省城。著名豫剧表演艺术家马金凤作为学校名誉校长多次到艺校指导教学，当地看到戏曲班的学生迅速成才时感慨万千，对菏泽戏曲事业的发展感到欣慰。

1988 年学校增设了音乐、舞蹈专业。1993 年增设美术专业。1997 年增设文物保护与管理专业。至 2000 年，菏泽艺术学校已发展为专业设置门类齐全、师资力量雄厚、教学条件先进的综合性中等艺术学校。其占地面积增至 50 余亩，建筑面积 3 万平方米，教职员工达 60 余人，建设配备有练功厅、琴房、画室、微机室、电化教室、图书室及学生公寓。建校以来，培养出的戏曲、音乐、美术、舞蹈等专业人才 3000 余名，先后充实到各类文艺表演团体。

学校把戏曲专业作为办学的特色专业，以“发展地方戏曲，培养后继人才”为目标，前期招收山东梆子、枣梆、两夹弦、豫剧专业学生 300 名，教学剧目达 200 多出，其中有山东梆子《老羊山》《香罗帕》，枣梆《打神告庙》《小宴》《杀宫》，两夹弦《三拉房》，柳子戏《杨门女将》《孙安动本》，豫剧《秦雪梅吊孝》《能干闹房》《徐策跑城》等一大批优秀的传统剧目。学校组织学生成立菏泽地区青年实验剧团，学习后期边学习边演出，课堂教学与演出实践紧密结合，学生在舞台实践中如鱼得水，表演技艺得到快速提高。毕业后，这部分学生大都充实到菏泽市、县区专业剧团。如今菏泽市戏剧院枣梆剧团、山东梆子剧团、定陶县两夹弦剧团等以及部分民间戏曲职业团体的骨干，大多来自菏泽艺术学校。1999 年，学校为成武县四平调剧团、郓城县山东梆子剧团、山东省柳子剧团培养学生 100 多名，为成武县四平调剧团的重新恢复奠定了人才基础，使山东省柳子剧团演员青黄不接的局面大为改观。2006 年，为菏泽市戏剧院枣梆剧团、山东梆子剧团招收学员 60 名，四年毕业后，择优录用，充实到菏泽市戏剧院两剧团。

学校在办好中专教学的同时，继续扩大办学格局，实行“上挂、下联、外辐射”的办学方式，积极与一些大专院校联合办学，发展高等职业教育，旨在为社会培养更多更好的艺术人才。

菏泽地区戏训班　于 1981 年 9 月创办，开办之初曾附设在曹县梁堤头农业中学。1983 年迁至菏泽市（今牡丹区）城南。

戏训班分别从地区豫剧团、枣梆剧团抽调了 11 名有教学经验的演员担任教师，由马继军、隋书芳、刘兴良先后担任戏训班负责人。

戏训班旨在为专业剧团培养人才，为城乡群众业余文化生活培养骨干。第一期招收学员 80 名（男 46 名，女 34 名），开设豫剧、枣梆两个学科，学制定为 3 年。学习费用采取自费公助办法，并实行奖学金制度。学习内容以戏剧专业课为主，并设有少量文化课和政治课。培训期间，学员们排演了豫剧《包公赔情》《刘海砍樵》《大祭桩》《南阳关》《打金枝》《断桥》《盗草》《芦林坡》《狮子楼》《打焦赞》《三哭殿》《卷席筒续集》《蝶恋花》和枣梆《杀宫》《藏舟》《天波楼》《珍珠塔》等剧目。1984 年参加了山东省首届戏曲教学剧目汇报演出大会，演出枣梆《杀宫》、豫剧《断桥》的曲春风、仪桂凤获蓓蕾一等奖，张梦龙获二等奖，魏存、刘娟娟获蓓蕾二等奖，《杀宫》获优秀演出奖。1984 年底该届学员结业后，大多分配到各专业戏曲团体。

1985 年 5 月，举办了第二届培训班，招收有豫剧基础的学员 50 人，学期 6 个月，学费自理，结业后除被专业剧团选用一部分外，其余成为农村戏剧活动骨干。

曹县梁堤头农中戏训班　1977 年，曹县梁堤头农业中学在校内文艺宣传队的基础上，开设了豫剧专业，从本校学生及农村中招收了学员 52 名，学制 2 年，学费自理，由张世海负责教学工作。

1979 年初，又招收新学员两个班（豫剧、四平调各一个班），共 78 人，聘请外地文艺团体的著名演员来校讲课和指导。结业后，有 62 名学员分别被输送到 27 个专业文艺团体，其中有不少学员成为所在文艺团体的主要演员和业务骨干。

曹县戏训班　1978 年 6 月，曹县文教局举办了一期为时 13 个月的豫剧培训班，共招收学员45人，由王桂兰、郭金凤、张占稳、范继云、常保言、郑金保任教师。戏训班采取学习与演出相结合的方法，排演了《铡美案》《花木兰》《朝阳沟》《断桥》《墙头记》《风雪配》《打渔杀家》等剧目。结业后，学员除个别回乡外，绝大部分被充实到各专业剧团。其中30人与王东红、张景法、王美玲、丁玉修等11名原有的专业演员组成了曹县豫剧二团。

郓城县戏曲学校 属训练班性质，分别于1957年7月、1950年秋和1980年11月招收了3期学员。

1957年7月开始招收第一期学员，校址设在当时的县委党校，共招收学员100余名，分山东梆子、枣梆、柳子戏、评剧等4个科。其中，山东梆子科学员30余名，由王仪凤、郭亲凤、樊德举、张田贵执教；枣梆科20余名，由李世举、杨正祥、梁乃稳执教；柳子戏科20余名，由王福润、侯敬福、郑兰亭执教；评剧科20余名，由霍善华、孙淑君、李保善执教。各科学员分别排演了《西厢记》《穆桂英挂帅》《五凤岭》《茶瓶计》《蝴蝶杯》《日月图》《白兔记》《抱妆盒》等剧目。学习一年结业后，学员分别充实到该县4个专业剧团。

1958年秋招收第二期学员，校址设在县城西门里一处租赁的民房中，共招柳子戏学员30余名。由黄玉才、刘进堂为负责人，侯敬福、苗悦勤、王福润任教，培养了一批柳子戏艺术人才。如孔祥启（黑脸）、汤秋金（丑）、张玉芝（小生）等，大多成为山东省柳子剧团的业务骨干。

1980年11月，由县文教局自筹资金第三次开班培训，校址设在城南义和里村，县文化馆馆长李庆友任校长。招收学员80名，分山东梆子和枣梆两个科。其中，山东梆子科学员47名，由李心刚、李明珍、毕德玉、郭清风任教；枣梆科学员33名，由樊作诗、谢殿杰、张仰忍、许玉兰执教。两科学员分别排演了《反西唐》《黑遇路》《徐龙铡子》《天波楼》《狸猫换太子》等剧目。1981年结业，枣梆科学员组建成立了赵楼乡半农半艺性质的剧团，梆子科学员组建了郓城县山东梆子剧团演出队。

鄄城县豫剧培训班 1984年3月，由鄄城县文化局筹资举办了豫剧培训班，在县内招收学员50名（其中演员班38人，音乐班12人），从县豫剧团抽调8名演职员任教，首先进行基本功训练，半年后开始排戏。先后排演的剧目有《少国公》《狸猫换太子》《穆桂英挂帅》《反西唐》《秦香莲》《费姐》等，并采取边学习边演出的方法，在全县巡回演出。培训班于一年后结业，部分学员被充实到县豫剧团，其余返回原籍，成为群众业余文化活动的骨干。

成武县戏训班 成武县曾先后举办两期戏剧培训班。第一期开办于1977年10月，在成武、菏泽（今牡丹区）招收学员45名。学员生活、学习费自理。黄开钦为负责人，张兆轩、邵秉玉、王金玉、刘月亭任教员。1978年元月结业。有20名学员留县剧团工作，其余返回原籍。第二期于1985年4月开办，招收学员40名，学期9个月。刘祖朋为负责人，刘红心、王学忠任教员。当年12月底结业后，有10名学员被县剧团吸收。

单县戏训班 于1984年2月开班，共招收学员49人，其中表演班36人，音乐班13人。程渊臣（原县文化局副局长）为负责人，孙秀芹、郭金凤、李天雨、刘海亚、李香云、杜月如等任教师。

基本功训练以后，转入以戏带功阶段，排演了《断桥》《打路》《卖水》《闯宫》《杀庙》《盘夫》等折子戏。在实习演出期间，又排演了《大祭桩》《绣花女传奇》《秦香莲》《樊梨花》《秦香莲后传》等5台剧目。培训班结业后，有30名学员加入了县豫剧团，3人考入菏泽艺术学校，其余被外地剧团选用。

巨野县戏训班 戏训班于1983年3月创办，由县文化局副局长张守忠任负责人，陈海良、张占申任教，共招收学员64人，学习山东梆子专业。学员首先进行基本功训练，而后排演了《三闹护国寺》《断婚记》等6台剧目，次年又排演了《凤冠梦》《呼杨合兵》等剧目，并在全县农村巡回演出。

戏训班于1984年底结业，有30名学员加入了县山东梆子剧团和杂技团，少数学员被梁山、金乡县剧团选用。

东明县豫剧戏训班 于1982年6月创办，共招收学员144名。县文化局艺术股股长胡建高任领导小组组长，马凌云任副组长，朱留福、陈程忠、高济堂为成员。教师由陈克堂、程洪宪、李春光、张桂英、李道臣、马永杰等担任。教职员工资由县财政拨款，学员费用自理。

教学先从基本功训练抓起，3个月后开始排练折子戏。后经几次人员裁减，到1983年只剩学员47人，全部转为县豫剧团学员，随团演出，戏训班随之结业。

定陶县戏训班 1981年举办的定陶县戏训班分两夹弦和豫剧两个学科。两夹弦科于春季举办，招收学员70人，由侯玉连、牛辉忠、姚淑臣、李景华、韩艳萍任教师。1981年底从学员中挑选40人组成演出队，挑选20人充实到县两夹弦剧团，其余返回原籍。

豫剧科于年底举办，招收学员140人，半年后大部分学员被淘汰，合格的50人于1982年组成学员演出队，在全县巡回演出。在这次培训班中担任教师的有姚平贵、王子玉、牛福厚等。

菏泽县戏训班 中华人民共和国成立以来，菏泽县（今牡丹区）共举办4期培训班，共培训学员156名。

第一期举办于1957年至1958年，共招收学员35人，学习豫剧专业，由徐方勤、徐艳勤、张洪军、马玉州任教员。结业后，大部分学员留县豫剧团。

第二期举办于1970年11月至1972年，共招学员21人，学习豫剧专业。由段建志负责，袁福金、胡志荣、周文玉任教员。培训班设在县豫剧团家属院。结业后，21名学员全部留县豫剧团。

第三期举办于1976年，共招收学员50名，学习豫剧专业。由董正谟负责，袁福金、张元福、韩保红、刘正红、祝贵起任教员。培训班结业时仅剩18人，全部转入县豫剧团。

第四期举办于1980年9月至1984年，共招收学员50人，学习大平调专业。培训班由邱志奇、丁宗乾、乔玉山、王传卿负责，袁福金、曹德仁、李凤田、丁蕙茹、汪贯中、刘瑞祥、任玉芝、崔相珍任教员，结业后，由学员组成菏泽县大平调二团。

菏泽地区枣梆剧团戏训班 菏泽地区枣梆剧团戏训班成立于1996年。为培养枣梆后继人才，招收学员70余人，聘请教师10余名。由魏清风负责，自筹资金，集资办学。

两年多的严格训练，学员戏曲表演水平得到大幅度的提高。在老师带领下，边练功，边排练，以戏带功，以功出戏，培训班先后排练出传统剧目《蝴蝶杯》《珍珠塔》《徐龙铡子》等十余部优秀剧目。在菏泽各县区及河南等地演出，颇受观众喜爱，并经常参加菏泽市电视台戏曲栏目活动，多次在全区播放，扩大了枣梆的知名度。

现在有一大批青年演（奏）员充实剧团工作，张东兰、魏丽娜、郝美娇、李兆海、商敬杰等，分别在《五世请缨》《杀宫》《盗仙草》《徐龙铡子》等多个演出剧目中担任主要角色，成为剧团的骨干，并在全市戏曲会演及戏曲大赛中多次获奖，受到了领导和专家的高度赞扬。

二、戏曲研究的基地

菏泽地方戏曲院　菏泽地方戏曲院于1960年6月成立。王诚斋任院长，黄晓民任副院长，叶正杰任党支部书记。下属艺术团体有菏泽专区枣梆剧团、两夹弦剧团、大弦子戏剧团、豫剧团、杂技团及菏泽县大平调剧团、郓城县山东梆子剧团（县剧团实行双重领导）。

从建院开始，先后加工整理了枣梆剧目《徐龙铡子》《求妻闹店》《刺目》《杀路》《五梅驹》，大平调剧目《百花亭》，大弦子剧目《金麒麟》，山东梆子剧目《闯幽州》等。在1960—1961年，还先后举办了编剧、表演、化妆训练班和创作讲习班。地方戏曲院于1961年10月撤销。

菏泽市地方戏曲传承研究院　菏泽市地方戏曲传承研究院2012年7月成立，隶属于菏泽市文化和旅游局，是山东梆子、枣梆和大弦子戏三个国家级非遗剧种的项目保护单位，肩负着山东梆子、枣梆和大弦子戏的抢救、整理、研究和传承展演工作。

为推动菏泽地方戏曲事业的繁荣和发展，做大做强“戏曲之乡”品牌，在市委、市政府的坚强领导与关心支持下，菏泽市地方戏曲传承研究院大力实施地方戏振兴工程，不断创新人才培养模式和濒危剧种保护传承模式，抢救、挖掘和恢复了一大批传统剧目，首创的“依团代传”抢救濒危剧种模式获得山东省政府首届文化创新奖。在新剧目创作方面，始终坚持以人民为中心的创作导向，全力打造艺术精品，先后创作演出了山东梆子《山东汉子》《忠诚》《大唐巾帼》《古城女人》《南国之春》，枣梆《龙门谣》《包公卖官》《枣树情》《草根大师》，大弦子戏《两架山》《金麒麟》等10余部大型剧目，多次获得省级、国家级奖励并进京赴省演出。其中《山东汉子》获第十一届“文华新剧目奖”和国家艺术精品工程提名奖；《古城女人》获第十四届“文华优秀剧目奖”，菏泽市地方戏曲传承研究院也成为全省唯一一个两次获得国家专业艺术最高奖“文华奖”的地市级戏曲院团；《两架山》入选参加由香港特区政府主办的“2016香港中国戏曲节”，受到特区政府和香港观众的高度评价，开创了菏泽大型戏曲剧目赴港演出的先河。在加强艺术创作同时，市地方戏曲传承研究院积极响应政府号召，大力实施“送戏下乡”等文化惠民工程，每团每年在基层演出300余场，极大地丰富了基层群众的精神文化生活，多次被评为“全省文化系统先进集体”“全省送演出下基层先进集体”。

菏泽市艺术研究所　菏泽市艺术研究所的前身是冀鲁豫二专区于1944年1月成立的戏曲研究组，1953年成立了菏泽专区剧目工作组，1981年正式命名菏泽地区戏曲研究室，先后由武斌、周中和、王宪涛等负责。1993年更名为菏泽地区艺术研究所，2000年菏泽撤地设市后，更名为菏泽市艺术研究所，是全市唯一的艺术创作和艺术科学研究机构。先后由张玉萍、苏本栋、吴良训、陈瑾任正副主任。

艺术研究所隶属菏泽市文化局，编制10人，其中高级职称5人，中级职称2人，现有国家一级编剧、导演、作曲 、舞美等优秀艺术人才。主要负责全市戏剧、影视文学、曲艺、音乐、舞蹈等各类艺术的创作和艺术科学研究，培养和辅导艺术创作人才，组织国家及省市戏剧汇演和其他文艺活动。

艺术研究所以振兴和繁荣全市戏曲艺术为己任，坚持文艺“二为”方向和“双百”方针，弘扬主旋律，提倡多样化，团结和组织全市众多优秀的剧作家，先后组织并参与创作新剧目80多个，多次在全国、华东及山东省戏曲会演中获奖。《法魂》《龙门渡口》《走出大山》《选村官》《洞房花烛夜》《生儿容易养子难》《山东汉子》等先后获山东省“五个一”精品工程奖，

1997 年中国豫剧节大奖，全国“天下第一团”优秀剧目奖，第七届中国艺术节文华新剧目奖。同时，挖掘、整理了《黄牛分家》《两架山》《卖苗郎》《裴秀英告状》等大批地方剧种的传统剧目，结集出版了《曹州地方戏唱腔集锦》《曹州地方戏获奖剧本选》（上、下两辑）和《曹州地方戏名家名段》录音磁带等。另外，通过组织剧本座谈会、加工会、作者读书会等多种形式，培养壮大了全市剧作者队伍，创作了大量优秀剧本，多次获全国、省级大奖。2006 年 4 月，组织专家、业务人员对菏泽非物质文化遗产（主要是地方戏曲、曲艺）进行了普查、挖掘、整理工作。山东梆子、枣梆、大弦子对等六个剧种，山东琴书、山东落子、山东花鼓、莺歌柳书等四个曲种入选山东省第一批非物质文化遗产名录。

多年来，艺术研究所在戏剧评论、艺术科研、创作体会、剧目生产、演员评价和戏剧知识的普及等方面，也取得可喜成绩，多项艺术科研成果、科研课题获省以上奖励。同时组织、承办大型艺术演出活动，如菏泽市历届戏曲节、全市新剧目调演、中青年演员大赛及每年的节日庆典演出等，极大地丰富了群众文化生活。

另外，艺术研究所还置办了地方戏曲视听室，收藏了菏泽市丰富多彩的地方戏曲音像资料，堪称地方戏曲的小型博物馆。

菏泽市戏剧院 2001 年 10 月，菏泽市地方戏剧院正式建立，苏本栋任代院长。将市豫剧团、市枣梆剧团纳入戏剧院管理。2005 年 11 月，苏本栋任院长。不久，又健全了中层领导班子，设办公室、业务部、市场开发部等机构。2005 年 5 月，菏泽市地方戏剧院更名为“菏泽市戏剧院”。

戏剧院成立之初，市地方戏剧院豫剧团、枣梆剧团分别与菏泽市公路局、菏泽发电厂联姻，为剧团改革、剧目生产奠定了物质基础。戏剧院成立不久，便对剧团内部管理体制进行了改革，建立了灵活的干部选拔任用机制，演职员竞聘机制，多劳多得、优劳优得的分配机制和演职员退出机制。两剧团择优聘用 112 人，其中在编人员 56 人，原剧团临时工及学员 39 人，外聘优秀演员 17 人。

改革后的市地方戏剧院两剧团行当齐全，实现了人才资源的优化组合，从而恢复了生机与活力，创新能力不断增强。整理、改编、移植了《珍珠塔》《素兰告状》《状元泪》《杜十娘》《千古一女》等部分剧目。创作演出了现代戏《山东汉子》《忠诚》等。其中根据单县三轮车夫盂昭良辗转三千里送残女的动人事迹创作的山东梆子现代戏《山东汉子》，2003年7月公演，8月进京汇报演出，受到中央领导及首都各界专家的一致好评，获第十一届中国人口文化奖戏曲金奖和最佳编剧、导演等6个单项奖。2004年9月，该剧参加第七届中国艺术节，获文华新剧目奖及文华剧作奖、文华导演奖、文华音乐创作奖、文华表演奖等5个奖项。接着又参加第八届山东文化艺术节，获艺术节大奖和编剧、导演等8个单项一等奖，以及音乐伴奏奖；10月，该剧被文化部选为进京参加庆祝中华人民共和国成立55周年献礼剧目。2005年元月19日晚，中央电视台11频道全程播放该剧。2005年、2006年，《山东汉子》连续入选2005—2006年度和2006—2007年度国家舞台艺术精品工程初选剧目。山东省文化厅，中共菏泽市委、菏泽市政府先后对菏泽市戏剧院、《山东汉子》剧组及有关人员记功表彰。

此外，市戏剧院积极组织参加菏泽国际牡丹花会、菏泽市春节晚会等各种文艺演出活动，举办菏泽市第二届戏曲节、菏泽市戏曲名家演唱会、菏泽市首届中青年戏曲演员大赛及十大名演评选活动，兴办梨园小剧场，极大地丰富了菏泽市群众的文化生活。

菏泽市戏剧家协会　成立于1991年10月，主席朱桂芹，副主席葛振民、王宪涛、董成和、郭盛高，秘书长葛振民。菏泽市戏剧家协会成立以来，积极组织戏剧家深入生活，鼓励会员解放思想，勇于实践，大胆创新。对优秀的创作和艺术成果，给予表彰和鼓励。1991年，市剧协征集新创作戏曲作品，经过筛选，马家振创作的现代戏《张三李四》参加山东省剧协第四届舞台剧本评奖，获剧本创作奖。马家振、赵巨声创作的话剧小品《夕阳会》，在山东省文艺演唱作品评奖中获奖。1995年，向山东省剧协报送马家振、田恩众创作的现代戏《法魂》，在省剧协舞台剧本评奖中获编剧奖。菏泽市戏剧家协会为发展壮大戏剧队伍，发现培养艺术人才，开展群众业余戏剧活动，促进戏剧艺术繁荣做出了贡献。

1998 年 12 月，菏泽市戏剧家协会召开第二次会员代表大会，选举产生了新一届理事会和主席团。第二届菏泽市戏剧家协会主席朱桂芹，副主席马家振、王宪涛、刘翠芳、彭步达、霍德同、陈雪云，秘书长陈雪云。新一届理事会和主席团为菏泽市的戏剧繁荣做出了重要贡献，创作出以《山东汉子》《警魂》《洞房花烛夜》《选村官》《天职》为代表的力作。这些作品从不同侧面反映了时代精神、时代潮流和时代典范。同时，涌现出一大批戏曲表演人才。2003 年，该协会与中国戏曲表演协会、齐鲁音乐学校联合举办“国花杯”全国中青年戏曲表演大赛，菏泽市多位演员获得金、银、铜奖。在第八届中国少儿戏曲小梅花大赛中，市剧协选送的两名小选手荣获“小金花”奖。2001 年，杨洁创作的《一壶见证酒》，参加山东省剧协举办的小戏小品大赛，荣获编剧一等奖。菏泽市戏剧家协会积极发展会员，现有会员 136 名，其中国家级会员 25 名，省级会员 85 人。

2004 年 12 月，菏泽市戏剧家协会召开了第三次会员代表大会，选举了主席朱桂芹、副主席马家振、王宪涛、苏本栋、刘振义、刘德举、张梦龙、刘翠芳、何西良、宋秀敏、曹华、陈雪云为新一届理事会和主席团。新一届协会充分利用戏剧家这个平台，尽心尽力，同心同德，不断探索新路子，让戏剧家协会充满活力，有所作为。2005 年，市剧协参与承办了菏泽市首届中青年戏曲演员大赛暨十大名演评选活动、戏曲名家演唱会等活动，进一步推动了全市戏剧事业的繁荣。

2020 年 6 月 12 日，召开了第四次会员代表大会，大会选举产生了菏泽戏剧家协会第四届主席团。主席：何西良，副主席：宋秀敏、李梦华、杨翠娟、杨文喜、侯彦丽、赵建栋，秘书长：宋德靖。新一届戏剧家协会，发现培养人才，积极开展文艺演出活动，勇于实践，大胆创新，为促进戏曲艺术繁荣做了大量扎扎实实的工作。

牡丹区艺术研究所　成立于 1996 年，其前身为牡丹区文化局创作室。艺术研究所编制 5 人，原任所长马家振，现任所长何西良。

艺术研究所的主要职责是艺术理论工作研究、戏剧创作和文艺写作辅导。自 1997 年以来，在省级以上报刊发表《民间戏曲的魅力》《古树新花大平调》《艺海无涯》等理论文章和文艺随笔 10 余篇。1999 年，举办全市“国庆征文”活动，收到小戏、小品、诗歌、散文等各种题材的作品 30000 余件，评出优秀作品 26 件，大大鼓励了业余作者的创作积极性。几年来，辅导业余戏剧作者 10 余人次，作品 30 余件。《三轮车夫》《征婚启示录》《奇遇》《酒为媒》等小品参加市、区行业性文艺会演并获奖。

牡丹区艺术研究所成立以来，创作了儿童戏曲《金星星・银月亮》，由牡丹区大平调剧团排演，参加菏泽地区戏曲调演，获优秀剧目奖、优秀编剧奖、音乐设计奖和表演奖。1995 年马家振与田恩众合作编写的戏曲电视剧《安家老宅》，由济南电视台拍摄，中央和省、市电视台播出，并在山东省电视剧评奖中获奖，剧本由中国戏剧出版社出版。后又创作的大型现代戏曲《启明星》，1996 年郓城县山东梆子剧团排演，在菏泽地区戏曲会演中获剧本创作等多项奖励。1996 年创作的现代戏《王二王三》，在菏泽市戏曲会演中获编剧奖。1997 年创作的古装戏《洞房花烛夜》，菏泽市豫剧团首演，参加菏泽市戏剧会演，获编剧一等奖；参加第六届山东文化艺术节，获编剧奖等多项奖励。同年，参加中国豫剧节演出，获剧目、编剧、表演等多项大奖。剧本在 1999 年《戏剧丛刊》发表。1999 年创作的现代戏《选村官》，郓城县山东梆子剧团首演，2001 年参加菏泽市首届戏曲节，获剧目、编剧等多项奖。2001 年获第五届山东省“五个一”精品工程奖。2002 年创作的新编历史剧《包公卖官》，菏泽市枣梆剧团首演，2001 年参加第七届山东文化艺术节，获剧目、编剧、导演、作曲、表演奖。2004 年创作的现代戏《天职》，牡丹区大平调剧团首演，参加菏泽市第二届戏曲节演出，获剧目一等奖，编剧、导演奖等。同年，参加第八届山东文化艺术节演出，获新剧目奖，编剧、导演、舞美、灯光设计、音乐设计均获奖。另外，创作了现代戏《金纽带》《疙瘩屯的女婿》《金龙山》等，其中《金纽带》一剧由两夹弦、豫剧等剧团排演，已连续演出几百场。

几年来，艺术研究所编剧创作了一大批戏曲小品、话剧小品、电视小品和曲艺节目，如话剧小品《选美》《沟通》《儿子》《老乡》《梦醒》《美丽的误会》《考女婿》《都是月亮惹的祸》《爱上不回家的男人》等。其中，河南坠子《剪窗花》《蜕变》（刘瑞莲演唱），在山东省曲艺会演中获奖。山东琴书《万民颂》（李巧莲、高尚雷演唱），参加山东省庆祝建党80周年演出并获奖。话剧小品《告密》《主任给我当媒人》先后参加山东省文艺会演并获奖。

三、编剧导演名家辈出

李时中　生卒年不详。元杂剧前期作家。约元世祖中统初（1260）前后在世。曹南（今菏泽市）人，一说大都（今北京）人。家居扬州。任过中书省掾、工部主事。藏书甚富，为吴澄再传弟子。曾与马致远、花李郎、红字公李二合编过杂剧《黄粱梦》，并系马致远等所组织元贞书会才人第一。《黄粱梦》全名为《开坛阐教黄粱梦》或《邯郸道省悟黄粱梦》，今存。第二折为李时中所作，写汉钟离劝解吕洞宾出家。

王焕亭（1919—1966）　又名王洪涛，山东省东明县人，剧作家。

王焕亭幼时就读私塾，后转入高小。17岁辍学，入中药铺当学徒。1939年春，参加八路军东进纵队，同年加入中国共产党。1941年春，任东明县抗日政府教育科代理科长，在抗日根据地开办小学，后又辞去代理科长职务，致力于教学工作。

解放战争期间，王焕亭调至冀鲁豫民艺剧社宣传股，编写、导演了《官逼民反》《穷人恨》《血泪仇》等剧目。中华人民共和国成立后，先后任菏泽专区豫剧团团长、平原省文化局戏剧委员会委员、华北行政委员会文化局剧目组组员、河北省豫剧团编导室主任、河北省戏剧研究室剧目组组长、河北省梆子剧院艺术室副主任、河北省文化局戏剧创作员、河北省戏剧家协会副主席等职。

1952—1966年，王焕亭与别人联合创作、改编、整理的主要剧目有《桃李同春》《白蛇传》《挡马》《陈三两》《战洪图》等。其中，《桃李同春》获1954年河北省戏剧会演剧本、演出、音乐三项奖，并正式出版，搬上了银幕。他独自创作、改编、整理的主要作品有《杜十娘》《天波楼》《卷席筒》《三娘教子》《三关排宴》《景廷斌》《双蝴蝶》《三讨荆州》《三只鸡》《三回头》《韩信拜师》《搬窑》《战太平》《三叫门》等14部，其中11部正式出版。《杜十娘》1959年进京参加国庆10周年演出，誉满剧坛，名噪首都。《卷席筒》《三娘教子》《三关排宴》等剧，在京津一带都有广泛影响。

王焕亭在戏剧创作上的成就，颇受戏剧界的重视和推崇。著作剧作家曹禺、田汉，著名作家老舍，京剧表演艺术大师梅兰芳等，曾先后多次和他聚首交谈、切磋技艺。

王焕亭才华横溢，多才多艺，编、导、演、音乐设计都很内行，又精通软、硬乐器。一生创作、改编、整理了大批剧目，有很多剧目一直占据豫剧和河北梆子的舞台，常演常新，经久不衰。

王焕亭一生勤奋、俭朴，作风正派，严以律已，宽以待人。1966年10月7日，王焕亭溘然病逝。河北省文化厅、中国戏剧家协会河北分会、河北省戏曲研究室等部门和单位为他举行隆重追悼大会，并将其遗体安葬在保定市烈士陵园。

武斌 1926年8月出生于山东省鄄城县。1944年3月加入中国共产党，1945年参加工作。中国戏曲家协会会员、山东省戏曲家协会理事、菏泽地区戏曲家协会顾问，国家一级编剧。1983年离休。

1946年武斌被保送到冀鲁豫边区一中二分校学习，1947年8月调冀鲁豫边区二专署文工团任干事，并参加文工团在寿张县莲花池村举办的戏曲曲艺训练班。其间，武斌指导了新编历史剧《风波亭》。同年11月，文工团在郓城县何庄举办了第二期戏曲曲艺训练班。其间，他又指导改编《白毛女》。同时以该期枣梆演员为基础，成立了“工农剧社”，后改为“民生剧社”，武斌任指导员。根据形势需要，又指导了新编历史剧《逼上梁山》《闹登州》等。冀鲁豫边区第二期整党时演出《白毛女》和《闹登州》，深受党政军领导和群众的欢迎。

1948 年 8 月，菏泽城解放，国民党一八一旅的河北梆子剧团被收编，武斌参与组织剧团排演了《关羽之死》。同年底，武斌调二地委宣传部工作。1949 年 2 月"民生剧社"与五专署领导的剧团"大兴班"合并为"人民剧社"，武任指导员。1954 年与人合作整理改编了《黄牛分家》《哭剑》，参加华东地区会演，《黄牛分家》获演出奖，并被收入《中国地方戏曲集成·山东分卷》。1956 年，与人合作创编的《两架山》《万紫千红》和《拴娃娃》，参加了山东省戏曲会演，《两架山》获编剧一等奖，《万紫千红》获创作二等奖。《两架山》《拴娃娃》同时被发表。

1957 年，武斌主持举办了菏泽专区第一期编导和主要演员学习班，培养了一批编导人员和演员骨干，为当地的戏曲发展打下了更为坚实的基础。1958—1961 年，与人合作或自编的剧目有：《红岩》《碧血丹心》《春风桃李》《双妃泪》《红果累累》《汉阳案》《卖水车》《三拉房》《徐龙打朝》（后改为《孙安动本》）等，其中的《拴娃娃》《三拉房》和《孙安动本》，曾于 1959 年 11 月进京演出，受到毛泽东、刘少奇、周恩来等党和国家领导人的称赞。

1962 年，菏泽专区成立戏曲编导室，武斌任主任。与人合作或独立创作的现代戏《牡丹向阳开》和《向阳人家》两剧赴在省城济南给贺龙等党政军领导人演出。同时给朱德演出了《向阳人家》，受到赞赏。此后，他还组织音乐人员将菏泽专区地方戏的音乐唱腔都全部录制，被中国戏曲音乐集成编入。

时华亭　1928 年生于山东省成武县。11 岁入科学戏，从师孙迎科。4 年后出科，入"公义班"。

1949 年 3 月，时华亭任单县人民剧社社长。1953 年调曹县豫剧二团任业务团长兼导演。1955 年加入中国共产党。1958 年调菏泽红专戏校，曾进中国戏曲学校和中央戏剧学院师资导演系进修，结业后任菏泽戏曲学校教务主任。1961 年调菏泽专区豫剧团，任业务团长兼导演、团长兼副书记等职。后在菏泽艺校任教务主任至离休。

时华亭导演的剧目有《刘胡兰》《杨家将》等；主编的《基本功》《初学唱念》等 4 种教材，同时在《长江文艺》上发表。

朱剑 1929年出生于山东省定陶县。中国剧协会员、中国剧协山东分会理事，民间文艺家协会山东分会会员。

朱剑初中毕业后于1949年1月参加中国人民解放军，在三野教导师历任战士、副班长、见习文书、文化助教。1952年转业到定陶县华光豫剧团任教员、指导员。1953年调山东省文化事业管理局（文化局前身）。先后任省戏曲工作组组员、省戏曲研究室剧目组副组长，省柳子剧团副团长，省艺术研究所剧目室主任、副研究员，省戏曲创作室顾问等职。

朱剑个人或参与集体创作了《保家卫国》《九只鸡》《万家香》《两架山》《牛皋闯关》等15个剧本，发表了18篇学术论文。其中，《两架山》等3个剧本已被收入《中国地方戏曲集成·山东卷》。20世纪60年代初，他还参与了柳子戏《孙安动本》的电影改编。

孔凡楷 1932年出生于江苏沛县，山东大学中文系毕业。单县文化馆副研究馆馆员，中国作家协会山东分会会员，中国戏剧家协会山东分会会员，单县作协主席，单县诗词学会会长。曾任单县政协副主席。选入《山东作家词典》《中国专家大典8卷》《世界华人艺术界名人录》等书。

孔凡楷酷爱文学创作，尤其喜爱戏剧创作，先后创作剧本10余部，全部搬上舞台。1982年在山东省首届戏剧月活动中，大型现代戏《红果累累》获剧本创作奖，大型古装戏《双妃泪》获优秀剧本创作奖；1984年大型现代戏《父子情》参加菏泽地区戏剧会演，获剧本创作奖；1985年的大型古装戏《淮阴侯》在全区戏剧会演中获剧本创作奖；1988年大型古装戏《血溅贞坊》参加全区戏剧会演，获剧本创作一等奖；1990年大型古装戏《燕山歌女》参加菏泽地区首届艺术戏曲节，获剧本创作一等奖；1992年大型现代戏《曾家湾》获山东省文化厅、省计生委颁发的剧本创作奖；1996年大型现代戏《女乡官》在菏泽地区新剧目展演中，获剧本创作一等奖。2002年12月，《孔凡楷剧作选》由当代中国出版社编辑出版。

孔凡楷的剧作具有很强的现实意义，能站在时代的前哨，紧扣时代的脉搏，塑造一个又一个艺术典型。他的作品尤其突出地方特色和乡土气息。剧中人物的外号如“老犟筋”“二面瓜”“四猴子”等，都是当地农村经常听到的称呼。剧中许多唱词、道白，也多用方言表演，拉近了观众与剧中人的距离。另外他非常看重写情。如大型现代戏《父子情》中的父子情，《红果累累》中的母子情，《血溅贞坊》中的夫妻情……他都写得有声有色，感人肺腑，动情处催人泪下，高潮处震撼人心。

孙凡楷的创作态度非常严谨，对于作品总是反复修改，即使是已经发表或演出获了大奖的，也总是发现问题及时修正。

李作亮　1936 年 2 月出生于山东省梁山县。中共党员，国家二级导演。中国剧协山东分会会员，山东省戏曲导演学会会员。曾任菏泽专区枣梆剧团业务团长。

李作亮 1949 年 1 月参加冀鲁豫边区二地委文工团（后改为菏泽专区枣梆剧团），历任演员队队长、艺委会主任、业务团长等职。1982 年调菏泽地区艺术研究所从事导演工作，1996 年 12 月离休。

李作亮曾执导了《柯山红日》《党的女儿》《屠夫状元》《大红袍》等 60 余个剧目，其中不少剧目都长演不衰，成为剧团的看家戏，并多次在省、市戏曲汇（调）演中获奖。1964 年执导的大型现代戏《牡丹向阳开》，参加山东省现代戏会演，获省领导和广大观众好评，并在济南南郊宾馆为贺龙、罗瑞卿、刘亚楼、彭绍辉等领导人演出，受到接见。1981 年执导的大型现代戏《光棍苦乐记》（枣梆），参加山东省戏曲调演，获导演奖。1982 年执导的历史剧《牡丹案》，参加山东省第一届戏剧演出月，获演出奖，同时被山东电视台录制成电视剧。1983 年执导的现代戏《袁家庄》和《七品红娘》，参加菏泽地区现代戏会演，均获导演奖。1984 年执导的现代戏《春暖梨花》和《后娘心》，参加山东省第二届戏剧演出月，获演出奖和导演奖。1986 年执导的古装戏《五品夫人》，参加山东省第三届戏剧演出月，获导演奖。1988 年执导的现代戏《风流父子》，获地区导演一等奖。1992 年，参与执导的现代戏《张三李四》，获第二届中国人口文化奖二等奖。

张殿臣　笔名仇石、惦尘、张凡等，1938 出生于山东省巨野县。国家二级编剧。先后任小学教师、县剧团专职编导和巨野县文化体育委员会文化科长等职。现为中国戏剧家协会山东分会会员，山东省民间文艺家协会会员，菏泽市戏协理事，菏泽市诗词协会理事，巨野县作协名誉主席。

张殿臣 1957 年毕业于菏泽第一师范，并开始文艺创作，先后发表诗歌、散文、小说数百篇。后致力于戏剧事业，创作并上演舞台剧本 19 部和戏曲小品若干，多次参加省地汇演，获创作奖。主要作品有现代戏《拨篱笆》（载《山东文艺》）《七品红娘》《人情鬼债》（载《东岳剧作》）、《鸳鸯歌》（载《戏剧丛刊》）、新编历史剧《宫谏》（载《群众文艺》）、《收陈侠》《花木兰后传》等。张殿臣的剧作，立意新颖，故事曲折，结构精巧，注意刻画人物性格，语言力求简练优美。他因撰写文艺史志和编纂《中国民间文学三套集成·巨野卷》，多次受山东省文化厅乃至国家有关部门表彰，曾荣获菏泽市文艺界“优秀共产党员”称号。

王岳芳　（1940—2001），山东省东明县人。菏泽市枣梆剧团编剧。山东省戏剧家协会会员、山东省导演学会会员，山东省第四届文代会代表。

王岳芳一生求索于戏剧艺术，笔耕不辍。从 1958 年开始，先后创作并导演了《青纱帐》《忠魂曲》《菊花魂》《汉阳案》等一大批优秀剧目，多部作品在《戏剧丛刊》《东岳剧作》等专业文艺期刊发表。1979 年创作导演的现代戏《相女婿》进京参加了中华人民共和国成立三十周年献礼演出，并由中国戏剧出版社、山东人民出版社出版单行本，收入《山东三十年戏剧选》，并载入《中国戏剧辞典》。10 月由山东电视台摄制成戏曲片。1981 年改编的大型现代戏《光棍苦乐记》产生较大社会影响。1992 年创作、导演的大型现代戏《生儿容易养子难》参加由文化部组织的“天下第一团”优秀剧目展演，获剧目奖等奖项。

杨洁　原名杨春明，笔名路之，1942 年出生于安徽省泗县，7 岁时随父母回到原籍山东省东明县。副研究馆馆员。曾任东明县文化馆副馆长、东明县文化局创作室主任。中国戏剧家协会会员，山东省民间艺术家协会会员，山东省戏剧创作重点作者，菏泽市作家协会理事，菏泽市专业技术拔尖人才。

杨洁1960年8月应征入伍，后在北京工程兵部队政治处文艺宣传队任队长。任职期间，他在军内刊物上发表了大量的小戏曲等文艺作品，曾与魏巍等著名作家一起参加过全军文艺创作会。1968年退伍回东明县，被安置在电影队，不久调县京剧团任编导。1976年9月，调县文化馆从事戏剧创作和文学创作。

杨洁17岁开始发表作品，至今已发表、出版、上演戏剧作品、文学作品90余篇（部），约230余万字。主要有：三集轻喜剧《好人二叔》，1993年2月发表在山东省《戏剧丛刊》增刊上，此剧上演后获第五届山东文化艺术节编剧二等奖。新编古装故事剧《考婚》，现代戏《乡下女》《国道卫士》《齐鲁好汉》，新编历史剧《贬职宰相》等。小戏曲《狗蛋买爹》，在2002年5月文化部举办的中国曹禺戏剧奖“小品、小戏奖百优大赛”活动中，获编剧三等奖。在搞好戏剧创作的同时，他还发表、出版了大量文学作品和歌词作品。其中的小说有《黄河铁堤》《瓜郎缘》等，传记文学有《巾帼武英张玉萍》《大河骄子穆铁柱》，报告文学有《蔚蔚雪杉》《情暖人间》《铁爷们拼出一台戏》《说不尽的老水利》《滩区飞龙》等。散文有《杨琴声声》《滩区的早晨》《垂柳吐翠》《黄河听涛》等。歌词有《牡丹乡的河水清又甜》《黄河岸边好刮风》《生活好像一条河》《盼望亲人归》等，1997年出版了报告文学集《大河骄子》，约25万余字。他创作的作品先后32次获国家级、省级、市级奖励。

霍德同　1944年出生于山东省鄄城县。国家一级导演，中国戏剧家协会山东分会会员，菏泽戏剧家协会副主席。

霍德同1961年毕业于菏泽戏曲学校，先后在菏泽市豫剧团、市艺术馆、市艺术研究所工作，为菏泽各专业剧团导演了大型现代戏和新编古装戏40多部。其中，山东梆子《选村官》《七品红娘》，大平调《好人二叔》，枣梆《包公卖官》等，在山东省文化艺术节、戏曲会演中获导演奖。现代戏《古道别》，获山东省广播电视厅、文化厅颁发的金奖。《选村官》获山东省“五个一”精品工程奖。其导演的电视片《笑在不言中》，被中纪委批准全国发行。执导的电视春节晚会《花乡春早》，获省级一等奖；2004年，他与人合作导演的山东梆子现代戏《山东汉子》，入选国家舞台艺术精品工程，并先后获第七届中国艺术节文华新剧目奖和4个单项奖、第十一届中国人口文化奖戏曲金奖和6个单项最佳奖、第八届山东文化艺术节大奖和8个单项奖、山东省“五个一”精品工程奖。他本人获第七届中国艺术节文华导演奖、第十一届中国人口文华奖最佳导演奖和第八届山东省文化艺术节导演一等奖。

马家振 1945年1月出生于菏泽县（今牡丹区），1966年加入中国共产党，1980年毕业于上海戏剧学院，国家一级编剧，中国戏剧家协会会员、山东省民间文艺家协会会员、菏泽市剧协副主席，菏泽市专业技术拔尖人才。

马家振从事艺术创作30余年，先后创作发表影视、戏剧作品30余部。1982年创作的新编古装戏曲《牡丹案》，参加山东省戏剧月演出，获剧本创作奖。1989年创作的大型现代戏《乡下娘们儿》，参加山东省第二届文化艺术节演出，获剧本奖。1991年创作的现代戏《张三李四》，参加山东省第三届文化艺术节演出，获优秀剧目奖、编剧奖。该剧在1991年山东省剧协舞台剧本评奖中获剧本创作奖，1992年作为山东省优秀剧目进中南海演出。1993年再次获山东省优秀剧目演出奖、编剧奖，1994年获全国第二届人口文化奖，1993年与田恩众合作编写的大型现代戏《柴学进》，参加山东省第四届文化艺术节演出，获编剧、剧目等多项奖励。1994年创作的电视剧《与生命对话》，被中央电视台和山东省电视台播放。1995年与田恩众合作编写的戏曲电视剧《安家老宅》，由济南电视台拍摄，中央和省、市电视台播出，并在山东省电视剧评奖中获奖，剧本由中国戏剧出版社出版。1995年与田恩众合作编写的现代戏《法魂》，由菏泽市牡丹区大平调剧团，在山东省第五届文化艺术节上演出，获编剧一等奖和1995年山东省“五个一”精品工程奖。山东省柳子剧团排演的马家振创作的现代戏《法魂》，于1999年获山东省第四届“五个一”精品工程奖，在山东省剧协舞台剧本评奖中该剧获剧本创作奖。1995年创作的大型现代戏《龙门渡口》，参加山东省第五届文化艺术节演出，获编剧、剧目等多项奖励。该剧于1997年获第三届“五个一”精品工程奖。1997年与田恩众合作编写的大型古代故事剧《洞房花烛夜》，参加中国文化部举办的中国豫剧艺术节，获剧目、编剧、表演等多项奖励。创作的大型现代戏《选村官》，2001年获山东省第五届“五个一”精品工程奖。2001年创作的历史故事剧《包公卖官》，参加山东省第七届文化艺术节演出，获剧目、编剧、舞美、音乐设计等多项奖励。2002年，创作的大型现代戏《金纽带》，两夹弦剧团在菏泽城乡连续演出300余场，并作为优秀剧目赴省汇报演出。2002年中国戏剧出版社结集出版了《马家振剧作选》。2004年与田恩众合作的大型现代戏《天职》，参加菏泽市第二届戏曲节演出，获编剧一等奖、剧目奖、表演奖等。同年，该剧参加山东省第八届文化艺术节，获新剧目奖、编剧奖、导演奖、舞美奖、音乐设计奖、表演奖等。

马家振创作的连台本戏《千古奇冤》《双婿案》《金鞭记》等，经久不衰。他创作的古代故事剧《斩武侯》及大型现代戏《王二王三》《启明星》《寡妇大婶》《金星星·银月亮》等先后参加菏泽地区戏剧会演并获奖。

马家振先后被评为山东省模范党员，山东省文化系统先进工作者，全省十佳文艺工作者。1995年被文化部、人事部授予“全国文化系统先进工作者”称号。

吴良训　曾用名吴良顺、吴川。1949年10月生于单县张集镇衙里村。中共党员，民盟盟员。国家一级编剧。1982年于山东大学中文系毕业后，先后任《山东牡丹》杂志社编辑，山东电影制片厂编导，山东艺术学院戏剧系教师，菏泽市艺术研究所编剧、副所长，菏泽市文化艺术创作联合会会长等职务。中国戏剧家协会会员。民盟菏泽市委副主任兼秘书长，菏泽市政协委员、常委、从事创作以来，创作、发表、拍摄、播出过的作品有电影风光艺术片《齐鲁物华》《让泉城更美好》《烟台国际旅游考察》。电视剧有《聊斋》系列剧《花仙情缘》《王者》及现代题材电视剧《书缘》，戏曲剧本《风流父子》《灵堂计》《情恨亘古》《让明天更美好》《隔离》《窝棚夜话》《清障》《看闺女》等，分别获得国家级、省级、市级奖励多次。参与了山东省重大出版工程《中国文化精华文库》的编务工作。该书28册，近千万字，历时三年，由山东人民、山东文艺、山东教育、山东科技四家出版社联合出版，在国内产生了重大影响。

2002年地级民盟市委成立，吴良训被选为副主任兼秘书长，驻会主持民盟机关工作。民盟菏泽市委连续五年被评为提案优秀单位，受到市政府、市政协五次表彰，山东省委统战部两次表彰。

张广文　1950年2月出生于山东省成武县九女乡伊岗行政村。中共党员，中国戏曲家协会会员，国家二级编剧，成武县专业技术拔尖人才。

1967年初中毕业后回乡务农，从事业余创作。1977年被成武县文化馆抽调致力于文艺创作；1985年进修于上海戏剧学院。1989年至1997年任成武县四平调剧团团长兼编剧。2002年8月受聘于菏泽市戏剧院担任编剧。

30多年来，历尽艰辛，勤勤恳恳，笔耕不辍。先后创作及整理改编了近40余部（出）优秀剧目，均由专业剧团上演。其中《中秋月圆》《春暖梨花》《玉桃恨》《弯弯鸳鸯河》《情满人间》《李媛祭母》《山东汉子》《牡丹神韵》等十多个优秀剧目在市、省及全国获奖。

2003年，与韩枫编创了大型现代戏《山东汉子》，2003年获山东省“五个一”精品工程奖，第十一届中国人口文化奖戏曲金奖，2004年9月获第七届中国艺术节文华新剧目奖，第八届山东文化艺术节上剧目一等奖。

张广文同志由于成绩突出，被成武县委、县政府多次评为先进文艺工作者，两次记大功表彰，并被省文化厅荣记三等功。

王宪涛　1953年7月出生于山东省郓城县。研究馆员。中国戏剧家协会会员、中国社会音乐研究会会员、山东省文化艺术科学协会理事、菏泽市戏剧家协会副主席、菏泽市政协委员。

王宪涛1965年考入山东省戏曲学校，1970年7月毕业，分配到菏泽地区枣梆剧团，先后任音乐设计、行政队队长、艺委会委员等职。1980年10月调入菏泽地区文化局艺术科。1982年在山东《戏剧丛刊》社做编辑工作。1984年10月机构改革时，调入菏泽地区戏曲研究室，历任编剧、副主任、主任兼支部书记。1992年3月调任菏泽地区群众艺术馆馆长兼党支部书记。2002年2月调任山东省菏泽艺术学校校长。

王宪涛创作的传统戏曲《考魂》和现代戏《黄滩情》《风流父子》获优

秀剧本奖；历史剧《秦王李世民》、戏曲小品《罚赌》获全省剧本创作一等奖；话剧小品《无奈》获省级创作二等奖、《真情》获地区优秀作品奖；曲艺作品《三兄妹》获全省创作一等奖；童话音乐剧《生命的呼唤》获省级创作一等奖，并在中央及省市电视台播放；歌曲《我的老家牡丹乡》获省级创作二等奖，《祖国山水更壮观》获全省创作奖，《强大祖国在世界巍然屹立》获全国群星奖选拔赛三等奖。1992 年获全省艺术馆（文化馆）专业技能比赛音乐指挥二等奖（一等奖空缺）。先后发表论文 20 余篇，其中 3 篇参加全省性专题讨论会，并分别获奖。2000 年山东文化音像出版社出版发行了《宪涛文艺作品选》一书。

在菏泽地区群众艺术馆期间，王宪涛主持创办了馆办艺校，成立菏泽地区少儿书画院、全国书画考级菏泽考区办公室，使全市群众文化阵地建设得到了明显改善。先后策划、组织全市重大文化活动近百次，如十佳牡丹小姐评选、企业文艺调演、全市文艺调演、全市少儿四项艺能比赛、广场文化展演等，均产生了较好的社会效益。在组织参加全省各类文化活动和赛事活动中，均获得较好名次。在菏泽文化艺术工作获得荣誉的同时，其个人曾多次受到省、市领导机关的表彰。省、市电视台、广播电台多次对其本人做专题报道。他的事迹还先后被收入国家人事部《中国专家大辞典》《中国戏剧家大辞典》等书。

田恩众　男，1966 年 2 月生人，中共党员。少年时，他就具备一定的文学天赋。青年时期的他，便开始尝试戏剧创作了。他的处女作是《安家老宅》。作品通过解放前地主压迫农民—解放后农民斗地主—“文革”时同蹲牛棚—改革开放后共同走向富裕这样一条主线，多方位描述了中国农村几十年的深刻变革。作品脱稿后，马家振先生跟进做了进一步加工润色。该剧一经面世，便震动了山东剧坛。山东省电视台把该剧拍摄成电视连续剧，央视四频道给予了转播。著名导演霍得同说：“恩众对戏剧创作有自己独到的见解，每每都是从戏剧人物出发，设置一个或几个特殊的戏剧环境，与戏剧冲突相得益彰。再加上他传神的戏剧语言，使作品有立体感，有内涵。1996 年，山东省文化厅从全省范围内挑选 5 名青年剧作家做重点培养，田恩众有幸成为其中之一，赴中国艺术研究院深造。与中国顶尖的大师交流、学习，开阔了他的视野，加深了他对戏剧创作理念的领悟。进修结束以后，他带着他的毕业作品《车马店风情》回到了家乡，马先生针对作品进行了修改加工。该剧立即由菏泽市山东梆子剧团立上舞台。随后，代表山东省参加了首届中国豫剧节，荣获剧本创作奖。为此，山东省文化厅、菏泽市文化局分别给予了嘉奖。在这之后，先是为卫生部门创作的戏曲《打工归来》参加全国文艺会演，荣获创作奖。继而戏曲《护犊》代表山东省参加了华东六省一市艺术节，荣获银奖。曲艺《网络情缘》参加山东群艺节，荣获一等奖第一名，并代表山东省连续三次参加全国展演，均获展演奖，同获十一届泰山文艺奖、牡丹文艺奖。随后《喜鹊登枝》《生儿容易教子难》等陆续在省内外获奖。

李丰收　牡丹区牡丹街道办事处李集村人。1980 年由菏泽县供电局调入原菏泽县（牡丹区）文化局任编剧工作。撰写“牡丹文化”作品 7 篇，5 篇收入牡丹区编纂的《牡丹传说》一书，为区级非遗“牡丹传说代表性传承人”。撰写的《乾隆命名“青龙卧墨池”》《曹州李集花神庙的传说》作为纪念中国共产党成立 100 周年征文优美作品被载入《中共百年获奖作品精选》。

李丰收创作了七部取名为《光武中兴》的连台本戏，连台本戏之一《王莽篡朝》，围绕汉光武帝出生展开故事情节。之二《汜水王》，柴文俊夫妻将襁褓中的“刘秀”，送往汉平帝胞弟“汜水王”处，汜水王举家老幼为保护刘秀以身殉国，悲惨壮烈。之三《马武夺元》，王莽喜爱马武的武功，御笔钦点为状元，恩准“招驸马”。不料，公主闻得马武貌丑不从，马武羞愧难当，在午门怒题反诗，逃上太行山。之四《铫朝招亲》，铫朝尊崇忠孝仁义，在玉皇庙大会上，铫救下险遭徐豹抢做小妾的陈小妹，陈小妹原是母亲为自己订下的妻室。之五《马武下山》，太行好汉冯彦遭了冤狱，马武下山，打开城池，破了铁窗，救冯彦上了太行。马武、冯彦兵力强胜，打败了洛阳守将王原，这支大军浩浩荡荡归属了刘秀。之六《王莽选美》，王莽选定大臣石恨之女石元碧为贵妃，不料，王莽之子与她勾搭成奸，并预谋杀驾夺位，事情败露，被王莽除之。之七《收邳彤》，王莽看到日渐强大的刘秀，遂生恐惧之心，命邳彤为护驾大元帅。邳彤之妻吴平是刘秀降将吴汉胞妹。刘秀用吴汉，说服了吴平，邳彤最后铲除王莽。刘秀在洛阳登基，天赐汉光武帝。加之原有的二部旧剧本《收岑彭》《收吴汉》，构成了汉光武帝中兴时期的九部连台本戏。

九部《光武中兴》连台本戏，由牡丹区大平调剧团导演陈尔祥执导，以李广甫、马洪轩、刘玉莲、彭盛江、高玉梅、李桂芝、闫中仁、马敬兰为主要演员，粉墨登场。享誉冀、鲁、豫三省的菏泽、商丘、新乡、鹤壁、安阳、邯郸及其所辖的几十个县市、乡镇。1982 年春节在菏泽人民剧院演出，场场客满。太平调的四大扇、尖子号、锣鼓经适于烘托气氛，营造激情，《光武中兴》中几个英武剽悍的人物，都是男主角李广甫扮演的，此人嗓音浑厚，功底扎实，身段大气，把几个人物塑造得栩栩如生、活灵活现，非常成功。国家一级大平调演员郭红、高玉梅的《光武中兴》唱段嗓音甜美，字正腔圆，很受群众喜爱。

1982 年盛夏，该团带九部《光武中兴》连台本戏去河南省商丘市濉阳古城演出，遇上了河南省曲剧团。张新芳、海连池、王秀玲三大名家，分别主演三部戏曲电影：《陈三两》《卷席筒》《火焚绣楼》。两个剧场均观众爆满。商丘豫剧名家白伦、鲁云芝，商丘市文联主席《血溅乌纱》的编剧满自强，李丰收的高徒、电视连续剧《血战濉阳》的剧作家李海江（商丘人）赴现场助兴。

四、音乐创作代不乏人

商正叔（1188 — 1260）　名道，曹南（今菏泽市）人。金代诸宫调、散曲作家。据金代元好问《曹南商氏〈于秋录〉后记》载：至宁元年（1213）黄裳榜词赋进士第（即状元）商衡兄弟三人，长日衡，字平叔；仲日道，字正叔；季日衎，字信叔。其中商正叔官学士，“滑稽豪侠，有古人风”。《曹南文献录 · 文物》善撰词曲，钟嗣成《录鬼簿》列为“前辈已死名公，有乐府行于世者”之第三名。其作品今知有诸宫调《双渐小卿》，系根据张五牛原作重编，曾由女艺人赵真真、杨玉娥等演唱，今已不存。但“双渐小卿”的传说故事在宋元时极为流行，南戏和元杂剧均有《苏小卿月夜泛茶船》剧目。

山东吕剧、五音戏、柳琴戏等地方戏曲剧种保留《双生赶船》(《双渐赶苏卿》)一剧。此外，《阳春白雪》《太平乐府》《乐府新声》《词谱》中亦辑录其部分散曲作品。

苗悦勤（1889—1966） 山东省嘉祥县人，出身柳子戏世家，幼年就学会了不少曲牌。12 岁入济宁孙状元家科班，初习小生，后工丑行。

苗悦勤家学渊源，聪颖好学，悉心钻研，博采众长，先后向艺人孙天才（小生）、杨朝先（丑）、姚天吉（红脸）、范文聘（旦）、桑书元（旦）、黄庆余（曲师）等求教，功底扎实全面，会戏甚多，记忆力很强，能报全本，能背诵40余出戏，并能唱出各个行当的曲牌。打鼓、吹笛六场通透，全行全角，吹打带唱，被称为“一人一台戏”。曾领班演出 10 余年。1960 年任职菏泽戏曲学校柳子科和菏泽专区柳子剧团教师期间，口述曲牌 300 余支，由音乐教师庞礼记录整理，共计 9 册。《柳子戏音乐曲牌大成》一书即以此为基础，又纳众家之长结集而成的。他在柳子戏的传承方面享有很高的声誉。

王传明（1904 — 1982） 山东省郓城县人。柳子戏乐师，工三弦，亦能吹笛。

王传明自幼随戴学青学艺，弹奏小三弦清脆洒脱，出点奇特，曾为众多的著名演员伴奏，配合默契。他虽双目失明，但博闻强记，会弹唱柳子戏曲牌300余支。1959年，山东省柳子剧团进京汇报演出时整理的《柳子戏音乐集》（分上、下两集），全部由他口传，杨兴烈等记谱。唱腔曲牌包括[黄莺儿][娃娃][驻云飞][山坡羊][锁南枝][青阳][楚江秋][步步娇]等 110 种，335 支曲；唢呐曲牌有[一枝花][水龙吟][香柳娘][玉芙蓉][梆子令]等 41 种；丝弦曲牌有[春桂枝][朝天子][扬州][爬山虎][普天乐]等 21 种。他传授的曲牌板眼准确，后辈竞相仿唱。

张玉枝（1910 — 1976） 山东省菏泽市牡丹区人，著名琴师。中国剧协山东分会会员，山东省政协委员。

张玉枝出身唢呐世家，自其曾祖父始，四代皆以吹奏唢呐为主要生计。张玉枝幼年曾读私塾二年，7 岁即随其父学笛，对鲁西南流行的地方戏曲，如柳子戏、大弦子戏、大平调、山东梆子等剧种的音乐、曲牌，他也热心研究，经常随班伴奏。23岁入“大兴班”（山东省梆子剧团前身），初操二胡，后改三弦（兼唢呐、闷子等）。在多年艺术实践中，挖掘、整理、创作了大批唱腔音乐、曲牌，成为戏曲音乐界学博艺精的多面手。他曾多次参加省以上戏剧会演、调演，获音乐伴奏奖、乐师奖。

张玉枝1958年调山东省戏校，任梆子科音乐教师，在艺术教育岗位上，尽职尽责，培养了许多戏曲音乐人才。

庞礼（1919—1971）　字克初，山东省菏泽市牡丹区人。

庞礼求学期间，思想进步，常参加反对内战、呼吁团结抗日的宣传活动，国民党认定他是赤化分子，曾将其逮捕。因其父为国民党高级官员，不久便被放了出来。从此他跟随一位俄罗斯的音乐家，系统地学习音乐理论和钢琴弹奏。在无数爱国青年投笔从戎，奔赴抗日前线的热浪中，他也毅然投奔解放区，参加了八路军文艺工作队，成为主力队员。后为了继续学习深造，他又去了北京中央音乐学院钢琴系学习。1951年返回故里，先后在菏泽第一师范、菏泽师专和菏泽戏曲学校任教。后调至菏泽戏曲编导室工作。“文化大革命”初期被错定为反革命分子，打入囚牢，迫害致死。“文化大革命”后得到平反昭雪。

庞礼博学广闻，知识渊博。他既能用原文演唱西洋歌剧的曲目，又能原汁原味地演唱各地各民族的民歌，还能用钢琴高水平地演奏肖邦、巴赫等大师的名曲，刘天华、华彦君的二胡名曲也能熟练演奏。他对民间音调有浓郁的情感，对走街串巷的手艺人或小贩的叫卖声，他也要摹拟和研究；学校建房时，他不仅谱写下来打夯号子音调，而且还能惟妙惟肖地摹拟几个领唱者风韵特点；儿童们在池塘岸边引蜻蜓时哼唱的音调，本不大被人注意，但一经他艺术加工，便成了一支优美、抒情、活泼、风趣的儿童歌曲。《引蛾螂》就是其中之一，曾广泛流传。1957年在山东省第一届音乐会演中，获创作、演出、伴奏等3个奖项。

庞礼在戏曲学校任教时，便开始了对柳子戏音乐的研究。他研究柳子戏音乐，不是单独的记录曲牌，而是先从了解剧目开始。选定剧目后，从头至尾，将道白、音乐全部一字一音地记录下来，直至没有异样的曲牌为止。再回过头，纵观全部，对曲牌进行对比和挑选。最后分门别类地编纂成一套系统、完整、条目清晰的柳子戏音乐集。全书卷首有综述，类别有概述，曲牌有简介，足见其对专业的严肃认真和在音乐方面的深厚造诣。

庞礼品德高尚，德艺双馨，平易近人，诲人不倦，先后培养了一大批音乐工作者。

张占申　1941 年 8 月出生于山东省曹县，中共党员。国家二级作曲，中国音乐家协会山东分会会员，中国戏剧家协会山东分会会员。1987—1996 年任巨野县山东梆子剧团团长。

张占申自 1956 年从事文艺工作起，潜心钻研，刻苦练功，博采众长，掌握了板胡、二胡、琵琶、三弦、扬琴、小提琴、笛子、唢呐、笙、戏剧板鼓等 30 多种乐器的演奏技能。对山东梆子、豫剧、两夹弦、大平调、四平调等剧种音乐素材，积累丰厚。特别是对山东梆子的唱腔、曲牌及打击乐等都能熟练掌握，运用自如，并在保持该剧种特色的基础上有所发展。

张占申 1964 年开始学习作曲，探索音乐理论，在作曲、配器上颇有造诣，曾为 200 余台剧目设计音乐。其中，作品《牡丹案》《情深恨长》《白蛇前传》《木兰后传》《袁家庄》《黄河魂》《老羊山》等剧目，分别获得省、市级音乐设计、作曲奖。特别是《山东汉子》一剧，在 2003 年获第十一届中国人口文化奖戏曲金奖、个人获最佳音乐奖。2004 年，该剧参加第七届中国艺术节演出，获文华新剧目奖、个人获文华音乐创作奖。2005 年被山东省文化厅记二等功。

在搞好音乐创作的同时，张占申还非常重视音乐教学工作，注意培养更多的艺术人才。特别是在退休以后，仍不愿放弃从事多年的音乐事业，自己投资开办了一所音乐学校，把更多的精力投入到音乐教学上。

刘汉坤　1945 年出生于山东省菏泽县（今牡丹区）。山东省音乐家协会会员。他 1959 年考入菏泽县大平调剧团，1963 年起任该团音乐设计。

1982 年在山东省戏剧演出月中，大平调剧团参演的大型现代戏《后娘心》

获音乐设计奖。1988 年在菏泽地区戏曲调演中，大平调古装戏《包公闯花堂》获音乐设计奖。1991 年在山东省文化艺术节中，大平调现代戏《张三李四》获音乐设计奖。该剧在 1992 年代表山东省进京汇报演出。在 1993 年第四届山东省文化艺术节中，大平调现代戏《柴学进》获音乐设计奖。1994 年在菏泽地区地方戏新剧目展演中，大平调现代戏《金星星，银月亮》获音乐设计奖。1995 年在第五届山东文化艺术节中，大平调现代戏《法魂》获音乐设计奖。1997 年在菏泽地区专业剧团新剧目展演中，大平调现代戏《王二王三》获音乐设计奖。2004 年在山东省第八届文化艺术节中，大平调现代戏《天职》获音乐设计奖。

苏本栋　1953 年 11 月出生于山东省郓城县。现任菏泽市戏剧院院长、菏泽市艺术研究所所长。国家一级作曲。中国曲艺家协会会员、中国音乐家协会会员，菏泽市曲艺家协会主席、菏泽市戏曲家协会副主席。

苏本栋长期从事音乐的创作和研究工作，为菏泽戏曲、曲艺音乐的革新与发展做出了重要贡献。其作品曾 10 次获全国和省级大奖。他策划并担任艺术总监和作曲的现代戏《山东汉子》，入选国家舞台艺术精品工程，并先后获第七届中国艺术节文华新剧目奖和 4 个单项奖、第十一届中国人口文化奖戏曲金奖和 6 个最佳单项奖、第八届山东文化艺术节大奖和 8 个单项一等奖、山东省“五个一”精品工程奖等。他本人因此获第七届中国艺术节文华音乐创作奖、第十一届中国人口文化奖最佳音乐奖、第八届山东文化艺术节作曲一等奖。山东琴书《大林还家》、枣梆《生儿容易养子难》分别获国家文化部编曲一等奖和音乐设计奖。

苏本栋担任国家艺术学科重点研究项目《中国曲艺音乐集成》《中国戏曲音乐集成》《中国曲艺志》三大集成志书的山东卷常务编委，并有 50 余万字的个人研究成果收入三集成。此外，还主编出版了《曹州地方戏唱腔集锦》《山东琴书音乐》等六种民间音乐资料集。他先后被国家文化部、山东省文化厅授予多项荣誉称号，省文化厅和菏泽市人民政府分别为其记个人二等功。

李心刚　1919 年出生于山东省郓城县。1949 年参与组建郓城县前进剧团

（现郓城县山东梆子剧团前身）。1951年任业务团长。山东梆子著名鼓师。

李心刚8岁随祖父李中全学艺，15岁在巨野大姚班领梁司鼓，与著名演员窦朝荣、章兆林、姚月芝等合作多年。他刻苦学艺，博采众长，学习京剧、评剧、河北梆子等剧种音乐，融会贯通，拓宽艺路，全面掌握山东梆子音乐，形成自己独特风格，21岁时在山东、河南、河北、安徽、江苏等省大部分地区颇有名气。

李心刚舞台生涯50多个春秋，献身戏剧音乐，广泛继承，多有创造，贡献颇丰。在长期艺术实践中，带出许多鼓师徒弟，培养造就出许多鼓师、琴师人才，山东梆子剧团国家一级演奏员、鼓师李崇宝，郓城县山东梆子剧团著名鼓师李显生，成武县豫剧团鼓师吴勤文等皆为他的门徒。

1957年山东省文化厅对他掌握的山东梆子传统音乐进行挖掘整理，50种笛牌、曲牌被编入《山东梆子优秀音乐选集》一书，并受到山东省文化厅嘉奖。1987年应山东省文化艺术中心邀请参加了《中国戏曲音乐集成·山东卷》的编撰工作，他把山东梆子剧种的打击乐、唢呐、弦乐曲牌整理加工，特别是将四套精品打击乐［连城］［报子吹］［天下铜］［毛鞭］记谱录音，留下珍贵艺术资料。文化部、国家民族事务委员会、全国艺术科学规划领导小组等有关部门向他颁发了“技艺留芳”的嘉奖证书，以示表彰。2003年辅导的学生在全国“国花杯”中青年戏曲表演大赛上获得银奖，他本人被授予“伯乐奖”。

陈玉平　男，1967年出生。作曲、板胡演奏家。毕业于曲阜师范大学音乐系，本科学历。现为菏泽市地方戏曲传承研究院艺术部主任，中国戏剧家协会会员，中国戏曲音乐学会会员，中国民族管弦乐学会会员，中国昆剧研究会会员，河南省豫剧音乐学会理事，山东梆子专业委员会理事。

其演奏技巧娴熟流畅，风格洒脱而细腻，被誉为“板胡神手”。曾在多部剧目中担任作曲。主要作品山东梆子《山东汉子》《珍珠塔》《杜十娘》《红丝错》《忠诚》《古城女人》，枣梆《枣树情》《草根大师》，两夹弦《春秋商圣》《干娘》，四平调《鸡黍之约》等。2004年，在《珍珠塔》中担任作曲荣获菏泽市第二届戏曲节音乐设计奖；2009 年，作曲创作并亲自伴奏的多剧种联唱《山东欢迎您》荣获由中国戏曲音乐学会和文化部民族民间文艺发展中心举办的“梨园杯”戏曲音乐新作品金奖；作曲创作的山东梆子《忠诚》获第九届山东文化艺术节中“作曲奖”；作曲创作并亲自伴奏的《喜迎新中国六十华章》，在山东省“歌颂新中国”、喜迎全运会系列群众文化活动评奖中荣获一等奖；2012 年，作曲创作的《织女老妈》在首届山东省地方戏新创作小戏展演中荣获音乐奖，同年，为山东梆子著名表演艺术家刘桂松从艺 60 周年演唱会担任作曲、配器、指挥；2013 年，参与作曲创作并担任指挥的山东梆子《古城女人》在第十届中国艺术节上荣获文华优秀剧目奖等多项大奖；2014 年，荣获山东省器乐演奏员技能竞赛一等奖。由于其工作成绩突出，曾被评为菏泽市知识型职工先进个人、全市文化工作先进工作者。2018 年入选参加文化部举办的“2018 年戏曲艺术人才培养‘千人计划’”高级研修班。

侯彦君　菏泽市定陶区两夹弦非遗保护传承中心创作室主任，山东管理学院聘请艺术指导，菏泽市电视台《锦绣梨园》首席鼓师。长期从事国家级非物质文化遗产山东省代表性戏曲剧种定陶两夹弦剧种的唱腔设计、谱曲、配器、乐队指挥、司鼓演奏与剧种音乐保护、研究、传承等工作。

曾荣获“山东省第五届红梅大赛”演奏一等奖、第四批齐鲁文化之星、第十届中国艺术节菏泽市参赛和筹办工作先进个人、菏泽市非物质文化遗产代表性项目代表性传承人等。

创演两夹弦《三拉房》参加 2017 年山东元宵戏曲晚会、山东地方戏曲剧种代表性剧目展演、2019 年山东省首届非物质文化遗产传统戏剧类项目小戏展演、庆祝中华人民共和国成立 70 周年山东省经典剧目展演；青春版两夹弦《梁祝》参加 2018 年山东元宵戏曲晚会、第十一届山东文化艺术节全省优秀新创群众文艺作品会演、参加第三届晋冀鲁豫传统戏剧展演；《愣姐》参加 2016（香港）中国戏曲节；《春秋商圣》荣获山东省第九届“泰山文艺奖”；《退彩礼》参加全国基层院团戏曲会演、第十一届山东文化艺术节全省优秀新创群众文艺作品会演、放歌新时代——山东省乡村题材优秀文艺作品集中展演，入选山东省群众艺术优秀新创作品，获菏泽市首届“牡丹文艺奖”和山东省乡村题材小型文艺作品展演一等奖；《干娘》参加全国优秀现实题材舞台作品展演，2019年10月山东《新闻联播》以“大型两夹弦戏《干娘》走进省委党校展演”进行专题报道；《喜临门》入选2020年全省乡村题材优秀文艺作品网络展播，获菏泽市第二届“牡丹文艺奖”；《公鸡过寿》入选全省群众艺术优秀新创作品、获山东省群众艺术优秀作品、山东文化艺术优秀小型剧节目；《楼长嫂子》入选“百年征程、时代华章”庆祝中国共产党成立100周年山东省优秀剧目展演等创作与演奏的作品多次荣获国家级、省级奖项及展演、比赛，所演奏的司鼓技艺在菏泽市文化艺术界产生了广泛的影响，为定陶两夹弦剧种的保护、研究、传承做出了巨大的贡献。

李学珍　男，菏泽市定陶区人，1939年11月出生。原菏泽地区地方戏曲院大弦子剧团演奏员兼作曲。1968年剧团撤销后分配至菏泽地区豫剧团工作（现菏泽市地方戏曲传承研究院山东梆子传承保护中心），1990年退休后长期致力于大弦子戏音乐曲牌的挖掘整理工作，为大弦子戏的传承保护工作做出了积极贡献。2014年被山东省文化厅命名为大弦子戏省级代表性传承人。

多年来，先后挖掘、整理大弦子戏传统曲牌200余支，其中部分唱腔曲牌入选《中国音乐集成·山东卷菏泽分卷》。我市大弦子戏保护传承工作启动，李学珍为该剧种的保护、传承做了大量工作，其担任音乐曲牌整理的大弦子戏传统剧目《两架山》《金麒麟》先后入选“山东地方戏振兴与京剧保护扶持工程2014年度重点剧目”“山东地方戏振兴和京剧保护扶持工程2016年度扶持项目”。其中《两驾山》2015年5月获菏泽市第四届戏曲节特别奖，2016年7月应邀赴香港参加香港第七届中国戏曲节演出，在业界引起强烈反响，国内多家新闻媒体分别给予相关报道。2021年5月，《两架山》《金麒麟》赴河南郑州交流演出，受到当地观众的热烈欢迎。

祝贵起　男，1941年出生，共产党员，汉族，菏泽市艺术馆副研究馆员，中央民族管弦乐协会会员、山东省音乐家协会会员、山东省戏曲家协会会员、菏泽音舞协会副主席、河南省音乐研究学会常务理事。为了弘扬民族文化，振兴菏泽戏曲艺术，2003 年菏泽电视台推出了《锦绣梨园》这个栏目，本栏目开设以来，一直担任艺术指导和评委。

从事音乐艺术创作工作以来，精通板胡、二胡、三弦、坠胡等多种乐器。在音乐唱腔设计上获重大突破，先后设计、创作戏曲音乐唱腔 48 部：《牡丹案》音乐唱腔设计在山东省 82 年戏曲节荣获金奖一枚，《金谷川》一剧音乐唱腔设计在山东省人民出版社出版，为曹县豫剧团《金龙湾》一剧设计了全部音乐唱腔，在菏泽市第三届艺术节荣获金奖一枚，荣获山东省精品工程奖。为成武县四平调剧团设计的《春暖梨花》音乐唱腔，在省艺术节荣获设计二等奖。《燕山歌女》在菏泽艺术节获音乐设计奖。为电视片《前王楼新貌》配乐，荣获山东省电视台优秀配乐奖。为《千古奇冤》大型古装戏一部至三部全部音乐唱腔设计，为大型古装戏《双婿案》一部至四部全部音乐唱腔设计。《杨门女将》《盘石湾》《曾家湾》《乡下娘们》《沙滩战歌》、2014 年 12 月大型新编历史剧《华容长歌》，与楚德义两人同时设计了音乐唱腔。2020 年又为新创作现代戏《情暖万家》设计音乐唱腔。《戏剧音乐唱腔求新浅议》在省艺术论坛发表，2011 年受河南省全国豫剧节河洛文化论坛邀请，参加论坛并提供两篇论文：一篇“音乐唱腔设计的体会”一文在河南省戏剧刊物发表；另一篇“音乐唱腔改革试探”一文在河南省《中国魅力》刊物发表。“浅谈何西良声腔表演艺术”在《菏泽日报》发表；“浅谈祝凤晨艺术人生”一文在《菏泽日报》发表。

五、剧坛创新佳作迭出

（一）戏剧创作打造精品

菏泽戏剧创作生机勃勃，新作品不断涌现。历届文化主管部门的领导把艺术生产放在了非常重要的位置，抓戏曲人才培养，抓剧本创作排演，一抓到底，常抓不懈。菏泽有一支实力较强的编剧队伍，马家振、王岳芳、吴良训、孔繁楷、杨洁、张殿臣、张广文、祝兆明、王宪涛、吕厚龙、葛振民、李丰收、张守堂、田恩众等勤奋笔耕，硕果累累，打造了一大批优秀的戏曲精品，为菏泽戏剧事业的发展做出了积极贡献。

参加第七届中国艺术节演出并获文华新剧目奖的山东梆子现代戏《山东汉子》，进中南海演出并获中国第二届人口文化奖的大平调现代戏《张三李四》，在全国豫剧艺术节获剧目、编剧等多项奖励的新编古装戏《洞房花烛夜》，参加文化部举办的“庆祝中华人民共和国成立30周年献礼演出”的两夹弦《相女婿》，获中国曹禺戏剧文学奖的讽刺喜剧《狗蛋买爹》，先后荣获山东省“五个一”精品工程奖的现代戏《法魂》《龙门渡口》《走出大山》《选村官》《山东汉子》等剧目，内容涵盖面宽，从直接反映农村改革的现实题材到展示民族精神的历史题材，可谓佳作迭出、好戏连台。

山东省历届戏剧调演和山东省文化艺术节中，都有菏泽新创作的剧目参加演出并获奖。如菏泽市枣梆剧团演出的《汉阳案》《人情鬼债》，菏泽市牡丹区大平调剧团演出的《法魂》《天职》《柴学进》《张三李四》，郓城县山东梆子剧团演出的《五品夫人》《龙门渡口》《选村官》，定陶县两夹弦剧团演出的《拾爹嫁娘》《风水宝地》，东明县大平调剧团演出的《好人二叔》《一壶见证酒》，菏泽市豫剧团演出的《车马店风情》等，都深受戏剧专家好评和观众欢迎。有的参加全国和省戏剧会演后，成为剧团的“看家戏”，作为一个剧种的长期保留剧目；有的剧目被省内外众多剧团、剧种移植上演，在剧坛产生了强烈的冲击波。

现代戏《张三李四》，首演剧团已经演出十几年，有着极强的生命力。甚至剧团每到一地，如果不演出《张三李四》，当地观众就不答应。在菏泽的马岭岗露天剧场演出时，突然下起小雨，观众冒雨看戏，很少有人退场。几个观众跑上舞台，撑起雨伞为伴奏人员遮风挡雨，自己的衣服却淋得透湿。1999年春天，剧团在菏泽的琵李村演出最后一场戏，观众得知剧团第二天要走，纷纷要求加演一天，村委会主任走上舞台，对观众说：“村里经济上有困难，明年再请剧团来演出。”观众异口同声地说：“我们要看《张三李四》，我们捐钱！”许多观众跑上舞台，当场捐款，有的捐10元，有的捐50元，不留姓名，不计数目，交给村委会主任就走。村委会主任把钱收敛起来，数了数，当场捐款1800多元。当时农村还不太富裕，他们没有太多的钱，但是他们看戏的热情深深感动了全体演职员。剧团团长当场表示，先不讲戏价，再加演三天。1992年，《张三李四》一剧走进中南海，彭珮云、段君毅等中央领导人和在京参加会议的各省省长观看了演出，并给予高度评价，认为该剧是直接来自生活的一部好戏，真实可信的人物，质朴无华的艺术特色和性格化、口语化的语言，充分显示了作者的生活厚度和艺术功力。河南、河北、山东、安徽、黑龙江等省众多演出团体移植上演了该剧。

山东梆子现代戏《山东汉子》，是菏泽戏剧工作者精心打造的一部艺术精品。2003年8月，该剧进京汇报演出，中央文明办主任、中宣部副部长胡振民，全国人大常委柳斌，全国政协常委兰涛，北京市副市长张茅和戏剧界著名专家学者在中国戏曲学院剧场观看了演出，《人民日报》、中央电视台等60多家新闻媒体分别做了相关报道。2004年，该剧参加第七届中国艺术节演出，获文华新剧目奖。这部戏表现了一位非常普通的人办了一件非常不普通的事，讴歌了人世间的真情与真诚，对当今社会上被某些人扭曲的价值观提出了拷问，对社会转型期人际关系的变化具有深刻的警示作用，深受戏剧专家和观众好评。

为了丰富戏曲舞台上演剧目，菏泽市的戏剧工作者创作出一批专供剧团长期演出的新编历史剧和连台本戏，如马家振创作的《千古奇冤》《双婿案》《金鞭记》《包公闹花堂》和李丰收改编的连台本戏《刮王莽》等，故事曲折，情节感人，既有思想性、艺术性，又有观赏性、可演性。连台本戏《千古奇冤》，全国有近百个不同剧种的剧团移植上演。

菏泽地方剧种丰富，浓郁的乡土气息和剧种个性，为城乡观众所喜闻乐见。编剧借助这一优势，为不同剧种的剧团编写剧本，让菏泽的戏曲赴省进京，走向全国。两夹弦三进国务院，唱出了这个剧种的辉煌。《张三李四》和《山东汉子》进京演出，唱响了菏泽地方戏，促进了地方戏曲的发展。为保护地方剧种，菏泽市豫剧团更名为“菏泽市戏剧院山东梆子剧团”，高亢优美的山东梆子唱腔，深受各界好评。应该说，所有这一切，奠定了打造舞台艺术精品的基础，突出了菏泽深厚的文化底蕴。大平调剧团在北京吉祥剧院演出《张三李四》时，北京的戏曲专家、学者对这一剧种很感兴趣，认为这一地方剧种乡土气息浓郁，很有表现力。独具特色的地方剧种，成了菏泽戏曲界打造艺术精品的独特优势。

（二）继承发展古腔新韵

中国是一个具有五千年文明史的国度，数千年来，人民共生于一种文化背景下。在这个背景下孕育而生的戏曲艺术，其本身就被烙上了难以磨灭的民族文化烙印。中国戏曲经历了千年大浪淘沙般的洗礼，经历了各个时期的不同锻造，一直延续保存下来，并不断地发展与完善，充分体现出中国戏曲的民族文化属性。菏泽是一个多剧种的地区，如今山东梆子、两夹弦、大平调、四平调、枣梆等地方剧种仍活跃在城乡戏曲舞台上。各个剧种能够生存下来，是因为它们根植于民族的土壤，具有深厚的群众基础。

传统是戏曲艺术的本源，是需要继承的。但是，戏曲艺术必须在继承传统艺术的基础上，进行适当、适时的革新。改革创新、与时俱进，是戏曲艺术发展的必由之路。

为了更好地继承传统艺术，菏泽市首先对地方剧种进行了认真的挖掘整理。1979 年，由菏泽地区文化局艺术科科长李惠负责，刘惠祥、苏本栋等戏曲音乐工作者组成专门班子，参加编辑了《中国戏曲音乐集成》《中国戏曲志》。《中国戏曲音乐集成》中将菏泽地方剧种有特色的音乐唱腔进行了收集记录，全方位地介绍了菏泽丰富的戏曲资源。《中国戏曲志》中，菏泽戏曲方面的资料颇为丰富，山东梆子、枣梆、大平调、四平调、两夹弦、大弦子戏、柳子戏等剧种的源流记述得都很翔实，并对剧种特色作了详尽介绍。

1993 年，菏泽地区艺术研究所编撰了《曹州地方戏唱腔集锦》。该书对流行于菏泽的地方戏，从渊源、形成、发展脉络到唱腔音乐体制、风格特征等方面，进行了较为系统的整理和介绍。同时，精选了部分名老艺人的典型唱腔选段和多年来新创作的优秀唱段。著名戏剧理论家、剧作家纪根垠在代序中称：“菏泽，堪称为形象化的中国戏曲声腔剧种博物馆和展览会。‘东柳、西梆、南昆、北弋’在这里可以一览无余。属于弦索声腔系统的柳子戏、大弦子戏，不仅保存了数以百计的俗曲小令，而且容纳包罗了弋阳腔（高腔）、青阳腔、昆腔、乱弹、罗罗、皮黄等声腔及剧目。属于梆子声腔系统的有山东梆子、平调、枣梆及河南梆子、河北梆子五种。枣梆早期也有‘昆、梆、罗、卷、簧’五大套组成。在花鼓秧歌基础上发展形成的两夹弦、四平调等民间小戏剧种，富有浓郁的地方色彩和泥土气息，耐人寻味。此外，还流行过化妆坠子、四合音、北词两夹弦、官腔以及评剧等剧种，琳琅满目，美不胜收。”为了继承弘扬优秀的民族文化，菏泽戏剧工作者将各剧种的唱腔精华，搜集整理，刊印成册，完成了一项既有历史意义又有现实意义的基础工程。1993 年，菏泽地区艺术研究所、齐鲁音像出版社出版发行了山东地方戏集锦《曹州地方戏名家名唱》音带一套，收录了两夹弦、枣梆、大平调、大弦子戏、山东梆子、四平调 6 个剧种 16 位著名演员的唱腔唱段，如两夹弦著名演员黄云芝、李京华，枣梆著名演员赵凤来、唐群贤、张文英，大平调著名演员郭盛高、何西良、马洪轩、刘玉莲，大弦子戏著名演员陈贯福、王秀兰、郭春兰、郭凤菊，山东梆子著名演员任心才、刘桂松、谷爱春，四平调著名演员王凤云。有的演员已经谢世，有不少演员已经离开了舞台多年，为了不让他们的唱腔唱段湮没失传，用音带的形式进行了及时的保留。

传统艺术是在不断发展中生存下来的，戏曲只有在继承传统艺术的基础上，把握现代的审美趋势，注重戏曲的时代性，才能立于不败之地。如果一味固守旧的演出模式，对时代的发展熟视无睹，终将被与时代同步的其他艺术种类取而代之。清代著名戏剧理论家李渔对此早有清醒的认识，他指出：传奇（戏曲）是“新人耳目之事”，应善于“变旧调为新调”，因为“变则新，不变则腐；变则活，不变则板”。“新”“活”意味着发展，“腐”“板”则必然导致僵化。

近年来，菏泽地方戏曲注重在导演、音乐、舞美、行当乃至剧本创作上进行着新的尝试，并取得了非凡的成绩，一批具有丰富内涵的作品，已经得到群众的认可与欢迎。如马家振创作的现代戏《张三李四》《柴学进》《法魂》

《安家老宅》《天职》《龙门波口》《选村官》和新编历史剧《包公卖官》，韩枫、张广文创作的《山东汉子》，张宝祥创作的《走出大山》等，在保留剧种特点的同时，融入了大量姐妹艺术的表现元素及现代舞台声、光等科技手段，使舞台演出好听、好看，有较强的视觉冲击力，成了更加多姿多彩的艺术形式，得到了社会的普遍认同。以大平调这一古老的剧种为例，他们演出的传统剧目大多是根据《列国志》《三国演义》《包公案》《杨家将》等古典小说改编而成，此类表现帝王将相、英雄豪杰的历史题材，形成了平调剧种黑红花脸的戏多、武打戏多、袍带戏多的表现特色。现在如果用这一古老的剧种创作、排演现代戏，必须对音乐唱腔、表演形式等进行革新。马家振编剧、刘汉坤作曲的大型现代戏《张三李四》，以浓郁的生活气息、朴素生动的语言、鲜明的人物性格、自然流畅的故事赢得了观众。音乐唱腔的设计，打破了传统的唱法，根据剧情和人物性格，进行了大胆的革新，既保持了高亢激昂、刚劲有力的唱腔特色，又大胆吸取姐妹剧种的特长。张三和李四回忆童年的一段唱腔，风趣幽默，自然流畅，清新悦耳，质朴无华。北京的戏曲专家评论说：“两人叙事，像说又是唱，节奏不拖，又注声情。”通过《张三李四》《柴学进》《法魂》《安家老宅》和《天职》等几个现代戏的排演，大平调的音乐唱腔设计出现了可喜的变化，令人耳目一新。《安家老宅》中融入歌曲的伴唱和男女对唱，《法魂》中的“讴腔”、《天职》中的母子对唱、夫妻对唱和中心唱段等，都是与时代生活韵律相通的，得到了观众和戏曲专家的认可。另外，音乐工作者对《山东汉子》的音乐、唱腔进行了大胆革新，在保持山东梆子原有风格的基础上，又注入新的山东梆子音乐元素，增加了和声、复调对位及各种新的表现手段。音乐伴奏也扩大了传统的表现手法，增加了色彩变化，丰富了乐队的表现力。

为保护地方特色剧种，菏泽艺术学校先后招收了山东梆子、枣梆、两夹弦、四平调、柳子等学员 200 余名，根据不同剧团的需要，培养了一批源源不绝的新生力量。2000 年，菏泽艺术学校为成武县四平调剧团培养四年制四平调专业学生 30 余名，学员毕业后直接到剧团工作，解决了剧团演职员青黄不接、后继乏人的问题。2001年，招收了柳子班学员50名，因学员成绩优秀，被山东省柳子剧团选拔录用，解决了柳子戏演职员断档问题。2005年，有2名柳子班学生荣获全国小梅花奖。2006年，菏泽市戏剧院与菏泽艺术学校联合招收枣梆、山东梆子专业学生，为枣梆、山东梆子培养了后备军。在培养学生过程中，要求老师在保持剧种特色的基础上，用新的思维求新嬗变，从娃娃抓起，刻意求索，大胆追寻。

菏泽作为“中国戏曲之乡”，为了弘扬传统民族文化，让老树开新花，古腔唱新韵，适应新时代观众的审美情趣，广大戏曲工作者正以改革求发展，以创新求繁荣，努力开创着菏泽地方戏曲新局面。

（三）舞美创新贴近时代

舞台美术，是戏曲及其他演出艺术中除表演以外的各种造型因素的统称，包括化妆、服装、道具、布景和灯光。

中国古代戏曲的演出没有布景，背幕两端各有一门，舞台上摆放桌椅，基本上靠演员的唱、做来描写环境，用程式化的手法组织空间。桌、椅的摆列形式，桌围、椅披的色彩和花纹以及烛台、大帐、水旗、布城等道具也多少起着暗示环境的作用。布景是20世纪初由日本传入中国的。以前的戏曲演出靠自然光照明，夜间演出采用油灯、汽灯、瓦斯灯，后来改为电灯。而现代舞台的设计对于空间的组织能够做出种种新的处理，灯光可以切割空间，刻意突显或隐没实物，并用它的流动性加强演出的节奏感。舞台观念的固定模式已经消失，新型的随机运用成为常态。加上舞台装备的现代科技手段与新式灯光、布景、服装和音响设备的运用，使演出舞台呈现出焕然一新、五彩缤纷的面貌。

《山东汉子》的舞美设计，就大胆地打破了传统观念，采用了多种新颖的表现手段。最初后景设计为一朵立体牡丹，点出这个动人的故事就是发生在牡丹之乡菏泽，通过灯光和立体牡丹的变化，牡丹花瓣又似层层高山。后期制作又运用写意、写实手法，将鲁西南农家小院和湘西竹林、竹楼作为舞台背景，透露出独具特色的鲁西南风情和土家族的民俗及浓浓的乡土气息。

加上平台、阶梯和斜坡的运用及演员的载歌载舞，表现出赵良脚蹬三轮车，跨越四省行程3000余里将失去双腿的湖南土家族女子田云送回老家的艰辛。灯光色彩和平台的推拉变换，简洁明快地转换着场景，让人感觉耳目一新。雷鸣电闪的雨夜，通过高科技手段的介入，在舞台上表现得淋漓尽致。现代戏《张三李四》的舞美设计同样摒弃了传统观念，张三和李四两家大门的推拉，加快了场景变换的节奏，较好地解决了二道幕的问题。推上两家大门，就是门外的戏，拉开两家的大门，景已布好，更换了场景，节奏不拖，自然流畅，为演出创造了活动空间。张三家的葫芦、李四家的向日葵、两家大门上不同内容的对联以及舞台口的柿子树，都是经过精心设计并用新型材料制作的。老柿子树用透明的塑料纸制作绘画，在灯光下满树熟透了的柿子透红通亮。在菏泽人民剧场演出时，拉开大幕，人物还没上场，观众就先为舞美设计来了个满堂彩。进入改革开放的新时期，舞美设计方面出现了琳琅满目的创作手段和方法，从写意到写实，从再现到表现，从具体到抽象，从描绘到变形，采用了极富个性的、独特的创作方法。菏泽市牡丹区大平调剧团排演的现代戏《法魂》，整个后底幕前是用绳索结织的一张大网，意指“天网恢恢，疏而不漏”。现代戏《柴学进》的舞美设计则运用了写意的手法，树林、房子、凳子、平台等都用不同色彩的布块粘贴，简洁明快。第一场，用布条勾勒出树林，几束淡蓝色的光，表现出林下月色，增加了舞台形象的表现力。另外，《包公卖官》《洞房花烛夜》《走出大山》《龙门渡口》《选村官》等剧的舞美，都不同程度地打破种种“禁区”，作了多样化的尝试。

随着观念的更新，菏泽戏剧创作进入了调动各种艺术手段追求舞台完美的时期，打造艺术精品成为大家的共识。现在，各种风格流派的剧目聚集剧坛，写实的、写意的，主流性的、边缘性的、传统的、先锋的，共存于舞台，各种艺术风格齐头并进、共生共荣。

第三章　粉墨生涯

第一节　戏曲大师

一、著名表演艺术家马金凤

马金凤，女，1922年出生于山东省曹县东关一个穷苦艺人家庭。她6岁学戏，7岁唱红。中共党员。历任蚌埠剧团演员，界首中原剧团演员、团长，商丘专区人民剧团团长，商丘专区试验豫剧一团团长，洛阳市豫剧团团长。国家一级演员，为豫剧四大名旦之一、著名的豫剧表演艺术家。中国戏剧家协会理事、中国剧协河南分会副主席，河南省政协委员、洛阳市政协副主席、洛阳市戏剧家协会主席。她先后被评为全国三八红旗手，全国文化系统先进工作者，享受政府特殊津贴。她曾多次到中国台湾、中国香港和澳门等地演出。

马金凤在传统剧《穆桂英挂帅》《花打朝》《花枪缘》（均已拍成电影）及现代戏《情系小浪底》中饰演主要角色。《穆桂英挂帅》获山东省戏剧大赛剧本、导演、音乐、舞美、演出五个一等大奖，1956年进京演出，轰动了首都剧坛。1957年该剧获文化部优秀剧目奖。《花打朝》获1979年河南省传统剧目调演优秀剧目奖。《情系小浪底》获山东省第七届戏剧大赛特别荣誉奖，获2000年中国人口文化奖特别荣誉奖。2006年元旦之夜，83岁的马金凤在河南省人民大会堂举行的马派艺术戏曲晚会上，一段唱了50年的《穆桂英挂帅》选段《出征》，依然获得如潮掌声。

20世纪50年代，豫剧第一次较长时间的出省演出，要算马金凤率领的商丘地区人民豫剧团了。这个剧团于1953年春一路演出来到南京，其演员阵容相当可观，除了擅长唱青衣老旦和花旦的马金凤外，还有须生王根保、闺门旦阎立品、小生徐凤云等。他们所带的剧目，最引人注目的就是《老征东》。

《老征东》这出戏，是一个有一定群众基础的传统剧目，取材于杨家将后期抗御外敌的历史传说。

在南京，马金凤向江苏省文化局和戏剧界的朋友倾吐了自己的愿望，她殷切希望得到支持和帮助，把《老征东》这出戏改好，以便到上海去演出。江苏省文化局看了马金凤这个团的几出戏后，也认为《老征东》有基础。于是派年轻的作家宋词，协助马金凤研究改戏的事儿。

马金凤和宋词在改这出戏时，使老年的穆桂英的戎马生涯和英雄行为，更具有思想高度，使这一爱国女英雄的形象更为光彩夺目。

二、崔派艺术创始人崔兰田

崔兰田，女，1926 年出生于山东省曹县。中共党员。她 5 岁随父母逃荒至河南郑州。11 岁从艺，入豫西调老艺人周海水的科班学艺，工豫剧须生，后改旦行。16 岁出科，加入洛阳豫剧团，演出于洛阳、西安、宝鸡、天水一带。中华人民共和国成立后历任安阳市豫剧团演员，安阳市豫剧一团团长，安阳市戏曲学校校长。为河南省戏剧家协会副主席。崔兰田的唱腔有豫西调特点，浑厚深沉，表演含蓄，独树一帜。饰有豫剧传统戏《三上轿》《秦香莲》《桃花庵》《卖苗郎》，现代戏《李双双》等主要角色和其他角色。《秦香莲》一剧，于 1980 年春拍摄成影片，她担任艺术顾问。

崔兰田的艺术风格，可以概括为这样一句话：含蓄蕴藉，深沉隽永，富于内在的感染力。她那鲜明的艺术特色和令人叹服的艺术魅力，一直为广大戏剧爱好者所赞赏。在豫剧艺苑中，崔派艺术始终是一株深受人们喜爱的绚丽奇葩。

崔派历来以擅演悲剧著称，因而它的唱腔自然形成了自己深沉哀怨、委婉缠绵的特色。

崔派最擅运用质朴的唱腔表达人物复杂的内心感情，很少使用花腔，恰似“清水出芙蓉，天然去雕饰”。听起来朴实亲切，如泣如诉，动人肺腑。

崔兰田多演端庄、贤淑、善良、坚贞而又命运悲惨的妇女形象，行腔注重曲情通神，其演唱“情真、情重、情深、情切、情动于衷”，具有“豫剧程（砚秋）派”之唱风。

第二节　梅花奖金奖得主

一、章兰

章兰，女，1953年出生于山东省郓城县。国家一级演员。中共党员。中专毕业。1959年从艺，历任山东省寿张县豫剧团、莘县豫剧团，河北省邯郸市豫剧团，山东省聊城市豫剧团演员。山东省戏剧家协会副主席，山东省第六届政协委员，山东省第六、七届党代会代表。1995年进中南海演出，受到江泽民等中央领导接见。曾获中国豫剧十大名旦金奖、第十届中国戏剧梅花奖和优秀专家荣誉称号。1989年加入中国戏剧家协会。饰有豫剧《陈三两》《苗郎审爹》《路边店》《冰山雪莲花》等主要角色和其他角色。

第十届中国戏剧梅花奖获得者章兰，出身梨园世家，父亲章兆林，嗓子特别好，唱腔洪亮高亢，20世纪50年代就在黄河两岸有“一声雷”的雅号。家庭的影响，父辈的熏陶，使她从小就爱上了戏曲艺术。

章兰演出的豫剧《花木兰》获得了成功后，她又相继排演了《祝英台》《大祭桩》《女县令》《秦雪梅》《三拂袖》《陈三两》《穆桂英挂帅》等十几出戏。由于章兰善于广撷博取，多方吸收，因此她的表演细致秀美，而且兼有其他流派的刚健、端庄、细腻含蓄的风采。

梅花香自苦寒来，经过艰苦不懈的努力，章兰的表演日臻成熟，并形成了自己独特的风格。1992年4月，章兰在北京吉祥大戏院分别演出了现代戏《路边店》和传统戏《陈三两》，章兰也因《路边店》中崔秀芬这一人物的成功塑造，摘取了第十届中国戏剧梅花奖的桂冠。崔秀芬是一个从贤惠懦弱到自强自立，并具有高尚美德的生活在变革时期的妇女形象。章兰对崔秀芬多层次的复杂心理流程，把握得准确到位，她细腻传神的表演真切、鲜明、感人至深。

在豫剧粗犷质朴的美学风格上，融入了京剧的文气、细腻。所以章兰扮起戏来俊美大气，表演起来细腻高雅，行起腔来又是一派淳厚地道的豫剧味。

二、朱巧云

朱巧云，女，1950年生于山东省东明县东明集镇。系中国戏剧家协会会员，河南省戏剧家协会常务理事，国家一级演员。开封市政协常委、剧协副主席、豫剧团团长，被国务院授予“突出贡献专家”称号。

朱巧云生长在艺术世家，其父朱留福是东明县豫剧团早期演员。

1961年，东明县豫剧团由她主演的第一部现代戏《草原英雄小姐妹》引起轰动，自此她的名字便蜚声剧坛。1968年底，东明县豫剧团解散，朱巧云和几个青年演员几经周折于1971年加入开封豫剧团。开封历来是戏剧表演名家荟萃的地方，像常香玉、陈素真等一批豫剧名家，都是由这里起步。这让朱巧云犹如鱼入大海。她如饥似渴地汲取豫剧陈、常、崔、马、阎五大派的风格，既能演花旦、刀马旦，帅旦、闺门旦也颇有功底，很快就以扮相俊美、表演细腻、吐字清晰、唱腔甜润而名播中原。

朱巧云从艺40余年，先后主演了50多个剧目。她成功地塑造了铁梅、吴琼花、海霞、柯湘、红嫂、江姐、银环、穆桂英等众多舞台形象，受到了广泛的赞誉。《穆杨会》《抬花轿》《血染宋宫》《花轿错》《焦裕禄》《朱巧云艺术专题》《朱巧云唱腔欣赏》等，先后由中央、河南、山东等电视台录制。中国唱片社、上海音像社、黄河音像社等先后录制了唱片和盒式带。多次应邀参加中央和省级电视台春节文艺晚会。1991年到北京中南海演出，受到江泽民等党和国家领导人的亲切接见。

朱巧云曾获四省十四市豫剧中青年演员广播大奖赛一等奖、香玉杯艺术奖、河南省第三届戏剧大赛演员一等奖、河南省豫剧中青年大赛梨园杯一等奖、中国豫剧十大名旦大赛金奖、第十三届中国戏剧梅花奖、河南省第六届戏剧大赛演员一等奖等。

三、朱桂芹

朱桂芹，女，1950 年出生于山东单县。豫剧大师常香玉的入室弟子。国家一级演员。中国戏剧家协会会员、山东省第六届至第九届人大代表、山东省第十届妇代会代表、山东省第七次文代会委员、第十二届十三届菏泽市政协常委、第十六届中国戏剧梅花奖获得者。历任菏泽地区豫剧团团长、菏泽市文联副主席，山东省戏剧家协会副主席、菏泽市戏剧家协会主席。

朱桂琴 14 岁在单县两夹弦剧团开始学艺，主攻花旦、闺门旦。1966 年，单县豫剧团与单县两夹弦剧团合并，她改唱豫剧。因为天生聪颖，很快成长为团里主演。1972 年，调入菏泽专区豫剧团。1997 年拜豫剧大师常香玉为师，学习常派艺术。她唱腔优美，表演细腻，扮相俊秀，在戏曲舞台上形成了质朴高雅、潇洒婉约的独特艺术风格。曾在《花木兰》《大祭桩》《拷红》《五世请缨》《白蛇传》《秦雪梅》《朝阳沟》《焦裕禄》《孔繁森》《警魂》等几十部传统戏和现代戏中担任主要角色，成功地塑造了一大批优秀艺术形象。在苏、鲁、豫、皖一代有着较大影响，深受广大观众赞誉和好评。她主演的豫剧《花木兰》《拷红》《大祭桩》《五世请缨》等折子戏专场由中央电视台录制，并在中央电视台戏曲频道多次播放。1997 年在现代戏《警魂》中饰演女主角玉芳，获首届中国豫剧艺术节优秀表演奖，后又受邀在中南海礼堂演出三场；1999 年主演常派豫剧传统戏《大祭桩》，获第七届“香玉杯”艺术奖；同年又获得第十六届中国戏剧梅花奖。

1983 年任菏泽地区豫剧团团长。在任期间，她身先士卒、吃苦耐劳，经常带领剧团上山下乡演出。积极参加社会各类公益活动，为拯救地方戏、抗洪救灾、菏泽国际牡丹花会等活动开展义演 200 多场，为菏泽市戏剧事业和文化大市建设做出了突出贡献。1985 年获“山东省文化厅先进工作者”；1986 年被评为山东省宣传先进工作者；1999 年获菏泽地区宣传部“菏泽地区戏曲表演艺术家特别贡献奖”；2001 年获山东省文联系统“德艺双馨中青年艺术家”荣誉称号；2002 年被山东省委宣传部授予“十佳”文艺工作者称号。

四、李新花

李新花，女，1965年出生于山东省曹县。1978年开始从艺，师承王东红，工豫剧闺门旦、花旦、青衣、老旦。1980年任曹县豫剧团演员、1995年任济宁市豫剧团演员。2001年加入中国戏剧家协会。国家一级演员。山东省青联委员，山东省第七次党代会代表，济宁市市中区人大代表，曹县第十届人大常委。

李新花1978年首次公演豫剧《打渔杀家》之后，在豫剧《抬花轿》中饰周凤莲、《秦雪梅》中饰秦雪梅、《西厢记》中饰红娘、《洛阳桥》中饰叶含嫣、《三上轿》中饰崔金定、《蝴蝶杯》中饰胡凤莲、《泪洒相思地》中饰王莲娟、《风雨行宫》中饰金桂、《花枪缘》中饰姜桂芝、《粉黛冤家》中饰上官婉儿、《红颜泪》中饰田秀等；录制有电视戏曲艺术片《抬花轿》《粉黛冤家》《风雨行宫》等。1991年在菏泽地区首届戏曲艺术节中演出《红颜泪》，获表演一等奖，同年参加山东省地方戏中青年演员大赛，演出《抬花轿》获表演二等奖，《风雨行宫》在河南省戏曲艺术节中获表演二等奖，《泪洒相思地》在山东省地方戏曲邀请赛中获表演一等奖，《秦雪梅》参加济宁市天幕杯中青年戏曲演员大赛一等奖，在1998年参加新编历史剧《孔尚任》中饰雪儿第六届山东文化艺术节获表演一等奖，2001年，在古装戏剧《桃花扇》中饰李香君，参加山东文化艺术节第七届表演一等奖等。2003年3月，因饰演《桃花扇》中李香君，获第20届中国戏剧“梅花奖”。

第三节　山东梆子著名演员

丁宪文（1884—1968）　艺名“丁三”，山东省郓城县人。幼时入科班学艺，工武生，后改黑脸。先后为大姚班、孙班主要演员。解放初期，携妻李翠喜（艺名“老丁儿”）、子丁长起（艺名“二保”）、女丁淑霞入巨野县大众剧社，边演出边收徒授艺。1957年调入山东省山东梆子剧团，后与妻同被聘为山东省戏曲学校教师。

丁宪文是山东梆子著名的文武全能演员。他会戏多，唱功好，做功端正、规矩，德艺双馨，被苏、皖演艺界称为北方梆子戏的三大家之首（另两家是艺名为“明三”的明全兴、和艺名为“徐垫儿”的徐崇贵）。丁宪文曾在济宁为京剧名家肖吉瑞和刘庆奎配戏两个多月,从京剧中吸收了很多表演技巧。他无论饰演《长坂坡》中的赵云、《反昭关》中的伍子胥等生角戏，还是《夜战马超》中的张飞、《夺鱼》中的李逵、《铡美案》中的包拯等黑脸戏，都有独到之处。尤其他的武生演技,其子丁长起继承后成为名闻遐迩的武生演员。丁宪文记忆力较强，曾口授大批剧目，对戏剧事业的研究与发展，对艺术教育事业做出了巨大贡献。

许中新（1888—1972）　艺名“新头”，山东省定陶县人。

许中新幼时家贫，酷爱戏曲，行乞时常跟班看戏，自行习唱。16岁时拜当地艺人蒋某为师，学唱山东梆子红脸。17岁首次登台演出《困河东》一剧，颇受乡里欢迎。20岁出师，搭当地人才汇集的大兴班，与当时名演员配戏，艺术大有长进。随班演出时,拜访各地有学问者,几年后由不识字到能阅读《三国演义》《东周列国志》《五代残唐》等古典小说。

在近60年的舞台实践中，许中新当过48年的主演，在班社中从不拉帮结伙，是一个耿直、正派而又讲礼貌的艺人。中华人民共和国成立后，在定陶县华光、红光两剧团任教并领衔主演，曾积极投入挖掘、整理传统剧目的工作,毛笔楷书录出自己经常上演的剧目。他亲自改编上演的有《洪昌府》《紫金镯》《金台将》《宇宙锋》《江东战船》等。“文化大革命”中，许中新因被诬蔑为演旧戏放毒而遭批斗，其剧稿被一火焚烧，因此气愤而逝。如今仅有其手抄本《麒麟烛》《紫金镯》存山东省戏曲研究室。

庞贵林（1900—1956）　山东省曹县人，因生活所迫，8岁入部集（曹县安蔡楼东3里路）科班学戏。管主是胡二胖，启蒙师为胡海金（须生艺人），同科艺徒有高二管、“大嘴”“白三”等，庞贵林入科即攻黑脸，一唱即响。为寻名师，投奔当时颇有名气的大戏班——夏邑（河南）三班班主、红脸王孙照登（又名孙白）门下，跟从孙照登先生随班学艺演戏。他洪钟般的嗓音与粗犷豪放的功架浑然一体，再配之以根据人物性格特征精心设计的扮相造型，成功在塑造了许多历史人物的舞台艺术形象。

庞贵林 20 岁时应亳州科班聘请掌班演戏。由于他饰包公名震苏、皖北部和豫东等地区，管主就专门打造了一块“百寿锁”状的大银盘，让他每饰包公都悬挂于胸前，以示其“活包公”之誉。1947 年，他应黄儒秀聘请，加入黄儒秀戏班，与当时名震遐迩的黄儒秀、唐玉成、刘德润、王锡堂、陈素花、宋桂玲、刘君秋等先后占据商丘和生剧院和大舞台同台演戏。庞贵林文武全才，“四功”皆佳，曾被同行和观众称为“黑红绞子”（即黑脸、红脸两门抱），因此，能戏颇多他所扮演的《反潼关》中的任守义、《对霸王》中的霸王、《严海斗》中的严嵩、《司马貌告状》中的司马貌、《江东桥》中的白汉王等，都堪称杰作。

庞贵林 1956 年因患癌症仙逝。其二子一女又承父业，“父子三花脸”名震鲁西南和豫东及苏、皖北部；小女“露头响”，美誉日重；两个儿媳一文（青衣花旦）一武（刀马旦、武小生），女婿也一度被观众称为“豫剧美猴王”。一家两代 7 人泛舟艺海，均有所成，他们分别在省、地、县专业剧团任职，都是主要演员。

宋玉山（1895—1971）　艺名立愣，工青衣，山东省邹县人。以扮演《铡赵王》中的包夫人、《李渊跑官》中的萧妃而出名。并擅演红脸及外脚行角色。有“金马驹子银铃铛，不及立愣一晃荡”之誉。会戏极多，唱腔优美，表演泼辣大方，感情充沛。与窦朝荣同为巨野县大姚班主要演员。“孔府档案”中有民国五年（1916）三月二十日关于“王爷赏立楞钱四千文”的记载。宋玉山当年曾至孔府演出。1958 年被聘为山东梆子剧团教师。1960 年调至山东省戏曲学校山东梆子科任教。

黄儒秀（1909—1967）　艺名“黄娃”，山东省定陶县人。

黄儒秀幼年家境贫困，1923 年到定陶“三义堂”公艺班学戏，拜邵金玉为师。1925 年出师搭班。1927 年进樊粹庭为首的豫声剧院，与赵义庭、陈素真、王锡堂等著名演员同台演出。他嗓音清脆嘹亮，众人赞誉他是童子嗓、娃娃腔，“黄娃”的称号由此而来，曾一时名震中州大地。他的唱腔特点是柔中有刚，刚中见柔，刚柔相济，深沉含蓄，慷慨激昂，雄浑悲壮，震撼心灵，这一点在唱功戏《南阳关》中得到了淋漓尽致的发挥。在《提寇》这折戏中，他通过唱、念、做、舞等一系列舞台技巧，把寇准形象刻画得惟妙惟肖、可亲可敬，难怪当时流行的歌谣中提道："拆了屋子卖了牛，要看黄娃演《提寇》。"他在开封出名后，"三义堂"戏班又请他回去领班。二进三义堂，黄儒秀立志把戏演好，他领导的剧社班规严，台风正，演戏讲究，作风正派，在城乡广大观众中威信很高。三义堂逐渐壮大，演员多，行当全，戏路宽，角色棒，从此一直在商丘"大舞台"坐院演出达18年之久，巡回演出于冀、鲁、豫、皖、苏、陕等省的上百个县市，长演不衰。

中华人民共和国成立后，黄儒秀率团接受曹县人民委员会的领导，定名"曹县大众剧社"，后改为"曹县豫剧一团"，黄儒秀任团长。1954年参加山东省第一届戏曲观摩演出大会，荣获演员奖。1962年应河南省邀请，参加该省举办的名老艺人会演，河南省授予他"优秀名老艺人"称号。1960—1961年，任菏泽戏曲学校教导处副主任，从事艺术教育工作。

黄儒秀毕生从艺，勤劳苦练，四十年如一日，练就一身过硬的功夫，唱、念、做、打、舞样样精，文武生角行行通。他扮演的角色个个独具风格，富有特技专功，在《能干闹房》《藏舟》《截江》等多部戏中，表演都有惊人之处。他忠于戏剧事业，积累了宝贵的艺术财富，并热心传授，培养了许多戏曲后继人才。

王锡堂 （1911—？） 艺名"桂花油"，山东省曹县人。幼入曾樊庄曾兆玉的山东梆子科班学艺，拜红脸演员赵松河为师，工花旦。

1930年，曾班解散。王锡堂入曹县黄金玉的"三盛班"，为该班主要花旦演员。他嗓音清脆，韵味淳厚，音色优美，吐字准确清晰，行腔玲珑委婉，且表演细腻、声情交融、浑然一体，为观众所称道。根据其艺号，大家便叫他"桂花油"，绰号"玫瑰花"。

不久，"桂花油"的名声从鲁西南传入豫东的开封、商丘等城市，引起河南戏剧界的重视。1933年王锡堂被开封豫声剧院聘去演唱，同去的还有赵义庭、刘德润（艺名“红脸王”）、曹连生（艺名“雪花膏”）等。从此，他受到著名戏剧家樊粹庭的指导，并与名演员陈素真配戏，如在《玉虎坠》中，王锡堂演小旦王娟娟，陈素真演青衣冯尹氏；在《罗焕跪楼》中，陈素真演姜桂芝，王锡堂饰焦金娥。1934 年，著名京剧表演艺术家梅兰芳来开封人民剧场演出，曾多次对王锡堂临场指导。当时，梅兰芳赠王纸扇一把，上题“赤豫声光”，足见他对王锡堂的赏识。

由于他唱腔优美，表演出色，引起全国戏曲界的注目。1935 年，上海唱片厂派人专程到开封，为王锡堂灌制了《织皇绫》《罗焕跪楼》《春秋配》《玉虎坠》《双玉镯》等唱段。

1937 年抗日战争爆发，父亲把王锡堂叫回家中。是年，王福田在曹叵集成立戏班，王锡堂应邀参加，为该班主演，在当地流动演出。

1942 年，王锡堂进冀鲁豫军区五分区领导的“民艺剧团”工作，曾演出《小二黑结婚》《鸳鸯恨》等现代戏和《岳母刺字》《大保国》等优秀传统戏，对抗日救国起了一定的宣传作用。他当时的活动范围主要是安陵（今属牡丹区大黄集乡）一带。

中华人民共和国成立后，王锡堂在菏泽地区豫剧团工作，曾于 1954 年参加山东省第一届戏曲观摩大会，扮演《截江》中的孙尚香，荣获奖状。1959—1962 年，王锡堂调到菏泽地区戏校梆子科任教，为培养地方戏曲人才做出了贡献。

王锡堂以演花旦戏著称，直到 1963 年，他演《双玉镯》中的宋玉姣，依然是活泼可爱、娇巧乖稚、出神入化、光彩夺人，观众称赞他“不减当年”。

于衍寅　艺名“大洋马”，1915 年出生于山东省巨野县。著名老生演员。于衍寅自幼家贫，酷爱戏曲。在其父影响与支持下，他 17 岁开始学戏，拜老艺人杨继安为师。不久，师傅带他入“陈班”（后改名“三盛班”）从艺。于衍寅开始演丑行，后改红脸。因其身材高大魁梧，观众送号“大洋马”。而后，他由三盛班转入大姚班。

于衍寅先后从艺近 50 年，演出剧目数以百计，塑造了几十个生动鲜明的艺术形象，尤以饰演《虎丘山》中的白士祺、《反徐州》中的徐达、《御河桥》中的柯太傅为最为出色。他扮相伟岸端庄，表演细腻，功底深厚，体现出剧中人的性格特点与思想感情，很能感染人，曾在 1956 年山东省戏曲观摩演出中获演员二等奖

刘云亭（1915—？）　山东省郓城县人。自幼家贫，13 岁入郓城县张官屯朱振朝梆子科班学艺，专攻青衣、花旦，因排行第三，艺名“刘三”。

1931 年，刘云亭学徒期满，朱家科班也宣告解散。他便随谢宝祥到东阿县搭高声班。不料半年后，刘云亭出现变声期，腔全坏了。班主便将他赶回老家。刘云亭务农半年，坚持到野外练腔。1934 年，刘云亭的嗓子变过来有了腔，谢宝祥便让他入孔班。刘云亭把自己的新板式、新唱腔，运用到《老羊山》《三请樊梨花》《反西唐》《对花枪》《琵琶词》《岳母刺字》等剧目中，取得良好效果，自此声誉大振。1936 年，刘云亭入大姚班演戏，曾多次同著名梆子演员窦朝荣、任心才、宋玉山同台演出，颇受广大观众欢迎。他功底深厚，唱功扎实，嗓音洪亮高亢，韵味纯正甜美，吐字清晰准确，表演细腻朴实。擅演剧目有《老羊山》《三请樊梨花》《贺后骂殿》《吵宫》《三娘教子》《玉宽爬堂》《牧羊圈》等。中华人民共和国成立后，大姚班由巨野县人民政府接管，改名为“巨野大众剧社”，他成为剧社的台柱子演员。1958 年下半年，菏泽专区成立戏曲学校，刘云亭被聘为山东梆子班教师，培养出一批优秀的山东梆子演员。

刘玉朋　艺名“刘八”，1920 年出生于山东省巨野县。结业于北京戏曲学校讲习班。历任山东省定陶县东三义堂剧团演员，菏泽县（今牡丹区）人民剧社社长、菏泽专区人民剧团团长、山东省山东梆子剧团演员，兼山东省戏剧家协会理事、山东省政协委员。

刘玉朋幼年从艺后，因不堪族人歧视，父亲携家移居本乡义和集。1933 年，刘玉朋 12 岁入于园梆子“窝班”，从师于艺名为“老少迷”者学艺。始学花脸，后改学丑行。按照当时学员“三年满，四年园，再给师傅挣年钱”的规矩，刘玉朋在 15 岁学戏三年出科后，又在于园跟老师“效劳”两年，于 17 岁时拜别老师，到黄儒秀所在的定陶县“东三义堂”搭班。1948 年戏班解散，刘

玉朋回到老家教起科班，收徒近50名。他一边教人授艺，一边自练戏功，等待时机。1950年春，菏泽县成立人民剧社，刘玉朋应邀参加，并被推荐为社长。1956年秋，人民剧社归属专署直接领导，更名为“菏泽专区人民剧团”，刘玉朋任团长，与刘桂荣（旦）、刘君秋（小生）合称“三刘”。当时该剧团艺风甚佳，“三刘”颇负盛名，誉满鲁西南。

刘玉朋性情耿直，一向坦诚待人，执着从艺。他的表演细腻而简洁，洒脱而严谨，一招一式恰到好处，饶有美感雅趣；唱腔高亢朴实，清新流畅。他刻画人物比较深刻，有浓厚的生活气息，能用面部肌肉的颤抖表达喜、怒、哀、乐。地方方言说得流利上口，发噱逗人。他以精湛的演技塑造了众多栩栩如生的艺术形象，尤其他在《老黄牛分家》中扮演的卢万仓和张半朝两个性格迥异的人物，惟妙惟肖、形神兼备，令人赏心悦目、赞不绝口。曾获山东省第一届戏曲会演演员一等奖、华东戏曲会演演员二等奖。

任心才（1920—1997）　艺名“红十二”，著名红脸，昵称“任红脸”，山东省郓城县人。曾任郓城县山东梆子剧团业务团长。1953年当选为县人大代表、政协委员，1961年被吸收为中国戏协山东分会会员。1980年参加山东省文学艺术工作者第四次代表大会，同年被吸收为中国戏协会员。

任心才之父任振江系科班出身的梆子戏老艺人，任心才在戏班长大，自幼酷爱唱戏。9岁时，父亲将其送到寿张“井班”学艺，拜师吴桂远，始学花脸，因嗓子好，颇受师傅宠爱。12岁开始挑梁唱戏，在《高平关》中饰赵匡胤，《辕门斩子》中饰杨景，《反徐州》中饰徐达，深得观众喜爱，从此得艺名“红十二”。“井班”学艺3年，出科后仍留“井班”唱戏，主演红脸行当。17岁时倒嗓，改做箱管。他不灰心，坚持喊嗓苦练，2年后嗓音恢复如初，重新登台。抗日战争期间，他每到一处便演《反徐州》，激发人民群众的抗日情绪。抗日战争胜利之时，与同事们义演《雷振海征北》。之后，任心才到济宁长春戏院演出，与名演窦朝荣、田翠花、丁宪文等同班，挂名演出的《斩黄袍》《虎丘山》《法门寺》等剧目，场场满座，博得观众喝彩。1949年6月，郓城县人民委员会将任心才从济宁请调回家，与李心刚的戏班合并，正式成立“郓城县前进剧社”。1951 年担任副团长，1955 年担任业务团长，主演《抄杜府》《白玉杯》《反徐州》《李白醉酒》《临潼山》《晋阳宫》《闯幽州》等。

任心才音域宽阔，声腔洪亮，激昂高亢，极富山东梆子传统韵味。他功底扎实，文武兼备，塑造了一大批具有鲜明个性的人物形象。在 1956 年山东省第二届戏曲观摩演出大会上，其主演的《闯幽州》荣获演员一等奖。1960 年，上海唱片厂为其灌制了《李白醉酒》《斩黄袍》《临潼山》等选段。1980 年，在菏泽地区戏曲会演中，他在经过改编的传统剧目《裴玉娥》中饰演裴信，获演员一等奖。

刘君秋　女，1931 年 11 月出生于河南省商丘市陈水口村一个贫雇农家里。父亲刘志承，是个少言寡语的老实农民，在君秋 8 个月时，被地主刘二娃毒打后，上吊自尽。母亲朱桂芳是个既善良贤惠，又能吃苦耐劳的刚强妇女。

1943 年的 12 月，刘君秋“跳了戏班”，学的第一个戏是《于宽爬堂》（饰于宽），这个以跪唱为主的小生戏，她仅用半个月就学会了。不久，刘君秋第一次跟“三义堂”戏班到亳州城隍庙戏院演出。初次登台，却受到了师傅们的赞扬和鼓励。

三个月后，“三义堂”戏班又来亳州城隍庙演出，抱单（负责挂戏码的人）让刘君秋和小凤垫演《别窑》。戏虽然唱下来了，可刘君秋却因一点小失误再次遭到了戏班里一个叫宋三的毒打。

1948 年 11 月，人民政府彻底解救了刘君秋。商丘当地政府关心她，同行和老观众喜爱她，君秋马上请去朱集车站“光复戏院”演出。刚翻身的人们喜气洋洋，戏院虽多仍满足不了观众看戏的要求。各个班社竞争也相当激烈，有影响的演员就成了诸家经理争夺的对象。

1950 年，刘君秋随剧团调入曹县，剧团改名为大众剧社，后调入平原省菏泽专署人民剧社，任主要演员、戏剧推进委员会主席。1951 年 9 月，被菏泽地区评为特等模范、11 月被评为平原省文模。1952 年 9 月 26 日，赴北京参加全国第一届戏剧观摩会，在国庆大典上，第一次幸福地见到毛泽东等党和国家领导人。1954 年，荣获山东省第一届戏曲会演演员奖、华东戏曲会演二等奖。同年底，在慰问解放军活动中，做出优异成绩，受全国慰问总团通报表彰。1954 年 6 月，被吸收为山东省文联委员。1955 年，荣获“菏泽地区社会主义建设积极分子”称号。1956 年，荣获山东省第二届戏曲会演一等奖。同年 4 月，被中国戏剧家协会吸收为会员，并任戏协山东分会理事。1958 年 6 月 11 日，随团上调，改为山东省梆子剧团，任主要演员、艺委会委员。同年被选为省妇联委员。1960 年 1 月，调鲁剧研究院任研究员。同年又调回剧团，参加赴京汇报演出。9 月，被山东省文化厅任命为剧团艺术委员会副主任，主持剧团业务工作。是年，出席全国第三次文代会，受到毛泽东、周恩来及其他党和国家领导人的接见，并合影留念。1979 年 11 月，出席全国第四次文代会，受到中央领导接见，并合影留念。1980 年，担任剧团艺术委员会主任，中国戏剧家协会会员，山东分会艺术委员会委员。1982 年，荣获山东省梆子剧团先进工作者称号。1986 年，山东省梆子剧团撤销，被安排在山东省艺术服务中心工作。

刘君秋从艺 40 多年，忠诚于戏曲事业，先后演出 100 多个剧目，塑造了许多性格各异的舞台艺术形象，形成了自己独具一格的表演艺术风格。她在《劈山救母》中的刘彦昌唱段，在《万家春》中的李大娘唱段，被中国唱片社灌制唱片，在全国发行。出演《提寇》中的寇准，由中央戏曲文学研究所印制成戏曲资料。出演《红灯记》中的李奶奶“痛说革命家史”一折，参加全国折子戏调演。参加山东梆子《墙头记》的彩色电影拍摄，饰演二乖，唱腔录成盒带在全国发行。

刘桂荣 女，1930 年出生于菏泽市牡丹区。因生活所迫，幼年即拜著名艺人李兴凤、周清华为师，踏上了艰难坎坷的演艺之路。

1946 年，仅仅 16 岁的刘桂荣便挑起了剧团的大梁，担任主要演员。她的戏路宽，尤其擅演花旦、闺门旦、青衣，并很快形成了独特的演出风格。她的演出区域也很快拓展到鲁西南及其周边广大地区。1948 年，她出任铜山县剧团团长，1951 年返回家乡，加盟“大兴班”，任主要演员。她塑造的吴凤英、穆桂英、胡凤鸾、姜秋莲、苏妲己等角色，个个形象鲜明，许多优秀唱段被广大观众相互传唱，深深影响着一代代戏迷。在“大兴班”中，刘君秋、刘桂荣、刘玉朋被称作“三刘”，他们在艺术上相互切磋、相互支持、相互映衬，形成了小生、小旦、小丑联袂演出、互为依托的艺术特色。《日月图》《黄牛分家》《墙头记》等剧目集中体现了“三刘”的演出风格，让观众称赞不已，让行家点头嘉许。在 1954 年山东省和 1956 年华东区举办的戏曲观摩演出大会上，随菏泽代表团和山东省代表团参加会演，她主演的《拴娃娃》《哭剑》《黄牛分家》三个剧目全部获奖，她个人也获得山东省优秀演员一等奖和华东地区优秀演员二等奖，充分显示了她扎实的舞台功力和艺术才华。

1958 年，奉山东省委之命，刘桂荣所在的菏泽专署人民剧社调往济南，组建山东省梆子剧团，从此她跨入了更为广阔的艺术天地。1960 年 5 月 2 日，刘桂荣为毛泽东演出了《墙头记》，受到亲切接见。同年在北京又演出了《鸳鸯衫》《日月图》《万家香》等剧目，受到朱德、李先念、董必武、罗瑞卿、郭沫若等党和国家领导人的接见，并合影留念。1978 年，山东省梆子剧团在济南山东剧院上演《墙头记》，创下了连续演出 45 天不换剧目的纪录。1984 年，中国戏曲研究院和中央人民广播电台专程到济南录制刘桂荣精彩唱段专辑。

刘桂荣是中国戏剧家协会会员、山东省戏剧家协会常务理事，其业绩分别被载入《中国艺术家大辞典》《华夏女名人大辞典》《古今中外女名人大辞典》三部辞书之中。

刘桂松　女，1941 年出生于山东省郓城县。其父刘云亭是独具特色的山东梆子演员。在父亲的影响下，她 11 岁加入巨野县大众剧社，师从著名山东梆子艺人丁宪文学艺。由于她刻苦习练，唱、念、做、打都较其他学员进步快，不久，便登台演出，成为生、旦俱佳的少年演员，后以青衣和刀马旦闻名。

20 世纪 60 年代，刘桂松成为巨野县剧团的主要演员，不仅上演传统戏，而且擅演现代戏。“文化大革命”后期，剧团解体，她应邀入河南省台前剧团。巨野县山东梆子剧团恢复后，于 1979 年回团任副团长，后任团长。其时，山东名丑刘玉朋应聘在此任艺术指导，他们共同切磋技艺，演出水平大大提高。1981 年，刘桂松被选为巨野县人大常委会委员。1987 年，调离剧团，但她并未放弃戏剧事业，常有外地演出团体和青年演员登门求艺，亦常应约演出。

刘桂松音质优美，音域宽广，在继承其父唱腔的基础上又加创造变化，腔调高亢激昂，跌宕多变；高低抑扬，极富情致，具有浓郁的山东梆子传统韵味。她武打功底深厚，舞姿洒脱利落，做戏不瘟不火，能适应多种角色的创造。如传统戏《骂殿》中的贺后、《铡美案》中的秦香莲、《宇宙锋》中的赵女和现代戏《白毛女》中的喜儿、《沙家浜》中的阿庆嫂，以及新编历史剧《收陈侠》中的黄巢夫人、《木兰恨》中的花木兰等，都取得很好的演出效果，在菏泽、济宁、枣庄、徐州和皖北、豫东等地区赢得相当高的声誉。她既注重唱腔与武打技巧，更注重表现人物性格。这在她的代表剧目《老羊山》和《反西唐》中体现得最为鲜明。她扮演的樊梨花义勇而又多情、豪爽而又细腻，恨中有爱、刚中有柔，给观众留下极深刻的印象。泰山音响公司、济南市电视台和菏泽市艺术研究所都曾将其剧目做成音像制品，在文化市场深受喜爱。

祝凤臣　女，生于 1968 年 7 月。现为菏泽市地方戏曲传承研究院山东梆子传承保护中心国家一级演员。曾获山东省山东梆子“十大名演”称号。2018 年 6 月被文化和旅游部命名为山东梆子国家级非遗代表性传承人。本人担任主要角色的山东梆子大型现代戏《古城女人》参加第十届中国艺术节，获第十四届“文华优秀剧目奖”，个人获十艺节优秀表演奖。

祝凤臣唱腔高亢流畅，行腔自如，吐字清晰，形体美观，台风端庄大气，表演质朴细腻，极富艺术感染力，成功地塑造了多个栩栩如生的舞台人物形象，得到了专家学者及广大观众的一致好评。所主演的代表剧目有《古城女人》《选村官》《大唐巾帼》《老羊山》《反西唐》《五凤岭》《青蛇传》《茶瓶记》《龙门渡口》《贺后骂殿》等 20 余部传统戏和现代戏，所塑造的舞台人物形象给观众留下深刻印象，深受广大观众欢迎，多次应邀参加省内外各类戏曲演出活动，并在省内外各类戏曲赛事中获得奖项。多年来为传承弘扬山东梆子戏曲事业和繁荣当地群众文化生活做出了应有贡献。

祝凤臣不仅艺技超群，而且艺德高尚。在每年 200 余场的送戏下乡演出中，以身作则，率先垂范，时刻以一名优秀演员的标准严格要求自己，尽心尽力塑造好舞台上的每一个角色，她台风严谨，做戏一丝不苟，不论城镇山乡，只要上台必定倾尽全力，呈现出最完美的舞台形象，全心全意为老百姓服务，所到之处，均受到群众的热烈欢迎和极高赞誉，多年来为丰富群众文化生活、发展地方戏曲事业做出了积极贡献！

祝凤臣多年来积极参加各类展示性演出活动。先后应邀参加“中国戏曲学院地方戏研究基地揭牌仪式暨中国地方戏名家演唱会”演出，“第六届山东国际大众艺术节《鲁韵金声》名家交响演唱会”演出，山东省山东梆子名家演唱会，冀鲁豫戏曲名家交流演出，菏泽市非物质文化遗产展演等各类公益性、展示性演出活动，多次在各类戏曲赛事中获奖：1996 年 11 月，获山东省地方戏曲邀请赛表演一等奖；2001 年主演的现代戏《选村官》获山东省“五个一精品工程奖”，个人荣获表演二等奖；2003 年 7 月，获全国“国花杯”中青年戏曲大赛金奖；2005 年 9 月，获菏泽市首届中青年戏曲演员大赛中获表演一等奖，并获菏泽市首届戏曲“十大名演”之首称号；2007 年 7 月，获第三届中国戏曲“红梅大赛”山东赛区一等奖；2009 年 1 月，获山东省山东梆子中青年演员演唱大赛获一等奖；2010 年 3 月，获山东省山东梆子“十大名演”称号；2010 年 12 月，获全省地方戏曲优秀中青年演员大赛表演一等奖；2011 年主演的《大唐巾帼》获山东省第四届“泰山文艺”奖等诸多奖项和荣誉；2013 年 10 月，担任主要角色的山东梆子大型现代戏《古城女人》参加第十届中国艺术节，获第十四届“文华优秀剧目奖”，个人获十艺节优秀表演奖；2014 年 8 月，该剧获第七届山东省泰山文艺奖戏剧类艺术作品奖一等奖；9 月，获第十届山东省精神文明建设“文艺精品工程”优秀作品奖，同月，该剧在梅兰芳大剧院参加庆祝中华人民共和国成立 65 周年献礼演出，受到领导专家的一致好评和观众的热烈欢迎。由于其工作成绩突出，2000 年 12 月和 2005 年 12 月，当选为菏泽市第十一届、第十二届政协委员；2014 年 2 月，菏泽市人民政府授予其个人二等功；2015 年 11 月，被山东省人社厅授予“山东省有突出贡献的中青年专家”荣誉称号。

冯霞　女，汉族，1971 年 2 月出生于山东单县。1990 年毕业于菏泽艺校戏曲表演专业。现为菏泽市地方戏曲传承研究院国家二级演员，主攻青衣、花旦。菏泽市第十二届、第十三届、第十四届政协委员，山东省第十三届妇女代表。

冯霞从小就具备了一定的戏曲表演素养，再加上刻苦的训练和天生的艺术灵气，她在戏曲表演上进步很快，并开始参加一些演出活动。渐渐地，戏曲艺术从她心灵上扎下了根。2001 年，冯霞参加了河南梨园春比赛，并赢得擂主，成为她从事戏曲事业的一个转折点，拜得戏曲表演艺术家虎美玲为师。在“第五届中国戏曲红梅荟萃”中，冯霞凭借韵味纯正浓厚的“常派”唱腔，生动传神的表演，让戏迷们由衷感叹，并摘得“红梅金花”奖。

为了提高自己的唱功和演技，冯霞经常从一招一式、一声一腔上找到自己的缺陷和不足。在多年的艺术探索过程中，冯霞还有意识地追求自己的独特韵味，听录音带、观看演出，吸取前辈艺术家的演唱技巧，根据自己的嗓音条件，反复练习，精打细磨，使自己的技艺越发精湛。

冯霞扮相俊美，嗓音纯正，音域宽厚，唱腔高亢激越，表演细腻朴实，代表剧目《三上轿》《义烈女》《秦雪梅》《杨开慧》《南国之春》《古城女人》《牡丹传奇》等。2003 年 7 月，获全国“国花杯”戏曲表演大赛金奖；2005 年 9 月，获菏泽市中青年戏曲演员大赛表演特等奖；2009 年 12 月，获山东省首届山东梆子专业大赛表演一等奖；2010 年 10 月，获第五届中国戏曲红梅大赛金花奖；2015 年 6 月，获第二届中国黄河流域戏剧红梅奖大赛金奖榜首；7 月，该剧入选 2015 年全省艺术新秀优秀作品展演；2018 年 12 月 7 日，获山东省第二届青年名家；2017 年 8 月，冯霞获第十届泰山文艺奖表演奖。由其担任主演的《南国之春》获第十三届山东省精神文明建设“文艺精品工程”奖，并入选国家艺术基金 2016 年度资助项目；主演的《古城女人》入选参加首届全国梆子声腔优秀剧目展演；2020 年获全省山东梆子中青年专业演员比赛优秀表演奖；2021 年山东省第十二届艺术节主演的《南下往事》荣获十佳演员。

宋秀敏　女，1969年10月出生于山东省成武县。现为菏泽市山东梆子剧团领衔主演，剧团副团长。中国戏剧家协会会员，菏泽市政协委员。

宋秀敏自幼酷爱戏曲艺术，15岁考入单县戏校学艺，17岁出科。她专攻小生，兼演青衣、花旦和武旦。其扮相俊美，音域宽广，嗓音纯正，表演细腻，风流儒雅。在业务上精益求精，博采众长，勤奋上进，是一位德艺双馨的人才。1996年，曾被著名豫剧表演艺术家、“中州第一小生”王希玲慧眼看中，并收为弟子。

多年来，宋秀敏先后在《山东汉子》《风流才子》《珍珠塔》《麻风女》《狸猫换太子》《寻儿记》《秦香莲》等数十个剧目中担任主要角色，成功地塑造了一个个栩栩如生、性格迥异的艺术形象，赢得观众的青睐。在大型现代戏《山东汉子》一剧中饰孟母，表演细腻朴实，唱腔高亢感人，赢得专家和观众的高度评价。1996年她应邀在中央电视台录制了戏曲节目。1997年参加山东省青年戏曲演员电视大赛，获得荧屏奖；1998年11月参加山东省第二届戏曲邀请赛，演出的《作画》获二等奖；2001年4月参加山东省戏曲青年演员会演，获二等奖；2003年在中国戏曲红梅奖大赛中获金奖。在菏泽市第二届戏曲节中，宋秀敏在《珍珠塔》一剧中饰方卿，获表演特等奖。2004年参加第八届山东文化艺术节，获表演二等奖。同年被菏泽市委、市政府荣记个人三等功。2005年在菏泽市首届中青年戏曲演员大赛暨十大名演评选活动中被评为“十大名演”。

宋秀红　女，汉族。1979年出生在山东省菏泽市成武县天宫镇毕庙村。1999年7月毕业于山东省菏泽市齐鲁音乐学校。1999年7月进入菏泽市山东梆子剧团工作。2014年报考曲师范大学。2019年获曲阜师范大学音乐表演本科学历。宋秀红现为菏泽市地方戏曲传承研究院青年领衔主演。她主攻青衣、小生，不论正反文武的角色她都一一认真钻研。她扮相俊美，嗓音纯正，表演细腻，形神兼备，在鲁西南一带享有较高声誉。2020年3月被菏泽市文化和旅游局命名为山东梆子第六批市级传承人。2011年参加全省地方戏曲青年演员培训班。2012年4月参加山东省第二届青年戏曲演员研修班。2015年

11月至2016年1月参加中国戏曲学院举办的第二十六期高级研修班，全部课程以优异的成绩结业。长期的刻苦努力得到了丰厚的回报。先后在山东梆子《老羊山》《贺后骂殿》《三娘教子》《燕王扫北》《五凤岭》《回龙传》《反西唐》《四姐临凡》《分家》《青蛇转》大弦子戏《两架山》《金麒麟》《黄花寺》等20余部传统戏和新编剧目担任主要角色。是一位在鲁西南一带较有名气的青年演员，并多次在省市戏曲赛事中获得奖项。2012年3月被评为全市文联系统先进个人，2014年11月荣获第五届红梅大赛一等奖。2016年荣获第六届红梅大赛一等奖。2016年，饰演主要角色的大弦子戏《两架山》和山东梆子《五凤岭》应邀参加中国香港第七届戏曲节，在中国香港大会堂演出受到香港观众的一致好评，同年，在大弦子戏《金麒麟》中饰演女主角张氏，该剧入选山东地方戏振兴和京剧保护扶持工程2016年度扶持项目。领衔主演的小戏曲《分家》2017年进入国家艺术基金资助项目。2018年9月领衔主演的《老羊山》参加了第二届晋、冀、鲁、豫传统戏曲展演。宋秀红不仅技艺超群，而且艺德高尚。在每年200余场的文化惠民，送戏下乡，演出中以身作则，尽心尽力塑造好每一个角色。她台风严谨，做戏一丝不苟，不论城镇还是乡村，不管人多还是人少，上台必定倾尽全力，呈现出最完美的舞台形象，受到群众的热烈欢迎和极高的赞誉。

第四节　枣梆著名演员

樊欣贤（1893—1974）　艺名“樊三”，山东省郓城县人。12岁开始戏曲舞台生涯，工小生、武生。1923年，在郓城县唐店科班一边演出，一边授徒，教出了刘祥轩、唐祥贞、张祥古等一批“祥”字辈演员。

樊欣贤嗓音洪亮，吐字清新爽脆，行腔自如，唱腔功底扎实，韵味浓厚；做戏潇洒大方，斯文儒雅，栩栩如生。他善于刻画人物的心理活动，装农似农，扮贾似贾，时而让观众捧腹大笑，时而让观众哭泣含悲，给观众留下了深刻的印象。他的代表剧目有《彩仙桥》（饰秦英）、《李浦劝将》（饰李浦）、

《荐诸葛》（饰徐庶）等。

刘富贵（1898—1976）　艺名“如意”，山东省郓城县人。13岁从艺，工小生、武生。1947年秋，同其他枣梆艺人一起，参加了冀鲁豫二地委文工团（后改为民生剧社）。

刘富贵扮相端庄文雅，身段大方而秀美，对人物的性格把握得恰到好处；武行中花哨多变，敏捷矫健，气质英武，洒脱灵活；唱腔优美动听，轻松自然，高有激情，低有沉静，柔中带刚，运气酣畅。他先后在古装戏《小宴》（饰吕布）、《彩仙桥》（饰秦英）、《蝴蝶杯》（饰田玉川）、《绿牡丹》（饰骆红勋）等优秀剧目中担任主要角色，颇受观众喜爱。

王新鼎（1907—1990）　艺名“大金鸽”，山东省郓城县人。12岁学艺，师从吴凤珠，于郓城县的吕公堂科班出科，工黑脸。他注重角色的身份、气质，造型上以气概恢宏取胜，磅礴大气，豪放粗犷。唱腔浑厚奔放，时有炸音，以渲染特定人物的威势和性格的刚烈。他的代表剧目有《蝴蝶杯》（饰卢林）、《彩仙桥》（饰程咬金）、《凤仪亭》（饰董卓）等。

梁宝兴（1917—1999）　山东省郓城县人。12岁从艺，自幼喜爱戏曲，工黑脸。他的唱腔宽厚有劲，行腔自如，雄壮刚强。“虎音”“炸音”皆好。吐字清晰，刚柔共济，其声腔抑、扬、顿、挫十分鲜明，能够准确、深刻、细致地刻画人物形象。他做戏规矩、大方，功底较深，善于革新，艺术风格独特。代表剧目有《徐龙铡子》（饰徐龙）、《天波楼》（饰焦赞）、《秦香莲》（饰包拯）、《三开膛》（饰进士）等。

赵凤来（1922—1997）　山东省郓城县人。曾任菏泽专区枣梆剧团团长。13岁从艺，工净面文生。1947年秋，加入冀鲁豫二地委文工团（后改为民生剧社）。

赵凤来在几十年的艺术实践中，精益求精，严肃认真，千锤百炼，形成了一种表演艺术流派。他唱腔高亢激昂，嗓音洪亮，浑厚有力，字正腔圆，以情带声，声情结合，韵味醇厚。因此，他的演唱艺术能雅俗共赏。他表演动作洗练，基本扎实，格调新颖，多姿多彩。对人物的刻画十分透彻，恰如其分。

他戏路宽广，感染力强，所扮角色，总是一人一貌，栩栩如生。他博学众长，兼容并蓄，善于继承，勇于创新。代表剧目有《天波楼》（饰杨景）、《蝴蝶杯》（饰田玉山）、《徐龙铡子》（饰海瑞）、《访四川》（饰嘉靖）等。1954 年 8 月，参加山东省第一届戏曲观摩演出大会，在传统剧目《徐龙铡子》中饰海瑞，获演出奖。

董承和 1935 年出生于山东省郓城县。山东省戏剧家协会委员。1951 年参加南旺县（今嘉祥县）枣梆剧团，主攻武生。1953 年调入梁山县枣梆剧团。1960 年调入菏泽专区枣梆剧团，主攻黑脸。历任演员队队长、业务主任、副团长、团长等职。

董承和表演敏捷灵巧，矫健迅猛，功底扎实；唱腔刚亮明澈，口齿爽利，嗓音浑厚，吐字清晰，音色、音质非常突出。在继承原有唱腔的基础上，他又有极大的突破，唱腔高亢激越，豪情奔放；表演上做戏规范，吸收了京剧及其他剧种的技巧和手法，注重角色的身份、气质和造型。曾在传统剧目《蝴蝶杯》中饰卢林、《天波楼》中饰焦赞、《忠义堂》中饰李逵、《甘露寺》中饰张飞、《徐龙铡子》中饰徐龙、《彩仙桥》中饰秦英、《凤仪亭》中饰吕布，在新编历史剧《杨门女将》中饰焦赞，《逼婚记》中饰国舅，《刮王莽》中饰王莽，《大红袍》中饰严嵩等主要角色，在鲁、豫、冀一带颇有影响。

董承和 1960 年参加菏泽地区青年演员会演，在《谭记儿》中饰家院，获表演二等奖。1986 年出演的《徐龙铡子》一剧，被山东省电视台录制播放。1990 年出席山东省文化系统先进工作者表彰大会。

房灵鹤 1937 年出生于山东省郓城县。国家二级演员。1951 年参加山东省郓城县枣梆剧团，工旦角。他扮相秀丽俊美，端庄大气；表演自然洗练，风度潇洒；唱腔典雅婉转，韵味甜美，为剧团十大主演之一。

房灵鹤曾在传统戏《蝴蝶杯》中饰胡玉莲、《徐龙铡子》中饰渔女、《访四川》中饰秋香、《珍珠塔》中饰陈翠娥、《游西湖》中饰李惠娘等。1958 年改行小生。1960 年调到菏泽专区枣梆剧团，曾在传统戏《珍珠塔》《蝴蝶杯》和现代戏《朝阳沟》等优秀剧目中担任主要角色。1976 年他又改为老生，在传统戏《徐龙铡子》中饰海瑞和渔翁、《天波楼》中饰寇准等。1992 年参加文化部举办的“天下第一团”优秀剧目展演，他在现代戏《生儿容易养子难》中饰老来福，获优秀表演奖。

樊秀玲　女，1938 年出生于山东省郓城县。历任冀鲁豫地委文工团演员，菏泽专区枣梆剧团演员、业务团长。中国戏剧家协会山东分会会员。

樊秀玲在菏泽地区枣梆剧团期间，担任了近百个传统剧目和现代剧目中的女主角。其代表剧目：《珍珠塔》《蝴蝶杯》《醉宫》《徐龙铡子》《逼婚记》《窦娥冤》《拉郎配》《秦香莲》《绿牡丹》《麒麟台》《三峡关》《三请樊梨花》《凤仪亭》《墙头记》《小二黑结婚》《朝阳沟》《党的女儿》《红岩》等。1982 年调至菏泽艺术学校任教，1985 年 8 月离休。

樊秀玲 1954 年参加山东省首届戏曲会演，获演员二等奖；1958 年在济宁为陆定一演出《珍珠塔》专场；1960 年由上海唱片公司灌制《徐龙铡子》《彩仙桥》唱片，发行全国；1963 年赴山西枣梆发祥地演出《醉宫》，场场爆满，受到作家赵树理和广大观众的高度赞扬，《山西日报》等报刊发表多篇评论文章；同年冬在济南南郊宾馆为贺龙、罗瑞卿演出《牡丹向阳开》专场。

樊秀玲在菏泽艺校任教期间，培养枣梆科多名学生。1984 年排演《杀宫》剧目，参加全省戏校会演，获演出奖，其中两名学生获蓓蕾一等奖，一名学生获蓓蕾二等奖；1990 年返聘艺校后排演的剧目《打神告庙》《思夫惊魂》，1991 年参加山东省艺术中专会演，分别获一等奖、三等奖，樊本人获指导教师奖。

周玉环　女，1940 年 4 月出生于山东省菏泽市牡丹区。中国戏剧家协会山东分会会员，菏泽戏剧家协会理事。牡丹区政协委员。

周玉环，初中时考入菏泽专署枣梆剧团，成为 20 世纪 50 — 70 年代颇有影响的枣梆演员之一。

周玉环从事舞台艺术 26 年，主攻青衣、老旦，先后塑造过《白蛇传》中的白素贞、《秦香莲》中的秦香莲、《窦娥冤》中的窦娥婆婆、《杨门女将》中的佘太君、《焦裕禄》中的王大娘、《红岩》中的双枪老太婆等众多艺术形象。

1975年枣梆剧团在菏泽剧院为杨得志司令员做专场汇报演出，周玉环出演《三钉桩》，受到领导亲切接见。1978年，参加菏泽地区现代戏会演，在现代戏《牵牛记》中饰金亮婶，获表演奖。

周玉环1981年9月离开舞台，从事艺术教学工作，担当戏训班枣梆科生、旦、净、末、丑的唱腔传教。她严谨治学，精心传艺，取得了可喜的成果。在1984年山东省第一届中等专业艺术学校教学会演中，她排演的剧目《杀宫》获演出奖，两名学生获蓓蕾一等奖，一名获蓓蕾二等奖。1988年，菏泽艺校参加山东省第二届中等专业艺校会演，指导的《祭灵》剧目获演出奖，一名学生获蓓蕾一等奖，周玉环获指导教师奖。

张文英　女，1942年出生于山东省梁山县。1953年加入梁山县枣梆剧团，工旦角，兼演小生。1960年调入菏泽专区枣梆剧团。山东省政协委员。

张文英扮相儒雅秀逸，潇洒俊美；表演细腻逼真，优美华丽。饰演角色多种多样，身段动作神情各异。在唱腔上，吐字清晰真切，行腔俏丽柔婉，刚中带柔，高亢奔放，韵味浓郁。尤为擅长对把握人物的内心世界，逐渐形成了自己独特的艺术表演风格。几十年的舞台生涯中，曾扮演过诸多的现代戏和传统戏的主要角色。她的代表剧目有传统戏《蝴蝶杯》（饰田玉川）、《珍珠塔》（饰方卿）、《彩仙桥》（饰秦英）、《亚郎关》（饰李世民）和新编历史剧《姊妹易嫁》（饰毛文简）、《逼婚记》（饰栏中玉）等。

张文英于1960年参加菏泽专区青年戏曲会演，在《谭记儿》中饰杨衙内，获表演一等奖；1981年参加全区地方戏会演，在《光棍苦乐记》中饰黑妹，获表演一等奖；1987年参加山东省文化艺术节，在新编历史剧《汉阳案》中饰徐萌，获表演风格奖；1988年参加菏泽地区戏曲会演，在现代戏《风流父子》中饰花婶，获表演一等奖；1990年参加菏泽地区戏曲会演，在现代戏《生儿容易养子难》中饰二婶，获表演一等奖；1992年参加文化部举办的“天下第一团”优秀剧目展演，在现代戏《生儿容易养子难》中又饰二婶，获表演奖；1994年参加全区新剧目展演，在现代戏《鸳鸯歌》中饰三奶奶，获表演一等奖；1998年参加第六届山东文化艺术节，在大型现代戏《走出大山》中饰大婶，获表演一等奖。张文英凭着自己几十年来的艺术造诣，还为枣梆剧种的发展培养了一大批优秀人才。

张新让　1943年出生于山东省菏泽市牡丹区。工丑行。国家二级演员。于1954年6月参加菏泽专区枣梆剧团，1992年调入菏泽艺术学校。先后任枣梆剧团演员队队长，练功队队长，艺术委员会委员，枣梆剧团副团长、团长；菏泽艺术学校副校长；菏泽市第六届至第十届政协委员，山东省第五届至第七届政协委员；中国戏剧家协会山东分会会员，中国戏剧家协会会员。

张新让在从艺的道路上，坚持努力学习艺术专业理论知识，刻苦练习与钻研表演技巧，能够熟练掌握与运用帽翅功、髯口功、翎子功和面部肌肉功。在《柯山红日》《红灯记》《海港》《屠夫状元》《郑子清外传》《十五贯》《逼婚记》《汉阳案》《牡丹向阳开》等50余个剧目中，担任主要或重要角色，塑造了众多鲜活的人物形象，“娄阿鼠”“历城县”等取代了自己的真实姓名，有“山东名丑”的美誉。

1978年参加菏泽地区新创作现代戏会演，张新让演出《牵牛记》，获演员奖。1981年，在中央新闻电影制片厂拍摄的彩色戏剧艺术片《墙头记》中，张新让饰演大乖，受到专家和观众的好评。演出《光棍苦乐记》，获演员一等奖、导演奖。1986年山东省第三届戏剧演出月中演出《汉阳案》，获表演奖。1989年在山东省第二届文化艺术节上，演出《人情鬼债》，获表演二等奖。1992年在文化部主办的全国“天下第一团”优秀剧目展演中，演出《生儿容易养子难》，获表演奖。1995年在第五届山东文化艺术节专业演出中，获导演二等奖。

张新让还为枣梆剧团培养了一批新生力量，如付占峰、张永春、刘庆兰、王福俊等，他们曾多次获省市大奖。

黄广义　1944年出生于山东省定陶县。国家二级演员。

黄广义1957年进入枣梆剧团，他苦练表演基本功，唱腔功底扎实，口齿清楚，人物表演有激情，在广大观众中有一定影响。先后在《沙家浜》中饰郭建光、胡传魁，在《智取威虎山》中饰座山雕，在《收姜维》中饰诸葛亮、姜维，在《辕门斩子》中饰杨六郎，在《百花亭》中饰李林甫、唐王，在《徐龙铡子》中饰海瑞，在《汉阳案》中饰徐龙，在《霓虹灯下的哨兵》中饰赵大大，在《于无声处》中饰欧阳平。1980 年参加菏泽地区会演，在《巧劝》一剧中担任导演，获演出奖。1981 年在《光棍苦乐记》中饰县长杨建，获演员二等奖。1982 年在《菊花魂》中饰大山，受到文化部艺术局的高度评价。1986 年在山东省电视台录制的《徐龙铡子》中饰海瑞、《倒霉大叔的婚事》中饰常有福、《父子情深》中饰刘笃民、《借妻》中饰李万金。同年，在山东省第三届戏剧月中，饰演《汉阳案》中的徐龙，获表演奖。

1971—1975 年、1996 — 2000 年，黄广义先后两度负责传带戏曲学生，为当地戏曲发展培养了一批好苗子，有的已经取得了很好成绩。

张秀桂 女，1945 年出生于山东省鄄城县。中国戏剧家协会山东分会会员，国家二级演员。1959 年考入菏泽戏剧学校，1961 年分配到鄄城县豫剧团。1968 年调入菏泽专区枣梆剧团，历任女演员队队长、艺术委员会委员。

张秀桂表演细腻入微，端庄娟秀，唱腔韵味醇厚，质朴大方。在多年的舞台实践中，不断吸取其他剧种之精华，塑造出许多栩栩如生的艺术形象。先后在新编历史剧《姊妹易嫁》（饰张素梅）、《逼婚记》（饰洪美荣）、《冷月葬花魂》（饰冯香罗）、《凤冠梦》（饰李春娘）、传统剧目《蝴蝶杯》（饰胡凤莲）、《游西湖》（饰李慧娘）等剧目中饰演重要角色。这些角色的成功塑造，给观众留下了深刻的印象。尤其是在《姊妹易嫁》中扮演的“二妮”张素梅，备受观众喜爱，在广大戏迷中以“二妮”著称。

张秀桂于 1976 年参加菏泽地区戏曲会演，在现代戏《春满人间》中饰春凤，获表演奖；1981 年参加菏泽地区地方戏会演，在现代戏《光棍苦乐记》中饰王平，获表演二等奖；1987 年参加山东省文化艺术节，在新编古装戏《汉阳案》中饰村妇，获优秀表演奖；1994 年参加菏泽地区新剧目展演，在现代戏《鸳鸯歌》中饰银铃，获表演一等奖；1998 年参加第六届山东文化艺术节，在现代戏《走出大山》中饰马玉枝，获表演二等奖。

多年来，张秀桂凭着深厚的艺术造诣，为枣梆剧种的发展培养了一大批优秀人才，曾连续 8 年被菏泽地区评为先进工作者。

扈庆茹　1964 年 3 月出生于山东省郓城县。国家二级演员，菏泽市戏协理事。菏泽市政协委员。

扈庆茹 1984 年入菏泽地区枣梆剧团，工净面文生。表演潇洒大方，威武刚健，开阔大气，情感逼真，具有很扎实的表演功底；唱腔质朴坚实，韵味浓郁，嗓音宽宏有力，行腔自如，吐字清晰，善于揭示人物的内心情感。

1994 年，扈庆茹参加菏泽地区新剧目展演，在现代戏《鸳鸯歌》中饰黑四牛，获表演一等奖。1997 年参加菏泽地区地方戏会演，在现代戏《走出大山》中饰唐城，获表演一等奖。1998 年该剧被评为山东省“五个一”精品工程奖，扈庆茹获表演一等奖。2001 年第六届山东文化艺术节，在新编历史剧《包公卖官》中饰寇准，获表演一等奖。2004 年菏泽市第二节戏曲节，在新编历史剧《素兰告状》中饰成父，获表演一等奖。2005 年参加菏泽市首届中青年戏曲演员大赛，获菏泽市首届戏曲“十大名演”称号。

王福俊　女，1967 年 3 月出生于山东省郓城县。国家二级演员，菏泽市戏协理事。

王福俊 1984 年进入菏泽地区枣梆剧团，工旦行。她身材苗条匀称，扮相雍容大方，优美秀丽，稳重娴静，深情含蓄，台风十分端庄。尤其嗓音宽厚、洪亮甜润，音色、音质均非常突出。吐字清晰，行腔畅若行云流水，逐渐形成了自己独特的艺术风格。1992 年参加文化部举办的“天下第一团”优秀剧目展演，在现代戏《生儿容易养子难》中饰金玲，获优秀表演二等奖。1994 年参加菏泽地区新剧目展演，在现代戏《鸳鸯歌》中饰红香，获表演一等奖。1997 年菏泽地区地方戏会演，在现代戏《走出大山》中饰路雁，获表演一等奖。1998 年参加第六届山东文化艺术节会演，又在《走出大山》中饰路雁，获优秀表演一等奖。2003 年全国“国花杯”中青年戏曲大赛，在《借粮》中饰樊梨花，获金奖。2004 年菏泽市第二节戏曲节，在新编历史剧《素兰告状》中饰成素兰，获优秀表演一等奖。2005 年菏泽市首届中青年戏曲演员大赛，获菏泽市首届戏曲“十大名演”称号。

张梦龙　1984 年毕业于菏泽地区戏训班，9 月份参加地区枣梆剧团。历任艺术委员会副主任、主任、副团长，2000 年任团长，2011 年任市地方戏剧院副院长至今。中共党员，国家一级演员、导演。

1993 年毕业于北京电影学院导演系函授专业，2012 年在中国戏曲学院导演系进修，30 多年导演了大戏 20 多部，小戏 30 多部。其中，小戏曲《乡魂》2013 年获全省优秀剧目，2017 年获国家艺术基金剧目。《站台》2016 年获省优秀剧目、首届菏泽市牡丹文艺奖。《分家》2016 年获省优秀剧目，2018 年获国家艺术基金项目，2019 年获省农村题材一等奖。《老兵》2019 年获得国家艺术基金剧目。《村口风波》2021 年参加了省第十二届艺术节获优秀剧目奖。《娶爹嫁娘》2019 年获全省农村题材一等奖。《香兰》获济宁市会演一等奖。

大戏现代戏《走出大山》1997 年获市导演一等奖，1998 年获省艺术节导演二等奖。导演大型古装戏《生死牌》2001 年获菏泽市首届戏曲一等奖。大型新编古装剧《素兰告官》2004 年获市第二届戏曲节一等奖。2010 年执导大型现代戏《枣树情》获得省“五个一”精品工程奖，2012 年获省第十届艺术节优秀剧目奖。2015 年执导的现代戏《生日》获市戏曲节特别奖。2018 年和陈贻道老师合作执导了枣梆大型现代戏《草根大师》，该剧参加了省第十一届艺术节，获优秀剧目奖，在石家庄参加全国梆子声腔会演，在北京中国评剧院大剧院参加全国大运河文化带优秀剧目展演。2021 年执导大型现代戏《南下往事》，该剧参加了省第十二届艺术节优秀剧目奖。2021 年，又执导了山东梆子大型旅游神话剧《牡丹传奇》，在第三十一届菏泽国际牡丹旅游节演出中获得圆满成功。

刘长安，男，1966 年 4 月出生，山东郓城人，1988 年 3 月进入菏泽地区枣梆剧团工作至今，主攻花脸，2005 年任菏泽戏剧院枣梆剧团副团长，2020 年任菏泽市地方戏曲传承研究院枣梆剧团团长。

2001 年 9 月，《包公卖官》获第七届山东文化艺术节表演二等奖；2003 年 7 月，获全国“国花杯”中青年戏曲大赛金奖；2005 年 9 月，获菏泽市首届中青年戏曲演员大赛表演一等奖；2007 年 7 月，获第三届中国戏曲“红梅大赛”山东赛区一等奖；2014 年 11 月，获山东省第五届戏曲“红梅大赛”二等奖；2016 年 9 月，获第六届山东戏曲“红梅大赛”一等奖；2016 年参加首届全国梆子声腔优秀剧目展演；2016 年参加香港中国戏曲节演出；2020 年获菏泽市先进共产党员称号。

第五节　大平调著名演员

张全臣（1891—1963）　原名洪田，艺名“花脸虎”，菏泽市牡丹区人。

张全臣出身于平调世家，大哥张全礼，二哥张全忠，都是当时地方上著名的平调演员。张全臣 8 岁时，被其父送到东明县陆圈北门外大寺中当和尚。不久，他逃出寺院，随二哥张全忠入菏泽县（今牡丹区）大平调“双盛班”学戏。初学红脸，后改花脸，因排行第五，人送艺名“花脸虎”，在鲁西、豫北、豫东一带，深受群众欢迎。

张全臣唱腔板眼准确，吐字清晰，表演真切，能准确地表现人物的思想感情。他在《滚鼓山》中扮演张飞，活灵活现地刻画了张飞粗中有细、有智有勇的性格。当只身闯进预谋反叛的刘封营地时，面对刀丛剑林，临危不惧，处处争取主动，步步诱敌就范，最后将刘封骗入鼓内。他居高临下，一个“金鸡独立”，将左腿高高抬起，一声高喊：“刘封，我不是你封的并肩王，我是五殿阎王，来要儿的狗命来了！”在接唱高亢的［紧二八板］后，飞起一脚，将鼓踢下山去。每演到此处，观众皆报以热烈掌声，故亦有“活张飞”之称。

中华人民共和国成立后，张全臣任菏泽县大平调剧团团长兼导演，1955 年被选为菏泽县政协委员。1954 年在山东省第一届戏曲观摩演出大会上，他演《滚鼓山》中的张飞，获表演奖。1956 年参加山东省第二届戏曲观摩演出大会，他演《白玉杯》中的严嵩，获老艺人奖。他一生演出剧目有 300 余个，其中最擅演的剧目有《滚鼓山》《白玉杯》《海棠关》《下河东》《彩仙桥》《打西凉》等。

申德高（1909—1975）　艺名“花脸五”，后改为“花脸虎”。山东省菏泽市牡丹区人。

申德高自幼随本村玩友班唱“板凳头”，讨饭谋生。1927年加入当时的菏泽县朱楼村管主牛保田、教师沈明亮成立的大平调科班学唱戏。与他同班的还有德山、德草、德宽、德禄等。申德高在科班期间，主学黑净、毛净，25岁成名。1945年参加东明县天兴班（后改为天成班，东明县大平调剧团前身）演出。由他主演的剧目有《战洛阳》《黑风阵》《收姜维》《赵公明下山》《呼延庆打擂》《胡奎卖人头》《打三关》《徐林造反》等。他嗓音粗犷洪亮，唱腔浑厚稳健；表演动作豪放逼真，气势雄壮。1956年东明县1952年改属河南省，大平调剧团以《战洛阳》一剧参加河南省戏曲会演，获演出一等奖。当时，中国戏剧家协会主席田汉看完演出后，赞扬申德高说：“看了你的演出，如同在古代战场上看到了活敬德。”田汉建议申德高将“花脸五”改为“花脸虎”。申德高演出的剧目以及塑造的剧中人物，在鲁西南以及其周边地区，深受群众的喜爱。申德高唱戏不喜欢用扩音设备，夜里他登台演唱，几里地以外都能听到他的声音。

1959年9月25日，申德高在河南省军区礼堂曾为毛泽东、周恩来、贺龙等党和国家领导人专场演出《战洛阳》。在三年困难时期，周恩来总理曾嘱托田汉对申德高给予生活上的照顾。田汉亲自写信、寄款并建议东明县领导安排好申德高的生活。1963年，东明县改属山东省菏泽专区，申德高随后在东明县大平调剧团坚持演出。1975年因病去世，时年66岁。

郭盛高　（1933—1996），艺名“黑牛”。原籍河南省南乐县，后迁至山东菏泽。中国戏剧家协会会员、山东省戏剧家协会理事、国家一级演员，东明县人大常委，东明县政协委员。历任东明县大平调剧团副团长、团长。

郭盛高出身艺人家庭，9岁便跟随父亲学戏，13岁就登台演出，崭露头角。后入定陶县陈集“兴盛班”随班演出。20世纪50年代初期，郭在菏泽县（今牡丹区）小平调剧团担当主演。大小两个平调剧团合团后，他就在菏泽县大平调剧团演戏。20世纪五六十年代是他演戏的鼎盛时期，在冀鲁豫黄河两岸的农村，男女老幼都知道大平调的"黑牛"，但很少有人知道他的大号郭盛高。因他长得皮肤黝黑，唱腔高亢、激昂、悠扬、豪放，人们就称他为"小黑牛"。后来，随着年龄的增长，"小"字被去掉，就成了"黑牛"。他的表演粗犷豪放，形态逼真，唱腔朴实优美，喷口爽利，行腔稳定，悦耳动听，尤其是用假嗓倒吸气托出的呕腔，最具有鲜明的地方特色。在多年的艺术生涯中，他形成了自己独特的艺术风格。他主攻须生并且文武兼备，反串丑行，样样精通。在半个多世纪的艺术生涯中，他先后主演了 100 多个剧目，其中看家戏就有 20 余出，如《百花亭》《收姜维》《困河东》《反徐州》《游四门》《李炳下江南》《收岑朋》《姐妹皇后》等，已经成了剧团久演不衰的保留剧目。他主演《栖梧山》《百花亭》，曾先后获山东省地方戏曲会演优秀演员奖、表演一等奖和山东省青年演员地方戏曲会演表演一等奖等，并受到著名戏剧家田汉的接见。他主演的《百花亭》一剧，在山东省著名导演尚之四指导下，还曾作为进京汇报演出优秀剧目。

1963 年以后，由郭盛高主演的现代戏《万福河畔的鼓声》《春暖花开》《万紫千红》《乡下女》等剧目，分别在菏泽专区戏曲会演、调演中获演出一等奖、优秀奖。"文化大革命"中，他受到"冲击"，1968 年，被下放到菏泽县赵楼村劳动。在那里他一边劳动，一边教农村小学员学戏，为以后重建菏泽县大平调剧团培养了一批青年演员。1970 年，在上级领导的关怀下重返剧团。1975 年东明县大平调剧团成立，调任东明县大平调剧团副团长。1985 年 12 月，他应邀率东明县大平调剧团进京演出，受到了著名戏剧家马少波、著名歌词作家乔羽的接见，并题词赠诗。

由郭盛高演出的《栖梧山》《收姜维》《游四门》《百花亭》等剧目的优秀唱段，分别由上海音响公司、山东人民广播电台录制成唱片、磁带、影碟，流行冀鲁豫皖苏等地。

阎忠仁　1940 年出生于东明县东明集镇北贺庄村。1953 年在东明县大平调剧团学戏，专攻小生。1979 年到菏泽县（今牡丹区）大平调剧团工作，历任团长、党支部书记。国家二级演员。中国戏剧家协会山东分会会员。

阎忠仁以演须生为主，并兼演小生，曾在传统戏《换尤》《提寇》《金钟记》《长坂坡》《反西凉》《下河东》《收吴汉》《收岑朋》《孙膑下山》《辕门斩子》《闯幽州》等戏中扮演主要角色。1982 年参加山东省戏剧演出月，在现代戏《后娘心》中扮演老憨，获优秀表演奖。1991 年在现代戏《张三李四》中扮演张三，参加菏泽地区首届戏曲艺术节演出，获表演一等奖。1994 年参加菏泽地区地方戏新剧目展演，在《金星星银月亮》中扮演汲守德，获特别奖。1995 年参加山东省第五届文化艺术节，在现代戏《法魂》中扮演张木匠，获表演二等奖。

何西良 1963 年 11 月出生于菏泽市牡丹区沙土镇，国家一级演员。中国戏剧家协会会员，山东省戏剧家协会理事、菏泽市戏剧家协会主席，菏泽市第五批专业技术拔尖人才，菏泽市人大代表。曾先后担任牡丹区大平调剧团副团长、团长，党支部书记。现为牡丹区艺术研究所所长。

何西良 1980 年考入菏泽县（今牡丹区）大平调戏曲培训班，经过 3 年的勤学苦练，在唱、做、念、打方面有了长足发展。1988 年，在菏泽地区戏曲会演中，获优秀表演奖；1991 年参加山东省中青年演员大赛，在《收姜维》中饰诸葛亮，获表演一等奖。1992 年应中国文化部艺术局邀请，菏泽市（原县级市，今牡丹区）大平调剧团代表山东省进京演出汇报团进中南海演出，他在大型现代戏《张三李四》中饰张三，受到国务委员、国家计生委主任彭珮云和中顾委常委段君毅等人的亲切接见，戏曲界专家张庚、马少波、郭汉城等观看演出后，给予高度评价。1993 年参加山东省第四届文化艺术节，在大型现代戏《柴学进》中，他饰柴学进，获优秀表演奖。1995 年参加山东省第五届文化艺术节，在大型现代戏《法魂》中饰方永进，获优秀表演奖。1997 年参加山东省文化厅、山东省广播电视厅举办的青年演员电视大赛，在《三传令》中饰诸葛亮，获铜奖。2000 年，何西良被文化部、人事部授予全国文化系统先进工作者称号，在人民大会堂受到朱镕基、李岚清、丁关根、孙家正等领导人的亲切接见。2004 年参加山东省第八届文化艺术节，在大型现代戏《天职》中饰段金彪，获优秀表演奖；12 月参加第二届中国戏曲红梅大奖赛，在《收姜维》中饰诸葛亮，获金奖。

何西良从事戏曲艺术事业20余年，曾先后主演了《反徐州》《下河东》《收姜维》《收岑朋》《阴阳扇》《徐策跑城》等十余部传统戏。他的演唱既继承了平调那令人提神的气势，又以透明清纯的本嗓演唱给人清爽之感。他那植根于本土的发声吐字又给平调观众以乡土气息浓郁的亲切感。他继承了平调红脸传统戏，并创作了很多平调现代戏。他的主要贡献在于以清纯音色为特征的精湛唱法，形成了大平调演唱新的风格。1997年，中央电视台在《名段欣赏》栏目播放了他演唱的《收姜维》选段，博得广泛好评。

2006年被山东省文化厅命名为省级非物质文化遗产项目大平调代表性传承人。2009年被国家文化部命名为国家级非物质文化遗产项目大平调代表性传承人。2012年3月被山东省省委组织部、省委宣传部、省财政厅、省人力资源社会保障厅评为首批“齐鲁文化之星”；同年12月被菏泽市市委组织部、市委宣传部、市财政局、市人力资源社会保障局评为“四个一批人才”。2014年12月出版了大平调何西良唱腔集粹。2016年7月赴香港参加“中国戏曲艺术节”，在香港大会堂演出了传统戏《收姜维》《困河东》。

吴从印　1966年出生于山东省东明县。1978年2月，县大平调剧团招收学员，他前去报名应试。入班后，他先是随其他老师学唱，后拜师于著名大平调演员郭盛高（黑牛），主工须生行当。他12岁开始登台，一亮相就获得了观众们的好评，后随团经常活跃于苏鲁豫皖四省边界的农村。

吴从印音域宽广，嗓音洪亮，吐字清晰，爆发力强，行腔流畅，继承和发扬了郭盛高的诸多特点。一折《三传令》赢得了观众的高度赞扬，并获雅号“白牛”，以映其恩师“黑牛”。他在大平调《天水关》中饰诸葛亮，一双有神的眼睛，再加上一把羽毛扇，就把诸葛亮运筹帷幄、挥洒自如的形象刻画得活灵活现。此外，他所饰演的《游四门》中的姚瑞龙、《反徐州》中的徐达、《阴阳扇》中的张健、《大登殿》中的薛平贵、《贬海瑞》中的海瑞，以及现代戏《好人二叔》中的二叔等形象，都给观众留下了深刻的印象。

近年来，吴从印刻苦钻研，虚心向老艺人学习，艺术修养不断提高。

2001年4月，他参加山东省戏曲青年演员会演，在大平调《天水关》剧目中饰演诸葛亮，获山东省文化厅颁发的演员一等奖；同年5月参加菏泽市首届戏曲节，在大平调《百花亭》一剧中饰演李白，获演员二等奖。2003年8月，在山东省齐鲁音像出版社录制的《天水关》《反徐州》《阴阳扇》等10个传统剧目中，担当主唱。2004年5月，参加菏泽市第二届戏曲节，在参演剧目《收姜维》中饰演诸葛亮，获演员一等奖。2005年9月，参加菏泽市中青年戏曲演员大赛暨首届“十大明演”评选，获“十大名演”称号。

周魁生 1963年出生于山东省东明县，国家二级演员，山东省非物质文化遗产项目大平调代表性传承人，曾任菏泽市人大代表，现任山东省东明县地方戏曲非遗保护传承中心副团长。

1978年，14岁时进入了东明县大平调剧团，1980年，两团合并后，跟著名戏曲演员郭盛高（艺名黑牛）学艺。主攻须生，很快掌握了大平调艺术的唱腔和表演技能，成为大平调特色绝艺“呕腔”表演的主要传人。曾在《百花亭》《反徐州》《大登殿》《困河东》《阴阳扇》《收姜维》《严海斗》《徐策跑城》《姚玉龙趟镣》等30多台剧目中担任主演和重要角色，深受观众喜爱。周魁生的唱腔嗓音洪亮，大腔大韵，行腔时能熟练运用“呕腔”技能，字句顺畅，感情充沛，强调了圆润流畅，高亢激越；其表演干净利落，细腻投入，充满激情，一招一式，功底深厚，强调了气度大方、浑厚凝练。为获得更好的戏曲表演效果，把川剧“变脸”充实到《阴阳扇》剧目中，大大提高了该剧目的欣赏性。其主演的《百花亭》《困河东》《徐策跑城》等几十个传统剧目，深受观众欢迎，屡看不厌，被群众誉为“红牛”，享誉苏鲁豫皖一带。

周魁生多次在省市艺术比赛中获奖，参加第三届“中国戏曲红梅荟萃”比赛，被授予“中国戏曲红梅花”称号；他还十分重视戏曲理论研究和探讨，撰写了《浅谈菏泽群众文化发展的新趋势》荣获一等奖、《漫谈地方戏曲亟待抢救与保护》荣获二等奖，2003年，齐鲁音像出版社录制发行了他主演的9部历史剧光盘。2015年5月在菏泽市第四届戏曲节暨“庆花会戏曲演出月”《华容长歌》中扮演关羽，荣获一等奖。最近又上演了古装戏《大宋巾帼》

和现代戏《风雨逆行》《皆大欢喜》，其中扮演的角色深受观众喜爱。

杨俊生 男，1963年10月出生，菏泽市牡丹区人。山东省戏剧家协会会员，曾任菏泽市大平调剧团业务团长。1980年考入菏泽县大平调戏曲培训班，专工净行。从艺40余年，在舞台的艺术生涯中塑造了众多包公形象。他嗓音宽广洪亮，喝腔浑厚激昂，表演粗犷豪放，气势雄壮。在鲁西南一带和黄河以北濮阳、长垣、滑县、内黄、邯郸的城镇乡村享有很高的声誉，深得百姓喜爱。在传统戏《铡美案》《铡赵王》《铡郭槐》《包公碑》中饰演包拯，《收姜维》中饰演姜维。在菏泽市戏曲艺术节和山东省艺术节中多次获奖。

第六节 两夹弦著名演员

王文德（1910—1978） 艺名“小意儿”，山东省菏泽市牡丹区人。14岁入邻村江李庄“玩友班”，拜大徐庄的徐广远为师，学唱两夹弦，攻旦行。1928年，家乡成立两夹弦职业班社“共艺班”，担任掌班。中华人民共和国成立后，加入菏泽县（今牡丹区）新艺剧社。

王文德在近50年的舞台生涯中，以演旧社会农村中善良妇女的形象著称。其唱腔朴实，韵味浓厚，柔中有刚，以独到的功力，演活了《安安送米》中的庞三娘、《穷劝》中的张金姐、《武家坡》中的王宝钏、《蓝桥会》中的蓝瑞莲等几十个妇女的善良形象，在鲁西南及豫东北一带，名声甚高。他在艺术表演、音乐设计、培养人才诸方面，都对两夹弦戏曲艺术的发展做出了贡献。

黄云芝（1923—1966） 艺名“小白鞋”。山东省东明县人。父亲黄二润是两夹弦琴师，母亲张秀香是两夹弦旦角演员。她自幼生活于戏班，6岁学唱戏，8岁登台演出，13岁就以花旦、闺门旦著称。1943年父母相继去世，依当地风俗穿孝鞋三年，故有“小白鞋”之称。

菏泽解放后，两夹弦受到人民政府的重视和扶持，黄云芝先后在现代戏《白毛女》中饰喜儿、《小二黑结婚》中饰小芹。1954年两夹弦剧团改为菏泽县新艺剧社，她为首任团长。当年参加山东省举办的第一届演员讲习班，使其表演艺术得到进一步提高。同年参加山东省第一届戏曲观摩演出大会，在《站花墙》中饰王美蓉，获演员奖，并灌制唱片。1956年，参加山东省第二届戏曲观摩演出大会，在《换亲》中饰三姐，获演员一等奖。1959年剧团改为菏泽专区两夹弦剧团，她继续担任团长，并加入中国戏剧家协会。同年9月27日，在济南为毛泽东等中央领导演出传统剧目《三拉房》，饰郭素贞。11月参加山东省柳子戏、两夹弦、柳腔联合进京演出团。她曾三次进京演出，受到刘少奇、朱德、陈云、陈毅、郭沫若等党和国家领导人的亲切接见，并合影留念。1960年被选为山东省第三届政协委员。1964年参加山东省革命现代戏曲会演，在《向阳人家》中饰张母。她经常演出的剧目还有《罗帕记》（饰康素贞）、《大卷帘》（饰祝英台）、《苦菜花》（饰娟子妈）等。

由于她唱腔优美、口齿清楚，所演人物形象鲜明、富有浓郁的地方色彩，所以鲁西南群众有“拆了屋子卖了梁，也要看看小白鞋的《站花墙》”之说。她在演唱中，善于吸收山东梆子、豫剧河北梆子等剧种的唱腔，对两夹弦大胆创新，曾改革创新了［捻子］［赞子］［砍头橛］等板式，唱腔清丽流畅，娇媚而不花哨，高亢而不粗俗。“文化大革命”初期，被迫害致死。

李京华　女，1939年出生于山东省菏泽县（今牡丹区）。12岁从艺，拜两夹弦旦角演员张秀香为师，工旦行，当年登台演出。1955年加入菏泽县新艺剧团，1959年调入菏泽专区两夹弦剧团，1979年调入定陶县两夹弦剧团，曾任剧团团长。中国戏剧家协会会员、山东省戏剧家协会会员。1986年退休。

李京华扮相秀丽俊美，端庄大方，唱腔优美动听，吐字清晰柔和。曾在几十个剧目中担任主要角色，塑造了许多风格迥异的舞台艺术形象。其代表剧目有《三看御妹》《三拉房》《大铁山》《武家坡》《大登殿》《三进士》《站花墙》《双妃泪》《相女婿》《江姐》《骨肉亲情》《红果累累》等。1956年参加山东省第二届戏曲观摩演出大会，演出《换亲》，获演员三等奖。1959年参加山东省柳子戏、两夹弦、柳腔联合演出团进京汇报演出，在《拴娃娃》中饰于二姐、《三进士》中饰二夫人，受到刘少齐、朱德、陈毅、郭沫若等党和国家领导人的亲切接见并合影留念。

宋瑞桃　女，1939 年出生于山东省郓城县。她于 1953 年考入菏泽两夹弦剧团，工生行，1970 年调入定陶县两夹弦剧团，曾任该剧团副团长。山东省戏剧家协会会员。

宋瑞桃从艺后，曾在几十个剧目中担任主要角色。塑造了许多性格鲜明的艺术形象。1959 年 10 月，毛泽东在济南观看了她演出的《三拉房》，并给予高度评价。同年 11 月进京演出，党和国家领导人刘少奇、周恩来、朱德、陈毅、彭真等观看了演出，并合影留念。

李艳菊　女，1940 年出生于山东省定陶县。国家二级演员。8 岁随父母学艺，工花旦，当年登台演出。1952 年加入菏泽县（今牡丹区）新艺剧社，1959 年调入菏泽专区两夹弦剧团，1970 年调入定陶县两夹弦剧团，至 1986 年退休。

李艳菊从艺 30 多年，曾在几十个剧目中担任主要角色，成功塑造了许多鲜明的艺术形象。1957 年，山东人民广播电台录制并播放了她演唱的《刘海砍樵》；1958 年，上海人民广播电台灌制了她演唱的《站花墙》《换亲》等剧中的精彩唱段。1959 年她演出的古装戏《三拉房》，三进国务院为刘少奇、陈毅等国家领导人作汇报演出，受到亲切接见并合影留念。同时，京剧艺术家梅兰芳还观看了她表演的戏曲身段和圆场功，给予较高评价。1978 年，在现代戏《相女婿》中饰桃花。该剧参加山东省戏曲会演，获集体演出一等奖。

韩艳萍　女，1944 年出生于山东省菏泽市。国家二级演员。1957 年考入菏泽县（今牡丹区）豫剧团，1958 年进菏泽专区戏校进修，1959 留校任教。1961 年调菏泽专区柳子剧团。1979 年调定陶县两夹弦剧团，曾任剧团副团长。

韩艳萍先后演出过几十个剧目，1982 年演出的现代戏《红果累累》，在山东省戏剧演出月中获表演奖；1981 年参加建党 60 周年菏泽专业剧团调演，演出《双妃泪》，获优秀青年演员奖；1986 年参加山东省第三届戏剧月，演出现代戏《拾爹嫁娘》，获表演二等奖；1988 年参加菏泽地区艺术节，演出古装戏《愣姐让房》，获优秀表演奖；1989 年参加山东省第二届艺术节，演出古装戏《风水宝地》，获表演二等奖；1991 年在菏泽首届戏曲节中演出古装戏《裙带误》，获表演一等奖。

祝兆明，1944 年出生于山东省单县。国家二级演员。15 岁考入菏泽专区戏曲学校，1961 年毕业分配到菏泽专区两夹弦剧团，1970 年调定陶县两夹弦剧团，历任编剧、导演、团长等职。中国戏剧家协会会员、山东省导演学会会员、山东省戏剧家协会会员，定陶县政协常委。

祝兆明从事戏曲艺术数十年，塑造了几十个风格各异的古今人物形象。1976 年，他主演的《河畔新图》，在济南为中央领导和省领导做过专场汇报演出，受到赞誉。1979 年，他主演的《相女婿》，进京参加国庆 30 周年献礼演出，获得文化部的表彰，并获山东省演出一等奖。同时，他还在电视剧中串演过重要角色。在编剧、导演艺术上，他也取得较好成绩，先后为团里排演了 20 多个剧目。对于戏曲艺术的舞台效果，他有着自己的审美观点，那就是立足于舞台，充分发挥演员的表演艺术优势，这样才能赢得观众。

多年来，他创作、导演的剧目多次在国家、省、市戏剧会演中获奖。1986 年，创作、导演的现代戏《拾爹嫁娘》，参加山东省第三届戏剧月，获编剧、导演等六项奖；1988 年创作、导演的古装戏《愣姐让房》，获菏泽地区艺术节编剧、导演等四项奖；1988 年编导的戏剧小品《回娘家》，参加了 1989 年山东电视台的春节晚会；同年，创作的戏曲广播剧《亲上亲》，由山东人民广播电台录播，山东省吕剧团演播；1989 年创作的现代戏《推媳妇》，获山东省第二届艺术节编剧一等奖。该剧 1992 年参加全国“天下第一团”优秀剧目展演，获文化部优秀剧目奖。1992 年编导的儿童剧《赖宁之歌》，巡回演出 4 省 23 个县、市，共 202 场。1994 年创作的现代戏《三亲家》，获山东省文化厅、省计划生育委员会剧本创作二等奖，并由山东省文艺出版社出版。

侯彦丽　女，中共党员，山东省第十三届人大代表、菏泽市第十九届人大代表、中国戏剧家协会会员、山东省戏剧家协会理事、菏泽市戏剧家协会副主席。菏泽市定陶区两夹弦非遗保护传承中心主任，专业技术五级。

代表剧目有《爱心家园》《三拉房》《愣姐让房》《干娘》《夕阳情》《楼

长嫂子》《幸福大道》《情暖万家》等。2005年在豫、鲁、苏、皖4省21市专业演员旦角类金奖，之后再次夺得7省25市戏曲擂台赛的银奖；2013年11月主演小戏曲《爱心家园》荣获中国十艺节"群星奖"、该剧入选国家艺术基金项目、山东省舞台艺术精品工程、全省优秀小型戏剧新创作剧目展演活动优秀剧目、荣获菏泽市2012—2014年度精神文明建设"文艺精品工程"，创作演出《春秋商圣》荣获山东省第九届"泰山文艺奖"戏剧类三等奖；主演《三拉房》饰演郭素贞，该剧参加香港·中国戏曲节、山东省戏曲元宵晚会、山东地方戏曲剧种代表性剧目展演、2019山东省首届非物质文化遗产传统戏剧类项目小戏展演、"站在新时代回望经典"庆祝中华人民共和国成立70周年山东省经典戏剧展演、2020年进京演出亮相梅兰芳大剧院；主演《愣姐让房》饰演愣姐，该剧参加香港·中国戏曲节、获菏泽市第二届戏曲节剧目一等奖；参与创作两夹弦《退彩礼》参加2017年全国基层院团戏曲会演、该剧入选全省群众艺术优秀新创作品、第十一届山东文化艺术节全省优秀新创群众文艺作品会演、荣获菏泽市首届牡丹文艺奖、全省乡村题材小型文艺作品展演一等奖；演出《干娘》走进省委党校、市委党校、区委党校、菏泽大剧院等公演60场次，2019年10月山东省《新闻联播》以"大型两夹弦戏《干娘》走进省委党校展演"进行专题报道；参与创作两夹弦《喜临门》入选2020年全省乡村题材优秀文艺作品网络展播，获菏泽市第二届"牡丹文艺奖"。创演《楼长嫂子》剧目入选2020年全省舞台艺术重点创作项目；创演《楼长嫂子》《干娘》《春秋商圣》参加"百年征程　时代华章"庆祝中国共产党成立100周年山东省优秀剧目展演；创作《公鸡过寿》入选2021年度全省群众艺术优秀新创作品、获山东文化艺术优秀小型剧节目奖、群众艺术优秀作品奖。

侯彦丽荣获齐鲁文化英才、齐鲁文化之星、2020山东非遗年度人物、山东省美育专家资源库入库专家、山东省文化系统优秀调研成果二等奖、菏泽市工会先进女职工工作者、第五批省级非物质文化遗产代表性项目代表性传承人、全省非物质文化遗产保护工作先进个人、被市委、市政府记个人二等功、菏泽市拔尖人才、优秀市级非物质文化遗产代表性传承人、菏泽市干事创业先进个人等荣誉称号。

第七节 四平调著名演员

王桂芳（1923—1962） 女，艺名“大青衣”。江苏省沛县人。成武县四平调剧团著名演员。出身梨园世家，自幼跟父亲王湘典、叔父王新典学唱花鼓，后拜邹玉振为师，13 岁就以唱腔优美而崭露头角。其所在花鼓“大兴班”常流动演出于苏北、皖北以及山东省济南、德州、淄博一带。其间，她接触了评剧、梆子、五音戏等，曾与五音戏名艺人“鲜樱桃”同台演出。

1940 年秋，花鼓戏由曲艺形式向戏曲形式演变，王桂芳为四大坤伶之首，在吸取其他剧种曲调、融合花鼓唱腔而形成四平调的过程中，起了重要作用，为四平调剧种的形成做出了不可磨灭的贡献。

王桂芳擅演青衣、花旦，唱做兼长，尤攻唱。其音域宽，音质甜美，吐字清晰，抒情时委婉深沉，悲愤时高亢激越，擅长塑造旧社会遭遇悲惨的妇女形象。1952 年，她随河南省柘城县四平调剧团归属成武县。她做戏认真，谦虚谨慎，20 世纪 50 年代初，多主演花旦，其代表剧目为《陈三两爬堂》（饰陈三两）；后期侧重青衣，代表剧目为《三告李彦明》（饰裴秀英），多以大段独唱和对唱而博得观众称誉。如在《陈三两爬堂》中的“提起家乡泪难忍”一段戏，灵活运用“平板”“直板”“锣鼓冲”“散板”等，使大段唱腔变化有致。她还先后参加《父子婚姻》《擦亮眼睛》《小女婿》《罗汉钱》《归来》等多部现代戏的演出，并担任主要角色。王桂芳 1962 年逝世，年仅 39 岁。她未能正式收徒传艺，但传带出了其女王凤云，使其表演艺术得到了继承和发展。

冯守君 1932 年出生于江苏省沛县。1942 年开始学唱花鼓戏，1947 年改唱四平调，1951 年调入山东省成武县四平调剧团。

冯守君扮演的人物形象活灵活现，十分生动。其代表剧目有《恩仇记》《将相和》等。他在《恩仇记》中扮演反面人物邓炳如，成功塑造了一个心狠手辣的人物形象。在定陶、成武等地有个顺口溜："扒了房子卖了地，也得看冯守君的《恩仇记》。"在现代戏中，他善于用古装传统戏曲手法来烘托现代人物。常演的现代戏剧目有《红色联络站》《南海长城》《雷锋》《焦裕禄》《白求恩》等。1959年参加菏泽地区戏曲会演，在《野火春风斗古城》中饰杨晓东，获演员一等奖。在现代戏《铁营》中饰贺龙、《首战平型关》中饰杨成武，曾受到作家赵树理的接见和赞赏。1962年，参加山东省戏曲调演，在《三把镰》中饰王大年，受到山东省委领导的好评，《大众日报》曾进行专题报道。

胡世君　1937年出生于江苏省丰县。曾任山东省成武县四平调剧团团长。他10岁从艺，拜著名花鼓戏演员张继德为师，开始学唱花鼓戏。

胡世君1947年初参加部队文工团，先后任团支部书记、工会主席、导演、副团长。1950年调至丰县四平调剧团，1951年调单县四平调剧团。他艺术行当全面，开始演旦角，后来花鼓戏改为四平调，演文武老生、文武小生。在《回龙传》中饰八王千岁，在《百金鸽》中饰百金鸽。在现代戏方面，无论是正面人物还是反面人物，不管是主角还是配角，他都一丝不苟地把戏唱好。1958年，在现代戏《八一风暴》中，他扮演的配角张敏就非常成功。演出后他在大街上行走的时候大家见到都叫他"朱德的学生"。1974年，在《春暖花开》中扮演人大主任，受到了省委、省政府领导的肯定和赞扬。

1961年，胡世君从单县调成武县四平调剧团，先后主演的剧目有《杨三姐告状》《三把镰》《南海长城》《沙家浜》等。1969年，在成武县有关部门的支持下，胡世君重建文工团，集中了菏泽专区兄弟县的优秀演员，剧团人员一度增加到120人，如张玉霞、鲍素花、田美玲、丁爱芝、吕玉喜等。创作、排演了许多优秀剧目。

李桂荣　女，1938年出生于河南商丘市，14岁入曹县四平调剧团学艺，16岁领衔主演，中国戏剧家协会山东分会会员、曹县政协委员。

她"夏练三伏""冬练三九"，做到一招一式准确扎实，继承传统而不泥古，遵法而不守旧。

在传统剧《陈三两爬堂》一剧中，李桂荣创造的陈三两的形象，能淋漓尽致地反映出她深沉、浑厚、含蓄、朴素的表演艺术特色。《陈三两》的演出，使李桂荣受到广大观众极高的评价。

在传统连台剧《梦龙图》中，李桂荣所创造的小包公的人物形象，则是又一成功的杰作。她不但以演闺门旦见长，还能冲破行当，成功地创造其他行当的人物形象。

《送行》一场，小包公两次上场见嫂娘选择了一站一跪的动作，恰到好处地表达了角色感情的分寸。《成亲》一场，则更是风趣横生。一位断案如神、叱咤风云、不畏权势、公正廉明、执法如山、刚直不阿的黑包公在新娘子面前却完全失去了人们想象中的种种神威，流露出忠厚朴实、畏缩不前、忐忑不安、羞意十足的神情。这场戏，李桂荣演得感情真实、朴素大方、亲切健康，给了观众以新颖、美好的艺术享受。1981 年《小包公》在济南的演出，舆论界纷纷热情评赞，真是誉满泉城、盛况空前。

李桂荣除在艺术上有深厚的造诣外，还具备了高尚的戏德。几十年的舞台生涯中，她从没与人争过名利，时时处处为剧团的发展着想，为全团演职员的进步着想。她处处严格要求自己，真诚坦率、光明磊落，享有很高的群众威望。

王凤云　女，1944 年出生在安徽省亳州的一座破庙里，故得乳名“小和尚”。山东省成武县四平调剧团团长兼书记，中国戏剧家协会会员。国家一级演员。

她出身梨园世家，6 岁随父母学艺，尤其在其母王桂芳的传带下，才艺早成，9 岁就赢得了“听到锣鼓响，想起小和尚”之誉。中华人民共和国成立后，她努力攀登四平调艺术高峰。少女时的王凤云就壮志在怀。1956 年秋冬，在徐州、郑州演出时，为了学得常香玉、马金凤唱腔技巧及表演艺术，她独自步行十数里前去观摩，深夜方归。1961 年，她拜见了著名评剧表演艺术家新凤霞，移植演出了新凤霞的拿手好戏《花为媒》，在菏泽、商丘、阜阳等地，连续上演 30 余场。1962 年，其母王桂芳在除夕之夜自缢身亡，从此王凤云担负起照顾年过花甲的外祖母、积劳成疾的父亲和4个弟弟妹妹的重担。性格坚强的王凤云并没有被压倒，而是泪痕未干，又活跃在舞台上。

为了使四平调这个年轻剧种尽快发展成熟起来，王凤云认真总结经验，大胆向其他剧种借鉴，历尽8年艰辛，终于以花鼓的“寒韵”为基础，结合“平板”曲调，研究成功了慢三眼式的“慢平板”，“征”调式的“反四平”新板式，填补了四平调唱腔音乐史上的空白，形成了别具一格的“王凤云唱派艺术”。

1989年，王凤云在部队服役的儿子不幸去世。就在这撕心裂肺悲恸欲绝之际，剧团应邀去河南演出。她身为剧团领导，又是主演，毅然含泪随团踏上征途。她凭借高度的事业心，不但悉心培养了刘雪云、李鸣生等徒弟，而且作为四平调第三代传人，克服了种种困难，不要国家一分钱，办起了四平调戏剧学校，为四平调的发展不懈地耕耘着。

王凤云1982年加入中国共产党，多次被市、县评为“三八红旗手”、模范共产党员，其艺术成就更是被众多媒体登载。她主演的《裴秀英告状》《花为媒》等剧目，被中央人民广播电台、中央电视台、山东人民广播电台、山东电视台等多次播放，深受广大群众的喜爱。

许亚丽　女，1971年1月出生，国家二级演员，山东省非物质文化遗产四平调项目代表性传承人，山东省戏剧家协会会员，成武县四平调保护传承中心业务团长，成武县第十届政协委员。

许亚丽是菏泽市优秀戏曲青年演员，也是四平调剧种的第四代代表性传承人，她继承和发展了其母王凤云（四平调著名戏剧表演艺术家）的唱腔艺术，在四平调艺术的传承中，许亚丽成绩更是显著，她情系梨园，苦苦追求，除了完成剧团的演出任务外，还兼任着菏泽艺术学校四平调分校的教师，她以诲人不倦的精神，一心扑在教学上。将四平调的代表性剧目传授给学生。经过多年的培养，她教的30多个学生能文能武，现已充实到四平调剧团，为四平调戏曲艺术的传承和发展做出了贡献。

许亚丽虚心好学，博采众长，形成了以情带声的唱腔。她以新颖的风格成功地塑造了四平调代表性剧目《陈三两爬堂》中的陈三两；《裴秀英告状》

中的裴秀英；《白玉楼》中的白玉楼；《三看御妹》中的玉妹；《伯乐传奇》中的李慧娘等主要角色。2004年她荣获菏泽市中青年演员戏曲大奖赛一等奖，受到菏泽市人民政府表彰；2005年荣获红梅奖戏曲大奖赛一等奖；2010年荣获山东省中青年演员戏曲大奖赛菏泽赛区一等奖；2011年在山东省中青年戏曲大奖赛上荣获一等奖，并被评为“观众最喜爱的演员”，山东省委宣传部、省文化厅给她颁了奖。由省委宣传部、省文化厅编撰的《山东地方戏 四平调》一书对她的演艺事业和传略进行了详细介绍。山东电视台多次播出她演唱的四平调经典唱段。

2012年4月26日，她参加了由省委宣传部、省文化厅、省文联主办的全省地方戏小戏展演。成武县选送了由她主演的四平调《玫瑰风波》，她的出色演唱和精彩表演，深深打动了评委和观众，许亚丽被评为最佳表演奖。此剧目也荣获了音乐奖和剧目奖。使本代表队成为这次调演获得奖项最多的院团之一。

许亚丽多次参加省、市举办的大型文艺晚会，如“中国林交会文艺演出”“菏泽国际牡丹花会开幕式”文艺演出，菏泽“春节文艺晚会”等大型文艺演出。每次演出，许亚丽都能把四平调唱腔艺术发挥得淋漓尽致，赢来观众阵阵掌声，菏泽电视台、《菏泽日报》等媒体多次对其进行了专访和报道。

第八节　柳子戏著名演员

王福润（1884—1969）　山东省巨野县人，戏曲教育家。他11岁学唱柳子戏，习唱小生，后应河南省清丰县洪家班聘邀，在清丰、南乐一带演唱十余年之久。他博闻强识，对柳子戏传统剧目（包括高腔、青阳、昆腔、乱弹剧目在内）生、旦、净、末、丑行的唱、白、科介，全部“抱本”，为他后来教授传统剧目奠定了基础。

王福润以继承与革新柳子戏传统表演程式，在洪家班中享有盛名。后在曹县，又结识了京剧艺人殷小楼，学习京剧的武打程式和基本功训练规范，并向武术界学习刀枪对打套路，融会贯通后，他在柳子戏传统剧目《龙宝寺》《对金抓》《燕青打擂》等戏中，增添武打场面，丰富了柳子戏的表演程式。后来他和弟子徐广华（文武小生）又编排了《镖打窦尔墩》等武戏。他请秀才伊新斋为柳子戏加工修改过几十个剧本，如《战马超》《八蜡庙》等。

王福润30岁左右就致力于柳子戏的教学工作，先后担任曹县大小曾班、定陶县宋楼科班和巨野县孙家义科班教师。鲁西南演唱柳子戏的著名演员，多半出其门下。晚年，他又担任山东省柳子剧团教师，为柳子戏培养出一批优秀的青年演员。1959年，山东省柳子剧团进京演出时，梅兰芳特地到后台与他会晤，并合影留念。

王福润会戏甚多，年近古稀仍坚持参加郓城县工农柳子剧团的昼夜演出。他各门行当，均能应工，曾演出《单刀会》中的鲁肃（净面文生）、《许田射鹿》中的吉平（净面文生）、《打登州》中的秦母（老旦）、《三盗芭蕉扇》中的陈员外（老生）、《大拉墓》中的王半仙（丑）等。1956年以后，他的工作主要是口述传统剧目，并由专人笔录。今山东省戏曲研究室珍藏的柳子戏传统剧目抄本，多半由他口述，其中如《打登州》《祭旗》《华容道》等，经校订后，已编入《山东地方戏曲传统剧目汇编》。

刘云驷（1890—1968）　原名刘坤，艺名“小桃”。原籍山东省东平县西关，后迁至郓城县隋官屯。柳子戏演员，工小生。

刘云驷自幼入济宁孙状元家科班学戏，曾从师于马村（今属嘉祥县）赵汝敬。出科后，在鲁西南、苏北、冀南一带演唱，唱腔韵味醇厚，抑扬委婉，字正腔圆，悦耳动听。他以擅演《抱妆盒》的陈琳闻名，刻画陈琳的内心活动，细致入微；对剧中陈琳虽有救主之意，又犹豫徘徊，见到寇珠、刘娘娘、八贤王时的不同神情，演得惟妙惟肖，配以动情的唱腔，更加扣人心弦。所唱下调原板［步步娇］、平调原板转二板［锁南枝］、［混江龙］等曲，传神逼真，后辈搬演此剧，争相仿效。他还擅演《兴围》《回围》《大拉幕》等剧。他唱的西皮戏《走雪》《四郎探母》《大登殿》等剧，高亢嘹亮，别具一格。所到之处受到观众欢迎，民间故有“押了房子卖了地，一心要听小桃的戏”

之说。1944 年前后，柳子戏著名演员在巨野县尚村合演《错断颜查散》，他饰颜查散，张春雷饰包拯，李文远饰柳金蝉，苗悦勤饰李保，珠联璧合，盛况空前。

张春雷（1904—1975） 原名张兴然，山东省曹县人。父亲张凤鸣是柳子戏旦角演员。张春雷 10 岁入曹县温楼曾家长兴科班，跟著名柳子戏艺人黄承先学戏，先随杨朝先学唱，后拜王福润为师，开始专攻花脸，后又兼唱红脸。

1930 年起，张春雷领衔义和班，在鲁西南、豫东、淮北各地演出。30 岁以后担任长兴班主演及掌班。1948 年，长兴班归平原省复程县领导。20 世纪 50 年代初，参加郓城县工农剧社，任社长。1959 年成立山东省柳子剧团，任副团长。曾任山东省政协委员、中国戏剧家协会山东分会副主席、中国剧协理事。

张春雷嗓音洪亮，音域宽广，功架粗犷有力，具有独特风格。在《打登州》中成功地塑造“为朋友两肋插刀不嫌疼”的山东好汉形象。在京剧和不少地方戏曲剧种中，秦琼由老生扮演，不勾脸谱，净面挂黑三髯，而他演出的秦琼则勾红三块瓦，三绺长髯，由红脸应工。1954 年，参加山东省第一届戏曲观摩演出大会，扮演《盗骨会兄》中的杨五郎，配合唱句，亮出不同的罗汉架势，颇具特色，获演员一等奖。同年参加华东地区戏曲观摩演出大会，在《黄桑店》中饰秦琼，获演员二等奖。他还擅演张飞戏，如《鞭打督邮》《虎牢关》《张飞闯辕门》等，都能充分体现张飞既勇猛刚强、疾恶如仇，又知情达理、粗中有细的性格特征，从多方面、多角度塑造人物形象，相当出色，在鲁西南一带有“活张飞”之称。1959 年进京演出《张飞闯辕门》，成功塑造了粗鲁爽直的张飞形象。他紧扣一个“莽”字，突出一个“直”字，传神地表达出张飞的心理状态。在电影《孙安动本》中，他成功地塑造了刚猛爽直敢于打朝的徐龙。另外，他经常扮演的角色还有《挂龙灯》中的赵匡胤、《安南国》中的陈平、《一计害三思》中的石敬思等。他扮演人物形象活灵活现，十分生动，为柳子戏的发展做出了重要贡献。

何东明（1918—2005） 原名芳重，艺名“冬明”。山东省定陶县人。入科后选演小生，后改花脸，扮演《打登州》中的史大奈、《孙安动本》中的徐龙，都很出色。演到徐龙为救孙安而打朝时，虽是开国元勋徐达的后代，却依然遗留草莽英雄天不怕、地不怕的家风，他手使“君不正打君，臣不正打臣”的祖传黑虎铜锤，打上金殿，并举锤跃起，高坐在龙案之上，被评誉为“天外一锤”，获得一致好评。1954年，柳子戏《黄桑店》参加华东区戏曲观摩演出大会，何东明曾获演员三等奖。

孔繁奇（1928—2001） 出生于山东省巨野县人。他自幼学戏，23岁进入剧团，演唱青衣，以唱功见长。在经过加工整理的《白兔记》一剧中扮演李三娘，曾于1956年山东省第二届戏剧观摩演出中获演员一等奖。晚年任教，他培养了一大批学员。

黄遵宪 1932出生于山东省郓城县。一级演员，曾任山东省柳子剧团副团长、艺术顾问，省文化厅艺委会委员，山东省柳子剧团艺委会名誉主任、中国剧协会员、剧协山东分会理事、山东省文联委员。

黄遵宪1950年登台演出《游西湖》《双封王》《武松打店》《打登州》等文武生戏。1954年主演《孙悟空三盗芭蕉扇》，并参加省戏曲会演。1959年改老生，首演《孙安动本》，饰孙安；同年进京，三次进中南海向党和国家领导人汇报演出，并获朱德、周恩来、陈毅等好评。1960年、1964年、1965年在《张飞闯辕门》《三回船》等剧中饰主要角色，为毛泽东等领导人演出。1962年主演的《孙安动本》由上海海燕电影制片厂拍摄成戏曲艺术片，发行全国及东南亚各国。在《杜鹃山》《江姐》《南海长城》《亮眼哥》《杨立贝》《百花亭》《十五贯》《王昭君》《琵琶遗恨》《徐龙铡子》等数十出戏中饰主要角色，塑造了不同性格的人物形象，颇得好评，在省里多次获奖。1996年在全省首届地方戏曲邀请赛中获特殊贡献奖。所演的《孙安动本》，1998年由中央电视台录制保存。因传授《孙安动本》，在山东省第五届文化艺术节上获辅导奖。辅导复排的《张飞闯辕门》一剧，曾获文化部组织的“天下第一团”（北方片）会演大奖。他善于取别人之长，补自己之短，进行再创造，形成了自己独特的演唱风格。

孔祥启 1943年出生于山东省巨野县。工净行。中国戏剧家协会会员，曾被选为山东省戏剧家协会理事，山东省文学艺术界联合会委员。

1958年参加郓城县工农柳子剧团，拜张春雷为师，学唱花脸、红脸。擅演《脱狱牢》中的赵匡胤、《错断颜杳散》中的包拯、《对松关》中的秦英、《孙安动本》中的徐龙等。在继承传统的基础上，对唱腔潜心钻研，根据高、中、低音及立音、鼻音的不同发声部位，采用不同的唱法。并将花脸、红脸唱腔有机地融合一起，还叫京剧裘派花脸方荣翔和南路柳子戏老艺人杨厚善请教学习，逐渐形成自己的演唱风格。1980年，参加山东省文化局举行的省直艺术院团青年演员会演，演出《盗骨会兄》，饰杨五郎，获一等奖。

赵新文 男，中共党员，山东省非物质文化遗产柳子戏代表传承人，中国戏剧家协会会员，山东省戏剧家协会会员，中国振兴戏曲艺术贡献奖和中央电视台培育新人奖获得者。1960年考入菏泽戏曲学校柳子科，后分配到菏泽地区柳子剧团，1970年调入山东省柳子剧团工文武小生。常演剧目：《抱妆盒》之陈琳、《白兔记》之刘承佑、《火焰山》之孙悟空、《包公错断》之颜查散、《婚书》之辛文秀、《孙安动本》之孙安。现代戏《奇袭白虎团》之严伟才，《南海长城》之区英才、《红嫂》之彭排长、《白毛女》之大春等主要角色。是菏泽地区有影响，观众喜爱的演员。该演员以细腻入微的声腔和逼真神似的内心活动去创造角色，基本功扎实，身段规范，一招一式极为讲究，可谓文武兼备，唱作俱佳。最突出的特点是唱腔声音清脆圆润，极具穿透力，在继承传统的基础上，采用科学的发声方法，并吸收兄弟剧种的精华，融会贯通，行腔收放自如，咬字吐字讲究，极具感染力。被业内人员誉为赵孤的唱腔，现山东省柳子剧团青年大都采用这一演唱方法，得到国内专家和观众好评。如在《白兔记》中的承佑兴围射猎，在徐州沛县遇见生母李三娘，在大雪中蓬头赤足，井边汲水，带血书回并州太原，向父亲刘知远诉说轻过时，演唱的一曲（加头青阳），如泣如诉，感情完全融入声腔之中，令人撕心裂肺。据笛师张云生说：“唱得他鼻子发酸，两手发抖”，进而演奏出凄惨动人的笛声，感染了演员的情绪。

第九节　大弦子戏著名演员

党福修（1877—1961）　山东省成武县人。自幼入定陶县高二肥戏班学戏。清光绪二十二年（1896）集资购箱，带班活动于鲁西南、豫东北一带。光绪二十六年，回乡招徒建班，巡回演出。他扮相端庄，嗓音洪亮，表演质朴洒脱，且会戏甚多。党福修擅演《下南唐》《下燕京》《哭头》《古城会》等红脸戏，被誉为“党红脸”“红脸王”。在曹县演出时，有的观众跟随数十里至下一个演出场地继续观剧。先后收弟子百人，比较著名的有李进田、李玉来等。1961年病逝于河南省长垣县。

郝福云（1880—1971）　艺名“六丑”。工丑行，山东省东明县人。

郝福云出身贫困，13岁入本村玩友班学艺，出科后参加滑县大弦子戏班，在豫东北和鲁西南深受观众喜爱。

他嗓音洪亮，吐字清晰，表演泼辣细腻，幽默风趣，塑造了不少性格鲜明、生动感人的艺术形象。其拿手戏有《借靴子》《张大德游寺》《孙花子要饭》《张三卖线子》《十八国斗宝》《两架山》等。在《十八国斗宝》的“蒯外夸将”一折中，他扮演蒯外，将刘展雄、伍子胥两员大将的仪表、盔甲、坐骑、兵刃，从上到下，从外到内，描绘得淋漓尽致、细腻传神，上百句的韵白，一气呵成，节奏得体，韵味浓郁，观众为之叫绝，誉称此折为“十样景”。

郝福云聪慧好学，且有惊人的记忆力。他不仅掌握自己的丑角戏，而且通记全本。老艺人中盛传，大弦子戏300出，唯有郝福云能“抱本”，同行们皆奉为良师。1956年，在山东省第二届戏曲观摩演出大会上，由他口述原本，并经过整理改编的传统戏《两架山》，荣获剧本一等奖。直到1960年80高龄时才离开舞台。晚年，他与另一位老艺人苗玉春（红脸）口述记录了大弦子戏传统剧目114出，现存于山东省戏曲研究室，是继承和发展戏曲事业的珍贵资料。他一生为保持和发展大弦子戏这一古老剧种，做出了较大贡献。

陈贯福（1920—1995）　艺名“梆梆锤”，山东省曹县人。幼年家庭贫寒，随母四处讨饭为生。9岁随父到河南省罗山县种瓜，并为一李姓人家放羊放牛。1932年，他为了糊口，偷偷跑到曹县西南24华里的安堂弦子戏科班学艺，拜崔福山为师，专攻丑角。

旧时学戏又称“打戏”，挨打挨骂是家常便饭，好多师兄弟不堪其苦，偷偷开了小差，而小小的贯福却深知学好戏就是唯一的出路，再苦也要坚持下去。因此，他聆听师傅的教导，认真学习，苦练基本功。三个月科班亮戏，他首次登台演出，就颇受观众欢迎。后又随师在河南考城（今堌阳）老北关李学州门下继续学戏。三年期满，于1935年入菏泽安兴船郭庄弦子戏班当演员，1937年转入定陶县河西董弦子戏班。由于自感演技欠佳，1939年又到河南省滑县弦子戏剧团学艺，拜在郝福云门下。经过刻苦努力，他的演技有很大提高，成了他艺术生涯的一个转折点。

1943年，陈贯福加入鲁西南游击队领导的文工团。1947年部队北上，文工团解散，他又到滑县学艺。1954年加入定陶河西董弦子戏剧团。1955年人民政府对职业剧团登记造册，该团被定陶县接受为专业戏曲团体，定名为“曙光剧团”，陈贯福任导演。1959年调菏泽专区大弦子剧团任业务副团长。1960年加入中国共产党。

陈贯福在从艺的50多年中，塑造了一个又一个性格鲜明突出、感情丰富逼真、为人们所喜爱的丑角艺术形象。如《两架山》中的贾屠亮、《七品芝麻官》中的唐成、《卖线子》中的张三、《作文章》中的徐志远等，都给观众留下了深刻的印象。

陈贯福演戏，吐字清晰明快，道白爽利流畅。如《七品芝麻官》中唐成审诰命念状子一段30多句，一气呵成，干净利落。特别是《十八国斗宝》中夸伍子胥斩雄王折的道白，一次有100多句，三次连接，一字不漏，让观众能感到字字句句入耳，如同敲梆子似的干脆，使许多同行折服。他由此得一艺名“梆梆锤”。

20世纪50年代以来，陈贯福一边致力培育新人，一边和其师郝福云挖掘整理、编排了一批弦子戏传统剧目，如《两架山》《金麒麟》《火龙阵》《卖线子》《作文章》《唐知县审诰命》等等，大大丰富了弦子戏剧团的上演剧目，而且成了剧团的“传家宝”。在1956年山东省第二届戏曲观摩演出大会上，陈贯福演出了经过加工整理的传统戏《两架山》，扮演剧中福州财粮官贾屠亮，获省演员二等奖。该剧于1961年在济南灌制了唱片。同年，他在山东剧院为郭沫若副委员长演出了《卖线子》，受到了赞扬和接见。

陈贯福为中国戏剧家协会山东分会会员，于1980年从菏泽地区豫剧团退休。

王秀兰 女，出生于1941年3月，1954年入戏班学唱大弦子戏，许多剧目由师爷郝福云亲授，后又从师于董保进、吴庆月、戴建成、陈冠福等诸位大弦子戏名家。生旦俱工，戏路广，做、念、唱、打俱佳。2009年6月，王秀兰成为山东省大弦子戏非遗项目代表性传承人。2018年5月，被评定为第五批国家级非物质文化遗产代表性项目代表性传承人。

王秀兰学艺三年后成为戏班的主要演员，1959年，菏泽地区大弦子剧团成立后，她作为团里的头牌演员，唱响鲁、豫、冀、晋、陕诸省几十个市县。1964年，她担任了菏泽地区大弦子剧团副团长，主抓业务，主演过这一古老剧种的近百部传统剧目和移植剧目及新编现代戏的女主角，如《两架山》《火龙阵》《斩王秀兰》《审诰命》《反五关》《呼延庆打擂》《闯幽州》《下南唐》《穆桂英下山》《安金定投营》《佘赛花》《红珠女》《追鱼》《碧玉簪》《金碗钗》《乔老爷上轿》《罗衫记》等。后来，她还主演了现代戏“沙家浜”“红色娘子军”“江姐”“红嫂”“龙马精神”“三世仇”“人欢马叫”“会计姑娘”等。成功地塑造了近百个不同时期、不同年龄、不同身份、不同性格的人物形象。1959年，参加了全省会演，主演现代戏《爱的波折》。1960年，在济南全省地方戏会演中，主演传统剧目《访麒麟》。

“文革”中，剧团被砍，王秀兰被迫中断了她心爱的演艺事业，先后到了菏泽地区建筑公司、山东省柳子剧团、菏泽地区杂技团、菏泽剧院、菏泽地区博物馆工作。1995年退休。

2009年6月，王秀兰成为山东省大弦子戏非遗项目代表性传承人。凭着多年深厚的舞台艺术功底，在其指导下，有几十个经典唱段和十几个传统折子戏，经过加工复排搬上舞台，使消失多年的大弦戏重返观众视野。在上级有关部门的统一安排下，积极开展大弦子戏“依团代传”工作，先后从其他剧种挑选部分优秀中青年演员收徒传艺，通过口传心授，集中授课，个别辅导，培养了一批大弦子戏骨干演员，其中 1 人在 2011 年全省戏曲中青年演员大赛上演出大弦子戏获二等奖，2 人获三等奖。2011 年 6 月 26 日和 7 月 26 日，她与学生共同演绎的大弦子戏“依团代传”汇报演出取得圆满成功。2014 年 11 月，1 名学生的大弦子戏传统经典唱段在“山东省第五届红梅大赛”中荣获表演类一等奖。2015 年 8 月，她教唱的大弦子戏传统剧目选段在山东省文化厅主办的全省艺术新秀优秀作品展演中再获嘉奖。

2014 年 7 月，由王秀兰担任唱腔指导的大弦子戏传统经典剧目《两架山》在菏泽大剧院进行首场演出取得圆满成功；8 月，在济南百花剧院汇报演出，受到社会各界一致好评；11 月，该剧目入选山东地方戏振兴与保护扶持工程 2014 年度重点剧目；2016 年 7 月，《两架山》赴香港参加“2016 年香港第七届中国戏曲节”演出，在业界反响强烈。2015 年，她还不顾 70 余岁高龄，和徒弟们一起排练、出演了传统折子戏《七星庙》。

2016 年，王秀兰挖掘、整理的传统剧目《金麒麟》入选山东地方戏振兴与保护扶持工程 2016 年度重点剧目，经过她的指导排练，该剧目在当地再获轰动。

为更好地发掘、传承、保护大弦子戏这一传统文化艺术瑰宝，王秀兰积极参加了“齐鲁文化传承传播工程”大弦子戏纪录片的拍摄工作，帮摄制组推荐、拟定了接受访谈的老艺人、老戏迷名单，为片中出现的表演片段设计唱腔、动作，作词，展示还原传统的练功形式，先后接受戏剧丛刊、地方电视台及多家网络媒体的采访，满怀热情地向全社会推介大弦子戏。她经常义务辅导三个业余剧团，不遗余力地为她钟爱的大弦子戏这一古老剧种的传承与保护辛勤耕耘着。

第十节　豫剧著名演员

刘德润（1905—1961）　艺名“红脸娃”，绰号“红脸王”。山东省曹县人。他自幼家贫，10岁去河南省兰考县胡庙寨窝班学戏，拜怀亮为师。在严师的教诲下，他学习刻苦，专心致志，很快学会了全部基本功。

刘德润不仅基本功学得扎实，并且还有一副浑厚洪亮的好嗓子。老师传授他红脸戏，他不但能全部继承下来，不少地方还有所创新。老师把所有的高难唱腔，毫无保留地传给了他，使他的唱功突飞猛进。首次登台亮相，便在唱、做并重的《大征北》中饰雷振海。“城头”一场戏是此剧的高潮，着重表现唱的功力，他按老师的指教，运用高低交融的声调，口齿伶俐，吐字清晰，刚柔相济，层次分明，句句动人心扉，一百多句唱词一气呵成，越唱越显洪亮而富有韵味，博得观众的阵阵喝彩。因刘德润乳名叫刘娃，从此老师给起艺名“红脸娃”，观众又根据“红脸娃”这个艺名，送给他绰号“红脸王”。20世纪20年代，刘德润的舞台艺术已趋成熟。风华正茂的他由此随戏班去河南开封演出，一同前往的还有赵义庭、王锡堂、黄儒秀等，都是出类拔萃的名角。到开封后，他们各有佳作，轮换上演。尤其是“红脸娃”的红脸剧目，新颖丰富，艺术超群，连演数场，场场爆满，很快轰动了整个开封。

他专演老生和红脸角色，功底深厚，造诣较高，扮相逼真，具有独到的艺术魅力。他音域宽阔，口齿清楚，唱腔婉转动听。一板戏百多句，他也声如小号，字字入耳。尤其是在《地堂板》中扮演的贾大人，更令人叫绝。群众中流传着“砸了锅，卖了碗，也要看红脸王的《地堂板》”。他在山东、河南、安徽交界一带享有很高的声誉。

赵义庭（1915—1992）　山东省曹县人。14岁在曹县李新集学戏，师从于刘剑才，工文武小生。18岁出科。后又到曹县三义堂剧社，拜驰名一方的文武小生希官为师，并与班里的名演员王锡堂合作演出。1933年到达河南省开封，之后任许昌二油梆剧社、开封豫声剧院、西安狮吼剧团、宝鸡河声剧院、兰州豫华剧团、酒泉共和剧团搭班演员。中华人民共和国成立后，他先后随团到朝鲜前线、福建、大庆、新疆、内蒙古等地演出，西北局文化部为其颁发进步艺人奖章一枚。1950 年入香玉剧社，任副社长，后任河南省豫剧一团团长，也曾做过导演工作，执导和演出过 29 个大戏。1951 年曾参加香玉剧社捐献“香玉剧社号”战斗机的义演。西北局抗美援朝分会为其颁发了奖状。1952 年参加第一届全国戏曲会演，获演员三等奖及奖章一枚。

赵义庭的唱腔刚中带柔，表演干净利落。他在保持山东梆子韵味特色的基础上，适当吸收祥符调的精华。他塑造人物生动逼真、性格鲜明。擅演剧目有《南阳关》《提寇》《黄鹤楼》《白蛇传》等。《南阳关》《八郎探母》曾被上海百代唱片公司灌制成唱片，开创了豫剧小生灌制唱片的先例。当时在群众中流传着“拆了房，卖了砖，也要看赵义庭的《南阳关》”的顺口溜。

赵义庭先后为中国戏剧家协会会员、河南省戏剧家协会理事、河南省政协委员和五届省政协常委。

李文知（1914—1986） 山东省曹县人。自幼家境贫寒，迫于生计，入科班学戏，工须生行当。他刻苦练功，学戏认真，60 余年的舞台生涯中，塑造了许多感人的艺术形象，在黄淮地区、中州大地具有较高声望。

李文知是一位具有较高艺术造诣的演员，各种不同的戏剧角色经过他的熔炼，均能形成崭新的、具有独特魅力的艺术形象。如《秋江》中的老水手，他凭借云步、碎步、圆场、划船等戏曲程式的熟练表演，把一个久经水上生活、弄潮自如的老水手形象刻画得淋漓尽致。《十五贯》中的况钟、《反徐州》中的徐达，是观众都很熟悉的两个人物，他以其扎实的艺术功底，成功地塑造了这两个清官的不同性格特征，令人赞叹。他在《跑桃园》中饰演裴教头，眼神表情、白口的运用，乃至举手投足之间，处处都能掌握分寸，不温不火，层次分明。他在现代戏《白毛女》中饰杨白劳，真实地塑造了杨白劳这个苦大仇深的贫民形象。

在任曹县豫剧三团团长时，先后排演了《杨八姐游春》《 西厢记》《刘墉私访》《金玉龙》《刀劈杨藩》《坐桥》《天仙配》《父子婚姻》《小女婿》等几十个剧目，到各地巡回演出，横跨黄淮流域，纵驰中原大地，先后到过泰安、青岛、滨州、德州、郑州、开封、商丘、阜阳、徐州、等几十个县市，久演不衰。

张玉霞　女，1933年出生于河南省许昌市。她7岁拜师学艺，9岁登台演出，12岁已小有名气。

1948年商丘解放，次年初她随养母到商丘快乐舞台演出。市政府决定从原有的民间班社中抽调张玉霞、申福奎等青年演员为主力，在商丘率先成立了第一个由人民政府领导的剧社——商丘市新声剧社。1950年该剧社因配合土改运动演现代戏出了名。为支援老解放区，山东曹县同河南商丘共同研究决定，将"新声剧社"调归曹县。从那时起，这个剧社就入了山东籍，易名"大众剧社"，张玉霞就成了鲁西南豫剧舞台上的主将。1953年任曹县豫剧团团长。1959年调菏泽专区豫剧团任业务团长。1979年被选为中国文学艺术工作者第四次代表大会代表。1980年出席山东省文代会，当选为文联委员。后又当选为山东省第五届人大代表。

她经常演出的剧目有传统戏《琵琶词》《秦雪梅》《洛阳桥》《抬花轿》和现代剧《白毛女》《刘胡兰》《父子婚姻》《小女婿》等，均受到观众和同行们的好评。曾两次参加省举办的戏曲会演，演出了《卖苗郎》和《洛阳桥》，均获演员一等奖。张玉霞是20世纪50年代到80年代初鲁豫苏皖交界处最活跃、群众最喜爱的豫剧名演员之一。她既是古装戏演唱的行家里手，又是现代戏演唱的倡导者、革新家。

刘玉真　女，1942年出生于山东省曹县。1954年参加工作，入菏泽专区豫剧团，1958年进入菏泽红专戏校，1959年留校任教，1962年回到菏泽专区豫剧团，1986年调到菏泽艺术学校任教至退休。山东省戏曲家协会会员，菏泽戏剧家协会理事，国家二级演员。

刘玉真自进入豫剧团后，曾扮演多种角色。其主演的古装剧目有《五凤岭》《麻疯女》《西厢记》《打金枝》《秦雪梅》《大祭桩》《白蛇传》《孟丽君》《逼婚记》《姊妹易嫁》《穆桂英挂帅》《卖苗郎》《牡丹案》，现代剧目有《红灯记》《红嫂》《沙家浜》《拉练路》《全家红》《送货路上》等。其中，《全家红》1960年获菏泽青年会演一等奖，《牡丹案》在1982年山东省戏曲演出月中获一等奖，《大祭桩》在 2004 年山东省首届老干部文化艺术节文艺大赛中获一等奖。

1986 年任教后，刘玉真因指导编排《老羊山》《见皇姑》，在山东省第二届中等艺术学校会演中，分获指导教师一等奖和二等奖。退休之后，她在市老干部大学任教，受到很多中老年文艺爱好者的喜爱和敬重。

刘翠芳 女，1966 年出生于山东省单县陈蛮庄乡。1986 年由单县戏校毕业分配到单县豫剧团，为著名豫剧表演艺术家虎美玲的入室弟子。国家一级演员、单县豫剧团团长、山东省戏剧家协会会员、山东省政协委员。

刘翠芳酷爱戏曲艺术，文武兼备，戏路较宽。主攻闺门旦，兼演青衣、小生、花旦，亦乐于涉猎彩旦。她演青衣、闺门旦贤淑温馨，柔中带刚，具有大家风范；饰刀马旦、小生则英姿勃发，气宇轩昂；饰小彩旦、花旦亦是形神兼备，妙趣横生。她曾在 30 多部戏中担任主角，如《大祭桩》《麻风女传奇》《义烈女》《花木兰》《老羊山》《绣花女传奇》《风流才子》《燕山歌女》《曾家湾》《女乡官》《天下第一汤》等，成功塑造了众多不同年龄、不同性别、性格迥异的艺术形象。

刘翠芳 1988 年参加菏泽地区戏剧会演，在《血溅贞坊》中扮演贞儿，获表演一等奖；1990 年参加菏泽地区首届艺术节，在《燕山歌女》中扮演何芳芳，获表演一等奖；1995 年参加菏泽地区戏剧会演，主演《麻风女传奇》，获表演一等奖；1996 年参加菏泽地区新剧目展演，在现代戏《女乡官》中扮演女乡长刘芳，获表演一等奖。同年又应中央电视台邀请赴京录制了传统剧目《打胡林》选场，在《九州戏苑》中播出。1997 年夺得第六届“香玉杯”大奖。1998 年参加山东省第二届戏曲邀请赛，获表演一等奖。2004 年在菏泽市第二届戏曲节中扮演《天下第一汤》女主角，获表演一等奖。她精湛的技艺，受到各界人士的好评，艺术大师常香玉对她的评价是：“了不起，山东又出一个好演员。”

刘翠芳生于农村，对家乡父老有着浓厚的感情。尤为可贵的是，她名气大了不摆架子，艺术精了不骄傲；淳厚质朴，宽以待人，不愧为一名德艺双馨的艺术家。

李健 1969年出生于山东省鄄城县一个豫剧世家，其父李忠印是成武豫剧团丑角演员。李健12岁随父学艺，1984年考入安徽省坠子剧团，先唱黑脸，后改红脸。1987年调入菏泽地区豫剧团，担任老生演员。

李健嗓音清脆洪亮，行腔畅若行云流水，吐字纯正，在20多个剧目中扮演了众多不同性格的主要角色。但他精心刻画，对每个人物都表演得栩栩如生、淋漓尽致。

李健1997年在中国豫剧节演出《洞房花烛夜》，获优秀表演奖；1998年在山东省艺术节上演出《车马店风情》，获表演一等奖；2003年在山东梆子现代戏《山东汉子》中饰演孟昭良，成功塑造了一个憨厚、善良、朴实的艺术形象，受到党和国家领导人宋平、彭珮云，山东省委书记张高丽等领导的亲切接见。该剧获第十一届中国人口文化奖戏曲金奖，李健获最佳演员奖。2004年在山东省第八届艺术节获一等奖。同年晋升国家一级演员。2005年在菏泽市首届戏曲中青年演员大赛暨首届戏曲“十大名演”评选活动中，被评为“十大名演”。

高凤兰 女，国家一级演员，1969年出生于曹县砖庙。她自幼喜爱戏曲，且嗓音清脆。12岁开始跟随家乡豫剧“小窝班”学艺。不仅演花旦、闺门旦，还演青衣、老旦。她的唱腔清新明快，俏丽挺拔，富有韵味；表演大方典雅，质朴真实。

1986年，高凤兰以优异的成绩被菏泽地区豫剧团录取。她先后主演的《求婚》《车马店风情》《四姐临凡》《珍珠塔》《三上轿》《桃李梅》等，都给观众留下了深刻的印象。1998年主演《车马店风情》，获山东省第六届文化艺术节表演二等奖。2002年参加全市文艺调演，获表演一等奖。同年，赴河南参加《梨园春》戏迷擂台赛，夺得171期擂主桂冠。

2003年，一出山东梆子《山东汉子》，使高凤兰蜚声剧坛。她凭在该剧中出色扮演的土家族残疾女子田云一角，先后荣获第十一届中国人口文化奖最佳女演员奖、山东省人口文化节表演一等奖、第八届山东省艺术节表演一等奖、第七届中国艺术节文华表演奖。2004年被山东省文化厅荣记二等功。该剧曾两次进京演出，高凤兰等人受到了党和国家领导人的亲切接见。中央电视台录制后多次播放。2005年在菏泽市首届中青年戏曲演员大赛暨“十大名演”评选活动中，她被评为“十大名演”之一。

第五编

中国武术之乡

概　述

中华武术源远流长，博大精深。从洪荒时期的碎石断木，到后来的刀枪剑棍；从远古求生渔猎，到现代技击攻防；从茹毛饮血的原始先民，到驰骋体坛的武术健儿，武术一直随着中华文明的进步而不断发展，并且也一直以它独特的方式推动着中华文明的进步。在漫长的历史进程中，武术不断吸纳、融合各种文明成果，蕴含丰富的民族传统文化，举手投足皆有阴阳五行变化，点拿摔打尽含诸子百家妙理，武术甚至成了传统文化的特殊凝聚。

菏泽是人类文明的发祥地之一。武术在中华大地上的萌芽时期，菏泽武术就成了它的重要组成部分。在中华武术的形成发展中，菏泽武术发挥了重要的助推作用。

千百年来，菏泽武术薪火相传。早在原始的蒙昧时期，菏泽先民从开始的条件反射与求生本能中对猛兽厮打踢咬和跑闪跳躲，逐渐形成了有意识的搏击猛兽和防御伤害的动作；从部落之间的原始攻杀，逐渐形成了有武术意识的杀伤对方和保护自己的肢体与器械的搏斗。青铜器的出现标志着人类进入文明社会，促使武术大大向前推进。一方面，武术兵器逐渐形成，刀枪剑棍、斧钺鞭戟等各种兵器不断定型。另一方面，武术在日渐频繁的军事斗争中发展，特别在风起云涌的农民起义中逐渐成熟。

菏泽地处辽阔的黄河冲积平原，享有“天下之中”的美誉，自古就是兵家必争之地。因此，天下常无事则已，有事则菏泽必先受其兵。传说中的黄帝战蚩尤，史有所载。汤灭三鬷（即今定陶），成就了商朝的天下。桂陵（今菏泽）之战，名著史册。章邯于定陶斩杀项梁，使秦末农民大起义再次受挫。冲天大将军黄巢，震撼了风雨飘摇的大唐。水泊梁山英雄啸聚，声动四海。白莲教起义，席卷全国。巨野教案，震惊世界。刀光剑影的殊死拼杀，引领了菏泽军旅武术的迅猛发展；血雨腥风的性命相搏，推动了菏泽民间武术的广泛传播。

菏泽武术在长期的发展中形成了众多门派。据有关资料，全国100多种拳术门派中，菏泽就有39种之多。诸如梅花拳、洪拳、水浒拳、佛汉拳、少林拳、二郎拳、炮拳、白鹤拳、太极拳、阴阳掌等。现在鲁西南地区流行最广的梅花拳，已传至20余世，少林派洪拳至今已传至37代。菏泽还是水浒拳、孙膑拳的发祥地。这些源流有序、拳理明晰、风格独特、自成体系的拳术门派，拳术套路完整，奥妙各异，风格独特，既有拳术又有器械，既有对练又有攻防技术，充分显示了多姿多彩的菏泽武术文化风貌和菏泽武坛的百花齐放。

中华人民共和国成立后，菏泽武术获得新生。尚武传统经久不衰，习武之风普及乡里，各县区武术社团普遍建立。至今，菏泽市开展武术活动的乡镇约130个，行政村约3700个，经常参加武术活动的人数达30多万人，男女老幼练武者到处可见。先后有五个县被授予全国“武术之乡”，1992年，郓城县、牡丹区被国家体委命名为首届全国“武术之乡”，1996年12月，东明县、单县被国家体委命名为第二批全国“武术之乡”，2001年，巨野县被国家体育总局命名为全国“武术之乡”，武术之乡数量在全国名列前茅。武术村庄遍布全市，菏泽武术高歌猛进，各类馆校深入乡里。据不完全统计，菏泽武术馆校在2010年前后的鼎盛时期多达200余所，各种武术组织和团体遍布县乡达1800多个。至2021年，现有市级综合性武术组织10个，市级单项武术协会（研究会）24个，县级武术组织40余个，社会武术馆校、培训班及健身中心500余所。菏泽市武术运动学校是全省唯一一所公立单项运动学校，为各县区培养了大批武术教练员、裁判员，为山东省武术专业队输送了大批人才。郓城县宋江武校1994年在中央电视台春节联欢晚会上以一部《狗娃闹春》轰动全国，先后参加了2008年北京奥运会和2022年北京冬奥会开幕式，2002年被评为全国十大名武校之首。曹州武术学校在校师生5000多人，成为全国规模最大的武术馆校之一，2004年被教育部和中央教科所列为全国同类学校中唯一一所教研实验基地。东明县的东方武术学校、赵登禹将军武术学校及单县民族武术学校等，也都具有较大规模。其中，郓城宋江武校、东明东方武校、牡丹区曹州武校、单县民族武校被评为“全国民营武术名校”。这些武校为菏泽武术的继承发展和普及传播搭建了平台，发挥了支撑作用。

菏泽是武术大市，培养了一大批在省内和全国屡获佳绩的武术运动员。中华人民共和国成立前，菏泽各县都建有国术馆，中华人民共和国成立后，武术活动遍及全市，赛事不断，在各级各类体育比赛中都取得了骄人的成绩。早在 1928 年的第一次国术国考中，菏泽的杨士文力挫群雄，夺得了最优等。中华人民共和国建立后，特别是改革开放以来，在全国武术观摩交流会、全国少数民族体育运动会、全国工人运动会武术表演赛、全国农民运动会武术表演赛、全国武术之乡比赛、世界传统武术节，以及山东省运动会武术比赛、山东省武术锦标赛等各种赛事中，菏泽武术健儿都夺金争银、蟾宫折桂。近年来，菏泽武术馆校在全国各类武术比赛中，获得各类奖牌 3000 余枚，其中金牌 192 枚，银牌 120 枚、铜牌 144 枚，充分展示了菏泽武术的迷人魅力，张扬了菏泽武术的精湛技艺。近年来，菏泽相继举办、承办了武术之乡武术比赛、中国武术散打功夫王争霸赛、中国加拿大武术散打争霸赛、中泰武术散打对抗赛等一系列高规格武术比赛。海峡两岸中华传统武术(洪拳)邀请赛，连续多年被国务院台湾事务办公室列为对台交流重点项目。积极响应国家跨项选材号召，依托菏泽武术之乡资源优势，创新实施“武术+”跨项选材工作，“武术+足球”“武术+滑雪”“武术+藤球”“武术+攀岩”均走在全省乃至全国前列。

山高育虎豹，海深孕蛟龙。在漫长的历史进程中，菏泽武坛涌现了众多的风云人物，可谓群星灿烂。传说历史上最为圣明的帝王之一虞舜就曾师从单卷学文习武。著名军事家孙膑，回归故里后创立孙膑拳。名将吴起啮臂离家，以文韬武略名垂青史。一代剑侠荆轲谋刺秦王，唱出了“壮士一去兮不复返”的悲歌。梁王彭越靠武功助刘灭项，留下了“功成何不学留侯”的遗憾。福建陆路提督马济胜，率领 2000 官兵平定台湾张丙的数万乱军，确保了祖国领土的统一完整。吴德新、田在田、张宪周以弥冠群伦的武功技艺，在殿试中夺得武科状元。据不完全统计，仅在清代的武术科举中，曹州就有状元2名（另有当时不属曹州的东明县1人），榜眼2名，进士54名，举人100多名。群星荟萃曹州地，风云际会龙虎榜，书写了菏泽武术史上的灿烂篇章。菏泽武术发展到今天，更是名人如云：中华武林百杰王守义、全国武术全能冠军张玉萍、新中国首位武状元陈超、新科武状元杨晓静，十四届亚运会和第六届世界武术散打冠军康永刚、袁新东，以及全国散打王邵金宝、张永健、树怀青等，还有赵翠荣等近百人荣获武英级运动员称号。

“中国武术之乡”书的面世有着积极的意义。它使菏泽武术的源流得到追溯和明晰，展现了菏泽武术的源远流长和博大精深。它概览了菏泽武术今天的发展，显示了菏泽武术的空前繁荣和累累硕果。它前瞻了菏泽武术的未来，对菏泽武术的今后走势进行了有益的探索。这些都将对继承和弘扬传统武术文化、打造菏泽武术品牌发挥基础性作用。该卷在探索武术的同时，深究武术的文化内涵，细品武术的文化要义，彰显了菏泽的武术品位，丰富了菏泽的传统文化。窥透世事终归理，明辨万物皆相通。这也为人们借古鉴今、借石攻玉，提供了有益的参考。该卷发掘武术的社会功效，使武术的竞技性、观赏性、健身性、娱乐性、产业性得到显露。这为提高人民身体素质、发展菏泽旅游事业和其他第三产业拓展了途径。该书选录了一大批古今名人，这将对增强菏泽人民的历史自豪感、凝聚人心、调动方方面面的积极性，发展菏泽经济、推进菏泽文化和旅游事业的发展，具有积极意义。同时，还将进一步方便外界认知菏泽武术、认知菏泽文化、认知整个菏泽。

第一章　薪火相传

第一节　源远流长

菏泽是著名的武术之乡。菏泽武术起源于宋，明清以来，特别是近现代，在中华武术界有“天下功夫出少林，传播承续看两州（沧州、曹州）”之谓。中华人民共和国成立后，菏泽武术又得到长足发展，先后有郓城、东明、单县、巨野、牡丹区等五县（区）被国家体委命名为“武术之乡”。

菏泽武术的兴盛缘起于当地的历史、地理、社会、政治等特殊环境和生活条件，有其独特的渊源。菏泽武林名家辈出，群星璀璨，明、清两代武进士、武举人和武林名家的数量位居全国各州府前列，仅清代武进士就有 56 名，其中武状元 3 名。菏泽拳种众多，境内传播的不仅有外来的拳种，还有一些本地独创的特色拳种。明清以来，境内各种官办及民办武学、武馆、拳场大量涌现，民间尚武传统经久不衰，习武之风普及乡里。

随着武术功能内涵由攻防胜敌到强身健体、竞技娱乐的扩延，武术融入菏泽社会生活的诸多方面。庙会、重大节日等，每每都有武术表演；角力、摔跤、套路等武术比赛，成为民间闲暇的重要娱乐方式；打拳、练剑被人们视为健身强体的日常运动；武术村、武术世家大量涌现；有关武术题材的诸多内容，亦大量体现在诗词书画、文艺作品和日常生活中。武术文化作为菏泽文化的重要组成部分，已枝繁叶茂、精彩纷呈。

菏泽武术之所以能够形成菏泽区域文化的一大亮点，缘起于多个方面：菏泽地处中原腹地，历史上为兵家必争之地，战乱频仍，冷兵器时代的古战场拼杀需要武术技艺克敌制胜，导致当地民风崇勇尚武；这里是山东、河南、江苏、安徽四省交界的边缘地带，封建统治势力薄弱，社会秩序混乱，民众习惯自发结社习武以维护家国利益；菏泽为黄河泛滥区，历代洪灾频发，一些民众因灾导致贫困或失去家园，不少人靠习武卖艺游走江湖谋生；明清时期，武术科举被人们视为入仕之路，贫家子弟常以习武来博取功名，作为晋升社会上层的阶梯。所有这些，都是催生菏泽武术发展繁荣的重要因素。

一、武术在先民求生中萌芽

早在原始的蒙昧时期，武术即与人类共同萌生、共同发展。菏泽是人类文明的发祥地之一。考古发现，早在原始社会，菏泽就有人类活动，菏泽武术即在先民的活动中孕育。

武术从它的萌芽时期开始，直至成为今天的现代体育的重要组成部分，技击是其最根本的特征。在原始社会，“人民少而禽兽众”（《韩非子·五蠹》），是一片莽莽荒原，荆棘丛生，猛兽极多，“封豨、脩蛇，皆为民害”（《山海经》）。“猛兽食颛民，鸷鸟攫老弱。”（《淮南子·览冥训》）先民们为了自身的生存，奋起与猛兽进行殊死的搏斗，进而猎杀猛兽，取皮为衣，取肉为食。正是在这严酷的生存竞争中，武术开始在先民中萌芽。

先民们在与猛兽的搏斗中产生了技击。鸿蒙初开，先民与猛兽互相攻杀，互为口食。在与猛兽的搏斗中，最初只是肢体搏击，徒手相斗。先民们为了擒杀猛兽，只得手打脚踢。后来在千万次的搏斗中逐渐积累经验，产生了有意识的踢打猛兽的头、眼、颈、胸等易制服的地方。这些对猛兽弱点的手打脚踢，成了后来武术徒手技击中“攻”的萌芽。先民们为了躲避猛兽的伤害，需要奔跑、跳跃、翻滚、躲闪等。这些动作的千万次重复，使先民们慢慢感知了如何躲避更有效果、更易成功。这些躲避的方法，成了后来武术徒手技击中“防”的萌芽。

先民们在与猛兽的搏斗中，还往往有攻防结合的动作。当先民攻击猛兽时，还要同时防避困兽犹斗，提防猛兽的拼死还击。这就形成了后来武术中“攻中有防”的萌芽。先民们在遭遇猛兽袭击时，既要千方百计躲避伤害，还会本能地对猛兽进行还击，以图制服猛兽而避免伤害。这就形成了武术中“防中有攻”的萌芽。先民的求生本能和肢体的条件反射孕育了武术，而有意识的武术动作又为先民求生提供了力量技巧和方法，正是在这种意义上，武术与人类共生共进。

先民与猛兽搏斗，猎取后举火而食。位于菏泽市定陶县境内的官堌堆，据考古学家研究，就是先民们在烧食猎物后，由灰烬的日积月累而形成的。该堌堆虽然经数万年风雨剥蚀，黄河无数次冲淹及人为破坏，至今犹存其一部分。现残留堌堆长 50 米、宽 30 米、高 20 米。它似乎向世人昭示了数万年前菏泽先民的原始生活。

人与人之间为争夺食物、领地、人口而发生的搏斗，丰富了技击内容。在原始社会，先民们在与猛兽搏斗中获取很少，食物不能满足所需。在食不果腹的情况下，一些先民另觅他食，聊以充饥；一些先民则相互争夺所获取的食物，争夺使他们互相攻杀，这是由于食物不足而引起的搏斗。后来，随着先民们在与猛兽搏斗中的经验积累、搏斗器械的运用和群体性的围攻猛兽，所获食物尚能在满足食用后而有所剩余，这些剩余引起了一些先民的占有欲，因此，同一原始群的部分先民之间为占有剩余而互相攻杀，这是由于食物剩余而引起的搏斗。

先民们为了更多地获取食物而逐渐结群，形成了不同的原始群，这是原始的进步。在不同的原始群之间，一方面时常为争夺食物、器械而发生搏斗；另一方面不同的原始群往往占有相对稳定的区域，不同的原始群男女比例也不尽相同，因此，不同的原始群之间为争夺占有的区域、争夺群体之间的男女人口而发生搏斗。这种人与人之间的搏斗，开始只是近乎条件反射的撕、咬、踢、打，后来随着搏斗的经常化、激烈化，人们逐渐开始注重实战中的技击方法和技巧，以便更有效地击败对手，掠夺食物和人口。技击方法在实战中不断修正和完善，从而不断充实了技击的内容。

部落联盟之间的搏击推进了武术的改进。先民们为了在群体争夺中取胜，并随着婚姻形态从族外婚、对偶婚到单偶婚的进步，原始群逐渐进入了部落联盟时期。菏泽地处广袤的黄河冲积平原，地势高隆，适宜原始群及后来的部落联盟生存。炎帝、黄帝、尧帝、夏禹等，都在菏泽留下了不少遗迹。《史记·五帝本纪》载，“舜耕历山，渔雷泽，陶河滨，作什器于寿丘”。历山、雷泽、河滨等均在菏泽境内。早在三代以前，就在菏泽大地上演绎了一幕幕原始群体及部落联盟之间的搏斗和战争。

相传父系社会时期，在黄河下游的菏泽及其周边地区，生活着一个九黎族部落，它的首领就是蚩尤。蚩尤被后世尊为战神。一是说蚩尤异常勇猛，古籍记载他人面兽身，吃沙石，铜头铁额，耳鬓如剑戟，头有角，以角抵人，人不能御。二是说蚩尤发明了许多兵器，甚至有后人认为“五兵”和弓箭都是蚩尤发明的。

《史记·五帝本纪》载：“蚩尤作乱，不用帝命。于是黄帝乃征师诸侯，与蚩尤战于涿鹿之野，遂禽杀蚩尤。而诸侯咸尊轩辕为天子，代神农氏，是为黄帝。”涿鹿之战，有许多神话传说。有的说是蚩尤异常强悍，率他的八十一个兄弟（或八十一个部落）与黄帝交战。黄帝则联合其他部落共同征伐蚩尤。大战时，成千上万的士兵，漫山遍野，戈矛横飞，火光闪闪，杀声动地。蚩尤请来风伯雨师助战，狂风大作，大雾弥漫，雷雨交加。黄帝则请叫“魃”的天女来帮忙，止住了风雨，并制造了指南车，使士兵认清了方向，从而擒杀了蚩尤。

这次大战，尸骨成山，流血百里，蚩尤成了威猛勇武的象征。及至后来，刘邦在沛地（今江苏省沛县）起兵反秦，仍祭祀蚩尤，以励士气。黄帝打败蚩尤后，中国历史进入了一个新的时期，黄帝也成为中华民族的人文始祖。涿鹿之战，使养育了蚩尤和九黎族的菏泽名垂史册，也使武术的原始技击形态在远古战争中显露了它的强大威力。部落联盟之间的交战搏击，有力地推进了武术的进步。

兵器对武术的发展发挥了重要作用。武术始终是与兵器联系在一起的。武术既包含徒手搏击，又包含器械格斗，而在其群体性的搏杀和战争中，器械格斗则成为重要形式。

远古时期的兵器主要是石器。先民们在与猛兽的搏斗中，或者是由于危难之际的急中生智，或者是为了更有效地搏击猛兽，洪荒时期的碎石断木成了他们与猛兽搏斗的有力武器。先民们在与猛兽搏斗时，开始可能是无意识地用原始的石块掷砸或是用断枝击打猛兽，当发现这比直接徒手击打更为有效时，便成了自觉的运用。这些被先民们用来掷砸和击打猛兽的碎石断木，成了后来武术器械的前身。在与猛兽搏斗中，先民们逐渐感觉到石块过大不易拿起和投掷，石块过小则掷砸的力量不大；断枝过长过粗则不合使用，过细过短则不能抗击猛兽，特别是棘刺过多反而自伤等，于是便将大石块砸小，长木棍折短，尽可能去掉石块的尖锐和木棍的棘刺，以便比原始的碎石断木方便使用，减少自伤。这样砍砸的石器或削制的木棒便产生了。

在猎取猛兽中或猎取猛兽后，先民们为吃肉衣皮需要对猎物进行刺、宰、割、剥、缝等人为制作，需要刀、斧、针等加工器械，于是产生了磨制石器。从原始的碎石断木到砍砸石器，从砍砸石器到磨制石器，从磨制石器到木石结合，器械有了很大进步。这些石器、木器，用于生产即是劳动工具，用于技击格斗则是武术器械。

中国步入夏代，社会进入青铜器时期。青铜器的出现，标志着中国的历史已结束了野蛮时期，进入了文明时期。青铜器的出现，使兵器有了飞跃性的进步。这一方面表现为兵器的制成材料由石材变为青铜，其锋利刚韧为石制兵器望尘莫及；另一方面青铜器时期已有远、长、短兵器之分。作为远兵器已有弩、弓箭，长兵器已有殳、戈、戟、矛（周代将矛分为酋矛和夷矛），传说中的蚩尤作“五兵”多是指在夏代形成的这五种长兵器。“五兵”各有所用，矛为商时期的重要长兵器，主要用于刺杀。酋矛较短，一般认为主要用于步战；夷矛较长，一般认为主要是用于车战。戈主要用于钩啄；戟实际是矛与戈的结合，既可钩啄，又可刺杀。殳是一种在长杆一端装上铜球用于击打的兵器。这些兵器不同时期又有许多不同的变化。

作为短兵器在这一时期的主要代表是剑，在三代时期弓箭用于打击远方之敌，戈、矛等长兵器用于战场上的搏杀，而剑当时较为短小，属于剑的初期阶段，主要是用于近身肉搏。到了春秋战国时期剑才有了突破性的发展。在武术中，有所谓“枪为兵器之王，刀为兵器之帅，棍为兵器之将（霸），剑为兵器之灵”的说法，可见刀、枪、剑、棍在武术器械中具有非常显赫的地位，而这些兵器在青铜器时期已基本成形。作为防卫武器，在三代时期已有兽皮制作的皮甲、青铜制作的甲胄及各种形状的盾牌。

及至春秋以后，冶铁业的迅速发展，使兵器走向了成熟期。兵器中有十八般武艺之说，即一弓、二弩、三枪、四刀、五剑、六矛、七盾、八斧、九钺、十戟、十一鞭、十二锏、十三挝、十四殳、十五叉、十六把头、十七绵绳套索、十八白打。十八般武艺还有一说，即刀、枪、剑、戟、棍、棒、槊、镗、斧、钺、铲、钯、鞭、锏、锤、叉、戈、矛。在这十八般器械中，每种又有多种形制，如刀，有长刀、腰刀、短刀、偃月刀、钩镰刀等。及至明清，各种形制的兵器令人眼花缭乱，不可胜数。

每一种兵器出现，人们都要研究它在实战中的运用方法和技巧，包括刺、啄、钩、劈、砸以及锁、点、截、崩等等，以便最有效地打击敌人。在实战中，人们对兵器的某些不足又要作进一步的修改和完善。同时一种新兵器出现，人们还要研究能够有效克制它的另一种兵器。即便是同一种兵器，如以长兵克制短兵，以镰刀克制绳索等，在不同的人手中使用，其方法、技巧及所发挥的威力都不相同。因此，随着兵器纷繁复杂的变化，对兵器使用技巧的改进，兵器的使用方法愈加丰富多彩，技击方法日益精深，进而带动和影响了武术的发展，使武术外延日益广泛，内涵逐渐丰富，百家并起，博大精深。武术的发展变化，又反过来带动和影响了兵器的改进和创新，使兵器与技击方法的结合日益紧密和完美。武术与兵器相辅相成、相互促进，共同发展。

近代以来，在菏泽市牡丹区安邱堌堆、曹县莘冢集堌堆、郓城县肖堌堆、东明县窦堌堆、定陶县官堌堆、鄄城县历山庙堌堆、单县张堌堆、成武县文亭山等地，都先后出土了各种石刀、石斧、石镰、石铲、石镞等。1977 年，在巨野县红土山又出土了商周时期的青铜剑、金丝剑等 8 件剑器。这些石制、青铜制、铁制兵器的重见天日，足以证实：远古时期的菏泽武术，是在先民们为了生存和生活而与自然奋斗、与人奋斗的需要中萌生的。菏泽武术在它的萌芽时期主要表现为技击攻防，它从以有效猎取猛兽为动机而进入以攻杀对手、保存自己为目的。

二、武术在攻伐征战中发展

菏泽地处平原沃野，物华天宝，四方通衢，自古以来为兵家必争之地，历史上战争频发。随之，军旅武术逐渐得到迅速发展，以武艺高强而取胜的战例和人物屡载史书，同时也催生了菏泽民间崇勇尚武风气的形成。

单兵技击是军旅武术的关键，将士武功高强而英勇杀敌，方能取得征伐战斗的胜利。并且，武术的诞生和发展，就是古战场拼杀陶冶的精华。在菏泽历史上，不乏武功高强军旅驰骋的勇猛之士。如秦末起义军中的彭越、栾布，均是自幼习武，练就一身好武艺，投身军旅后屡立战功，成为刘邦阵营的名将，被封王授爵。汉末三国初期的李典、乐进，亦是凭借一身武功在战场上屡克强敌，晋升为军中大将，受到曹操阵营的重用。唐末农民大起义的首领黄巢，精于刀法和箭术，率领起义军冲锋陷阵，令官兵闻之丧胆。北宋时期发生的宋江起义，好汉们个个武艺出众，以致少胜多，一次次打败官军的征剿。

军旅武术继而推动民间武术的发展。从明、清至近现代，菏泽民间习武蔚成风气，特别是反抗官府的社团、教会等，不少都设坛习武，以期在斗争中克敌制胜。如明末的曹州白莲教，其教会会员不少都是自幼练武、武艺高超之士，他们在徐鸿儒的领导下发动起义，战斗中一些勇士凭借武功屡次取胜，极大地震撼了明朝统治。清咸丰年间的曹州长枪会、光绪年间的鲁西南大刀会，会员个个都是习武之人，其中武术高手云集，各以武功、气功、绝技见长。他们反清廷，灭洋教，杀赃官，一度让清廷征剿莫及。

菏泽武术始终是与发生在菏泽大地上的战争相联系的。战争推进了武术的发展，武术搏杀又对战争的胜负产生了重大影响。纵观中国历史，战争确是改朝换代的工具。菏泽历史上曾发生过多次战争，每次朝代更迭的战乱和较大规模的农民起义，几乎都波及或发生在菏泽。这些战争中攻防格斗的不断改进和创新，即是武术在军事中的不断丰富和发展。

公元前16世纪，商汤迁都亳（今菏泽市曹县南土山集一带）。商汤是一位文武全才的明君。他曾作“帝诰”“汤誓”“汤诰”等，流传后世；同时，他武功超群，善用一柄大钺，杀法精奇。在征战夏的各诸侯国时，他凭借一柄大钺，身先士卒，冲锋陷阵，斩杀敌将，攻城略地。《史记·殷本纪》载：“诸侯昆吾氏（今河南许昌东）为乱，汤乃兴师率诸侯，伊尹从汤，汤自把钺以伐昆吾。”汤自征伐葛伯（今河南睢县北），到有娀（山西运城蒲州镇）打败夏桀，直至最后灭掉三朡，一统天下，都是靠自己精湛的武功和勇武的士卒。武术在商汤灭夏中发挥了重大作用。《史记·殷本纪》载：“汤遂伐三朡，俘厥宝玉，义伯、仲伯作《典宝》。”汤灭三朡后，“乃践天子位，平定海内”。对此，《定陶县志》也有记载：“前十六世纪，商汤灭三朡国。”又载：“夏，境内有三朡国，三朡国在今定陶县马集乡费庄北。”

武王灭纣后，实行分土封侯的制度，其六弟振铎受封于曹（今菏泽市定陶县）。振铎自幼习武，善使戈，钩啄猛疾，常见功于战场。因此，武王在伐纣过程中便调叔振铎到自己的车上担任护驾使命，振铎也由此成为中国较早的御前护卫。他不辱使命，一路护卫了武王的安全，后受封到曹国。曹地当时人口稠密，平原沃野，济水流碧，物华天宝。振铎到曹后，文治武备，富国强兵，把曹国治理得富甲天下，弊绝风清。《诗经……曹风·鸤鸠》曰：“鸤鸠在桑，其子在梅。淑人君子，其带伊丝。其带伊丝，其弁伊骐。”从衣饰上写出热恋中的姑娘对心上人的赞美：佩戴用素丝纺织，帽子用彩玉佩装，足见当时曹国之富。在发展经济的同时，振铎还组织百姓在农闲时围猎和操练，让百姓学习弓箭戈矛、练拳习武。这种农闲练武的传统自振铎始，曹国历代国君都传承延续，五百余年坚持不断，使曹国虽小却很富强。

即使到周敬王十九年（公元前501）曹国最后一位国君伯阳继位，民间及王室好猎尚武之风犹炽。《史记·管蔡世家》有这样的记载，曹国一个叫公孙强的人，一箭射落一只白雁，献给伯阳。能够箭射白雁，应该是很好的箭法了，但曹国的百姓都能够做到，足见当时民间习武的风气极盛。伯阳见到白雁便与公孙强交谈狩猎和射箭的技巧，两人谈得很是投缘。可见，公孙强不但善射，而且还有一套精湛的射箭理论。他竟然因此感服了伯阳，让他做了大官，治理国家。遗憾的是精于射箭的公孙强却不懂治国之道，鼓动伯阳背弃多年的盟国晋，而去南侵强大的宋国，这无疑是自断手足、以卵击石，最终于伯阳十五年（公元前487）为宋国所灭。曹国地处宋、卫、鲁、齐、晋等大国的环伺之下，国小而富，人众地沃，各国无不馋涎欲滴，企图吞并而后快。但五百年间小小曹国有惊无险，安如磐石，不能不说与王室及民间崇尚武备、民风强悍有关。

“我行未已过濮阳，驻马凭吊古战场。能掷孤注寇莱好，退避三舍晋文强……”这是陈毅于1945年9月写下的诗句。这里的“退避三舍”说的就是发生在菏泽市鄄城县历史上的著名战役——城濮之战。公元前362年，楚成王率楚、陈、蔡、郑、许五国军队围攻宋国。宋成公向晋求救。晋文公重耳率军队援宋。重耳首先打败了依附楚国的曹国和卫国（均在菏泽市境内）。在楚将率军进攻时，晋文公又避开了楚军的锋芒，以践履昔日“退避三舍”的诺言为幌子，引诱楚军。他一口气撤退90华里，在城濮（今菏泽市鄄城县）与楚军对阵。晋军在重耳的亲自指挥下，先让小股军队诱敌大军出击，然后再以精锐猛冲楚军大营，大获全胜，俘获楚军“驷介百乘，徒兵千”。这次大战的胜利，使晋文公继齐桓公之后确立了中原霸主的地位。

齐国自齐桓公任用管仲始，就十分注重训练军队。管仲相齐后的改革，其主要内容之一就是把百姓和军队结合起来。将全国分成二十一乡，其中工商之乡六，士乡十五。在士乡中，每家出一人为士卒，五乡的士卒为一军，将全国十五乡编成三军，每年利用农闲时进行军事训练。大军事家孙膑（今菏泽市鄄城县人）到齐后，更是加紧训练士卒。他对士卒的训练主要有三条：其一是号令训练，让士卒准确理解和掌握军队的号令，听从军中指挥，以便进退有度；其二是技击训练，训练士卒的角斗能力；其三是兵器训练，主要是训练士卒戈、矛、刀、剑、盾牌、弓箭等多种兵器的使用。通过数年训练，齐国士卒已成为当时诸侯国中比较勇猛精悍的军队。

到了周显王十六年（公元前353），齐魏桂陵大战前，齐国士卒的技战术素质已远胜魏军。当魏军在大将庞涓率领下于周显王十五年（公元前354）进攻赵国国都邯郸时，田忌、孙膑奉命率齐军救赵。但他们不直接去邯郸与庞涓率领的魏军作战，而去进攻魏国的国都大梁（今河南省开封市），庞涓回救大梁途中在桂陵（今菏泽市）遭遇齐军伏击，具有娴熟技击的齐军将士将魏军杀得大败而逃，邯郸之围不救而解。武术在两军作战中再次显示了它的强大威力，孙膑因此而名显史册，“围魏救赵”也被后世兵家列为“三十六计”之一。

秦二世二年（公元前208），中国历史上第一次农民大起义的浪潮在菏泽大地上激荡。刘邦、项羽率偏师攻克城阳，后于雍丘杀三川郡守李由。项梁率数万义军进攻定陶，再次打败秦军。《史记·项羽本纪》载：“项梁起东阿，西至定陶，再破秦军。”项梁被胜利冲昏了头脑，日益骄傲。而秦兵虽然失败，但秦主将章邯却是身经百战，成为继白起、王翦之后秦朝著名的将领。他智勇兼备，弓马娴熟，一柄大刀使得出神入化。他当年以少府之衔转而领兵，初出茅庐即率领几乎是乌合之众的骊山之徒，打败陈胜部下的名将周章所率领的十万大军，并挥刀斩杀周章的大将章曹阳。项梁轻视这样一位智才兼备的优秀将领，又拒绝谋士宋义的真知灼见，对章邯的屡次增兵置若罔闻，其失败也就成为必然。在一个月黑风高的夜晚，章邯亲率大军马衔枚、人伏鞍，偷袭项梁所率义军。当时身为主将的项梁终日饮酒作乐，士卒纪律松弛，面对千军万马的偷袭竟然毫无知觉，及至章邯大军杀入军营，方才醉眼惺忪地驱兵迎敌。章邯一骑当先，抡刀冲杀，士卒死伤无数，余皆作鸟兽散，兵溃如潮，项梁只得随军落荒而逃，到定陶城东北被章邯追上，未战几合，即被章邯大刀劈杀。项梁死后，当地百姓感其一世英烈，就地埋葬，今定陶县城内项梁墓犹存。高超的武艺成就了章邯的大功，也使秦末农民大起义继陈胜、吴广被杀后第二次陷入低潮。

秦末汉初，菏泽屡次为大战之地。秦将章邯由定陶（今菏泽市定陶县）北上攻赵。“赵数请救，怀王乃以宋义为上将军、项羽为次将、范增为末将，北救赵。”宋义、项羽率军从彭城（今江苏省徐州市）出发，行至安阳（今菏泽市曹县城东北），宋义下令停止前进，按兵不动，激怒项羽。项羽是一位“力拔山兮气盖世”，“身七十余战，所当者破，所击者服”的盖世武将。他于军营中奋起虎威，拔剑刺杀了“卿子冠军”宋义，取而代之。从此，项羽在楚军中确立了自己的领军地位，成为上将军。他率军破釜沉舟，在河北消灭了秦军主力，使秦朝的灭亡成为定局。汉高祖二年（公元前205），刘邦乘项羽在城阳（今菏泽市城东北）攻齐时攻占彭城。项羽亲自率三万精兵回师攻打刘邦，汉兵尸堆如山，刘邦大败。高祖五年，刘邦最终战败项羽后，又于定陶韩信营中夺取了韩信的兵权。这些发生在菏泽区域的重大战事，其胜负多与武术技击、兵精将勇有着密不可分的关系。武术造就了精兵强将，精兵强将赢得了战争的胜利。

秦汉以后，菏泽数次为州为郡，朝代更迭的战火每每在菏泽燃烧。两晋南北朝时菏泽刀光剑影，隋唐五代时菏泽战乱迭起，宋元明清时菏泽更是龙争虎斗。战争中将士攻防搏杀的技能，形成了独具特色的军事武术。

三、武术在反抗压迫中成熟

菏泽频繁的战乱，影响和促进了民间武术的发展，民间武术又在反抗压迫的农民起义中走向成熟。菏泽自古民风粗犷豪爽，侠义干云，历代多有慷慨悲歌之士，这使菏泽成为众多农民起义的发起地。菏泽民间素有习武之风，武术使农民起义如虎添翼，许多农民起义的领袖人物都是当时著名的武术家。武术在农民起义中一次次凸显了威力。

隋朝末年，政局动荡，社会很不安定。素有习武传统的曹州大地，民间习武之风更为炽烈。曹州济阴（今菏泽市定陶县）人孟海公与其子孟义、从弟孟噉鬼、好友蒋善合等人在本村教人习武。孟海公勇力过人，精通武艺，特别是刀法极为精熟。所传弟子也有高超的拳脚功夫，逐渐吸引了周边村庄的青壮年来向他学习武术。

隋大业九年（613），孟海公等人揭竿而起，聚众起义，初时义军约有几百人。孟海公率军向南一路攻杀富豪和官宦之家，进占周桥（今定陶县冉堌镇附近），并以此为据点，筑土围寨，向外扩展，队伍发展到三万余人，控制了曹、戴二州（今菏泽市之牡丹区、成武、定陶、曹县及河南省民权县等地）。隋大业十四年，孟海公自称“宋义王”，成为当时名震山东的义军领袖。

唐高祖三年（620），河北起义军领袖窦建德进军中原，因曹、戴二州是其必经之地，且其地人口众多，平原沃野，易扩军筹粮，所以窦建德亲率30万大军渡过黄河，进攻孟海公。战争持续数月之久，至翌年二月，窦军攻到周桥。孟海公披挂上阵，手舞大刀与窦军数员大将苦斗。及至窦建德亲自出战，用宝刀砍断孟海公大刀刀柄，遂生擒孟海公。窦建德喜爱孟海公勇猛，遂命其率旧部与自己一起南下中原，增援被唐军围困在洛阳的王世充。在成皋（今河南省荥阳县汜水镇）与唐军激战。由于窦建德骄傲轻敌，指挥失当，虽然孟海公与窦军几十名大将奋力苦战，仍然无力回天，窦建德全军覆没，他本人与孟海公一起被俘，被送往长安后遇害。其子孟义、从弟孟噉鬼等后又举兵反唐，被已降唐的将领蒋善合设计谋杀。后人为了纪念孟海公，将此村命名为孟海，村名一直沿用至今。孟海公虽死，但其地尚武之风却世代相传，至今在定陶县孟海镇及周边村庄，农闲季节仍有众多青少年习武练拳。

“待到秋来九月八，我花开后百花杀。冲天香阵透长安，满城尽带黄金甲。”这是唐末农民起义军领袖黄巢写下的著名诗句。唐僖宗乾符元年（874）濮州（今鄄城县）人王仙芝在河南长垣聚众起义。翌年，冤句（今曹县西北）人黄巢在当地起兵响应。黄巢出身于盐商家庭，少年时即学文习武。他科举不第后苦习兵马，对大刀和弓箭更有独到之处。相传黄巢精研刀法有72路之多，环环相扣，变幻莫测。两把粗的柳树，他能一刀砍断。他马上射箭百步穿杨。他天生神力，一副石磨，能单手托起，武功罕逢敌手。黄巢在义军中屡立战功，在王仙芝死后被推为义军首领，号称“冲天太保均平大将军。”他率领数十万大军纵横中原，后又渡过长江，挺进福州、广州。乾符六年，黄巢率百万义军北伐，沿江东下，经江西、安徽，再进中原，占领洛阳，挥师长安，一路势如破竹。

僖宗中和元年（881），义军攻进唐朝都城长安。黄巢于十二月二十三日即皇帝位，称“承天应运启圣睿文宣武皇帝”，国号为“大齐”，年号为“金统”。由于义军占领长安后没能乘胜追歼唐李军队，给敌人以喘息之机。唐李军队联合沙陀贵族卷土重来。唐中和三年，黄巢被迫退出长安，最后重返河南、山东。在多次的被动战争中，大将朱温叛变、孟楷战死、尚让投降，义军遭受重创。后又在长期围困陈州（今河南省淮阳市）中再丧战机，唐将朱温、李克用等紧紧追杀。义军经曹州、兖州退入泰山虎狼谷（今山东省莱芜市东南）。中和四年七月十七日，黄巢在虎狼谷自刎而亡，余部战死。黄巢虽死，但他在实战中所精研创编的刀法等武术功夫却长留民间。

“万姓熙熙化育中，三登之世乐无穷。岂知礼乐笙镛治，变作兵戈剑戟丛。水浒寨中屯节侠，梁山泊内聚英雄。细推治乱兴亡数，尽属阴阳造化功。”这是明末清初小说家施耐庵、罗贯中所著《水浒传》“引首”中的一首诗。诗中讲述的就是北宋末年宋江在梁山泊起义的故事。宋江是北宋时期郓城人。郓城民间素有习武的传统，各村拳场很多，青壮年在农闲时多半习武。宋江在习武之风甚为浓厚的环境中长大，备受其感染，因此自幼酷爱武术，常与周边村庄的青壮年一起习拳舞棒，切磋武艺，并以其悍勇侠义为众人折服。

北宋末年，朝廷上下荒淫腐败。在各地设置“应奉局”，搜刮民脂民膏，送往京城，供君臣淫乐，又在各地成立“括田所”，将许多土地、湖泊等划为公田，八百里梁山泊也被划入公田范围。百姓下水捕鱼，必须按船交税。沉重的税赋，把百姓们逼上梁山。宣和初年，宋江等 36 人聚众起义。义军以梁山泊为根据地，杀富济贫，对抗官府。当时梁山水泊绵亘数百里，河湖港汊，地理环境极为复杂，而宋江等 36 人素习武功，技艺超群，每临战斗，多能以一当十，以致攻城略郡，官军望风披靡。

北宋宣和二年（1120），宋江率军攻克青州，威震山东。三年，宋江又率军转战淮南以及山东、江苏、安徽、河南等广大地区，杀赃官、除污吏、开府库、济百姓，民间一片欢腾，朝廷上下震动。宋徽宗在招降未果之际，派大军镇压。宋宣和三年宋江率军进攻沭阳，遭伏击失败。宋江虽死，但其 36 人所留下的武功技艺却为后人发扬光大。“三十六路宋江拳”“燕青拳”

以及“梁山戳脚”“武松脱铐”等都成为独立的拳种或套路。特别是“燕青拳”，为后来一代宗师霍元甲继承和发展，成为中华武林的一枝奇葩。宋江之后，特别是明末清初《水浒传》问世以来，宋江及其他梁山好汉的侠义英名和高超武功几乎家喻户晓、妇孺皆知。人们在仰慕梁山好汉的同时，亦伴有对武术的向往。当地民间习武之风更是千年延续，至今犹烈，郓城也因此被列为“全国武术之乡”。

明代，在菏泽爆发了一场声势浩大的白莲教起义。白莲教也叫“白莲社”“莲社”，是含有佛教、明教、弥勒教等内容的秘密组织。白莲教起源久远。早在东晋时期，慧远、慧永、慧持和刘遗民、雷次宗等123人专修念佛法门，誓愿往生西方净土。因掘池植白莲，故称“白莲社”。南宋时，茅子元创立“白莲宗”，成为佛教净土宗的一派。他推慧远为初祖，在平江（苏州市）淀山湖建白莲忏堂，是为白莲教起源。

白莲教的教义是崇尚光明，认为光明定能战胜黑暗，在元、明、清三代成为农民起义的组织。白莲教有许多分支，有闻香教、大乘教、清茶门和清水教、八卦教、天理教等。白莲教以“明王出世”“弥勒降生”等为号召，发动农民起义。先后有元代的赵丑厮、郭菩萨、棒胡；明代的田九成、石金州、赵景隆、蔡贯伯、徐鸿儒；清代的王伦、鲁林清、李文成、曹顺等起义。特别是山东菏泽人徐鸿儒领导的白莲教起义，揭开了明末农民大起义的序幕。

徐鸿儒又名徐诵，原籍巨野县，后迁居郓城县。徐鸿儒年轻时，滦州人王森自称“闻香教”主，组织白莲教，成为当时全国最大的秘密宗教组织，教徒遍及河北、山东、河南、四川等省。徐鸿儒为王森的弟子。明万历二十四年（1596），王森因弟子背叛，入狱而死。其白莲教分为两支，一支由王森的儿子王好贤和弟子于宏志带领，另一支由徐鸿儒带领。

天启二年（1622），徐鸿儒与王好贤、于宏志约定中秋节在河北景州、蓟州和山东郓城同时起义。因配合不好，徐鸿儒决定提前单独起义。是年农历五月十一日晨，山东曹州一带的白莲教徒齐集郓城六家屯，推举徐鸿儒为首领，拉起了起义的大旗。徐鸿儒自称“中兴福烈帝”，改年号为大成兴胜元年。起义军先后攻占了魏家庄、梁家楼等村寨，并制订了未来的作战计划。徐鸿儒还把义军将士家属安置到水泊梁山，解除了将士们的后顾之忧。

5 月 13 日，起义军开始攻打郓城，首获成功，旋克巨野。军旅所到，攻无不克，军纪严明，秋毫无犯。短短几天，队伍发展到数万人。六月初，义军率师东进，攻克运河漕运的要地邹、滕二县，引起明王朝的震惊。山东巡抚赵颜奉命派兵围剿，被义军打败。义军趁此机会以邹县为中心，先后派兵进攻兖州、曲阜、沛县、日照、郯城等州县，声威远播。

6 月 30 日，山东都司杨国盛、廖栋合等率军攻打义军所占邹县，义军绕到明军背后，攻破其军营，解了邹县之围。7 月，徐鸿儒义军兵进兖州，又大败明军。八月，义军攻占运河沿岸的夏镇，切断了朝廷漕运的通道，并在彭家口截获官库粮船 40 艘，从而引起了明廷恐慌。9 月，熹宗调集天津、保定几万大军，配合山东巡抚赵颜对起义军进行镇压，山东都司杨国盛部又偷袭了义军后方基地，邹县、滕县被明军包围，义军陷入了极度被动境地。

10 月，义军放弃滕县，邹县已成孤城，义军内部分裂。都督侯五和总兵魏七投降，出卖了徐鸿儒，徐鸿儒及父母与重要部属被明军所俘虏，押至北京。11 月 21 日，徐鸿儒及家人部将在北京遇难。

义军主力失败后，余部万人再转战郓城、巨野，被明军在郓城武安、飞集一带全部剿灭。徐鸿儒领导的白莲教起义虽然失败了，但它的影响却是深远的，清代的捻军、大刀会、长枪会等均与其有源流关系。

清顺治五年（1648），李化鲸在曹州聚众起义。李化鲸原籍直隶（今河北省），流寓于成武（今成武县）。李化鲸是练武奇才，他的水上功夫和擒拿功夫，十分出色。据说他可以在滚滚的大河中潜伏数个小时，在大涛大浪中与几十斤重的大鱼嬉戏；别人与其徒手相搏，可在挥手之间擒拿对方。他依仗一身武功投身官府，先在县衙当差，后被派往曹县管理黄河河务。是年调曹州（今菏泽市）任副中军。李化鲸仗义疏财，喜欢结交绿林豪杰，常与朋友谈论朝政得失，因此被人密告谋反。官府在缉拿之际被其力战走脱，出曹州城谋划起义，得到绿林好汉和广大百姓的支持，不久即聚集万人。是年

7月4日，两万义军在李化鲸、贾云五的率领下，围攻定陶、曹县、成武、曹州，不数日即连克四城。义军进城后，开官府，放囚犯，杀赃官，声势震动四周诸城。李化鲸率领义军以曹县为根据地，称“忠义王”，率兵进攻濮州（今鄄城县）、巨野、东明等地，因兵力分散而未能攻克。清军闻知义军精锐分兵于濮州、巨野、东明等地，遂遣大军直攻义军腹地曹县。十月，曹县被清军占领，李化鲸被数百清军将士所围，力竭被俘，旋即送往京城后遇害。

在中国古代，农民起义多是赤手空拳或用大刀长矛与官军抗争。义军为了更有效地打击敌人、保存自己，武术成了他们唯一的凭借。农民起义军在拥有较强武术技击能力的前提下，与尸位素餐的官军相比具有单兵技击优势，这成了农民起义军生存和发展的重要支撑。当然，无论是官军还是义军，在当时都不可能用现代科学解释武术技击，但是，经过一次次战场上的殊死搏斗，一次次战场上的技击凸显，武术已为义军和官军所重视。在战争之余，武术训练成了义军同时也成了官军的主要任务。在千万人的武术训练和千百次的实战搏斗中，武术得到不断修改、完善和创新，由此使武术不断发展，一步步走向成熟。

菏泽武术在战争和农民起义中发展。战争催生了军旅武术，农民起义使民间武术得到丰富和充实。军旅武术与民间武术既自成体系，又互相交融。军旅武术简洁明快，民间武术则观赏性较高；军旅武术以器械格斗为主要形式，民间武术则以徒手搏击为主体；军旅武术规范划一，民间武术则百花齐放、流派众多；军旅武术有官府军事长官组织训练，民间武术多是师傅传授。这一切都表现了军旅武术与民间武术的诸多不同。但是，无论是军旅武术，还是民间武术，在其基本点上都是一致的。

四、武术是防身护家之需

明清时期，尤其清朝末期，由于地方官府横征暴敛，民不聊生；加之土匪恶霸猖獗，社会秩序十分混乱，百姓无生命财产安全。日益加剧的社会矛盾，促使当地民众出于防身护家、抗暴除恶的需要，成立众多民间会社，参与习练武术，其中不乏武艺高强之人。

据史料载，清光绪年间，濮州（今鄄城县）就曾发生过百姓靠武威震慑、抗拒苛捐杂税的义举。当时，濮州黄河护堤段长周典五以复堤为名，到隶属该段的南拔亭村征收“民堰捐”。为中饱私囊，并擅自将“民堰捐”数额提高一倍，声言如三日内缴纳不齐，则将人送到衙门问罪。“红沙会”会长、武林高手王宗朋闻讯，赶到村公所严厉质问，并用举石狮神力震慑得众打手面面相觑、噤若寒蝉，周典五见状只好作罢。东明县境有黄河流经，沿岸民众自古多得水路盐运之利。而封建官府苛捐杂税沉重，从而使人们徒劳无益。清末，东明人支悦刚率领盐民于白天练武，夜晚趁官军松懈时沿黄河起运，顺流而东或逆流而西，往来运盐。遇到小股官军盘查收税或扣船，他们便以武术自卫，致使官军不敢横征暴敛。抗日战争时期，东明人王宪文依靠大刀长矛和武术功夫，建立村民自卫团，卫村护家，在王高寨建起了抗日堡垒，使驻于东明的日寇不敢轻易进入王高寨，打击了日寇的嚣张气焰。

针对土匪作乱，一些武术高手凭借高强武艺除暴安良，保护了民众的利益。据曹县县志记载，光绪二十年（1894），曹县一带有一土匪头子欺男霸女，作恶多端。单县武师刘士端立志除此恶棍，让人捎话要与之决斗。是日决斗现场，一阵刀来剑往，刘士端一招袭来，将该土匪拦腰砍作两段。见此情景，当地百姓送上早已准备好的“替天行道安天下，一口宝剑震乾坤”匾额，以示敬意。民国十五年（1926），菏泽城北一带社会混乱，土匪猖獗。著名拳师朱凤君积极协助官府参与剿匪，力保一方平安。一次剿匪中，他一马当先，手持一柄 60 斤重的大刀东拼西杀，勇不可当，当即杀死杀伤土匪近 20 人，其余土匪作鸟兽散。

五、武术是江湖谋生、博取功名之路

历史上黄河下游 20 多次大的改道，1000 多次决口，引发洪水泛滥，多次波及菏泽境域，淹没房屋庄稼，百姓流离失所。加之旱涝灾害频发，致使菏泽许多民众无法生计。饱尝了深重苦难的一些民众，常常选择离开家园，游走江湖，靠习武设场、打拳卖艺谋生。

据东明、鄄城两县县志记载，东明县有个梅花拳“摇篮”的朱口村，鄄城县有个梅花拳“大本营”的王坊村，两村外出打拳卖艺的人数众多，声名远播。民国二十年（1931），东明县朱口村请来外地梅花拳著名拳师在本村开场，带动全村2000多人中三分之二的人习练梅花拳。此后不少人学成外出打拳卖艺，还有40余人被聘为拳师到外地开设武场，传授技艺，传播范围扩展到四省几十个县。鄄城县王坊村的拳场，清末时有800余人习练梅花拳。村里一大批武术骨干走出去做武师、教拳场或打拳卖艺，以此谋生，行踪遍布山东、河南、河北、山西、陕西、安徽、江苏等省。

另外，在长期的封建社会里，菏泽一些民间义士迫于官府腐败铤而走险闯入江湖，其中不乏武术高手。这些人以复杂的演练、繁复的搏斗和独特的套路，将民间武术推进到一个新的阶段。

从唐代至清代千余年的武术科举延续，加上当地官办和私立武学的兴起，也为菏泽贫寒之家子弟以习武晋身仕途、博取功名提供了机会，打开了改变自身命运的一条道路，进一步推动了社会尚武之风的形成和发展。

清代武术科举中，菏泽有56人考取武进士，其中有3名武状元、1名武榜眼，武举人多达百余名。武进士分别授予武职。“初制，一甲进士或授副将、参将、游击、都司，二、三甲进士授守备、署守备。其后，一甲一名授一等侍卫，二、三名授二等侍卫；二、三甲进士授三等蓝翎侍卫，营卫守备有差。”落第的武举人，大部分按规定到兵部注册，可授以武职，也可到本省军营中效力。总之，只要取得武举人资格，就算有了晋身之机，同样可以逐步升迁。

民国时期，国民政府在南京多次举行国术国考，每次都有菏泽武林人士参加，不少人在国考和擂台赛中获得优等或甲等。如菏泽牡丹区耿庄人杨士文，民国十七年（1928）国民政府在南京举行国术国考，杨士文参加全国国术会考擂台赛，在擂台比武中名列最优等。1929年，“曹州国术馆”成立，杨文士被任命为馆长。菏泽在武术科举和国术国考中涌现出众多武林精英，其中不乏贫家子弟。

第二节 根深叶茂

菏泽是武术之乡，拳场众多，白莲教、八卦教、大刀会、长枪会等影响深广。清末社会动荡，菏泽习武之风日益炽烈，几乎每个较大村庄都有拳场，特别是当时菏泽一带的教会势力，作恶多端，对百姓百般欺压，客观上为大刀会、义和团在菏泽的发展提供了条件。他们以扶清灭洋和反清灭洋为口号，凭借拳脚功夫，与帝国列强和清廷大军的枪炮相抗争，以血肉之躯谱写了一曲曲气吞山河的反帝壮歌。

近代是菏泽武术繁荣发展期。武术科举制度延续，官办武学及私立武学兴起，为下层习武者进身仕途提供了机会，推动了社会尚武之风；阶级矛盾和民族矛盾的加剧，各类教门、秘密结社在民间的蔓生，广泛地普及了武术。辛亥革命后，各界人士倡导“强种强国”，使古老的中华武术被纳入了现代教育范畴，改变了武术长期在农村以师徒、家传为主要形式的传播模式，冲破了拳种、家族界限，扩大了武术的普及面。各类武术社团、组织的建立，使流传于乡村、自生自灭的武术，逐步形成了以城市武术组织为中心推广武术，对地方武术活动的开展及武术人才的培养等，发挥了积极的作用。而民间拳社组织的建立，也打破了地域家族界限，促进了武术流派之间的交流。

一、武术支撑会社起义

纵横曹州数捻军 捻军是太平天国时期北方的农民起义军，十多年里依靠冷兵器和武术功夫与清军作战，曾经取得显赫战绩。

捻军发源于捻子（后称捻党）。嘉庆年间，在苏、鲁、豫、皖一带，有许多股民间武装护送私盐，每股称为“一捻子”，大捻子有二三百人，小捻子有数人、数十人不等。他们时常与清政府发生武装冲突。

清道光二十二年（1842），捻党在郓城、巨野、濮州、定陶、成武等地频繁活动，曹州知府派兵镇压，捻党首领刘祥在定陶被捕。道光二十五年，捻党在曹州拒捕，以大刀、长矛抗拒官府。道光二十八年，清政府在巨野等地搜捕捻党多名。咸丰二年（1852），捻党首领张乐行聚众数万攻克河南永城，拉开了捻党起义的序幕。

咸丰四年，捻军首领张乐行率部从皖北进入单县，连克金乡、巨野、郓城、寿张等地，曹州捻军并十三捻为一捻，队伍发展到3000余人。咸丰五年，张乐行在雉河集（今属安徽涡阳）召集各地捻军首领会盟，被推为盟主，称“大汉永王”（一作“大汉明命王”），组成统一指挥的捻军，采用黄、红、蓝、白、黑五旗军制。后接受太平天国领导，会同太平天国英王陈玉成部转战于苏鲁豫皖，屡败清军。

咸丰十一年，捻军五旗并出，10万兵马云集定陶、曹县、菏泽，清政府官军怯战不出。捻军过后，又有多人起义。是年四月，定陶人贾由彪、魏清渭聚众起义的计划泄露，被清政府杀害，定陶与菏泽的捻军首领焦桂昌和郭秉钧等集结2000多人，包围定陶。清军大帅僧格林沁亲自率兵镇压，捻军被迫转移。

同治元年（1862），陈玉成战死，同治二年张乐行战败遇害。张乐行从子张宗禹继为捻军首领，与太平天国遵王赖文光联合，整编捻军，捻军劫后重兴。

同治四年，僧格林沁率清朝王牌军蒙古马队和当地步勇五万多人，围剿捻军，在曹州西北高庄集、葭密寨、郝胡同一带同捻军主力相遇。当时清军分左中右三路向捻军进攻，僧格林沁亲率中军。捻军首先攻破左翼，继而再败右翼清军，最后猛攻僧格林沁掌帅的中军。中军是清军精锐，作战十分顽强，捻军冲入中军后，短兵相接，兵来将往，刀枪并举，杀声震天。一场激烈交锋，清军抵抗不住，溃如山倒，僧格林沁率数个随从冒死冲出重围，逃到吴家店（吴店）附近，又遇捻军追击人员。僧格林沁受伤落马，藏于麦田，被捻军士兵杀死。同时，内阁学士金顺，总兵何建鳌、额尔径厄等也被击毙。

同治五年，捻军分东西两路活动。赖文光率东捻军转战于湖北、河南、安徽、山东之间；张宗禹率西捻军进入陕西，后为救援东捻军经山西、直隶（河北）再回山东。同治七年初，赖文光在扬州牺牲；是年八月张宗禹在茌平南镇遇难。至此，轰轰烈烈的捻军起义全部失败。

清军难抵长枪会 清咸丰年间，在菏泽、曹县、定陶、范县、濮县等地，民间多有练武场，他们明里练习武术，暗里反抗官府压迫，后来秘密结社，成立长枪会。

清咸丰十年（1860），长枪会首领菏泽人郭秉钧率会员举起反清义旗，先后攻占菏泽、定陶、曹县的绝大部分村庄，打败了各处团练。清军官兵收缩于县城内不敢出城，义军队伍迅速发展到五六万之众。

咸丰十一年，长枪会在郭秉钧、刘占考、王来凤的领导下攻占范县。清军感其势大，遂前往镇压。长枪会转到运河两岸截获清军漕船、盐船，收缴大量物资，屡败清军。咸丰帝遂严令清军统帅僧格林沁和钦差大臣胜保率兵联合进攻。在清军大举进攻下，长枪会内部分裂，首领王来凤、刘占考投降胜保，郭秉钧势单力薄，挡不住清军进攻，只得率部退入东平湖水套地带，以图生存。后来，郭秉钧部与捻军会合，成了捻军之一部。

兴华灭洋大刀会 大刀会是清末民间秘密结社之一，属白莲教的支派，首领为单县人刘士端。

刘士端生于清道光十三年（1833），曾考过秀才。30 岁时跟随逃匿到乡间的白莲教首领赵金环学习武术。后成立大刀会，单县的曹得孔、彭桂林，曹县的尤金声，虞城的王锦韬，砀山的庞三杰，沛县的智效忠等人积极响应。到光绪二十年（1894），大刀会成员已发展到 10 万人，遍布苏鲁豫皖的单县、曹县、成武、兰考、归德、永城、夏邑、涡阳、商丘、砀山、萧县、铜山、丰县、沛县以及巨野、济宁、寿张等地。

刘士端本人武功高强，在当地罕有对手。他行侠仗义，好打抱不平，号称“替天行道安天下，一口宝剑震乾坤”。当时曹县一带有个土匪头子“岳二眯子”，打家劫舍，奸淫掳掠，无恶不作。只因他武功出众，行踪飘忽，百姓畏之如虎，深受其害。刘士端出于侠义，首先公开向“岳二眯子”挑战，“岳二眯子”恼羞成怒，咬牙切齿，要亲手斩下刘士端的首级。于是，二人约定在单县的一处旷野上单打独斗。届时二人来到预定地点，寥寥数语后即刀剑相向。酣战半日，岳二眯子终于败北，被刘士端挥剑斜劈两段。刘士端剑劈“岳二眯子”，为民除害，得到了当地人民的热烈拥护。

早在光绪八年，天主教传入单县，官府对洋教士俯首帖耳。一些流氓恶棍利用教会势力欺男霸女，强抢民财，和大刀会公开对抗，终于在破角楼等地发生冲突。刘士端借此提出了“兴华灭洋”“杀赃官”的口号，开始了公开的武装斗争。

光绪二十二年，砀山大刀会在庞三杰等人率领下，聚集千余人反抗教会势力，焚毁了刘坝头教堂，与教会发生了大规模武装冲突。刘士端立刻派大刀会首领尤金声、彭桂林、智效忠等率人增援，杀死了作恶多端的洋教士。接着，又捣毁了单县、砀山、丰县等地的几十处教堂。洋教士纷纷躲入清政府衙门，并胁迫清政府出兵剿灭大刀会，清政府遂派兵镇压。五月十八日，大刀会向清军驻马良集“江南裁决外委衙门”发动进攻，夺取了大量物资，打败了当地团练。清政府深感大刀会势力过大，便派江苏、山东的大军进行镇压。山东巡抚李秉衡急命曹州知府毓贤等人率大军围剿，大刀会员数百人被屠杀。5 月 28 日，首领刘士端遇害，大刀会严重遇挫。

大刀会作为民间秘密结社，曾发动反抗封建压迫和反抗外来压迫的斗争，也曾被官府用来反对农民起义。由于首领刘士端在开始习武时所练功夫为“金钟罩”，认为练好此功，刀枪不入。因此，大刀会一直带着迷信色彩。大刀会在苏鲁豫皖四省交界地流传甚广，直至民国才渐渐没落。

保卫乡境反洋教 鸦片战争后，帝国主义国家以传教为名，对中国进行渗透和侵略。巨野县当时有天主教传教点 21 处。中心教堂在城东七公里处磨盘张庄（现属巨野县麒麟镇）。在这个教堂里，驻有一名德国传教士薛田资。他以传教为名，到处强占村田，搜刮民财，欺凌妇女，民愤极大。

清光绪二十三年（1897）11 月 1 日夜二更许，天黑夜静，细雨蒙蒙，十多人手持短刀，跳进磨盘张庄教堂。两名壮汉刚摸到神父薛田资的住室门口，突然室内响起枪声。两壮汉急忙跳进室内，摸黑杀死住在这里的两个洋人。

后来才知道，这两个洋人，一个是在阳谷县传教的能方济，另一个是在郓城县传教的韩·理加略。他俩是去兖州参加“诸圣瞻礼”后，回程路过此地寄宿于传教士薛田资处的。由于薛田资让出宿舍给客暂住，自己住在了院门耳房，侥幸躲过了杀身之祸。

薛田资连夜偷偷跑到县城，直接告官。知县许廷瑞不敢怠慢，急率兵勇赶赴命案现场，并将自己的轿子锁上铁链，摘去官帽（以示有罪），亲往验尸，还屈尊在教堂打更。山东巡抚李秉衡闻报后，立即派臬司（按察使）毓贤和兖沂曹济道台锡良，前往巨野督办此案。清廷闻讯，也限令在15日内缉拿凶手。一时人心惶惶，鸡犬不宁。当地农民姜怀修、姜怀行、丛爱生、丛荷生、任宪成等，被当成凶手抓去，遭严刑逼供后，立即被站木笼处死。姜怀行侥幸未死，被收尸到家后醒转，直到1928年才去世。

后据总理衙门称，当时抓获的九人，平素游荡度日，探知张庄教堂存有钱物，起意行窃，作了此案。据薛田资当时记忆和以后调查证明，清政府逮捕判决的人，均未参与杀教士事件，他们都是在牢房受刑不过屈打成招的。实际上真正杀死能方济和韩·理加略的，主要是武功高强，又深受乡里拥戴的刘德润、奚老五等人。

刘德润，巨野县独山镇小刘庄人，生于清道光二十五年（1845）。此人出身贫寒，自幼习武，对清政府的腐败和洋人欺辱中国人的行径极为不满，后被逼上“梁山”，当了“大刀会”的头目。他只取赃官恶霸不义之财，反对祸害百姓，被群众称为“仁义响马”。刘手下有一个魏培喜，一贯宿娼聚赌。刘对他一再劝诫，并派知己监视，促其改恶从善，但魏就是不听劝告，继续为非作歹。刘感到有魏这样的人，难保“大刀会”的门面，便遣散同伙，洗手回家，携眷投奔郓城县黄河南刘庄，靠同姓庇护隐居下来。后经人劝说，买了两条大船，去济南泺口跑买卖，生意十分兴隆。此时的魏培喜正穷困潦倒，听说刘德润经商发了财，便厚着脸皮找上门来。刘德润虽没接纳他，但还是周济了他，并劝他要谋正当生活门路，不要再胡混。魏仍不知好歹，一怒之下托人投靠巨野县衙，当了捕快。为领功讨赏，他密告刘德润是捻党匪首，以经商为名，招兵买马，准备反清灭洋。就这样，刘德润立时变成了清廷要犯。魏又向知县许廷瑞立下追拿刘德润的军令状，随即带领爪牙，连夜捉拿刘德润。因刘当时随好友奚际田在安徽省太平府暂避未得手，魏便将刘妻和其16岁的女儿抓去。

刘德润得知妻女落入虎口，心急如火，即刻返回巨野，决意除掉贪官歹徒，报仇雪恨。由于身单力薄，劫狱失败，又与朋友商议，决定借孔府势力，解救妻女。刘德润买通曲阜内线，摸清了孔府内情，乘月黑人静，越脊穿居，进入孔府，盗出了孔家的外孙，并在墙壁上留言：“不要金不要银，只要孔府下龙文。龙文下到巨野城，好教县衙去救人。救出德润刘门女，送还你的好外孙。若不为民主正义，休怪好汉刀不仁。”当时孔府威比皇室，其文被视为龙票龙文。巨野知县许廷瑞接到孔府龙文后，不敢怠慢，很快放了刘妻及女儿。刘德润知妻女受辱，决心报仇。他想到清廷受洋人控制，张庄教堂的德国神父薛田资胡作非为，民愤极大，何不借洋人的头，逼朝廷斩赃官呢？刘决心下定，便找好友奚效方、奚老五、奚金兰（均系巨野奚阁人）和嘉祥县于堂村的雷言学等十余人，拟订行动计划，于深夜破窗入室杀死两个洋人。为躲避干系，他们第二天均远走高飞。奚效方回到安徽太平府，后客死江南；奚老五远走他乡不知所终；刘德润领全家逃到梁山县很偏僻的张博士庄隐居下来。

久欲侵占中国领土的德国政府，以巨野教案为借口，于清光绪二十三年（1897）十一月六日决定“先行动，后谈判”。七日晨，便令停泊在吴淞口的远东舰队，立即占领胶州湾。十一月二十日，德驻华公使海靖奉其政府训令，向清政府提出“六款”要求：第一款，山东巡抚李秉衡革职不用；第二款，中国允许给济宁教堂工料银66000两，匾额用“敕建天主堂”五字，并将结案奏牍立碑教堂门外；第三款，中国允许在曹州城内及巨野县张家庄各建教堂一所，一切工料照济宁教堂办法，每处各给银66000两，基地每堂至少10亩；第四款，境内贼盗猝起……应请大清皇帝明发谕旨，责令地方官尽力保持教堂教士以杜后患；第五款，允许设立德商华商公司，造铁路由胶州通山东省城济南，并优待在中国他处之华洋商务公司办理各事；第六款……

此等无理要求，清政府竟“全行允照办理”。

山东巡抚李秉衡本已奉命开调四川总督，因此被迫卸任。巨野知县许廷端被“着即革职”。镇守青岛的总兵章高元，于次年二月被“着即开缺”。

帝国主义的飞扬跋扈和清政府的软弱无能，进一步激起人民的愤恨。巨野教案后，大规模的反清反洋教斗争再掀风暴。光绪二十六年（1900）6月7日，巨野北部大刀会集结千余人，两次攻打磨盘张庄教堂，不仅拆除了教堂，而且烧毁了圣像、《圣经》。接着，巨野西部龙堌集大刀会首领徐传忠带领数千人，攻打黄庄教堂和马海教堂。不久，巨野县大刀会领袖李崇礼、袁效东、杨大故等人，又带领三千余人，攻打曹州、郓城教堂。他们还联络济宁一带大刀会，在微山湖地区开展反清反洋教斗争，先后攻打大小教堂72处。直到袁世凯任山东巡抚派兵镇压，鲁西南大刀会活动才转入低潮。

气壮山河义和团　义和团源自义和拳，原是民间秘密结社，后得到清廷有限承认。义和团汇合了白莲教、捻军、大刀会、天理教等民间组织，可谓多源同流。但它未能最终发展成为统一的组织，没能建立政权。

清光绪二十六年（1900），定陶人李七妮利用当地的拳场，在牛楼、赵楼等村庄组织义和团，竖起了灭洋大旗。李七妮聚众几百人，捣毁了黄店天主教堂，赶跑了传教士，占领了黄店及周围数个村庄。李七妮赶跑洋教士的义举，得到当地百姓的响应，队伍不久即发展到千余人。光绪二十七年，清政府派大军包围牛楼，该村义和团首领牛星孔率众抵抗。李七妮闻讯即带数百人增援，在村外遭遇清军。李七妮一马当先，奋勇冲入敌阵，依仗武功，手起刀落，立杀数名官兵，其他义和团众口念“刀枪不入”，亦奋勇杀敌。后因清兵援军赶来，敌众我寡，李七妮战死，其五个儿子奋勇冲破重围，被迫转移，定陶义和团由此遭受重创。

二、武学武举制的兴废

官办或私立武学　清朝“以武功定天下”，因而强调“以骑射为本，右武左文”，选拔文武兼备的人才。与科举密切关联的官办武学，依此原则强调文武兼习，清朝没有沿袭宋、明时期官办武学的设置，武学被附入儒学。各类官学中设儒学教习和武学教习，教授文武生员。专为备考武科的武生，学习内容包括马箭、步箭、技勇（弓、刀、石）以及《武经七书》《百将传》《孝经》《四书》。这些学习内容，都是围绕武科举考试设置的。

雍正十三年（1735），曹州升州为府，府属各县均设有官办儒学，各县并设多处社学。乾隆十四年（1749），在府治之南购地，建置试院，“以惠士子”。曹州历来武风炽盛，武学、武举制的设立，为广大社会下层习武者提供了一条凭借个人武艺能力进身仕途的机会，从而对社会尚武之风起到了推动作用。清末，曹州私立武学兴起。如郓城李河口人冯殿扬，同治辛未（1871）科中武进士，授守备，后因治河有功，举为四品官职，戴蓝翎。他捐资兴办武学一处，前后招收三期弟子计40余名，得中者36人，其中武状元张宪周是其得意门徒之一。冯殿扬倡立武学，育才有方，为感其教育恩德，众门徒于光绪三十四年（1908）为之立德教碑一座。碑文曰：“诰封宣武都尉四品衔即用守备赏蓝翎武进士讳殿扬字跃廷冯公德教碑。”其碑至今尚存。

光绪间曹县张白庄人张均平倡办武学一处，聘请本县双铺集秀才郝玉兴授文，本村王玉符为武学教师，共有20多名乡村子弟学文习武。其长子张建朋、次子张建贞出类拔萃，文武双全，同时中二、三甲武进士，张建朋授三等蓝翎侍卫，张建贞授二等侍卫。因此，光绪皇帝钦赐“御前双侍卫府”匾额挂其门庭。当时曹州一带武学之兴盛，由此可见一斑。

清代的武科考试　清代武科考试是统治阶级为选拔军事将才而设置的与一般文士考试相对应的科举考试体系。顺治行定鼎登基之礼的次年（1645），因中原未定，南明尚存，批准兵部请求，开始在各省进行武举乡试。按照规定，子午卯酉年乡试，辰戌丑未年会试。

清朝的武考制分为童试、乡试、会试、殿试四级。

童试，即初试，三年内举行两次。丑、未、辰、戌年为岁考，寅、申、巳、亥为科考。凡未取得府、州、县学生员资格者，不论年龄长幼，皆可参加。中试者，为“武秀才”，亦称“武生”，录入所在府、州、县学。

乡试，三年一科。子、午、卯、酉年举行。有时逢庆典，增设恩科。凡各省武生，绿营兵丁，皆得应乡试，中试者，为“武举人”。

会试，三年一科。辰、戌、丑、未年举行。逢庆典亦增设恩科。初时，武举人及现任营千、把总、门、卫、所千总、年满千总。通晓文义者，皆得应会试。惟年逾六十者，不许应试。其后，武职会试，以武举出身者为限，中试者，为“武进士”。

殿试，也称廷试，会试后次月举行。会试中取得武进士资格者参加，由皇帝亲自主持考试。“钦阅骑射技勇，乃试策文。”殿试成绩分为“三甲”。一甲是前三名，也称“鼎甲”，为“武进士及第”。头名称为“武状元”，二名称为“武榜眼”，三名称为“武探花”。二甲十多名，为“武进士出身”。其余属三甲，为“同武进士出身”。

武进士分别授予武职。“初制，一甲进士或授副将、参将、游击、都司，二、三甲进士授守备、署守备。其后，一甲一名授一等侍卫，二、三名授二等侍卫；二、三甲进士授三等蓝翎侍卫，营卫守备有差。”落第的武举人，大部分可按规定到兵部注册，授以武职，也可到本省军营中效力。总之，只要取得武举人资格，就算有了晋身之机，同样可以逐步升迁。

科举考试分内、外场进行。外场考射箭及刀石。射分为马射、步射及测试力量的开弓，刀是舞弄八十斤、百斤、一百二十斤之大刀，石是把二百斤、二百五十斤、三百斤的巨石搬离地面一尺。内场试策论，“策”相当于问答题，“论”是按试题写议论文。由于武人多不能文，此后的武科考试“遂专重骑射、技勇、内场为虚矣”。这虽然刺激了一些民间武士循武举制之径，追求仕途，但也加重了武人不文的流弊。

清末，火器在军事战场上已广泛使用，培养与此相适应的军事人才的武备学堂也陆续建立。因此，以弓、马、石为内容的武举制显然已落伍于时代发展。在“举国上下，莫不知其无用”的呼声中，光绪二十七年（1901），清廷下令废止武举。在清廷开武考、兴武学至下令废止武举制的257年间，曹州得中武状元二名（另有直隶东明武状元一名），武榜眼二名，武会员（礼部会试第一名）一名；武进士 54 四名；武举人达百名之多。

三、教门结社与武术传播

教门组织，又称为秘密宗教或民间宗教。它以自身的一些基本信仰为教义，秘密收徒传教。明朝由于民间教门组织和信仰活动与统治阶级及正统观念相抵触，因而被严加镇压。清廷在严禁民间教门和秘密结社的同时，对民间武术的传习采取了较为宽容的态度，在这种禁教不禁拳的环境下，民间教门和秘密结社大都借传习武术掩蔽其宣传教义、社旨，并借此发展组织和积蓄武装力量。

曹州是北方地区教门最活跃地区之一，清初单县人刘佐臣继承白莲教“抗清反满”的思想，创立了八卦教，建立了一个比较严密的宗教组织，成立了离、震两卦，分别由商丘人部云龙和菏泽人王容清（王中）执掌，并逐渐发展成为华北地区实力最大、影响最深、支系庞大、组织严密的民间教门。八卦教组织到嘉庆年间有了更大的发展，并分设文、武两卦主，文卦主负责传播教义，武卦主传播八卦拳，以习武方式发展和组织武装力量。后来林清、李文成又把八卦教衍化为天理教。教主林清、李文成曾长期传教于定陶、曹县、单县、成武。清嘉庆十八年（1813）天理教起义，曾攻克定陶、曹县。在清政府的镇压下，天理教起义失败。

咸丰至光绪年间，以练武为活动方式的民间结社更加活跃，先后有定陶马集人焦桂昌组织的长枪会，菏泽人刘秉均、单县人刘士端组建的大刀会，鄄城箕山人王宗朋以“练武强身，扶弱保家”为宗旨创建红沙会，菏泽人金庆、曹县魏湾董庄人董执信、郓城祝庄人王果勇等组织的捻军等，都站在反压迫、反侵略的前列，并于同治四年（1865）四月在菏泽西北葭密寨围歼僧格林沁。

反观教门结社利用武术，同时又促进武术传播的情况，具有三大特点：

首先，首领本人就精通武功，具有号召力。如苏鲁豫皖大刀会首领刘士端，跟随逃匿在单县刘庄的白莲教首赵金环学习“金钟罩术”。邻近各县人纷纷拜刘为师，加入大刀会。鲁西南大刀会重要首领、曹县曹楼人曹得礼“性格刚强，喜尚武术”，枪刀棍棒，武艺娴熟，兼精通“金钟罩术”，又以排刀、排砖硬气功见长，被推举为大刀会武术教头，成为大刀会的重要首领。鄄城红沙会首领王宗朋自幼爱好武术，刀枪鞭棍样样精通；捻军首领董执信“自幼厌文喜武，爱掂刀弄枪”，武功超群。

其次，以传习武术为名，结社聚众。在恶劣的社会环境中，生活在底层的乡民，普遍具有畏惧命运无常，祈福避祸的心理，努力寻求人人之间的相互依赖和互相援助。教首乘机宣扬大劫将至，只有入教学拳诵咒才能得到神灵庇护，从而组织起大小不等的会社组织，积蓄力量，准备起义。

最后，开展习武活动，是清代秘密结社的主要活动形式。道光后，清廷日益腐朽，帝国主义列强侵略的魔爪伸进了中国，民族矛盾和阶级矛盾更加尖锐。曹州民间习武者，在国难当头之际，越来越多地汇集到反帝、反侵略的旗帜下，以练拳设场的形式，组成武装团体义和拳。甲午战争后，为顺应时局变化，提出“助清灭洋”的口号，由义和拳演变成为义和团。仅曹州一带义和团组织中就有郓城民间习武者曹克立、韩姑娘，曹县炮拳拳师周大告，还有练习金钟罩功的大刀会、红拳会会众等。义和团的反帝号召和行动得到了广大民众的支持，曹州各县乡村遍设拳坛，教习拳棒。“村村有拳场，镇镇设拳坛，人人会练武，个个会刀枪”，是对当时曹州习武活动的真实写照。拳民们捣毁教堂，打死外国传教士。义和团活动失败后尽管统治阶级一再严禁民间习武，但民间教门、结社活动仍然不断，对菏泽武术的传播起了重要的作用。

四、武术进入学校体育课

辛亥革命后，一些社会名流认为，“火器输入中国之后，国人多弃体育技击而不讲，则致社会个人积弱愈甚”，纷纷提倡技击，振起尚武精神。这一时期的尚武之风正与当时的国民教育和尚武教育相吻合。一些学校相继在体育课中增设武术课，或开展课外武术活动，1915 年 4 月，全国教育联合会第一次会议在天津召开，通过了北京体育研究社许禹生提出的关于将中国旧有武术列为学校必修课议案。教育部明令“各学校应添授旧有武技，此项教员于各师范学校养成之”。至此，源远流长的中国传统武术正式进入学校体育，成为学校体育课程中的一项内容。

清末“废科举、兴学堂”，菏泽创办山东省立第六中学，贯彻“以道德为经，尚武为纬”的教育方针，先后聘请民间拳师郭幼彭、李玉柏、马庭瑞、高玉亭执教武术课，开展课外武术活动。1915年，郭幼彭病逝，全体师生在六中土山前立碑纪念。1935年，山东省立第六中学校长丛涟珠亲笔为国术教员高玉亭（字璧堂）书写了“德厚风淳”牌匾，彰扬其高尚的武德。抗日战争爆发后，学校南迁，跟随高玉亭习武的学生如王丕廉、王梅忱、董铁夫等热血青年，在国难当头之际，毅然投笔从戎，依靠健壮的体魄和精湛的武艺，奋勇杀敌，屡立战功。原菏泽师范学校校长李俭斋，提倡武术，增设体育科以培养武术师资。菏泽各县小学亦争相聘请民间拳师任教，开设武术课。如红拳拳师朱凤君执教于菏泽县立小学；梅花拳师吴体泮轮流在菏泽城内各完小教授武术；鄄城梅花拳师韩广卓任鄄城完小武术教师；定陶民间拳师晁月明、赵连堂及其子赵芹福先后在定陶乡村师范任武术教师；菏泽民间拳师李玉柏也曾执教南华中学。

武术进入学校体育课，不仅扩大了菏泽武术的普及面，拓宽了武术的领域，而且促进了武术自身的发展。它改变了武术长期在农村以师徒、家传为主要形式的传播模式，冲破了拳种、家族界限，逐步被纳入近代教育的范畴。

五、国术馆在曹州的兴起

菏泽早期武术主要为门派传人设馆授徒，代代相传。至近现代，官学当中的武学以及官办武术馆、民间武术会社、拳场大量涌现，成为培养武术人才的摇篮。随着官办、民办武术馆场的逐渐建立，以及武术内涵由征伐攻击向强身健体的扩延，使菏泽武术的学练和普及陡起高潮，武术技艺水平进一步提高，民间习武之人遍布乡里，出现“县县有武馆，乡乡有拳场，村村有习武人”的局面。

民国十八年（1929）二月，国民政府颁布《中央国术馆组织大纲》。当年9月，菏泽创办了第一个武术馆——曹州国术馆。随后，郓城国术馆、成武国术馆、鄄城国术馆、定陶国术馆、巨野国术馆、曹县国术馆等相继成立。国术馆由官方创办，从业人员薪俸由官府发放，经费也由官府出资。国术馆以传承中华武术、培养武术人才、增进全民健康为宗旨。术科设置有公共科和自选科，公共科为拳脚科、摔跤科、棍术科、剑术科，自选科由各馆自定。每个国术馆都有固定的练武场地，练武器材完备，教学内容按计划组织实施。当时菏泽国术馆中，最有影响的当数曹州、郓城、鄄城、巨野4个国术馆。

曹州国术馆　于1929年9月成立。它成立之初，无固定馆址，几经搬迁后方在城内东大街路北马家祠堂固定下来（现牡丹区中心医院）。马家祠堂为两进院落，后院为摔角场，中院为练武场，大殿两侧为夜间练功场所。曹州国术馆属官办性质，经费由县财政拨付。馆长杨士文、副馆长李永松、教授（总教练）吴体泮，教习（教练）先后由都文彩、武振库、苏迎东、王锡山、王松元、李玉柏、李玉林担任，据1929年2月颁布的《中央国术馆组织大纲》第一条的规定，国术馆以“提倡中华武术，增进全民健身为宗旨”。术科按拳脚科、摔角科、棍术科、剑术科设置，招收18岁以下男女学员40余名，集中训练。国术馆教习还深入城内街道、乡村拳场、学校辅导，传授梅花拳械，建立基层国术社、场，从而形成层层相连的国术馆组织系统，在普及城乡武术活动，培养武术活动骨干方面发挥了积极的作用。1930年，菏泽歉收，为救济灾民，馆长杨士文带领国术馆教习、学生辗转于定陶、鱼台、金乡、单县、丰县、沛县等地赈灾义演，募捐收入籴粮救济灾民。

曹州国术馆是在山东成立较早的国术馆之一。1930年，韩复榘由河南省主席调任山东省主席，赴任途中路经菏泽，观看了国术馆组织的表演，大加赞赏，当场奖银圆500元。国民党将领孙良诚观看曹州国术馆表演后，奖银圆200元、手表6块。后因杨士文被英美烟草公司经理张林宣聘为保镖、王松元被冯玉祥部骑兵一师师长张华堂聘为军队武术教官等，曹州国术馆于1933年暂时停办。

1935 年曹州国术馆恢复重办，馆址设在城内石人街路西地皂王庙内，馆长由当时菏泽县县长担任，副馆长杨士文，教习王金聚、王文祥、丁金西，经费仍由县财政拨给。术科设置同前，增加了学科设置，学科课程包括党义（三民主义）国文、算术、国术源流等。学科教学由县党部教务主任高汉章负责。国术馆教学形式比较灵活，设有业余班、短训班、民众班。学员结业发盖有馆印、馆长印章的结业证书，优秀者安排到各区武术社任教。“七七”事变后，日本侵华战争全面爆发，国术馆宣布解散。馆长杨士文等人随南华中学南迁。

郓城国术馆　1925 年担任郓城县县长的马守一，选拔习练武术的青壮年，按军队编制，组建了郓城县武术大队，名为“民团军”。队部设在老县衙门内，由袁柏成负责管理，李文合任总教官。队员 300 人，分三个小队：第一小队教官朱建银，第二小队教官刘心耀，第三小队教官刘继魁。民团军的主要任务是：负责县府官员及家属的安全、维持地方治安、办案抓差。民团军的训练以武术为主，各小队之间经常进行切磋交流。1930 年春，郓城国术馆在民团军的基础上成立，仍属官办性质，经费由县财政拨给，馆址设在桑园内（现郓城一中西院），附近十余亩荒地开辟为练功场所。馆长马守一，教授马全性，教习马佩宾。国术馆的宗旨是：发扬光大中华武术，推广普及武术运动。沿习民团军设置，分 17 个小队。各小队分布在郓城各大乡村，并配队旗和标志牌，所练内容以当地流传拳种为主，如大小红拳、梅花拳、二郎拳等。教授、教习轮流到各小队指导，并定时在县国术馆组织观摩交流。郓城国术馆自成立到解散，前后维持了三年时间。

1935 年，郓城国术馆恢复重办，租用郓城古塔北民家宅院，练功场所为附近寺院十余亩荒地。刘旨芳（郓城县公安局长）任馆长，毕崇德任副馆长兼教授，邱建全任教习。设练习班，招收当地有武术基础或武术爱好者，不收学费。前后共有 1000 余人参加学习，培养了大批武术骨干。1937 年“七七”事变后，国术馆停办。

曹县国术馆　始建于 1935 年，设在现曹县城关镇石河马街路北、南北大街路西的原“进德会”院内。

建馆之前，首先设立了筹建董事会，由司法科、教育科、公安、师范学校等单位的十多名负责人组成，并设会长、副会长及董事若干。经全体董事选举，赵子星（国民党曹县县政府军事指挥员）为会长、韩法臣（曹县商务会长）为副会长。董事会的主要任务是监督国术馆活动情况，向省国术馆汇报工作，请求馆长任免，审查新生的入学资格，筹集武术活动有关费用等。董事会成立后，即召开国术馆成立大会，由原国民党曹县县长籍松坡任馆长，麻均成任副馆长兼教授，袁高轩任教习。国术馆的费用由县财政拨付。国术馆的主要任务是推广中华武术，挑选培养武术人才。国术馆积极组织武术活动，曾召集全县十多个武术场子，计200余人的武术表演，促进了各区武术活动的开展。国术馆开设练习班，招收18岁以下小学毕业生，学制三年。国术馆设文科和术科，文科讲授国术概论、武术教育及拳谱书籍；术科学习拳路（长拳、太极拳、红拳），器械（金刚圈、双戟、大刀、护手钩、剑等）。第一批共录取60人。学习期满，优异者保送省国术馆深造，其余推荐到各区武术社（当时曹县十大区）担任教练员。国术馆积极组织武术活动，但因日本帝国主义发动侵略战争，致使第一期只办一年即停止，曹县国术馆亦宣告解体，副馆长麻均成被调到省武士队。

濮县国术馆　是成立较早的国术馆之一。据有关资料，1930年前，濮县国术馆就已建立，馆长是毛树敦（濮县西南熬盐庄人），后有张华斋（濮县城东关人）继任。1931年，“濮、鄄分治”后，鄄城武术活动有民众教育馆负责，组织体育活动是民众教育馆职能之一。1931年连退庵（鄄城连楼村人）任民众教育馆馆长期间，鄄城武术活动开展活跃，仅1931年至1934年，就举行全县大型武术活动比赛多次，每次规模都超过200人。1934年鄄城选拔14人，由韩广卓为领队参加山东省第二届国考，获奖人数列全省第一，其中毛树勋、申友敬、王金龄获银盾奖。鄄城民众教育馆对推动鄄城武术活动的普及与开展起到了很好的作用。

定陶国术馆　民国期间，定陶武术活动由民众教育馆负责，馆长先后由赵如信、朱其训担任。民众教育馆下设体育部，部长晁月明兼武术教习，定陶警察局巡官张学森任兼职教官，教授的主要内容为拳术、刀术、枪术、剑术、马术，另有田径项目。民众教育馆多次举办综合性体育赛事，武术是其主要内容之一。每次比赛，时任山东省教育厅厅长的何思源、山东省国术馆副馆长的窦来更都亲临现场观看比赛。

1935年，定陶国术馆正式成立，定陶县长姚崇礼任馆长，杨秀亭任副馆长，赵连堂、张桂田任教习。不久，山东省国术馆派丁金西任定陶国术馆副馆长，又聘请付明存任教习，主要传授六合拳、燕青拳及各种器械。为促进全县武术活动的开展，国术馆曾组织南关、前沙海等练武场子100多人进行观摩表演。“七七”事变后，日本侵华战争全面爆发，国术馆停办。

巨野国术馆 建于1935年，属官办性质。馆长由县长万恒祥兼任，副馆长黄贯一（县党部主任），教习盛效武，会计张胜言（郓城五界首张庄），传达梁厚（郓城陈庄）。馆址在西门里城隍庙，练武场所在北门楚官寺院内。有100多名学员习练武术。1937年，日寇侵华战争全面爆发，国术馆停办。

成武国术馆 成立于1931年，属官办性质。馆址在县城东门里路南魁星楼，也是当时的国民党县党部所在地。馆长刘汝林（成武县县长），副馆长刘汝松兼教习。二刘均是原山东省立六中学生，上学期间师从高玉亭学习梅花拳。1930年毕业回成武县后，以刘汝松为主创办了成武国术馆。经常随刘汝松练武的20几人都是有权势、有名望的当地乡绅。后因日寇侵华战争全面爆发，国术馆停办。

六、民办武学、会社、拳场

近现代菏泽随着官办武学和国术馆的兴起，带动了民间武术学校、会社、拳场的发展。这些民办武学、会社、拳场作为普及武术的教学阵地，一时成效显著，人才辈出。

私立武学 自官学设立武科以后，菏泽民间开始兴办私立武学，最多时达到30余所。菏泽私立武学虽然设备简陋，但均具备了办学基本条件：一是有固定的办学地址，或在自己的府院，或用废弃庙宇，或是捐资兴建院所；二是有专门的武术教师，一般是办学者本人或子弟、亲属充任教练，或从外地聘请武师；三是所学内容多是传统流行的武术套路，如梅花拳、大红拳、形意拳、查拳等；四是练功器械较为齐全，具有石锁、石墩等练功器具和刀、枪、剑、棍等武术器械；五是办学形式多样，以短训班为主，时间三个月、半年不等。因为菏泽武术精英多在民间，所以私立武学在立足普及的基础上亦培养了不少优秀人才。清同治年间，郓城县冯殿扬考中辛未科武进士，官授守备。他捐资兴办武学，前后招收 3 期学员共 40 余人，全部考中武生，其中考中武举人 36 人、武进士 2 人，清代武状元张宪周就是其弟子。光绪年间，曹县人张均平创办私立武学,聘请本村秀才郝玉兴、武生王玉符出任文武教师，先后招收 20 余名弟子。张均平的长子张建朋、次子张建贞在这里学文习武，两人同时考中二、三甲武进士，张建朋授三等蓝翎侍卫，张建贞授二等侍卫。光绪皇帝钦赐"御前双侍卫"匾额挂其门庭，此匾至今犹存。

武术会社　近现代菏泽教门会社较多，其中不少教门会社是以习武为支撑而建立，其主要特点为：一是教门会社的首领多为当地知名的武师。这些人由于武功出众，威望较高，被推举为教门会社的首领。如苏鲁豫皖大刀会首领、单县人刘士端，精通偃月刀法和少林棍法；鲁西南大刀会首领、曹县人曹德礼，精通"金钟罩"功夫，以硬气功见长；鄄城县红沙会首领、本县人王宗朋，自幼爱好武术，舞动一柄九节鞭，二三十人近身不得；菏泽捻军首领、鄄城县人董执信，武学功底深厚，能徒手对阵 10 多名壮汉。二是以习练武术为掩护积蓄力量对抗官府。当时曹州一带的红枪会、大刀会、红沙会、红拳会、白莲教等在举事前，都是通过聚人习武而秘密组织。单县人刘佐臣先是传播八卦拳兴办拳场，随后依靠众多弟子创立八卦教，以习武方式发展和组织武装力量。其弟子林清、李文成将八卦教改为天理教，于清嘉庆八年（1803）组织天理教起义，曾一度攻克曹县、定陶县城，震撼朝廷。定陶县人焦桂昌、菏泽县人刘秉均、郓城县人王果勇等，亦都是以传播武术为名，通过武术会社组织其弟子参加捻军，投入反清斗争的洪流。

武术拳场 据各县县志和民间族谱记载，明清和民国时期，菏泽市各县不少村庄都设有拳场，一般男性青壮年都习惯在农闲时节通过练武强身健体，防身护家。定陶是菏泽境内人口最少的县，习武鼎盛时拳坛达 20 多个、拳场 400 多个。如 1930 年，丁金西在定陶创建了武术馆，河北沧州人徐源建在定陶创办了武术传习所，成武孙海村人孙之英创办了洪拳社。郓城县农村一度有拳坛 30 多个、拳场 1000 多个。当地民间曾流传“吃了曹州的饭，喝了雷泽的水，都会伸伸胳臂踢踢腿”的谣谚。

七、菏泽的武术拳种流派

中国武术博大精深，源远流长；拳种众多，各具特色，仅流传于菏泽的主要拳种就有 20 多个。

菏泽武术经过传承和发展，至近现代形成了各具特色的诸多门派、拳种。这些拳种中，既有外地传入的拳种，又有本地创造的特色拳种。外来武术的继承和本地武术的创立，使得菏泽武术兼容并蓄，异彩纷呈，以至在中华武术界有“天下功夫出少林，传播承续看两州（沧州、曹州）”的说法。

菏泽近现代流传的拳种数量众多。据不完全统计，全国 120 多个拳种中，有梅花拳、大红拳、小红拳、炮拳、太极拳等 42 个拳种在菏泽流行和传承。这些拳种囊括了南派北派、内家外家和少林、武当、峨眉、太极等诸多门派。同样，所有见之于文献记载的中华武术器械，在菏泽也都有流传。属于短兵类的有刀、剑、锤、鞭、钩、拐、匕首等，属于长兵类的有枪、棍、狼牙棒、大刀、戈、戟、槊、斧、钺、叉、镋、铲等，属于双器械类的有点穴针、月牙刺、峨眉刺、铁梳子、鸡刀镰等，属于软器械类的有流星锤、绳镖、九节鞭、三节棍、梢子棍、霸王鞭等，属于暗器类的有弹弓、飞刀、飞镖、袖箭、罗汉钱等。在菏泽流传的主要功法有铁砂掌、朱砂掌、铁布衫、金罩钟、金刚指、仙人指、霸王肘、龟背功、铁板桥以及梅花桩、十字桩等。在菏泽传播的这些拳种、器械和功法，其内容之丰富、传承之久远、流布之广泛，在全国各地都是少见的。

菏泽拳种门派的流传，呈现一种地域性、师承性、系统性和创新性的鲜明特点。除少数拳种遍布全境外，大部分是一个拳种集中在一个区域。如峨眉炮拳主要流传于牡丹区、定陶县、鄄城县，二郎拳主要流传于郓城县、单县，太祖拳主要流传于郓城县、鄄城县、曹县，虎拳主要流传于定陶、成武、巨野等县。传承的每个拳种，都有明晰的师承关系。每一代都有明确的传人，而且师承有序。每个拳种在传承时，师傅授徒不仅教授规范动作、讲解攻防要义，而且教拳谱、讲拳理，让弟子知其然也知其所以然；传承的拳种中既有基础功法，也有武术套路，还有武术器械，呈现出系统性和完整性的特点。菏泽对外来拳种的传承，既有继承又有创新。在继承外来拳种拳理、特点、风格的基础上，对功法、套路、器械和训练方法、演练过程等都有不少完善和改进之处，糅进了菏泽历代拳师的创造和发挥。

在菏泽流传的诸多拳种中，以梅花拳、红拳和佛汉拳的习练最为普遍。据当地相关资料，近现代每个县乡和多数村庄都有习练之人。

梅花拳　亦称花拳、梅拳，是广泛流传于菏泽市各区县、传承有序的著名地方拳种。据当地的拳谱、经卷记载：梅花拳起源于明朝末年，奉收元老祖为始祖，早期传人是江苏徐州铜山县路家团人张山（张三省）。张山，字登，于明崇祯末年（1644）将梅花拳传给了徐州铜山县邹家六位公子。邹氏祖籍直隶顺德府（今河北平乡县），其高祖在元末为元朝内臣，洪武年间归顺明朝，封为世袭一等指挥，镇守徐州。邹家六位公子天资聪慧，少时即习文练武，后闻张山大名，即请张山来家传艺。三年后，六位公子武艺精通，由近及远无不扬名，其中又以邹家六公子正法学艺最精，武技高超。邹正法又将梅花拳传给前来拜师学艺的开州蔡吉村人蔡兴道等。邹正法归家后“闭门不出，不传外人，单传亲生下辈”，所以梅花拳又有“父子拳”之称。

清乾隆九年（1744），邹家后辈传人邹文聚首破“秘不外传”的家传形式，由徐州北上，在曹县魏湾杨庄、东明县五霸岗及牡丹区高庄集一带的赵庄、李村等地传授梅花拳。这是梅花拳传入菏泽之始。

曹州民风淳厚，崇侠尚武，吸引了后世梅花拳师来此交流技艺，传授武技。如八世梅花拳拳师焦彦章于清嘉庆年间在曹州乡村点灯设场，广收门徒，授拳传艺。其高足有白金斗，再传弟子赵双、赵佛等。清末，梅花拳由乡村拳场传入菏泽城内，并向城周边传播。梅花拳师司挺彪携徒孙李福田首传城内明朝尚书郭允厚后世孙郭幼彭。郭幼彭，字少阳，自幼习文练武，自得司师授艺，武功大进，弱冠之年，勇武过人，名扬曹南。他随师将梅花拳传至城内东关及城外魏海、双河集、耿庄、都庄、赵水注、常屯等村。

流入鄄城的梅花拳，是梅花拳的另一支。清末，由河南清丰县雷家村人雷登云传入鄄城什集王坊村。清乾隆年间，清丰雷家是著名的梅花拳场，高手雷玉喜拳技精湛，武艺娴熟，是梅花拳在豫北地区的早期著名传人。继雷玉喜之后，清咸丰年间，“皇清敕授武略佐骑尉”梅花拳师雷青云（字得路），精于技击，并以武功立名，授职入仕。清末梅花拳师雷登云名闻遐迩，来自清丰、内黄、鄄城一带的梅花拳弟子从其习武者达数百人之多。鄄城梅花拳弟子至今尚练习“雷家盘捶”一套。民国初年，濮阳吴寨村人梅花拳后世传人司中元、吴体泮，来菏传艺，由鄄城王坊，到菏泽黄罡谢庄、朱楼，后定居菏泽南关，并将梅花拳由菏泽传播到定陶、单县、睢州、宁陵、涡阳、蒙城、清江、淮阴、民权等地。

梅花拳在清乾隆年间传入菏泽后，得到了迅速发展，成为当地流传最广、习练人数众多的著名地方拳种。梅花拳人才辈出，如人称“黄河两岸一杆枪”的司挺彪、“快手”李绍仙（东明五霸岗人）；以武入仕、保定守备王仪臣（东明五霸岗人）；民国第一届国考最优胜奖获得者杨士文（菏泽耿庄人）、优胜奖获得者吴体泮；山东省国考甲等奖得主杨西增（东明人）；山东省第三届国术考试银盾得主魏士可、乙等奖获得者盛效武（菏泽双河集人）；享誉济南的“鲤鱼拐子”丁金西（菏泽双河集人）；飘逸洒脱的“草上飞”王松元；一生致力于武术传播、全国千名优秀武术辅导员之一郭子敬；“中华武林百杰”王守义；曹州武术馆老馆长贾龙升等，都是梅花拳的佼佼者。

梅花拳在菏泽已传至二十余世，并由此传播到港台地区和意大利等国家。菏泽有“梅花拳之乡”的美誉。

梅花拳是一种融周易、八卦为拳理，化阴阳五形为拳法，吸收佛、道、儒三教之精华，取梅花在冬未尽、春未到之时开放，含先知先觉之意，合先备先用之理，达先法制胜之效，而拳分五势，合梅花五瓣之形，故称为梅花拳。

梅花拳自公开流传以来，就表现出周密的组织性，拳内有“文场”“武场”之分，但前者指导后者。“文场”弟子敬祖师，研究文理、香礼大法，讲修心养性，练神练气，称文功；“武场”弟子习练梅花拳技，传授拳理，称武功。

梅花拳又有“大架”“小架”之分。“大架”即邹氏所传的架子，特点为立势、提腿、大劈、大挂，形如龙，动如虎，舒展大方，气势雄壮，有泰山不可挡之势，尤以兵器见长。“小架”是梅花拳六世传人张从富在“大架”的基础上，糅入刁、打、锁、扣等技法演变而成，特点为蹲式、屈膝、缩、小、绵、软、巧，灵活多变，以柔克刚，尤以拳术见长。

梅花拳体用兼备，内外兼修，内容丰富，别具特色。“拉架子”是初学入门之艺，有“三年的架子两年捶，五年才能摸家什（器械）”之说。流传的架子有梅花老架、梅花三路架、花架。捶，是指徒手对练，又分上身捶和底盘捶。其主要套路有头套捶、二套捶、六捶、八捶、十六捶、二套挂尾、三捶、磨盘捶、大五腿、小五腿等。技法分上、中、下三盘。上盘刁、拿、锁、带、勾、搂、刨、打、崩、挑、劈、砸；中盘沾、连、粘、随、吸、卸、柔、化、推、托、领、带、辗、转、扭、蹭、挤、靠、例、打；下盘踢、点、截、撞、勾、挂、踩、跌、仆、滚、翻、前后扫腿、左右撑拨等。梅花拳地躺技法较多，故有“卧倒不打梅花拳”之说。

梅花拳的器械单练套路有五虎群羊刀（亦称三进刀）、梅花枪、梅花大枪、春秋大刀、梅花双刀、九节鞭、刀里加鞭、提戟、文棒、落子枪等。梅花拳注重实用，长器械“练为用”的有大枪对扎、乱势枪对扎，短器械的有对劈刀、截手刀等。至于“练为看”的花式表演对练套路有徒手对器械、短兵对长兵、长兵对长兵等百余套。

梅花拳重视内功练习，功法主要有太阳功、一百零八手功夫架、大功夫架子。

梅花拳内部论资排辈，始于清嘉庆年间。由梅花拳六世拳师张从富接受了道教龙门派丘处机道长做的一篇《太上玄真晚坛功课经》百字经文，作为梅花拳世代相传的辈谱。百字为：

道德通玄静，真常守太清。一阳来复本，合教永圆明。

至理宗诚信，崇高嗣法兴。世景荣惟懋，希微衍自宁。

未修正仁义，超升云会登。大妙中黄贵，圣体全用功。

虚空乾坤秀，金木性相逢。山海龙虎交，莲开现宝新。

行满丹书诏，月盈祥光生。万古续仙号，三界都是亲。

附：梅花拳世系表

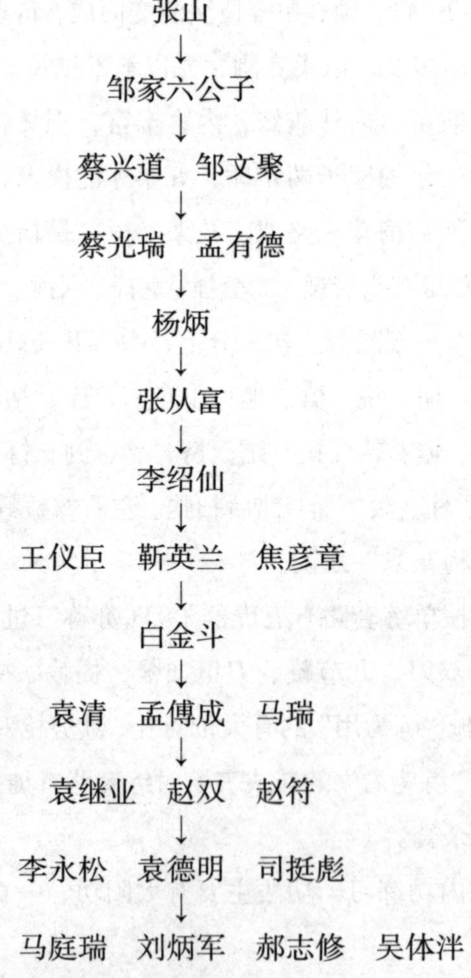

↓

李书田 郭子敬 王松元 崔文勤 丁金龙 盛效武

↓

杨士文 王守义 赵星郎 陈良柱

大红拳 大红拳历史悠久，内容丰富，流传地域广阔，自成体系，是菏泽市著名地方拳种之一。

大红拳创自宋太祖时期。据红拳拳谱记载："提起大红拳，巽卦在东南。要问祖师地，太祖天下传。"红拳创立于宋代，元初即已流传山东各地。据有关资料记载，清代山东传习红拳者颇多。曹州习武之风炽盛，传习红拳者不乏其人，惜年代久远，传承关系已不可考。据《郓城县志》记载：清乾隆五年（1740），郓城吴皮村乡民就习练大红拳。道光十六年（1836），郓城黄河崖赵邦城练红拳。曹县大红拳由姓邓的少林和尚打出少林山门后，返家路经曹县五里墩时所传授。成武县流传的大红拳是由开州人鹿中亭传授孙海村人孙超，流传至今。单县大红拳则是由金乡县韩文店邵姓拳师传入。目前全市各区县广为流传的大红拳，是由河南清丰孟焦府任恒太于清末（1912）访菏泽城西北朱楼村炮拳名师朱永康时，将红拳传给朱孝章、朱凤君等人的。后由朱师传菏泽城南三李庄李守荣、南何楼村赵洪举等人，李守荣再传菏泽东马垓马体林、马体化、马天增、白荣建等人。1930年，由马体林传入郓城县陈坡乡马楼、郭庄乡黄岗等村的马同俭、马心荣、黄广勋、李守才等，是红拳流入郓城的一支。流传于巨野的大红拳则由朱孝章传入。朱孝章传巨野人张殿荣，张传田桥王楼人王瑞生，王传大义集孔楼人孔宪益，孔传李集耿庄人耿福银，耿传本庄人耿广民。鄄城大红拳由马体林于1925年传入，后由黄广勋继教，广授门徒，是鄄城大红拳一支的重要传人。

光绪末年，朱楼红拳名师朱孝章为流传于当地的红拳定了十个字作为传承辈谱，后世传人又续十个字，共二十个字：

仁义礼智信，孝悌忠爱诚。兴山林合会，福禄增胜华。

为规范习练红拳者的行为，同时制定了红拳拳规，即拳规十不准，具体内容是：1. 不准师令不遵；2. 不准同场不谋；3. 不准欺师灭祖；4. 不准私传武术；5. 不准奸盗邪淫；6. 不准仗力欺人；7. 不准旁场争斗；8. 不准夸己诬人；9. 不准以众抗官；10. 不准借师诈财。

大红拳内容包括盘、法、势、理四个方面。盘，是基础训练，以十大盘功为基本功法；法，即打法，其零手有百种之多，另有组手排子、打手母子、九拳及打手跑拳；势，为套路，有大小红拳、一至三路罗汉拳、四箱拳、五形拳、六合拳、七星、八卦、九宫连环拳等，达三十六路之多，另有各种器械及对练；理，为拳法理论，有《红拳打手歌》五篇及《打手要言》《拳谱》等。

红拳的特点可概括为：1、撑斩为母，尽八法之变；2、势正行美，繁华藻丽；3、扁身远击，雀身筋柔；4、闪展腾挪，刁打巧击；5、劲尚脆快，而兼长柔。

附：红拳世系表

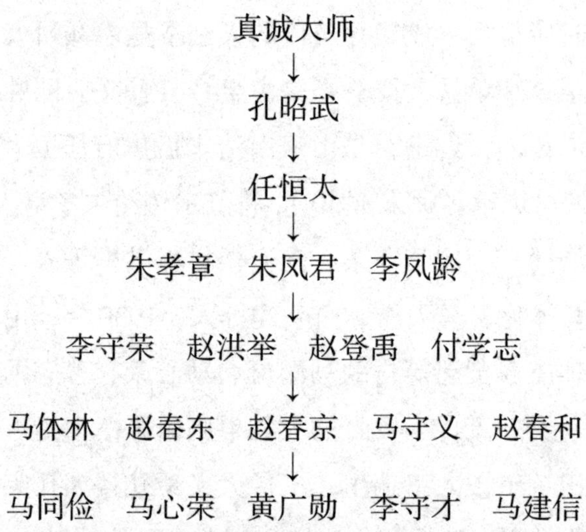

在郓城一带，大红拳又分吴皮大红拳、黄河崖大红拳、任垓大红拳、潘溪渡大红拳、黄岗大红拳等多个流派，虽然同宗，但各具风格，在当地已流传了 250 余年。

吴皮大红拳：清乾隆年间（1736 — 1795），外地拳师李瑞龙传人郓城吴皮村，该村刁复礼等首习此拳。其特点是：功架大，刚劲有力，手法清晰，以拳为主，配有各种掌法，攻击性强，将攻防融为一体。拳术 45 套，器械 60 路，徒手对练10路，器械对练40路。后经贾龙恩移植了查拳、二郎拳、炮拳、许拳、西凉拳等部分套路。主要分布在西关、吴皮、魏路口等村。

黄河崖大红拳：清道光十年（1830年）由方姓拳师首次传入黄河崖，赵邦成等学习此拳。其特点是：姿势大方，步法扎实有力，手法以拳为主，变化神速。练功方法：以站桩、打拳为主、配有硬气功、金钟罩等功法。后移植八仙拳、西凉拳等套路。主要流行在杨庄集、孙庄、仝坝、李楼等村。

任该大红拳：清光绪十六年（1890年）由董兆瑞首次传入程屯任垓村。该村李进禄等习练此拳。其特点是：刚劲有力，举止大方，功架扎实，手法清晰，变化多样。练功方法：以桩功、拳击为主。套路拳6套，徒手对练24套，器械对练108套。主要流传于任垓、仝坝、康庄等村。

潘渡大红拳：1934年，由河北省馆陶县汪堤水波村红拳第八代传人汪秀严首次传入潘渡。由臧延路、刁福文、谭承样等40余人习练。其特点是：姿势舒展，动作灵活，快速有力，节奏鲜明，动作连贯，起伏转折，内外合一，形神兼备。练功方法：以桩功为主，配有各种拳法、腿法、腿盘桩等。套路、拳术108路，器械96路，徒手对练96路，器械对练64路。后由冯占岭移植八卦掌、太极拳、形意拳、孙膑拳、戳脚等一些套路。主要流传潘渡、碱店、郭垓、李楼、冯店、潭庄、拳铺等村。

黄岗大红拳：古称少林十名趋罗汉拳。1930年自菏泽马垓村传入郓城，陈坡乡马楼、双桥乡黄岗等村的马同俭、马心荣、黄广勋、李守才等习练此拳。其特点讲究八要：起、落、进、退、反、侧、收、纵。手法、身法、步法相配合，手法曲而不曲，直而不直，滚出滚入，运用自如；眼法以目注目，以审敌势；身法起横落顺，着重掌握重心，不失平衡；步法进低退高，轻灵稳固。战时藏而不露，内静外猛、战术上善于声东击西，虚实兼用，刚柔相济，出手无情，击其要害。套路要达到内外三合，一气呵成。练功方法以站桩为主，兼眼神、腰功、拳掌、拳脚之功等。套路、拳术37套，器械40套，对练100余套。主要流传在马楼、黄岗、张坑、飞集、石佛庙等村。

峨眉炮拳 峨眉炮拳起源于明代。峨眉派炮拳约于清嘉庆年间，一外号尹二猴子（因轻功似猿得绰号）的人，师从河南张凤理，艺成返乡。尹传授曹某，曹传牡丹区孔楼人石广德，石传北洼乡大郭集人邓世雨和赵楼唐庄人杨占启，邓传其子邓在田及孔楼人石庆明。炮拳主要流传于牡丹区侯集乡、黄罡、都司、沙土、皇镇、刘集、赵楼、大郭集、岳程庄及鄄城、郓城、定陶部分乡镇。

炮拳朴实无华，手脚并用，动自为法，不动为架。高崩低挂，中刁拿；粘连标合，闪展腾挪；气随劲走，发劲神速；出手似放箭，劲去自回；伸缩连贯，快中有慢，慢中有快；猛劲化柔，极柔是刚；以守为攻，变化无穷。

邓世雨在年近八旬时，与杨占启二人总结多年练功的实战经验，在“递搭手”的基础上，进一步发展，创出递手、借力打人、连环手、先下手、会合手共六步功，以“递搭手”为母，一手分三手，三手分九手，九九八十一手，三节四面，几破几进的技击实用技法，从而形成较为完整的峨眉炮拳体系。炮拳练习讲究“内练一口气，外练筋骨皮”，以“千斤坠”“铁砂掌”“百步神打”“撞抬杆”等功法为练习内容，以提高自身抗击打能力，达到体用兼备、内外兼修之目的。

炮拳在技击上讲究虚实不分，底上关门，高的崩，低来挂，不高不低是递搭；一狠、二毒、三疾、四圆、五暴、六停、七消。

炮拳以十二式大架、桌子捶、斜串子、散步架、五花炮、五功架、拔气架为主要内容。对练套路有八翻子、四捶、落花捶、大三打、花三打、孪炮、五先手、小红捶对打。器械对练有白手夺刀、白手夺枪、单刀破枪、对花枪、大刀破枪、三节棍破枪、梢子破枪、对打梢子棍、手镰破枪、匕首破枪、虎头勾破枪等。

附一：峨眉炮拳世系表

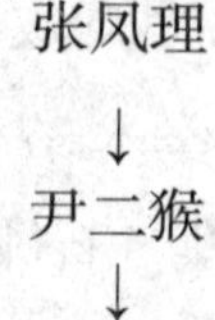

曹某
↓
石广德
↓
邓世雨　杨占启
↓
邓再田　石庆明

附二：明代唐顺之《峨眉道人拳歌》

忽然竖发一顿足，崖石迸裂惊沙走。
来去星雨掷灵梭，大娇天魔翻翠袖。
翻身直指日月停，缩首斜占针眼透。
百折连腰尽无骨，一撒通身皆是手。
余奇未竟已收场，鼻息无声神气守。
道人变化固不测，跳上蒲团如木偶。

阴阳掌　阴阳掌是一种以掌法为主的拳种。由鄄城县富春乡前冯屯村于纯首创并传出，广泛流传于菏泽各区县及邻近省份。于纯，生于清乾隆二十三年（1758），原为鄄城县什集乡小于庄人，后迁至南富春西前冯屯村。因是“外来户”，支微人单，常受人欺凌。为洗雪耻辱，支撑门户，于纯16岁时，立志习武，遂拜别父母，赴嵩山少林寺，拜静然（寂然）大师门下，诵经习武，内外兼修。于纯不避寒暑，昼夜苦练，春秋三度，行囊未解，意志毅力可见一斑。所习少林拳术登堂入室，然于纯深恐技艺不精，复学三载，静然大师再传少林百步神打功。寒来暑往，光阴似箭。于纯入寺已达六年，神功已成，便谨遵师命，拜辞还家省亲，入江湖历练。后于纯将所学少林拳法拆解创新为七十二路，又熔众家掌拳于一炉，融会贯通，取少林七十二路精华，改编成为十二路，俗称“十二路大架”（亦称“十二路功夫架”），创立阴阳掌拳派。并立法、强、刚、毅、斋、庄、忠、正、温、柔、敦、后、谦、顺、和、平十六字为阴阳掌辈谱。乾隆四十五年（1780），于纯在乡绅支持下设场授徒，乡间弟子竞从如云，阴阳掌很快在鄄城及周边地区播扬开来。

阴阳掌刚柔相济、博大精深，以阴阳学说作为拳术变化的指导思想。“阴尽而阳出，阳尽而阴出。”伸为阳，屈为阴；仰掌为阳，俯掌为阴；实为阳，虚为阴；刚为阳，柔为阴；动为阳，静为阴。“动而生阳，静而生阴；动之始则阳生，动之极则阴生；静之始则柔生，静之极则刚生。”各种掌法技击讲究阴阳相合，刚柔相济。刚为进攻，讲究崩、合、吊、拶；柔为防守，讲究沾、粘、连、随，上下相随、左右相合。

阴阳掌的主要内容包括阴阳掌大架、四路架、劈山架、九捶、十捶、截手捶、花五捶、搂底捶、一至十二路等。其中，阴阳掌大架为练功，其余为对练套路，以功法练习为基础，实用技击为目的，功法练习时配合吃（吸）气聚力，发声推力。

郓城唐庙乡智垓村一带流传的阴阳掌，是1934年由徐永清传入的，与鄄城阴阳掌不是同源。该拳特点和练功方法是，阴阳相兼出西凉，变化多端阴阳掌。十字抓地头顶天，身为弓弩拳为箭。“嗨”声如号令，出手如迅雷。拳不达空弃，意不达空落。练拳先站桩，苦练在腿上。手似两扇门，全凭脚打人。

智垓阴阳掌是由宁夏传入内地，又名西凉掌，传承代表人物主要有马超，东汉末年生于宁夏西凉，辅佐刘备平定西川，熟读兵书，骁勇善战，在实战搏击中创立阴阳掌。解昌武，河北霸州人，清末武举。杜福成，河北唐山人，行伍出身，曾任天津天龙镖局总镖师。徐永清，河南长垣人，曾任京师卫戎部队侍卫团总统贴身侍卫，1936年夏东渡黄河来郓城探访友人开馆收徒。智乃举，郓城唐庙乡智垓村人，29代传人，1936年拜徐永清为师，抗战中参加了由郓城第一任县委书记梁仞仟领导的抗日自卫团，弟子数千人。李玉廷，1923年生，师从徐永清及师哥智乃举，1939年在八路军115师杨勇686团营长张国华贴身警卫员，中华人民共和国成立后在菏泽税务局工作。其子李瑞峰在市税务局工作，为阴阳掌传人。智庆收，曾任县武协副主席，振华武校校长，30代传人。智广允，阴阳掌30代传人，1993年秋，受聘于河北、天津、山东等地设管授徒。宋绍友，郓城武安村人，30代传人。智绪文，31代传人，1970年开始，先后在黑龙江喀东县、濮阳清丰县授徒600余人，后任郓城振华武校教练。智保华，31代传人，在本村开馆收徒，弟子百余人。

附：鄄城阴阳掌世系表

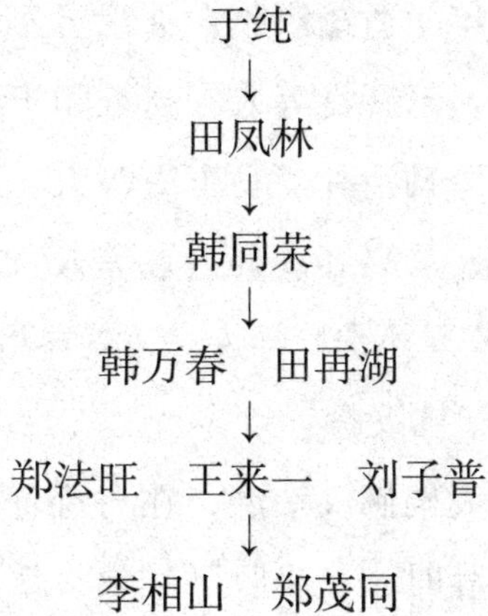

佛汉拳　源于少林寺，相传为少林寺的看家拳，主要流传于冀、鲁、豫三省交界处，是一门颇具特色的拳种。佛汉拳弟子尊少林方丈徐修文（法号普静）为始祖，河北大名东关碑文记载："有大和尚修文者，主方丈，俗家徐姓，道术极高，慧淡无穷。术身妙技，七二三八佛汉拳，四九兼通。"徐修文集少林七十二门精粹，采峨眉、武当拳剑之所长，创空手搏击之独门绝技，称佛汉拳。佛汉拳略史歌曰："拳有一百单八门，门门各有一妙根。佛门拉出佛门旗，不在一百单八门。"

佛汉拳在流传之初，由徐修文立下二十个字，为佛汉拳传世辈谱。二十字为：

内初山寺团，同胜国少年。用者思理多，君有民则安。

流传于菏泽的佛汉拳有大架、小架之分。大架大开大合，放长击远。小架小巧紧凑，步活身灵，手法善变。

清道光十二年（1832），徐修文云游到东明县马头镇贾庄一带传授小架佛汉拳和大架佛汉拳，受业弟子以贾庄人贾云露（字平西，法号光明）、李玉真、田奎皂学艺最精，田奎皂又传宋金榜等人。宋金榜是东明大架佛汉拳一支的重要传人。后贾云露、田奎皂奉师命北上河北大名龙王庙一带授拳传艺时，大名一带武风甚盛，拳场林立，若标新立异、新开一席之地，实非易事。贾、田二人至大名府袁城县袁家湾武场，武收该场武师刘上春，遂将该场改练佛汉拳。弟子中又以赵金山为佼佼者，后赵金山传袁城县李家庄人李银花，李银花传念头村人赵忠仁。赵忠仁，字德修，家境贫寒，但立志武学，寒暑不辍，技艺大成，花甲之年，适逢歉收，逃荒至河南省台前侯庙乡赵庄同族避饥，传赵符印、赵朝举、赵新良等人。赵符印于解放初传郓城侯集镇刘庄和玉皇庙镇马湾村刘贤江、马清礼、马玉霞等人。赵符印故后，其师弟赵新良在郓城继教，传马继允、马兴春、马兴殿等人。刘贤江又将佛汉拳传入郓城城内，受业弟子有樊思安、孙铁岭等人。马兴春将佛汉拳传入鄄城。郓城、鄄城习练的佛汉拳皆为小架佛汉拳。

宋金榜随田奎皂学得大架佛汉拳后，在与行意拳师交手后，吸收了行意拳的步法。传至五世侯德胜时，又吸收了红拳、掌拳的练功套路，充实了佛汉拳的练功内容。大架佛汉拳多掌法，以三十二路对打捶为主，动作朴实大方，直来直去，一伸一屈，讲究实用。练功要求三节相随，四气一致。“三节”是手、身、腿，通过盘手练习，达到三节的协调配合，提高功力，不顶不丢不叫劲，臂腿三节不叫摸；“四气”指手、眼、心、步。佛汉拳谱载有：“佛汉出手站当央，怯闪调步人难防，偎膀挤靠技法妙，拈粘连随手法强。”

佛汉拳多掌法，以对练为主，以技击为精。佛汉拳讲究实战，无论单练或对练，均朴实无华，注重实用。如佛汉拳二十四路对打捶分上、中、下三盘，从八个门头变出二十四式；从二十四式再变出七十二手、三十六腿，共一百单八式。一式跟三打，一打有三破，边破边打，变化无穷。要求进若狸猫扑鼠，退如游鱼入水，静似盘蛇临敌，动犹苍鹰击兔。

佛汉拳歌诀曰：

佛汉巧打巧为先，虚实相济身自然。
练时如同敌当面，用时如同独自玩。
气随力发气力达，手不空回紧相连。
敌不动时我不动，敌若动时我已先。
心静体松佛汉手，身如龙形臂如鞭。
拈粘连随顺敌势，直出横挂任我缠。
不见要害不出手，一旦出手敌难还。

佛汉拳手形称佛汉手，并配合掌、勾、拳、虎爪。手法要求：打拿相兼，十出九抓，抓打结合，手法多变化，快如风、疾似雨，手跟手、手随手，出手不让手、抓拿全身走。

佛汉拳身势为“九宫身式”，身手以柔为主，要“身如棉、手如鳔、臂如鞭，动如猿、安如山，出手如箭不空还”。

佛汉拳内容包括单练和对练，又分初、中、高三个层次。初级层次内容有一部、四部、五部、大小六部、少林拆六路架、佛汉十八掌、佛汉二十四门头、开门腿、佛汉十二式、二十四式、二十四手对打等。中级层次内容有一趟、二趟、四趟、六趟、八趟、散手单操式，跃步头、三十六腿法、七十二趟捶。高级层次内容有七星手、佛汉三十六星手、七十二手、佛汉一百单八式和一些器械练习。

佛汉拳劲力要求沾、粘、连、趋、随；应敌时则要解敌意、近敌身、分敌神、化敌势、服敌心；并有武德五要：一要敬老携幼；二要尊师爱徒；三要勤俭守法；四要依强谦让；五要谨慎善思。

另有练功十忌：

忌对练不留力，忌单练力不全；
忌出手力不展，忌身手在步先；
忌眼随敌手转，忌进退身不绵；
忌发力不发气，忌身离劲不连；
忌临敌先怯战，忌拿打两分番。

附：佛汉拳世系表

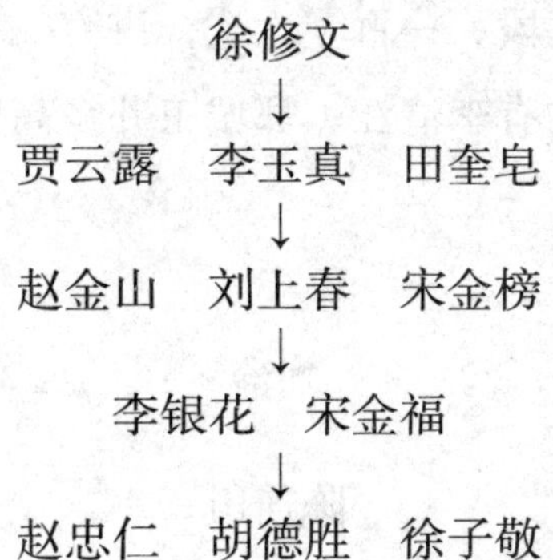

↓

赵佛印　赵新良　胡庆远　张玉法

↓

马玉霞　刘贤江　马清礼　马纪允　马兴春

↓

樊思安　孙铁礼　王宗跃　高尚珠

二郎拳　为地方拳种之一，主要流传于郓城县城乡。二郎拳创于明末清初，属少林二郎门。

二郎拳以二人对练为主，故名。二郎拳练用合一，其拳种套路是套外无招，套内无空式。套内的招式是拳打四面八方，变化多端，它是练“眼、手、心、脚、精、气、神、招”的综合功夫。二郎拳每路对练套路又可单练。

二郎拳是由郓城潘渡镇陈栈村人陈连田传出。陈连田（1882—1960）自幼务农，闲时练武。16岁拜邻村王建九为师，习练红拳。20岁到安徽蚌埠督军当兵，同年选入警卫连，随国术教官刘治（河南内黄县人）习练二郎拳技。后接任刘治职务，继任国术教官，任职近20年。1922年，脱离军界返乡教授二郎拳技，教武场20余处，徒弟数百。1926年44岁赴上海打拳卖艺，又将二郎拳传至上海浦东、浦西、吴淞口等处，设教场40余处。曾参加影视公司举办的全上海70余名拳师参加的武术表演，以飞砖镇闻名上海。1936年返回故土，以教二郎拳为主，曾多次以精湛的技艺为群众表演。1943年于潘渡镇樊坝村表演飞砖镇，博得众人喝彩。他将平生所学全部传于后人，贡献于世。二郎拳招式独特，别具一格，动静结合，刚健有力，手脚并用，利于实战。二郎拳分三节、六段、一百零八式，讲究一接、二缠、三进、四拉、五切、六拿。其代表人物有李清江（郓城王井乡高庄）、陈明堂（郓城潘渡乡陈栈村）等。

附：二郎拳世系表

刘治

↓

陈连田

↓

杨好显　李清江

↓

陈明堂

三皇炮捶　三皇，一说是上古神话中的伏羲、神农、黄帝，一说是天、地、人。三皇炮捶以三皇命名，表示此拳起源甚古。“炮捶”是指打拳像炮一样威力强大，像捶一样打得沉重刚猛。炮捶始创于明末，发展于清代中叶。曹县人周燃灯参加明末李自成起义军，随清自然道长习练炮捶，尽得真传。起义军失败后，返乡传授此拳，炮捶始在菏泽流传。炮捶套路短，架势紧凑，结构简练，动作朴实无华，刚健沉稳，一招一式，一蓄一发，劲力充实，技击性强。炮捶基本拳法有十二炮，即开山炮、劈山炮、连环炮、转角炮等。目前流传于曹县、定陶、成武的炮拳内容有五合出手、六合掩手、劈山；器械套路有离风枪、盘龙棍、追风剑、磨盘梢、春秋大刀；对练套路有偎身靠捶等。

附：炮拳世系表

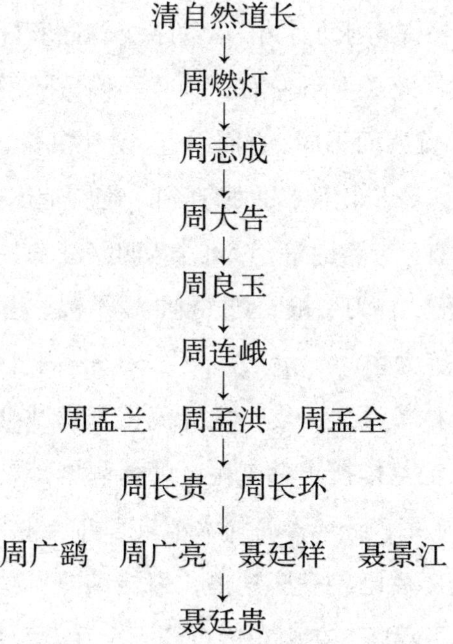

少林炮捶　又名少花拳，为地方拳种之一，主要流传于东明县西关，由清朝初年的嵩山少林寺和尚普照所传。最初只是沿袭上古时期流传下来的格斗、搏击之法，并无诸多套路，其内容亦皆用于修身和实战。

该拳属内家拳，是技击与气功相结合的拳术，强调“以气为主，以理当先，上步有情理，脚下有圈劲”。其动作沉稳刚劲，充实有力，快猛巧捷，飘忽轻灵，发力气劲合一，刚柔相济，气势勇猛，强调技击，讲究招式。1956年河南浚县人李明达移居东明，开始在县城西门一带设场授徒，传授少林炮拳。李明达功夫深厚，武德高尚，为人忠厚，精通医道，在传授武功的同时，还无偿为邻里百姓诊疗治病，深得好评，慕名求学者络绎不绝。炮拳在东明得到了迅速发展，成为东明四大拳种之一。炮拳第二代传人郝富荣先后传艺于东明县刘楼镇、临河店乡、东明集一带，并于1993年在河北省高碑店开设炮拳武馆，2001年在广东省东莞市开设武术馆，传授炮拳技艺，为炮拳的传播与发展做出了贡献。炮拳的特点表现为拳禅一体，形神一致，硬打快攻，齐进齐发；并强调内外兼修，凝心入空，住心看净，起心外照，摄心内证，气沉丹田，使气沸于膜间，卫其骨，壮其筋，以气助势。

炮拳的套路短小精悍，刚劲有力，运动路线多直来直往。炮拳对姿势要求：头端面正，眼注一点，兼顾上下左右；颈竖不偏，随手变转；开胸直腰，裹胯合膝，脚尖微扣；手臂屈而不屈，直而不直。身法沉稳，动则轻灵，静如山岳，进低退高，整齐划一，身步相催，手脚齐到，震脚炮出，势如破竹。

炮拳的套路内容有：三路炮拳、二红拳、四路红拳、挂拳等。器械套路有：六合刀、双刀、九节鞭、朴刀、枪、剑、棍、捎子棍、趟镰、拐子、流星捶等。对练套路又以器械对练为主。

梅花捷拳　为少林拳派之一支，主要流传于郓城县城乡。其拳种起源已不可考，唯知清朝李纪兰传授于韩奎生，韩传郓城孙马场村人孙振奎。孙振奎幼年家贫，十八岁从军，后拜青岛国术馆教官韩奎生为师，习练梅花捷拳。孙振奎勤学苦练，数年后已是拳脚精湛，刀枪纯熟，功夫不凡。民国初年，孙振奎脱离军界，客居青岛，在山东银行和万家兵营教场八年之久。1924年，被聘为北京师大国术教授，教习国术达十余年。抗日战争爆发后，孙振奎返回故里，忙时农耕，闲时授徒，传刘凤标等人。从此，梅花捷拳在郓城县城乡流传开来。

梅花捷拳的特点在于“捷”，攻敌专取捷径，贵巧不贵力，远则手足，近则膝肘。出拳颇似形意，运掌又类八卦，某些招式，如“玉女穿梭”“单鞭”，又与太极相通。梅花捷拳以劈、挑、闪、冲、斜为基本五式，以上、中、下三盘为接法，全套共四十八式，归纳为点、按、伸、缩、奇、正、吊、掳、速、巧、活、合十二字诀。

少林太祖拳　为地方拳种之一，主要流传于郓城县城乡，1938 年由曹继岭传入郓城县刘口、玉皇庙、孔厂、梳洗楼等村。

太祖拳风格独特，造诣纯正，套路严谨，动作舒展，招式鲜明，步法灵活，不拘陈迹，刚柔相济，虚实并兼，行拳过步，长打短靠，讲究实战，起如风，去如电，前手领，后手追，两手互换一气催。其技法有撑、拦、斩、卡、撩、崩、塞。拳谚云：“囚身似猫，抖身如虎，行似游龙，动如闪电。”主要手法有挑、砍、拦、闭、缠、扫、踹、弹、撩、钩、撞、绊；交手时，讲求一胆、二力、三功、四令、五巧、六变、七奸、八狠；进身前，要“审势观察细留神，逢弱直冲入中门，遇强避锋绕步捶”。手步相连，上下相随，遇隙即攻，见空即扑，所用招式非攻即防，虚中寓实，实里含虚，一式多变，借敌之力以制其身。基本功讲究三型、五功。三型为头、手、步，五功为臂、腰、桩、气、顶。

目前流传的套路有：拳术 12 套、对练 7 套、器械 10 套、器械对练 10 套。

孙膑拳　传者托称此拳由战国时期军事家孙膑（鄄城县孙老家人）所创。因其演练时穿长袖衣，又名长袖拳。

清朝末年，山东馆陶（今属河北）张把式将此拳传入曹州。目前在郓城、鄄城均有传习者。孙膑拳讲究静、动、灵、神、放。主要手法有蹦、弹、抓、挑、钻、擂、拉、劈、抄、砍、截、摆、封、捅、砸；主要腿法为踢、碰、踹、踩、挂、跪、截、插。出手讲究拧、绞、缠、螺旋劲。孙膑拳身法要求腰似车轮上下稳，头足臂要动静称，左摇右摆难捉摸，前进后退脚趾功。孙膑拳步法称为“蹒跚步”，要求：跋根掀脚，蹒跚跛行。孙膑拳共计三百六十五手，三套拳路，为三十二手；六十四手（小架）；九十六手（大架）；另一百六十三手为散手，是由以上三套拳路中拆化而来。至七七事变前夕，孙膑拳师杨明斋将其讲授的“孙膑拳谱”汇整为：“大架第一段九十六手，中架第二段三十二手，小架第三段七十四手，四架第四段一百零八手，五架第五段五十五手，对练架第六与第七段，另八架第八段。”前五架共三百六十五手，故拳谱云：“孙膑拳至五套架，三百六十五莫差。”每一手为一个用法，再串联成各种组合形式，进攻时采用组合连击，讲究“一掌不到二掌跟，三掌四掌齐跟进”的紧迫逼人气势。

孙膑拳一向被称为凌厉诡异、深沉莫测之拳，其许多的特异技法，为其他门派所无。

秀拳 为地方拳种之一，属少林拳系。主要流传于曹县城内东关。秀拳由张本都传本家人张连松，张连松传马志月，1930 年马志月传曹县东关人王保善。秀拳的主要内容有十三明秀拳、二步拳、雪片刀、三合剑、四门刀、扎捶、连捶及器械对练套路。秀拳分为上、中、下三式，其精华部分为中式，又称为“秀平八卦十三式”或“聚化捶”，是吸取炮拳、佛汉拳、猴拳、金刚拳、八卦掌、梅花拳、飞虎拳、飞手拳、小阳拳、字拳、夕阳掌、大红拳、二红拳十三种拳的动作所组成。十三式及聚化捶均由此而得名。该拳技术动作规格要求近似少林，其特点表现出拳法紧凑，攻防灵活，封式严密，护耳护裆。

掌红拳 为地方拳种之一，是阴阳掌和红拳相互融合衍生出的一种拳种。阴阳掌拳师田再湖（济宁嘉祥人）为印证武艺，访菏泽西北朱楼大红拳师朱凤君。二人盘道论武，过招试手，不分伯仲，遂互相仰慕，结为莫逆之交，并经常一起切磋武艺，交流拳理拳法。田再胡结合红拳技法所长，融合阴阳掌劲力，创立掌红拳。从此掌红拳在菏泽广泛传播，并有“掌红不分家”的佳话。掌红拳的主要内容有掌拳、五花捶、大架子、搂底捶等，共十二趟。劲力讲究搂、合、崩、搒，长短结合，突出实战。流传于牡丹区刘庄、田庄、小留和鄄城、郓城等地。

水浒拳　郓城古老拳种之一。起源于宋朝末期宋江领导的农民起义军根据地“梁山寨”。据《郓城县志》记载：“1119 年宋江结 36 人聚众起义，扶弱抑强，除贪官、济百姓，威名大震，各地武林豪杰、失志武官、贫穷百姓集聚梁山，撼摇京师。当时郓城人参加义军的头领、兵卒较多，号称为“梁山一百单八将，七十二名在郓城”。义军中武功高强者甚多，武术种类和派别繁杂，练兵时分别由各头领带队训练，分为单兵和集体练习为主，主要练习进攻和防守的奇招绝式。由单一动作组成连续动作，逐渐发展为趟子，就是我们现在称作的“套路”。训练中大家献计献策，取长补短，逐渐形成了统一的趟子，即“水浒拳”。

宋江起义失败后，逃生者甚少，幸存者和义军后辈于荒僻之地隐名埋姓生存下来，有的做买卖、卖苦力、当和尚。与此同时，他们也把“水浒拳”传承下来。宋朝封建统治者对梁山义军英雄及其后人采取了高强度的镇压手段，“水浒拳”更不敢独立门户，公开教习，当时只好混在大洪拳中不显山不露水地传授。武术门派早在唐宋时期就有分别，而各拳种门类大都形成于清末和民国时期，由于历史的原因，水浒拳一直融在大洪拳中传授和发展，同大洪拳同教同习，没有独立门户，造成长期以来其师承关系混乱，又无连续文字记载，无法查清，所以水浒拳弟子尊水浒拳老拳首任风武（河北沧州人）为第一代传人。

据史料记载，水浒拳第八代传人汪秀严，祖籍河北省馆陶县汪堤水波村人，1932 年在潘渡村陈家做长工，村人知其身怀绝技，于是潘渡及冯店、碱店、刁庄、李河口等周边村庄的青少年纷纷拜师习武，教徒数百人，后来因身患偏瘫，被徒弟送回故里，1956 年谢世，享年 84 岁。郓城县武术协会副主席兼秘书长冯占岭为水浒拳第十代传人。

水浒拳内容丰富，分为拳术、兵器和对练，并多冠以水浒和梁山英雄的名字作为套路和动作的名称，如“宋江脱靴”“李逵扯旗”“时迁倒卷帘”“武松脱铐”“水浒初势”“水浒一、二路”“水浒八式”“水浒二郎架”“燕青拳”“智深拳”“李逵板斧”“徐宁钩镰枪”“史进齐眉棍”“呼家双鞭”等。其拳术特点是：美观大方，功架规格，大开大合，力量性强，稳健扎实，手法清晰，身法灵活，攻打四门，一气呵成；其兵器特点为：每种器械套路各具特点，进攻性强，打击点准确，动作紧凑，连贯性强，方法灵活，攻防结合；其对练特点有：步法清晰，扎实有力，式式紧逼，防中有攻，攻中有防，又分双人对练、三人对练、七人对练和十二人对练、二十四人对练。

齐花拳 为地方拳种之一，主要流传于巨野县何党村等地，起源待考。仇其文自幼跟其父学医学艺，最初以家传形式流传，自仇其文一代才将齐花拳传出。该拳特点是：着手迅速，虚实结合，变化无常，手足运动呈曲线，攻防呈斜线形。其拳术五个套路，器械六个套路，对练五个套路。

八极拳 又名开门八极，是我国传统拳种之一。八极以其刚烈雄健、朴实简洁的风格和独特的技击特点著称于世。拳谚曰：“文有太极安天下，武有八极定乾坤。”可见它在我国武坛众多门派中的地位。相传，清朝康熙年间，一个名叫“癞”的云游高僧始传给沧州孟村吴钟，所以《八极拳谱》中尊云游高僧为始祖一世，吴钟为初祖一世。

八极拳的主要内容有六大开、八大招、六十四种手法、八极小架子、四十八个大架子等。击法以“六大开，八大招”为核心。“六大开”即顶、抱、单、提、挎、缠。每一种手法都简朴刚烈，凶猛异常，有较强的技击性，“八大招”是八极拳的技击散手，与“六大开”有异曲同工之妙。“闯王三点手”“猛虎硬爬山”“迎门三不顾”“霸王硬折缰”“迎封朝阳掌”“左右硬开门”“黄莺双抱瓜”“立地通天炮”等为主要手法。

八极拳在技击上讲究挨崩挤靠，迅猛遒劲，崩撼空击，以短制长。发招进手时吐气发力，以气催力，以声助势，咄咄逼人。菏泽八极拳主要流传于牡丹区、曹县。

八卦掌 原名转掌，是一种把攻防技术和导引方法融合于绕圆走转之中的拳术。由于转掌的走圆圈正好经过八卦的八个方位，而其技法讲究纵横交错，随走随变，随机应变，以变应变，似合《周易》的“刚柔相摩，八卦相荡”，运动不息，变化不止之理，故称之为八卦转掌或八卦掌。

八卦掌是武坛中形成较晚的一个拳种，据传清同治五年（1866），由河北省文安县朱家务的董海川在北京肃王府传出。董海川门生颇多，晚年游走于门徒居所，致力于传授掌技。据考证，流传于牡丹区的八卦掌属程派一支，是由牡丹区范庄张景春传西关丁平一、张广鹏，之后相继传播开来。其代表人物有孟庆远、王留远、张佰至等。

八卦掌的基本内容分为单练、对练和散手三种形式。基本功练习以站桩和行步为主。掌法练习包括八大式（即定势八掌）、老八掌（或称八母掌、变式八掌）、六十四掌，还有七十二暗腿和七十二截腿。八卦掌所用的器械，以鸳鸯钺、鸡爪锐、判官笔等较为独特，常用的还有刀、剑、枪、戟等。

八卦掌以绕圆走动为基本运动形式，区别于其他拳种。演练起来一边行步走转，一边换掌变招。其绕圆的路线有阴阳鱼、走八卦图、走九宫三种。八卦掌的运动特点体现为身如绳拧，纵横连环，掌随步换，随走随变。拳谱中把它们形容为“行走如龙，回转若猴，换势似鹰，沉若虎坐”。菏泽市各县区如单县、成武等地，也有八卦掌传习者，但师承不详。

小红拳　为地方拳种之一，广泛流传于菏泽市各区、县，由于传承不同，流传区域有别。流传于鄄城的小红拳又名少关西拳。贾继环十四代祖学得此拳，流传下来，主要分布在旧城镇康屯、徐庄和梁堂乡南任庄等村。主要内容包括：徒手拳术顺风旗、双插燕 5 套，徒手对练威身靠、英雄斗等及各种器械。郓城潘渡、杨庄集、程屯等乡镇流传的小红拳，是清嘉庆十六年（1811）从梁山传入，首次传入潘渡镇任屯村。有王明德、周兴泗习练此拳。其套路内容有拳术 10 套，对练 20 余套及各种器械套路。小红拳的特点是：功架小而扎实，手法多变，善于闪、展、腾、挪，步法灵活。

二红拳　我国古老拳种之一，流行甚广，菏泽市牡丹区、郓城等县均有传习者。郓城流传的二红拳是 1938 年由河北传入张集乡徐码头村，内容包括拳术套路 15 套、器械套路 12 套及对练。其特点是：架小紧凑，动作连贯，直来直去，爆发力强。练功要求意到气到，气到血到，血到力到；按照四季、时辰，择时练功。以站桩、捽背、靠墙、腰背功、顶头功为主。

第三节　花繁果硕

一、社会武术获得新生

中华人民共和国成立后，党和政府把武术列入民族体育的优秀项目，并作为宝贵的文化遗产加以继承和发展，使古老的武术获得了新生。

菏泽人有“三季农耕，一季习武”的传统，农闲之余，村民们挖土为窨，习练武术。拳师们不时走村串场，燃灯授艺。每逢农历正月十五、十六，四邻八村的拳民们自发地组织起来，亮场献技，展示武艺，乡村拳场又活跃起来。1952 年，各县人民政府响应毛泽东“发展体育运动，增强人民体质”的号召，组织开展了大型武术表演，以推动民族体育的发展。1953 年 9 月 12 日，华北行政区四省一市传统武术、杂技、团体操大赛在天津人民广场举行。菏泽贾龙升、杨昆和就扛着铺盖卷下了天津，通过亲戚贾铁夫（时任天津市人民监察委员会主任）引荐，代表天津队参加解放后的首次华北行政区武术盛会。杨昆和表演的醉八仙，动作惟妙惟肖，形醉而意不醉；步履踉跄，势势又暗藏杀机，博得满堂喝彩，获一等奖。贾龙升舞弄丈八长矛似游龙飞舞，气势磅礴；如大蟒翻身，出入自如，令行家里手额首称赞，亦获一等奖。当时的《河北日报》《天津日报》对此均作了报道。

但是，由于中华人民共和国成立不久，政治情况比较复杂，在武术的恢复和发展过程中可以说是鱼龙混杂。有的人借传习武术为名，搞封建迷信，破坏社会秩序；有的敌对分子利用武术，组织反动会道门，严重干扰了正常武术活动的开展。有资料显示：当时仅菏泽、鄄城两地就有数个反动会道门组织被端掉。1955 年全国体育工作会议上，国家对武术工作采取了暂时紧缩的方针，尤其是在“农村中坚决停止发展”。刚刚升温的武术活动由于敌对分子的利用而暂时被迫停止。

后经过一个时期的整顿，正常的武术活动同少数人利用武术进行的政治破坏活动得到了区分，划清了界线，净化了武术环境，为武术活动的开展创造了条件。1956年11月，山东省省长赵健民亲自签发了《山东省人民委员会关于开展民间武术活动的指示》。文件指出："各级人民委员会应明确认识武术活动是祖国的宝贵遗产，是开展人民体育运动的重要内容之一。这种体育活动的开展有利于国家经济与国防建设，有利于增强人民体质。今后应即加强对此项工作的领导，应将武术活动当作体育运动的组成部分，列入体育工作领导日程以内。"山东省体委于1956年12月4日至6日召开了全省武术工作座谈会，菏泽专员公署体育委员会亦于1957年1月22日至24日召开了各县体育干部和武术界代表参加的武术工作座谈会。会后，各县也召开了不同形式的武术工作座谈会，贯彻省、地武术工作会议精神，并组织了武术表演活动。1957年10月，在菏泽职工俱乐部举行了全区武术表演赛，各县通过选拔，组成代表队参加中华人民共和国成立后的菏泽首次大型武术活动。这次活动，推动了全区武术运动的开展，使武术活动步入了政府统一组织、管理的正确轨道。

同时，许多老拳师响应政府号召积极参加武术表演和技艺传授，各种武术辅导站、点相继建立。如菏泽老拳师郭子敬、魏士可、崔文芹在职工俱乐部建立武术辅导站，在传授武术的同时，积极宣传党的体育方针政策，吸引了众多青少年武术爱好者。有练武传统的乡村拳场又逐渐恢复，群众练武的热情又高涨起来。1958年，选拔菏泽、单县、鄄城等三县的10名武术运动员，组成菏泽地区武术代表队参加山东省武术运动会，单县赵清贺获三等奖。1960年，山东省运动会在菏泽西关体育场举行，菏泽地区武术运动员郝广山获拳术第四名。比赛结束后，在菏泽地区招待所召开了由当地武术工作者、老拳师参加的座谈会，并在地委党校举办了培训班，推广国家甲级、乙级规定套路。通过这些活动，武术工作者相互交流了技艺，提高了政治思想觉悟和业务水平，有力地促进了群众武术活动的开展。

1966年"文化大革命"开始，武术器械被收缴，古拳谱被烧毁，老拳师也受到冲击，武术活动一度陷入低谷。但菏泽乡村拳场武术活动并未因此而完全停止，许多乡村拳场被迫转入“地下偷练”，有的村庄采用变通的方式，组成民兵连，练武、劳动统一组织，劳武同酬，鄄城县艾庄村就是典型一例。中华人民共和国成立后的20年间，武术运动经过恢复、发展、收缩、整顿，在艰难曲折的道路上缓慢发展。进入20世纪70年代，菏泽武术出现转机，1971年9月，山东省武术集训大会在菏泽东关体育场举行，为菏泽武术的发展及训练管理体制的建立提供了机遇。菏泽地区体委随即配备专职干部，负责武术活动。1972年12月，菏泽地区少儿业余武术班建立，各县体委也竞相聘请专职武术教练，建立业余武术班。1975年，经山东省体委批准，菏泽地区率先建立了第一个“三集中”武术重点班，后来，又在此基础上成立了菏泽地区武术运动学校。这是全省唯一一所公立武术专业学校。地、县两级武术训练体制的建立，为菏泽武术后备人才的培养提供了组织保证。在广大武术工作者、教练员、运动员的不懈努力下，全区涌现出了一批成绩卓著的优秀武术健儿。

党的十一届三中全会以来，尤其是1982年全国武术工作会议之后，随着社会经济的发展和人民生活水平的提高，菏泽武术事业呈现出欣欣向荣的新局面。为适应新形势下武术运动的发展，各级体育职能部门因势利导，开展工作。菏泽市体委、武协进行了表彰“武术世家”活动。郓城、鄄城开展了“武术村”评选活动，郓城有128个行政村、鄄城有14个行政村被县体委、武协命名为“武术村”。各类武术社团组织随之相继成立，武术馆、校如雨后春笋般涌现。据1986年调查统计，全区共有武术社团组织1828个，其中武术馆、校132所；在全区873万人口中，有29.9万人参加武术活动；武术活动涉及乡镇247个，占乡镇总数的83.1%；有武术活动的行政村3782个，占行政村总数的44.1%。1984年，国家体委为了进一步推动社会武术的发展，表彰在传播、推广武术活动中的优秀分子，召开了千名武术优秀辅导员表彰奖励大会，菏泽地区武术拳师郭子敬、耿广民、李兆启等受到表彰。从1991年开始，国家体育总局在全国范围内开展“武术之乡”评选活动，菏泽市的牡丹区、郓城县、东明县、单县和巨野县先后被命名为“全国武术之乡”。1995年，中国武术研究院在全国范围内进行了“中华武林百杰”的评比活动，菏泽武术工作者王守义被授予“中华武林百杰”称号。

面对菏泽武术蓬勃发展的大好局面，菏泽市委、市政府审时度势，发出创建“文化大市”“保安大市”的号召，各机关、团体积极响应。菏泽市委宣传部组织召开了菏泽武术文化研讨会，体育局、文化局、旅游局、武术馆校等单位的代表应邀出席。围绕弘扬菏泽武术文化、打造武术文化品牌，从不同角度进行了探讨。菏泽市教育局及时下达了《关于加强中小学武术课教学》的通知，并委托菏泽学院体育系编写了地方武术教材，举办了100多名中小学体育教师参加的武术培训班，有力促进了中小学武术活动的开展。2002—2003年，菏泽市人民政府连续主办了中法、中美散打对抗赛。2004年2月，菏泽市政府又成功举办了首届中国（菏泽）武术节，系列活动之一《武术论坛》在曹州武术馆进行，在曹州武术馆来自全国各地的武术专家、著名学者及当地武术工作者，欢聚一堂，共商菏泽武术发展大计。这些活动，对菏泽武术产生了深远的影响。

二、武术社团普遍建立

菏泽市武术社团组织分为两类：一是具有行政职能的社团组织；二是群众性社会团体。菏泽市武术协会及各区、县武协等属于前者，其余均属后者。两类社团组织互为补充，相得益彰，共同推进菏泽武术事业的发展。

菏泽市武术协会

中国武术源远流长，门派林立，在漫长的发展过程中，多呈现出一种自发的、松散的、无组织和自生自灭的状态。至民国期间，政府要人和社会名流出于不同目的提倡武术，但内政腐败、外强入侵、社会动荡，东西方文化的碰撞、冲突，对中国传统武术造成巨大冲击。

中华人民共和国成立后，武术获得了新生。1982年，全国武术工作会议在北京召开，明确要求“各省、自治区、直辖市以及有武术传统和群众基础的地、市、县都要把武术协会建立或恢复起来”。1983年2月28日，菏泽地区武术协会成立。其主要职责和任务是协助体委贯彻执行上级下达的有关武术的方针、政策，组织各种武术活动，负责全区的武术工作。武术协会下设教练组、裁判组、群体组。武术协会属社团组织，受体委领导。随后各县武术协会也相继建立。

二十多年来，全市各级武术协会几经换届，下设机构也有所增加，在组织群众性武术活动，挖掘、整理武术遗产，继承、发扬武术传统文化，推动武术运动的发展等方面，发挥了积极作用，并多次受到山东省武术协会表彰。

1983年2月28日，菏泽地区第一届武术协会成立

主　席：王焕斗

副主席：王守义　高培振　郭子敬　贾龙升　徐英弟　段才顺　崔文勤

秘书长：高培振（兼）

秘　书：孔凡春

1984年10月，菏泽地区武术协会调整后名单

名誉主席：刘洪仁

主　席：马光瑾

副主席：王守义　郅兴禄　郭子敬　贾龙升　李本修
段才顺　崔文勤　贾用怀

秘书长：王守义（兼）

秘　书：穆　丽

1989年3月30日，菏泽地区第二届武术协会成立

名誉主席：刘延谟

顾　问：郭子敬　郝俊密　崔文勤

主　席：王焕斗

副主席：高培振　王守义　贾用怀　吕玉章　贾龙升
李庆莲　赵保平　刘保印

秘书长：贾用怀（兼）

副秘书长：陆建民　耿伦元　费克忠

2004 年 4 月 9 日，菏泽市第三届武术协会成立

荣誉主席：王焕斗　王守义　高培振

荣誉副主席：王振华　吕玉章　刘保印　李庆连　陈良柱
费克忠　黄广勋

名誉主席：邵好学

主　席：周卫国

副主席：王建国　王文柱　尹云生　孙宝义　周广宪
陆建民　尚圣法　张景跃　耿伦元　贾用怀
贾其武　鹿令聘　樊庆斌　穆　丽

秘书长：贾用怀（兼）

副秘书长：赵学英　任文灿　盛建忠　张以年　葛　强

2016 年 12 月 11 日，菏泽市第四届武术运动协会成立

名誉主席：樊庆斌　朱建华

主　席：周卫国

副主席：马　飞　尹庆桥　王文柱　王亚军　申传信
任文灿　刘汉忠　刘君玲　刘国庆　吴忠强
张以年　陆建民　陈　勇　尚胜友　胡世广
赵效合　耿伦元　贾其武　盛建忠　葛　强等

秘书长：盛建忠（兼）

执行秘书长：胡世广（兼）

副秘书长：任文灿（兼）　杨宝峰　张拥军　刘保全　杨　阳

下设四个专业委员会

菏泽市老年太极拳研究会

1999 年 5 月 10 日，菏泽市老年太极拳研究会成立

名誉主席：黄爱菊　章一笔　田保生　张立春　张道学　彭延惠

会　长：孟广益

常务会长：王守义

副会长：马传福　王振华　李润贤　张保英　张景全
　　　　赵一中　侯秀英　黄桂芳

秘书长：张景全

副秘书长：赵一中

2007 年，协会更名为菏泽市老年人太极拳协会，换届选举

主　席：孟广益

副主席：张景全　王振华　马传福　李润贤　陈爱珍
　　　　赵海亭　杨继云　韩郁娟

秘书长：张景全

副秘书长：张传国

总教练：李润贤

副总教练：韩郁娟　吴雪敏

2012 年秋，菏泽市老年太极拳协会换届

会　长：黄贵芳

秘书长：王立杰（兼）

副会长：王立杰　李润贤　杨继云

副秘书长：林文昌　王银海　宋　军

2016 年 7 月换届选举

会　长：黄贵芳

秘书长：王立杰

副会长：李润贤　杨继云

副秘书长：林文昌　王银海　乔继峰

监事会主席：林文昌

2021 年 7 月换届

会　长：黄贵芳

秘书长：王立杰（兼）

副会长：王立杰　吴雪敏　韩亚丽

副秘书长：乔继峰 王 琛

监事会主席：苏本建

菏泽市太极拳运动协会

2005 年 4 月 2 日，菏泽市太极拳运动协会成立

名誉会长：贾凤英 韩广洁 张存金

会 长：王守义

副会长：马传福 王振华 费克忠 赵统斌

秘书长：马传福

常务理事 22 人，理事 53 人

2013 年 9 月 22 日，菏泽市太极拳运动协会第二届理事会换届选举

会 长：李振亚

常务副会长：陈志起

副会长：周广存 马传福 王文柱 陆建民 刘学海
刘月贵 韩郁娟 庞承存 彭继先 李献德
高义勇 石绪鹏 刘凤菊 单 岭 李长岭
李 军 刘 军 刘玉田 刘雪杉 李 静 王福波

秘书长：周广存

副秘书长：司品供 袁爱民 樊庆新 李 光 朱孟朝
邓 林 吴雪敏 张西峰 陈乃孟 张仰庆
张佩良 王亚军 许志勇 户爱民 薛凤姣 王建东

理事 118 人，常务理事 60 人。

2019 年 3 月，菏泽市太极拳运动协会第三届理事会

主 席：陈志起

常务副主席：周广存

副主席：马传福 王文柱 韩郁娟 刘学海 刘月贵
曹修寅 范阳春 刘 军 何 凯 宋志伟
杨品红 李 光 何福德 刘心臣 岳耀鹏

吕兆景　杨绍青　刘绍海　王福波　李献德
李善国　石绪鹏　刘凤菊　王亚军　李　静
李景龙　户爱民　董　庚　单　岭

秘书长：何　凯

副秘书长：袁爱民　朱孟朝　常保民　杨美婷　马　振
王军武　王长城　吕令生　刘银行　魏　超
桑全喜　张卫华　李洪本　康党阁　游　琪
王月霞　张以年　褚兴愿　文　剑　王建生
王洪洲　段连东　张　平　陈　可

理事256人，常务理事116人。

菏泽市洪拳协会

1994年9月，菏泽洪拳研究会成立

名誉主席：赵学芬　何鲁丽　陈　光　韩广洁　朱献海
胡化民　付炳尧

主　席：马守义

常务副主席：付克轩　刘福建　李良斌

副主席：宋思田　朱思年　王景伦　赵春冬　王守记
王留法　张新影　张德政　樊庆斌　马永奎
马建民　马建信　张秋海　付克华　尚圣友
田喜伦　田志胜　孔宪松　王守记　陈　勇
郭康元　马体更　赵文星

秘书长：付克轩（兼）

2000年菏泽地区洪拳研究会更名为菏泽市洪拳协会，并进行换届选举

协会主席：马守义

常务副主席：刘副剑　邓宪瑞　付克轩　李良斌

秘书长：付克轩（兼）

2010 年 5 月菏泽市洪拳协会换届

主　席：陈　勇

秘书长：赵效河

第一常务副主席：郭康元

常务副主席：张秋海　华国富　邓显锐

下设副秘书长若干，各县区设立了分会。

2020 年 1 月洪拳协会换届选举，组成新的领导班子

协会主席：赵效合

支部书记：陈　勇

常务副主席：马西磊　尹庆桥　董启兴　张秋海　杨品红
王海宾　高志起　郭康元　马建军

副秘书长：卞好政　李　建

菏泽市掌洪拳运动协会

2014 年 4 月 2 日，菏泽市掌洪拳运动协会成立

主　席：尹庆桥

常务副主席：尚胜友

副主席：王海宾　李丰领　李玉国　吕彦章　吴福敏
付克华　华国福　张东立　张耀华　李庆峰
马洪卫　赵文星　刘广华　王常印　付克文
姚文明　吕传奎　杨新建　闫永锋　高志海
吴鹏飞　李庆国　刘保忠　尹祥龙　智广允
许国林　董海玉　韩志章　吴言国　吕继合
油洪武　刘保栋　马海生　路其新

秘书长：王海宾（兼）

常务副秘书长：程元江

菏泽市梅花拳协会

菏泽市梅花拳协会在 2015 年 12 月 25 号成立

名誉会长：陈良柱　陆建民

会　长：陈　雷

副会长：黄太恒　张建军　李建立　曹广超　葛　强
王文科　孟庆全　刘承军

秘书长：王　铮

副秘书长：王永刚　李宝忠　郝广勇

第二届协会于 2019 年 12 月 20 日成立

名誉会长：陈良柱　高世英　陆建民

会　长：陈　雷

副会长：李宝忠　马关东　张建军　杨瑞峰　李建立
葛　强　王文科　曹广超　王　铮　王述林

秘书长：李宝忠

副秘书长：郝广勇　石喜军

山东省梅花拳运动协会

山东省梅花拳运动协会成立于 2018 年 2 月

名誉会长：丁志刚　付守明　樊庆斌　贾其柏　贾其伦　田月才

会　长：贾其言

秘书长：刘雪云

监事长：李学刚

总教练：刘书奎

副会长：刘雪云　李学刚　刘书奎　郑子昌　贾其武
孙宝义　孟　飞　陆建民　王爱华　张大鹏
刘秀鹏　高宗臣　魏玉喜　王有才　孙建华

常务理事：唐公文　杨　涛　张存栋　张大旗　刘　建
任卫东　贾国强　马建民　刘丕敬　成传宝
高国庆　胡　现　王连建　丁友兵　李自修
贾爱国　马景元

会 员：注册会员 980 人

各市地代表团：菏泽市、济宁市、东营市、日照市、淄博市、泰安市、牡丹区、开发区、定陶区、曹县、鄄城、单县、巨野、东明

菏泽市海峡两岸梅花拳交流协会

菏泽市海峡两岸梅花拳交流协会 2015 年 12 月 18 成立

会　长：杨伯林

副会长：张永忠　田志远　赵奎生　刘　峰　李法明

秘书长：杨瑞峰

党支部书记：何芳林

现有基层组织 27 个，3 个分会，24 个传承中心，会员 1000 多人。

菏泽市梅花拳传承保护协会

2016 年 12 月菏泽市梅花拳传承保护协会的成立

名誉会长：赵东海　王守义　魏士美　陆建民

总监事长：刘宝印

党支部书记：桑希杰

会　长：魏玉喜

常务副会长：魏建民

执行副会长：魏文建

秘书长：吴　涛

2020 年 12 月中旬召开了理事代表大会，换届选举

名誉会长：赵东海　王守义　彭合礼　陆建民　魏士美

总监事长：刘宝印

党支部书记：桑希杰

会　长：魏建民

常务副会长：魏玉喜

执行副会长：魏文建

菏泽市佛汉拳协会

2018 年 4 月成立菏泽市佛汉拳协会

协会会长：李海民

副会长：牛德宽　王亚军　赵建民　孙红雷

秘书长：张卫平

副秘书长：赵国富　段卫生

菏泽市八卦掌研究会

2009 年 12 月成立菏泽市八卦掌研究会

会 长：丁尚品

名誉会长：丁尚德　张新华　马洪川　陆建民

秘书长：王增宽（兼）

副会长：李树申　李海燕　刘保全　丁尚军　马　飞
马新涛　王增宽　卢金华　李秀忠　刘　超
张建国　陈新建　侯兆伦　高海涛　蒋学敏　翟效思

2016 年 12 月（第二届）菏泽市八卦掌研究会

会　长：丁尚品

名誉会长：丁尚德　张以年　张新华　陆建民

常务副会长：牛世国　李树申　李秀忠　刘保全　陈新建

副会长（兼）秘书长：张　鹏

副会长：丁尚军　丁友杰　马长杰　王守纪　王彦军
宋春雷　刘　勇　张亚杰　张建国　岳喜超
杨雷廷　范同德　赵显华　李海燕（女）
黄文明　翟效思　陈青山

三、武术挖掘成绩斐然

1982 年 11 月，国家体委在北京召开第一次全国武术工作会议。这是中华人民共和国成立以来最盛大、最重要的一次会议，菏泽地区体委主管武术的王守义作为基层武术工作者代表参加了这次盛会。这次会议，总结了中华人民共和国成立以来武术工作的经验与教训，制定了新的历史时期发展武术工作的政策和任务，任务之一就是要“继续做好武术的挖掘、整理工作”。随后，国家体委成立了武术挖掘、整理领导小组，负责统一部署全国武术挖掘、整理工作。

根据国家和山东省的统一部署，菏泽地区体委于1983年在全区范围内开展了这项工作，成立了由刘自和、王焕斗任组长，王守义、高培振、周卫国参加的武术挖掘、整理领导小组，并专设办公室，由吕玉章具体负责。为扎实有效地开展工作，领导小组专门召开了由各县体委主任、分管武术的行政干部参加的动员会。大会贯彻了省武术挖掘整理工作精神，并就如何开展全区武术挖掘、整理工作进行了部署。会后，各县成立了武术挖掘、整理领导班子10个，计53人，共召开不同形式的座谈会130多次，走访老拳师、知情人、武术世家后代300余人次，足迹遍及200余个乡镇的村庄和街道。经过一年十个月的辛勤工作，全区武术挖掘整理工作取得了丰硕成果。在1985年全省武术挖掘、整理工作成果汇报会上，菏泽地区被评为先进单位，名列全省第一；定陶、曹县被评为全省先进单位。

通过挖掘，初步查明了当地武术的拳种数量、分布区域及各拳派的代表人物，并对全区老拳师进行了普查登记。据统计，全区60岁以上老拳师138人，流传于当地的拳种21个，中华人民共和国成立以前武术组织6个，成立后武术组织832个。在为收集保存武术文物、史料而开展的“献拳经拳谱，献兵械实物，献功法技艺”的活动中，共收到古兵器30余件、古拳谱书籍手抄本7部、1949年以前武术奖品4件及一批其他文献资料等。

在普查基础上，对流传于当地的代表性拳种进行了编写整理：菏泽郭子敬等对梅花拳整理出52套，计15万字，拍动作照片1250张；侯殿卿、马守义主持整理大红拳五个套路，计3万余字；郓城王建华整理了少林大红拳近万字，孙铁龄整理了佛汉拳约4000余字；鄄城县武术挖掘、整理小组整理了108手功夫架约3000字，并画动势图60余幅等。在此基础上，菏泽地区武术挖掘整理小组组织编写了《菏泽地区武术拳械录集册》《菏泽地区武术人物志》《菏泽地区武术志》（初稿），共计8万字，其中部分内容被收录到《中华武术拳械录》《中国武术人名词典》，为研究菏泽武术文化、丰富中华武术，提供了珍贵的历史资料。

1986年在北京召开的武术挖掘、整理成果汇报会上，菏泽地区武术工作者耿伦元、吕玉章、李庆连受到国家体委表彰，被评为先进个人。

四、武术之乡闻名遐迩

全国武术之乡——牡丹区

牡丹区在中华人民共和国成立前后曾先后称菏泽县、菏泽市，菏泽地区撤地设市后改为牡丹区，是今菏泽市政府所在地。牡丹区历来崇武风盛，武术源远流长，1992年被国家体委命名为首批“全国武术之乡”。

牡丹区武术历史久远，名人辈出。明清时期，曹州曾以“武术之乡”著称，出过不少名拳师。梅花拳宗师杨士文曾于1920年在上海摔死欺我中华的日本武士，大振了国威；又于1928年在南京举行的全国国术会考擂台赛中力战群雄，获最高荣誉最优等奖。名拳师魏士可于1935年在济南举行的山东省第三届国术考中获拳脚比赛甲等奖。

建国后成立后菏泽武术在继承和发扬传统武术的基础上，努力探索，积极创新，培养了一批像马忠轩、赵翠荣、孙丙辉、周丽娟等国家“武英级”优秀运动员。他们在全国武术比赛中，多次获得冠亚军，并出访了十几个国家和地区。1976年6月，在广西南宁举行的武术、硬气功交流会上，牡丹区运动员刘建录，获优秀奖，并被拍成纪录片。1982年9月，在呼和浩特举行的全国少数民族运动会和1982年4月在南昌举行的全国武术观摩交流大会上，崔文勤均获优秀奖。1983年9月，崔文勤作为特邀代表参加第五届全国运动会，并做了武术表演，获纪念奖。1998年以来，先后有程志刚获亚洲散手锦标赛冠军、刘献伟获全国散打冠军、李建斌获九运会散打金牌。

牡丹区基层武术组织健全，武术活动经常。目前，以国办、集体办、个人办等形式组建的武术馆校和社团已有300余所、小型武术网点1400余个，其中曹州武术馆、弘达武校、搏击武校都已颇具规模。区内有几万人参加武术健身活动，男女老幼练武者随处可见，习武之风在区内经久不衰。

各种武术流派纷呈，境内有梅花拳、红拳、炮拳、八极拳、西凉掌以及查拳、翻子拳、形意拳等20余种。

武术活动和武术交流丰富多彩。区内每年春节和其他大型节日都举行武术、摔跤、散手、硬气功等比赛表演活动。同时，还承办了首届中国武术节及山东省套路精英赛等。一些武校先后组织表演团到全国各地及日本、泰国、韩国、意大利、美国、法国等亚欧国家进行武术表演，推介菏泽武术，使中华武术走向了世界。

全国武术之乡——郓城县

郓城县是农民起义领袖宋江的故乡。自古以来，民间习武之风甚盛，武林精英辈出。北宋末年，宋江结交36名身怀绝技的志士聚众起义，一时震撼京师。据考，“水浒拳”就是宋江义军练兵作战中所创。至明朝末年，郓城共考取武举22名，城北苏庄设有教场，县城外还建演武厅一座，并配有官厅、点将台，专为比武之用。

清朝时期，从河南、河北等地先后传入郓城境内的拳种有炮拳、黑虎拳、掌红拳、红拳、小红拳、梅花拳、少林长拳、二郎长拳等，自立教场，聘师学艺者颇多，丰富了郓城武术的内容。城西北苏庄、城东南侍卫孙庄、城北李河口、潘渡、城东北李楼等50余村均设有教场，习武者2000余人。据清光绪十九年《郓城县志》载，仅清代全县就考取武进士、武举人73名。清同治年间，武进士冯殿杨在李河口设立大教场，收弟子数百人，先后考取武举人36名，名扬山东。清光绪年间张楼张宪周精通刀术，臂力过人，参加科举考试，经殿试考取武状元。特别是在清末义和团运动中，青少年踊跃参加，积极练武，除原教场外，又分为团、社、场进行集中训练，有武功好者赴天津、北京参加抗击八国联军的斗争，在家者保卫村庄的安全。

1935 年前后，又有阴阳掌、少林太祖拳、二红拳传入郓城，丰富了郓城武术内容。调查显示：当时全县共有 90 余村庄设有拳场，约 5500 余人参加武术习练。

中华人民共和国成立后，郓城县人民政府重视开展群众性武术活动，组织武术界人士挖掘、整理传统武术套路，举办武术训练班，建立辅导站，选拔武术优秀人才，开展武术比赛和表演，继承武术传统、弘扬中华武术精神。1954 年阴历二月，郓城县组织 200 余名优秀武术拳师和青少年在郓城一中操场内举行大型表演。此后，原来的拳场和众多村庄开始恢复训练或组织青少年聘师学艺，武术活动又活跃起来。接着，金拳、佛汉拳又传入郓城。1972 年春，县体委号召广大青少年练习武术，并组建武术队。1973 年 9 月县武术队赴全县各地巡回表演。1974 年春建武术业余体校，培养武术技术骨干。1976 年，山东省农民武术运动会在郓城举行，更加激发了郓城广大青少年的练武热情。

1984 年 7 月 25 日，郓城县成立武术协会。至 1990 年，会员发展到 3600 人。1985 年正月十二，全县组织 12 个拳种的 24 支武术队共 500 余人进行表演，观众人山人海。1984—1989 年，县体委、县武术协会在全县范围内展开了对传统武术的挖掘整理工作，基本摸清了流传于当地的拳种 13 个，整理了 114 个不同拳种代表套路。20 世纪 80 年代后期，全县村村都有习武人，乡乡都设有武术辅导部，农民自建武术馆校社 65 处。有 13 个乡镇、128 个行政村被上级命名为武术乡镇和武术村，全县习武人数达 13.2 万人。

据统计，1974—2005 年，全县共培养了武术教练员 16000 人，各级裁判员 500 人，向国家队、省队、大中专院校输送武术人才 10800 人，在各级大型武术比赛中获金牌 618 枚、银牌 409 枚、铜牌 536 枚。郓城县 1991 年被评为“山东省武术之乡”。1992 年被国家体委评为首批“全国武术之乡”。

全国武术之乡——东明县

东明县，春秋时属于卫国，东临齐鲁，西接秦晋，南连韩魏，北比燕赵，地处要冲，为兵家必争之地，在刀光剑影、群雄逐鹿的历史长河中，积淀了丰厚的武术文化。

冷兵器时代的东明，武术盛行于各地，几乎达到了村村有拳场、人人会拳脚的地步。流行于鲁西南的数十种拳术器械，在东明都能寻到足迹，特别是佛汉拳、掌拳、梅花拳、炮拳等，都是东明的主要拳种。

东明的近代武术与战争联在了一起。清末，捻军起义席卷菏泽，东明人李迁率众积极响应，组成西捻军之一部，跃马横刀于东明大地，除暴安良，沉重打击了当地的政府军和恶霸豪绅。他们于战争间隙由李迁亲自教授武术，战争中运用武术技击攻杀敌人，在战场上显示了武术的威力。

东明县有黄河横贯，沿岸民众自古多得盐运之利。后来苛捐杂税日益沉重，民不聊生，官逼民反。东明人支悦刚率领盐民于东明黄河沿岸揭竿而起。他们白天聚众练武，夜晚趁官军松懈时沿黄河起运，顺流而东或逆流而西，往来运盐。遇到小股官军盘查收税或扣船绑人，他们便以武术自卫，致使小股官军不敢横征暴敛。

东明人王宪文依靠大刀长矛和武术功夫，建立村民自卫团，卫村护家，在王高寨建起了抗日堡垒，使驻于东明的日寇不敢轻易进入王高寨，打击了日寇的嚣张气焰。

中华人民共和国成立后，东明县历届领导都非常关心重视武术事业，把武术工作摆上议事日程，不断加大对武术的预算开支，出台各种有利于武术发展的政策和措施，支持和扶助多种成分的武术事业发展。1985 年，东明县成立了武术协会，制定了章程和发展规划，保证了武术有组织有领导的健康发展。建立了三级培训网络，基层武术点、武术馆校和县业余武术队，使武术沿着循序渐进、逐步提高的方向前进。武术馆校不断涌现，其中仅民间投资的多达十余所。县武术部门多次举办武术教练员培训班，培训武术教练员，目前全县已有 300 人获得武术教练员资格证书。多次派人参加省专业队训练，选派精英人才到北京、济南等地进行深造。全县有 617 个行政村建起了 500 余个武术训练点，常年坚持武术训练的人数达到 8 万余人；广泛的群众基础和良好的培训体系使精英人才脱颖而出，武英级运动员、亚洲武术全能冠军获得者张玉萍和武英级运动员崔玉强、侯国旺、王伟、刘玉琴等都出自东明。东明县每年举办两次武术运动会，已形成制度并坚持了数年，每次都有数百名运动员参赛，观众达到数万人。此外，每年还专门组织一些小型的专题武术比赛,以吸引和带动群众的参与。东明县多次派人参加全国和省级武术比赛，先后在全国性武术比赛中获得金牌 50 枚、银牌及铜牌 23 枚，在省级武术比赛中获金牌 46 枚、银牌 41 枚、铜牌 43 枚。1986 年 12 月 5 日，东明县被国家体委命名为第二批“全国武术之乡。”

全国武术之乡——单县

古称单父，地处苏鲁豫皖交界处，自古习武风盛，历代武林名人辈出，1996 年被国家体委命名为第二批“全国武术之乡”。

战国时期，孙膑提倡技击，鲁国文武兼盛，鲁公子季友、曹沫、子路等勇士习练技击，善于独出战斗，只身杀敌，以勇著称。齐鲁两国尤善剑道，山东境内出土的这一时期的各种剑达上千件，单县境内亦有出土，便是崇剑尚武的历史物证。两汉时期，单县基本上属汉刘邦起事之地域内，吕后家乡也为单县。故传说中刘邦屯兵转战常在单县境内。唐代查拳萌发于山东，此拳亦为单县主要拳种之一，也是回汉两族团结习武的有力佐证。

现在流行在单县的主要拳种梅花拳、少林拳、二郎拳、红拳、查拳等，大多是清朝或民国初期传入的，已成为黄河流域拳派的组成部分。在义和团运动中，单县群众性练武活动盛极一时。单县之义和团所习义和拳，原以梅花拳为主，后来掺入红拳、金钟罩、铁布衫、大刀会、八卦教的画符之类。单县当时就是白莲教、大刀会活动的主要地域。据史志载，单县大刀会首领刘士端，组织了十万义军，灭洋人，杀赃官，毁教堂，在苏鲁豫皖毗邻的砀山、曹县、虞城、永城、夏邑、商丘、丰县、沛县、萧县等 10 余个县燃起了反帝反封建的熊熊烈火。单县大刀会始于清光绪七年（1881），原是白莲教的支流，亦有金钟罩、铁布衫之名。会内武功擅长排刀、排枪、排砖等。自清光绪七年大刀会转入反洋教斗争后，他们的口号由“保卫身家”变为“灭洋人、杀赃官”“兴华灭洋”，斗争的方式也由秘密会社转向公开。他们高举“替天行道安天下，一口宝剑震乾坤”的旗帜，肩扛红缨枪，身背大刀，腰别匕首，全副武装，威风凛凛，大显了武林之风。

20 世纪 30 年代，是山东武术颇为发展的时期。国术馆、武术演习所及民间拳房、拳社等武术组织遍及城乡。单县武术活动亦非常活跃，终兴、杨楼、蔡堂、郭村、高韦庄等地的田间地头及城内、围场、学校空地，到处都是习拳练武的人群。1934 年，梅花拳大师吴体泮由菏泽来单县教徒授艺，梅花拳正式以师承的关系传入单县，其弟子中的代表人物有吴赞臣、耿才顺、耿顺德、赵勤河、赵传单、张凤岭、吴绍勤、智何亭等。40 年代，查拳也由其名师马德明族人由外地以师承关系传入单县，深受回汉两族群众欢迎。接着，段才顺、霍长芬、王虎臣等又将二郎拳、红拳相继传入单县，并以师承关系流传下来。

中华人民共和国成立后，单县武术掀开了崭新的一页。单县由于地处苏鲁豫皖的交通要道，武术界人士经常与三省兄弟县市的武术名家交流技艺，取长补短，武术技艺发展很快。日见其盛的习武之风还吸引了外地拳师来单县教徒授艺。沧州武术拳师张宝安以单县搬运公司为授拳基地，贾继垒、宋学文、高圣法、贾兰柏、李迎来等随其学习，后来均成为单县武术界的骨干。这一时期，群众武术活动轰轰烈烈，技术水平也不断提高，部分后起之秀如张月红、杨华东、苏义友、马秀芝、宗启银、李建军、李爱红等相继在全国、省、市武术比赛中获金银铜牌，取得了优异成绩。

特别是改革开放后，单县武术运动蓬勃兴起。县业余体校武术队每天有几百人早晨和晚间进行训练。单县武馆、单县民族武校、中华技击武术学校、马楼少林武校、李海武校、高老家武校、张集武校、鲁西南搏击馆、单县老年太极拳协会等相继成立。许多武术社、团活跃在田间地头、场院。武术馆、校、社、团及单项协会的成立，为单县武术运动注入了活力。1996 年单县被国家体委命名为“全国武术之乡”。

全国武术之乡——巨野县

巨野县地处山东省西南部，因古大野泽而得名。习文练武是巨野的优秀历史传统，素有武术杂技之乡的美誉。

巨野的武术活动可追溯到五帝时期，黄帝与蚩尤之战的角抵戏已具有武术的雏形。在中国历史上，无论是秦汉之争，还是三国称雄；无论是明末的“白莲教”起义，还是近代的巨野教案，巨野武术界人士都有惊天地、泣鬼神的壮举。

刀枪鞭剑张扬民族正气，击打摔拿暗含制胜玄机。武术作为技艺结合、具有较强实用性和表演性的一种运动，所展现的动律美感和扶正祛邪的精神，激励着一代又一代巨野人探索创新，丰富着巨野的武术文化。

中华人民共和国成立后，巨野武术有了新的发展。多年来，巨野先后为国家输送人才 1400 余名，活跃在影视界的武打演员 30 多人，参加了香港制片厂拍摄的《浪子燕青》和电视连续剧《杨家将》。近年来，学武热潮迭起，自行设立的训练点、训练场、训练馆 280 余处，重点武术村 50 多个，武术馆校纷纷成立，其中相当一部分已颇具规模，管理日趋科学规范。大红拳、小红拳、梅花拳、少林拳、八卦拳、太极拳等众多门类，各有传人，吸引了来自东北、内蒙古、山西、河北、河南、陕西、甘肃等全国各地的学生来该县学习深造。

武术作为一项全民健身活动，在巨野得到了普及。全县 88 万人口中经常参加武术活动的超过 26 万人，有 4 个乡镇被称为武术乡（镇）。在练武场上经常可以看到上至 80 岁的老人下至学前儿童的身影。机关、工厂、企业中老年以上职工，均有参加太极拳、击剑活动的习惯，城区内有 18 个练习点，其中 7 个太极拳、击剑练习点均有指导员。乡镇武术活动更为普遍，1996 年全县民间艺术调演及国庆 50 周年庆典活动，27 个乡镇中表演武术节目的就有 9 个，阵容庞大，气势磅礴。民间自发的武术表演更是传统节日不可缺少的内容。

自 1996 年以来，武术参赛选手在地区级以上比赛中共获奖牌 300 余枚，曾有 40 多人出国参加表演和比赛。颜丙勋在 1999 年亚洲武术邀请赛中，取得单刀第二名、拳术第四名，在省级比赛中获全能冠军三次；耿晓玲在 1999 年全国少年武术锦标赛中获长拳第四名、刀术第四名，同年国际少林武术节获棍术第一名；耿宗敏不仅多次在大赛中获奖，并随山东省武术团赴德国访问演出。

为迎接 21 世纪的曙光，巨野县政府做出了创建武术之乡的决定。全县以创乡活动为动力，加强对武术事业的领导，加大投入，狠抓管理，配套设施，使武术在提高人民整体素质、弘扬传统武术文化、促进社会主义两个文明建设中发挥了积极的作用。2000 年，巨野县顺利通过国家体育总局的验收，2001 年被命名为“全国武术之乡”。

现代综合体育设施——菏泽演武楼

菏泽演武楼是山东省菏泽市一项重要的现代综合体育设施，采用“人”字形态为造型,体现了博大精深的中华精神,既新颖现代又充满了体育建筑“力与美”的特征，突出了菏泽“武术之乡”的地方特色。

演武楼总投资约 1.7 亿元，建筑面积 18781 平方米，建筑高度 31.4 米。除设有容纳 5000 人的比赛大厅外，还有满足办公、会议、训练、新闻发布、运动员比赛检验和休息等场所，能满足武术散打、篮球、排球、羽毛球、乒乓球等多种体育项目的比赛和训练，同时，还可为大型会议、文艺演出、群众集会和健身提供场所。

2009 年 6 月竣工投用以来，不仅成功举办了第十一届全运会武术散打比赛，还承办了其他多场体育比赛、会议和大型文艺演出。演武楼被“十一运”组委会评为“第十一届全国运动会优秀场馆”荣誉称号。

菏泽演武楼西邻赵王河景观廊道，与菏泽大剧院和群众文化综合楼共同组成了市区文化中心。

各路武林好手在演武楼切磋技艺，以武会友，菏泽千年的尚武文化在此得到了传承，更得到了发展。而作为菏泽尚武文化精神图腾的演武接，也必将见证菏泽大地上更多武林故事的诞生。

五、武术村庄遍布菏泽

在菏泽市各县区农村，武术乡镇、武术村庄、武术专业队星罗棋布，练武活动随处可见。正如当地民间所说：“吃了曹州的饭，喝了雷泽的水，都会伸伸胳膊踢踢腿。”

在遍及全市民间的武术村、武术队中，有的以悠久的习武历史见长，有的以精彩的拳法表演为特色，也有的以惊人的器械演练见功夫。其中，郓城县有武术乡 13 个、武术村 128 个；巨野县有重点武术村 50 多个；定陶县有 55 个行政村开展练武活动；曹县有 9 个武术村和大义集、张楼、丁园、魏庄、谢集等武术专业队；成武县九女集、郜鼎集、大田集、汶上集、孙寺等乡镇都有武术活动；鄄城县有什集镇的王坊、马庄，董口镇的前园、后宋庄，郑营乡的王胡同，旧城镇的旧城集、杨屯，箕山镇的高庄、艾庄、后寨，凤凰乡的朱李庄、崔柳行，红船镇的于庄等 14 个武术村。

在农闲时节，特别是重大喜庆和传统节日，各武术村、专业队都要云集到乡镇驻地或县城，进行精彩的武术表演，活跃城乡人民的节日文化生活。表演场上，龙腾虎跃，刀光剑影，再现了中国武术之乡的雄风。

武术杂技走出国门的孔楼村 巨野县孔楼村武术杂技历史悠久，名扬海内外，是山东省著名的武术杂技村。

孔楼村武术活动始于明万历年间，距今已 400 余年。当初，河北沧州两位江湖匿名武师到孔楼谋生，并收徒传艺，村里有数名青年拜其门下，以后习武人员不断增加。经数百年传承，至清末民国初年，村里习武蔚然成风，所有男子汉几乎都会几手。1930 年前后，孔楼村老艺人孔凡令、韩仰芝夫妇，辗转于大江南北，打拳卖艺，结识了江苏省马戏团掌班夏友祥。接着，他们便带领本村一些青少年前往学习杂技艺术。全国解放后，孔凡令夫妇回到孔楼，并请来江苏著名演员吴凤英为教练，传授武术杂技。随着学习武术杂技人员的增加，孔凡令夫妇于 1953 年办起“山东胜利马戏团”。该团由于武功好、杂技水平高，并不断到各地演出，天长日久，影响越来越大。

孔楼村武术杂技艺术精湛。其武术主要有八卦拳、八卦掌、八卦刀、大兴门、二兴门、杨家枪、岳家枪、子龙枪、张飞枪、关公刀和天下绝技“明趟刀子”；杂技主要有马术、车技、蹬技、口技、爬杆、飞人、飞刀、舞狮、走钢丝、魔术等百余个节目，名扬大江南北、国门内外。近 20 余年，该村武术艺人孔庆春曾跟随周恩来总理参加亚洲国际贸易会，向国际友人表演武术杂技绝活，为祖国争得荣誉。1968 年成立的村武术杂技学校所培养的学员，已有5000余人被国内艺术团体、演出公司和影视基地选用。由该校学员组成的十几个艺术团体活跃在全国各地，经常应邀到韩国、日本、泰国、马来西亚及欧美一些国家进行商业性演出。

孔楼村日益兴盛的武术杂技事业带动了四里八乡，孔楼村所在的大义镇于2004年7月被山东省文化厅正式命名为“民间杂技艺术之乡”。

培育武术英才的双河集 地处牡丹区东城办事处的双河集，是远近闻名的武术村。据《菏泽市武术志》记载，双河集历代崇尚武术。100多年来，这里培育了数十名在全省乃至全国有名的武术英才。

旧中国，双河集有一寺院，院内和尚习练红拳，个个武艺高强。双河集因人多地少，度日艰难，村里人为了生计和防受人欺，就向寺院和尚学练武术，村里的中青年男子个个都练拳脚功夫。

早在20世纪初，黄河西岸史战彪、李福田两位梅花拳师来双河集切磋技艺，交流武术。他们俩功力扎实，武艺超群，为双河集人所折服。村里陈士民、郭玉鹏、丁金贵等人，遂拜两位梅花拳师为师。自此，村里改过去习练红拳为习练梅花拳。后来又有杨士文、杜文彩、杨坤和、贾龙升等人，成为史占彪、李福田的得意弟子。村里还办有武场，师生相传，距今已五六代人。

在习练武术中，双河集人不满足于祖传技法，他们遍访各地武术大师，不断创新。村里名人辈出，代代有英才，其中王松元、王守义、陆建民、陈良柱等都在中华武术界占有一席之地。

适逢盛世，双河集武术事业更加兴旺。仅村办武校——双河集文武武校就培养了1000余名武术人才。多年来，校长陈良柱义务授徒，仅其徒弟、徒孙就多达5000多人。这些人受聘于西北、西南、东北各省，多为教练员、运动员和机关、企业等单位的保安人员，为繁荣国家体育事业、维护社会安定贡献力量。

梅花拳的“摇篮”朱口村 在东明县城东四公里处，有一个500余户的朱口村，村上住着2000多口人，三分之二的人都习练梅花拳。每逢春节、元宵等节日，老弱妇孺皆持刀、枪、剑、戟对列操练，既传承了民族文化，又强健了体魄，是个远近闻名的梅花拳村，素有“喝了朱口的水，大人小孩能打几个滚”的说法。

相传1931年，朱口一带常有土匪出没扰乱村民，粮食、牲畜多被掳走。为加强这一带治安管理，在本村朱邦齐的引领下，由菏泽县（今牡丹区）的穆李寨、高庄、高庙三个村的梅花拳拳师在此开场，主要有梅花拳第12世名师李文松、郝自修等任教，传授梅花拳技艺。在大领朱纪轩的主持下，第一批招收了朱怀庆、朱金堂、朱秋中、朱继增、朱满堂、朱清云、朱庆远等13人，号称“十三大鞭”。第二批招收了朱长江、朱炳勤、朱振修、朱新柱、朱秋建、朱庭建等。第三批招收了朱振全、朱双印、朱俊合、朱五林、朱国华等几十人。这些拳师们，白天干农活，或在城区附近打短工，晚上看家护院，为一方平安立下了汗马功劳。特别是第一批拳师们，在抵御日寇侵犯东明的斗争中发挥了积极的作用，并培养出东明县原抗日政府县长梁子庠这一孤胆英雄虎穴侦探的传奇人物。

近年来，朱口在传统梅花拳的基础上，大胆改革，推陈出新，培养出了一批武术拳师。目前，该村已拥有著名梅花拳拳师30余名，教练员20余名，在外开场，传授技艺。其传播范围已扩展到四省、几十个县市，如山东省的济南市、牡丹区，曹县，河南省的长垣县、濮阳县、滑县；安徽省的亳县和河北省的魏县等。为国家各类体校输送高才生200余人。

东明县政协委员、梅花拳第15世拳师朱华山，常年四处奔波，一心一意扑在梅花拳技艺的传授上，由他培养传艺的武坛新秀已崭露头角。高国全6岁就追随朱华山，经过艰苦磨炼，其技艺越来越精湛，功底愈来愈深厚，曾获1993年中国首届国际武术选英大赛65公斤级第二名、梅花桩优胜奖及1999年北京“绅士风”杯武术散打第一名。谷尚尉自幼拜朱华山为师爷，切磋梅花拳技艺，坚持不懈，努力拼搏，2006年3月至10月被深圳卫视、少林寺联合授予中国功夫之星称号。

梅花拳的“大本营”王坊村 鄄城县什集镇的王坊村有百年练武历史，素有梅花拳“大本营”之称。

王坊村有1500余人，户户入谱，人人练武，上至八旬老人，下到幼童，均能打拳踢脚，舞刀使枪。1953 年，周焕明、王怀明、孙在雪等参加鄄城县武术赛荣获集体一等奖，王怀明被评为优秀运动员并参加地区武术表演。1959 年王重礼、王德成等两次参加地、县武术赛，均获一等奖。1960 年，该村参加山东省武术比赛获集体一等奖。1964 年在济南军区比武中获奖旗一面。1978—1979 年，周传云、王玉迎等参加省、地及濮阳武术比赛，均获奖。1991 年，武术新秀王玉全在山东省农运会武术赛中获总分第二名，在省体大武术赛中获全能冠军，现任福建西山武校总教练。

王坊村武术弟子遍布河南、河北、山西、陕西、安徽、江苏等省，是菏泽市、鄄城县两级挂牌的"武术村"。

六、菏泽武术走向世界

随着改革开放的不断深入，菏泽武术对外交流日益频繁。在菏泽每年举行的国际牡丹花会开幕式及林产品交易会上，大型武术团体表演及各种武术演艺活动，把花乡豪杰的英姿充分展现在中外来宾面前，弘扬和推介了武术文化。

郓城宋江武校的狗娃艺术团，自 1994 年春节晚会演出《狗娃闹春》轰动全国之后，又多次出国演出，每次均以其独特的艺术风格赢得国外各界的赞誉，为中外友好以及民间文化交流做出了一定贡献。单县民族武馆的运动员 1990 年在山东济南国际武术演武大会开幕式上，做了大型团体武术表演；1991 年又在北京第一届亚洲武术锦标赛开幕式上做了表演，技惊四座，名扬中外。赵登禹将军武术学校的学生 2000 年 5 月，在海南世界太极拳健康大会开幕式上做了专场演出，赢得了国际武林界及亚洲武联的高度评价；随后又组成中华武术文化展演团，赴德国、英国进行巡回演出，使中国武术文化远播海外；2001 年 6 月，展演团又应邀赴韩国表演，2001 年应邀去法国、德国、瑞士、瑞典、丹麦、挪威、卢森堡、奥地利、荷兰、意大利、比利时、英国等国巡回演出，其深厚的功力、精湛的技艺，在国际上引起极其强烈反响；展演团还应邀于 2002 年 9 月中旬赴美演出，2002 年 10 月赴日本演出，2003 年 7 月 19 日至 2004 年 2 月 5 日赴泰国、马来西亚、新加坡巡回演出，均受到当地人民的热烈欢迎，泰国总理观看后，予以高度赞扬。

受外国武术协会及武术团体的邀请，菏泽市曾选派一批优秀武术教练员、教师作为武术文化使者，先后赴埃及、俄罗斯、加拿大、德国等国家和港澳地区援教、讲学，在国外培养了一大批优秀武术运动员和武术骨干力量，为中国武术走向世界发挥了积极作用。如菏泽市武术运动学校高级教练员、曾任菏泽学院体育系副主任的陆建民，经国家体委选派，于 1992 年 2 月—2001 年 4 月，连续四年执教埃及国家散打队，并使该队在国际比赛中取得了优异成绩，受到国际友人一致好评。2013 年 12 月 1 日至 2014 年 3 月 1 日，宋江武校 5 名学生应邀赴美国加州进行武术表演。2018 年 7 月 29 日至 8 月 12 日，韩国京畿道武术协会一行 32 人，在宋江武校为期半个月体育新苗培训班，学习武术散打、武术套路和太极拳的知识和技能。随着菏泽武术在海外影响的扩大，日本、法国、意大利、美国、德国、英国等国外朋友和团体纷至沓来，拜师学武，交流技艺。这些活动扩大了“中国武术之乡”菏泽在国际上的知名度，使菏泽健步迈进了世界武术的殿堂。

第二章　高歌猛进

第一节　武校风采

菏泽市武术馆校的兴起，始于1982年全国武术工作会议之后。当时，社会武术蓬勃开展，武术热逐步形成，各种形式的武术社团纷纷成立；允许民间开办武术馆校授拳传艺的政策，使得武术馆校应运而生。1987年，全市民间武馆星罗棋布，多达186个。菏泽市规模较大的武术馆校有菏泽市武术运动学校、郓城宋江武校、曹州武术学校、东明县东方武校、山东搏击武术学校、赵登禹将军武术学校等。这些武校在宣传、推广武术，培养武术后备力量中发挥了积极作用，是全市武术事业发展中的一支生力军。

菏泽市武术运动学校

是由山东省体委1984年8月正式批准成立的全省唯一的一所公立单项运动学校，承担着为山东省武术专业队培养后备力量的重任。

建校伊始，省体委委托菏泽市武术运动学校承担7名专业队员和30名重点班学员的培训任务，经费由省体委拨付。王守义任校长兼教练，贾用怀任专业队领队，教练员7名，行管人员2人。王守义1986年离休，由贾用怀主持武校工作，陆建民任总教练。该校师资力量雄厚，训练条件优良，是菏泽地区武术活动的中心和龙头。

菏泽市武术运动学校的主要任务是，为国家培养输送优秀武术运动员，为各县业体班、武术馆校培训教练员、裁判员和武术骨干，代表菏泽市参加省级以上的重大武术比赛，带动菏泽市武术事业的发展。

菏泽市武术运动学校建立后，多次代表菏泽参加省级以上重大武术比赛，均取得突出的成绩。1985—1987 年受省体委委托，菏泽市武校运动员连续三年代表山东省参加全国“武士杯”少年武术比赛，获得团体总分一次第四名、两次第五名和集体基本功比赛团体第三名、第五名的好成绩，进入全国六强的行列。1987 年后，由省体委组队，菏泽市多名队员被选拔参加全国“武士杯”少年武术比赛，团体和个人单项均获得优异成绩，共获奖牌 225 枚，其中金牌 34 枚、银牌 18 枚、铜牌 26 枚。1985—1996 年连年夺魁，团体总分连续十二年全省第一，取得十二连冠。在山东省 1986 年第十三届运动会和 1988 年第十四届运动会两届武术比赛中，菏泽市武校均获团体总分第一名。在山东省全运会和“希望杯”武术比赛中，菏泽市武校共获奖牌 793 枚，其中金牌 213 枚、银牌 143 枚、铜牌 178 枚。

菏泽市武校建校以来，为国家培养输送了大批优秀专业人才。曾任中国武术研究院外事办主任、全国武术比赛女子全能冠军三连冠、亚洲武术锦标赛女子全能冠军得主、武英级运动员张玉萍，山东省武术研究院社会部主任、武英级运动员赵翠荣，北京清华大学体育部武术教师、第八届世界武术锦标赛枪术冠军、武英级运动员张继东，北京市武术队教练、全国九运会武术比赛枪、剑冠军、武英级运动员石昆等，均系菏泽市武校输送的优秀运动员。菏泽市武校共向山东省武术专业队输送 14 名运动员，向外省、市专业队输送 12 名运动员，向各大体育院校输送 45 名运动员，向解放军武警部队输送 162 名武术骨干。

菏泽市武校除做好日常训练工作外，还经常利用节假日无偿举办全区教练员、裁判员培训班，为各县业余体校、各类武术馆校培训了一大批武术教练员、裁判员。武校教练员陆建民、穆丽等经常到各县武术班、武术馆校进行技术指导。

菏泽市武校还注重武术文化传播、国际武术交流。原市武校高级教练员、曾任菏泽学院体育系副主任的陆建民经国家体委选派，于 1997 年 2 月—2001 年 4 月连续四年执教埃及国家散打队，并使该队在国际比赛中取得了优异成绩。

1992年在原有项目基础上又新开设了武术散手和跆拳道项目。经过几年努力，涌现出一批优秀运动员，他们在全国散打和跆拳道比赛中摘金夺银，为“武术之乡”增添了新的光彩。

1985年、1987年，菏泽市武校两次受到地委、行署通报表扬，肯定他们“开创第一流的工作，取得第一流的成绩”。1986年被评为山东省体育先进单位；1987年被国家体委授予全国体育训练先进集体光荣称号；1993年10月被评为山东体育全省群众体育先进单位，1997年10月又一次被评为全国群众体育先进集体。

郓城宋江武术学校

宋江武校是1985年经教育和体育部门批准创办的一所文武兼修、以武见长的封闭式、寄宿制、12年一贯制学校。目前占地面积420余亩，建筑面积9.5万平方米，固定资产6.5亿元，设有从小学到高中各个年级以及散打、套路、拳击、柔道、摔跤、影视、跆拳道、空手道、武术舞蹈、足球、攀岩、轮滑等专业班80余个，有来自全国各地的学生4000余人，教职工400余人。

宋江武校一直把武术训练放在工作的首位，兴建了一流的训练场馆，配备了一流的武术教练，制定了“以德建武，以文保武，以武养文，文武并进”的办学方针。建校以来，宋江武校培养了一大批优秀武术人才，已向国家队、省优秀专业队、武警部队和高等体育院校输送专业人才5000多名，为全国各地输送教练员5500余名，为各大企业输送高觉悟、知法律、善搏击、懂管理、通文秘、晓英语、能攻关、会驾驶的复合型高素质保安人才6000余名，在国内外重大赛事中获奖牌2600余枚。学校自1999年开始单独组队参加省散打锦标赛，8次获团体总分第一、金牌总数第一“双冠王”称号。拳击、跆拳道代表队获2002 — 2005年省锦标赛金牌和团体总分四连冠，武术套路在省锦标赛中亦多次夺冠。山东省第九届中学生运动会上，宋江武校代表菏泽市参赛，武术套路荣获金牌总数和团体总分双第一。在2006年1月的全国散打俱乐部争霸赛中，宋江武校组织两队出赛，“宋江武校俱乐部”获团体总分第一名，“郓城水浒酒业俱乐部”获团体总分第三名。“宋江武校俱乐部”

的杨晓靖力挫群雄，夺得全国“武状元”，王强夺得全国第二名。在山东省多届运动会上，宋江武校都为菏泽市夺得“半壁江山”。从宋江武校走出了一批世界、亚洲和全国武术冠军，袁新东、袁晓超、康永刚、边茂富等是其优秀代表。2010年广州亚运会上，中国共派出977名运动员，其中宋江武校学生占了3人——袁晓超、魏宁和姜春鹏；在中国代表团夺得的199枚金牌中，宋江武校的学生占了3枚：首金为袁晓超所得，第156枚和第158枚金牌为魏宁所得，姜春鹏虽然和金牌擦肩而过，但最终将铜牌收入囊中。2019年10月举行的第19届全国武术学校散打比赛共设13枚金牌，宋江武校一举夺得4枚。2022年北京冬奥会，中国共派出176名运动员参赛，其中就有宋江武校跨项输送的自由式滑雪运动员李方慧，李方慧荣获北京冬奥会自由式滑雪女子“U”形场地技巧赛第五名。

宋江武校把文化课教学放在重要位置，半天学文，半天练武，文武并进。在全校400余名教职工中，大学本科以上文化程度的占92%，高中级职称的占75%。文化课按教育部的规定设置。在市县历次联考中，学生的及格率都在95%以上。学生刘博因品学兼优获宋庆龄奖学金和“全国小状元”称号。2007年宋江武校考入北京体育大学武术专业28人，创下全国一校一次录取人数占全国总招量10%的最高纪录。

宋江武校注重培养各类艺术人才。1994年宋江武校学生表演的武术舞蹈《狗娃闹春》荣获央视春晚一等奖，随后成立了狗娃艺术团，开设了影视和武术舞蹈专业。狗娃艺术团相继参加了申奥、世妇会、迎港澳回归等国际和国家级演出百余次，在北京奥运会开幕式上有张艺谋执导、宋江武校学生参演的《地球奔跑》《人体鸟巢》受到世界观众好评。2020年除夕，在中央电视台春节文艺晚会上，宋江武校学生为著名歌唱家成龙演唱的歌曲《万里长城永不倒》伴舞。2022年2月4日，宋江武校学生在北京冬奥会上表演的节目《立春》惊艳全世界。北京是世界上第一个既举办夏季奥运会又举办冬季奥运会的城市。同样，宋江武校成为既参加夏季奥运会开幕式演出又参加冬季奥运会开幕式演出的学校。宋江武校学生还多次赴美国、日本、法国、韩国和港澳台等几十个国家和地区演出。学生先后在张艺谋、吴子牛、洪金宝、鞠觉亮等大陆和港澳著名导演执导的《狄仁杰》《微服私访》《狩猎者》《少林寺传奇》和新版《水浒传》等几十部影视作品中担任角色。其中18集电视连续剧《水浒少年》中主要人物均有宋江武校学生扮演，该剧荣获我国影视最高奖——“飞天奖”一等奖。2012年9月，由宋江武校输送的学生袁晓超主演的功夫片《太极》轰动国内外，业内人士评价说：“袁晓超的横空出世和他奥运会武术冠军的背景，让他的未来变得光明可期，成龙和李连杰功夫巨星自此后继有人。”

宋江武校学生前景广阔：近几年，每年考入北京体育大学、上海体育学院等国内著名高等院校的学生都在百人以上，往国家队和各省市专业队输送专业运动员60名以上，为全国各地武术馆校输送教练员200人左右，为武警部队等特等兵种输送兵员百人左右，同时，每年都有一些学生走进全国各影视剧组，在演艺界施展才华。

宋江武校目前是中国青少年职业拳击训练基地、山东省优秀运动队后备人才基地、北京体育大学教育实习基地、吉林体育学院竞技运动人才基地。宋江武校先后被评为“全国群众体育先进单位”“全国先进武术馆校”。在全国武术20年大总结中，被评为“全国十大武术名校”。2014年2月被中国武协评为“2010—2013年全国十杰武术学校”。2017年12月荣获国家体育总局颁发的“全国体育事业突出贡献奖”。校长樊庆斌2011年荣获全国“五一劳动奖章”，历任郓城县政协常委、郓城县政协副主席、菏泽市工商联主席、菏泽市政协副主席、山东省民间商会副会长等职，是第九、十、十一、十三届全国政协委员，第十一届山东省政协常委；副校长刘国庆连续当选为第十、十一届山东省人大代表，2012年当选为菏泽市第十八届人大代表，2017年1月当选为郓城县人大常委会委员。

宋江武校承办的重要武术活动

2002年5月承办中国法国散打对抗赛。

2003年4月承办中国美国散打对抗赛。

2007 年 5 月 10 日至 15 日，当今中国武林界中最富影响力和传奇色彩的少林拳、太极拳、红拳、华拳、戳脚拳、峨眉拳、武当拳、查拳等 16 个拳派的掌门人或传人率百余名武林高手会盟郓城，同时举行武林论坛，谈武论道，签盟约，立盟碑，共谋发展。

2015 年 10 月 6 日中墨散打对抗赛。比赛设置六个级别，最终宋江武校以 5 比 1 取得胜利。

2019 年 10 月 29 日，郓城水浒围棋文化研究院在郓城宋江武校水浒好汉城举行揭牌仪式。中国围棋协会副主席聂卫平等领导和来自北京、浙江、江苏、辽宁等全国各地的棋友们出席了揭牌仪式。

2020 年 1 月 24 日晚（除夕），在中央电视台春节文艺晚会珠海分会场，宋江武校学生给著名歌唱家成龙演唱的歌曲《万里长城永不倒》伴舞。同时，零点时分参与演员大联欢节目的演出。

宋江武校参与承办的国家级大赛

2007 年 4 月 22 日，第六届全国武术之乡武术比赛在宋江武校举办。宋江武校获金牌 12 枚、银牌 6 枚、铜牌 4 枚。团体总分第一名。

2018 年首届全国攀岩全能锦标赛 6 月 29 日至 7 月 1 日在郓城县宋江武校举行。

2019 年 10 月 21 日至 26 日，第十九届全国武术学校散打比赛，宋江武校夺得 4 枚金牌。

2021 年 5 月 25 日，淮海经济区围棋团体邀请赛开幕式暨全国围棋之乡（菏泽）授牌仪式在郓城水浒好汉城举行。

宋江武校参与承办协办的省级大赛

2013 年 2 月 28 日至 3 月 1 日，2013 年“中国体彩杯”山东省中国式摔跤比赛。

2013 年 7 月 15 日至 18 日，山东省第三届大众跆拳道锦标赛。

2014 年 2 月 16 日至 17 日，山东省中国式摔跤锦标赛。

2014 年 12 月 3 日至 6 日，山东省青少年武术散打锦标赛。

2015 年 7 月 18 日至 20 日，山东省古典式摔跤锦标赛。

2016 年 10 月 13 日至 17 日，第二届山东省武术大会。

2017 年 5 月 31 日至 6 月 4 日，2017 年“中国体育彩票杯”山东省武术散打锦标赛（甲组）。

2017 年 11 月 22 日至 25 日“中国体育彩票杯”山东省武术套路冠军赛。

2017 年 11 月 26 日，2017“水浒酒业杯”山东好汉武林争霸选秀赛。

2017 年 12 月 22 日至 25 日，山东省青少年武术俱乐部联赛。

2018 年 5 月 9 日至 12 日，山东省第二十四届运动会跆拳道乙组预赛暨 2018 年“中国体育彩票杯”山东省跆拳道乙组锦标赛。

2018 年 5 月 23 日至 27 日，山东省第二十四届运动会武术散打项目预赛暨 2018 年“中国体育彩票杯”山东省武术散打锦标赛（甲组）。

2019 年“中国体育彩票杯”山东省男子拳击锦标赛。

2019 年 5 月 2 日至 7 日“中国体育彩票杯”山东省武术套路（女子）锦标赛。

2019 年“中国体育彩票杯”山东省武术散打冠军赛。

2019 年 11 月 9 日至 11 日“中国体育彩票杯”山东省攀岩锦标赛。

2020 年 11 月 5 日至 8 日，“山东好汉”山东省青少年武术散打俱乐部联赛。

宋江武校 2005 年至 2021 年武术大赛成绩

2005 年 8 月 7 日第五届全国武术馆校武术散打赛，夺得 2 枚金 1 枚银牌和 1 个第五名，获团体总分第三名。

第五届武术之乡比赛于 2005 年 10 月在河南登封举行，武校 6 名队员参赛，获 4 枚金牌、2 枚银牌、3 枚铜牌。

2005 年 11 月 29 日至 2006 年 1 月 7 日，2005 年中国武术散打俱乐部争霸赛在北京通州举行，取得团体总分第一名和第三名，杨晓靖夺得全国“武状元”，王强夺得第二名。

2006 年 8 月，“网通杯”第六届全国武术馆校武术散打赛，荣获 4 枚金牌、1 枚银牌、1 枚铜牌，获金牌总数和团体总分双第一。

2006 年 9 月，武校高志凤代表国家参加了世界青少年女子散打赛，获 60

公斤级冠军。

山东省第21届运动会，为我市体育事业做出了突出贡献，共获得金牌23枚、银牌9枚、铜牌8.5枚，获团体总分426.75分。

2007年4月22日，第六届全国武术之乡武术比赛在宋江武校举办。宋江武校获金牌12枚、银牌6枚、铜牌4枚。团体总分第一名。

宋江武校输送的学生袁晓超在2008年北京奥运会特设项目长拳比赛中，获得金牌。

2010年11月13日，广州亚运会首金被宋江武校输送的学生袁晓超夺得。参赛项目为长拳，最终得分9.78分。

2013年7月15日至18日，山东省第三届大众跆拳道锦标赛，获男子金牌2枚、银牌1枚、铜牌3枚，女子银牌1枚、铜牌1枚。

2014年2月16日至17日，山东省中国式摔跤锦标赛。取得8枚金牌、17枚银牌、22枚铜牌的优异成绩。

2019年10月21日至26日，第十九届全国武术学校散打比赛，夺得4枚金牌。

曹州武术学校

在曹州武术馆的基础上发展起来的。1986年3月，曹州武术馆创立，贾龙升任馆长，1995年曹州武术馆更名为曹州武术学校，贾其武任校长，现位居菏泽市牡丹南路855号。

该校占地260亩，固定资产9000多万元，建筑面积7万多平方米，教学楼、训练馆、电教楼、实验楼和公寓楼、餐厅等现代化的教学、服务设施齐全。现有在校学生6500多人，有小学、初中、高中9个年级123个教学班，生源遍及全国绝大多数省市自治区。武校现有教职员工370余人。

该校坚持“以文为主、武为特色”的教学理念，文化课按国家规定教材施教，文武教学成绩显著。大学升学率始终保持在较高水平。武术课开设有套路、摔跤、跆拳道、柔道、拳击、散手等课程。

曹州武校注重多元化发展。2003年以来，先后开办了职业高中班，设立了微机、影视、武术、警务、文秘专业班；向山东省武术队、天津武术队及莱州、徐州、福州等武术学校输送武术教练员和运动员几十人。2002 年武校与德国汉斯武道馆签订了友好馆校协议，达成了互派学生的意向。

2006 年以来武校参加的比赛、取得的成绩和承办协办活动

2006 年全国武术散打冠军赛 80 公斤级冠军。2006 年应邀参加“大韩民国全州世界声音文化节”中韩联合演出。武校艺术团应邀赴文莱参加庆祝中国和文莱建交十五周年及文莱国王苏丹 60 岁生日庆典进行武术表演。2007 年第二届国际搏击争霸赛 80 公斤级冠军。2008 年第四届世界杯武术散打比赛 80 公斤级冠军。高中复读班从 2008 年开始一直开办到今，每年都招收 2000 人到 3000 人。北京 2008 奥运会青岛帆船开幕式上，应邀进行了武术表演。武校高考升学率始终保持在 98% 左右，学生基本都能上大学。2010 年全国武术散打锦标赛、冠军赛 80 公斤级冠军。全国农民武术比赛获得传统拳术“一等奖”、刀里加鞭“二等奖”、传统器械“二等奖”。2011 年全国武术散打锦标赛 80 公斤级季军，中国武术散打功夫王争霸赛 80 公斤级冠军，中泰对抗赛 80 公斤级冠军。2012 年中俄武术散打对抗赛 80 公斤级冠军。2013 年中国真功夫揭幕战 80 公斤级冠军。2014 年昆仑决中国区 80 公斤级金腰带获得者，搏击王者中日搏击对抗赛 80 公斤冠军，武校艺术团参加山东省第 23 届省运会开幕式，获得“优秀大型武术团体操编导”表彰。

2015 年，世界格斗争霸赛 80 公斤级冠军。丝路英雄世界搏击争霸赛 80 公斤级冠军。宝华国际世界功夫争霸赛 80 公斤级冠军。武校建立足球专业球队，武校被授予“全国青少年校园足球特色学校”。

2016 年，香港国际武术节武术比赛，获得 15 金、31 银、5 铜。山东省武术冠军赛，获得 5 金、10 银、7 铜。浙江普陀国际武术节，获得 38 金、9 银、1 铜，几乎囊括了全部金牌。

2017 年，山东省武术散打锦标赛，获得 1 金、3 银、8 铜。山东省武术套路冠军赛，获得 1 银、5 铜。“中国体育彩票杯”2017 山东省足球锦标赛暨山东足协青少年足球精英赛（男子乙组）挺进八强。该校近 300 人参演《少

年水浒传》的拍摄。

2018 年武行风云国际拳王争霸赛 80 公斤冠军。“武状元杯”全国青少年武术俱乐部联赛中获得一等奖 9 个、二等奖 8 个、三等奖 5 个。山东省第 24 届运动会武术套路预赛和决赛，共获得 2 金 1 银 7 铜。山东省武术散打决赛，获得 2 金、2 银、2 铜。山东省武术散打锦标赛，获得 1 金、3 银、8 铜。山东省足球锦标赛，获得男子乙组金牌。山东省第 24 届运动会的足球比赛中，获得 4 枚金牌。武校艺术团 700 余名学生先后参加山东省第 24 届省运会开幕式，进行武术表演，获得成功。武校被授予“全国青少年校园足球特色学校”。

2019 年，山东省武术套路锦标赛获得 16 金 14 银 13 铜。山东省女子散打锦标赛，获得 2 金、1 铜。山东省散打锦标赛，获得 8 金、4 银、7 铜。山东省散打冠军赛，甲组获得 4 金、5 银、3 铜。乙组获得 2 金、5 银、1 铜。山东省中国体育彩票杯女子套路锦标赛，获得 8 金、8 银、3 铜。山东省中国体育彩票杯男子散打锦标赛，获得 8 金、5 银、9 铜。山东省武术套路冠军赛，获得 9 金、12 银、14 铜。承办了山东省中国体育彩票杯女子散打锦标赛比赛，并在此次比赛中获得 8 金、6 银、10 铜。武校藤球队，8 名队员入选国家藤球队。武校承办了山东省女子足球队集中培训。

2020 年，山东省第 25 届武术散打锦标赛年度赛，获得 7 金、5 银、9 铜。山东省武术散打冠军赛，获得 6 金、6 银、9 铜。“2020 年全国‘体校杯’足球比赛总决赛”中，武校足球 U14 男队获得第 3 名，菏泽市委书记、市长带领市委市政府领导，亲临车站迎接。国家体育总局和中国藤球协会联合举办的“2020 年中国体育彩票杯全国藤球锦标赛”中，获得 2 金、4 银。

2021 年，山东省武术散打锦标赛（男子）获得 6 金、4 银、3 铜。山东省散打锦标赛，获得 5 金、5 银、3 铜。北京体育大学与菏泽市政府签约，依托曹州武校打造菏泽首个国家高水平竞技体育后备人才培养基地。承办菏泽市首届京晋冀鲁藤球对抗赛。中华人民共和国第 14 届学生运动会开幕式，于 2021 年 7 月 12 日在青岛隆重举办。武术艺术团 80 余人，光荣参加排演工作。

30 年创业，曹州武校赢得了广泛的社会赞誉，获得了很高的荣誉，被授予“全国群众体育先进单位”“全国先进社团组织”“教育部中央教科所十五重点课题教学试验基地”“国家体育总局北京体育大学青少年竞技后备人才培养基地”“全国青少年校园足球特色学校”“山东省名武术学校（甲级）”等荣誉称号。年年被评为菏泽市先进单位。武校还是北京、沈阳、西安、山东等体育大学生源基地。校长贾其武现为菏泽市政协委员、菏泽市武协副主席。

东明县东方武术学校

是掌拳第十二代传人尚圣法筹资创办的一所民办公助性质的学校。现有小学、初中、高中、职高四个级别，共 62 个教学班、3600 余人，教职工 362 人。学校占地面积 280 余亩，总建筑面积 98000 平方米，固定资产 1.66 亿元。拥有教学楼、综合楼、训练馆、学生公寓、微机室、实验室、语音室、家属楼、学生餐厅等大型建筑群及宾馆、商店、洗浴中心等高档辅助设施。

建校以来，该校发扬艰苦创业精神，不断开拓进取，连创佳绩。1995 年 11 月东方武校被山东省体委、山东省教委评为“山东省著名武术馆校”，1996 年 12 月被中国武术协会、国家体委武术运动管理中心命名为“全国先进武术馆校”，2004 年被定为山东省武术训练基地、北京体育大学武术实习基地。

东方武校多次参加省级、国家级比赛，八次获得团体总分第一，120 余人次获得单项冠军。2002 年 10 月，武校两名运动员代表菏泽市参加山东省第 20 届运动会武术比赛，取得一金一银的佳绩。2004 年 10 月，东方武校舞狮队在湖北大冶举行的第五届“雷山杯”全国舞龙舞狮锦标赛中，力挫群雄，荣获北狮冠军，成为名副其实的“北狮王”。东方武校成立 10 余年，先后为社会各界输送各类人才 2000 余人，其中，各省、市专业队 114 人、高等体育院校 230 人。

东方武术学校比赛成绩

2010 年 3 月“山东省武术散打锦标赛”，48 公斤级第一名。2011 年 5 月获得广东佛山第五届全国南北狮王争霸赛冠军。2011 年 9 月代表山东参加在贵州举办的第九届全国少数民族传统运动会获得金奖。2011 年 11 月“山东省青少年武术套路锦标赛”，棍术第一名，地趟拳第一名，地趟刀第二名，通北拳第一名，剑术第二名，翻子拳第一名，拳术第一名，棍术第二名。2012 年 5 月在广东佛山举办的“黄飞鸿”杯第六届南北狮王争霸赛获得冠军。2013 年 5 月在广东佛山举办的“黄飞鸿”杯第七届南北狮王争霸赛获得冠军。获 2014 年全国散打锦标赛 85 公斤级冠军（山东兰陵），2014 年全国散打冠军赛 85 公斤级季军（吉林），2016 年 11 月代表山东参加在江苏溧阳举办的第九届全国龙狮锦标赛获得亚军。2017 年 11 月参加在广西南宁东盟南北狮王争霸赛获得亚军。2017 年全国散打冠军赛 100 公斤级亚军（江苏扬州），2018 年全国散打锦标赛 100 公斤级亚军（河北），2019 年全国散打锦标赛 100 公斤级季军（湖北宜昌），2018 年 9 月山东省第十届少数民族运动会获得综合类项目冠军。2018 年全国武术套路冠军赛（传统项目）男子绳镖第一名（四川成都），2019 年全国散打冠军赛 100 公斤季军（重庆）。2019 年全国武术套路冠军赛（传统项目）绳镖第三名（湖南株洲）。朱任泉 2019 年全国青少年武术套路锦标赛 B 组枪术第三名。2019 年全国武术学校套路比赛男子枪术第二名，2019 年 8 月参加中华人民共和国第七届全国中学生舞龙舞狮锦标赛获得北狮双项冠军。2019 年 10 月参加在浙江宁波举办的全国青少年舞龙舞狮锦标赛获得自选套路、传统套路、创新套路三项冠军团体第一名。

赵登禹将军武术学校

创办于隆重纪念赵登禹将军诞辰 100 周年、七七事变 60 周年之际。赵登禹将军之女赵学芬（民革中央副秘书长）任名誉校长，张秋海任校长。

该校占地面积 40 亩，建筑总面积 8000 平方米，拥有大型的练武厅、现代化的四层教学楼和微机室、语言室、宿舍、餐厅等。全校教职员工 36 名，在校生 460 余人。文科开设小学一年级到初中三年级的全部课程。武科因材施教，开设三类课程，一是兵器拳术班；二是气功班；三是传统武术班。

多年来，赵登禹将军武校在各类武术赛事活动中创造了优异成绩，受到社会各界广泛赞誉。武校培育的武术英才，除部分留校外，对外输送专业人才60余人。此外，还向北京、天津、青岛、广州、深圳保安、特警部队输送人员。

武校精心打造了一支文武兼备、才艺双绝的演出队伍——中华武术文化展演团。该团频繁出国表演，扩大了中华武术在海外的影响。2001年6月，武校展演团应邀赴韩国表演，2001年又应邀去法国、德国、瑞士、瑞典、丹麦、挪威、卢森堡、奥地利、荷兰、意大利、比利时、英国等国巡回演出，其深厚的功力、精湛的技艺，赢得了高度评价，引起强烈反响。2002年4月，展演团再次赴瑞典演出，表演节目达139个。2002年7月应美国娱乐公司邀请，展演团赴美演出；2002年10月应日本株式会社邀请，赴日演出；2002年11月应邀赴巴西，演出后双方达成协议，在巴西共建一所中国武术学校；2003年7月至2004年2月，到泰国、马来西亚、新加坡巡回演出，展演团频繁出国表演，使菏泽武术文化走向世界迈出新的步伐。

赵登禹将军武术学校目前已停办。

山东菏泽搏击运动学校

1994年6月创立的一所民办学校，位于菏泽市开发区岳程民营经济工业园区内，占地面积106.8亩，建筑面积1.8万平方米。学校设施齐全，36个教学班，设有教学楼、宿舍楼、仪器室、实验室、图书室、微机室、语音室、大小餐厅等。

学校参加的各级各类武术比赛，均取得了优异成绩。2005年7月，在山东省武术套路“冠军赛”中，取得双刀第一名，醉剑、猴拳、八极拳第二名；同年9月，在河南登封举办的全国武术之乡武术套路比赛中，获得男子传统拳、传统器械第二名。在山东省武术“锦标赛”中，获得男子48公斤、60公斤和女子65公斤冠军。2005年6月，在该校承办的全国跆拳道邀请赛中，获得女子42公斤、男子56公斤冠军。在2005年12月的山东省“精英”锦标赛中，取得第一、第二名的好成绩。至2007年，搏击武校在各级各类武术比赛中获奖牌、奖杯500余枚（个），并荣获“集体表扬奖”“道德风尚奖”“武术新星奖”。

主要运动员取得的成绩

楚汉，获青年奥林匹克运动会70公斤冠军，山东省武术散打锦标赛冠军赛蝉联三年冠军，世界散打王者争霸赛70公斤冠军，世界自由搏击大奖赛66公斤冠军，68公斤中泰对抗赛冠军。世界自由搏击王者争霸赛66公斤冠军，搏击联赛65公斤总冠军，世界搏击争霸赛68公斤冠军，自由搏击争霸赛77公斤冠军，2015—2018特招服役于（济南军区拳击大队）。

李文帆，蝉联两年山东省武术散打锦标冠军赛56公斤冠军，中华人民共和国第二届青年运动会武术散打决赛65公斤冠军，2019年全国青年武术散打锦标赛65公斤 冠军，2019年第十届亚洲青少年武术散打65公斤冠军，2021年第14届全国运动会武术散打预赛团体65公斤季军。

赵孝鲁，2017山东省散打冠军赛52公斤冠军。第24届省运会决赛52公斤亚军，2017第9届亚洲青少年锦标赛48公斤冠军，2019全国男子武术散打锦标赛季军。

段建刚，2012山东省武术散打锦标赛56公斤第二名，2013山东省武术散打冠军赛56公斤第三名，2013中榜（北京体育大学），2016中国武术散打vs韩国散打职业联赛60公斤冠军。

完颜登钊，山东省武术散打锦标赛蝉联三年65公斤冠军，山东省第24届省运会决赛65公斤冠军，（山东好汉）俱乐部联赛65公斤冠军。

张高鹏，2011年山东省武术散打56公斤冠军，2012年山东省武术散打60公斤冠军，2013年山东省武术散打70公斤季军，2015年全国泰拳锦标赛67公斤季军，2017年昆仑决65公斤年度总冠军。

任行，2016年武林风67公斤级新人王金腰带拥有者，2017年拳时代格斗冠军赛德兴站70公斤冠军。

李法立，2018年全国空手道锦标系列赛第二站男子75公斤以下级冠军，2018年8月6日，入选第18届亚运会中国体育代表团名单，2018年全国空手道锦标系列赛第四站84公斤以下级冠军。

该校先后向省级运动队、各类大学、其他武馆、武警部队输送了一大批运动员、教练员。

菏泽弘达武术学校

由牡丹区武协常务副主席葛强于 1997 年创办的。弘达武术学校位于牡丹区工业园内，占地面积 28 亩，建筑面积 9600 平方米，包括一座五层综合教学楼和一座综合训练馆。

该校师资力量雄厚，文科由本科以上学历、具有高级职称的老教师任教。武科由国家高级教练、中国武术七段刘宝印担任总教练，麾下有一批科班出身、高水平的教练队伍。学校开设武术套路、散打搏击、跆拳道、硬气功特训、舞狮、经警保安、教练员培训等专业，在校生 600 多人。

弘达武术学校坚持严格科学的管理，武林精英不断涌现，为国家培养输送了一批武术后备力量。学校参加第一、二、三届全国“武术之乡”武术比赛，荣获了 8 金 11 银的优异成绩。在全国武术散手擂台赛中，夺得 7 个级别冠军，荣获团体总分第一名。在山东省武术套路锦标赛中，获 2 金 2 银 3 铜，男子乙组团体总分第二名，集体基本功第一名。

2007 年参加山东省武术比赛夺得套路比赛金牌 6 枚、银牌 3 枚，散打比赛获得金牌 5 枚、银牌 3 枚，团体总分第二名。2007 年参加全国武术之乡散打比赛获得了 1 枚金牌、1 枚银牌，套路比赛获得 3 个一等奖。2007 年“花冠杯”全国武术散打擂台邀请赛获得金牌 9 枚、银牌 6 枚，荣获团体总分第一名。2008 年参加山东省武术之乡比赛获得 11 枚金牌、6 枚银牌，荣获团体冠军。中泰散打对抗赛战胜泰国拳王获得金腰带。2009 年参加第七届全国武术之乡散打比赛获得金牌 2 枚银牌 3 枚。2009 年学生代表中国国家队获得亚洲散打冠军，2009 年参加四川国际武术节获得 3 枚金牌 2 枚银牌，荣获团体总分第一名。2011 年学校被国家体育总局批准为全国青少年体育俱乐部。2011 年参加山东省青少年武术锦标赛获得 4 枚金牌 2 枚银牌 5 枚铜牌。2012 年代表中国国家队荣获世界散打锦标赛季军并获得国际级运动健将称号。2012 年参加山东省武术锦标赛荣获 3 枚金牌 2 枚银牌。2013 年参加山东省武术套路冠军赛荣获女子枪术第一名剑术第二名，螳螂拳第二名，2014 年参加山东省第 23

届运动会武术比赛荣获两枚银牌，全国武术套路冠军赛荣获男子三节棍金牌。2017 年参加山东省演武大会获得 5 个一等奖，学生参加全国传统武术锦标赛获得金牌 1 枚银牌 1 枚。全国武术散打锦标赛 52 公斤级第三名。参加大型公益演出 100 余次，为提升菏泽“武术之乡”的声誉做出了突出贡献。

校长葛强 2009 年当选为中华人民共和国第十一届全运会火炬手，2009 年当选为第十一届全运会散打比赛裁判员，2011 年在第七届全国城市运动会武术比赛中被评为优秀裁判员，2012 年被授予山东省富民兴鲁劳动奖章，2017 年被授予评为全国五一劳动奖章，2018 年当选为牡丹区第十八届人大代表。

曹州育英武术学校

由马守义父子在原付堂业余武术学校的基础上创建的。1987 年付堂业余武校正式成立，1992 年赴威海参加山东省“希望杯”武术比赛，获得团体总分第一名，并勇夺金牌 18 枚。由于影响越来越大，慕名而来的学员越来越多，马守义和其二子决定建立全日制的武术学校。征地 12 亩，于 1997 年 8 月，一座标准化的武术学校——曹州育英武术学校正式宣告成立。

该校位于菏泽北城付堤口外西北 200 米处，建筑面积 4200 多平方米，总投资 150 多万元，练功器材配套齐全，训练场地宽阔，食堂、宿舍、医务室等服务设施一应俱全。全校教职工 45 人，开设了文武双修班和全武班。现有文武双修 14 个班，16 个训练队，武科教练均为高级及一级教练。文科开设从小学一年级到初中三年级全部课程。从 2000 年开设中专班。

几年来共获奖牌 318 枚、奖杯 4 个，并多次获得体育道德风尚奖。学校多年来为国家培养学生 5000 余人，被送入高校 50 余人，为各地武校培训教练员 250 多人，武警 100 余人，保安 600 余人。该校目前已停办。

单县民族武术学校

在当地党委政府支持下，于 1990 年由单城镇回汉行政村集资兴办的。

村民集资 700 余万元建设起一座占地近百亩的武校。学校主体建筑古朴典雅，校园环境优美，一派江南园林风韵，不仅是学文习武的理想场所，也是单县“六大景观”之一。

全校分设小学、初中、高中和各类武术专业共计28个教学班，在校学生1500余人，教职工计147人。是一所小学至高中诸学段兼备、文科武科功能齐全的中等规模的武术学校。

文科使用全国统编九年制教材，武科与北体协作，由北体武术系主持教学。

学校设备完善，条件优越。各类校舍总建筑面积两万多平方米，建有500平方米的大型训练厅、露天训练场，设有身体素质训练房，训练器械一应俱全。教学楼、实验楼、图书楼、仪器设备齐全，能够充分满足教学的需要。学校师资力量强，相当一部分教师是各级教学能手和“优秀教师”，有的被评为国家级优秀教师。

学校武术“蓓蕾队”曾在“济南国际传统武术表演大会”“北京第一届世界武术锦标赛”及“河南国际木兰节”大会上做武术表演，学校成功地承办了1994年“山东省第一届民间武术馆武术比赛”，获金牌总数第一。1995年，学校武术队代表山东队参加“全国第一届少数民族武术比赛”，获金牌总数第一及唯一的道德风尚奖。

多年来单县民族武校先后获得省“甲级武校”“规范化武校”等称号，并被国家体委、民委授予“全国少数民族体育模范单位”。该校目前已停办。

鄄城县魏武武术学校

1994年成立的一所民办武校。学校规模不断扩大，已发展成为环境优美、条件优越、校风端正、成绩一流的民办武校。

学校有文科教师20人，武科教练12人，在校学生400多人，学校开设文、武两门学科。文科现有小学班6个、初中班3个。文科班按照国家颁布的课程标准开设课程，武科有9个训练队，设有武术、拳击、散手、柔道、跆拳道、硬气功等6个专业。

学校建有标准的教学楼、学生宿舍、学生食堂及训练房。为学生学习、练武创造了一个良好的环境。

几年来，全校有120余人次参加全国性的武术比赛，夺得金杯20余个，各种奖牌200余枚。学校还先后为大中专体育院校输送人才540余人，其中有许多已经成长为体育界的拔尖人才，如武汉体育学院跆拳王韩金盼，西安体育学院有“快摔王”美称的韩克哲，北京体院享有“散打王”之称的高健，北京特警总队担任教官的王世全，无锡影视城的“水浒小子”孙良友，山西体工队的王龙海，在美国讲学授艺的李涛等，都是从鄄城县魏武武校走出的武术人才。该校目前已停办。

鄄城县孙膑故里武术学校

创建于1994年，由孙膑71代孙、佛汉拳第八代传人孙学习创办。学校坐落于孙膑旅游城南50米处。

学校占地20余亩，拥有高标准教学楼一幢，可容纳12个教学班，宿舍楼一幢，可提供800多名学生住宿。演武厅、浴池、餐厅，高标准微机室等教学设施齐全，具有适应现代化教育的电教设备。学校设立了学前教育、小学和初中，有11个教学班，教职工30余人，是一所文武兼修的学校。

该校建校十几年来，取得了显著成绩。2000年在北京首届“世纪杯”武术邀请赛上，该校代表队一举夺冠，荣获总分第一名，参赛选手获5金、4银和6铜共15枚奖牌的好成绩。

2000年在河南濮阳举行的首届“中原杯”全国武术邀请赛中，该校代表队荣获总分第一名，参赛选手获8金、6银和4铜共18枚奖牌。

2001年在江苏举办的全国武术拳王擂台赛中，该校代表队获团体总分第一名，有三名选手获“拳王”称号。2003年在北京传统武术邀请赛上，该校代表队获金牌2枚、银牌3枚、铜牌2枚，荣获“甲级代表队”称号。

武校在参加全国各级各类武术比赛中共获奖杯5个、奖牌124枚，向各类武术学院推荐教练员58人、输送学员300余人，向国家、省级表演团体输送近百人。该校目前已停办。

菏泽市双河文武学校

成立于2003年9月（原为双河摔柔训练基地），由牡丹区政协委员、山东省农民体协委员、菏泽市武协名誉主席陈良柱同志斥资96万元在牡丹区双河集赵王河东岸创办的。

该校占地28亩左右，建筑面积有8000平方米，建设有教学楼、宿舍楼、综合训练厅、阅览室、微机室、餐厅等。2006年2月由于赵王河公园拆迁该校迁址到黄河东路3355号（原毛纺厂院内），于2010年5月合并了菏泽花城科技职业中等专业学校，设运动训练专业、小学、初中，运动训练专业有武术套路、散打、中国跤、柔道等，另设影视表演、体育单招集训、教练员培训、短期培训班等。

学校采用军事化管理，培养出一大批德智体美劳全面发展的优秀人才，先后向国家、省、市体育专业队、武警、部队、体育院校、体育俱乐部、影视界输送学员3000多名。在全国、省、市级比赛中获得奖牌、奖杯、奖状近4000多枚，多次到国外参加武术交流活动，成功举办了"武林风走进菏泽""中泰美搏击对抗赛""'跤王争霸赛'季度赛""'一带一路'中国跤国际邀请赛""毅德城杯"传统武术展演大会等赛事，连续10次被菏泽市和牡丹区武协评为"武术先进工作单位"，50多次获"体育道德风尚奖"和"优秀组织、表演奖"。

第二节　群雄逐鹿

20世纪初，义和团运动的失败和武举制被废止，标志着传统武艺的历史终结。民国时期，政局动荡，军阀割据，中、西文化激烈碰撞，古老武术在文化大潮冲击下，艰难探索着自身发展路子。仿旧时武科考试和近代体育竞赛的国术考试应运而生，是武术向近代竞技迈进的一次尝试。

中华人民共和国成立后，武术作为社会主义体育事业的一个重要组成部分，受到党和国家的重视，特别是武术竞赛制度的建立，促使传统武术紧跟时代步伐，沿着科学化方向发展前进。菏泽是武术大市，故有"中国武术看山东，山东武术看菏泽"之说。菏泽市老拳师、运动员在国内外的多次赛事活动中，都取得了骄人的成绩。

一、在国际国内赛场上扬威

第一次全国国术考试　是由国民政府中央国术馆举办的，于1928年10月15日至20日在南京公共体育场举行。山东、河北、北平、南京等17个省市和中央国术馆的共333名应试者参加了这次国术考试，菏泽选派杨士文、吴体泮、李永松、武振库、都文彩参加了这次武术盛会。

国术考试的全称为全国国术考试，是中央国术馆仿旧时武科考试和近代体育竞赛而设立的，用以考评习武者技能学识，区别等次。参照武科的外场（试武）和内场（试文），国术考试的内容分文科和术科两门。

这次国术考试的术科分为预试和正试。预试是单人表演，其项目包括拳术、刀、剑、棍、枪及个人绝活。预试及格方可参加正试。有240人预试及格，其中150人参加了正试。正试的内容包括徒手对抗的“拳脚门”（散打）和“摔角门”、持械对抗的“刀剑门”（短兵）和“棍枪门”（长兵）。正试比赛不按体重分级，仅以抽签方式分组配对；三打两胜，没有时间限制，比赛进行得异常激烈。后来，组织者担心出现难以收场的局面，于是改变了原来考取甲等三名授以捍卫、辅卫、翊卫之名称，乙等20—30名，授以校尉之名称，丙等50—120名授以勇士之名称的规定，比赛至第四轮即告终止。

国术考试按最优等、优等、中等录取。每等内名次排列的先后顺序还要参考文科考试的成绩而定，取前15名为最优等，杨士文列第七，获最优等；取前37名为优等，吴体泮获优等；取前82名为中等，李永松、武振库获中等。都文彩只参加预赛而未报名参加正式比赛。

浙江杭州国术游艺大会　1929年11月16日至27日，由中央国术馆副馆长李景林发起，各国术馆纷纷响应，并由杭州国术馆承办的浙江国术游艺大会在西子湖畔举行，全国十八个单位和中央国术馆首届教授班学员共301人参加。这次国术游艺大会分套路（单练、对练、集体）表演和打擂两大项：前者有192人参加，后者有109人参加。曹州国术馆选派了都文彩、武振库、毛金祥等参加了国术表演；菏泽人张本源是中央国术馆首期教授班学员，则代表中央国术馆参加了表演。张本源和张振英的对查拳、对面拳、少林对打博得了全场欢迎。张本源9岁开始跟族叔学练曹州“把势房”查拳，后跟随查拳大师于振生在中央国术馆当查拳助教，其原汁原味的查拳被定为中央国术馆的重要教学内容。

全国武术观摩交流大会 1979年5月，首次全国武术观摩交流大会在广西南宁市举行，有来自全国29个省、自治区、直辖市和中国香港、澳门等地区的284名男、女运动员参加。菏泽运动员刘建禄作为山东队参赛队员，荣获优秀表演奖。菏泽拳师陆建民代表北京体育学院向大会做了散打、短兵技击项目的汇报表演。

1982年，全国武术观摩交流大会在沈阳市举行，菏泽拳师陆建民代表北京体育学院参加，荣获对抗项目（短兵）优秀奖。

1983年，全国武术观摩交流大会在江西南昌市举行，菏泽运动员崔文芹代表山东队参加，荣获优秀表演奖。

全国少数民族传统体育运动会。全国第二届少数民族传统体育运动会，于1982年9月2日至8日在呼和浩特市举行。山东省派出以丁乐春为团长、徐景才为副团长，由12名运动员组成的代表团参加了武术表演项目。菏泽市老拳师崔文勤在此次武术表演赛中获双刀、刀里加鞭一等奖，赛后被选进京为党的第十二届代表大会做了表演。

全国第三届少数民族传统体育运动会，于1986年8月10日至17日在乌鲁木齐市举行。山东省派出了以张正仪为团长、王秀泉为副团长，由16名运动员组成的代表团参加了摔跤、武术和毽子表演。在武术表演项目中，菏泽市小运动员沙勇获武术表演一等奖。

全国第五届少数民族传统体育运动会，于1995年10月5日至12日在昆明市举行。运动会首次将武术设为竞赛项目，菏泽市女运动员刘颖代表山东参加了比赛，并获得女子拳术第二名、器械第六名。

全国第六届少数民族传统体育运动会，于1999年9月24日至30日在北京市举行。菏泽市女运动员刘颖代表山东参加了这次比赛，并获得女子器械A组第五名、女子拳术B组第四名。

全国第七届少数民族传统体育运动会，于2003年9月7日至13日在银川市举行。曹州武术馆、单县民族武校共同组成武术队，代表山东省参赛，获表演一等奖。

全国少年“武士杯”比赛　全国少年“武士杯”比赛，是当今每年举行的五大全国性武术比赛之一。其主要目的是培养武术后备人才，促进少年武术运动的发展。参赛的对象是各省、自治区、直辖市业余体校、体育学院所属竞技体校武术专业的学生，以及武术运动队15周岁以下的运动员。竞赛分少年甲组、少年乙组。首次比赛，始于1984年8月，运动会名称为“全国业余体校武术比赛”。1985年8月1日至6日，菏泽武术队代表山东省参加在石家庄举行的第二届全国业余体校武术比赛。领队王守义，教练陆建民、穆丽。获得团体总分第五名，单项1个第三名、1个第四名、2个第六名。

1986年，业余体校武术比赛正式确定为全国少年“武士杯”武术比赛。同年8月，菏泽武术队代表山东省参加在长春举行的全国“武士杯”武术比赛。领队王守义，教练陆建民、穆丽。获得团体总分第四名，单项2个第四名、4个第五名、3个第六名。

1987年8月，菏泽武术队代表山东省参加在郑州举行的全国“武士杯”武术比赛。领队贾用怀，教练陆建民、王守义。获得团体总分第四名，集体基本功第三名，单项2个第二名、4个第四名、5个第五名、1个第六名。

1988年8月，菏泽武术队代表山东省参加在常州举行的全国少年武术比赛。获得单项2个第一名、1个第四名。

1989年8月，菏泽武术队代表山东省参加在成都举行的全国少年武术比赛。获得单项3个第一名、2个第二名、2个第四名。

全国第二届工人运动会武术表演赛　1985年9月7日，全国第二届工人运动会武术表演赛在北京市举行。菏泽三名运动员任文灿、王岳军、杨杰代表山东工人武术队进京参加武术表演赛，其中杨杰获女子组一等奖，任文灿获男子组二等奖，王岳军获男子组三等奖，任文灿、王岳军获对练三等奖。

全国首届农民运动会武术表演赛　由农业部、国家体委、中国农民体协主办的中华人民共和国第一届农民运动会，于1988年10月9日至16日在北京市举行，菏泽武术运动员崔延峰加入山东省农民代表团参加了这次盛会。山东代表团获得集体刀术纪念奖、崔延峰获个人表演纪念奖。全国首届农民运动会期间，在中南海举行了第二批全国体育先进县和农村体育工作积极分子表彰大会。国家领导人田纪云、王任重等出席。山东省评出9名体育先进县代表，定陶县副县长李汉云光荣当选，老拳师李庆连被评为农村体育工作积极分子代表。

中华人民共和国第三届农民运动会，于1996年10月12日至19日在上海市举行。武术比赛以各省、自治区、直辖市为单位参加。山东省农业厅委托菏泽市农委组成武术代表队，代表山东省参加了此次武术比赛。菏泽市派出徐庆云领队、陆建民教练和崔玉胜等6名男女队员参加了此次比赛。比赛结果，山东省武术队获团体总分第二名、集体项目第四名，个人项目获2枚金牌。

“全国武术之乡”比赛　1993年8月26至30日，首届“全国武术之乡”武术比赛在河南省温县举行，有来自上海、天津、河北、山东等18个省、自治区、直辖市的34个“武术之乡”的400余名男、女运动员参加。竞赛分武术套路、散打两项，经过3天10场的激烈争夺，郓城代表队荣获散打团体总分第二名、套路团体总分第五名和散打金牌3枚、套路金牌2枚。

1995年12月2日，郓城代表队参加在广东肇庆市举行的第二届“全国武术之乡”武术比赛，荣获散打团体总分第一名、套路团体第四名和金牌3枚。

2000年12月22日至26日，郓城代表队参加在江西省上饶市举行的第三届“全国武术之乡”武术比赛，荣获散打团体总分第一名，金牌3枚、银牌1枚、铜牌1枚；武术套路获金牌2枚、银牌3枚、铜牌3枚。

2003年6月，郓城代表队参加了在江西省庐山市举行的第四届“全国武术之乡”武术比赛，获团体总分第五名。曹州武馆代表队代表菏泽市参赛，荣获团体总分第四名，金牌4枚和5个一等奖。

从1993年至2005年，牡丹区、郓城、巨野、单县、东明五县区在全国“武术之乡”武术比赛中，累计获金牌35枚、银牌38枚、铜牌22枚，为菏泽市争得了荣誉。

全国太极拳交流大赛 2003年12月12日，由国家体育总局武术运动管理中心主办、辽宁省体育总局武术管理中心与辽宁省铁岭市人民政府承办的“美麟杯”全国太极拳交流大赛，在铁岭市体育馆拉开帷幕。参加此次盛会的有35支代表队、234名运动员。菏泽市体育局选派马传福领队兼队员，徐一杰教练兼队员前往参赛。经过3天的激烈争夺，徐一杰荣获陈式太极拳传统套路二等奖、传统太极器械最佳表演奖；马传福荣获42式太极拳银牌、42式太极剑铜牌，并获得个人“体育道德风尚奖”。

全国武术太极拳锦标赛 2004年5月17日至20日，由国家体育总局与厦门市人民政府主办、厦门市体育局与厦门大学承办的“海投房产、未来海岸”杯全国武术太极拳锦标赛，在厦门大学明培体育馆举行。来自全国的41支代表队、432名太极拳运动员参加了这次盛会。经山东省武术院批准，菏泽单独组队代表山东省前往参赛。领队张景全，教练王守义、王振华，运动员马传福、徐一杰、张景全、邵丽君、王玉荣、杨光霞、王燕、杨品红、赵曼丽、侯秀英、韩亚丽。在激烈的竞争中，马传福力挫群雄，过关斩将，夺得42式太极剑第一名，荣登冠军宝座。这是此次大赛中山东省荣获的唯一一名冠军。同时，马传福还获得42式太极拳第四名及“体育道德风尚奖”。徐一杰参赛的陈式太极拳传统套路，拳路规范、刚柔相济，夺得银牌；陈式太极拳竞赛套路获得铜牌。太极拳集体项目荣获第八名，团体总分第七名。

2005年5月20日至25日，由国家体育总局武术运动管理中心主办、江西省赣州市体育局承办的全国武术太极拳锦标赛在赣州体育馆举行，来自全国各地的44支代表队、473名运动员参加了这次比赛。菏泽太极拳运动协会组队参赛，领队马蕾，教练李振伟，队员徐一杰、周其昌、谢景德、王亚军、张常士、张斌、李振伟、马蕾、贾良。经过3天赛场角逐，徐一杰荣获陈式太极拳56式金牌；周其昌荣获陈式太极拳传统套路第五名；谢景德荣获陈式太极拳56式第六名；马蕾荣获42式太极拳第八名，并获得个人“体育道德风尚奖”。

世界传统武术节　由国际武术联合会、中国武术协会主办的首届世界传统武术节，2004 年 10 月 16 日在中国郑州大学体育馆、郑州市体育馆同时拉开帷幕。来自 62 个国家和地区的 2100 多名运动员，参加了为期 3 天的激烈角逐。菏泽市青年运动员马蕾入选山东代表队，代表山东参赛。在高手如林的激烈争夺中，她沉着应战，努力拼搏，以出色的技艺赢得了裁判和广大观众的一致认可，获得国家竞赛套路 42 式太极拳金牌和 42 式太极剑的铜牌。

2006 年 10 月 16 日至 19 日，第二届世界传统武术节在中国郑州举行，来自 66 个国家和地区的 2200 多名运动员参加了这次盛会。菏泽学院体育系王振华副教授入选国家队参加国际组角逐，获男子 E 组其他太极拳、男子 E 组陈式太极器械两项第一名。王国民入选山东省代表队，参加国内组比赛，获 C 组陈式传统太极拳、C 组陈式传统太极器械两项第一名。菏泽选派马传福、范振华、马蕾、周其昌参加国内组不同类别比赛，分获 3 金、1 银。这是菏泽武术健儿亮相国际赛场所取得的又一骄人战绩。

第二届世界太极拳健康大会　2005 年 12 月 18 日至 20 日，由中国武术运动中心主办、海口市体育局承办的第二届世界太极拳健康大会在海口市举行，菏泽市太极拳运动协会组队参加这次比赛。经过三天的激烈角逐，菏泽市太极拳代表队荣获一等奖 19 项、二等奖 10 项、三等奖 3 项。其中，徐一杰、马蕾、宋晓忠、邵丽君、吴雪敏、王彩云、马传福均获个人项目一等奖 2 项。应中国武术运动管理中心邀请，菏泽学院副教授、菏泽代表队总教练王振华作为太极拳名家，做了陈式太极长拳 108 式和传统陈式太极剑的表演，受到国内外同行的热烈欢迎和交口称赞。

二、在山东武术赛中夺魁

山东省国术考试　1934 年 4 月山东省第三届国术考试在济南举行，曹县李庄村人麻均成，菏泽魏海村人魏士可，鄄城县箕山后寨村人王鸿渠，东明人杨西增、陈富贵等参加了这次考试。魏士可、杨西增获甲等奖，各获银盾一个；麻均成、王鸿渠、陈富贵获一等奖，各获宝剑一把。

1935年5月，山东省第四届国术考试在济南举行，麻均成、杨西增、盛效武、张秀田参加了这次考试。麻均成、杨西增获甲等奖，山东省国民政府主席韩复榘奖银盾各一个、宝剑各一把；盛效武、张秀田获一等奖，获宝剑各一把，剑身刻有“韩复榘赠”字样。

山东省运动会武术比赛　山东省第十届运动会于1974年分十个赛区举行。武术比赛于9月27日至10月8日在聊城举行，9个代表队的135名男女运动员参加了比赛。比赛分男女普通、少年四个组别进行。每单位还选派一名年龄较大的运动员作为特邀代表参加了比赛。比赛结果，菏泽武术代表队少年组获团体总分第三名，特邀代表贾龙升名列第七。个人单项3人分获一、三、四名，2人获第五名。

山东省第十一届运动会武术比赛于1978年8月20日至26日在聊城举行。比赛分男、女两个组别进行，内容有团体、个人单项和全能。比赛结果，菏泽武术代表队获集体项目第一名，团体总分第二名，全能及个人单项获3个第一名、3个第二名、4个第三名、4个第四名、3个第五名、3个第六名。

山东省第十二届运动会武术比赛于1982年8月8日至17日在淄博市举行，13个代表队270名武术运动员参加了比赛。比赛分成年、少年两个组别进行，内容有团体、个人单项和全能。菏泽武术代表队获成年男子团体总分第一名，女子团体总分第一名；个人全能及个人单项获12个第一名、10个第二名、7个第三名、10个第四名、4个第五名、1个第六名。

山东省第十三届运动会武术比赛于1986年9月18日至10月7日在烟台市举行。全省14个市地及大学联队参加了这次比赛。比赛分男、女成年组，男、女少年组四个组别进行，内容有团体、个人全能和个人单项。菏泽武术代表队获男子成年组团体总分第一名、女子成年组团体总分第一名、男子少年组团体总分第一名、女子少年组团体总分第二名。个人全能和单项获9个第一名、16个第二名、5个第三名、8个第四名、9个第五名、12个第六名。

山东省第十四届运动会武术比赛于1988年6月5日至12日在济南市举行。

比赛分少年甲组、乙组两个组别进行，内容有团体、个人全能和个人单项。菏泽武术代表队获少年乙组团体总分第一名、少年甲组获团体总分第四名。个人全能和单项获 2 个第一名、11 个第二名、4 个第三名、5 个第四名、3 个第五名、6 个第六名。

山东省第十六届运动会武术比赛于 1992 年在淄博市举行，菏泽武术代表队获 1 个第一名、1 个第二名、3 个第三名。

山东省第十七届运动会武术比赛于 1994 年 9 月 2 日至 5 日在潍坊市举行，菏泽武术代表队获 2 个第一名、4 个第二名、4 个第三名、4 个第四名。

山东省第十九届运动会武术比赛于 1998 年 10 月 11 日至 15 日在潍坊市举行，菏泽代表队武术套路比赛获 2 个第二名、1 个第五名、2 个第六名；秦志坚、李国强、刘海金、丁宗华、郝卫荣、陶勇获武术散打甲组小级别团体第一名、甲组大级别团体第三名；个人单项获 2 个第一名、1 个第二名、4 个第三名。

山东省第二十届运动会武术比赛于 2002 年 10 月在济南市举行，菏泽代表队武术套路获 2 个第一名、1 个第二名、5 个第三名、3 个第四名、4 个第五名、4 个第六名、3 个第七名、5 个第八名；田长国、李国旗获武术散打 56 — 60 公斤级团体第一名，刘宪伟、邵金宝获 65 — 70 公斤级团体第一名，张永建、汤德获 85—90 公斤级团体第二名；个人项目获 4 个第一名、2 个第二名、1 个第三名。

山东省社员武术表演大会　1975 年 9 月 27 日至 10 月 3 日，山东省社员武术表演大会在济宁市举行，全省 14 个武术代表队共 115 名运动员参加。菏泽派出了领队吕洪启，教练刘红民、郭子敬，男运动员陆建民、刘宝印、刘宝君、赵春东、赵春京，女运动员盛尊荣、郭秀琴、周爱菊、孟爱芹、张翠萍参加表演。经评议员评议，陆建民被评为优秀运动员。

山东省武术观摩交流大会　1979 年 12 月 13 日至 17 日，山东省武术观摩交流大会在烟台体育馆举行，菏泽派出了领队王守义，运动员刘凤彪、贾龙升、徐英弟、耿广民、刘建禄、刘怀国 6 人，参加了这次大会。贾龙升、刘凤彪、刘建禄分获一等奖，其余均获二等奖。

山东省少数民族传统体育运动会　山东省第一届省少数民族传统体育运动会于 1982 年 4 月 10 日至 14 日在济南举行。参加这次大会的有来自 12 个地市代表队的回、蒙、满、汉四个民族的运动员 59 名。运动员中既有年逾古稀的老武术师，也有十一二岁的少年新秀。运动会的比赛和表演项目达 197 项，包括各种拳术、器械、对练和挖掘出来的历史传统项目，丰富多彩，各具特色，具有浓郁的民族风格。其中回、满族运动员表演的查拳、查刀、梢子棍、白手夺刀等，矫健多姿、妙趣横生、惊险迭出，博得了观众的热烈掌声。大会最后选拔出 12 名运动员和教练员参加第二届全国少数民族传统体育运动会。

山东省第二届少数民族传统体育运动会于 1985 年 11 月 6 日至 11 日由济南市历城县党家庄镇政府承办。参加单位有 11 个地市的 12 个代表队，共有回、满、朝鲜族 114 名运动员，运动员中年龄最大的 86 岁，最小的 8 岁，青少年占 75%。这次大会的比赛项目有中国式摔跤及各种拳术、器械对练等 223 项。13 人参赛，其中 2 人获一等奖、8 人获二等奖、3 人获三等奖。定陶县陈集镇前沙海村被授予“民族体育先进集体”。

山东省第三届少数民族传统体育运动会于 1982 年 5 月 24 日至 27 日在聊城地区举行。菏泽 3 人获男子少年组四项全能三等奖、1 人获女子少年组四项全能二等奖；1 人获男子成年组单项一等奖、1 人获二等奖。

山东省第二届工人运动会武术比赛　山东省总工会、山东省体委于 1984 年 8 月联合举办了山东省第二届工人运动会（与 1956 年 10 月山东省首属工人运动会相隔 28 年），武术作为表演项目参赛，菏泽组队参加这次武术表演赛。比赛设男、女两个组别，进行团体、全能和个人单项比赛。菏泽代表队女子组获团体总分第一名，男子组获团体总分第二名；个人全能和单项共 31 人进入前五名，其中单项获 9 个第一名。

山东省“希望杯”武术比赛、锦标赛　从 1985 年至 1996 年，菏泽武术运动学校代表队参加山东省“希望杯”武术比赛，连续十二年获团体总分第一名，金牌总数高居全省之首，并连年被评为“精神文明”代表队，获“体育道德风尚奖”，为菏泽竞技武术的发展、武术后备力量的培养，做出了不可磨灭的贡献。1996 年以后，因受到各种因素的影响，菏泽武术套路逐渐失去了优势，而武术散打项目却异军突起，连创佳绩。

1985 年 5 月 12 日至 17 日，菏泽地区武术代表队参加了在枣庄举行的山东省“希望杯”武术比赛。共获个人全能 3 个第一名、个人单项 17 个第一名、9 个第二名、8 个第三名，总计 61 块奖牌。

1987 年 7 月 9 日至 16 日，菏泽地区武术代表队参加了在淄博举行的山东省第二届“希望杯”武术比赛。共获 20 个第一名、13 个第二名、6 个第三名，总计奖牌 51 枚。

1989 年 7 月 14 日至 20 日，菏泽地区武术代表队参加了在济南举行的山东省第三届“希望杯”武术比赛。共获 7 个第一名、11 个第二名、6 个第三名，共计 34 块奖牌。

1990 年 7 月 14 日至 20 日，山东省“希望杯”武术比赛在聊城举行。菏泽地区武术代表队共获 15 个第一名、11 个第二名、9 个第三名。

1991 年 5 月 29 日至 6 月 2 日，山东省“希望杯”武术比赛在潍坊举行。菏泽武术代表队获个人单项前三名的共 33 人次，其中第一名 15 人次。

1992 年 6 月 6 日至 12 日，山东省“希望杯”武术比赛在莱西举行。菏泽地区武术代表队获个人单项前三名的共 39 人次，其中第一名 18 人次。

1993 年 5 月 1 日至 7 日，山东省“希望杯”武术比赛在潍坊市举行，菏泽地区武术代表队获个人单项前三名的共 22 人次，其中第一名 11 人次。

1994 年在山东省“希望杯”武术散打比赛中，菏泽地区代表队获个人单项 4 个第一名、2 个第三名。

1995 年在山东省“希望杯”武术套路比赛中，菏泽地区武术代表队获个人单项前三名的共 18 人次，其中第一名 8 人次。在山东省“希望杯”武术散打比赛中，菏泽地区代表队获前三名的共 12 人次，其中第一名 7 人次。

1996 年在山东省“希望杯”武术套路比赛中，获单项前六名的共 20 人次，其中第一名 4 人次。在山东省“希望杯”武术散打比赛中，菏泽地区代表队

12 名运动员获各级别前三名，其中第一名 7 人。

1997 年在山东省“希望杯”武术散打比赛中，菏泽地区代表队 6 人获各级别前三名，其中 4 人列第一名。在山东省“希望杯”武术套路比赛中，获传统器械三类第一名。

1998 年在山东省“希望杯”武术散打比赛中，5 人获前三名，其中 1 人获 60 公斤第一名。

1999 年在山东省“希望杯”武术套路比赛中，获 2 个第一名、5 个第二名、5 个第三名。

2000 年山东省武术散打锦标赛，获不同级别 6 个第一名、3 个第二名。山东省武术套路锦标赛在聊城举行，获个人单项前三名的共 21 人次，其中第一名 8 人次。

2001 年山东省武术套路锦标赛在滨州举行，获个人单项前三名的共 16 人次。在山东省武术散打锦标赛中，2 人获 48 公斤级和 60 公斤级第一名，2 人获 52 公斤级和 56 公斤级第二名；男子组分获 6 个第一名，3 人列不同级别第二名。

2002 年山东省武术套路锦标赛在烟台举行，获甲组团体第一名、少年乙组团体第三名，获个人单项前三名的共 21 人次，其中第一名 8 人次。

2003 年在山东省武术散打锦标赛中，12 名运动员获不同级别前三名，其中 8 人获不同级别第一名。

2004 年在山东省武术散打锦标赛中，10 人获第一名。

2004 年在山东省武术套路锦标赛中，个人全能、单项前三名的共 35 人次，其中第一名 6 人次。

山东省农民运动会武术比赛　山东省第一届农民运动会是中华人民共和国成立以来第一次大规模的综合性农民运动会，于 1988 年 4 月 9 日至 28 日在济南举行。菏泽农民武术代表队获团体总分第三名。

山东省“振兴杯”武术比赛　1990 年 5 月，山东省“振兴杯”武术比赛在莱西举行，菏泽组队参赛，5 人单项成绩列前三名，其中两人分获一、二名。

山东省首届大学生武术文化节武术比赛 山东省首届大学生武术文化节于1999年9月在济南山东财政学院举行。获男子甲组团体总分第六名。桑硕、吕警章获一项一等奖、一项二等奖。

山东省老年人太极拳、剑比赛 2000年10月29日至30日，山东省老年体协主办的省第七届老年人太极拳、剑比赛在济南市举行。菏泽代表队荣获团体优胜奖；马传福荣获个人太极拳42式优胜奖；陈爱珍参赛的42式太极剑荣获第七名；黄爱芹参赛的太极十三刀荣获第八名。

2002年10月19日至22日，山东省第九届老年人太极拳、剑比赛，在威海市举行。菏泽代表队荣获团体成绩第七名；马传福荣获42式太极拳、武当太极剑的双项冠军，邵丽君荣获42式太极拳第四名、武当太极剑第三名。

2003年10月14至16日，山东省第十届老年人太极拳、剑比赛在泰安市举行。菏泽代表队比赛成绩：集体项目，太极剑荣获第一名，太极拳荣获第二名；个人项目，马传福荣获42式太极拳第一名，邵丽君荣获42式太极剑第二名、42式太极拳第二名，王彩云荣获42式太极拳第三名、42式太极剑第七名。

山东省太极拳、剑锦标赛 2003年4月18日至20日，山东省武术太极拳锦标赛在济宁市体育馆举行，马传福荣获42式太极拳金牌；孙梅英荣获24式太极拳铜牌、42式太极拳第四名、42式太极剑第五名；杨光霞荣获吴式太极拳铜牌；王雷荣获42式太极拳第五名；汤占柱荣获40式太极拳第六名；康党阁荣获42式太极拳第六名；韩亚丽、邵丽君荣获42式太极剑表演奖；汤占柱荣获24式太极拳表演奖；徐涛、韩郁娟、王玉荣获个人“体育道德风尚奖”。

2004年4月16日至18日，山东省“蓬莱阁杯”武术太极拳锦标赛在蓬莱市举行。马传福荣获42式太极拳、42式太极剑双项冠军；徐一杰荣获陈式太极拳竞赛套路冠军；赵曼丽荣获孙式太极拳冠军；侯秀英、杨品红、邵丽君、杨光霞、王玉荣分别荣获太极拳个人项目的银牌；王燕荣获太极拳个人项目的铜牌。由马传福、邵丽君、徐一杰创编的太极拳集体项目荣获大赛第一名。太极拳套路比赛中，李驻军、吴兆光获一等奖；孙青海郭传光、宫志伟、王福胜二等奖。

2005年4月23日至25日，山东省武术太极拳锦标赛，在枣庄市体育馆举行。唐伟欣荣获24式太极拳、吴式太极拳、42式太极剑三枚金牌；马蕾荣获武式太极拳、42式太极拳两枚金牌及42式太极剑第四名；康党阁荣获吴式太极拳金牌，孙式太极拳银牌；谢景德荣获陈式太极拳56式金牌；丁建新荣获陈式太极拳56式银牌；李振伟荣获陈式太极拳传统套路银牌，42式太极剑铜牌，丁瑞清荣获武式太极拳银牌；周其昌荣获陈式太极拳56式铜牌，宋彩霞荣获24式太极拳铜牌，何秀兰荣获孙式太极拳铜牌，王亚军荣获陈式太极拳传统套路银牌；张常士荣获陈式太极拳传统套路铜牌；唐伟欣、康党阁两名运动员同时获得个人“体育道德风尚奖”。在这次锦标赛的传统太极拳套路比赛中，朱俊刚获老年男子组传统太极拳金牌；宋阳阳获青年组女子传统太极拳银牌。

山东省高校基本功大赛武术比赛　由山东省教育厅体卫处主办、山东师范大学承办的山东省高校体育教育专业大学生基本功大赛，于2005年7月10日至17日在山东师范大学举行。菏泽学院派出以刘从连任团长的参赛队参加这次比赛。其中12名运动员参加武术项目比赛（武术项目有24式太极拳和初级剑），获团体总分第四名。

山东省第十二届大学生运动会武术比赛　由山东省教育厅体卫处主办的山东省第十二届大学生运动会武术比赛，于2006年8月6日至10日在山东财政学院体育馆举行。共22支代表队、276名大学生运动员参加。菏泽学院派出以陆建民为领队、穆瑞丽为教练、王广密等8名男女大学生运动员组成的代表队参加比赛。经过3天激烈角逐，菏泽学院武术代表队获团体总分第二名，个人单项20人次列前八名，其中金牌1枚、铜牌7枚。王广密被评为“精神文明运动员”。

三、国内外武林豪杰云集菏泽

山东省运动会武术表演赛　1960年，山东省运动会武术表演赛在菏泽西关体育场举行。全省各地、市均派代表队参加了这次武术表演赛。菏泽运动员郝广山获拳术第四名。

山东省武术集训大会　山东省武术集训大会于1971年9月29日至10月10日在菏泽西关体育场举行。来自青岛、济南等地以及山东省体校的14支代表队、150名运动员参加了这次表演。菏泽派出以马崇厚为领队、马德明为教练，陆建民、孔凡春、刘怀良、盛建中、盛建国、孔大民、孔二民、刘相平、李连启、秋爱莲、耿广民、耿庭印、海秀花、郝随荣、王连月、谢元明、张月洪等17名运动员组成的代表队参加表演。山东省体校代表队为大会做了精彩表演，并在牡丹区赵楼、巨野大义集等乡村进行巡回演出。赛后菏泽运动员孔凡春、秋爱莲被选入专业队。

山东省农村武术表演赛　山东省农村武术表演赛于1977年10月8日至12日在郓城县体育场举行，来自泰安、聊城、临沂、济宁、梁山、菏泽的6支代表队96名运动员参加了这次表演。菏泽代表队共16名运动员，其中男运动员有盛建中、盛建国、刘保君、黄廷军、赵春东、赵春京、赵仁峰、杨金明，女运动员有孟爱芹、周爱菊、孟索荣、杨巧莲、郭秀琴、孟爱荣、张秀萍。

山东省首届武术馆校武术比赛　山东省首届武术馆校武术比赛1994年在单县举行，来自全省各地武术馆校的200名运动员参加。经过3天激烈角逐，单县民族武馆代表队获团体总分第一名，并夺取此次比赛大部分奖项。

山东省"希望杯"武术散手比赛　由齐鲁武术院主办、菏泽市体委承办的山东省"希望杯"武术散手比赛，于1995年5月20日至26日在西关体育场举行，来自青岛、济南等地的122名选手参赛，菏泽市（现牡丹区）派出总督队、牡丹城队两支代表队参加，均获佳绩。

中法散打对抗赛　经中国武术运动管理中心批准，由菏泽市人民政府主办，菏泽市体育局、宋江武校承办，水浒酒业协办的2002年"水浒英雄杯"

中法散打对抗赛，于2002年4月20日至22日在牡丹区体育场举行。来自法国的7名散打高手与郓城宋江武校组成的散打队展开了巅峰对决。结果，宋江武校以5∶2优势获胜。

中美散打对抗赛 经中国武术运动管理中心批准，由菏泽市人民政府主办，菏泽市体育局、宋江武校承办，中国人寿保险公司菏泽分公司协办的“人保杯”中美散打对抗赛，于2003年4月22日至24日在牡丹区体育场举行。来自美国的7名散打高手与郓城宋江武校组成的散打队展开激烈角逐。结果，宋江武校以7∶0的绝对优势获胜。

首届中国菏泽武术节 由菏泽市人民政府主办，菏泽市体育局和牡丹区体委承办，菏泽神州传媒有限公司协办的首届中国菏泽武术节，于2004年4月24日至26日在菏泽举行。这次武术节以“团结、友谊、共同进步”推动中华武术早日走进奥运为宗旨。武术节期间，举办了全国武术散手大奖赛、全国武术论坛、狮王争霸赛及大型武术团体操等一系列赛事活动。有来自河南、黑龙江、浙江、湖北等地的12支代表队、113名运动员参加全国武术散手大奖赛，山东菏泽弘达武校代表队获男子团体总分第一名，包揽了女子四个级别的全部桂冠，并获大会所设男子八个级别中的7块金牌。狮王争霸赛设“金狮奖”“银狮奖”“雄狮奖”，其中“金狮奖”被东明东方武校摘取。全国武术论坛在曹州武术馆举行，来自全国各地的武术专家、著名学者及当地武术工作者，从不同角度，对武术文化进行研讨，共商菏泽武术发展大计。

山东省武术套路精英赛 由山东省武术院主办、菏泽市体育局和曹州武术馆承办的“锦江杯”山东省武术套路精英赛，于2004年10月26日至29日在曹州武术馆举行。来自全省的25支代表队、232名男女运动员参加。曹州武校代表队以绝对优势夺得5个全能第一名和26项个人单项第一名。宏达武校获团体项目第一名。

山东省武术太极拳锦标赛 由山东省武术院主办，菏泽市体育局和菏泽市太极拳运动协会承办，山东四君子集团有限公司和菏泽学院协办的山东省“四君子杯”武术太极拳锦标赛，于2006年6月3日至5日在菏泽学院体育馆举行。来自全省的38支代表队、460名运动员参赛。经过3天的激烈角逐，菏泽学院代表队以209分的绝对优势获得团体总分第一名，并夺得集体项目冠军，个人单项摘取17金、11银、4铜，同时被大会组委会授予“精神文明代表队”。

四、武术之乡赛事连连

菏泽地区武术运动会　1982年菏泽地区武术运动会在菏泽城举行。菏泽、梁山等8县组队参加，各代表队团体名次为梁山、东明、鄄城、曹县、郓城、成武、定陶、菏泽。比赛项目设拳术、长器械、短器械、传统项目、个人全能。刘怀莲、张爱英、刘怀国、冯建设、刘庆福、李保军6人获10个不同项目个人第一名。

1983年，菏泽地区武术运动会在菏泽城举行。参赛单位的团体名次如下：梁山、郓城、单县、巨野、菏泽、定陶、曹县、东明。比赛项目设拳术、长器械、短器械、传统项目。张其华、张爱英、孔秋红、候国旺、史桂星、王洪卫、魏俊英、侯爱玲8人分获15个单项第一名，其中张爱英摘取5个单项桂冠。

菏泽地区第一届工人运动会武术比赛　1985年菏泽地区武术运动会在菏泽举行，运动员190人。参赛单位的团体名次：男子为梁山、菏泽、东明、巨野、鄄城、定陶、曹县、单县、成武；女子为菏泽、梁山、单县、巨野、郓城、东明、定陶、鄄城、成武。比赛项目设拳术、长器械、短器械、传统项目、个人全能。侯国旺、张爱英、崔玉强、冯艳华分获男、女少儿组全能第一名。10人分获24个单项第一名，其中张爱英获5个第一名，崔玉强、冯艳华各获4个第一名。

菏泽地区第一届工人运动会武术比赛1984年10月1日至3日，在菏泽东关体育场举行，各县团体名次为梁山、东明、菏泽、巨野、郓城、鄄城。

菏泽市“东方杯”武术套路比赛　菏泽市“东方杯”武术套路锦标赛于2005年11月11日至14日在东明东方武校举行，全市有13支代表队、114名运动员及13名特邀代表参加。各组别团体名次：男子甲组是东方武校、曹州武馆、精英武校、弘达武校、东明体校、成武体校；女子甲组是东方武校、东明体校；男子乙组是宋江武校、牡丹区、弘达武校二队，女子乙组是单县体校、宋江武校、弘达武校。丁辉龙、周倩、康鑫、王飞分获男女甲、乙组全能第一名。

除以上菏泽市政府职能部门组织的比赛外，各区县武协、武术馆校也组织承办了多次武术赛事活动。通过这些活动，交流了技艺，增进了友谊，扩大了菏泽武术的知名度，同时也为中国武术之乡菏泽增添了光彩。

第三节 武术纵横

菏泽武术自古以来就是以技击性为核心，以健身性、娱乐性、观赏性为特点的活动。中华人民共和国成立后，菏泽武术呈现多元化发展。竞技武术、健身武术和武术旅游、武术艺术、武术产业应运而生，使菏泽武术更加丰富多彩。

一、武术向竞技迈进

在古代征战中，武术作为敌对双方的主要技能，突出表现为它的技击性。而在相对安定的现代社会，武术的竞技性却成了它的主要特征之一。菏泽竞技武术的发展，大致经历了四个阶段。

古代阶段。菏泽的传统武术在其发展过程中，时常表现出它的竞技性。三代时期，西周曹国在农余之时，常组织百姓进行武术训练，为检验训练效果，领军人物常让受训者进行搏击比赛。汉、唐、宋、明、清时期，是中国相对稳定的时期，这一时期武术主要表现为竞技和娱乐。受当时“宫廷武娱”的影响，统治者们常以剑舞、兵器比赛、赤手相搏等形式进行玩耍。民间的“角抵戏”，即是农忙之余青少年之间以搂抱相摔来比试气力技巧。每逢较大集市和庙会，常有民间武术人士登台竞技。特别是唐代设立“武科”以后，武术人士多通过“武科”竞技而步入仕途，每逢大比之年，各地武术人士蜂拥都会，竞相献艺，以求入仕。

国术馆建立至中华人民共和国成立前阶段。菏泽近代竞技武术，以国术馆的建立及参加国术国考为标志开始形成。1928 年，杨士文在菏泽创立国术馆，随后又有曹县、巨野、郓城、定陶、成武等县建立国术馆。国术馆内，武术竞技成为武术教学的重要内容和推进手段。同年 10 月，国民政府在南京举行第一次国术国考，经三轮角逐，菏泽人杨士文力挫群雄，获最优等奖。1935 年，在济南举行的山东省第三届国术省考中，菏泽人麻均成获得优胜奖。杨士文、麻均成等人参加国术考试并取得优异成绩，标志着菏泽竞技武术达到了相当高的水平。菏泽城内的武术竞技受国术考试的影响，也先后在民间展开。不仅是大集市、大庙会，武术竞技成为必有内容，而且在城镇乡村也常有一些非正式的摆擂与攻擂，以武术竞技会友。

中华人民共和国成立初至改革开放阶段。中华人民共和国成立以后，竞技武术从传统武术中脱颖而出，自成一体，并不断走向成熟。1957 年国家体委把武术套路列为正式比赛项目，1959 年第一届全国体育运动会设立了武术比赛，颁布了第一部武术竞赛规则，竞技武术正式登上中国体育殿堂。在全国竞技武术的发展进程中，向有习武之风的菏泽，竞技武术更是别开生面。菏泽地区及各县相继成立了体育委员会和武术协会等组织,并以政府为主体，组织了多层次、多形式的武术竞赛。在政府的有力推动和群众的积极参与下，竞技武术得到迅速发展。

改革开放至今。40 多年间，菏泽的竞技武术在继承以往竞技武术的基础上，充分吸纳国内外竞技武术的优秀成果，有了长足的进步。各级政府多次举办各类武术比赛，奖励出类拔萃人才，积极倡导武术运动和武术竞技，民间也积极参与武术习练和武术比赛，牡丹区、郓城县、东明县、单县、巨野县等先后被命名为“全国武术之乡”。民间武术人士积极兴办各类武术学校，民办武术学校一度达到 200 余所，其中曹州武术学校、宋江武术学校、东方武术学校、单县民族武术学校等，在校师生达数千人之多。这些武校积极参与全国、全省、全市的武术比赛以及国际武术比赛，并多次取得令人瞩目的成绩。政府和民间热心武术的人士，还积极举办各类武术邀请赛、擂台赛、争霸赛，开展竞技活动。在政府与民间的共同推进下，菏泽的竞技武术展现出异彩纷呈、城乡并举的良好局面。

菏泽的竞技武术与传统武术，既有明显的区别，也有密切的联系。

菏泽的传统武术与竞技武术的区别是比较明显的。一是理论基础和价值取向不同。菏泽传统武术，如梅花拳、红拳等，深受中国古代儒家、道家、墨家、阴阳家、佛家、兵家以及祖国医学、美学等传统文化的渗透和影响，而竞技武术则渗透了张扬个性、功利主义的思想文化。传统武术追求修身养性、天人合一的境界，而竞技武术以追求个人价值、赢得比赛胜利为目标。二是评价标准不同。传统武术多以感性评价为主，由评价者依据自己的观察判断来确定优劣。由于评价者的观察角度、理解深浅及自身造诣不同，其评价很难划一。这就使传统武术的评价缺少客观标准，评价比较模糊。而竞技武术的评价标准则较为客观、严格和详细，一般都具有法规的权威性。三是存在方式不同。传统武术以区域性、门派性为特征。如在牡丹区、定陶县多流行梅花拳、查拳；在曹县、东明县多流行红拳；在郓城县流行三十六路宋江拳、迷踪拳等，显示了它的地域性特点。在菏泽流行的传统拳术都有严格的师承关系，各代相传，辈分分明，可以明确地追根溯源，形成了“源流有序、拳理明晰、风格独特”的特点。传统武术在菏泽有着广泛的群众基础，几乎到处有拳场。竞技武术没有明显的区域性和门派性。规定拳的习练跨越了地域和门派，成为所有参赛武林人士的必修课。竞技武术多存在于武术学校、武术队等专业人员中，农民中习练规定拳的人员甚少，竞技武术的群众基础与传统武术相比较为薄弱。

当然，菏泽的传统武术与竞技武术也有很多相同之处。一是传统武术与竞技武术都有健身防身的作用。无论是传统武术还是竞技武术，都需要通过肢体活动达到训练的目的。在肢体活动中，人们无疑收到健身的功效。通过传统武术和竞技武术的习练，人们能够强健体魄，领略攻防要义，以便在实战中击败对手，达到防身克敌的目的。二是传统武术与竞技武术的演练基础是一致的。无论是传统武术还是竞技武术，其演练基础都是身、手、腿、脚等；其运动路线都是直线、弧形、曲线等；其训练都讲究精、气、神以及力量、速度和打击部位。三是追求完美性。传统武术讲究阴阳相济、心神合一、长短配合、方圆协调、手身一致，表现为内在的文化完美；竞技武术讲究更高、更大、更强的精神，追求外在的表现完美。

菏泽的传统武术与竞技武术这种既有区别又相互联系的关系，决定了二者应该互相借鉴、共同推进。特别是改革开放的今天，武术要与国际接轨并走向世界，就要向竞技发展。

首先，竞技武术要借鉴和吸纳传统武术的精华。菏泽武术从先民与猛兽搏斗以求生存开始，经历了千万年的发展历程，积累了丰富的武术知识，凝聚了极为珍贵的武术精华。作为竞技武术要广为借鉴，大量吸收。一是要吸取传统武术中的民族文化,吸收借鉴诸子百家的合理思想,以传统文化为灵魂，铸造竞技武术；二是要吸纳传统武术的动作，在浩如烟海的传统武术动作中，撷取精华，改造提高，丰富和充实竞技武术的内涵；三是要借鉴传统武术的套路编排，在求高、求大、求强的原则指导下，追求符合时代精神和时代要求的完美。

其次，竞技武术要循入传统武术的习练群体，扩大自己的群众基础。菏泽是著名的武术之乡，广大乡村都有群众练武，拳场武馆遍布乡里。竞技武术要依靠传统武术的群众基础，积极引导，借梯上楼，以便将练武群众对传统武术的习练热情引导到对竞技武术的习练上来，使竞技武术像传统武术那样在民间广为传播。

最后，竞技武术要融于传统武术之中，推进传统武术的发展，从而为竞技武术奠定更加坚实的基础。传统武术在文化内涵、武术内容和群众基础上都为竞技武术提供了不竭源泉。唐代魏征在《谏太宗十思疏》中曾说："求木之长者，必固其根本；欲流之远者，必浚其泉源。"竞技武术要在坚实的基础上前进，就必须加快发展传统武术。一是要带动传统武术走向规范化。以梅花拳、红拳等拳种为代表的菏泽传统武术，在它的传承过程中，大都是师傅口传身授，少有文字载录。在历代传承中，难免有一些遗漏、误讹，再加上后人的改造修正和创新，年深日久，往往是同一拳种、同一套路，不同的人演练起来却有许多差异。竞技武术要运用自己规范标准的优势，带动和影响传统武术向规范化、标准化迈进，使传统武术在习练中也同样做到有文字依据、有标准规范。二是要引导传统武术采取科学的训练方法。传统武术由于受历代师承的影响和当时生产力水平的束缚，训练方法往往原始落后，带有农耕文化的色彩。菏泽传统武术的臂力训练中，有“举锁”“绷绠”的习练方法：“举锁”就是不断举起像过去门锁形状而大小不一的石块；“绷绠”就是用小臂或大臂反复撞击拉直的粗绳。这些都是比较原始的训练方法。而运用现代的拉力器、臂力机等训练臂力，远比“举锁”“绷绠”更为安全有效。竞技武术要不断引导传统武术采取科学方法、运用现代设备、吸取现代训练理念进行训练，以求实效。通过影响和引导，加快传统武术发展，进而为竞技武术发展提供坚实基础。

菏泽传统武术是菏泽的瑰宝，应该得到传承；菏泽竞技武术是菏泽传统武术的发展，应该得到进一步弘扬。要把传统武术与竞技武术结合起来，以传统武术为根基，以竞技武术为导向，推进传统武术和竞技武术共同发展，促使传统武术向竞技武术迈进。

二、武术向健身延伸

武术与健身是密不可分的，在漫长的武术发展中，健身也在不断发展。可以说健身是武术的题中应有之义。

历史上，健身是武术的一种属性。在冷兵器时代，武术的主要功用就是格斗搏杀。先民们习练武术，或者是为了捕杀禽兽，以求生存；或者是为了在战争搏斗中防身自卫、攻杀对手。人们在习练武术中，健身作为武术的一种属性、一种功效，已明显地展现出来。人们在练武时冲拳、踢腿、转身、跳跃等，其躯体受到了高强度的锻炼；武术中的吐纳运气，也使练武者的内脏器官加强了活动。因此，只要人们习练武术，其健身功能也就在其中了。

随着武术的发展，保健养生成了武术的一项重要内容。早在汉代就出现了“导引功”，传说三国时期华佗又发明了“五禽戏”，后来还有“八段锦”“太极拳”“易筋经”“武术操”等。这些着眼保健养生的功夫自成一体，成了武术“家庭”的重要成员。自从保健养生功传入菏泽，立刻受到崇尚武术的菏泽人的青睐。历史上，菏泽的习武者几乎人人都会一些养生功夫。有些武师在传授武术时还常以这些养生功夫作为习武的基本功，要求弟子常习不辍。特别是陈式太极、孙式太极、杨式太极、吴式太极等太极拳以及文武八段锦等在菏泽广为流传，代有名家。在普通百姓中，保健养生功也有众多习练者。保健养生功在菏泽可以说是源远流长、基础深厚。

近年来，习练武术、健身养生活动在菏泽更是蓬勃展开。

政府积极引导健身。菏泽市各级政府都把体育保健列入重要工作日程，制订落实全民健身计划。建立武术协会、老年体育协会等群众性组织。向群众推荐“八段锦”“太极拳”“广播体操”等健身套路，组织群众进行练习。组织专门的“太极拳”“八段锦”“广播体操”等健身套路比赛。在以人为本、全面建设小康社会的进程中，与人均寿命休戚相关的全民健身被列为重要的社会进步指标，受到了前所未有的重视，保健养生的专业化与群众化全面推进。

群众健身意识增强。欣逢太平盛世，各自安居乐业。老人都希望有一个健康的身体，好好享受现在的幸福生活；年轻人都希望自己体格健壮，以胜任学习工作和其他活动。人们的健身意识、长寿意识空前强烈。每天早晨和晚上，在公园里、小河边、树林中、庭院内，到处都是锻炼的人群。

健身活动形式多样。人们的健身活动已从过去单调的习武健身向张扬个性的多样化转变。人们除习练以技击为主的传统拳术以及“五禽戏”“八段锦”“太极拳”外，还通过跳舞、跑步、扭秧歌、做广播体操和借助各种体育器械活动等形式进行锻炼，使强身健体活动在适应自己的基础上，丰富多彩。

健身设施逐步健全。城乡各地都建起了公园、绿地及其他用于锻炼的场所，健身场地不断扩大，由政府和民间投资的健身俱乐部也相继涌现。在众多公共场所，由政府或其他单位投资购置了各类健身器械，以满足人们业余锻炼的需要。有条件的家庭也有专门的健身房和健身器材。人均锻炼场地和活动器材拥有量是任何历史时期都不可比拟的。

组织健身辅导培训。各地经常举办健身辅导培训班，为健身活动培养教师，这些辅导员回到所在单位、地域，积极组织周围群众进行健身活动。在城区街头，经常可以见到健身辅导员在教授和指导群众打太极拳、跳舞、扭秧歌等。一些机关和企事业单位也时常邀请健身辅导员到本单位指导健身活动。社会上的热心人士，也纷纷举办各类健身培训班，不少人于业余时间，或参加太极拳培训，或进入舞蹈班学习，以锻炼身体、增强体质。

传统套路改革。为适应全民健身需求，健身养生的科学研究日益深化。随着生命科学的进步，体育教育部门和大专院校，不断组织专业人员对武术强身健体、保健祛病的机理进行科学研究，淘汰了许多与强身健体不相适应的武术动作、武术训练和武术表演，而将一些有利于身体锻炼的舒展、缓慢、轻松自如的动作吸纳到传统套路中来。通过改革创新，武术传统套路的习练更利于强身健体。

健身与中医结合。在菏泽几千年的武术发展中，武术健身与祖国医学一直有着密切的联系。武术健身主要是通过活动肢体、强化呼吸、控制意念来达到平衡协调生命的目的；而中医治病也是通过药物或直接刺激（如针灸、拔罐等）补亏祛盈，平衡机能，达到祛病的目的。武术健身活动贯穿了阴阳经络学说，而阴阳经络学说正是中医望闻问切、对症下药的理论基础。因此，中医与健身是相通的。随着中医理论的不断进步与健身活动的蓬勃开展，中医与健身的结合愈加紧密。中医以经络学说、腑脏学说、病理学说为武术健身提供理论基础，武术健身以其实践不断检验和丰富中医的理论。菏泽市及各县区在推广健身活动时，都认真吸纳中医的意见，进而保证了健身活动更加科学。

三、武术向旅游渗透

旅游业向来被称为无烟工业，也是一项一次投入，百年收益；前人付出，子孙受益的朝阳产业。因此，引起了各级政府的高度重视。尤其是随着对外开放的不断扩大和人民生活水平的不断提高，旅游日渐进入了人们的生活。千百万人的需求和参与，使旅游业方兴未艾、如日中天。

菏泽发展旅游业，具有得天独厚的优势。菏泽地处黄河冲积平原，历史文化底蕴丰厚，是著名的中国牡丹之都、戏剧之乡、书画之乡、武术之乡和民间艺术之乡，为菏泽旅游事业的发展提供了丰富的人文资源。特别是菏泽的武术文化历史久远，作为菏泽的特色旅游，日益受到社会各界的关注和游客的青睐。

较高的美学价值，使武术具有较强的观赏性。从内部看，武术自身具有阳刚美和阴柔美。在武术用于技击搏斗时，表演者藐视对手的气概、气壮山河的意志、神定气闲的韵味和胜券在握的豪情，展示了武术的阳刚风范；在健身武术如太极拳、五禽戏中，又表现了委婉曲柔、潺潺流水、春意袅袅的阴柔神韵。从外部看，武术具有形体美和运动美。武术手型步伐、点拿摔打、转身旋腰、闪转腾挪，都呈现了武术灵活多变、伸屈有度、阴阳相济、千姿百态的形体美；武术直、曲、圆、方的运动，显示了武术变幻莫测、亦真亦幻的运动美。武术自身的美学价值，使武术除用于技击外，还时常用于娱乐观赏。在远古时代，人们就常以搏击、角抵为戏。菏泽州县衙内，常有地方官让习武者以搏击、武舞为戏，供其观赏娱乐。在武术美学价值的与时俱进中，其观赏性有新的提升，这无疑进一步增强了武术旅游的吸引力。

武术在旅游中充分展示了它的人文内涵。在漫长的历史发展中，菏泽武术一方面渗透和融合了儒、墨、道、兵、阴阳等诸子百家的思想，蕴含了丰富的民族文化。武术比赛，对手入场，均先向对方抱拳施礼，这便是儒家思想影响的痕迹。《论语·八佾第三》中说："子曰：君子无所争。必也射乎！揖让而升，下而饮。其争也君子。"尽管对手一旦动手便可能是殊死的搏斗，但上场伊始，也要抱拳施礼，这就是所谓的"揖让而升"。《孙子兵法》中说："兵者，诡道也。"武术在技击中多数动作都是动静配合、虚实并用，以虚诱敌、以实击敌，表现了兵家的谋略运用。可以说，初探武术的文化要义，任何一个门派，任何拳种，甚至任何一个套路都充满了中国的传统文化。

另一方面菏泽武术中，有“三十六路宋江拳”“燕青拳”等，以水浒英雄命名的拳种，突出了水浒文化的特色。滔滔黄河，奔腾不息，哺育了菏泽人淳朴豪爽的品格，菏泽武术在技击搏斗、表演比赛中，更多展示的是粗犷豪放、金刀大马的长拳动作，显现了敦厚雄浑、朴实无华的拳风。丰富的人文内涵，使游客在观看武术表演的同时，也领略了菏泽的传统文化和特色文化。

武术旅游与牡丹旅游交相辉映。菏泽将观赏牡丹和武术旅游结合起来，形成了赏罢牡丹看武术的旅游格局。在一年一度的菏泽国际牡丹花会开幕式上，都安排有大型武术节目，武术表演成了花会开幕式的一个亮点。在牡丹花期，纷至沓来的游客，大都在赏花之后，到武术表演基地观看武术表演。菏泽市政府为推介武术旅游，积极作为，大力倡导。这进一步拉长了旅游产业的链条，使游客既饱览了花乡风韵，又享受了武术所带来的愉悦。

武术硬件设施建设不断加强。为发展武术旅游，政府和民间都进行了大量投资。20 世纪八九十年代，菏泽市投资上百万元，建成了大型体育场，可同时容纳几万人观看演出。菏泽市各县区也先后建设了体育场，使武术表演和武术比赛有了场所。民间也对武术旅游投入了大量资金。为适应武术事业的发展,菏泽市建设了武术器材生产企业,专门生产武术比赛与训练所用的刀、枪、剑、棍和沙袋、拳靶、护具等器材。在市区和县域繁华地段都有专门的武术器械商店，多数超市还设有体育武术器材专柜。武术开发公司也相继成立运作。进入菏泽，能够充分感受浓厚的武术氛围。菏泽市曹州武术学校和宋江武术学校，都投资上千万元，建设了武术表演厅，面积均达 3000 平方米以上。表演厅内音响、灯光、幕布等均是现代化设施，成了名副其实的菏泽武术旅游表演基地。仅这两所武术学校，每年都接待观看武术表演的国内游客数万人。

武术表演形式丰富多样。武术表演以游客喜闻乐见的形式进行编排，适应了不同层次的游客需求。武术表演节目既有气势恢宏的大场面，也有别具一格的小节目。在第十一届菏泽国际牡丹花会开幕式上，大型武术节目“腾飞的菏泽”在菏泽体育场进行表演，整个演出由 800 余名武术演员参加，红旗漫卷，人流滔滔，金戈铁马，遮天蔽日，展示了宏大的气势。“黄巢点将”展现给人们的是大唐末年，朝廷昏聩，奸佞当道，民不聊生，冤句（菏泽）人黄巢乘势起陇亩之中，以神出鬼没的武技，横扫千军如卷席，震撼了风雨飘摇的大唐帝国。“水浒一百单八将”，多次击退北宋朝廷官兵，以宋江为首的农民起义动摇了北宋王朝的统治根基。在这些大型武术节目中，一方面，刀光剑影，互相搏杀，招式分明，打斗紧凑，吸引了游客的目光。另一方面，将武术与故事紧密结合，富含故事情节，更加引人入胜。在武术表演的小节目中，梅花拳、翻子拳、通臂拳、猴拳、龙拳等众多门派，百家拳种，各展绝技，惊心动魄，异彩纷呈。特别是硬气功、软功、轻功表演，如木棒排打、腹部吸碗、躯体相叠、飞身凌空等更是令人叹为观止。通过武术表演，游客可以充分领略菏泽武术的迷人魅力。

武术旅游不断向正规化方向发展。菏泽的武术旅游从原来的业余表演逐步走向正规。以“狗娃艺术团”“中华武术文化展演团”“曹州武校武术表演团”为代表的专业表演团队相继建立，为武术表演奠定了组织基础。在武术表演中，各团队逐步形成了一些成熟的节目保留下来，同时适应观众的需要，又不断创造一些武术节目，使武术表演的内容日渐丰富，演员的舞台艺术不断提高，专业化管理也不断进步，菏泽的武术旅游正沿着正规化、规范化的方向发展。

武术比赛成为武术旅游的新亮点。近年来，政府和民间经常组织武术综合比赛，如山东武术套路精英赛、国际武术散打擂台赛、传统套路邀请赛等。这些比赛，以其激烈的搏斗、真实的拳脚、高超的技艺，吸引了众多的武术爱好者和国内外游客。菏泽多次举办的国际武术比赛，汇集了众多的中外武林高手，其激烈的打斗场面，展示了中外武术的精华，数万名国内外游客前来观看，偌大的菏泽市体育场几乎座无虚席。武术表演已成为武术旅游的支撑力量。

菏泽武术以其丰厚的人文底蕴、精湛的武术技击和精心的套路编排，赢得了游客的高度评价，展示了菏泽武术的迷人魅力和亮丽风采，也使游客感受了菏泽武术的源远流长和博大精深。

四、武术与艺术交融

菏泽武术与艺术素来就是互为渊源，特别是近代以来，武术与艺术相互融合，艺术中蕴含武术，武术中包含艺术，二者相互渗透、相互吸纳、相互促进，共同发展。

武术与民间艺术的结合。菏泽民间艺术丰富多彩。有竹马、高跷、狮舞、龙舞、腰鼓、花棍等。这些民间艺术，吸收了很多武术的内容。一是民间艺术借鉴了武术的套路编排。民间艺术的连贯表演，往往都是把许多单一的动作衔接起来，形成套路。如狮舞中将狮子摇头、翻滚、抢绣球、假鼾、跳台、滚球等动作，组成连续的舞台艺术，一气呵成；腰鼓的前敲击，后甩打，配合优美的舞步，浑然一体等，都是借鉴了武术中将一个个单独的动作，配合拳法、步法、身法的变化，编成套路，从而使艺术表演像江河流水连绵不断。二是民间艺术吸收了武术的动作。民间的打花棍，就是两人各持一棍，一边同念口诀“打花棍，花棍应，连打花棍六七声……”，一边用棍的前部在高空和低空相互迎击，两棍发出有节奏的梆梆声，这些上下迎击包含了武术中棍术的劈、撩、摆、迎等动作。龙舞中，支龙的木棍在表演者手中上下翻飞，以表现龙的腾跃隐现，就是借鉴了武术棍术的套路动作。三是武术也不断吸纳民间艺术的内容。菏泽拳术中有“狮子摇头”“青龙探爪”“野马三剪”“猴子望月”，等等，不仅在名称上与狮舞、龙舞、竹马、高跷有关，在动作上也借鉴了这些民间艺术的内容。

武术与杂技的结合。在菏泽的杂技中，有很多武术动作融汇其间。流行于曹县等地的盘叉，就是杂技与武术的结合。这种叉与武术兵器中的叉相差无几，略有不同的是在前面叉齿的中间装有铜环，舞动后叮当作响，以增强其艺术效果。舞叉者常常是手持叉柄，表演几个套路，在叉的翻滚中又不断地将叉抛向空中，用手、臂、颈、腿、脚等去接迎，在悦耳的响声中，看得人眼花缭乱。最惊险的是演示者往往在最后拿出“绝活”，用叉尖顶住自己的小腹，然后施展硬气功，用力前推，使木制的车子前行数米，而表演者丝毫无损。在东明、菏泽、郓城等地的汽车过人表演，更是融入了武术功夫。表演者俯卧于地，将一只手臂平放地面，汽车的一个轮子从表演者手臂上轧过；或者是表演者平躺于地，仰面朝天，在其小腹上横放一块木板，让汽车的一侧从木板上轧过。流行于曹县、菏泽等地的开碑，也是硬气功的展示。表演者仰卧后，小腹上放一石碑，由另一人手持重磅铁锤砸向石碑，把石碑砸成两段。这种表演惊险刺激，把杂技演绎得出神入化，极为引人注目。这些杂技的表演者大都是武术人士，他们在表演中都配合了武术的硬气功。没有武术硬气功的配合，一般人不敢做这种冒险的表演。

武术与戏剧的结合。菏泽作为戏曲之乡，许多地方戏都与武术有密切联系。一是有的戏剧本身就是“武戏”。如东明县剧团的《战洛阳》一剧，其中的表演动作很多就是武术的套路动作和散打动作。有些是为了表演的方便，在武术动作的基础上有所改进。二是在一些所谓的“文戏”中也有武打场景。郓城县剧团的《孙安动本》一剧中就有一些打斗场面。这些打斗，基本上就是武术的兵器表演。还有一些戏剧虽然几乎不见打斗场面，如牡丹区剧团的《牡丹亭》等，但剧中角色的表演如“亮掌”“叉步”等都采用了武术的动作。三是用武术人士做演员。菏泽武术人士段章丽在《浪子燕青》中饰女主角，凭着自身过硬的武术功夫，在打斗时表演得精彩逼真。四是戏剧演员大都学过武术。菏泽有许多地方剧种，如大平调、四平调、柳子戏、两夹弦等，这些戏剧中的演员大都经过武术训练，学过几个武术套路或武术动作，特别是武生、刀马旦等角色的演员，更要习练武术，不少戏剧演员也是当地的武林名人。

武术与诗歌的结合。武术与诗歌的结合可以追溯久远，很多名家都曾为武术赋诗。唐代杜甫的《观公孙大娘舞剑器》一诗云：“昔有佳人公孙氏，一舞剑器动四方。观者如山色沮丧，天地为之久低昂。霍如羿射九日落，矫如群帝参龙祥。来如雷霆收震怒，罢如江海凝青光……”历史上不仅有名家对武术的赋诗，也有用诗歌来表现武术的。据说，唐代李白的《行路难》一诗，“金樽清酒斗十千，玉盘珍馐值万钱。停杯投箸不能食，拔剑四顾心茫然……”就是李白在酒宴上，一边舞剑一边咏唱的。菏泽人继承和发展了这一传统文化。一是根据古诗编排成武术节目。曹州冤句人黄巢是唐末农民起义首领，他写过一首著名的诗：“飒飒西风满院栽，蕊寒香冷蝶难来。他年我若为青帝，报与桃花一处开。”曹州武术学校根据这首诗，编排了大型武术节目“黄巢点将”，将诗歌与武术结合起来，收到了很好的演出效果。二是根据现代歌曲编排武术节目。曹州武术学校根据歌曲《霸王别姬》“我站在烈烈火风中，恨不能会尽天下英雄……”，配合音乐的旋律，编排了“问天下谁是英雄”的武术节目，表现了西楚霸王项羽在穷途末路之日犹万丈豪情的英雄气概，有很强的艺术感染力。三是在武术中吸纳诗歌的内容。流传于菏泽的许多拳术动作名称都源于诗歌。如“一鹤冲天”，就是源自唐代刘禹锡的《秋词》：“自古逢秋悲寂寥，我言秋日胜春朝。晴空一鹤排云上，便引诗情到碧霄。”“寒梅绛雪”即是借用了唐代张谓的《早梅》诗名：“一树寒梅白玉条，迥临村路傍溪桥。不知近水花先发，疑是经冬雪未销。”这既增添了武术动作名称的雅丽，又为武术注入了文化内涵，使武术与诗歌更加紧密地结合起来。

武术与舞蹈的结合。在现代武术的研究中，有不少学者认为武术起源于舞蹈。在武术的起源与发展中，武术与舞蹈确实有不解之缘。很多舞蹈的动作稍为用力和迅猛一点就是武术动作；很多武术的动作，稍加美化就是舞蹈。菏泽有许多武术舞蹈、大型牡丹舞蹈、各大武术学校所编排的校歌舞蹈等，都是用舞蹈的形式表现武术。在菏泽国际牡丹花会上，经常用武术舞蹈为歌曲伴舞，把拳术及武术器械的刀、棍、旗等融为一体，配合音乐的旋律，用舞蹈动作表现武术，取得了圆满成功。这种武术舞蹈的艺术既可用于表演，供人们欣赏，也可用于习练，使人们强身健体。

艺术吸纳和借鉴武术，丰富了艺术的内容；武术的艺术化，为武术的发展拓展了新的空间。武术与其他艺术形式相结合，收到了相辅相成、相得益彰、相互促进的效果。

五、武术走向产业化

武术是国民经济中一个重要的产业部门。1985 年国务院批转国家统计局《关于建立第三产业的统计报告》，把体育正式归入第三产业，从而使包含武术在内的体育产业地位得到确认。

改革开放以来，武术产业在菏泽得到充分发展，并且具有较强的发展后劲。

——武术商业比赛。一些部门和一些企业，多次举办武术邀请赛、擂台赛、争霸赛等。在这些商业化的比赛中，武术成了实实在在的产业。第一，参赛团体和参赛个人一般都要缴纳一定的参赛费用和食宿费用，这些费用除大部分用来比赛外，剩余部分即变为组织者的经济收益。第二，在比赛期间，主办者往往邀请一些企事业单位到赛场举行形象宣传活动：或打字幕，或拉标语，或竖广告牌，或利用比赛间隙推介产品，甚至同时举办产品展销会等，而主办者则向其收取一定的组织活动费用。第三，有的武术比赛，主办者还邀请一些企事业单位加盟、赞助、捐献等。武术比赛的商业化运作，凸显了武术产业的经济效益，也使武术成了颇具诱惑力的一项新型产业。

——武术旅游产业。菏泽的武术旅游作为菏泽的特色产业正在蓬勃兴起。武术以其表演性和观赏性深受游客的青睐。特别是菏泽将几种特色文化结合起来拉长旅游产业链，形成了来菏泽看牡丹、听戏曲、赏书画、观武术的特色旅游。武术旅游成为大旅游产业链中的重要一环，极大地丰富了旅游的内容，其直接票房收入相当可观。同时，包括武术旅游在内的大旅游产业，也为菏泽的住宿、餐饮、交通等注入了活力。

——武术影视产业。武术影视在菏泽还处于初始阶段。1994 年，郓城宋江武术学校在中央电视台春节文艺晚会上推出《狗娃闹春》，武校的几十名小学生全身童装，满脸稚气，挥舞棍棒，欢呼雀跃，显示了童年的天真烂漫。“天上掉下的小妞妞”，手擎花篮，拳打脚踢，一枝独秀。央视著名主持人倪萍在节目结束时，现场采访，更增添了《狗娃闹春》的喜气。这一节目以其生动活泼、充满童真而获得奖励，也因此成为菏泽武术走进影视圈的一个里程碑。继《狗娃闹春》之后，宋江武校乘势而上，组建了“狗娃艺术团”，尔后拍摄了电视连续剧《水浒少年》。曹州武校武术表演团在中央电视台“德艺双馨”栏目中，表演《曹州神鞭》等武术节目时，枪如猛虎，鞭似游龙，威武雄壮，取得良好效果。其他武术学校也不断有自己的武术节目走进影视。同时，在一些动作片的电影电视中，有不少菏泽武术界人士在片中担任角色，或作为武打替身，在影视中展示了菏泽武术的风采。

——武术商品市场。菏泽具有武术商品的广阔市场和巨大潜力。第一，武术训练、比赛、表演中的用具，为武术商品市场的形成创造了条件。武术训练中，要使用各种兵器，如刀、枪、剑、棍等；在基本功训练中，要使用沙袋、靶台、拉力器等器材；在武术实战中，要使用护头、护胸、护脚以及赛台、棉垫等各类器具；在武术表演中，要使用表演服饰、器具以及舞台、灯光、幕布、音响等；在传统套路以及跆拳道、柔道、摔跤、太极拳等比赛和表演中，还要使用特定的服装；比赛中还要使用记分牌、记录簿、计时器等等，显示了武术商品需求的多样化。第二，菏泽作为著名的“武术之乡”，习练武术的人数众多，参加或承办国际、全国、全省武术表演、比赛的赛事活动较为频繁，这显示了武术商品的市场需求和潜在需求，品种多、数量大。第三，由于武术是一项运动量很大的活动，武术用具的使用寿命一般都比较短暂，武术商品的更新速度较快。所有这些，都给武术商品的生产与销售带来了连续不断的、长期的商机。一些商家瞄准了这一市场，开始了武术商品的产销。牡丹区、定陶县等已兴办了武术用品开发公司、武术用品生产销售公司，专业开发和生产销售武术训练、表演和比赛中使用的兵器、护具和其他器材，公司产销势头良好。在市、县、乡驻地都有销售武术商品的专业门市，一些较大的商场、超市也都设有体育武术器材专柜，武术商品琳琅满目。

——武术文化市场。第一，音像市场。在菏泽武术的发展传播中，借助了许多现代科技成果。菏泽的多数武术学校在推介武术、宣传自身的同时，将武校的武术教学、武术训练、武术比赛和武术表演等刻录光盘，既有名家演示，也有动作解说，图文并茂地供人参考阅读。这些光盘的刻录与销售，推动了菏泽音像产业的发展。第二，书报市场。一些武校和民间武术人士，分别编印了梅花拳谱、大红拳谱、武林人物、武术拳械录等武术书籍，一些武术团体和武术学校也经常编印本单位的宣传册，部分武校定期印发校报。这些带有武术特色的书报市场，十分红火。第三，文物市场。菏泽武术历史悠久，在发展过程中，武术的文物多有遗留。除国家明令禁止不准进入市场的文物外，大量较有价值并可以进入市场的武术文物多数已进入市场，武术文物市场初步形成。国家禁止进入市场的武术文物，如石刀、石斧、石箭及青铜器等弥足珍贵，具有较高的展览观赏价值，菏泽市及各县区文物馆都经常于适当时期展出，有赏参展成了文物市场的另一种形式。第四，书画市场。菏泽作为著名的“书画之乡”，武术与书画有颇多融合。不少武林人士也是书法名家、丹青高手，很多书画作品表现了武术的内容。这些融合了武术内容的书画作品，既有文人的风雅，又有武术的豪迈，成为市场上的畅销品。

——武术人才市场。菏泽民间素有尚武之风，名家荟萃，高手云集。很多菏泽人到外地开武馆、办武校，传授武术，开辟了菏泽的武术市场。一些武林精英甚至到国外执教，到国外办武馆，将包括菏泽武术在内的中华武术远播海外。也有些外地机关、国有单位和民营企业等都到菏泽来招聘保安和私人保镖。特别是近几年，菏泽着力打造“天将保安”的劳务品牌，为菏泽市的一些武术团体和武术学校命名“保安人才培训基地”，使这些武术学校和武术团体每年都为外地培训和输送大批懂武术、有功夫的保安人员，形成了菏泽劳务输出的亮点。同时，外地不少武术专业队、武术学校、武警部队等单位，也经常到菏泽招聘武术教练和武术队员。

——武术学校。在菏泽的武术产业中，武校具有举足轻重的地位。菏泽现有大小武术学校近百所，鼎盛时期达到200多所。特别是曹州武术学校、宋江武术学校、东方武术学校等几所武术学校，都具有相当规模。这些武术学校，大都是社会力量办学。一方面，他们依靠学费，收入较为可观；另一方面，他们在支付教职员工工资和大型建设、日常费用等方面，又为社会注入了大量资金。同时学校实行封闭式管理，学生的衣食住行消费支出等，也为发展第三产业发挥了积极作用。

菏泽习武人数众多，尚武之风长盛不衰，为武术产业的发展提供了源泉、凝聚了人气、奠定了基础、蓄足了后劲。菏泽的武术产业也将会因此而有更大更快的发展。

第三章　群星灿烂

在菏泽武术漫长的历史进程中，名家荟萃，高手辈出，代有英豪。他们当中，有披坚执锐、报效国家的千古良将，有扶危济困、忠肝义胆的武林奇侠，有逼上梁山、叱咤风云的农民起义领袖……正是这些武林名人，在菏泽武术的发展中，发挥了重要作用，书写了灿烂篇章，留下了不朽英名。

第一节　古代武林

虞舜：拜师单卷习武功

虞舜，是历史上最圣明的帝王之一，太史公司马迁将舜与黄帝、颛顼、帝喾、尧并称为“五帝”，并称赞舜“四海之内咸载帝舜之功……天下明德皆自虞帝始”（《史记·五帝本纪》）。相传，虞舜在尧禅让其帝位前，曾师从单卷，跟随单卷学文习武。

据《菏泽地区志》记载：“单卷，又名为亶卷，古人尊称单父。相传为远古后期东夷族中影响较大的氏族首领，善道术。居于单父。《路史》载：‘单父为舜师单卷所居……故称单父。’”这就是说，单父从人名演变为地名，即今之单县。

由于单卷是一位得道高人，虞舜在其门下一面学了不少治国的方略，一面也学了很多的武功。又据司马迁《史记·五帝本纪》载：“尧乃赐舜絺衣，与琴，为筑仓廪，予牛羊。瞽叟尚复欲杀之，使舜上涂廪，瞽叟从下纵火焚廪。”舜在被瞽叟纵火焚廪的危急时刻，倚仗单卷传授的轻功，用两个斗笠护住身子，从很高的仓廪上纵身跳下，并再次使出轻功，一鹤冲天，跳出火堆，逃了出去，武功使虞舜逃过一劫。

单卷文武兼备，道德高尚，又是虞舜的老师，因此舜要把天下让给单卷。单卷不肯接受，遂隐居深山，以终天年。北宋年间，真宗曾赐封其“遁世高蹈先生”。

吴起：强敌当前练武卒

吴起（约前 440 — 前 381），卫国左氏（今曹县北）人，战国初期著名的政治家、军事家，也是一位武林高手。

吴起出身豪富之家，少年时便很有力气，又喜好舞枪弄棒，练就了一身功夫。他少有大志，既崇慕游侠，又思图入仕。为此，他到处游历，四方结交，以武会友，投拜官宦，以致倾家荡产。于是一些乡邻便嘲笑他。吴起愤怒之下，仗剑与嘲笑自己的人决斗，凭着出色的武功，杀了 30 多人，遂离开卫国。临别时，他咬破自己的手臂向母亲发誓：“起不为卿相，不复入卫。”（《史记·孙子吴起列传》）

吴起离开卫国后，到鲁国投奔曾子学习儒学。因其母亲病故未回去奔丧，被曾子认为有失孝道而逐出师门。吴起离开曾子后，弃文就武，苦练武功，苦读兵书，几年中坚持不懈，终于学业有成。他既精通兵法，善于用兵，又在武功上有较高造诣，特别是对剑、戟两种兵器的使用尤为擅长。这为他以后的军事生涯奠定了坚实的基础。

周威烈王十四年（前 412），强大的齐国进攻弱小的鲁国，吴起杀妻拜将，率鲁军抵御强齐。吴起在战斗中剑砍戟刺，身先士卒，鼓舞了士气，打败了强齐。

鲁君因听信人言而疏远吴起，吴起因而离鲁至魏，被魏文侯拜为大将。周威烈王十七年和十八年，吴起两次率魏军攻伐秦国，夺回了过去被秦国侵占的五座城池。“文候以吴起善用兵、廉平，尽能得士心，乃以为河西守。”（《史记·孙子吴起列传》）

戍守边关，吴起深感强敌当前，必须加强国家的武备。因此，他建立训练了魏国的常备军“魏武卒”。他认为士卒在战斗中，远距离拼杀时戟较便利，近距离格斗时剑有所长。因此，他亲自指导士卒练习戟术和剑法。他结合自己实战的经验，将戟的砍、砸、扫、钩、扎和剑的点、削、撩、抹、刺等各种用法总结编排，让士卒进行综合练习，这实际上已出现了武术器械套路的意识。在训练中，吴起向士卒讲述戟、剑这种长短兵器的优劣特点，使士卒在实战中注意发挥，以便扬长避短，更有效地攻击敌人。为适应战争的需要，提高士卒的技击能力，吴起还十分注重士卒的基本功训练。通过训练打木桩、举石头、练长跑、换步伐，提高了士卒的体能和武术基本功。魏国士卒在吴起较长时期的武术训练下，极大地提高了单兵作战能力，使魏武卒成为各诸侯国中最为精锐的军队之一。

周安王二十年（前 382），魏武侯听信人言，疑忌吴起。吴起离魏至楚。楚悼王非常赏识吴起的才能，任用吴起为相，进行变法。明法审令，淘汰冗散多余的官兵，废除门第较远的公族爵禄，抚养士卒并以强兵为目的，斥逐空谈纵横的游士。在吴起变法的推动下，楚国不久便国富兵强。吴起又亲率士卒，南平百越，北并陈、蔡，击退三晋，西伐强秦，旌麾所指，势如破竹，取得了一个又一个胜利。

吴起为魏国河西守时，曾提出江山稳固，在德不在险，表现了他政治家的远见。吴起为将时，曾亲练士卒，攻城略地，战无不胜，据说他曾领兵作战 76 次，全胜 64 次，战平 12 次，无一败绩；后又著《吴子兵法》为后世留下了宝贵的军事理论，显露了他军事家的风范。吴起在楚国时，推行变法，实施新政，突出了他改革家的胆略。吴起终生习武不辍，战阵中过关斩将，训练中刀光剑影，展示了他武林英豪的作为和气概。

孙膑：武术名家巧用兵

孙膑（约前 380 — 前 320），鄄城县孙老家人，是大军事家孙武的后世子孙。司马迁说：“孙武既死，后百余岁有孙膑。膑生阿、鄄之间。膑亦为武之后世子孙也。”（《史记·孙子吴起列传》）孙膑是战国时期的著名军事家，也是一位影响后世的著名武术家。

孙膑幼年丧亲，但胸有大志，年轻时即拜鬼谷子为师，学习兵法武艺。在深山中的数年勤读苦练，使孙膑成为腹藏韬略、武功惊人的一代英才。他在拜鬼谷子学艺时，与魏人庞涓为同窗好友。庞涓先于孙膑出师至魏，被魏国用为大将，并屡立战功。庞涓自知才学不及孙膑，便将孙膑骗到魏国，并陷害孙膑遭受膑刑（挖去两个膝盖）。孙膑后来为齐国的使者所救，偷逃到齐国。

孙膑在齐国曾指挥两次大战。一是桂陵之战。孙膑用“攻其必救”的谋略，围魏救赵，并设伏于桂陵（今菏泽市），杀得魏军人仰马翻，主帅庞涓落荒而逃。二是马陵之战。孙膑用减灶之法引诱庞涓轻敌冒进，并在道路狭窄又较多险阻的马陵道（今河南长垣）设下伏兵。待魏军进入伏击圈后，“齐军万弩俱发，魏军大乱相失。庞涓自知智穷兵败，乃自刭。”（《史记·孙子吴起列传》）

孙膑大破庞涓后即辞别齐国君臣回归故里，潜心研究兵法与武艺。他将自己的战争理论和战争实践加以总结提高，吸收前人的精华，写出了著名的《孙膑兵法》。此书为当时各诸侯国所推崇，只是后来失传，至《隋书·经籍志》中即不见著录。直至1972年4月，才在山东临沂银雀山一座西汉前期的墓葬中出土，成为轰动一时、影响深远的重大考古发现。

《孙膑兵法》中内容非常丰富。它广泛涉及了孙膑的战争观点、治军思想和指导战争的理论与方法。同时，它着眼于战争和对士卒的训练，也提出了许多与武术相关的内容。他在《陈忌问垒》篇中说：“长兵次之，所以救其隋也。鏦次之者，所以为长兵　也。短兵次之者，所以难其归而徼其衰也。弩次之者，所以当投机也……以弩次蒺藜，然后以其法射之。”（《孙膑兵法·陈忌问垒》）。这里孙膑结合各种兵力的组织使用，提出了远程和长短兵器的相互配合，揭示了武术器械训练和实战的基本要义。他在《兵情》一篇中指出：“弩张柄不正，偏强偏弱而不和，其两洋之送矢也不壹”（《孙膑兵法·兵情》）。这里孙膑简要说明了被称为十八般武艺之一的弩的使用方法。如果弓弩拿不稳，左右不平衡，两翼发动的力量不一致，则矢就发射不远，难以射中目标。孙膑叙述的射弩方法对后世武林影响深远，即便对现代体育的射箭比赛也有一定的参考作用。孙膑是剑术名家，他在兵法中多次以剑喻兵，用剑术说明用兵之道。他甚至对剑的制造也颇有研究。他说："若剑……末必锐，刃必薄，本必鸿。"（《孙膑兵法·十阵》）一把上乘的宝剑，确实应像孙膑说的剑尖剑刃必须锋利、剑身必须宽厚，用起来才能得心应手。

孙膑归隐后，著书之余常指导其乡邻弟子练拳习武。相传，他将兵法中的思想用于拳术之中，创立了"孙膑拳"。这种拳术与众不同，拳理精妙，击法奇异，云谲波诡。孙膑亲自指导众乡邻习练，讲解动作，诠释要旨。后世在此基础上，不断丰富发展，世代传承，至今在鄄城、郓城等县仍有很多人习练，在菏泽武林独树一帜。

为保障乡邻安全，孙膑指导众乡邻按照阵法建造房屋，使房屋组成了一定的阵势，致使千百年来兵匪望而却步，不敢入内。时至今日，在孙膑指导下所建造的村庄，虽然当年的阵势面目已非，但不是本村人进入该村，仍像进入迷宫一般，除非本村人指引，很难走出村去。这为后世用建筑保障安全提供了典范。

荆轲：图穷匕见刺秦王

"风萧萧兮易水寒，壮士一去兮不复还"，是春秋战国时著名刺客荆轲在易水之畔告别燕太子丹、去秦国刺杀秦王时的慷慨悲歌。虽然岁月匆匆，沧海桑田，但这一悲壮感人的千古绝唱至今流传。

荆轲，卫（今东明县）人，也叫庆卿、荆卿。荆轲年轻时，喜欢读书论剑、结交天下豪杰。他曾用剑术来游说卫元君，但未能得到卫元君的重用。荆轲还游历过鲁国，与当时一个叫鲁勾践的剑术名家谈论剑术。鲁勾践认为荆轲的剑术并不怎么高明，所以对荆轲也不以为意。

后来荆轲到了燕国，结交了高渐离、田光等一批人。正在这时，燕太子丹回到了燕国。原来，燕国的太子丹留在秦国当人质时，看到秦王有扫灭其他国家的企图，并吞并了燕国许多土地，便偷偷地逃回燕国，伺机报复秦王。他的打算是，派刺客先刺杀秦王，使秦国群龙无首、内外混乱，然后再乘机攻打秦国。为了实现这一方案，他与太傅（大臣）鞠武商量，遭到鞠武反对。太子丹急于图秦，鞠武只好推荐田光，让太子丹与其商议。田光便推荐了他的朋友荆轲。太子丹见到荆轲后，便把刺杀秦王的想法告诉了荆轲。荆轲推辞不过，便答应下来。太子丹尊荆轲为上卿，让他住上等的馆舍，自己则天天到馆舍问候；每餐都给他准备牛、羊、猪三牲俱备的酒席；送来车、马、美女供他享用。以此使荆轲感恩戴德，舍身为燕。

秦王政十七年（前230），秦国灭掉了韩国，打开了东进诸侯的大门；十九年，秦兵攻占了赵国的都城邯郸，直接威胁到燕国的生存。物伤其类，唇亡齿寒。太子丹非常焦急，深感燕国已成为秦国的刀俎之肉，不日将有灭顶之灾。因此，太子丹催荆轲赶快动身去秦。荆轲说：“要想刺杀秦王，必须接近秦王。这就要向秦王奉献他最喜欢的东西，以便受到秦王的召见，并使他麻痹大意，疏于防范。秦国降将樊于期现在燕国，秦王多次想捉拿他；燕国最肥沃的土地督亢（今河北涿县一带），秦王对它垂涎三尺。请将樊将军的头和督亢的地图交给我，让我献给秦王。秦王必定因高兴而召见我并忘乎所以，那时才能接近并刺杀他。”

太子丹为荆轲准备了督亢的地图，访求天下最锋利的短剑，得到赵国徐夫人的匕首，并淬了剧毒；荆轲用言语激樊于期自杀，用木匣盛了樊于期的头。为了防止匕首被秦国人看见，荆轲特意将匕首包在了督亢的地图中。一切打点停当，太子丹和其他宾客以及荆轲的至交亲友穿着白衣服送荆轲到易水。在朋友高渐离的击筑声中，荆轲慷慨悲歌，毅然离燕赴秦。

荆轲携带樊于期的头和督亢的地图来到秦国，秦王大喜过望，立即在咸阳宫中召见他。荆轲昂然登殿，面见秦王。在秦王面前逐渐打开督亢的地图，乘秦王观看时，猛然抽出地图中的匕首，一把拽住秦王的衣袖，举手便刺。秦王惊得跳了起来，扯断了衣袖，绕着大殿的柱子飞跑，荆轲绕着柱子紧追。二人虽然都身怀武功，但不一会儿都累得气喘吁吁。这时秦国大殿下虽然立有众多官兵和武士，但按秦国的规矩，没有秦王的命令都不得上殿。秦王虽然身上有剑，但因剑太长，且情急之下，也拔不出来。秦国群臣急得大喊“王负剑”。秦王政立刻把剑背起来，边绕柱跑边抽出了长剑。秦王的医生夏无且当时正在大殿上，也从骤惊中清醒过来，急中生智，用他所捧的药箱投击荆轲。就在荆轲用手挡击药箱的一刹那，秦王政回身一剑砍断了他的左腿。荆轲倒在地上，只好举起匕首投向秦王，作孤注一掷，但未能击中。荆轲没了武器，更兼左腿被砍断，已是羊入虎口，最后身中数剑，被秦王政击杀。

鲁勾践听到荆轲刺秦王的事后评论说：荆轲不懂得剑术的精妙，高明的剑客应用剑于灵，在图穷匕首见的一瞬间正是刺杀秦王的最佳时机，失去最佳时机，不把握剑的灵性，自然为秦王所乘。

荆轲死后，秦王憎恨燕国谋杀他，命令大将王翦攻伐燕国，攻陷了燕国的国都蓟城（今天津市蓟州区）。五年后（前 222），秦灭燕。

彭越：梁王力战辅汉室

彭越，字仲，昌邑（今菏泽巨野）人。出生年月不详。西汉初年被封为梁王，都定陶，汉高祖十二年（前 195）被刘邦诛杀。

彭越出身贫寒，自幼在巨野泽中以捕鱼为生。他时常站在船头，手执钢叉，见鱼击水，飞叉便掷，往往十拿九稳。他经常跃入水中，捕鱼捉鳖，练就了一身好水性。空暇的时候，勤奋习武，年复一年，使他武功过人。更兼他少有大志，富有胆识，因此赢得乡里年轻人的崇拜，很多人跟他学习捕鱼和拳脚功夫。彭越逐渐成了巨野泽上一位有名的好汉。

秦朝末年，民不聊生。彭越在众人的再三请求下，做了首领。他们结伙聚众，在巨野泽中打劫往来巨商大贾和周围富豪，起义造反。后来队伍不断发展，至楚汉相争时，彭越义军已成为一支重要的力量。

汉高祖元年（前 206），齐王田荣反叛项羽。早有称帝之心的刘邦，乘时欲图项王，便派人赐给彭越将军印，让他出兵攻占济阴。楚派萧山县令萧角迎击彭越。彭越在两军阵前，亲自与萧角大战，未及数合，即刀劈萧角，大败楚军，策应了刘邦对项羽的进攻。汉高祖二年，彭越与魏王豹东向攻击楚军，接连攻下了 10 多个城池。后来彭越认为刘邦才是真正做大事业的人，便带领他的 3 万多人到外黄正式投靠刘邦。刘邦便任命彭越为魏相国，并可以自由调动军队。彭越士卒投效刘邦，使楚汉相争时刘邦的势力大为增强。

汉王围攻彭城失败，向西撤退。彭越攻下来的城池也丢失了，只好领兵后退到滑州的河上。彭越经常率军与楚军进行游击战，以消耗楚军，并时常断绝占据梁地的楚军的供给。汉高祖四年冬天，项王与汉王两军相持于荥阳。为策应刘邦，牵制项羽，彭越率兵攻下了睢阳、外黄等 17 个城池。项羽接到告急后，立刻撇下汉王，命大将曹咎守成皋，自己亲率大军回师攻击彭越，彭越率军由此退走谷城，解除了汉王刘邦的危难。汉高祖五年秋，项羽向南撤退到阳夏，彭越乘机攻下昌邑附近的 20 余城，得到十几万斛粮食，献给刘邦作为军粮。

后来汉王的军队出战不利，刘邦便派人召彭越率兵合攻楚军。彭越托词不去，汉王在固陵被楚军打败。这时刘邦非常着急，留侯张良告诉刘邦应封地给韩信、彭越。刘邦听从了他的计谋，便许诺从睢阳以北到谷城封给彭越，从陈地到海边包括韩信的老家楚地一并封给韩信。于是彭越便动员所有的军队到垓下与汉军会合，韩信也带兵赶到这里，共同大破项羽。汉王便立彭越为梁王，都定陶。

汉高祖十年，陈豨谋反，高祖亲自带兵征伐。刘邦令彭越带兵助战，彭越称病未往，遭刘邦痛责。部将扈辄劝其谋反，彭越不从。梁地太仆犯罪，恐遭彭越诛杀，逃到刘邦那里，告彭越与扈辄有谋反之意，高祖便使人拘捕了彭越，并囚于洛阳。刘邦因念其功劳重大，赦为百姓，迁移蜀地。路途中遇到吕后，彭越求她向刘邦进言，让自己回归故里。吕后假意答应，遂与吕后一同回到洛阳。吕后告诉高祖，彭越是大将之才，如果迁移蜀中，一旦起兵反叛，是重大忧患，不如杀了他。于是吕后又令人告彭越谋反，遂诛杀了彭越。

宋代石延年路过定陶梁王台时，因感叹彭越一生助汉而后遭诛，作《过梁王台》一诗：“梁王力战辅炎刘，百二山河一旦收。千古高台遗旧恨，功成何不效留侯。”

栾布：忠义勇武封燕相

栾布，梁国（今定陶县）人，出生年月不详。栾布少年时，与彭越是好朋友，常与彭越一同练习武功。由于他家中贫困，曾给别人当佣工，后被卖到燕国当奴隶。

栾布为奴时，其主家见他勇武又有见识，便另眼相看，栾布非常感激。主家后来为仇人所害，栾布倚仗自身武功，为主家报了仇，从此在燕国有了名气。燕国的大将臧荼做了燕王，栾布便被命为将军。汉王打败燕王后，俘虏了栾布，梁王彭越保释栾布，并命栾布为梁国大夫。

栾布受命出使齐国期间，彭越以谋反罪受刑诛杀。高祖下诏："有敢收视者，辄捕之。"（司马迁《史记·季布栾布列传》）栾布从齐国回来后，到彭越暴尸的地方，一面祭祀一面痛哭。官吏拘捕栾布去见高祖，高祖命人烹杀栾布。栾布说："我说一句话再死。"高祖应允。栾布说：当皇上你被困在彭城，在荥阳、成皋打败仗时，项王不能到西边来追击你，就是因为有彭越驻扎在梁地并与汉结合，成了楚军的后顾之忧。那时，如果彭王掉头与楚结合，汉就失败。垓下会兵时，没有彭王，项王也不会失败。如今天下已经安定了，彭王受了封，也想传给后世，可你却因为到梁国征兵，彭王有病不能前往就疑心谋反，因琐事而诛杀了他，恐怕功臣都要人人自危了。现在彭王已死，你也把我烹了好了。高祖听了这些话，赦免了栾布，封他做了都尉。

后来吴楚联军造反，栾布因为打仗有功，被孝文帝封为俞侯，又做了燕国的宰相。景帝五年（前 152），栾布去世。

乐进：身经百战凭武功

乐进，字文廉，阳平卫国（今东明县）人。生年不详，卒于汉建安二十三年（218）。

乐进少年时，喜练武功，尤擅马上用刀。曹操起兵时，投奔曹操为帐下吏。后来曹操让乐进回家乡招募兵马，乐进招得一千余人，带去见曹操，曹操封乐进为军假司马、陷阵都尉。乐进跟随曹操屡经大战，倚仗武艺，数立战功。

曹操在濮阳与吕布交战。时曹兵数倍于吕布，但曹操麾下将领难挡吕布骁勇，因此双方都难取胜。曹操一面亲自提兵与吕布对阵，一面令乐进率军攻击其左翼。乐进奋起虎威，与吕布大将成廉激战八十回合，见不能取胜，便回马而走，成廉不知是计，随后追赶，被乐进回身一箭射杀，从而动摇了吕布的阵脚，兵败退走。

汉建安四年袁绍与曹操在官渡大战，这是历史上著名的以少胜多的战役。战役持续数月之久，到汉建安五年春，曹操命乐进与大将李典一起偷袭袁军粮草重地——乌巢。乌巢守将淳于琼是河北名将，袁绍常倚为心腹。乐进奋力与淳于琼交战，力斩淳于琼。李典率军打败守军，火烧了乌巢军粮，从而奠定了曹军战胜袁绍的基础。

曹操征伐管承时，派遣李典、乐进追击管承。管承倚仗对海滨的熟悉，逃入海岛。乐进与李典一面加紧准备战船，一面加紧训练水兵，先在沿海扫清了管承的残部，后率军入海岛作战，终于在岛上斩杀了管承，平定了海滨。

乐进曾先后随曹操征伐张超、桥蕤、张绣、刘备、袁谭、刘表、孙权等，身经百战，功勋卓著。在征战孙权时，被东吴大将甘宁射中面部，不久箭伤迸发而亡，受封右将军，谥威侯。曹操称赞乐进：“武力既宏，计略周备，乐性忠一，守执节义，每临战役，常为督率，奋强突围，无坚不陷，自援枹鼓，手不释卷。又遣别征，统御师旅，抚众则和，奉令无犯，当敌制决，靡有遗失。论功征用，宜各显宠。”

李典：武功报国一名将

李典（约 184—219），字曼成，山阳巨野（今巨野县）人。因战功显赫，被曹操封为破掳将军、都亭侯，谥愍侯。

李典少年时即立志报国，终日苦习武功，刀法纯熟。他喜欢结交武林人士，家中宾客盈门。汉初平年间，率千余人投奔曹操。作为曹魏名将，李典长期追随曹操南征北战，战功卓著。他在寿张与黄巾军作战，打败了张角所部。与从父李乾一起大破袁术，平定了兖州诸县。在曹操与吕布战于濮阳时，他偷袭吕布的一个军营，夺得首功。在袁绍与曹操的官渡之战中，他与乐进共袭乌巢，烧毁了袁军屯粮。后与乐进共同围攻高干、扫荡管承，都取得了胜利。

曹操征伐袁谭时，派李典运送粮草。曹操深知如粮草从水路运送，虽然路近便利，但敌人水路防守力量十分强大；若从陆路运送，虽然路远，但敌人防守相对薄弱。曹操担心李典兵力不够，又因战事紧张，难给李典补充兵力，所以告诉李典，运粮最好走水路，如果水路实在走不通，走陆路也行。李典知道曹操的担心，也深知军粮关系战役的胜败，慨然答道，典纵然一死，也要保证军粮及时送到。他与谋士程昱商议，有程昱率大军在后，他率少数精兵偷袭敌人水军营寨。夜色中，李典舍生忘死，拼命冲杀，士卒也奋不顾身，偷袭一举成功，疏通了水上运粮的道路，使曹军及时得到了足够的粮草。

刘备依附刘表时，受刘表之命，领兵攻击魏地，曹操命夏侯惇为主帅、李典为先锋迎击刘备。刘备见曹军到来，立即烧掉军营撤退。夏侯惇以为刘备兵少怯阵，领兵便追。李典劝谏说：刘备未与我军交锋便主动撤走，必有计谋，不能追赶。夏侯惇不听，命李典留守，自己亲率队伍去追，结果遭到关羽、张飞两支劲旅的埋伏夹击，数万大军作鸟兽散，还是李典拼死增援，舍命迎战张飞，才救了夏侯惇。

在袁曹官渡之战时，曹操军粮匮乏。李典亲自动员家乡宗族的富庶人士给曹军捐粮捐物，解了曹军燃眉之急。他在曹操居邺时，知道邺地人口稀少，兵员紧缺，耕地荒芜，比较穷困，便亲自动员宗族3000多家12000多人移居邺地，拓荒耕种，使邺地渐为富庶。曹操问他："卿欲慕耿纯耶？"李典答曰："典驽怯功微，而爵宠过厚，诚宜举宗陈力；加以征伐未息，宜实郊遂之内，以制四方，非慕纯也。"（徐继儒《曹南文献录·列传》）

李典、乐进与张辽素来不和。在孙权领兵进击合肥时，曹操命张辽与李典、乐进共同防守合肥。张辽恐怕二人不听指挥，便要二人留守，自己领兵去战孙权。李典深知其意，慨然言道：迎击吴兵是国家的大事，我怎么会因为自己的一点私人小怨而耽误国家的大事呢？随即领兵赴战。战场上正当张辽亲自与孙权交锋时，孙权的部将宋廉从后面纵马飞来，举枪偷袭张辽，被李典发现，李典立刻箭射宋廉于马下，在危急关头救了张辽，令张辽极为感动。

李典身经百战，但他从不与其他将领争功，深得将士赞誉，人们称他是忠厚长者。他虽是武将，但却行止儒雅，刻苦读书，勤学好问，人们道他有儒将之风。

卞壶：一门忠贞殁疆场

卞壶（281—328），字望之，东晋济阴冤句（今曹县西北）人。出身名门望族，祖父卞统曾任琅琊内史。父亲卞粹曾为中节令。卞壶受前辈影响，自幼苦习书剑，成为文武兼备的栋梁之材。

晋咸和二年（327），庾亮当权，打算征调拥兵自重的苏峻，以释兵权。庾亮说：“苏峻是个野心家，长期拥有重兵，终必为乱，不如趁早征调，以免日久生患。”当时朝廷中无人反对，独卞壶认为此事不可仓促行事。卞壶说：“苏峻拥有重兵，并且离京城又近，一旦有变，很难抵御，应该深谋远虑，不能仓促行事，以免激起苏峻早日叛乱。”庾亮不听，决意征调苏峻。

果然不出卞壶所料，苏峻接到征调，知道庾亮之意，立即起兵叛乱，率兵进攻京城建康，并迅即到达东陵口。卞壶临危受命，为都督大桁东诸军事、假节，复加领军将军、给事中。并立即组织军队抵抗。他率大将郭默、赵胤等与苏峻叛军在陵西大战，终因仓促应战，且敌军势大而战败。卞壶率军退守青溪，苏峻立即乘势追击。卞壶军又失阵地，苏峻遂攻入建康。卞壶率军死战，亲自与苏峻交锋。当时卞壶背上创伤未合，仍然舍生忘死与苏峻苦战，并让残部攻击苏峻的中军。卞壶与苏峻大战半日，终因创伤过重体力不支为苏峻所杀。卞壶的两个儿子随父赴战，一同遇害。

苏峻平定后，皇上追赠卞壶侍中、骠骑将军、开府仪同元司，谥曰忠贞，祠以太牢。

王雄诞：骁勇善战破重围

王雄诞，隋代曹州济阴（今定陶县）人，生年不详。王雄诞天生神力，少年时臂力过人，喜好武功，立志做一名将军。隋大业九年（613），王雄诞加入杜伏威的农民起义军，因骁勇善战，被封为骠骑将军。

大业十一年，杜伏威与李子通（另一支农民起义军）联合，并力攻隋。因李子通嫉妒杜伏威的才能，偷袭杜伏威，杜伏威被李子通砍伤落马。王雄诞奋勇把杜伏威拉到自己的马上杀出重围，逃到一芦苇丛中，又被隋将包围。王雄诞命部下背起杜伏威，自己带领十余名士卒拼死苦战，身上被枪扎剑砍十余处而犹苦斗不懈。隋兵慑其神勇，不敢迫近，王雄诞终于冲出重围。

唐武德四年（621），杜伏威的大将辅公祏与李子通交战，辅公祏战败，遭李子通追击。王雄诞带几百名士卒，趁夜反袭李子通，放火烧了李子通的大营，并趁乱掩杀，李子通大败，与辅公祏相拒于独松岭（在今淮南）。王雄诞用疑兵计白天在山上广竖旌旗，兵马往来，夜间在树上点亮火炬，李子通以为到处是杜伏威的兵马，便烧掉大营慌忙逃走。王雄诞率兵追击，李子通在混乱中与王雄诞交锋，被斗志炽旺的王雄诞生擒。

歙州汪华据郡称王，杜伏威命王雄诞攻取。王雄诞以少数兵力引诱汪华追击，自己埋伏于新安道路旁，待汪华追赶时，伏兵四起，将其活捉。

闻人遂安在昆山起兵，杜伏威令王雄诞收伏。王雄诞带兵包围数日，闻人遂安依险据守，不与交战。王雄诞独奋神威，单骑进入闻人遂安的大营，陈说利害，使闻人遂安不战而降。

武德二年，辅公祏、王雄诞随杜伏威降唐。武德五年辅公祏与王雄诞奉命守丹阳。武德六年，辅公祏谋反，用计谋绑住了王雄诞，逼王雄诞一同起兵。王雄诞不从，被辅公祏缢杀。王雄诞初封宜春郡公，太宗追彰其功，赠左骁卫大将军、越州都督，谥曰忠。

单雄信：飞将独骑闯唐营

单雄信，曹州济阴（今定陶县）人，生年不详。单雄信自幼习武，将一柄枣木槊用得出神入化。与翟让、李绩结为好友，随翟让在瓦岗起义。由于单雄信骁勇善战，被义军称为“飞将”。唐武德元年（618），瓦岗军被王世充打败，单雄信投奔王世充。王世充知其勇武，封单雄信为大将军。

武德四年，秦王李世民在东都将王世充包围，旷日持久，城内粮草食尽，几乎坐以待毙。单雄信单人独骑，闯入李世民大寨，欲生擒李世民做人质，逼唐退兵。单雄信一骑到来，秦王的十万大军如波浪裂开，被单雄信一路杀死杀伤数百将士，直闯到秦王李世民面前，举槊就打。李世民的十几位大将拼死抵挡，李勣出马迎击并呵斥单雄信，才使李世民逃过一劫。大唐将领将单雄信团团包围，战至半日，单雄信终因寡不敌众，被唐将生擒。

李勣向秦王求情，愿纳自己的官爵赎单雄信，秦王不许。武德四年单雄信被斩。单雄信死后，王世充缺少抵挡秦王的大将，遂出城投降。

王栖曜：弯弓一矢拔曹州

王栖曜，唐代濮州（今鄄城县）人，生卒年不详。

王栖曜自幼武功超群，尤擅弓马，有百步穿杨之能。初将兵时，渤海王侵入唐朝，王栖曜率兵迎战。他身先士卒冲入敌阵，挂枪拉弓，每射必中，接连射杀十几名敌兵，敌人惊恐逃逸，栖曜大获全胜。

唐至德元年（756），安禄山叛唐，占领了曹州及周围地区。王栖曜随唐军征伐安禄山，先后攻占兖州、郓城等地，遂向曹州进发。当时守卫曹州的是安禄山的名将邢超然。当王栖曜率军围住曹州时，邢超然知道王栖曜骁勇，不敢接战，只倚仗曹州墙高城固、易守难攻而闭城不出，以逸待劳。王栖曜洞知敌人意图，便命令士卒虚张声势，进行强攻。由于强攻声势较大，邢超然以为唐军真的要硬攻曹州城，便亲自走上城墙布置防守。待邢超然刚一登上城墙、露出半身之际，王栖曜抓住这稍纵即逝的良机，弯弓射箭，一矢射中邢超然咽喉，毙邢超然于城墙之上。敌军大恐，又军中无帅，遂开门投降。因此后人赞王栖曜一矢拔曹州。

唐朝叛将李希烈企图率军袭击宋州，入夜驻扎在宁陵一带。王栖曜亲率3000名弓箭手趁夜色潜到李希烈军队驻地附近，一声令下，万箭齐发，叛军大乱，死伤无数。李希烈于天明望见军营内遍地镞矢，特别是自己的大帐也被射穿了好几个窟窿，心生畏惧，便下令撤军，不敢再进攻宋州了。

贞元初，王栖曜被拜为左龙武大将军、廊坊节度使。卒于贞元十九年，赠尚书右仆射，谥曰成。

庞师古：奉旨率兵战淮南

庞师古，原名庞从，唐代曹州南华（今菏泽市牡丹区）人，生卒年不详。庞师古自幼练武，立志从军，常以“男儿须当守边关，何必马革裹尸还”而自励。后加入朱温所统领的唐军，为偏将，先后跟随朱温破黄巢、秦宗权，立有战功，升迁至检校司徒。景福元年（892），唐淮南节度使杨行密不听唐朝号令，欲谋独霸称王。乾宁四年（897），唐昭宗下令庞师古与葛从周领军讨伐。二人率军3万，渡过淮河攻击杨行密。杨行密亲自领兵接战，庞师古独战杨行密，因战马突然仆倒，被杨行密所杀。

葛从周：武功超群护太祖

葛从周，字通奚，唐末濮州（今鄄城县）人，生年不详，约卒于后梁贞明元年（915）。葛从周自幼习武，武功超群，凭着一身武艺，加入了黄巢起义军。梁太祖朱温大破黄巢后，从周归降梁太祖，多有战功。朱温攻打蔡地时，与蔡王夏寨交锋，所骑的马突然仆倒，蔡王回马欲劈朱温。从周迅即拍马而上，一面抵住蔡王，一面救护朱温上马，被蔡王刺中面门，又被蔡将射中胳膊。他身上先后受伤十余处，犹保护朱温且战且走，幸遇大将张延寿相救，方始得脱。朱温称帝后，葛从周因功被封为右卫上将军，授太子太师。末帝朱友贞即位，封从周陈留郡王，赠太尉。

陆思铎：箭法如神射庄宗

陆思铎，五代澶州临黄（今东明县）人，少年时素习箭法，且臂力过人。后入梁军，以善射名震后梁。后梁与后唐交兵时，两军相拒于黄河岸边，数月有余。一日，后唐庄宗骑马巡视军营，被对面军营的陆思铎发现。思铎迅速张弓取箭射向庄宗，时庄宗也看到陆思铎有箭射来，迅速躲避，结果思铎一箭射中庄宗马鞍，庄宗狼狈逃走。及至逃到军营，箭镞尚在马鞍之上，取矢一看，上面刻有陆思铎的名字。庄宗遂留下箭矢。待庄宗灭梁后，陆思铎投降，庄宗向陆思铎出示箭矢，思铎伏地请罪。庄宗慰劳说：两军交兵，各为其主。你的箭法通神，军中正需要这样的战将，遂拜陆思铎为龙武右厢都指挥使。

钱守俊：战功赫赫保大宋

钱守俊（928—1010），北宋濮州雷泽（今鄄城县）人。钱守俊素习武艺，自幼勇猛，常在乡里锄强扶弱。因家贫世乱，聚众在雷泽湖周围劫富济贫，众人公推为头领。每当打劫富豪大贾时，他都采取速战速决的战术，迅猛出击，行动敏捷，官府捕捉不得。

后周显德年间（954—960），赵匡胤到濮州招募士卒，钱守俊应募为铁骑卒，后因功累迁。宋太祖赵匡胤征伐太原时，钱守俊随军出征，并受命护驾。两军刚刚对阵，敌方即发射冷箭，企图射杀赵匡胤。钱守俊眼疾手快，立刻拔剑挡击，飞矢射中自己的左脚，穿透脚掌。太祖盛怒之下，挥师与敌混战。钱守俊一咬牙，拔出箭矢，催马与敌交兵。他在敌阵中往来突杀，敌人畏其勇猛，望风披靡。

太平兴国年间（976—984），钱守俊随宋太宗赵光义征伐范阳，得胜回师时，在徐河遭遇3000多敌人伏击。钱守俊主动求战，太宗命其带2000铁骑迎敌。钱守俊慨然上马，率铁骑如疾风横冲过去。混战中钱守俊腿、身、脸部受伤四处，仍与敌酣斗，士卒受其鼓舞，也勇猛杀敌。一时间竟斩首千余，徐河的水都变红了，并夺得敌人战马100多匹。战斗结束后，太宗看到钱守俊已变成血人一般，称赞他是真正的勇士。

雍熙三年（986），辽军兴兵犯境。太宗命大将田重进率5万余人出飞狐道（今河北涞源县）北征大辽。由于宋军将士奋勇杀敌，开头两仗取得了胜利，田重进因此轻敌冒进，被辽军团团围住。辽圣宗耶律隆绪知道围住宋军数万，亲率 8 万大军前往增援，企图一举消灭宋兵。在此危急关头，太宗命钱守俊率马步兵 3 万余人迅速增援，并告诉钱守俊自己将亲率 10 万大军随后即行。钱守俊受命领兵前往。因离敌较远，军兵昼夜兼程，钱守俊仍感太慢，遂命副将领步兵在后，自己率 8000 轻骑驰援。宋兵来到战场，看到漫山遍野都是辽兵，不少人心生怯意。钱守俊志在首战必胜，以稳军心。因此，他一马当先，冲入敌阵，远刺近砍，左右冲杀，舍生忘死。士卒受其激励，个个以一当十，首战即歼灭辽军 1 万余人。钱守俊又设法通知田重进，务必在辽兵增援之前打败辽兵。田重进知钱守俊领兵来救，也率军奋勇冲杀，双方救兵尚未到达，宋军已大败辽兵。

钱守俊先后随太祖、太宗多次出征，平淮南、战紫金山、下寿春、克南关、战河西等，身上先后 36 处负伤，为大宋立下赫赫战功。授左领卫大将军，领潘州防御使，权金吾衔杖。

魏能：勇武过人擒敌酋

魏能，北宋郓城县人，生年不详，卒于宋大中祥符八年（1015）。魏能少年即应募于宋太宗军中，因军功累有升迁，宋太宗曾称赞他勇武过人。

咸平五年（1002），魏能为威虏将军，受太宗之命迎击入侵大宋的契丹军。头一场战阵，魏能即与其他宋将勠力同心，大败契丹前头部队，斩杀二万余人。契丹军后退十数里，先锋铁林又收拢大军再列阵势与宋军交战。魏能率军再次与铁林对阵。在阵门前魏能看到铁林正在调动阵势，瞄准铁林，一箭射去，正中铁林咽喉，立时毙命。契丹兵无主将，前头部队立时溃退而逃。稍后，契丹主帅率大军到达，魏能率军与之在南门关大战。双方各有死伤，契丹主帅遂退兵 30 里驻扎，与宋军对峙。魏能派遣自己的儿子魏政与都监刘知训率军包抄敌人的后路，自己亲率大军破击敌阵。混战中，魏能射死敌主帅所骑战马，生擒契丹主帅，其余契丹兵全被击溃，缴获兵器盔甲 18 万余件。

宋景德二年（1005），契丹军攻击长城口，魏能再次领兵与敌大战，杀退敌军。接着，他乘胜追击，在幽、易两地彻底打败契丹，巩固了边关。真宗赵恒亲自诏赐魏能锦袍、金带，以示褒奖，并封他为右骁卫大将军，虢州都监、加领康州团练使。

张咏：剑侠为民除盗贼

张咏，字复元，北宋濮州鄄（今鄄城县）人，生卒年月不详。

张咏少年时，任气豪侠，长于击剑。时有一士人带女儿和一仆人来到鄄城。投宿后，仆人心生歹意，用刀威逼士人，要劫持其财物，并逼士人的女儿为妻。张咏恰与此士人同店住宿，深夜之中听到吵闹，便仗剑起来问明原因。他假意向那仆人说道：“这位士人是我的一位远房亲戚，我们原来并不认识，听到你们吵闹，我才想起他是来寻找我的。你既然想要财物，我就答应你，只是这女孩子太小，你就不要让她做你的妻子，我另外多给你一些银子也就是了。”仆人听到有钱，便放了小女子，跟张咏出去取钱。张咏将仆人带到店外林中，一剑斩杀。从此，张咏声名鹊起，人称剑侠。

张咏从军后，为真宗所重用，累功迁知益州。当时，益州盗贼多起，民间混乱。传言，每天午后有一白头翁，专食小人儿女，一州百姓终日惶惶。一到午后，街无营店，路无行人。张咏到任后，多次到传言有白头翁的地方去察看，知是盗贼李顺故意蛊惑人心，以掩盖其杀人越货的行径。于是亲自带兵平定李顺。与李顺交锋时，他一剑斩之，并对其余胁从者一概不究，放其回家。

张咏曾两度治蜀，将蜀地治理得民风良善，富庶殷实，蜀人对他十分感念。病逝时，蜀中闻知讣讯，罢市号恸。张咏被真宗先后命为工部尚书、礼部尚书，赠左仆射，谥忠定。

赵师旦：坚守康州拼死战

赵师旦，字潜权，北宋单父（今单县）人，生卒年月不详。赵师旦身躯伟岸，幼习书剑，累迁知康州。皇祐四年（1052），南天国侬智高破邕州，顺流东下，各州官吏望风而逃，独赵师旦决心坚守州城。不日，侬智高数万军队兵临城下，赵师旦只有300士卒，依然开门迎敌。他倚仗自身武功，奋勇杀敌，一人先后斩杀敌人十几名，敌军见其勇猛，稍作后退，但随即卷土重来。赵师旦鼓励众人说："今日敌众我寡，与敌战是死，坐等敌来也是死，不如与敌人奋死作战。"士卒皆愿为国家而死，遂开城门与敌死战。终因寡不敌众，城被攻破。赵师旦被擒后，大骂侬智高反叛朝廷，被侬智高杀害。事平之后，康州人为其立庙祭祀，仁宗赠光禄少卿。

和斌：披甲仗剑平岭南

和斌，字胜之，北宋濮州鄄城人，生卒年月不详。和斌武功精湛，老于为将。仁宗时，曾为狄青南征的先锋，屡立战功。神宗时，戍守泾源，数年无寇患。为昭州刺史时，扶水罗世念兴兵进犯宜州，和斌率3000步骑前往征讨。为迅速击败敌人，他故意显示将老兵疲的模样。罗世念果然上当，率军出击。敌军到平坂时，和斌在左右山上广列疑兵，到处竖旗，罗世念以为是数万宋军援兵到了，立刻慌忙撤退，但此时退路已被山石檑木所堵死。和斌又亲自披甲仗剑，与敌步战。岭南兵大败，罗世念率4800士卒投降。从此，岭南寇患平息。和斌累官至步军督虞侯，赠宁州防御使。和斌的儿子和诜，因战功累官至右武大夫、威州刺史，知雄州。家传武功，能在300步外射穿敌人铠甲，边关送给他外号"凤凰弓"。

郭子兴：帅位让给朱元璋

郭子兴，曹州人，生年不详，卒于元至正十五年（1355）。郭子兴幼年家贫，父亲带领全家逃荒到定远，后全家因勤劳渐为富裕。郭子兴自幼习武，常与武林人物交往，后受红巾军的影响，在定远聚众造反。

元至正十二年（1352），郭子兴领兵进攻濠州。他听从部下朱重八的建议，趁着夜色掩护，长途奔袭。守城军兵尚在睡梦之中时，郭子兴已率军入城，城内官兵仓促应战，知州被郭子兴一刀砍为两段，余皆或降或逃。郭子兴攻占濠州后，被红巾军首领杜遵道封为濠州节制元帅。

郭子兴攻取濠州后，再次听从朱重八的建议，率部攻取滁州。在攻打滁州时，朱重八建议他用伏兵计迎击官军。他亲率士卒与官军对阵，命朱重八领兵埋伏。在与官军交战中，他引诱官军到埋伏地点，与朱重八前后夹击，他连杀官军三员战将，朱重八也杀死官军主帅，大败官军，攻占了滁州。

几次战斗，郭子兴深感朱重八足智多谋、骁勇善战，便将军中主帅的位置让给朱重八，自己则甘当副将。他又将朱重八推荐给红巾军首领韩林儿，被韩林儿任命为红巾军左副元帅。他还将自己的养女许配给朱重八为妻。这个朱重八就是后来的明太祖朱元璋；这个养女就是明太祖登极后的马皇后，民间戏称马大脚。

王衮：为民除害杀巨蟒

王衮，字补之，明代曹县人，生卒年月不详。王衮出身官宦世家，承世禄，为金吾前卫指挥使。王衮少年习武，并天生神力，胆略过人，仗义疏财，乡里甚有口碑。嘉靖二十六年（1547），黄河决堤，水灌曹县城。数月后大水才逐渐退出，城西南因地势低洼，仍有积水，芦苇丛生。周边百姓时常听到，芦苇丛中有物哗哗作响，腥臭熏天，鸡羊等牲畜一入芦苇丛中就再也不见影踪。人人惶恐，传为妖魔作怪。王衮挺身而出，只身驾一只小船，身佩宝剑深入芦苇丛中。原来是一条大蟒，碗口粗细，二丈长短。以芦苇中一过，芦苇哗哗倒下一片。王衮看到巨蟒，驾小船靠近，举剑就刺。那大蟒尾巴一甩，将小船打翻。长舌吐信，如嗤嗤冒火。王衮在芦苇里半身沦于水中，半身露出水面提剑与大蟒搏斗。后在大蟒的扑击下，宝剑也落入水中，他只好赤手空拳与巨蟒搏斗。蟒蛇绕柱般紧紧缠住王衮后，张开巨口就咬王衮的头部。王衮奋力从蟒蛇缠绕中挣出双手，用虎钳手形紧扼大蟒“七寸”，将大蟒活活扼毙。后翻转小船，用船尾拖出大蟒。周围百姓见后，遂敬王衮为神，以保一方平安。

武三略：死守蒲州报君亲

武韬，字三略，清代曹县人，生年不详。他出身诗书世家，却不喜文章而好武功。顺治三年（1646）中武进士，后被授为山西蒲州参将。

清顺治五年，姜镶率军进攻蒲州，武韬不受引诱，固守坚城。姜镶领兵强攻，他则命士卒强弩射敌。敌临城下，他又命士卒投以火把，用钢叉推倒云梯。姜镶数次攻城，始终不能攻入城内。顺治六年二月，数月攻城不下的姜镶调集数万大军围攻蒲州。为使蒲州城不为敌人所困绝，武韬开门迎敌，他一骑当先冲入敌阵，一杆枪舞得上下翻飞，连挑数员敌将，士卒也奋勇赴敌，大败姜镶。姜镶遂用重金买通蒲州偏将，以为内应。在姜镶再攻蒲州时，内应纵火焚烧州衙，制造混乱，蒲州遂被姜镶攻破。武韬死战杀出重围，但其士卒尽皆覆没。有官舟前来营救他，让他赶快弃马上船逃命。武韬哭着说："不能在州内战死，是不忠；老母陷在城内落入敌手而难以救出，是不孝，我将誓死以报君亲。"然后他奋然翻身上马，单骑复入蒲州闯敌群，接连杀死杀伤一百多敌人。最后力尽被擒，骂贼而死。

高士：率领官军取瑶人

高士，字可则，清代巨野人，生卒年月不详。康熙二十四年（1685）中武进士，授广东连州守备。当时，瑶人聚众造反，高士分兵镇压。瑶人利用地形熟悉，或聚或散、或击或走，屡败官军。高士亲率官军正与瑶人对阵，忽从马上大叫一声跌落下来而不能站起，好似脚骨折断一般，士卒慌忙将他抬起，撤兵而走。瑶人大杀一阵，也得胜而回。到连州府衙，士卒始知高士是伪装坠马折断脚，故意让瑶人以为他一时间不能再行征讨，从而放松戒备。而高士却偷选善于走山路的二百余人腰别斧头，假扮樵夫，到山上伐木唱歌。善于对歌的瑶人不知是计，又加上知道官军主帅坠马负伤而无戒备心理，因此，争相从山中出来对歌。假樵夫们见瑶人已聚集不少，立刻扔了斧头向山下跑去。高士与儿子高怀古率预先埋伏的三百精锐士卒立刻冲出，把未有任何防备的瑶人打得大败，从而平息了造反的瑶人。

袁凌汉：扬子江中缉水盗

袁凌汉，字仙槎，清代曹县人，嘉庆丁卯（1807）武举，生卒年月不详。袁凌汉为泸州卫千总时，扬子江中常有水盗劫掠往来船只。每遇官军，水盗依仗深知水性，或驾船顺流而跑，或弃船潜入水中逃之夭夭，或于水底凿漏官军之船而大败官军，故官军多次缉捕无功。袁凌汉经数日侦悉，趁水盗集中之时，沿江调兵守岸十里，并于上、下游都派出船队截击，形成四面合围之势，自己亲领官军大队迎击水盗。水盗见官军大队，又故伎重演，顺流而下，被下游官军船队拦截；弃船时，又被船上和岸上官军追击射杀。一战而收捕盗船数只，杀死水盗几十人，从此江中水路无患。袁凌汉因功升湖北沔阳卫守备。

于纯：笑傲江湖传佳话

于纯（1758—1822），清嘉庆、道光年间武林大侠，善轻功，以少林百步打神功享誉武林。祖上世代务农，家庭贫寒，其父于会云，原籍濮州南小于庄村（今鄄城县什集乡小于庄村），后北迁六里至冯屯村（今鄄城县富春乡前冯屯村）。于会云三子，长子于朴，次子于纯，三子于厚。由于支微人单，于家常受欺凌，于纯也多次被其邻张发孔殴伤。为洗雪耻辱，支掌门户，于纯16岁时，立志习武，遂拜别父母，赴嵩山少林寺，拜于静然大法师门下。

静然禅师见于纯骨骼奇伟，实乃练武之才，便精心教导，稳扎根基，并教以诵经抄文，文武并行，内外兼修。于纯不避寒暑，昼夜苦练。春秋三度，于纯行囊未解，意志毅力，可见一斑。所学少林拳术已登堂入室，然于纯深恐其艺不精，复学三载。静然大法师再传少林百步打神功，即每天于寅时，立于井沿，以特殊方法往井中虚击千次，击水出井。功成可虚空击掌伤人于数十丈之内，此功法因其练成时间漫长，故成功者寥若晨星、百不出一。于纯入寺六年，神功练成。静然法师为试一下于纯功力，于隆冬时节，命人将寺门前一棵直径约一尺的黑槐树周围，用钢镢刨开冻土，而后逐日浇水，不久土坚如铁。一日，命于纯就槐树为对手，演练武技。于纯走了两个套路，使气运力，一掌击去，黑槐树轰然倒地，树根带起方圆丈余一个大土坨。静然大师商诸于静修、静云、静乐、静绍等师弟，遣于纯入江湖历练。

于纯在少林寺，耳濡目染，文武有成，涵养颇深，谦逊大度，挺拔峙岳，已有名家气概。谨遵师命，拜辞还家，合家欢喜，邻里奔走相告，皆言于纯艺高品端，乡里沸腾，赞不绝口。邻居张发孔，人高马大，皮粗肉厚，力大无穷，双手可擎千斤原木，平放于太平车上。虽未拜师习武，而附近武师亦对其忌惮。张亦自视无敌，跋扈乡里，民怨沸腾，然其父非但不加约束，反纵其所为。张发孔闻邻里盛赞于纯，愤愤不平，径至于家要与之比武，于纯谦辞婉言拒之。张某回家怂恿其父，言明只有胜过于纯，才能维持自己的声望。于是，张父出面，邀乡里诸父老，言明要与于纯比武，众父老恶张某所为，多望于纯胜之，以杀张氏父子的傲气，也愿促成比武。几经商议，于纯为维护师门声誉，勉强同意，提出“以和为贵，点到为止”。张氏父子以为于纯怯战，懦弱无能，欲借比武之名除掉于纯，力主文书写明“二人比武，拳脚无眼，死伤勿论”，逼迫于纯父子画押，文书交父老做证。

比武之日，双方同时到场，乡村父老多数到场，达千人之多。张发孔满面杀气，抢占上首，于纯安立下首，面带微笑，说：“今日比武，不知你意欲文打还是武打？”张某极不耐烦地问：“文打怎说，武打怎讲？”于纯心平气和道：“文打，即划直径二尺一圆圈，被打者站立圈中，任对方击三拳，再反过来由对方击打；武打者，双方任意攻打。”

张某暗想，还是文打为好，我先打他三拳，结果其性命，岂不更省些工夫，便言明文打，由张发孔先打于纯。

于纯站定于圈中，张发孔使力运气，一拳击来，在拳似到未到之际，于纯一个旱地拔葱，嗖地纵起丈余。张发孔一拳未中，重心失控，慌忙收拳；于纯已稳落圈中。张发孔见一拳未中，心想：再击则往高处。说时迟，那时快，张发孔平身跃起，迅疾出拳，又是一击。只见于纯腾空左出五尺，张发孔急速收拳，于纯复落圈中。两拳未中，张发孔心犯嘀咕，使尽平生气力向于纯左边打来，本想打个正着，哪知于纯腾挪右展五尺，又立于圈中（这一腾两纵，武术界叫作移行换位）。张发孔三拳不中，心中打怵，想中途反悔，不让于纯还击。众父老哪个肯依，最后决定让于纯还击一拳。于纯右掌挥击，往张某前胸，一吐一送，只用五成内力，张发孔庞大身躯却似断线风筝，飞出丈余，撞在街对面房屋山墙之上，又反弹回来，趴在于纯面前。张某之父大喊：“不中用的东西，你是吃糠长的？起来，再干！”张某血气翻涌，嘴角汩汩流血，有气无力地说：“儿子不行了。”随即被抬回家去，气怒交加，拒绝进食，不期而亡。

经过这场比武，邻里对于纯益加敬重，广为赞誉，濮州大地遐迩知名。于纯谨遵师教，愈加谦虚，依旧勤奋自修。常言道：“人外有人，天下奇人甚多，江湖藏龙卧虎，不入江湖，艺业难达佳境。”为历练武技，于纯遍访齐鲁。

一日至兖州地界，遇一庙会，杂耍百戏，热闹非凡，于纯正信步而游，见一大汉手托白银一锭，身前立一木牌，上书：拿去此银者，银即归此人。于纯知此人功力非凡，徐步至前，伸手抓银，银未动，随即力达于五指，银遂即离开大汉掌心，银上指痕宛然。于纯徐徐说：“大师好功力，于纯佩服。”大汉面现惊异。围观者有人言曰：“若黑凤凰在此，此银定属他了。”于纯默记于心，信步而去，欲访黑凤凰。

次日，探得赫家庄即黑凤凰庄园，便是逶迤而行。正行走间，见一“乌龙驹”飞驰而来，马上骑士一袭黑衣，如一股黑旋风，转瞬即至。于纯横越躲闪，骑士紧收马缰，马一声长嘶，打起立站，但骑士身随马势，牢骑于上，于纯乘隙伸二指，剪掉骑士帽缨。骑士变色曰：“在下心急赶路，几撞阁下，实为失礼，然阁下恃功剪我帽缨，实为寻衅，不知何处得罪阁下？”于纯初涉江湖，只为失礼，忙合掌曰：“在下于纯，末学后进，初来宝地，闻有黑凤凰大侠，衷心仰慕，欲到府上拜访，然不知路径，正彷徨之间，阁下飞至，仓促躲闪，无意拂缨，望见谅。”骑士滚鞍下马，双手抱拳曰：“小可正是赫连杰，黑凤凰乃江湖谬赞，大侠更是愧不敢当。昨日闻言，有人在庙会拿银，银现指痕，自称于纯，当是武功非凡。今欲去寻之，以求相会。阁下自称于纯，莫非拿银于纯乎？”于纯曰：“正是在下。”于纯细观此人，年近四旬，脸色微黑，剑眉虎目，猿臂蜂腰，满脸正气。当下心中欢喜。“黑凤凰”

喜于纯年轻英俊，身手不凡，遂相邀至家，各表师承，切磋技艺，谈论江湖。一住数日，于纯告辞东访。临行之时，赫连杰言于于纯：“江湖传闻，东海之滨有一无名山庄，数年不与江湖来往，其武功高深莫测，请贤弟留意。”于纯致谢而去。

于纯离鲁赴齐，登泰山，入沂蒙，游琅琊，至崂山。崂山地处东海之滨，自西登山，游览青山秀水，瞻仰三清神像，至东侧下山，并无听得有无名山庄。将近天晚，行至一处，见苍松翠柏，风景秀丽，中有曲径，便信步走去。越百步，见一巍峨院门，朱扉紧闭。于纯见天色已晚，上前叩门，意欲借宿。有童子年约十岁，前来启门，问何事。于纯告之曰：“在下于纯，濮州人氏，听有人说东海之滨有一无名山庄，十分景仰，不远千里，特来拜访，不想无人知晓此山庄何处？欲借宿一晚，明日再访，不知贵府可允否？”小童说：“你且稍等，待我上禀祖母再回复于您。”少顷童子揖于纯而入。至厅前，见一老妇人相迎阶前。入厅分主客坐毕，童子献茶，老妇人曰：“客人远来，因家无男丁，老身相陪，请勿见笑。本家与江湖素无往来，看客人年纪轻轻，功夫不弱，不知师承何人。可否见告？”于纯心中一惊，自知遇上大家，据实而告。老妇微笑说：“原来静然之徒，难怪如此成就。”随命童子献上晚饭请于纯自用。饭后，茶毕，老妇对童子曰：“东跨院已备软硬两床，请客人自选一床，你在另一床陪寝。”于纯随童子至客房，见并无床张，唯西山墙有两根木橛，东间房扯一纳鞋细绳，知是主人考察武功，遂跃身而起平落两木橛之上，头枕脚蹬，闭目调息。童子跃上软绳，平身而卧。至天明双方跃下。童子领于纯至后院练武场，但见木人、石锁及九宫八卦桩等似少林一般，心知为本门，即纵身上桩，演练武技。后童子引于纯至客厅，老妇人安然在座，于纯忙谢过打扰。老妇人说：“你已得静然真传，但尚未炉火纯青。静然乃吾同门，你千里来访，亦算与武学有缘，老身年事已高，不愿将所存两招带走，愿传你掌法一套，轻功数路，望你光大少林技艺，行侠江湖，不负达摩祖师开宗之功，你以为可否？”于纯跪拜称谢。

于纯一住数日，老妇亲身指教，演练娴熟，方依依不舍，拜辞下山。临行，老妇叮嘱再三：“老身无名无姓，此即无名山庄，你在江湖休提及此事。”于纯郑重应诺。

于纯东访回乡，精演武技。依阳阳哲理，立阴阳掌拳派。在乡绅支持下，开场授徒。乡间弟子竞从如云。濮州、曹州及豫皖弟子也慕名而至。一时间，于纯闻名中原，来访者络绎不绝。于纯以重武德不骄不躁为准绳，谦谦君子风，精湛技击术，使来者佩服，名声日益远播，与京华张某、四川唐某并称武林三侠。

于纯收徒众多，如于祥智、于三波、于好善、石春义、仇朝言、仇朝岳、田凤林、史韵武、史韵孟、史金邦、李凤林、张玉彪、范子刚等，各怀奇技，均有传人。几经传衍，门人展布九州。后田凤林一支衍名“掌洪拳”，门徒最广，遍布鲁西。

于纯重孙锡贵，幼承家学，精武赫然，双臂各带三个石砘子，约200斤，练起锤套，轰然作响。当时东平、汶上一带土匪犯濮州，于锡贵率门人乡勇平寇，被当朝赐予五品蓝翎。

马济胜：勘定台湾获嘉勉

马济胜（1762—1836），菏泽县（今牡丹区）人，武生。清嘉庆初年，川楚屠士龙、冉文畴等起兵，时任郧阳游击的马济胜奉命率军迎击。他首先与屠士龙军交战。两人都身负武功，二骑相交，你杀我迎，甚为激烈。战有几十回合，马济胜以枪中加刀的招式，在二马相错时，蓦然举刀直砍屠士龙的马头，那马负痛一跳，将屠士龙掀下马鞍，被马济胜生擒。在与冉文畴交手时，马济胜力毙冉文畴于马下。并枪挑40余名士卒，大败冉文畴。嘉庆十八年（1813），马济胜率兵打败曹县、单县等地刘丹书、杨继福等起义军。后会攻滑县，再败义军，升河北镇总兵。

道光十二年（1832），台湾张丙造反，杀了不少官军及地方官吏。官兵14000多名不敢与之交战，只得坚城固守，并急求3万官军入台增援。当时身为福建陆路提督的马济胜，一面飞书上奏朝廷，一面急率2000兵力增援。他不顾风高浪大，乘民船强渡海峡。到台湾后，他首先选准张丙兵力薄弱的左翼发起攻击。作战中他身先士卒，奋勇杀敌，首战取胜，消灭张丙部2000多人。他用诱兵之计将张丙部的3000多人调至山间狭谷之中，前后用滚石堵住道路，山上飞矢如雨，张丙的3000人全部被歼。他用长途奔袭的战法，率千余骑兵以一夜奔驰300余里的速度，出其不意地攻袭张丙的后方屯粮之地，火烧了张丙军的数万担粮草。入台后，马济胜以2000名官军，用机动灵活的战法，游击张丙的数万大军，前后作战10次，伤亡不足300人，以十战十胜的战绩，消灭了张丙部15000余人，从而扭转了战局，并在原守台湾的万余军官的配合下，打败了张丙。在钦差大臣湖松额率数万大军到达台湾前，已戡定台湾。嘉庆皇帝亲自下诏嘉勉：兹者台湾一役，当湖松额等未经渡台以前，若非马济胜身先士卒，有勇知兵，以少胜多，杀敌致果，则全局不堪设想。

是年，嘉庆帝御笔亲题“忠勇严明”四字匾额赠予马济胜，并赏二等子爵世职。后赠太子太保，予祭葬，谥昭武。

张鹗：率部冲锋卫曹城

张鹗（1799—？），清代曹县人，武生。

清嘉庆十八年（1813），曹县牢狱被劫，县令姚某同时被害，官府震惊，四处缉拿凶犯。事发之日，张鹗见有三人仓皇从城南门而出，觉得可疑，追之不及。三日后半夜里，张鹗于城内回家的路上，重见三人，便独骑追击。三人见有人骑马追赶，仓皇分散逃奔。张鹗更加起疑，策马追赶一人。看看赶上，那人忽然回身一刀，正砍中张鹗马匹，马惊跳而起。张鹗顺势下马，以空手入白刃的功夫，夺了此人手中钢刀，并生擒之。捆绑后送至县衙，搜出一柄大斧和两样暗器。经审问，正是戕杀姚县令的罪犯。

同年九月，农民起义军领袖李文成率兵进攻曹县大王集。张鹗率52人赴大王集迎战。张鹗让其余人等携铁铳埋伏于村北，自己单骑前去搦战。李部立刻派兵迎击。张鹗单骑枪挑五人，李部众人大怒，数百人蜂拥而出，欲生擒张鹗。张鹗拍马而退，众人追至村北。伏兵放过张鹗，急发铁铳。由于道路狭窄拥挤，很多人被打中。在争相逃命中，义军自相践踏，死伤200多人，被擒60余人。

是月，李文成等率3000余人围攻曹县城，张鹗奉命率四百人前往救援。士卒在城外见到李军人多势众，均有惧色，张鹗说：“大家不要怕，看我单骑冲敌西北阵角，如果敌阵被冲动，你们赶快从北面攻击。”众人答应。张鹗单骑冲向敌阵。李军见只有一个人冲阵，遂派一将迎击张鹗。张鹗马快，未待来将动手，已到该将马前，手起刀落，斩掉敌首，并将无头尸身手携着放在马上，立于自己胸前，催马冲阵。义军士卒见一无头尸体立在马上，人人惊骇，个个恐怖，仓促后撤，大阵冲动。张鹗四百军卒乘势从北面进攻，杀声大震，李文成大军溃败。

第二节　近代武林

谷韫璨：屡挫农民起义军

谷韫璨，字宝岩，菏泽县（今牡丹区，下同）人，道光元年（1821）武进士，生卒年月不详。

清道光三十年，谷韫璨授湖南衡州副将，署永州总兵。当时，湖南农民起义军首领李沅法率数千人马以金峰岭为依托，不断向官军进攻。咸丰元年（1851），清兵元帅向荣奉旨，率数万人马围剿金峰岭。谷韫璨作为清军主力督兵抵达岭下，四面环攻。由于李沅法率军顽强抵抗，且金峰岭易守难攻。每当官军进攻时，李沅法军则以檑木滚石纷纷抛下，且飞矢如雨，因此数次进攻均未奏效。谷韫璨于是退兵数十里，以示不再交战，而暗地里却在上山的大道上埋下2000余名伏兵，以防李沅法下山。随后，谷韫璨探明山后有条险路，李沅法军未加严密防备。遂趁半夜大雾，亲率千余精兵从岭后绕道上山。由于时值半夜，天又大雾，后山疏于防守，李沅法军又知道谷韫璨等兵退数十里，因此防守大为松懈。韫璨率军成功登上山顶，直奔最高峰处李沅法大营。李沅法军仓促应战，人不及上马，士不及着衣，指挥失灵。一场混战，李军被杀无数，至黎明时分，遂被谷韫璨聚歼。李沅法率十余人于乱军中慌忙撤退。时已天明，大雾消散，被谷韫璨发现。谷韫璨张弓发箭，射中李沅法后背，李沅法倒地，遂被擒获，余皆被杀。

咸丰二年，谷韫璨调任广西省水陆提督。适逢洪秀全、杨秀清自永安突围后，率兵攻击桂林，谷韫璨奉向荣之命率兵坚守城池。他衣不解带，马不下鞍，昼夜督战。城内准备了充足的军粮，并抢时间加固城池，还时常派出小股军兵偷袭太平军。太平军久攻不下，于是撤围退走。咸丰六年，太平军在金陵城外，大败清军统帅向荣，斩杀俘获数万清兵。向荣大营被太平军攻破，只带数员大将夜逃句容，太平军轻骑紧追不舍。时在句容领兵的谷韫璨率兵立刻反击太平军追兵，追兵遭突袭而败退。谷韫璨与向荣等恐句容小城难挡太平大军攻击，遂退保丹阳。太平军乘胜追击，连营 30 余里，直逼丹阳城下。向荣急令官军统领张国良率大军迎击，张国良率数万兵马星夜赶来。同时，谷韫璨见太平军连营 30 里进兵，便率精锐拦腰突击，向荣又命张国良率大军迎战，一时间太平军大败，被谷韫璨、张国良等连破大营 30 余座，兵退 30 余里。

吴德新：状元恃勇走单骑

吴德新，字广业，直隶东明人，生卒年代不详。清道光乙巳（1845）科武状元。其先辈多有隐德，科名也蝉联不断。

德新生得魁梧，为人慷慨而有远大志向。爱练习骑马射箭，娴熟韬略，常钦慕汉代霍去病、姚明、常开平的为人。道光二十年（1840）以武生身份中庚子科武举；道光二十五年中乙巳科会元，殿试中其技勇绝伦，皇上特别给予一甲第一名即状元，赏乾清门头侍卫，赐花翎。十余年间，奉职勤勉谨慎，毫不懈怠，外放升为广东清远县游击，防御堵截匪盗，多次立功，上司听到后嘉奖他，升为副将，记名检放。

道光三十年，德新率兵剿灭苗匪。他奋勇当先，竟然单人独骑冲突贼营，所乘战马误堕入江中，漂浮好几里路才出来，即因过度劳瘁得病，死在任上。

田在田：状元都统受恩宠

田在田（1830—1912），字象乾，清代巨野县人。田在田幼习武术，弓马娴熟。在咸丰壬子（1852）科应试时，被皇帝钦点为武状元。他及第后，又被咸丰帝定为头等侍卫、乾清门行走。

咸丰五年（1855），田在田率领清军进攻被太平军占领的高唐。高唐太平军守将不认识田在田，又望见清军士卒不多，心存轻敌之意，开门迎敌。田在田一马当先，与太平军战在一起。田在田毕竟是皇帝钦点的武状元，未几合，便枪挑太平军守将，杀散太平军卒，遂取高唐。咸丰十年，田在田督办徐州。他率领数千清军围攻宿县。他先以老弱病残之卒向太平军叫阵，亲率精锐之师隐藏于后。守城太平军见清军尽是老弱病残，不以为意，列阵出城。太平军刚一出城，田在田便率精锐迅猛出击，太平军猝不及防，被田在田大军打得落荒而逃。咸丰十一年到同治元年，时任清江淮提督的田在田在江淮一带与太平军作战，屡被李秀成、陈玉成所败，遭弹劾落职。后补授甘肃肃州镇总兵，驻守肃州。光绪二十三年（1897）交卸回籍。光绪三十四年被光绪帝赏加太子少保。宣统元年（1909）被宣统帝恩赏都统。都统是清廷在各省建置驻防八旗的长官，是该地区的最高行政长官，一般都由旗人担任，田在田以汉人被皇帝赏都统职衔，可见宠耀之隆。

郭秉钧：揭竿而起战清军

郭秉钧，菏泽县志道都（今都司乡）郭糖坊村人，生于清道光年间，生卒年不详。廪生，长枪会农民起义军首领。

咸丰年间，菏泽官府募长枪会群众数千人，以防捻军，名曰“练勇”。郭秉钧继承父亲郭养贤里长职位，当了“练勇”的“练总”，成了长枪会首领。长枪会会员有事率以御捻，无事可以回家，由官府负责供给。后来，官府为减轻负担，停止“练勇”供给。郭秉钧等人以“练勇”停止供给为号召同官府争斗，与“团总”说理。“练勇”人多势众，“团总”便投靠僧格林沁大营，言长枪会（练总）包藏祸心，亟宜征剿。僧格林沁遂派骑兵压境捕治。

郭秉钧被迫联合各县会众万余人，揭竿而起。咸丰十年（1860）五月，郭秉钧、刘前、王宗朋等围攻单县城6日未克，转至成武又败北。10月，郭秉钧等先后与清军僧格林沁部交战十数次，其二弟、五弟阵亡。11日与僧军大战于红船口，失利，郭糖坊被围。清兵久攻不下，乃以诡计诱骗郭的三弟、四弟出寨，清军乘机而入。郭全族遇难，家人被钉死在曹州城门上，唯郭秉钧逃入捻营。十月又与焦桂昌卷土重来，率众4000余人突袭曹州，大挫菏泽县令王朝翼于葭密寨后，与僧军激战于陈家集，失利，遂率数百人归入捻军。

董执信：数度挥戈歼清兵

董执信（？—1862），清末曹县王泽里董庄（今魏湾镇董庄）人，捻军首领。

董执信相貌奇伟，自幼厌文喜武，舞枪弄棒，练武不辍。清咸丰二年（1852），参加捻军，他以曹县魏湾为根据地，接受安徽捻军盟主张乐行指挥，活动于豫鲁苏皖各地，与南方的太平军遥相呼应。

董执信首次配合皖捻行动，攻破了曹县城。咸丰八年（1858）八月，张乐行率领安徽捻军从成武、单县席卷而来，董执信率曹县捻军响应，共同包围了曹县县城。清军曹州镇总兵多隆武当时驻军青堌集，不敢接战，后被清廷摘去顶戴，革职留用。驻县城千总樊咨岳率官兵出城迎战，被捻军打死。八月十五日下午攻克县城，知县茅篪赴省未归，典史黄钰等逃窜，教谕赵介福、团练沈汝林、陈玉苍等率官兵400余人抵抗，被全歼。捻军听说清廷从徐州调来大批官兵围剿，于十六日主动撤出县城南去。

咸丰九年（1859）九月，董执信率部再次配合皖捻行动，逼近曹州城。安徽捻军自河南民权县流通集北上，与董执信率领的曹县捻军再次会师。守御所千总袁静宇纠集各地团练，沿黄河北堤设防堵截。九月二十六日，捻军黑、红、蓝、白、绿五旗并出，数万人鏖战三昼夜，冲破官兵防线，攻至曹县西北，逼近曹州城。袁静宇率官兵4000余人尾追到刘岗、韩集一带，陷入捻军重围，袁战死，官兵大部被歼，残部逃回州城。

咸丰十年（1860）十月，董执信又配合皖捻行动，围攻曹县县城，曹县全境民众纷纷响应捻军。董执信占据魏湾，孔广润占据普连集，不时出兵围城佯攻。知县靳昱昼夜巡城，寝卧城楼，数月不敢回衙。官兵不下城墙，署内断炊。年底，清帅僧格林沁亲督大军追剿捻军到曹州，董执信等曹县围城捻军方主动退去。

咸丰十一年（1861）六月，菏泽捻军首领郭秉钧、刘前，定陶捻军首领焦桂昌，各率众至曹县，与董执信、孔令润会师。知县靳昱派张步瀛等赴僧格林沁大营请兵未果，又到刚剿灭宋景诗黑旗军的胜保大营求救，胜保派郑琴堂率300余人来救援，驻扎在西关外皇官寺。郑声言要首先斩杀曹县捻首董执信，董执信不等清兵站稳脚跟，即亲自率领捻军夜袭郑琴堂营房。当晚郑被刺死，所率官兵全部被歼。靳昱复去胜保大营求救，胜保派参将王天保率500人至县，不敢住城外，进城内协助地方官兵固守。当时，捻军号称10万之众，城内豪绅惶惶不安。十二月僧格林沁大军至曹县，地方捻军才转移到安徽，与盟主张乐行部会合。次年五月，在与清军作战中失败，损失惨重，董执信率余部向僧军投降。不久董执信被解除武装，解往北京，惨遭杀害。

崔福泰：武生随营效清廷

崔福泰，字青岳，清代菏泽县人，生卒年月不详，由武生随营效力。

清咸丰三年（1853），崔福泰率军到瓜洲迎击太平军。他率军驾船，乘风放火，烧毁太平军战船30余只。岸上太平军以火炮支援江中作战。他独驾小舟，冒着炮火，奋勇渡河上岸，连杀太平军将士十数人，摧毁了太平军炮台。他率军攻进瓜州太平军大营后，又炸毁了太平军准备用作防守的数百枚地雷，缴获了大量兵器物资。

咸丰八年，崔福泰从清军克江浦、下扬州，补高唐营守备。在扬州与太平军作战时，他凭借自身武功，单骑独闯太平军阵营，连斩十几人。太平军撤退到凤凰桥，他绕道分兵对太平军前后夹击，歼灭太平军数百人。

咸丰十年，崔福泰为直隶开州营都司，东捻军围攻州城。由于捻军势大，崔福泰率军闭城坚守。每当捻军攻城时，他则让士兵发射铁铳和弓箭，捻军一时攻坚不下，驻军城外。常于半夜时分，崔福泰亲率几十人的精锐小分队缒城而下，袭扰捻军大营；待捻军大军反击时，崔福泰等人便迅速撤退到城下，由城上士兵用绳子拉上城去。此种游击战法，令捻军防不胜防，遂撤围而去。

崔福泰因作战英勇，被同治皇帝赏赐捷勇巴图鲁名号，后授湖北宜昌镇总兵。

赵康侯：独山迎战太平军

赵康侯（？—1870），字晋三，清代郓城县人，从清咸丰四年（1854）始，赵康侯即招募乡勇，训练乡团，并亲授武功，教习阵法。咸丰六年，土匪樊考德在辛庄集劫掠，赵康侯率乡团围攻，擒贼十多名，其余人等均被歼灭。山东巡抚崇恩奏保知县，加六品衔。咸丰八年，太平军一部从安徽出发进攻山东西南，有万余人到达巨野，赵康侯率5000团勇在巨野县南独山集与太平军作战。他利用地形熟悉之利，伏击太平军，以铁铳等火器大规模轰击。在太平军混乱之时，赵康侯率军冲杀，大败太平军。赵康侯先后督团勇转战菏泽、金乡、鱼台、嘉祥、巨野等地，受到清军统帅僧格林沁的器重和清朝重臣曾国藩的称赞，署河陕汝道。

焦桂昌：三省交界举义旗

焦桂昌（？—1862），又名焦瑞林，清代定陶县马集人，捻军首领。

桂昌自幼性格刚强，善于结交，仗义疏财，邻里尊崇。科考生员后，声誉满乡，威望日重。清咸丰六年（1856），捻军势力扩大，官府募练义勇，自备长枪，名曰长枪会义勇，守城御捻。桂昌被推为长枪会练总。咸丰十年（1860），官府停其养练，募练义勇生活无着，桂昌代表义勇同官府交涉。政府官员便到僧格林沁大营，诬告长枪会包藏祸心，寻难挑衅，宜速征剿。僧格林沁遂遣骑将引军压境捕治，激起了会众的极大愤慨。时值皖捻南来，焦桂昌、刘前等集结数千人，与皖捻会合一起，于古历九月间，攻开定陶城，平冤狱，开仓济贫，举起了反清大旗，受到了贫苦百姓的拥护。咸丰十一年

（1861）四月，贾由彪、魏清渭等聚众起义的计划泄露后，被知县武燮诱骗杀害，焦桂昌便联合菏泽郭秉钧、郓城常连佩等，集结数千兵马，围攻定陶城。团总张云祥急报清廷，僧格林沁率大军镇压，焦桂昌被迫转移，活动在冀、鲁、豫三省交界处，打官府，杀贪官，截漕运，屡次打败清军。同年六月，焦桂昌、郭秉钧与曹县董执信等会师，攻打曹县城。知县靳昱急派张步瀛向清军求救，僧格林沁即派郑琴堂率军增援。郑刚至曹县，即被焦桂昌、董执信的义军杀死，三百余名清军被歼灭。

同治元年（1862）5月21日，焦桂昌率众在马集与清军交战，因失去与各路捻军的联系，被清军击败俘虏。六月五日，焦桂昌及其母亲、妻子和两个儿子被兖州道员卢朝安一并杀害。

刘占考：连挫清军气如虹

刘占考，清末濮州（今鄄城县）红船镇刘家桥人，幼年习武。咸丰十一年（1861），农民武装在曹州各县蓬勃兴起，而地主武装团练也随之到处建立。刘占考和地主团练素有矛盾，为逃避邻村团总陷害，急走河北，与黑旗军领袖宋景诗取得联系。宋慨然相助，嘱其在黄河以南发展。

刘占考率部回到故里，先击败马梦成、于士钦的地主武装，接着又攻破红船集，在本村设立大本营，竖起黑旗，号称“堂主”。他北联宋景诗、丁书堂，南联贾儒坤（鄄城县阎什口附近贾庄人）、陈尚突（阎什口附近陈庄人），外联郭秉钧、焦桂昌、刘前（定陶人）、倪广和（巨野人），共谋举事。3月17日，刘率部攻下濮州，随之挥师南下。4月9日，率部万余人进逼曹州，曹州闭关20多天，内外交通断绝。当时流行的歌谣云：“四月里，四月八，刘占考又把黑旗拉，出门碰见蔡老冒（僧格林沁的外号），打罢胜仗往南杀。”同年5月，又联合倪广和部第二次包围曹州40多天，沉重打击了清军气焰。八月，率部数千人北渡黄河，与大绿旗义军杨福岭、大红旗义军靳四、小绿旗义军雷三、小红旗义军李金声等会师，连挫清军，清王朝为之震惊。咸丰谕曰：“山东濮、范等处匪徒，陆续渡河，深入直隶，逼近临漳、内黄、滑县一带，东境河岸已为匪徒往来熟径，必须赶快剿除以固畿南门户，勿任久踞河岸。”11 月，僧格林沁亲率马步军来濮围剿，血洗刘家桥，攻陷红船集，刘占考两战失利，遂转战河北，复陷濮州。

清王朝改变策略，对刘占考进行诱抚，刘占考在暂时失利的情况下，归顺清廷，改名刘效忠，随清帅胜保去陕西镇压回民起义，任总兵加提督衔。不久，被削去官职，解甲归田。后被知州葛恩海诬以在刘家桥修堡谋反，报山东巡抚批捕杀害。

冯殿扬：兴办武学报乡梓

冯殿扬（1837—1906），字耀廷，祖居郓城冯店，后迁居李河口村，清末武林名士。幼年勤于学文，20 岁未就功名，后改文习武，拜吴皮村武举李占魁为师，苦心习武。30 岁中辛未科进士，奉旨外出守备。后因河工出力，保举为五品，戴蓝翎。念及乡里青少年学文习武艰难，捐资兴办了文、武义学两处，他请师教文学，亲自指导武学，收三期弟子 40 人，得中功名者 36 人，武状元张宪周就是他的门徒之一。清光绪年间，他率徒赴曹州应试，郓城县共中 13 人，其徒弟就有六名。他教场多年，育才有方。为感其教育恩德，冯殿扬去世后，门徒 39 人于清光绪三十四年（1908），为之立德教碑一座。

夏辛酉：平叛战寇建奇勋

夏辛酉（1838—1907），字庚堂，清代郓城县人，自幼练武，期冀入军。

夏辛酉于清同治七年（1868）投入左宗棠部，随军营入陕西，屡立战功，被左宗棠保举为守备，统领征西马队。光绪元年（1875），阿古柏叛乱，左宗棠奏明同治帝，由夏辛酉先行带兵出关，迎战回人。每遇战阵，夏辛酉必先研究双方长短，了解地形，凭借地利和自己的长处制胜。在双方交战中，他总是身先士卒，以励士气。战争间隙，他训练官军明战阵、习武艺，从而带出了一支训练有素的清军。他率军入新疆后，先后攻克乌鲁木齐、玛纳斯、达坂、托吐及喀喇内尔、库车、阿克苏、乌什、喀什葛尔等重镇，为左宗棠收复新疆建立了卓著功勋，被以总兵补用，赏戴花翎，赠振勇巴图鲁和霍伽春巴图鲁名号。

光绪四年，南疆肃清后，新疆巡抚刘锦堂嘉其忠勇，委带马队。夏辛酉率刀矛队战于阿尔吐什以至色勒库尔、布鲁特等地，屡败敌军。在战安集延时，夏辛酉率刀矛队直攻敌巢，受到敌人的顽强阻击。他不顾属下阻拦，骑马直冲敌阵，连斩七员敌将，众将士奋勇杀敌，终于剿灭敌兵。光绪帝下诏，赏加头品顶戴、三代正一品封典。

光绪二十年，日军倚仗船坚炮利，挑衅中国边境。巡抚李秉衡奏请朝廷，派夏辛酉防守登州。他到达边防后，训练士卒，建造炮台，抢修战船，军队随时准备迎战。一日，日本数艘战船入侵我海域。夏辛酉示警后，日船依然不睬，直朝海岸驶来。夏辛酉立即命令清军开炮，击沉日船一艘，击伤二艘，其余日船掉头鼠窜，保卫了中华海疆和祖国领土。

夏辛酉以军功授云南提督，经袁世凯奏请，留直隶统带常备军，兼帮办北洋大臣。后又奉旨总办沿江防务，帮办南洋大臣，谥“壮武”。

任青合：仗义执言为百姓

任青合（1847—1904），名建洁，字清和，清末郓城县元庙集人。少年时，任青合就武功出众，善行侠义，遇有不平，置个人得失于不顾，拔刀相助，每每受到民众的赞誉。

光绪三十年（1904年），清政府为了搜刮民财，决定实行“土地变价”，即每亩作钱30吊上缴，并增加农民的田赋。鲁西南各县官府挨村催索价款，闹得鸡狗不宁，许多农民被捆绑吊打，苦不堪言，因而激起济宁、郓城等10余县民众的反抗。3月间，山东巡抚周馥派按察使尚其亨于济宁乡民“滋事”一案办结后，就近赴嘉祥、巨野、郓城一带察看地方情况，意欲对村民进行镇压。这时任青合义愤填膺，不忍坐视，遂号召县境村民3000多人，在郭屯召开村民大会，做出反抗清政府的决定。任青合被推为老总，揭竿而起，进逼县城，坚请官府收回成命。郓城知事杨跃林慑于村民声势浩大，不敢处理，即向巡抚请示办法。待尚其亨来郓镇压时，村民仍围城不散，尚其亨无奈，伪称协商，请任青合进城，逼其承认土地变价。任青合答以“群众开会公约，不能擅专”，虽在淫威之下，未尝稍有屈服。尚其亨即对任青合施以酷刑，任青合辩争不休，继之斥骂。尚其亨谓其聚众反抗政府，侮辱国家大员。但畏于村民声势浩大，不敢就地杀害，于是将其紧紧绑缚，口内塞以毛巾，连夜解往济南。尚其亨离郓后，群众仍疑任青合被押，持械呐喊，逼官府释放任青合，且有人开放枪炮，爬城而上。适曹州镇兵龙殿扬、曹州知府丁镗到郓，即督同郓城知事杨跃林率兵镇压，由于失去首领，群众力不能敌，最后回乡。

任青合被押至济南后遇难。死后，郓城、巨野、嘉祥等 13 县群众于光绪三十二年（1906）4 月，在元庙集东门外为之立碑纪念。

王宗朋：红沙会首抗官府

王宗朋（1847—1906），字兰居，清末濮州（今鄄城县）箕山乡王榔头庄人。王宗朋自幼爱好武术，刀、枪、鞭、棍样样精通。性格豪爽，刚强正直，扶弱济贫，兴利除弊，斗豪强，抗官府，成为鲁西、苏北一带农民抗捐领袖。

光绪二十年（1894），王宗朋以练武强身、扶弱保家为宗旨，创建了“红沙会”。初，会员仅本村的王振为、王以升等 20 余名青年，很快便发展到附近七八个村庄 500 余人。

光绪二十六年（1900），濮州孙汪至阎店段堰长周五典到南拔亭里抓民夫、索堰捐，声言“三丁抽一”去复堤，民堰捐由原来的每年每亩 500 钱增至 1000 钱，三日交不齐，送县衙问罪。王宗朋闻讯，便带着几个“红沙会”会员赶到里公所，赶跑了周五典，抗住了民堰捐。

光绪二十八年（1902），清政府为支付赔款加征土地税。濮州官府潘某（外号潘阎王）到箕山、王榔头庄一带坐镇催收捐税，王宗朋偕同“红沙会”会员见潘某，要求他体察百姓苦难，免去捐税，如果官府责怪，他一人承担。潘某慑于“红沙会”的力量，未敢强行征收。抗捐斗争的胜利，提高了王宗朋和“红沙会”的威望。“红沙会”由濮州发展到郓城、嘉祥、巨野、济宁、汶上、寿张、沛县等十几个县。

袁世凯出任山东巡抚后，严令各州县禁止帮会活动，镇压抗捐运动。光绪二十八年（1902），郓城知县抓捕了郓城的抗捐领袖任青合。王宗朋带领30多名会员，赶赴郓城县衙，与知县进行面对面的说理斗争。郓城的抗捐群众包围了郓城县衙，知县被迫释放了任青合。

为了共同抗捐，王宗朋、任青合分头串联嘉祥、巨野、郓城、济宁、濮州、东平、寿张、汶上、丰县、沛县等十州县的“红沙会”“大刀会”“长枪会”，成立了“督总会”，王宗朋、任青合分别被推举为督老总和副督老总。

光绪三十二年（1906），郓城知县再次逮捕任青合。王宗朋组织3000多人，包围了郓城，又一次救出了任青合。

是年，周五典再次以复堤为名，压榨民财，濮州民怨沸腾，各庄长暗地酝酿罢免周五典，拥戴王宗朋为南拔亭里长兼堰长。周五典闻讯杀心顿起，与濮州知州王赓廷密谋，连夜去曹州诬告王宗朋“造反”，并要求知府发兵王堌堆（今鄄城镇）。4月13日，王赓廷、周五典以请王宗朋到王堌堆商量复堤为名，将王宗朋骗到王堌堆，杀害于北门外。

宣统元年（1909）10月上旬，8州县42里为王宗朋立“思慕碑”以作纪念。

庞玉璞：建功两广惠苍生

庞玉璞（1850—1905），清代菏泽城东庞楼村人。出身农家，幼年习武。20岁时因家乡大旱，外出投军，在广西参加防营训练。尔后又辗转到广州，由把总、都司、游击逐步提升为新会参将、文州协镇兼任两广督标中镇府和两广水师统巡、两广水师提督。曾随冯子材参加谅山抗法之役。后诰封武功将军，晋封武显将军，再晋封为建威将军。

他任两广督标中镇府（是两广协镇中最高荣誉头衔）的时候，曾做过废捐减政的事。当听说上司指定增加广州所属各县市的“花捐”“赌捐”来拨充该机关的经费时，就向上司条陈，一方面反对增加这些不正当的捐税，以避免加深社会腐败；另一方面则建议该机关缩小编制，并另行指定正当来源的经费。这些条陈虽然得到上级嘉许，而经费来源仍未有所变更。因而在他到任之后，大力缩小官府机构，尽量调所属各机关的职员兼任必需的职务，借以减少开支。纳税人曾赠送“万民伞”“万民旗”来表示感激。

清光绪三十一年（1905），庞玉璞因病在故乡病逝。临终时他再三嘱咐后人：“我一生所积，一家勉可温饱。只有保持世代耕读，才能传之久远；有一个子弟挥霍就难免有冻馁之虞。你们应特别加以警惕。”待家人一一表示接受他的训示时，才瞑目而逝，终年 55 岁。

刘彤光：勇斗外国传教士

刘彤光（1850—1910），字雪鸥，清代巨野县人。刘彤光出身武将家庭，自幼习文练武。

1901 年，刘彤光署永宁州。当时永宁一些教士横行乡里、鱼肉百姓，义和团部分拳徒杀伤了这些不法传教士。教士乔某以此为借口，到处纵容家人及护兵下乡捉人，讹诈钱粮；稍有不从，则说是义和拳匪，捆绑起来送入县衙。县衙慑于教士的威势，不敢抗争。一时间，当地几乎家家户户都被教士讹诈过，仅被教士捆绑送入县衙的百姓就达三四百人之多。彤光到任后，先与教士委婉商谈，请教士不要再下乡讹诈、随意抓人，意欲委曲求全。洋教士蛮横拒绝了刘彤光的正当要求。刘彤光愤然说道：“头颅可断，民不可欺！”并大义凛然地禀报抚院。他慷慨陈词，历数教士的罪恶行径，抚院也为之动容。但抚院慑于洋人的威势，劝彤光说：“因与教士作对，毓中丞被诛，郑观察殒命，你刘刺史胆子可也太大了。这件事我做不了主，要向上禀报。”彤光说：“那就快走，我陪你一起去。”在刘彤光、抚院等较有气节的中国人的斗争下，洋主教只得撤换了当地教士，并写信谢罪。

同时，刘彤光还严惩了为虎作伥的教士兵奴，斩了罪恶较大的赵、郝、靳三人首级。刘彤光勇斗洋教士，长了中国人的志气，灭了洋人的威风。

曹得礼：大刀会首显神威

曹得礼（？—1896），清代单县西南曹楼人，鲁西南大刀会重要首领。

曹得礼性格刚强，喜尚武术，精通“金钟罩”和排刀、排砖等硬气功，枪刀棍棒武艺娴熟，因此成为单县西南享有盛誉的武术教头，是大刀会的重要首领。光绪年间，德国天主教圣言会在单县西境的破楼角、太平集，成武的天宫庙等村设立教堂，传教士张连珠在破楼角发展了吕登士、吕荣等人为教徒。这些人多系地痞无赖，入教后倚仗教会势力为非作歹、欺压乡民。光绪二十一年（1895）腊月的一天，太平集村大刀会员郝和升到破楼角向教民吕登士讨要药帐，吕赖账不还，反而破口大骂，并邀集教徒数人持械寻衅闹事。郝见势不妙，亦去找曹得礼述说受欺压之事，曹得礼遂率人前往破楼角找张连珠说理，途中被人劝住。事本亦平息，可是德国圣言教兖州教区主教安治泰和传教士韩宁镐竟数次致书山东巡抚李秉衡和清政府总理衙门，污蔑大刀会是“结党作乱，专欲攻击教民”，“将破楼角教堂、大门、桌椅什物等件毁坏殆尽”。李急电曹县、单县、成武知县调查，调查结果称所说拆毁教堂事“纯属捏造”。稍后，安治泰又致书李秉衡大肆污蔑大刀会。同时，洋教会欺压村民和大刀会员事件又不断发生。刘士端、曹得礼等忍无可忍，遂酿成一场声势浩大的“打教反清”斗争。他们在“灭洋人、杀赃官”的口号下，横扫了单县、砀山、丰县边界的教堂30多处，并攻占了清政府驻马良江南裁决外委衙门。清政府立即派兵镇压，起义失败。清光绪二十二年（1896），曹得礼被诱杀于单县城。

张宪周：状元威震居庸关

张宪周（1862—1914），字道东，清代郓城县张楼人，他出身豪门，幼年天资聪颖，7岁就读，15岁拜武解元李凤山为师，习练箭术、刀术和志石（为古代举重器械）。20岁考中武庠，练刀术时习坐卧击刺之法，所练大刀由原90斤更换120斤重，所练举重志石由原240斤改换360斤。亦练骑马射箭。由于他吃苦耐劳，练就一身刀马纯熟的武功。

清光绪庚寅（1890）科会试，张宪周名列五魁。同年殿试，光绪帝点为武状元。光绪十七年封为陆部朝参镇殿将军。光绪二十年赴任开封（今河南濮阳）协镇，爱民如子，治安言善，使农有余粟，女有余布，商有余财，道不拾遗，夜不闭户。后迁任崮关、娘子关为从一品参将。其地盗贼杀人越货，为害乡里，民不聊生。张宪周率兵平匪，身先士卒，歼敌于铜家堡，使地方遂就安宁。他重农治本，兴修水利，使五谷丰登。任满离职，百姓依依相送，赠旗锣伞牌。光绪二十六年，庚子之变，八国联军进犯北京，京畿失陷，光绪帝和西太后仓皇而逃，敌闻讯分道追驾。张宪周勤王护驾。行至居庸关，利用山高谷隘，埋兵布阵，出其不意，率众堵截，白刃搏击，敌洋枪洋炮亦无可施展，斩敌首级千余，联军仓皇逃窜，光绪帝化险为夷。帝居西安龙德殿召见张宪周时说："挽狂澜之既倒，支大厦之将倾，乃社稷之臣，诚功莫大焉。"后光绪帝返京，御赐金字匾额"捍御功伟"，至今犹存。

后来，张宪周被委任兖州镇守使，尚未赴任，却被他人从中作梗，用重金将官职买去提前充任。张宪周愤而返乡，不再出任。他两袖清风，家户无人，仅几间民房几亩薄田。返乡后亲躬田亩，自食其力。1914年郁郁离世，享年52岁。

毛思忠：黄河故道留武踪

毛思忠，清代单县龙王庙人，湖南督军张敬尧部宪兵司令。其弟毛思义，又名毛思玉，是直鲁联军十八军军长。兄弟二人名号为大毛、二毛。二人幼年混穷，白天给小饭店当伙计，夜间练习武术，功夫日深。

民国初年，在曹州巡防马队张啸部当兵。1913年驻防成武天宫庙，与拜把兄弟张慎一起杀了管带，拉出17支枪落草为寇，活动于单、砀边境黄河故道一带。张慎死后，二毛兄弟继任首领。毛部约有200人，队伍精悍，纪律严明，在控制区公买公卖，严禁奸淫，劫富济贫。1917年5月，二毛联合单、曹诸县绿林武装攻打曹县城，俘虏县长廖钧，抓走了大地主张子翰，开仓济贫。6月又挥戈东进，将丰县城包围，与丰县革命党人共谋，攻打了几天几夜，但未能成功，遂撤到单砀边境。二毛的活动引起了北洋军阀的注意。1918年派第七师师长张敬尧等到苏鲁皖一带剿匪。张部和二毛在丰县孙老家打了一仗，张看到毛部颇有战斗力，遂派人劝降，编为二十七团，毛思忠任第五营营长、毛思义任副营长。

不久，二毛随张敬尧调至湖南，张任督军，大毛先后任第五团团长、宪兵司令、造币局局长，二毛任二十五团团长，后张敬尧被迫离开湖南，毛思忠亦离湘，到天津经商，成为富翁。解放前病死天津。

谢协群：大刀长矛战日军

谢协群（1866—1939），字子合，清代单县西南谢寨村人。他自幼习武，擅长拳棒，不少青年慕名向他学艺。

民国年间，土匪蜂起，地方大受骚扰。谢协群组织“自卫队”，于 1938 年打退从虞城来犯的一股土匪。

日军侵入单县，经常到单县西南烧杀抢掠。1939 年的一天，日军 30 多人到谢寨一带抢粮，谢协群带领自卫队埋伏到小刘楼西边。日军一入村，自卫队一齐冲入村庄，用大刀长矛与日军展开肉搏。谢协群打死一个日军小队长，另两名日军被打死在村东厕所里。这次战斗打死日军数人，缴获步枪十余支，子弹数百发，指挥刀一把，日军军旗一面。

1939 年夏，日军分乘汽车十几辆直奔谢寨，意欲偷袭。谢协群闻讯马上集合自卫队埋伏于村东树林里。当日军进入伏击圈后，谢协群手持上次战斗缴获的日军指挥刀，带领胞弟谢协为、徒弟智广聚等 7 名武功较好的队员，大喊“杀……”跳上日军汽车，大杀大砍，顷刻砍倒日军数人。几经拼杀，终因寡不敌众，谢协群等数人相继壮烈牺牲。1989 年，单县曹庄乡政府为其立碑褒扬。

朱凤君：尚武尚德振国术

朱凤君（1879—1948），字龙光，号射斗，出生于菏泽县西北 18 里朱楼村一个贫苦农民家庭。因国辱民穷，兵荒马乱，他自幼就立下了为国为民习武的宏愿，12 岁时拜同村炮拳名师朱永康为师学武。朱永康是清军僧格林沁部下的将领，武艺超群，有万夫莫当之勇，后来因不满于朝政，退出军界，隐于家中以种地授拳为生。朱凤君勤学苦练，虚心好学，拳艺进步很快，20 岁已有相当功夫，成为十里八村有名的武学后生。但他并不满足，又虚心向当时在菏泽很有名望的卞丽金拳师学习红拳。经过几年的刻苦修炼，他奠定了过硬的基本功，并掌握了大红拳的拳、械套路。

光绪末年，少林拳二十八代传人河北孟村任恒太拳师访友来到菏泽。任恒太精湛的技艺令朱凤君折服，他以极大的诚心赢得了任师应允，收他为徒。在老师的精心指点下，他刻苦练习，武功大进，受到老师的器重，尽得少林武功真传。他不但掌握了拳械单练和对练套路，而且功力过人，80 多斤重大刀抡舞起来如风车飞转，成为远近闻名的少林武师。求教者纷至沓来，周围 30 多个村庄的青少年 500 多人从学，著名的民族英雄赵登禹将军、何楼村的赵洪举等，都是他的高足弟子。

1926 年，朱凤君被聘为县立小学武术教员，接着又先后被县长忠富章、曹州军门张培荣聘为保镖。当时社会混乱，土匪猖獗，危害乡里，民不聊生，朱凤君被任命为警备队队长，负责剿匪。他尽心尽责，努力巡防，力保一方平安。一次，有土匪七八十人围住都司集，他带领徒弟和部下 20 多人，手持六斤重的单刀一马当先，赤膊上阵，如猛虎驱羊，当场打死土匪十多名，余匪抱头鼠窜。当地群众感谢不已，为他立碑纪念。

朱凤君为人忠厚，秉性耿直，厌恶欺压良善的官场，看不惯腐败的政府，因而毅然辞官，奔走于定陶、曹县、成武、郓城、鄄城及河南的宝县、安徽的亳县等地设场教拳，从学弟子遍及鲁西南及相毗邻的豫皖等地。

朱凤君不但武艺高超，更注重武德修养，经常教育弟子尚武尚德，习武从强身防身、振兴国术为宗旨，不要轻易动手伤人，并为大红拳立下了“红拳十大法规”，来规范练武者的行为。他不但是鲁西南大地红拳的传播者，更是一位让人尊敬、值得纪念的武术拳师。

王梦兰：开封慨然赴国难

王梦兰（1886—1911），又名王梦伦，字华亭，清末曹县大王寨村人。自幼发奋读书，曾在开封上优级师范。因受孙中山革命思想熏陶，弃学返里，随乡人习练武术。梦兰练武十分刻苦，日精月进，更兼德重乡里，志存高远，后创立“仁义会”，得乡人五六千，扯起起义大旗。

1911年武昌起义后，河南革命党起而响应。张钟端任河南革命军总司令，总部设在开封，决定于12月22日夜举事，以放火鸣炮为号。王梦兰被任命为民军总指挥，选骁勇2000余人赴开封，潜伏在开封郊外东大堤附近，候城中火起，即攻打城门。由于奸细告密，夜11时许，设在优级师范学堂的司令部，被清军包围，张钟端等数十人被捕。未到预定时间，即见城中火起，并响起了枪声。梦兰知城里有变，对部伍说：“本欲与诸君驱除鞑虏，成就共和大业，今大势已去，若必欲同罹锋镝，于心何忍？愿各归乡里，以期后效。无复念兰！”众尽泣散。王梦兰随带贴身勇士数人，攻城营救遇难同志。战至天亮，不幸被捕。审讯后，张钟端、王梦兰等11名革命党人，于当月24日，被清军押赴刑场。张、王等临刑犹高呼：“革命万岁！共和万岁！”沿途市民目不忍睹，泣不成声。梦兰就义时年仅25岁，遗二男一女。

支悦刚：组织盐民求生存

支悦刚（1886—1940），又名支二刚，民国时期东明县高村乡支寨村人，东明盐民首领，他青年时代，豪爽侠义，武功过人，常与人结伙推运小盐至河南辉县、林县等山区。

1931年，天津长芦盐业公司收回专卖权，国民党东明县政府颁发文告，严禁做小盐，派盐务缉私队下乡砸盐池，抢做盐工具，抓捕盐民盐贩。为了生存，盐民奋起自卫，支悦刚因好打抱不平和武艺出众，被盐民推为首领。中共濮阳中心县委对此十分重视，派得力干部加强对盐民斗争的领导。支悦刚在县委的领导下，于1932年5月，成立了东明盐民协会（俗称盐池子会），自任会长，发展会员15000余名。7月，参加河南、河北盐民总会成立大会，当选为总会委员，负责领导东明、濮阳、长垣、考城、兰封等县区的盐民斗争。同月率万余盐民进城示威，包围东明县政府，迫使县长任传藻答应：盐巡退出东明，取消盐税，准许盐民做盐销盐。

1933年4月，长芦盐业公司贿通国民党政府，派骑兵缉私队一个营偷袭大名，总会号召13县盐民支援。支悦刚率3000名盐民在攻打南乐途中击溃了骑兵队，并包围了南乐县城，迫使南乐县长张用恒接受了总会提出的一切条件。事后，总会在支寨唱大戏一台，立功德碑一座，表彰支悦刚的功绩。

1935年春，东明县许多共产党员和积极分子因组织武装暴动被捕，支悦刚出面营救。反动当局迫于盐民协会的压力，将被捕人员全部无罪释放。

七七事变后，支悦刚组建东明县北联庄会，提出“抗日救国，防匪缉私”，维护地方治安。1938年8月，支悦刚响应共产党的号召，率联庄会自卫队参加民军并任第四后备大队队长。1940年2月，国民党在冀南掀起反共高潮，支悦刚被国民党别动队臧八部诱杀于武胜桥村西。

贾龙恩：教拳传艺为报国

贾龙恩（1887—1965），字锡三，号剑斋，晚号鲁西居士，郓城县城关镇西关人。他天资聪颖，性格刚强，熟读经书，善诗词，精书法。少年时始习少林红拳，武技纯熟，后为武林名士。

贾龙恩20岁开始教拳传艺。1921年任北洋中央混成旅技术队武术教习，后任安庆安武军教习。1924年教武于合肥。1932年在湖北沙市举行的28县武术比赛中，获白手夺刀、白手夺大刀、单剑三项冠军。1933年被国民党湖北沙市十军聘为武术教官。1934年，因该军参加围剿红军，他愤然辞职还乡，在郓城县丁庙村、董店村、西关等多处设场授徒，弟子1000余人。他重视武德，名徒众多。

抗日战争时期，他积极投身抗日救国运动，依仗自己的威望，曾与他人一起，从监狱中解救出共产党员姜怀跃、张体龙等多名地下工作者。

为了提高技艺，他曾同安徽的唐殿卿、马振凯、顾汝章，济南的马金标，归德的韩学恩等许多武林名师切磋技艺，交流拳术。他精通炮、查、形意、二郎、水浒等拳种及十八般兵器，尤擅长枪、剑和大刀。

张本源：查拳的著名传人

张本源（1889—1970），山东菏泽县人，他 7 岁开始随二伯父学习冠州查拳一至十路，并苦练 12 年之久。19 岁时得遇“查拳大家”于振声，尔后随他至上海、杭州、南京等地作“查拳助教”。1926 年初经林森（曾任国民政府主席）推荐，进入中央国术馆首期教授班，并以“四路查拳”的精湛技艺而博得众人好评。

张本源的四路查拳属原汁原味，齐鲁一带的“把式房”内曾有“学会四路查，走遍江湖全不怕”的传说。1929 年 11 月，张本源代表中央国术馆参加杭州国术游艺大会，和张振英一起表演对查拳、对面拳、少林对打，博得了全场欢迎，受到全国武林名家的高度赞赏。

张本源于 1931 年下半年不辞而别。1945 年抗战胜利后，应邀担任原国民党首都宪兵司令部司令的私人警卫秘书，并被授予上校军衔。1947 年，被南京中共地下党组织争取为“内线”。全国解放后曾在青岛、烟台等地“跑江湖”“玩把子”，1970 年病逝。

吴体泮：外国拳王的克星

吴体泮（1891—1964），生于河南省濮阳县，后举家迁往菏泽，病逝于台湾。

吴体泮幼年喜好武术，一有空闲即到本村观看成年人练武，常常废寝忘食。父母见他如此痴迷武术，便在七八岁时让他拜当地拳师武得重为师，练习梅花拳。吴体泮自拜师后，勤奋刻苦，寒暑不辍，未满 20 岁，功力已是相当深厚。为验证自己的武功水平，吴体泮于 20 岁时即外出游历，遍访武术高手。后与菏泽拳师司中元相遇，二人志趣相投，遂成密友，即相携到鄄城、菏泽等地一边寻访拜谒武术人士，一边设拳场传授武术。他们先在鄄城王坊村设立拳场，广收门徒，后又在菏泽黄罡、谢庄、朱楼等地开馆授徒，并逐渐发展到菏泽城周围，最盛时，随其习武的达400余人。随着拳场的逐步发展，吴体泮非常喜欢菏泽人的尚武之风，随即将全家迁来菏泽定居。

1928年10月，国民政府中央国术馆在南京举办首届全国国术考试（俗称国术国考）。经过选拔，吴体泮与杨士文等5人代表菏泽参加比赛。当时比赛取前15名为最优等，取前37名为优等，经过激烈角逐，吴体泮获优等。

国术国考后，荣获优等的吴体泮名声大振，他对武术的热爱也更进一步。回乡后，他决心将梅花拳发扬光大，又先后去宁陵、清江、淮阴等地设立拳场，传授武艺，弟子多达千人。有文献记载，他所到之处，人争其师。一时间，其武功享誉苏鲁豫皖广大地区。

1949年，吴体泮去了台湾。初到台湾之时，虽然生活窘迫，有时以卖艺糊口，但他习武热情不减，武艺不退反进，逐渐成为当地武林的知名人士。1952年，日籍韩人拳王李道三来台。此人身材高大，手腿较长，本是天生武学之才，更兼他素习拳击和跆拳道，诸多比赛总是以冠军登榜。李道三来台后遍访台湾武林高手，一日听说吴体泮在梅花拳上造诣颇深，便当面表达比武之意。吴体泮见推辞不过，只得答应互相交流，切磋技艺，点到为止。李道三与吴体泮各自摆好架势，吴让其首先进攻，以示其待客之礼。李道三一个起落，直向吴体泮击去。吴体泮脚踏中路，迎身而上，左手封死对手拳路，右手一记肘底见花，击倒了对手。一招出手就让李道三心悦诚服，吴体泮遂名传宝岛。

是年秋，泰国拳王乔·路易来台。此人素习台拳，力大拳猛，出手如电，国中少有敌手。他因听说中国功夫了得，便有心与中国拳手较艺。他首先来到台湾，心想如果找不到对手，再到大陆比武。乔·路易到台后，正逢吴体泮击倒李道三不久，台湾武林盛传吴体泮梅花拳功夫。因此乔·路易决定找吴体泮比武。吴体泮当时虽然因击倒李道三享誉宝岛，却不大愿与别人比武。吴体泮见乔后再三谢拒。这乔·路易见吴体泮当时已是年逾花甲，并且衣着平平、言语谦和、举止稳重，丝毫不像练武之人，于是出言不逊，甚至怀疑吴击倒李道三是空穴来风。吴体泮怒不可遏，拍案而起，答应与其比武较技。

二人摆开架势后，乔·路易并不把吴体泮放在眼里，大咧咧地一拳击去，企图一出手即置吴于死地。吴体泮见对方出手沉重，迅猛无比，便不避不让，骈指如戟，向对手穴位点去，对手应手而倒，半晌方醒。这乔·路易自知不敌，羞愧而去。

由于吴体泮两度战胜外国拳王，一时间台湾武林人声鼎沸，争相传颂。台湾媒体竞相报道。此事后来惊动了当时的台湾国民党高层，遂决定设立“中华国术总会”，并任命吴体泮为总裁。台湾岛内及欧美诸国的武术爱好者争相慕名来拜吴体泮为师，学习梅花拳，学习中华武术。梅花拳不久即风靡台湾宝岛，并走向世界。

杨士文：国术国考最优等

杨士文（1901—1953），字子斌，牡丹区耿庄人。自幼酷爱武术，12岁师从牡丹区高庄集李庄梅花拳师李福田，习练梅花拳械。杨士文家境贫寒，但他从未放弃练武。16岁时，已是拳脚精湛，刀枪纯熟，以“铁板桥”（腹上开碑）功夫见长，“叠罗汉”功更是拿手好戏。他躺在地上，手脚并用，能支撑2000多斤重量。

1917年，马良在山东创办军事国术传习所，网罗山东各地武术人才。1919年，杨士文投奔马良武术队。时著名武术家王子平任摔跤教授，见士文身材高大，具有神力，功底扎实，技艺超群，颇为喜爱，便向他悉心传授摔跤功夫。杨士文勤学苦练，技艺大进，摔跤功夫胜人一筹。

20年代初，随军队驻防上海，再遇王子平，并结识了当地武术界人士，从此脱离军界，想立足上海，以达创办精武馆之目的。当时的上海滩，洋人横行，为所欲为，政府腐败，民不聊生。一天，杨士文在上海大世界表演时，突然有个膘肥体壮、满脸横肉的日本武士闯入场内，气势汹汹，寻衅闹事，提出比武。杨士文早对洋人在中国横行霸道义愤填膺，想借机杀杀他们的威风。两人摆开架势，交起手来：日本武士企图先发制人，左直拳密如雨点，右勾手速似闪电，击向杨士文。士文镇静自若，施展武功，左格右挡，上压下架，一一化解。几个回合后，士文瞅准对方破绽，一个“二水分中”式，左手直插上盘，上步近身，右手直插裆部，一个摔跤“穿裆靠式”把日本武士举在空中，高高抛起，将其头朝下摔在地上，日本武士当场毙命。此事轰动上海，中国人民扬眉吐气，但当时政府崇洋媚外，要把杨士文逮捕归案。在武术家王子平等人掩护下，杨士文躲避法租界，辗转离开了上海，潜往青岛暂居。

1928 年，国民政府在南京举行国术国考，菏泽师范学校校长李俭斋写信要杨士文返回故里，商量参加全国国术会考擂台赛。通过选拔，最后确定杨士文等五人代表菏泽参加。这次擂台赛，人数众多，强手如林。杨士文在擂台比武中，始终精神饱满，举止庄重威风，拳脚并用迅雷不及掩耳，闪展腾挪招招奇巧，摔跤“倒口袋”“穿裆靠”动作干净利索，击败了与之交手的所有高手强将，诸如四川省保持十年擂台不败的宿将“王二铁头”等，名列最优等。奖品是宋美龄奖银盾两个；冯玉祥奖优胜锦旗一面，刀、剑各一把，上有“冯玉祥敬赠”字样；中央国术馆长张子江奖“发扬国光”匾一块；马良奖“山东曹州武术会”锦旗一面。

国考返回后，菏泽县长朱经古设宴款待，并同意建立“曹州国术馆”。1929 年，“曹州国术馆”成立，杨文士任馆长。1930 年韩复榘从河南调任山东省主席，路经菏泽，在菏泽前军门衙门前花厅观看杨士文等人的表演后，韩大加赞赏，并赏给现洋 500 元，用以国术馆购买器械。1931 年菏泽遭灾，国术馆师生在杨士文的带领下，外出表演。他们依次到达定陶、曹县、成武、单县、金乡、鱼台、济宁等地，最后把所有收入拿出来救济了灾民。三年后国术馆停办，杨士文被中美烟草公司经理张林宣聘请为保镖。1935 年菏泽国术馆第二次成立，杨士文任副馆长。抗日战争爆发后，国术馆被迫停办。杨士文随南华中学南撤，一路上带领本村杨士量、杨士连、杨伦芝、杨锡第等人摆场卖艺，为学生募捐。后经故旧介绍到国民党部队任武术教官。

后脱离军队，返回家乡，设场授徒，贾龙升等人是他的高足弟子。1953 年，杨士文因病去世，享年 52 岁。

孙思正：身怀绝技斗劫匪

孙思正（1902—1995），鄄城县郑营村人。他自幼酷爱武术，12岁拜少林寺二十七代传人于德水的得意弟子侯汝诺为师，勤学苦练，套路精益求精。他走遍祖国的山河大川，广交武林英雄豪杰，取别人之所长，补自己之所短，汇集了各门派高超绝技，枪、刀、棍、棒件件精通，并掌握了油锤冠顶、八空桥、托石磙、十指钻砖、开磨扇等当地罕见的少林硬气功技法。

孙公自幼助正驱邪，主持正义，路见不平，拔刀相助。抗日战争时期，他为八路军送粮食，行走到济南泺口时突然出来五个人抢粮，这五个抢粮者号称李家五虎。孙思正不顾个人安危，就和李家五虎搏斗起来。由于孙公身怀高超绝技，再加上报国心切，结果活捉了李家五只虎，保障了粮食的准时运行，此事至今传为佳话。孙思正为了弘扬中华武术，一生广收弟子，并爱徒如子，一生教授千人之多，深受武林界及广大群众的赞誉。

魏士可：终生习练梅花拳

魏士可（1903—1977），菏泽市东城魏海村人。他幼时习文，16岁拜梅花拳一代宗师郝志修为师，习练梅花拳械。1924年，为印证武学，赴上海、南京、武汉等地访友卖艺，返乡后加入警备队。1929年，加入冯玉祥部，任第三路军二十九师八十六旅旅部手枪队武术教官。1935年，在山东省第三届国考中，力挫群雄，一举夺魁，获金盾奖。1936年，受苏联驻济南领事馆邀请，魏士可一行12人赴苏联访问演出，所到之处受到热烈欢迎。1937年抗日战争爆发，魏士可随部队转战河北、河南、湖北等地。后因伤返乡，农耕田里，教拳自娱。1962年，任菏泽市业余体校武术教练，培养了一批武术活动骨干。菏泽县武术协会成立后，被选为武协副主席。

王松元：武林称誉“草上飞”

王松元（1907—1986），祖居菏泽城内石碑隅首路南王家胡同，后迁至石碑隅首东街，著名梅花拳师，曾任原菏泽市、菏泽地区武术协会委员。

王松元13岁开始从师兄李富田学练梅花拳，后拜刘炳军为师。他勤学苦练，武功扎实，十八般兵器样样精通，尤以九节鞭、流星见长。他演练起来动作飘逸洒脱，别有风韵，武林人称之为“草上飞”。1929年曹州国术馆成立，担任教习。1931年被冯玉祥部骑兵一师师长张华堂聘任为国术教官。1932年，中央国术馆馆长张之江在扬州观看骑兵一师武术队表演，见王松元技艺娴熟、武功超群，便亲自保送王松元到南京中央国术馆教授班受训，并负责13名国术馆学生训练。学习期间，因其母生病请假回家探视，临行时馆长张之江赠送10块大洋，可见张对王松元的器重和喜爱。返家后，王松元先后在菏泽县政府武术队、韩复榘部八十六旅任国术教官。1938年，日寇的铁蹄蹂躏曹州大地，时任伪道尹的朱经古请王松元出面组织武术队，被王松元严词拒绝。为防报复，他躲避江苏丰县、沛县一带，以教拳为生。

中华人民共和国成立后，王松元多次参加省、地武术观摩表演，均受到奖励。1958年被济南军区聘任为武术教练，他培养的学生在1958年全军武术比赛中获全能（拳术、刀术、枪术、太极拳）冠军，在全军第二届运动会武术表演赛中获拳术第二名、器械第三名。1959年被铁道兵部队聘任为武术教练。

返乡后，王松元长期从事业余武术的传播，为菏泽武术培养了一批骨干，对菏泽武术的发展做出了贡献。

麻均成：国术省考获甲等

麻均成（1907—1988），曹县张楼李庄村人。曾任曹县国术馆副馆长、菏泽地区武术协会委员。

14岁时师从定陶县沙海村李金乐、曹县梁堤头刘庄刘玉明学少林二红拳，他练功刻苦，很快便掌握了二路及大、小四路等套路技艺，并精通剑（八仙）、钩（四路查钩）、月牙铲等兵械。1913年，麻均成投韩复榘部二十九师八十六旅从军，驻河南开封期间，师从少林拳师阎巨安习少林拳棒。1933年随韩部移防济南，先后师从窦来庚、王旭东、王松元、魏士可、刘丕显等学艺。

1934年考入了山东省国术馆学习。1934年、1935年两次参加山东省第三、第四届国术考试，获甲、乙等奖，得“银盾”、剑奖品各一件。1935年被山东省国术馆派回曹县任曹县国术馆副馆长，1937年被调回山东省政府武术队任上尉连长。后解甲归田。中华人民共和国成立后一直收徒传艺。

王鸿渠：德艺双馨名拳师

王鸿渠（1910—1995），鄄城县箕山后寨村人。他自幼立志习武救国，拜小红拳二十八代传人丁新志学艺，苦学数载，技艺臻精，身轻似燕，力可举鼎，挥枪如蛟龙，舞刀若飘风。1934年，王鸿渠参加山东省第三届国际武术比赛，技压群雄，荣获一金一银。

1937年，日寇内侵，华北危急，王鸿渠毅然从戎于名将宋哲元麾下，任二十九军武术总教官，传授武术，教习官兵。适值察北战起，王鸿渠率军杀敌，屡立奇功。惜因蒋介石阻遏，致战事失利，王鸿渠愤然解甲归田，开设武馆，收徒传艺。王鸿渠弟子众多，遍及四海，学成者均参加抗战甚至沙场捐躯。

中华人民共和国成立后，王鸿渠荣任鄄城县武协副主席，悉心传武，门生日众，难以数计。从师者武皆有成，业皆有就。其弟子王圣战，现任辽宁省本溪市武协副主席、体育教授。尚有诸多德才兼备之弟子均致力于习武。

王鸿渠踊跃参与武术交流，1956年于德州举行的华北武术会赛中荣获特等奖，同年荣获鄄城县武术表演第一名，被誉为“德高望重，一代宗师”。王鸿渠一生习武，不忘修身，传艺必先传德，其艺至精，其德至纯，可谓德艺双馨。

濮阳、菏泽、鄄城研习小红拳者众多，得以成就者不乏其人。就鄄城而言，魏武武校校长周登训、县体委副主任李胜武、县环保局副局长张常士等均为王鸿渠得意弟子。

附：清朝曹州人武举登科一览表

在清朝武科中，举曹州大地共产生武状元2名（另有直隶东明武状元1名）、武榜眼2名、武进士54人、武会员（礼部会试第一名）1名；据不完全统计，武举人多达 100 多人。

姓名	籍贯	科举年份	功名	仕官品秩
田在田	巨野	咸丰二年（1852）	状元	都统头等侍卫
张宪周	郓城	光绪十六年（1890）	状元	镇殿将军开州协镇
武　韬	曹州	顺治三年（1646）	榜眼	
张金甲	濮州红庙	道光十二年（1832）	榜眼	武昌府副将从二品
张金华	濮州	道光十三年（1833）	会元	
马　锐	濮州	顺治三年（1646）	进士	守备正五品
张成功	濮州	顺治十八年（1661）	进士	
徐克享	巨野	顺治十八年（1661）	进士	
翁桂茂	郓城	康熙三十六年（1697）	进士	成都府都司
张世法	濮州	康熙三十六年（1697）	进士	
黄廷献	濮州	康熙三十六年（1697）	进士	西安游击总兵官从一品
仝　松	郓城	康熙三十六年（1697）	进士	铜仁府守备
仝若鲁	郓城	康熙三十六年（1697）	进士	永定府守备
王　瀚	郓城	康熙三十九年（1700）	进士	镇番卫守备
时为焕	单县	康熙四十一年（1702）	进士	崇明营游击
李　铖	郓城	康熙五十一年（1712）	进士	
田　业	成武	康熙五十二年（1713）	进士	
王　琼	曹州	康熙五十四年（1715）	进士	大同游击
王重华	郓城	乾隆十七年（1752）	进士	
高攀龙	濮州	乾隆二十五年（1760）	进士	清江府游击从三品
李文鉴	郓城	乾隆三十一年（1766）	进士	
候梦彪	郓城	乾隆三十六年（1771）	进士	
张明台	单县	乾隆六十年（1795）	进士	
张明治	单县	乾隆六十年（1795）	进士	
张　宾	观城	嘉庆六年（1801）	进士	
于承霖	巨野	嘉庆十年（1805）	进士	
张瑞祥	濮州	嘉庆十六年（1811）	进士	卫守备正五品
高庆云	濮州	道光六年（1826）	进士	
刘汉江	巨野	道光十五年（1835）	进士	
刘清江	巨野	道光二十四年（1844）	进士	
孙道隆	郓城	咸丰六年（1856）	进士	花翎侍卫副将
祝镇基	郓城	光绪十二年（1886）	进士	
程占鳌	曹县	同治十年（1871）	进士	
冯殿扬	郓城	同治十年（1871）	进士	守备兰翎五品
李　极	城武	同治十年（1871）	进士	
李　栋	城武	同治十三年（1874）	进士	
侯健朋	曹县	同治十三年（1874）	进士	
张登云	濮州	光绪三年（1877）	进士	兰翎侍卫从三品

续表

姓名	籍贯	科举年份	功名	仕官品秩
申福荣	濮州	光绪三年（1877）	进士	
孙建邦	朝城	光绪九年（1883）	进士	
张金元	观城	光绪十二年（1886）	进士	
郭绍泰	朝城	光绪十二年（1886）	进士	
张健贞	曹县	光绪十六年（1890）	进士	
苏凌汉	定陶	光绪十六年（1890）	进士	
李守身	定陶	光绪十八年（1892）	进士	
秦文选	观城	光绪十八年（1892）	进士	
孔宪珂	城武	光绪二十年（1894）	进士	
郭　琳	巨野		进士	太定府副将
郭　璃	巨野		进士	陕西安边保都司
高　士	巨野		进士	连阳营守备
杨　玺	朝城		进士	临洮卫守备
刘瑞符	单县		进士	江阴守备
张魁英	定陶		进士	雷州都司佥书
马　杰	定陶		进士	镇江府守备
张世秀	定陶		进士	
韩继光	定陶		进士	
刘逢泰	定陶		进士	
李守身	定陶		进士	
张成功	濮州	顺治十八年（1661）	举人	
王奋武	濮州	康熙二十三年（1684）	举人	
杜起凤	濮州	康熙二十三年（1684）	举人	
刘大勋	濮州	康熙二十三年（1684）	举人	
孙　勋	濮州	康熙二十六年（1687）	举人	
张世法	濮州	康熙二十六年（1687）	举人	
黄振英	濮州	康熙二十六年（1687）	举人	
田公度	濮州	康熙二十九年（1690）	举人	
黄廷献	濮州	康熙二十九年（1690）	举人	总兵官从一品
董振玉	濮州	康熙三十二年（1693）	举人	
钱嘉生	濮州	康熙三十五年（1696）	举人	
陈凤翔	濮州	康熙三十五年（1696）	举人	
杨维雷	濮州	康熙四十一年（1702）	举人	
李世福	濮州	康熙四十一年（1702）	举人	
吴武元	濮州	康熙五十年（1711）	举人	
高云会	濮州	雍正元年（1723）	举人	
罗淑浃	濮州	雍正元年（1723）	举人	
罗钟岐	濮州	雍正七年（1729）	举人	
张锡文	濮州	雍正七年（1729）	举人	
黄文焯	濮州	乾隆十八年（1753）	举人	

续表

姓名	籍贯	科举年份	功名	仕官品秩
王　澄	濮州	乾隆二十一年（1756）	举人	东阿县把总正七品
高攀龙	濮州	乾隆二十一年（1756）	举人	清江府游击从三品
张瑞祥	濮州	嘉庆十五年（1810）	举人	
李占鳌	濮州	嘉庆十五年（1810）	举人	
谌德振	濮州引马	嘉庆十五年（1810）	举人	
张金甲	濮州红庙	道光八年（1828）	举人	武昌府副将从二品
张金华	濮州红庙	道光十一年（1831）	举人	广东参将正二品
高冠军	濮州	道光十五年（1835）	举人	
张金堂	濮州	道光十七年（1837）	举人	
陈万敌	濮州什集	道光二十年（1840）	举人	高唐千总正六品
张金山	濮州	道光二十四年（1844）	举人	
张鸿钧	濮州	咸丰二年（1852）	举人	
申凤苞	濮州	咸丰二年（1852）	举人	兵部差官
张鸿图	濮州	同治九年（1870）	举人	兵部差官
张廷献	濮州	同治九年（1870）	举人	
刘武魁	濮州	同治九年（1870）	举人	
崔奇峰	濮州	同治九年（1870）	举人	登州游击从三品
张登云	濮州	光绪二年（1876）	举人	兰翎侍卫从三品
申福荣	濮州	光绪二年（1876）	举人	
陈商宽	濮州	光绪二年（1876）	举人	
李鸣九	濮州	光绪二年（1876）	举人	
李超群	濮州	光绪二年（1876）	举人	
徐振平	濮州	光绪二年（1876）	举人	
李云亭	濮州	光绪二年（1876）	举人	
张协权	濮州	光绪八年（1882）	举人	
申庆凯	濮州	光绪五年（1879）	举人	
申占魁	濮州	光绪二十年（1894）	举人	
郭鸣珂	濮州	光绪二十年（1894）	举人	曹州镇标千总正六品
彭占魁	濮州彭楼	光绪八年（1882）	举人	曹州镇标千总正六品
卢凤彩	濮州	道光十二年（1832）	举人	
李殿麟	濮州	道光	举人	
李梦桂	濮州	道光	举人	
李绍文	濮州	乾隆	举人	
苏　桂	濮州什集	乾隆	举人	
李锦堂	濮州	咸丰年间	举人	曹州镇营千总正六品
高龙田	濮州	咸丰年间	举人	
高树田	濮州	咸丰年间	举人	
李梦容	濮州	同治年间	举人	
李梦珊	濮州	同治年间	举人	
李云龙	濮州	同治年间	举人	

续表

姓名	籍贯	科举年份	功名	仕官品秩
郑　奎	濮州		举人	
祖公懋	濮州		举人	
周　缵	濮州		举人	
李国柱	濮州		举人	
高庆云	濮州		举人	
王治浃	郓城		举人	新兴卫守备
姚锡年	巨野		举人	武昌府守备
张　剑	单县		举人	宣抚都司
李　贯	曹县		举人	大同卫守备
钱世濂	成武		举人	莱州守备
黄　超	定陶黄店		举人	
马　樯	定陶		举人	南昌府守备
姜长矛	定陶		举人	
孔继往	定陶		举人	
孔裕福	定陶		举人	
孔传阁	定陶		举人	
孔尚威	定陶		举人	
高观祖	定陶		举人	
雷汉藻	定陶		举人	
王尔章	定陶		举人	
许梦兆	定陶		举人	
程　桂	定陶		举人	
张华澄	定陶		举人	
张正元	定陶		举人	
邵廷谔	定陶		举人	
崔登魁	定陶		举人	
胡万清	定陶		举人	
韩　伟	定陶		举人	
陈永贵	定陶		举人	
马凌阁	定陶		举人	
刘霓观	定陶		举人	
李朝竹	定陶		举人	
潘汝芸	定陶		举人	
张　鹏	定陶		举人	
田　岑	定陶		举人	
张　鹗	定陶		举人	
潘光炎	定陶		举人	
刘　灏	定陶		举人	
刘伟观	定陶		举人	
王云武	定陶		举人	

续表

姓名	籍贯	科举年份	功名	仕官品秩
晁振国	定陶		举人	
刘凤诏	定陶		举人	
刘廷锡	定陶		举人	
秦绍唐	定陶		举人	
史臣正	定陶		举人	
晁兴国	定陶		举人	
史臣纲	定陶		举人	
刘洪钧	定陶		举人	
孔昭钧	定陶		举人	
于殿元	定陶		举人	
马广镇	定陶		举人	
史臣良	定陶		举人	
刘东山	定陶		举人	
刘清建	定陶张湾		举人	
茅常锡	定陶张湾		举人	
杨臣仁	定陶		举人	
李建勋	定陶		举人	
刘洪勋	定陶		举人	

第三节　当代武林

武术开拓者郭子敬

郭子敬（1908—1995），字钦明，祖居菏泽城东门里郭家大院，曾任牡丹区武术协会副主席、政协委员，菏泽地区武术协会副主席，1983 年被评为全国千名优秀武术辅导员之一。

郭子敬出身书香门第，自幼酷爱武术，初跟师兄李福田练武，后拜刘炳军为师。他素怀习武强身、志在报国的宏愿，冬夏苦练，四季不辍，不久便名扬曹州。

1935 年起，他先后任汶上县国术馆副馆长、成武县武术队队长，1937 年 2 月参加山东省国术馆受训一个月，七七事变后返回家乡，不久加入国民党六十八军，在刘汝明军长手下担任手枪营武术教官。

中华人民共和国成立后，郭子敬先后在专署、菏泽一中、县体委等单位多次举办太极拳训练班，建立了多处武术辅导站，为增强人民体质、普及体育活动不辞劳苦，辛勤奔波。1957 年，他参加菏泽地区武术运动会，荣获拳、刀、枪、棍、剑共五项一等奖；1959 年在济宁地区武术运动会上获 5 项二等奖。1962 年，郭子敬任菏泽市业余武术班教练，培养了一批武术运动骨干，1970 年以来多次担任菏泽县武术集训队教练，率队参加省区武术表演，获得好评。为了推广国家规定的初级、乙级、甲级套路，他的足迹遍及菏泽城乡拳场，对菏泽武术的开展、普及、提高做出了不懈的努力。1983 年，在全国千名优秀武术辅导员评选中，他以 75 岁高龄光荣入选。1985 年，全区展开了武术挖掘整理工作，作为年龄最大的挖整组成员，他深入乡镇、远涉省外进行调研，并整理出几万字的珍贵史科，为后人留下了宝贵财富，被山东省评为挖掘整理先进个人。

几十年来，郭子敬在授徒传艺的同时，还积极参与组织武术表演赛事活动，负责裁判工作，为菏泽武术活动的开展倾注了毕生精力，为发扬光大中华武术做出了贡献。1986 年，他被评为全区体育工作先进个人。

郭子敬为人师表，文武兼备，武德高尚，不囿门户之见，受到武林界敬重。他的名字被收入《中国武术名人大辞典》。

红拳名师赵鸿举

赵鸿举（1911—1980），字鹏云，牡丹区何楼办事处何楼村人，17 岁时拜洪拳名师朱凤君为师习武。他文武兼修，尚武重义，为人谦恭，聪颖敏慧，勤奋好学，深得师门真传。

赵鸿举刀枪剑戟无一不精，技击擒拿出神入化，气功点穴实属上乘。他 21 岁赴济南打擂，力挫群雄，获银盾奖。后追随赵登禹将军，任部队武术教官。1938 年北平南苑抗战一役，手刃日寇数名，大振武威。1940 年日寇滋扰何楼，他徒手拼搏日寇 6 人，令敌胆寒。抗战期间，赵鸿举率班卖艺，足迹遍及晋、冀、鲁、豫，扬武魂，振人心，激民志，抗日寇。解放战争时期，他多次掩护党的干部龚登高、龚宪斌等摆脱敌人追捕。

赵鸿举精武懂医，几十年在乡里义诊疗伤，深受百姓爱戴。赵鸿举一生习武授徒，弟子遍布鲁、黔、晋、鄂四省。菏泽市公安系统一级劳模段金彪，自幼从赵鸿举练武，依靠强壮的体魄和精湛的技艺，多次孤身斗匪徒，保一方百姓平安，谱写了一曲壮丽的人生凯歌。牡丹区赵春京、赵春东人多次代表原菏泽地区，参加山东省农民运动会武术比赛，获优秀奖，他们在原籍组织的何楼武术社，积极参加菏泽市武协组织的大型武术表演活动，为群众武术活动的开展做出了贡献。

结缘军旅吴效新

吴效新，1914年出生于菏泽城内吴堤口，自幼习武，少儿时即拜拳师司中元为师，专习梅花拳。他勤学苦练，十几岁上已练得一身好功夫，尤其擅长刀术和擒拿。

1934年，刚刚20岁的吴效新从韩复榘第三路军二十九师八十六旅转至著名爱国将领张自忠部五十五军三十八师。七七事变后，日寇大举入侵中国内地，在进攻济南时，吴效新所在三十八师奉命保卫西郊机场。当时日寇倚仗其强大火力实施猛攻。三十八师官兵抱定必死决心，顽强抵抗，机场几度易手，战况空前激烈。在机场第三次被日寇占领后，吴效新主动请缨，要求带领几十名士兵组成敢死队，重新夺回机场。战场长官经过慎重考虑，同意了吴效新的请求。夜间10点多钟，吴效新等敢死队员，手握大刀，头缠白布，袒胸露臂，以迅雷不及掩耳之势迅速扑向日寇前沿阵地。当时双方均已战成疲惫之师。日寇认为三十八师已无力组织反扑，因此待敢死队员靠近时方才发觉，双方迅即展开白刃格斗。

白刃战中吴效新的武术大显神威。他手中的大刀如银蛇翻滚，先后劈死劈伤8名日本兵。这时，一个身材魁梧、满脸胡须的日本军官，见吴效新勇猛无敌，便挥舞军刀向吴效新砍来。原来这家伙精通日本的空手道，东洋刀功夫深得真传，此时迎着吴效新，当即使出一刀三段的绝技。吴效新见敌绝技，知道遇到了行家对手，更是精神陡长，以梅花刀的路数与之斗在一起。日本军官见一时不能取胜，不由得暴跳如雷，周围的两个日本兵见此情景，也赶过来一起围攻吴效新。吴效新倚仗武术功夫，左挑右架，丝毫不乱。他瞄准机会，一个闪身，用手中刀荡开东洋刀，脚踢一个日本兵的腹部，这一日本兵大叫一声，滚到了一边。另一日本兵稍一愣神，被吴效新手起刀落砍作两段。日本军官见吴效新顷刻间杀了两个同类，十分怒恼，于是抱定拼命的决心连连攻杀。吴效新瞅准机会，一个落地盘根，砍伤了日本军官的小腿。日本军官受伤后身体回转不便，终被吴效新一刀刺穿胸膛。

台儿庄战役时，吴效新跟随所在部队从郑州、徐州一直打到台儿庄。台儿庄会战非常激烈，吴效新所在连队的百十号人打得只剩下 8 个人，但吴效新等依然坚持战斗，阵地始终未落入敌手。最后日军十几人冲进阵地，吴效新等刀砍、脚踹、枪托砸，与敌拼命。正当一日本兵从前方刺向吴效新时，一个被踢倒的日本兵突然从背后跃起，死死抱住了吴效新。吴效新迅即扔掉手中枪，两手扣住背后日本兵的双手一个转身，使这个日本兵的后背对向了刺来的刺刀。冲刺的日本兵见状大惊失色，“呀”的一声迅速缩手。就在这一瞬间，吴效新一个过背摔，将抱住自己的日本兵摔倒在地，复起一脚，踏上日本兵的胸膛。冲刺的日本兵又趁此机会再次冲来，吴效新闪身躲过，一个小擒拿折断了日本兵的右臂，夺过了日本兵手中的“三八大盖”，回手一刺结果了他的性命。台儿庄大战胜利后，吴效新被提升为大校。日寇投降后，吴效新即返回菏泽老家。

解放初期，吴效新曾组织 30 多人的表演队在山东、河南等地进行武术演出。1979 年，对越自卫反击战拉开序幕，吴效新在当地政府的支持下组织了 13 人的战地慰问团自费到云南广西前线进行慰问演出。在法卡山上，他应部队首长要求，向战士传授易学实用的小擒拿功夫和刺杀技艺。短短几天，战士们的技击水平大有进步。十几天中，他们先后演出 20 余场次，向百余名战士传授了武术，受到战地指战员的高度赞扬。临返回时，杨得志司令员亲自向吴效新颁发了纪念章，以表彰他对前线指战员的深情厚意和爱国精神。对此，《人民日报》《解放军报》和《中华武术》都作了报道。

梅花拳师贾龙升

贾龙升（1915—2001），菏泽市牡丹区大屯村人，著名武术拳师。

贾龙升8岁时，拜拳师韩文忠门下习练拳脚，9岁拜名拳师宋玉琢苦练红拳，学习二趟、六合拳、蚕丝拳、张飞锤、散手、联炮和太阳功、截手刀等。其幼时练功，唯恐惰性缠身，睡觉时常在身下搁两块砖头，硌醒就起。18岁时，他武功精进，臂力过人，可以把百余斤重的科场比武大刀耍得虎虎生风。

1935年，贾龙升拜著名拳师杨士文为师，改习梅花拳。梅花拳体用兼备，在武林中独树一帜。贾龙升所习梅花拳属于干枝梅花派。干枝梅花拳注重轻功，以左右对称的大、顺、拗、小、败五个姿势为主，按金、木、水、火、土相生相克原理和阴阳转换规律尽心变化。练习中，五个姿势在不同方向循环变化，如盛开的梅花，故称“梅花拳”。杨士文见贾龙升颇具练武资质，日后才堪大用，便将平生绝技虎抱头腿、阴阳童子腿、十二连环腿等悉数托出。

1938年，菏泽城沦陷，贾龙升随杨士文背井离乡南下漯河、驻马店、汉口、长沙，直至衡阳。在衡阳，师徒二人加入军旅武术队，随军巡演，其蹬千斤墩子、二郎担山、敬德钓鱼等气功绝活，轰动衡阳。

1940年，贾龙升返乡，潜心于第二次学艺。杨士文的师傅李福田是第十四代梅花拳传人。1941年，李开办功夫场子，不顾隔代之嫌，破例亲手调教贾龙升，将绝技乱势枪、老花枪、六合大枪、四路奇枪、混沌条和鹰爪力尽数传授。

中华人民共和国成立后，新中国在天津召开全国民族体育运动会，贾龙升应邀参加。经过半个月的激烈较量与比试，他获得长兵器和击技两项比赛甲等奖。大会期间，贾龙升结识了曾战胜过苏联大力士的天津名拳师张占奎，两人互授绝艺，张将家传拳术扣把锁拳传授给他。扣把锁拳是拳术一绝，武林界都说：沾了扣把锁，神仙也难躲。

1957年，贾龙升到陕西礼县演出。此时，该县正展览一件古兵器。它是一把大刀，重150余斤，为清代一名武状元所用。一日，适逢礼县三级干部会，与会者让其表演此刀。他当仁不让，手握此刀，伸缩自如，进退从容。

1974 年至 1989 年，贾龙升不顾年迈，长途跋涉，先后 8 次访问少林，与少林著名武师王鼎一成了挚友。王鼎一命其亲侄王宗仁拜贾公为师，学习枪法；而贾公又令其次子贾其岩拜王鼎一为师习练拳术。这种师徒套师徒的关系一时在武术界传为佳话。

1985 年，贾龙升创立中华人民共和国成立后菏泽第一家武术馆——曹州武术馆。此馆后为其侄贾其武发扬光大。1993 年 9 月，贾龙升以 78 岁的高龄参加第三届中国郑州国际少林武术节，表演梅花大枪、刀里加鞭和猴拳，在世界名手面前尽显宝刀不老之风范，荣获拳术和器械两项金奖。

贾龙升晚年潜心著述，整理武术套路，总结自身 70 年的实践经验，编写了《六合通臂应心趟》一书。全书 3 万余字，共分技法概要、套路两大部分。

回民拳师崔文勤

崔文勤（1919—2003），回族，菏泽市牡丹区西城梁庄村人，中国武术七段，曾任山东省文史馆馆员，菏泽地区武术协会副主席，菏泽地区体育分会委员，菏泽市第六、第七届政协委员。

崔文勤自幼习武，8 岁时即师从马提柱练武，后拜梅花拳十三世名师吴体泮门下，习练梅花拳械。为追求武学真谛，他请师至家中，与师朝夕相处，面聆教诲。他事师如父，勤学苦练，更兼天资聪颖，根骨奇正，深得吴师喜爱和真传。越三年，拳脚精湛，刀、剑纯熟。时值国难当头，倭寇侵凌，崔文勤毅然参加抗日联防队，积极投身于杀敌之列，克敌于曹县梁堤头，以武扬威。

中华人民共和国成立后，崔文勤积极宣传武术，传授武艺，足迹遍及苏、鲁、豫、皖，特别是在回族集聚区推广武术，倡导爱国护教、民族团结，为统战和民族工作做出了努力。从 1956 年起，他多次参加省、地武术表演、赛事活动，并获一等奖多次。1974 年，崔文勤应邀担任菏泽地区武术队教练，率队参加山东省第十届运动会武术比赛，获得佳绩。1982 年，崔文勤代表山东参加在呼和浩特举行的第二届全国少数民族传统体育运动会，在武术表演赛中获双刀、刀里加鞭一等奖，赛后被选进京为党的十二届代表大会做了表演，受到国家领导人万里和杨静仁接见。1983 年，崔文勤代表山东参加在江西南昌举行的全国武术观摩交流大会，获优秀奖。同年 9 月，应邀在上海举办的第五届全运会武术比赛上做了精彩表演，受到好评。新闻纪录制片厂、《中华武术》杂志社等新闻媒体作了报道。崔文勤逝世后，山东省文史研究馆唁电称：崔文勤先生一生致力于武术事业，为光耀祖国传统文化，弘扬民族精神，展示民间风采，提携武术后辈，不遗余力，身传言教，做出了突出贡献，为大家所敬仰。

武林双星父子兵

李庆连，回族，1920 年出生于定陶县陈集镇前沙海村。他 5 岁时即跟随母亲杨氏练武，母亲见其秉性忠厚，又能吃苦，就决心让其好好练武。他先后师从马、吴、杨、赵等几位师父。由于他天资聪明，潜心武学，从初步入门到登堂入室，逐渐形成了独具特色的梅花拳路，成为百里闻名的民间武师。

李庆连的儿子李兆启，自幼随父习武，练就了一身好功夫。他后来拜梅花拳名家张武臣为师，专攻梅花拳，几十年习练不辍，功夫精进。李庆连、李兆启一家被授予“全国模范体育家庭”称号，李庆连被授予“全国群众体育先进工作者”，李兆启被授予“全国千名优秀武术辅导员”。父子二人参加过多种比赛，先后获得国家级金牌 12 枚、银牌 15 枚、铜牌 8 枚，获得省、地、县各种奖励 76 次。李庆连还被列入《中国武术名人大辞典》一书。

1986 年初春，李庆连父子俩在前沙海村办起武术学校。他们选好了校址，拿出自己积蓄的 5 万资金，又到银行贷款 4 万元，盖房子、买器材、请教师，当年 4 月 4 日教育部批准“前沙海回民武术学校”正式挂牌招生。

武术学校成立后，李庆连父子以校为家，一心扑在武术事业上。他们精心组织教学，让学生既习武又学文，既健身又修德。为搞好学生的文化学习，李庆连特意从外地聘请了文化课教师，同时还借用本村小学、陈集中学的师资力量，以促进文科教学。他非常重视武德培养，经常向学生讲前辈武林精英的高尚武德，讲中华武术以德为本的优良传统，讲武术人士扶正祛邪、匡扶正义的感人故事。

李庆连对武术的传授一丝不苟，耐心认真。他科学安排，使学生有足够的练武时间；传授的每一招式，总是一招一动地分解开来，讲解每一动作要领及身体各部位的配合方法。由于李庆连父子严格要求，一批武林新秀脱颖而出。

1984年秋，济南城天高气爽，山东省第十三届运动会正在进行。一个带着稚气的小姑娘以娴熟的武术动作赢得了阵阵掌声，这就是李兆启的高足、来自定陶前沙海武术学校时年9岁的马纪红同学。她首次参加大型比赛，就小荷显露尖尖角，荣获少年女子组查拳和双圈第二名。1989年，全国少数民族武术比赛在新疆乌鲁木齐举行，李庆连带着年仅12岁的回族小学生沙勇参加比赛，随着一个震脚，沙勇开始了他十分娴熟的套路演练。他前俯后仰，腾闪跳跃，不时传来叫好声。小沙勇没有辜负李庆连的悉心培养，在高手如云的全国性武术比赛中技压群雄，夺得了地趟拳冠军。

1991年，全国少数民族运动会在南宁召开，71岁的李庆连和儿子李兆启代表山东少数民族的武林健儿参加了这次运动会。开幕后的第一个节目就是李庆连父子的“双刀破长枪”。一个“嘿”字落地，运动场上父子二人开始了真刀真枪的对打，刀光剑影、寒风凛冽，观者无不动容。

武林名士袁济生

袁济生，1920年生于单县，8岁学文习武，1934年后随杨士文、刘岷山、杨秀峰、杨跃钧诸师学艺。他博采众长，独辟蹊径，结合自己多年练武的体会和实践，创有“三十六散手”“三路杂式锤”“杂式棍”“杂式鞭杆”等实用技法套路，传授徒众。授徒之余，创办武术辅导站，多年坚持辅导群众武术活动，1983年被评为全国优秀武术辅导员。1981年代表宁夏参加全国武术观摩交流大会，获优秀奖。现任宁夏回族自治区武术协会委员、银川市武协副主席、教练委员会主任。

武术教头黄广勋

黄广勋，字德名，1922 年 8 月生于郓城县郭庄乡黄岗村，宋江武校名誉校长、武术套路总教练。他出身武术世家，自幼酷爱武术。1938 年拜鲁西南大红拳掌门人马体林为师，学少林十名趟罗汉大红拳。1942 年被聘为菏泽、巨野、定陶三县办事处武术教练，1943 年在菏、郓、鄄等县的武术比赛中连连夺魁。1944 年在聊城行署和济宁行署武术表演比赛中获一等奖。

1950 年，黄广勋应邀担任山东省柳子剧团武打导演。自 1968 年始，他们先后在聊城、巨野、单县、沛县等处设场 170 余处，授徒 8000 余人，为发展武术事业做出了贡献。1986 年，黄广勋任宋江武校名誉校长兼总教练，为该校培养了一批批优秀学生和教练员，为宋江武校的建立和发展立下了汗马功劳。

1974 年后，黄广勋多次担任菏泽地区武术比赛裁判员，1980 年被选为菏泽地区武协委员、郓城县武协副主席，1991 年被推选为冀、鲁、豫、皖、苏五省少林大红拳掌门人。黄广勋是一个非常热爱武术事业的人，其事迹被载入《郓城县志》《中国民间名人录》。

中华武林百杰王守义

王守义，1931 年 4 月出生于山东省菏泽市。他历任山东省武术协会第一、二、三届委员，山东省老年太极拳研究会技术顾问，菏泽市太极拳运动协会会长、菏泽市武术协会名誉主席。

王守义 1948 年参加中国人民解放军，1970 年转业到菏泽地区体委工作，1995 年获“中华武林百杰”称号，1998 年被批准为中国武术七段。其事迹先后收入《中国武术名人大辞典》《中国民间名人录》《中华人物大典》《中国转业军官风采》等典籍。

其父王松元为梅花拳第十四代传人，曾在南京国术馆学习，并先后担任曹州武馆教习、西北军冯玉祥将军骑兵一师武术教官队队长、韩复榘手枪旅武术教官，全国解放后，又被济南军区武术队、铁道兵武术队聘请为武术教练。在其父亲这位武林高手的教导下，王守义掌握了梅花拳的基本功和器械套路，并学练了查拳和杨式太极拳。入伍后，王守义的一身武艺派上了用场。1951年以后，他就开始了长达20年的部队体育工作。他既当教练员，又当运动员。1952年，华东军区文艺、体育评奖，王守义的体操、双杠、平台被评为一等奖。1958年，全军武术比赛，王守义获得全能冠军。1959年，王守义被南京军区授予国家一级武术运动员称号，并代表解放军参加全国武术学习会。为迎接全国运动会，王守义被选入“八一”队，并担任班长兼运动员、教练员。因训练成绩突出，全班队员都被授予“五好运动员”称号，王守义也荣立三等功。在部队期间，王守义被记二等功一次、三等功三次，受军区通报表扬一次，受军校、军区训练部等嘉奖三次。

从1970年转业，到1986年离休，15年间王守义主要从事武术教育和管理工作，为国家培养了一大批武术专业人才，共输送到国家专业队和北京体院35人，其中获得国家“武英级运动员”称号的20余人。在山东省武术比赛中，菏泽参赛队获得近百枚金牌，多年来，王守义为国家培养了大批武术英才。张玉萍在国际武术邀请赛中获得全能冠军，现任国家体委武术管理中心外交部主任；马忠轩任全国散手争霸赛总指导；王美娟任山东省体育学院武术系主任；鲁国庆任山东省体育学校副校长；陈勇任山东省武术院办公室主任；宗启银、崔玉强任山东省武术专业队教练。

1983年，山东省体委确定成立一所青少年武术学校，在菏泽建校，由王守义任校长，并让菏泽代表山东省参加全国武术比赛，先后取得了第七名、第五名和第四名的好成绩。王守义也先后受到各种奖励，1978年被国家体委授予全国少年儿童业余学校优秀教练员；1985年被山东省体委授予先进裁判员；1995年王守义被授予“中华武林百杰”荣誉称号。

王守义于1986年离休，他却一直待在市体委指导武校的工作，并连续三年带领学生训练，参加全国的武术比赛。1990年菏泽正式成立地直气功太极拳学习会，王守义担任副主席兼总教练，连续举办了 4 期培训班，为地直和各县区培养了 200 多个业余教练员。2005 年 4 月，菏泽市太极拳运动协会成立，王守义任首届会长，当年 5 月成功举办了菏泽市第一届太极拳锦标赛，2006 年 5 月第二届太极拳锦标赛又一次成功举办。菏泽市太极拳运动协会还组织会员积极参加全省、全国乃至国际太极拳比赛，并且连获佳绩，两年中仅金牌就获得 40 余枚。

武林世家马守义

马守义，1936 年出生于牡丹区北城办事处付堂村，曾任菏泽市红拳协会主席，中国武术六段。马守义 8 岁习武，拜少林红拳二十七代传人马桂月、付学志门下，学习传统拳术。他悟性好，刻苦勤奋，掌握了各种拳械套路，演练起来手眼身法步、精神气力功配合协调。同时，他注重拳诀拳理的学习、探究，直到 1959 年考入大学，从不间断。上学期间，遍访名师，虚心求教，博采众长，掌握了太极、形意、八极等拳种，后融旧铸新，编写了《少林罗汉大红拳发展史》《赵登禹大刀十八法》《洪拳套路》《鞭术》等。

工作之余，马守义广授徒众，出类拔萃者不乏其人。1997 年 8 月，在原付堂武术社基础上，成立了曹州育英武术学校。十几年来，精育英才，桃李满园，他为菏泽武术事业的普及发展洒下了辛勤的汗水。1993 年，原菏泽市（今牡丹区）政府、武协授予马守义“武林世家”牌匾。

马守义为人敦厚，武德高尚，文武兼备，深得同行敬重，被称作武林儒将。

太极拳传承名师何淑淦

何淑淦，1938 年生于山东定陶西台集，1960 年毕业于北京大学中文系，原菏泽教育学院教授、中文系主任，是当地教育界知名人士。曾任牡丹区政协副主席、民盟菏泽市委主委、山东省政协委员，是陈式太极拳在菏泽较早的传播者，是弘扬中华武术传授太极拳的一代名师。

何淑淦是著名陈式太极拳家、洪式太极拳创始人洪均生最早的一名入室弟子。1950年洪均生尚未在社会上公开授徒，弟子只何一人。洪手把手授艺，一丝不苟，从基本功到练腰裆劲，划太极圈到一、二路，要求甚严；然后将每一动作的着法讲明，再搭手试验，令其反复领会；最后传授定、活步推手，奠定了何坚实功底。近六年中，师徒朝夕不离，情同父子。

1955年暑假，何淑淦考入北京大学，与师泪别，其师修书介绍他入京拜见师祖太极一人陈发科，继续深造。蒙其师祖和师叔照奎把手指点，深得真谛。1956年春，其师赴京，长住三个月，他经常陪侍其师于师祖家深研拳法，耳濡目染，受益良多。

1987年春，何淑淦遵师命，整理洪均生20余年所写的书稿。一年半后，经他仔细润色加工、编排审订的《陈式太极拳实用拳法》正式出版。稿费和书稿全部交给老师，出书费由他全部承担。此书的出版，在社会上影响深远，海内外太极拳界给予高度评价。此书是洪均生半生的心血结晶，也凝聚了何淑淦的辛勤汗水。

何淑淦的为人和拳风，深受其师影响。他淡泊名利，俭而爱人；功底深厚，温恭谦虚；执着探索，不求人知；教学细致热情，循循善诱。他社会兼职颇多，公务之余，传授拳术，一招一式，务必合乎规矩；有问必答，一定根据拳法拳理。他秉承老师武学体系，依照现代科学阐述太极理法，不空谈意气，不弄玄虚，做到就近取譬，通晓易懂。外地有求教者，来信必复；有前来学艺者，热情传授，不计报酬，深为学生感动和爱戴。菏泽市各县区经他和弟子所授学生不下千人，四川、广东、浙江、上海、南京、湖南、河北、河南、江西、黑龙江、吉林及台湾、香港皆有前来求教者，他都热情接待，认真传艺，为太极拳的弘扬传播做出积极贡献。他写了不少阐释太极拳的文章、诗歌，其中的《洪式太极拳的命名由来及其风格特点》一文，是从名称和风格特点等方面论述洪式太极拳地位的权威之作。

武坛书法家耿伦元

耿伦元，1939年出生于单县，1950年开始随吴赞臣习梅花拳，后拜著名武术家周永福为师，为鸳鸯门第二代门人。

耿伦元1960年从事体育工作，1984年参加山东省体委武术挖掘整理工作，任资料整理组组长，是《山东省武术拳械录》的主要编写者，并参与了中华武库《中国查拳》一书的编写工作，1984年、1986年两次分别被评为全国武术挖掘整理工作先进个人。1998年，耿伦元三次到俄罗斯进行武术考察，并以“中国山东少林武术功夫团”团长的身份率团赴俄罗斯进行武术表演。

耿伦元是体育界著名书法家，1995年7月在中国美术馆举办个人书法展，其作品被中国体育博物馆收藏，被誉为“中国体育界第一人”，他曾任单县武术协会主席、菏泽市武协副主席、山东省武术协会委员、曹州武术馆名誉馆长。

教书育人费克忠

费克忠，1942年出生于郓城县黄安乡马寨村，曾任原菏泽师专体育系副教授、武术教研室主任，菏泽市武术运动会名誉主席，菏泽市太极拳运动协会副会长，山东省高校武术协会教研组组长。

1965年，费克忠考入山东师范大学（原山东师范学院）体育系，师从周永祥教授，系统学习武术技能和知识。后周永祥把费克忠介绍给原山东队教练周永福，学习太极拳、螳螂拳、八卦掌、形意拳、八极拳等传统武术拳种。经过几年刻苦努力，他已成长为一名集各种拳种技艺于一身的武林俊才。

1971年，费克忠毕业分配到菏泽师范专科学校，从事体育教育教学工作。几十年来，他兢兢业业，一丝不苟，在教学第一线辛勤耕耘，培养了一大批中小学武术活动骨干，并有十几名毕业生考上了武术研究生，成为武术专职工作者。

在圆满完成教学任务的同时，他乐于奉献，积极参加社会武术活动，为推动社会武术活动的开展贡献了自己的一份力量。他连年应邀担任省、地比赛的裁判长、副总裁判长、总裁判长等职。由于执裁公平、公正、准确，使参赛运动员、教练员心悦诚服，从而保证了每次赛事活动圆满成功，赢得普遍尊重和好评。1985年，费克忠被国家体育运动委员会评为“全国体育优秀裁判员”。

费克忠善于钻研，勤于笔耕，在武术理论研究方面颇有建树，1980 年受山东教育厅委托，编写了山东省高等师范专科学校《武术教学大纲》；参编了《武术》试用教材和统编《武术》教材。1984 年应邀参编全国师范专科学校《武术教学大纲》。1991 年受全国体育协会师专分会的委托，主持编写了《全国师专体育专业习题解答》（武术）一书。2003 年，受菏泽市教育局委托，参编了《菏泽市中小学武术教材》。

陈氏太极拳名家王振华

王振华，定陶县杜堂乡辘湾村人，1944 年出生于一个教育、武术世家。其父是菏泽很有名望的教师，也是有名的拳师。王振华 5 岁那年，就在父亲的指导下开始练武了。渐渐地，他的思想由懵懂到清晰，开始意识到，武术离不开文化，文化也需要武术，二者有着不解之缘。所以更加勤奋向学，从不懈怠。从小学到高中，年龄和学识并进，且能像其父那样身心愉悦，精神饱满，涉猎广泛。他深感身心并修在继承文化提高能力方面的重要作用。怀着这样的认识他结束了家乡的教育，到北京开始了他的理工科大学历程。

王振华不仅在学业上取得了优异的成绩，在武学上更是如鱼得水，进入了一个广阔的天地。在老师和同学的推荐下，他广泛地结识了一批杰出的武林前辈及同好，在他悉心努力的追求下，较系统地学习了京城的各派武技。他的勤学、苦练、善思加之深厚的武术功底，受到一些武林大师们的赞赏和鼓励。令他兴奋不已且终生难忘的就是在这个时期，王振华成了陈氏太极拳第十八世嫡传传人陈照奎大师的学生。他深受其教，老师的音容笑貌、技艺拳影，常现于心中。他默识揣摩，勤奋努力，武技精进。清晨上课前，中午烈日下，晚上自习后，他都在小树林里潜心修炼。在那动乱的年代，还曾在首都西山斜坡上练习拳脚。他曾自言：当为屋檐水，滴得石阶穿。

当时王振华的武术动作神形兼备，干净利落，又乐于给同学辅导，有同学戏送“八十万禁军教头”之美誉。六年的学生生涯，王振华在中华文明的浸润中一步步地成长起来。毕业被分配到国家建委建设公司工作，所在的单位是从事地质勘探、矿山开采、工艺流程设计、工厂建设一条龙的非金属工业。他时刻不忘老师的谆谆教诲，谦谦为人，专心修养。早起锻炼是他生活节律的一部分，或迎早霞、或戴雨雾，在风雪中、在泥泞的土地上，甚至在沙漠里、戈壁滩上，总能看到他临摹自然变化的身影。工作之余，王振华又辅导单位职工练习太极拳、其他武术及传统的保健治疗功法。在他领导的工地上，职工们身心健康、团结和谐，从未有因疾病而影响工作和学习的现象发生。他还为地方培训武术运动员，组建地、县级运动队，传播武术文化。1977 年，他以器械裁判的身份参加全国武术协会，和来自全国各地的武术家一起讨论、制定了武术运动的发展方向和裁判法，受到全国武协武术处、训练处领导的好评和重视。

后来，王振华回到家乡菏泽，在一所大学开始了他的执教生涯。在以后 20 年里，他承担了体育系的解剖、生理、保健、统计、测量、心理、武术、生化、运动力学等课程。他顺利完成了学科和工作方式上的转化，并为教学工作培养了新生力量。教学期间，他不但发表了解剖、生理、武术等方面的论文，得到了社会的好评，而且出版了《陈氏太极拳精选套路》《陈氏太极长拳 108 式》两部力作，再现了陈氏太极拳的本来面貌，深受广大陈氏太极拳爱好者的喜爱。特别是《陈氏太极长拳 108 式》，一年内连印三版，受到了出版社的赞誉，又对海外读者推出了繁体字版。他热心社会公益活动，在地区武术协会、太极拳协会、气功协会里担任要职，为广大体育爱好者辅导健身运动。他参与训练的菏泽师专武术队，在山东省大学生第二届运动会中取得了总分第二名、太极拳第一名的好成绩。他培养的学生在第一届世界太极拳健康大会上、在香港太极拳国际比赛中都拿到了金牌，还有人到国外传播祖国的太极文化。

2005 年 12 月 20 日，第二届世界太极拳健康大会主会场内，来自世界各地的太极拳教练、运动员、爱好者，正兴奋地观看着太极拳各派名家表演。这时，王振华出场了，他雍容大方地站在了观众的面前，抱拳施礼后，缓缓起式，架势低沉，动作轻柔，流水般地展开了陈氏太极拳：时快时慢，亦刚亦柔；开合有致，欲抑先扬；轻如扬花，坚如金石；虎威比猛，鹰扬比疾；行同如流水，止同乎山岳。整套动作如玉环无间，一气呵成。尤其是他的陈氏太极绝技七寸靠、扫堂腿所显示出的深厚功力，令观众叹为观止；随后又表演了太极剑术，只见他身剑合一，如游龙飞凤，寓杀气于袖内、展风采于寒光，抑扬顿挫、洒脱飘逸，赢得了观众赞扬。

王振华虽已经退休，但仍继续为家乡的体育教育事业服务。

农民武师陈良柱

陈良柱，1944 年出生于菏泽市牡丹区双河集，曾任山东省农民体育协会委员、牡丹区政协委员、菏泽市武术协会副主席。

陈良柱出身武术世家，其祖、父均为当地著名武师。他自幼习武，由武师盛效武、郭子敬指点武艺，后拜武林名宿、梅花拳第十四代传人丁金龙为师。丁金龙集内功、散手、摔跤、擒拿于一身，曾受聘为山东省国术队拳师，并与著名武术大师王子平、蔡龙云一起，力挫不可一世的俄国大力士，为国增光，一时誉满华夏。

在丁金龙师傅的悉心传授下，陈良柱冬练“三九”，夏练“三伏”，长年不辍。他每天腿上绑上“铁瓦（两只共重 9 公斤）跑 20 公里，回来后再训练臂力，打下了深厚的武术功底。为了印证武功，他先后自费到山西、河北、河南等武术之乡，寻找当地武林高手切磋武艺，博采众长，融会贯通，使自己的武学日臻完善，尤以中国式摔跤功夫闻名全国。自 1968 年至 1978 年，陈良柱先后在市、区摔跤比赛中获冠军 9 次，获亚军和季军 16 次。1974 年 10 月，在西安举行的全国武术比赛及中国式摔跤邀请赛中，力挫多路高手荣获第二名；1992 年 10 月，在第二届全国农民运动会上，他既是山东省代表队的武术摔跤教练，又兼任运动员，在蒙古式摔跤（搏克）比赛中，年已 50 岁的陈良柱凭借扎实的武术功底和精湛的技艺，连克内蒙古、安徽等省的年轻摔跤好手，获得农运会蒙古式摔跤第二名。作为该届运动会年龄最大的运动员，他受到大会组委会的表扬和各级领导的称赞。全国摔跤泰斗、北京体育大学教授、运动会武术摔跤比赛总裁判长王德英及内蒙古著名搏克武师李·巴特尔先生一起前往赛场表示祝贺，并合影留念。1993 年国家武术院院长蔡龙云在山东省武术院院长及市、区体委领导的陪同下，专程到其家中走访慰问。

陈良柱勤于苦练，善于思考，结合实战经验，在武术传统技法上大胆创新。他研究出了散打、擒拿、摔跤三位一体的教学理论，自创了绞把挎、拉摔、插裆扛等 40 多个摔跤技法，自编了融打、拿、摔于一体的练功套路。他还致力于弘扬中华武术传统文化，培育后人，桃李满天下。数十年间，他授徒 1200 余人，培养了众多教练员、裁判员。1993 年 10 月在济南举行的全国“金泰”杯摔跤邀请赛上，陈良柱率徒弟代表山东省出战，在全国十几个省市代表队中，荣获团体第四名，所带领弟子全部进入个人前 8 名。1995 年 8 月山东省第三届农民运动会在济南召开，陈良柱率徒弟代表菏泽参加比赛，在 9 个级别比赛中，勇夺团体第一名。1996 年 8 月，陈良柱应国家体育总局邀请，参加了在沈阳召开的中国式摔跤研讨会。1996 年 10 月，第三届全国农民运动会在上海召开，在中国式摔跤比赛中，陈良柱率弟子代表山东省参赛，其中李良库夺得 68 公斤级第二名，马令民夺得 57 公斤级第三名。1998 年 6 月，在“中国摔跤之乡”山西忻州举办的全国式摔跤比赛中，陈良柱率徒弟再次代表山东省参加比赛，获团体总分第四名。1999 年 10 月在临沂召开的山东省第四届农民运动会（暨全国农民运动会中国式摔跤选拔赛）上，陈良柱率弟子代表菏泽参加比赛，其弟子李良库夺得 82 公斤级第一名，丁宗华夺得 90 公斤级第二名，并获团体总分第二名。弟子侯景泰所带学生刘军永获世界军人体育运动会国际自由式摔跤 57 公斤级金牌。

多年来，陈良柱为国家及省市培养输送了大批武术人才。先后向国家、省、市专业队和省体校、大专院校输送弟子 280 多名。弟子在国家级和省级各项比赛中共获金牌 55 枚、银牌 65 枚、铜牌 120 多枚，为武术事业的发展做出了突出贡献。1998 年菏泽市体委、市武术协会授予他“武术世家”的牌匾。

2002 年为发扬光大武术事业，在 1975 年创办曹州摔跤柔道馆的基础上，陈良柱再次投资300余万元，建起了菏泽双河文武学校和菏泽摔跤柔道训练基地。陈良柱坚持以武带文、文武并进的教学理念和以教学为中心，以育人为根本的办学思想，培养的学生在全国及省市各项武术赛事及学生升学等方面都取得了优异成绩。2005年，该校武术代表队荣获“北京2008全国青少年儿童才艺选拔赛”菏泽赛区金奖。

陈良柱奋以武技，恪以武德，虽年过花甲，仍每日习武，十分重视修德养身，从不恃强凌弱，以其艺高德馨闻名武林，为弘扬中华武术传统文化做出了积极贡献。

太极父女两英豪

马传福，1946年出生于郓城县水堡乡马楼村，菏泽市委党校经济学教授。他自幼习武，几十年寒暑勤练不辍；步入中年后，拜师中国武林百杰王守义，专攻太极。在老师悉心指导下，他技艺大进，为印证武技，又遍访太极名家，潜心钻研太极理论，功夫日渐成熟。自2000年以来，他先后参加省级、国家级及国际太极拳大赛10多次，共荣获金牌13枚、银牌5枚、铜牌2枚，获特等奖1次、一等奖4次。

马传福对太极拳不仅有着痴迷的追求，而且对太极拳的普及推广情有独钟，经他亲自组织策划，先后建立了多个太极拳活动站点及太极拳活动中心，学习的人日益增多。为推进菏泽太极拳运动水平不断提高，他鼓励各站点太极拳爱好者联合组队自费参加国家、省赛事活动，并连创佳绩。2004年全国武术太极拳锦标赛在厦门拉开帷幕，参加此次大赛的有北京体育大学、上海体育学院、天津体育学院等多支专业代表队，近300名运动员，高手如林，代表山东省参赛的菏泽太极拳代表队是唯一的一支业余队伍，运动员们在争夺激烈的大赛中，沉着应战，力挫群雄，夺得42式太极剑第一名，结束了菏泽太极拳零冠军的历史。由于马传福工作突出，成绩显著，2005年菏泽市体育局授予他“全市体育工作先进个人”荣誉称号，并晋升为中国武术段位六段。马传福现任菏泽市太极拳运动协会副会长兼秘书长，中国武术协会会员、山东省一级教练员。

马传福的长女马蕾，是近年来菏泽太极拳界小有名气的太极选手。在父亲的精心传授下，她刻苦练功，凭着一股子韧劲，每天坚持练习三四个小时，腿练肿了，也不停歇，一年 365 天从不间断。为了进一步提高拳技，她到河南郑州拜师学艺，在陈正雷老师的指导下，太极功夫明显提高。马蕾为了检验自己的拳技水平，自 2004 年开始参加省级以上的各类太极拳比赛，成绩斐然。2004 年，她被选为山东省代表队队员，前往郑州参加首届世界传统武术节，这是她第一次参加国际性的太极拳大赛，参加这次大赛的有 62 个国家和地区、2100 多名运动员，人才济济，争夺激烈，赛场上，她沉着冷静，超常发挥，征服了裁判和观众，最终夺得 42 式太极拳金牌。2005 年 10 月，她在青岛国际太极拳邀请赛上荣获两金。同年 12 月海口第二届世界太极拳健康大会上，她在 70 多人的女子组陈式太极拳比赛中，以 8.75 的分数名列第一，荣获一等奖，又在 42 式太极拳的个人单项比赛中荣获一等奖。在 2005 年、2006 年的山东省武术太极拳锦标赛中，她是 42 式太极拳两届冠军的保持者。在 2006 年的第二届世界传统武术节大赛中，她又一次摘取了 42 式太极拳的金牌桂冠。马蕾现为中国武术协会会员，中国武术段位五段，国家二级裁判员。

武林名师刘宝印

刘宝印，1948 年出生于牡丹区东城魏海村。高级武术教练，中国武术七段，东明县业余体育学校副校长，菏泽市武术运动协会副主席，东明县政协委员。9 岁起随舅父魏士可习练梅花拳械，深得舅父喜爱。他聪慧过人，幼年便崭露头角。1962 年，第一次参加菏泽地区武术比赛便夺得少年组全能冠军。同年代表菏泽地区武术队参加在烟台举行的山东省武术比赛，是参赛队员中年龄最小的运动员。

1964 年，菏泽市业余体校武术班建立，魏士可被聘为业余体校教练员，刘宝印入业体班受训。他冒严寒，顶酷暑，早来晚归，经过几年的努力，已成为业余武术班里的佼佼者，在一些大型武术表演活动中都有他矫捷的身影，并不时随舅父魏士可奔河北、河南等地设场授徒。

1970 年，刘宝印被选入原菏泽县武术代表队，参加地区武术表演赛。之后代表菏泽参加山东省农民武术表演赛，其精湛的技艺受到好评。

1974 年，分管群体的专职干部王守义推荐刘宝印担任东明县体委业余武术教练员，从此开始了执掌教鞭、辛勤育才的经历。当时东明体委的条件极差：一没有场地，二没有器材，更没有食堂，而且当地拳派林立，门户之见颇深，不时有武林中人找他过招试艺，刘宝印依靠他多年刻苦练成的技艺，来者不拒，踢打摔拿，递手过招，一一应战，令对手心服口服，众口相传，刘宝印的名字不胫而走，前来求学者络绎不绝，东明县业余武术班也建立起来。没有场地，就在杂草丛生的院内平整了一块练功场，小队员手持自制的木刀木剑舞了起来；没有食堂，他就东家一顿、西家一顿凑合着吃，把满腔热情都投入到所从事的训练工作中。他执教有方，循循善诱，既教又练，赢得了家长的信任和学生的尊敬。这帮小队员进步很快，第一次参加菏泽地区武术比赛，便获佳绩，后连续九年获团体总分第二名。也就是在这帮小队员中，走出了“世纪武星”、亚洲武术冠军、全国武术冠军、武英级武术运动员张玉萍、鲁国庆、侯国旺、崔玉强、王伟等一批武林精英。

鉴于刘宝印为培养武术后备人才做出的突出贡献，1984 年菏泽地委、行署破格把刘宝印转为正式武术教练员，后晋升武术高级教练员。1987 年 10 月，刘宝印被评为山东省体育先进工作者，同年被评为全国业余体育先进工作者。1991 年 1 月，被评为东明县专业技术拔尖人才。他的业绩被《齐鲁之星》《名人传记》《中国武术名人大辞典》等书收录。

倾心办学尚圣法

尚圣法，1952 年出生于东明县城关镇，掌拳第十二代传人，国家武术六段，东明县东方武校校长。他出身贫寒，自幼秉承家学，酷爱武术，立志要为发展和弘扬中华武术事业做出贡献。1994 年 5 月 1 日，他办起了一座文武兼修的东方武术学校，国家体委原主任伍绍祖亲笔题写校名，国家武术院原院长张耀庭担任名誉校长，国家武术九段、著名武术家蔡龙云教授为东方武术学校题写了“乐育英才”四个大字。

历经十余载的风雨，学校不断发展，现占地面积280余亩，总建筑面积98000平方米，固定资产1.66亿元；拥有教职工362人，来自全国各地的学生4000余人；设置小学、初中、高中、职高、武术专业班62个，开设散打、套路、柔道、摔跤、跆拳道、舞龙舞狮等专业；教学楼、综合楼、科技楼、训练馆、微机室、语音室、理化生实验室、图书室、阅览室、标准田径场、武术专用训练比赛场馆等教学训练设施及学生公寓、学生餐厅、东方宾馆、东方洗浴中心、校园商店等配套辅助设施齐全，为了进一步弘扬舞龙、舞狮艺术，尚胜法不惜重金购买了黑、白、红、黄等数套狮头、狮衣和舞龙器具、比赛服装，聘请舞龙、舞狮专业教师和专家进行指导训练。

东方武校坚持“以管理求发展”的理念，走“以文为主，以文养武，武为特色”的办学道路，合理安排学文习武时间，既保证了教育部颁布的中、小学教学大纲的实施，又保证了武术课的教学质量。学校拥有一支雄厚的师资队伍，文化课教师学历完全达标，武术课教练均具有国家一、二级资格证书，并聘请省武术院训练处主任牛怀录来校指导武术训练工作。该校坚持“普及义务教育，弘扬中华武术，培养武林新秀，增强人民体质”的办学宗旨，实行封闭式的管理制度，不断完善各项规章制度，学校注重加强法律法规和爱国主义、集体主义等思想教育，努力将学生培养成为国家建设的有用人才。

建校以来，东方武校多次参加国家级、省级不同形式的武术活动和武术比赛，取得了可喜成绩。1994年在中华武术散手擂台争霸赛中获得团体总分第二名；1995年获泰山国际登山节散打比赛团体总分第一名；1997年获菏泽地区“正大摩托杯”武术比赛团体总分第一名；1998年获菏泽地区首届武术馆校“海联杯”武术比赛团体总分第一名；1999年获“景阳冈”全国散打比赛团体总分第一名，菏泽地区武术馆校“东方杯”散打比赛团体总分第一名，山东省武术散打锦标赛男子甲组团体总分第二名；2000年获山东省“金龙杯”武术锦标赛男子甲组团体总分第二名；2002年在山东省“明星企业杯”散打锦标赛中获得女子团体总分第二名、男子团体总分第三名，山东省“成东武术院杯”套路锦标赛馆校组男子乙组第三名、男子甲组团体总分第二名、女子乙组第二名；2003 年在菏泽首届狮王争霸中荣获狮王奖；2004 年在湖北大冶举行的“雷山杯”第五届全国舞龙舞狮锦标赛中荣获舞狮自选套路冠军。通过这些大型比赛，该校涌现出一批优秀选手，如全国散手锦标赛冠军常高祥、赵进勇、朱中华、袁超，全国女子跆拳道锦标赛冠军吕巧银，全国武术锦标赛地躺拳冠军马庆曾，山东省第二十届运动会散手比赛 48 公斤级冠军鲁东方、70 公斤级冠军陶新田等。

东方武校先后为北京体育大学、首都体育学院、成都体育学院、武汉体育学院、西安体育学院、上海体育学院等多处高等院校输送本科生 230 余人，为广东、北京、青岛、济南等地的各大企业输送保安人员 2000 余人，培养教练员 1100 余人，应征入伍 5000 余人，在培养武术后备人才、发扬光大中华武术事业上做出了积极贡献。

武林儒将陆建民

陆建民，1957 年出生于牡丹区，曾任菏泽学院体育系副主任，武术高级教练。他幼年随堂外祖父盛效武习练传统武技，后师从“中国武林百杰”王守义。在老师悉心培养下，陆建民步入武坛，赛场竞技，独占鳌头，执掌教鞭，事业有成，人称“武林儒将”。

陆建民毕业于北京体院，在校期间就曾夺得全国武术技击项目的冠军。大学毕业后，作为菏泽市体校武术专业队的教练，陆建民首次带队参加全省比赛，即夺得 26 块金牌中的 20 块，获团体总分第一名，并连续 11 年保持团体总分和金牌总数的“双第一”。他还多次率队代表山东省参加全国少年比赛，连创佳绩。

1997 年 2 月，陆建民受原国家体委援外教练员办公室派遣，赴埃及执教国家武术队，踏上埃及国土，半个月后，陆建民开始实施他的带队方略。他先把原埃及国家队解散，又建议举行大规模的全国比赛，他每场比赛都亲自观看。通过观察比较，他在每个级别里挑选 3 名队员，共选了 33 名运动员，进行集中训练。集训一开始，在埃及联络官的帮助下，陆建民制定了一套严格的训练制度，采取了中国传统的“法乎其上仅得其中”的方法，打模拟实战。就是用轻量级的去打重量级的，以增强对抗性。一个月的集中训练结束了，陆建民遍邀各俱乐部前来比赛。埃及的武术俱乐部很多，仅首都开罗就有 20 多个。陆建民带领的国家队，一个俱乐部一个俱乐部地打，一个级别一个级别地打。结果是来一个打败一个，所向披靡，队员的自信心倍增。

1997 年 8 月，第一届阿拉伯国家武术联盟武术锦标赛在开罗举办，这也是世锦赛前的一次热身，所有 11 个级别的散打及套路金牌全部被“陆家军”囊括。同年 11 月，第四届世界武术锦标赛在意大利罗马举行，“陆家军”有 5 名队员参赛，结果 48 公斤级夺得冠军，这不仅是埃及在世界武术锦标赛上获得的第一个冠军，也是整个非洲在同类比赛中获得的第一个冠军，同时，80 公斤级获得第二名，60 公斤级名列第三。它对埃及、非洲乃至整个阿拉伯国家武术界的震动和影响都是空前的。

一年的合同期就要到了，陆建民休整一下，准备“打道回府”。这时，埃及武协主席匆匆赶到陆的住处，真诚地恳请他留下来。经过埃及武协的几番斡旋，中国国家体委同意陆建民在埃及延期任教。

1999 年，在香港举行的第五届世界武术锦标赛上，“陆家军”5 名队员参加，在 5 个级别的比赛中都拿了奖牌，其中一金、二银、二铜——陆建民创造了他执教史上的又一个辉煌！

2001 年夏季，在开罗机场，陆建民告别了这片他曾经耕耘过 4 年并洒下心血和汗水的土地，登机飞回祖国，他把一个有执着敬业精神、高超执教水平的中国菏泽人形象留在了埃及！

结束教练生涯，离开埃及回国，已 5 年有余，但来自这个非洲北部国家的函件、电话却接连不断，或请教，或示谢，其间充溢的浓浓情意，令他动容。2006 年初，国家体育总局转来了埃及国家武术协会主席赛米尔 · 福埃德先生发来的邀请函，诚邀陆前往，续任埃及国家武术队总教练，曾在埃及任教4年的陆建民婉言谢绝了邀请。

武坛英模樊庆斌

樊庆斌，1958年他出生于郓城县郓城镇南关，现任宋江武校校长、郓城县政协副主席、四届全国政协委员，主要社会兼职有全国武术协会委员、中国体育学会武术分会副主席、山东省武术馆校管理委员会第一副主席、山东省摔跤柔道协会副主席。

樊庆斌系嵩山少林寺三十一代皈依弟子，国家武术七段，国家级武术散打裁判员。他7岁拜师习大红拳，后拜少林寺三十代主持素喜大师为师，又跟山东武协副主席、省武术队教练赵瑞章习秘宗拳，拜国家武术协会副主席蔡龙云教授为师习华拳。

1985年樊庆斌与刘国庆共同创办宋江武校。宋江武校占地面积20万平方米，拥有8.8万平方米古朴典雅的建筑群、可容纳80个班的教学楼及大型练武馆、学生公寓、浴池等各种配套设施，固定资产1.3亿元。20年来，学校坚持“以德建武，以文保武，以武养文，文武并进”的办学宗旨，文武两科均取得显著成绩。现有来自全国26个省市及美、英、南非等国内外学生4000余人、教职工360名，设小学到高中和五年制大专文武结合班共52个，设有散打、拳击、跆拳道等专业。先后为国家队、中国武警部队、各大体育院校和各省专业队输送学员2600多名，其中60多名进入国家武英级和健将行列；为武术馆校培养教练员千余名，为国家机关、企事业单位培养保安人员3000多名，该校先后在国内外重大比赛中获得奖牌1100余枚。2004年9月山东省召开第九届中学生运动会，宋江武校代表菏泽市参赛，夺得金牌总数和团体总分双第一，并获“体育道德风尚奖”。当年12月在全国首届散打俱乐部总决赛中，有40几个精英单位参赛，该校夺取所设7枚金牌中的3枚，并荣获团体总分第一名。1999年以来，宋江武校散打队在省级锦标赛中获六连冠，拳击、跆拳道获四连冠，武术套路也多次夺冠。该校还多次代表山东省参加全国比赛，且每次都获得前三名的优异成绩。它培养和输送的学生康永刚、袁新东在第十四届亚运会上分别夺得武术、散打冠军，刘林夺得跆拳道亚军，还培养输送出世界军体奥运自由跤冠军刘军勇，世界军体奥运跆拳道第三名刘海彬，世界大学生运动会冠军张玉民，解放军锦标赛第二名张辉，全国九运会拳击金银牌获得者刘发祥、潘典军、张华、王浩，以及在全国散打王争霸赛中多次夺冠的邵金宝、张永健、王涛、树怀青等高手多人。在山东省第二十届运动会上，该校夺金牌 12.5 枚、银牌 3 枚、铜牌 9 枚。

樊庆斌创建的狗娃艺术团，自 1994 年中央台春节联欢会《狗娃闹春》轰动全国后，先后参加国家大型庆典演出百余次。1997 春节“双拥”晚会上演出《军营男子汉》，再次轰动全国，受到党和国家领导人江泽民、李鹏、胡锦涛的接见。2002 年 9 月，狗娃艺术团一行 38 人赴日本，参加了中日邦交正常化 30 周年庆祝和文化交流活动；2003 年 9 月，狗娃艺术团赴韩国，参加了中韩文化艺术节，表演了《好汉歌》《小山东》等武术舞蹈和高跷、花船、舞狮虎等民间艺术节目，为中华武术走出国门和国际武术文化交流做出了贡献。

樊庆斌不仅为国家为社会培养了大批武术、体育人才，还培养出一些文艺新秀。18 集电视连续剧《水浒少年》是以宋江武校的学生生活为素材编写的，而且是以武校学生为主要演员摄制的。《水浒少年》曾获第 21 届电视“飞天”一等奖。2001 年 6 月和 8 月，樊庆斌组织武校 700 名学生参加北京申奥和第 21 届世界大学生运动会开幕式表演，2003 年 500 名学生赴长沙参加第五届全国城市运动会开幕式表演，后又以宋江武校为主举办了“中法散打对抗赛”“中美散打对抗赛”，为促进海内外联谊及弘扬中华武术发挥了巨大作用。

樊庆斌还注重武术理论的研究，挖掘整理了百万字的《大红拳谱》，拍摄了《大红拳传统套路》电视资料片。他还在省级以上报刊发表了论文多篇。他和别人合著的中英文版《武术丛书》已由人民体育出版社出版。

樊庆斌和宋江武校的业绩，受到上级重视。宋江武校被评为全国体育先进单位、全国先进武术馆校和省社会力量办学先进单位。在 2002 年的全国武术 20 年大总结中，宋江武校被评为全国十大名武校之首，校长樊庆斌被评选为全国体育先进工作者、山东省十大杰出青年、齐鲁十大教育新闻人物、菏泽市专业技术拔尖人才、民办教育家。他的事迹载入《中国百所名校校长大典》《盛世中华优秀专家人才名人大辞典》等典籍。中央电视台、人民日报社等几十家新闻媒体报道了宋江武校和樊庆斌的事迹。

巾帼英豪赵翠荣

赵翠荣，1963 年 8 月出生于菏泽城，我国首批“武英级”运动员，现任山东武术院套路部主任。

自幼就有武术天赋的赵翠荣，在原菏泽县业余武术班学习时，师从时任业体教练的李毓庆，经过三年的武术基本功练习，打下了深厚的武功底子。1975 年 12 月，经山东省体委批准，菏泽地区武术重点班成立。1976 年 2 月，赵翠荣被选拔进重点班，成为第一批学生，王守义亲自执教，教她练习刀、棍。赵翠荣的刀、棍演练得虎虎生风，技法表现得淋漓尽致，成为女子学生中的佼佼者。年底，山东省武术队来菏泽表演，重点班学生同台献技，赵翠荣表演的刀、棍引起了时任山东队教练周永福、赵瑞章的关注。两位教练发现赵翠荣接受能力、动作意识都很突出，是块难得的练武好苗子，便把她带到了济南。从此，赵翠荣正式成为山东省武术队的一名成员。

经两位老武术家的精雕细琢，赵翠荣很快成长起来。1979 年，她第一次参加全国武术表演赛，便一鸣惊人，刀、棍名列女子组第三名。从此一发不可收拾，连年夺得全国武术表演赛女子组刀、棍、螳螂拳、双刀 6 项桂冠。1983 年备战在上海举行的第五届全运会武术表演赛，山东武术队为确保女子组刀、棍金牌，选派张玉萍、赵翠荣两人承担攻坚任务。从菏泽走出的“俩姐妹”果然不负众望，获一金一银。当时《人民日报》载文称张玉萍为“天下第一棍”，赵翠荣屈居第二。1985 年 5 月，在宁夏银川举行的全国武术比赛上，赵翠荣以全能总分第二名的成绩首获武英级运动员称号。

赵翠荣作为中国武术代表团成员之一，先后赴 20 多个国家出访表演，足迹遍及欧、亚、非洲，为中华武术的广泛传播身体力行。进入山东武术院工作后，她工作踏实勤奋，多次被山东省体育局授予“优秀共产党员”“先进工作者”称号。

武林英才鲁国庆

鲁国庆，1964 年出生于东明城关镇，武英级运动员。他 10 岁进入东明县业余武术班，师从刘宝印练习武术，早期基础训练打下了良好的武术功底。1976 年，进入菏泽地区武术重点班，师从王守义，为以后从事专业训练打下了扎实基础。1977 年 5 月，进入山东省武术专业队，从此步入武坛专业生涯。在全国知名教练员赵瑞章、周永福、牛怀禄、王常凯培养下，他训练刻苦，积极向上，逐步形成了动作刚劲有力、飘逸潇洒的风格，成长为一名武坛新秀。1982 年在山东省第十二届运动会武术比赛中，获男子成年组全能冠军，自选长器械、短器械两项亚军和其他项目的第三名。1984 年，参加全国武术锦标赛，获得传统拳术（翻子拳）第四名、对练项目第五名，总成绩达到“武英级”标准。

鲁国庆武艺超群，相貌英俊，仪表潇洒，得到影视界的青睐。他先在电视剧《武松》中扮演重要角色，后又被香港导演看中，在武打影片《浪子燕青》中扮演男主角燕青，并于 1984 年应邀参加在日本举行的《浪子燕青》首映式。1985 年他代表中国武术代表团，出访波兰、罗马尼亚并做巡回表演；1988 年参加山东省武术代表团，赴日本歌山市、山口市访问、交流。

1987 年，鲁国庆从武术专业队退役，留任山东武术队做助理教练；1988 年 1 月单独执掌教鞭，任山东武术队男队主教练。执教十几年来，他细心管理、严格训练、辛勤耕耘、精心育才，所培养的运动员在全国武术锦标赛、全运会武术比赛中均获佳绩，有十几名运动员达到武英级标准并获“武英级”运动员称号。因工作成绩突出，1988 年鲁国庆被团省委授予“新长征突击手”称号。

2003 年，中国武术运动管理中心选派鲁国庆作为武术文化使者赴越南执教。援外期间，他努力克服语言、生活等方面的困难，踏实工作，率越南国家队参加第七届世界武术锦标赛（澳门），一举夺得武术套路比赛四个单项第一名，在国际武坛引起强烈反响，受到普遍赞誉。国家武术运动管理中心致函山东省体育局，对鲁国庆的工作成绩予以高度赞扬。

世纪武星张玉萍

张玉萍，女，1965年7月出生于东明县高村乡石寨村，山东十佳运动员，中国首批“武英级”运动员，现任中国武术运动管理中心外事处处长。

张玉萍9岁入东明县业余武术班练武，每日枯燥艰苦地下腰、压腿、踢腿、跳跃等基本功训练，年幼的她硬是忍着眼泪坚持了下来。开始学习拳、械套路后，她每天拳械不离手，如痴如醉。1975年第一次参加地区武术比赛，便崭露头角，被著名教练王守义看中，1976年2月进入菏泽地区武术班接受系统训练。1978年她代表菏泽参加在聊城举行的山东省第十一届运动会武术比赛，一举获得拳术第一名、棍术第三名、双圈第三名、剑术第五名的好成绩。

1979年7月，张玉萍被调入山东省武术队，开始了她的职业武术生涯。在全国专业队女运动员中，张玉萍的身体条件、素质并不突出，但她凭着对武术的热爱，对武术真谛的追求和渴望创造最好成绩的愿望，全身心地投入了攀登武术高峰的艰苦训练。她所爆发出的奋进精神，赢得了“拼命三郎”的美誉。

“功夫不负有心人”，她获得了成功并取得了辉煌成绩：1982年8月8日，在淄博举行的第十二届山东省武术运动会武术表演中，她获得全能、自选拳、长器械、短器械等5个第一名；1983年9月，在第五届全国运动会武术比赛上，夺得棍术冠军，刀术第二名，传统拳第三名，传统器械第四名、两个第六名；1984年9月，山东省委、省政府授予张玉萍“振兴山东体育荣誉奖杯”；1985年5月，张玉萍获全国武术锦标赛女子全能冠军，并获“武英级”称号，成为我国第一批“武英级”运动员，同年被评为“山东十佳运动员”；1986年，蝉联个人全国全能冠军；1986年8月，在烟台举行的第十三届山东省运动会武术比赛中，夺得全能、拳术、短器械、长器械、传统拳、传统器械、对练共七个第一名；1987年，在第六届全运会武术比赛中，获棍术冠军；1987年首届亚洲武术锦标赛中在日本横滨举行，张玉萍获个人全能冠军、长拳、刀术、棍术三项第一名；1995年，张玉萍被中国武术研究院评为“中国十大武星”；2000年，被评为“世纪武星”。

从专业队退役后，张玉萍入北京体育学院深造。毕业后，分配到中国武术研究院工作。作为一名专职武术工作者，她足迹遍及亚、欧十几个国家，为中国武术事业的发展做出了突出贡献。

名扬菏泽贾其武

贾其武，1965年出生于菏泽市牡丹区大屯村，现为曹州武术学校董事长、校长，全国先进武术工作者。

贾其武出身武术世家，其伯父贾龙升为当地武术名人。他受家庭熏陶，酷爱武术，拜著名梅花螳螂拳大家青岛张万福为师，专攻梅花螳螂拳。他习武刻苦，造诣颇深。幼年习武时，在父辈与师傅的严格要求下，冬练三九，夏练三伏，步型、身法、桩功等一练就是几年，基本功非常扎实。数年的武术套路习练，使他对梅花螳螂拳尤为精熟，同时兼习查拳、红拳、炮拳和形意、太极等拳种，对刀、枪、剑、棍等十八般兵器广泛涉猎，摔跤、散打和拳击、跆拳道、泰拳、法国踢腿术等也别有会意。后来，他一直习武不辍，每天早晨、晚上和业余时间都坚持练习，几十年如一日，在武术手眼身、精气神等方面日渐精进。他精研拳理，探索武术文化要义，对拳术的攻防、健身、艺术、文化等孜孜以求，颇有心得。他作为全国唯一武术馆校代表，在国家武术院的组织下赴日本观摩了全日本太极拳比赛。

贾其武在曹州武术学校的创立与发展中倾注了大量心血。他以全新的办学理念、科学的管理方式、优秀的教学质量、多元的办学途径，使曹州武术学校迅速发展壮大。目前，曹州武术学校占地400余亩，固定资产9000多万元，在校师生4000多人，生源遍及全国各地。该校文武兼修，文化课按国家规定教材施教，大学升学率连年保持较高水平，被教育部、中央教科所列为全国武术馆校中唯一一所教研实验基地；武术课开设有套路、散打、拳击、摔跤、跆拳道等科目。曹州武术学校先后获市级以上武术比赛奖牌1000多枚，曾包揽“山东省武术套路精英赛”全部金牌，在浙江杭州国际武术比赛中获得金牌 87 枚，占全部金牌总数的三分之二。

贾其武热心武术事业。承办了首届全国（菏泽）武术文化论坛、中央电视台“德艺双馨”栏目制作，每年都参加菏泽国际牡丹花会开幕式等武术文化活动。他在武校组建了曹州武校武术表演队，赴全国各地和向来菏泽旅游观光的海内外游客进行武术表演；成立了武术海外教练处，专门教授来武校学习的海外华人及外国人士；设置了武术研究所，专门从事武术传统套路挖掘、武术文化研究和武术动作创新，编写了梅花螳螂拳谱等武术书籍。

新中国首位武状元陈超

陈超，1970 年出生于成武县汶上集镇单王庄村，家乡浓厚的尚武之风，深深地熏陶了幼年的陈超。1987 年，陈超初中毕业后考入菏泽地区体育运动学校，开始系统学练投掷运动项目。他勤学苦练，成为同学中的佼佼者。不到一年，就在山东省第十四届运动会比赛中获得铅球第 3 名、铁饼第 5 名。陈超钟情武术，一次偶然的机会使他结识了菏泽武术散打高手张海臣，并向其拜师学艺。

渴求与努力为陈超进入中华武术高等学府竖起了阶梯。1990 年北京体育学院特招陈超进学院武术系学习。师从管建民深造，短短一年的专业训练后，陈超第一次参加全国武术散手锦标赛，并一举摘取全国冠军的桂冠。自此，陈超每年参加全国比赛，连连夺魁。他先后获得 1992 年全国武术锦标赛散手 85 公斤级第一名；1993 年“匹斯克杯”全国武术散手擂台精英赛 85 公斤级冠军。1994 年在贵州遵义举行的全国武术散手锦标赛决赛中，陈超的对手是身高 2.15 米、体重 99 公斤的内蒙古选手孟和一巴特尔。他利用灵活多变的战术、迅猛异常的拳法和出神入化的腿技连胜两局，夺得比赛冠军。1994 年在河北沧州举行的中华武术散手擂台赛无差别级北方霸主的争夺中，陈超力挫群雄，获得北方无差别级冠军，捧走了众目睽视的金腰带。1995 年，广州天河体育场座无虚席，新中国的首位武状元将在这里诞生，决赛在争霸赛中北方金腰带得主陈超和南方金腰带得主孙继明之间展开。武状元金头冠究竟属谁，全国武术界和观众翘首以待。被称为武坛“笑面杀手”的陈超首先登上擂台，面带微笑向观众抱拳致意，孙继明也挥动拳头随之出场。随着裁判一声令下，两位武林高手展开了激烈搏杀，你来我往，龙争虎斗，各不相让，陈超技高一筹，最终夺得新中国首位武状元。

夺取武状元，赞誉声不绝于耳。陈超时常提醒自己，夺冠难，保持冠军的地位更难，必须不断地提高自己。陈超一面进行更加艰苦的意志、技能、战术训练，一面随中国武术代表团赴意大利、美国考察，到各地以武会友，切磋技艺，广采博览。艰苦磨炼使他的散打技艺炉火纯青，脱凡超群。1995年10月10日，中华武术散手世纪挑战赛在湖南长沙贺龙体育馆举行，陈超守擂再遇武坛“巨灵神”孟和一巴特尔。他以出神入化的技艺连胜三局，将新中国第一位武状元、中华世纪武状元两项桂冠集于一身。全场欢声雷动，经久不息，祝贺中华武坛升起了一颗耀眼的明星。

国际级武术健将张继东

张继东，1977年生于菏泽城，中国武术七段，国际级武术健将，国家级武术裁判员，现任清华大学武术教师。

他出身武术世家，从小就跟随练武的父亲伸拳踢腿。父亲发现他模仿能力很强，具有练武天赋，8岁那年就把他送到市体校武术班，师从陆建民教练学艺。

在进行基本功、基本动作练习时，常常一个动作要练上几十次上百次。张继东经过不停地摔打，很快打下了良好的武术基础，并掌握了拳术、枪、剑等套路。第一次参加地区武术比赛，他便崭露头角，荣获儿童组全能冠军。

1989年冬，张继东被送到北京体育大学竞技体校武术队，从师于孙民杰老师。几年下来，张继东成长为少年武林高手，多次参加全国少年武术比赛，从乙组到甲组，一路过关斩将，摘金夺银，获18次单项冠军。1994—1995年连续两年蝉联全国少年全能冠军。为备战1997年全运会武术比赛预赛，他做了精心准备，结果参赛项目枪、剑、拳、对练、全能都顺利进入决赛。张继东带着少年的稚气，凭着一股“初生牛犊不怕虎”的气势杀进了决赛圈，但终因比赛经验不足、心理素质欠成熟以及技不如人而名落孙山。通过这次挫折，他感到光凭热情和气势达不到武术的最高境界，于是在 1998 年进入北京体育大学武术系，开始系统接受武术理论知识和技能的学习。从此，他自觉用理论指导实践，在进行枪和剑演练时，已不单单是肢体动作，而是随心所欲，剑驰神往，自己独有的风格特点悄然形成。1999 年 9 月，当他重披战袍、征战全国武术个人冠军赛时，已不见昔日的稚气，举手投足间初显大将风度。赛场上剑器舞动似游龙如飞凤，刚柔相济，身剑合一，寒光罩身，技法凌厉。在一片喝彩声中，张继东泰然亮相收势，获得了这一项目的最高分。随后在长兵器比赛中也将金牌收入囊中，终于圆了他多年梦寐以求的冠军梦。

随后他应邀加盟北京武术队，又连创佳绩，获五个单项冠军。披上国字号战袍后，征战第七届世界武术锦标赛，获枪术冠军。自此国际武术竞赛《枪术》规定套路，是以他的演练套路为蓝本，由他演练示范制作，并向世界推广。

北京体育大学毕业后，张继东顺利进入清华大学，成为一名具有本科学历的大学教师。后来，他继续深造获得硕士学位，并经常代表清华大学出国执教、表演，为推广中华武术做出了应有的贡献。

京都武术教头石昆

石昆，1980 年 1 月出生于梁山县城，现为“武英级”运动员、北京武术队教练。

1987 年，7 岁的石昆被送进梁山县体委学习武术，一年后，被陆建民教练一眼看中，并带回菏泽地区体校。一晃几年过去，在陆老师的精心指教下，石昆已成为身手不凡的武童。他第一次参加山东省“希望杯”武术比赛，便获枪、剑冠军，此后连年保持不败。1994 年，武林名宿陈道云组建深圳武术专业队，到山东招兵买马，石昆入选。在著名教练调教下，他的技艺有了长足的进步，尤其是枪、剑项目，逐渐形成了自己独特的风格，多次取得全国青少年武术锦标赛及广东省两届省运会枪术、剑术冠军。

1998 年，石昆考入武汉体育学院武术系深造，2000 年代表武汉体育学院武术队参加全国武术锦标赛，夺得枪术第六名、螳螂拳和醉剑第五名。也就是这次比赛，石昆被我国著名武术家、李连杰的老师吴斌慧眼看中，进入北京武术队挑起了大梁。2001 年 11 月，他身披北京队战袍征战第九届全国运动会，在武术套路决赛中取得了枪、剑全能冠军；2002 年代表北京队参加全国锦标赛，取得枪术第一名、剑术第三名。毕业后，石昆被留在北京工作，担任北京武术队教练兼运动员，代表北京参加了第十届全国运动会，取得了枪、剑全能第二名的成绩。现在，石昆已成为执掌北京队的主帅。

新科武状元杨晓静

杨晓静，1981 年 9 月出生于青岛，16 岁开始练习散打。现在身高体壮的杨晓静，小时候却是个爱生病的孩子，并且很胖，走上一段路就气喘吁吁。在父母的鼓励下，他开始锻炼身体，初衷是身体健康、少生病、减减肥。他的运动方式是模仿电视剧中的武术动作。电视中成龙、李连杰的武术演技，使他渐渐地对武术产生了浓厚的兴趣。山东散手队的教练答应让这位来自郓城宋江武校散打俱乐部的杨晓静试试，限定他三个月坚持下来就可以留队。三个月过去了，杨晓静咬牙坚持了下来，他顺利地减下了 30 多公斤的体重。通过了三个月的考验期，杨晓静正式成为散手队的一员。

入队后，杨晓静给老队员当陪练，被队友们一次次地摔倒在训练台上，但又一次次地爬起来。他身上没断过伤，青一块、紫一块的，站立都有困难，还继续接受摔打训练。杨晓静的付出得到了回报，终于有一天，他将队友打倒，由陪练队员成为队的主力。2002 年至 2004 年，他连续获得全国武术散打锦标赛冠军，并在 2003 年获得重量级“散打王”称号。

2005 年 11 月 29 日至 2006 年 1 月 7 日，由国家体育总局武术运动管理中心主办的 2005 年中国武术散手俱乐部争霸赛在北京市通州举行。这次比赛，是从全国挑选出的 190 名散手高手中挑出 34 人入围进行决赛。最后，来自菏泽市的选手杨晓静登上“武状元”宝座。这也是继 1996 年菏泽市陈超夺得首届“武状元”十年后，新中国诞生后的第二位“武状元”。

2006 年 1 月初，中国历史上第一支奥运国家队在西安集结，拉开了中国武术备战 2008 年奥运会的序幕，来自宋江武校散打俱乐部和水浒酒业散打俱乐部的 5 名队员杨晓静、王强、张勇健、李海明、边茂富参加集训。杨晓静表示要在这里好好训练，希望能在 2008 年奥运会上再创新成绩。

文武双修高世英

高世英，1938 年 10 月出生于山东省菏泽市牡丹区东城办事处杨庄，菏泽市牡丹区第十届政协委员、菏泽市牡丹区武术协会名誉主席、世纪英才武术会馆馆长。

他自幼酷爱武术，早年师从菏泽武术名师丁金龙先生，学艺悟理，潜心钻研，深领梅花拳术之奥秘。为求上进，1970 年赴河南少林寺拜访王定一大师，躬身求教，几经寒暑，深得真传，特别在摔跤、散打方面造诣颇深。几十年来，足迹遍布长城内外、大江南北，拜访名家，广结武林同好，与原国家武协名誉主席李德生将军、武林名家张文广、蔡龙云、张旭初、徐才、张山、门惠丰、刁云泰、郭瑞祥、阎敬仁等建立了深厚的友谊。他博采众长，融会贯通，形成了自己以“六合”为主的指、抓、钩等技击特点，同时也悟出了习武健身、奉献社会的大理大义，使他成为武林界颇具造诣、功深名著的拳师。

高世英还喜好书画艺术，文武兼修，尤擅榜书。与著名书法家谢孔宾教授、国画家邓雨先生结为同好，常在一起，谈书论道。作品多次参加全国及省市书画大展，且屡屡获奖。其艺术成就多次被《联合日报》《齐鲁晚报》《菏泽日报》《牡丹晚报》等媒体报道，榜书《武》《龙》《佛》曾在钓鱼台国宾馆、中国军事博物馆展出并被收藏。2006 年应邀参加国际周易研究交流大会，被授予特殊贡献奖；2010 年应邀赴东南亚参加书画交流，多幅作品被国内外名人收藏并刊入《中国文艺家》《海内外中国书画精品展》等多部典籍。

文武之道，一张一弛，高世英融二者于一体，注重书画的涵养及武德的修为，成为文武双修、德才兼备的一代大师。

陈氏太极名师陈晋元

陈晋元，1937 年 1 月出生于山东菏泽武术世家，6 岁习武，曾受多位名师教诲，先后习练了梅花拳、洪拳、八卦掌、形意、心意六合拳、陈式太极拳、陈式心意混元太极拳。系中国武术协会会员，中国武术八段。当代武林名家、武当百杰、优秀老拳师。陈式太极拳第十一代传人、陈式心意混元太极拳第一代传人。师公“拳圣”陈发科先生，恩师“太极泰斗”冯志强先生。现任菏泽市太极拳协会名誉会长，牡丹区太极拳协会副主席。

陈晋元先生习武 70 余载，文武兼修，互为表里，多次参加名人名家论坛，发表论文数篇。曾获得山东省武术太极拳锦标赛 7 次冠军、国家传统武术比赛 4 次冠军、国际武术比赛 9 次冠军，个人全能冠军和名人名家会演金奖。

陈晋元先生创建了菏泽市陈式混元太极拳研练中心，本中心在省、国家、国际武术比赛和全民健身活动中成绩突出，荣获“山东省推广武术太极拳先进单位”“山东省优秀健身活动单位”称号。连年荣获“全区武术工作先进单位”和“先进个人”称号。在冯志强恩师授意和指导下创编了左式混元春秋大刀一路、二路和混元太极枪、组编了陈式太极拳一路和二路炮捶。入室弟子和学生遍布十几个国家和地区，对武术事业做到了传承和发展。

陈晋元先生家庭五代习武，长子陈阜东、次女陈会强、长孙陈星，为国家武术六段，次子陈阜生为国家武术七段，长女陈会玲、三子陈会显为国家武术四段。

陈晋元先生多次接受国家、省、市、区各大媒体的采访和报道，被媒体誉为“七旬武状元”。

形意拳传人刘学海

刘学海，1962 年 10 月出生，山东省菏泽市人。自幼随家乡著名拳师赵洪举先生拳场习洪拳，1983 年至 1986 年跟烟台孙经义先生、潍坊杨庆怡先生（尚派）学习形意拳，1985年至1987年跟何淑淦先生学习太极拳，1990年拜济南刘成德先生为师习洪传陈式太极拳，1998年至2000年跟尚芝蓉（尚云祥师祖爱女）、刘峻峰老师学习尚派形意拳，2001年拜著名形意拳家李宏先生（国家武术八段）为师学习尚派形意拳。现为济南洪传陈式太极拳研究会菏泽分会副会长、菏泽市太极拳协会副会长、菏泽市牡丹区太极拳协会副会长、菏泽市尚派形意拳研究会名誉主席，国家武术段位制六段。

1985年春受菏泽县武协之邀，在原南华公园举办第一期和第二期两期太极拳培训班，培训内容为24式、48式太极拳，推动了太极拳在菏泽的普及和发展。拳照曾刊登于1999年、2000年《精武》杂志。2001年作为形意拳地方性代表人物参加深州全国范围的形意拳发展研讨会，2006年菏泽市第三届“交警杯”太极拳锦标赛中获得中年男子组器械第一名，2007年8月在杭州第五届国际传统武术比赛中形意拳、刀、太极剑，获得2块金牌1块铜牌。2018年徐州丝路汉风国际武术比赛获形意拳银牌，2019年山东省第九届全民健身活动获1块金牌1块银牌和最佳运动员称号，2007年参加菏泽市委书记陈光带队的经济文化交流团出访韩国金浦市建市十周年庆典并进行武术表演。所培养的学生在没有进行实战和体能训练的情况下，仅靠传统拳的功力在邯郸和山东省潍坊、聊城太极推手比赛中分别获得该级别第三名、第二名、第二名的好成绩，另一位学生张海军被江西省武术散打队择优选拔为队员，得到很好的发展。

热爱武术事业，40多年来练拳不辍，义务授拳，传帮带徒，无私奉献，把形意拳引入了菏泽。以传承和弘扬中华传统武术为己任，志愿为家乡形意拳的发展做出自己的贡献。